WBG **WELT-**
GESCHICHTE

Band V

WBG **WELT-GESCHICHTE**

EINE GLOBALE GESCHICHTE VON DEN ANFÄNGEN BIS INS 21. JAHRHUNDERT

Herausgegeben von
Walter Demel, Johannes Fried, Ernst-Dieter Hehl,
Albrecht Jockenhövel, Gustav Adolf Lehmann,
Helwig Schmidt-Glintzer und Hans-Ulrich Thamer

In Verbindung mit der
Akademie der Wissenschaften und der Literatur, Mainz

WBG WELT-GESCHICHTE

EINE GLOBALE GESCHICHTE VON DEN ANFÄNGEN BIS INS 21. JAHRHUNDERT

Band V

Entstehung der Moderne 1700 bis 1914

Herausgegeben von
Walter Demel
und
Hans-Ulrich Thamer

Redaktion: Britta Henning, M.A.

Abbildungsnachweis:
S. 85, 355, 363, 395 akg-images; S. 191 Bildarchiv Preußischer Kulturbesitz; S. 201, 391 Bridgeman Art Library; S. 93, 274 Freer Gallery of Art, Smithsonian Institution, Washington D.C.; S. 45, 55, 79, 129, 159, 163, 169, 180, 215, 229, 242, 248, 277, 299, 305, 319, 368, 421, 425, 461 picture-alliance; S. 404 Scala Archives; Karten: Peter Palm, Berlin; S. 18, 19, Grafiken: Wolfgang Zettlmeier, Barbing

Die Deutsche Nationalbibliothek verzeichnet diese Publikation in der Deutschen Nationalbibliografie; detaillierte bibliografische Daten sind im Internet über http://dnb.d-nb.de abrufbar.

Die Herausgabe des Werkes wurde durch die Vereinsmitglieder der WBG ermöglicht.
Satz: SatzWeise, Föhren
Gedruckt auf säurefreiem und alterungsbeständigem Papier
Printed in Germany

Besuchen Sie uns im Internet: www.wbg-wissenverbindet.de

ISBN 978-3-534-20108-2
ISBN des Gesamtwerkes 978-3-534-20103-7

Inhaltsverzeichnis

Einleitung

Walter Demel

Das „lange 19. Jahrhundert", um das es in diesem Band gehen soll, reichte grob von ca. 1750/1770 bis 1880/1914. Sein Beginn ist relativ unstrittig, obwohl etwa seine ersten geistesgeschichtlichen Anfänge schon in der beginnenden Aufklärung der 1680er Jahre gesehen werden können. Um die Mitte des 18. Jahrhunderts begann nämlich eine Epoche globaler revolutionärer Umbrüche auf vielen Gebieten: Demographie, Wirtschaft, Technik, Kultur, Politik. Natürlich bedeutete auf jedem dieser Gebiete „Revolution" konkret etwas anderes: Die „Agrarrevolution" bestand in der sprunghaften Erhöhung der landwirtschaftlichen Produktivität durch den Einsatz neuer Pflugformen, Dünger, Fruchtwechselwirtschaft etc.; eine politische Revolution bedeutete regelmäßig einen Wechsel der Staatsform, aber vielfach auch eine Transformation der herrschenden Eliten. Da derartige Revolutionen sich jedoch bis heute fortsetzen beziehungsweise immer noch global ausbreiten, ist die Zäsur von 1880/1914 nicht so leicht zu rechtfertigen. Immerhin mag ein Technikhistoriker an die neuen Basisinnovationen – Auto, Flugzeug, Rundfunk, Kino – denken, die sich nach 1914 durchsetzten, ein Politikhistoriker an den Einschnitt, den die Zeit um 1900 für Amerika darstellte, und an die Ära der europäischen Pentarchie, die mit dem Ersten Weltkrieg endete. Als dessen Ergebnis wurden 1919 weite Teile Europas, Afrikas und Asiens politisch neu geordnet – was von Irland bis China und Korea zu Unruhen führte. In Afrika und Asien setzte die (zweite) Dekolonisation jedoch erst mit dem Ende des Zweiten Weltkriegs ein.

Eine Epoche der „Revolutionen"

Zumindest aber wird man sagen dürfen, dass im „langen 19. Jahrhundert" die (westliche) Moderne entstand. Für diese Zeit konstatierte Christopher A. Bayly nämlich „das Entstehen globaler Uniformität in Fragen des Staates, der Religion, der politischen Ideologien und im Wirtschaftsleben" – und sogar von „Körperpraktiken" und der Zeitmessung! Das schloss eine zunehmende interne, funktionale Komplexität moderner Gesellschaften keineswegs aus, war aber das Ergebnis eines Prozesses des „Nacheiferns". Denn Modernität heißt eben zunächst einmal, sich – wie Europa beziehungsweise der „Westen" – für modern zu halten beziehungsweise (wie z.B. die russischen „Westler") diesen Zustand im eigenen Land anzustreben. Inhaltlich lässt sich Modernität mit Schlagworten wie Individualisierung, Fortschrittsoptimismus, Rationalisierung, Säkularisierung, Verdichtung und Beschleunigung der Kommunikation umreißen. Daraus resultierte – trotz wachsender Nationalisierung – auch eine verstärkte Internationalisierung, vor allem nach

Die Ambivalenz der „Moderne"

1850: Weltausstellungen, Internationale Frauenkonferenzen, Rotes Kreuz, Sozialistische Internationalen, Olympische Spiele, um nur einige nichtstaatliche Einrichtungen zu nennen. Partizipation und Emanzipation, aber auch Nationalismus, Rassismus und Disziplinierung kennzeichnen ebenfalls die Moderne. Dies macht deutlich, dass Moderne ein widersprüchliches, dialektisches, von Antinomien geprägtes Phänomen ist, gehörte zu ihr doch auch, sozusagen systemimmanent, die Sehnsucht nach einer überschaubaren Welt, die antimodernistische Kritik, ja der Anarchismus. Von daher kann man den Ersten Weltkrieg als einen Höhepunkt der Krise der Moderne betrachten.

„Westen" ist ein ähnlich unscharfer Begriff. Als dominante Denkfigur existent seit den 1890er Jahren, artikuliert er die „Idee eines übergreifenden transatlantischen Zivilisationsmodells", eine Selbstverortung der „zivilisierten Welt" (Jürgen Osterhammel). Er gehört damit zu den stets problematischen, weil regelmäßig nicht rein geographischen, sondern (unterschiedlich aufgeladenen) ideologischen Bezeichnungen. Als Kernregionen des „Westens" könnte man Großbritannien, Frankreich, zunehmend auch Mitteleuropa und Teile der USA ansehen. Denn globalpolitisch gesehen umfasst der Begriff „Moderne" neben der europäischen Pentarchie schließlich auch die USA, sozioökonomisch betrachtet die im Laufe des 19. Jahrhunderts industrialisierten Staaten (wozu Russland bzw. die Habsburgermonarchie indes nur bedingt, dafür aber um 1900 bis zu einem gewissen Grad auch schon Japan zu zählen wären). Unter religiös-kultureller Perspektive dagegen wären darunter etwa diejenigen Weltregionen, die durch das lateinische Christentum und die Aufklärung geprägt waren, zu subsumieren, mithin die Länder der Westhälfte Europas samt ihren Siedlungskolonien, aber in nur sehr begrenztem Umfang etwa die Balkanhalbinsel oder das Russische Reich. Dass dieser „Westen" aber modern – und deshalb bis zu einem gewissen Grad nachahmenswert – sei, glaubten am Ende auch sehr viele Angehörige der Eliten praktisch aller nichtwestlichen Länder der Welt. Dahinter stand ihre Erfahrung, dass Europa und die USA bis 1900 ungemein an politischer und wirtschaftlicher Macht, an Höhe des Lebensstandards, aber auch an kulturellem Einfluss gewonnen hatten – ein Vorsprung, den diese Kreise nun durch eine (partielle!) „Verwestlichung" ihrer Länder wieder aufholen wollten. Für den Globalhistoriker aber bedeutet dies, dass für den hier behandelten Zeitraum eine eurozentrische Sicht – relativ gesehen – eher am Platz erscheint als in den anderen Bänden der »WBG Weltgeschichte«.

Die Entstehung des „Westens"

Die angesprochene Verschiebung an Macht und Einfluss zugunsten Europas beziehungsweise des Westens machte sich auch demographisch gesehen – freilich nur in abgeschwächter Form – bemerkbar. Um 1800 besaßen Frankreich (als das bevölkerungsreichste der „lateinischen" Länder) und das Osmanische Reich (als bedeutendstes islamisches Staatsgebilde) grob je 30 Millionen Einwohner, das russische Imperium kaum viel mehr, die USA nur gut 5 Millionen. China zählte dagegen 300 bis 360 Millionen Bewohner – mehr als anderthalbmal so viel wie ganz Europa! Das 19. Jahrhundert war eine Epoche erheblichen Wachstums – trotz mehrerer weltweiter

Pandemien wie der Cholera von 1831. Bis 1910 hatten sich die Bevölkerungsverhältnisse dergestalt verändert, dass Frankreich über rund 40 Millionen Einwohner verfügte – eine Zahl, die das Osmanische Reich schon 1874 erreicht hatte, die sich jedoch in seinem Falle bis 1914 infolge zahlreicher Territorialverluste auf dem Balkan und in Nordafrika mehr als halbierte. Das russische Imperium wies allein in seinem europäischen Teil (inklusive „Kongresspolens") damals über 130 Millionen Einwohner auf, die USA fast 100, Lateinamerika vielleicht 70, China gut 440 Millionen. Der Anteil Chinas und Indiens an der Weltbevölkerung ging im 19. Jahrhundert damit von 35 beziehungsweise 21 Prozent auf 28 beziehungsweise 17 Prozent zurück, wogegen derjenige Europas von 20 auf 24 Prozent anwuchs, während der afrikanische auf 8 Prozent leicht absank. Bevölkerungsmäßig dominierte Europa also immer noch in keiner Weise, und doch muss man für das Ende dieses Zeitraums geradezu von einer europäischen Weltherrschaft sprechen. War Großbritannien (samt seinen nordamerikanischen Kolonien und Irland) um 1750 ein Staat mit gut 15 Millionen Einwohnern gewesen, lebten um 1920 im British Empire etwa 458 Millionen Menschen (von denen nur gut 20 Millionen von englischen Kolonisten abstammten) – ein Viertel der Weltbevölkerung! Daneben beherrschten unter anderem auch noch Franzosen, Portugiesen, Deutsche, Niederländer und Belgier Millionen von Menschen in aller Welt – mehr noch, sie ließen sie für sich kämpfen: Nordafrikaner starben in den Laufgräben bei Verdun, Inder in Mesopotamien im Krieg gegen die Osmanen.

Machtverschiebungen und Bevölkerungsentwicklung

Vor diesem Hintergrund beginnt das erste Kapitel, überschrieben mit „Bevölkerung, Wirtschaft und Technik", mit einer Betrachtung der „demographischen Revolution", in der es zunächst einmal um die schlichte Präsenz der Menschen auf den verschiedenen Kontinenten geht. Wenn sich, global betrachtet, das demographische Gewicht Europas vermehrte, so deshalb, weil Europa aus der „malthusianischen Falle" ausbrach, die bislang ein Bevölkerungswachstum zwar nicht verhindert, aber doch deutlich abgebremst hatte. Verschiedene Gründe für dieses – letztlich nicht völlig geklärte – Phänomen kommen dabei zur Sprache: Innovationen, die Ausweitung der Produktmärkte, relativ hohe Reallöhne und das Vorhandensein wichtiger natürlicher Ressourcen. Andererseits verlor Europa, aber etwa auch Indien oder China, Millionen an Menschen, die auf der Suche nach Arbeit nach Nord- und in Teile Lateinamerikas auswanderten, nach Südafrika oder Australien (zu den Migrationen vgl. auch Band VI, S. 177–221). Die Zwangsmigration von Sklaven nahm dagegen tendenziell eher ab, der Sklavenhandel über den Atlantik kam nach 1850 praktisch zum Erliegen. Europa selbst profitierte jedenfalls nicht von einer nennenswerten Zuwanderung. Sein demographisches Wachstum blieb mithin auf die natürliche Vermehrung beschränkt. Diese war mit einer (tendenziell weltweiten) Zunahme der Lebenserwartung verbunden, wobei freilich einer sinkenden Sterblichkeit ein Rückgang der Geburten gegenüberstand. Der Rückgang der Sterblichkeit ist auf Veränderungen im Krankheitsumfeld, eine verbesserte Ernährung, die Verhinderung von Ansteckungen zurückzuführen – schließlich selbst in den zu-

„Demographische Revolution"

nächst höchst ungesunden expandierenden Großstädten. Für den Geburtenrückgang aber waren Wandlungen im Familiensystem verantwortlich, verschiedene Formen der Geburtenbeschränkung, ein Anstieg des Heiratsalters. Da Fruchtbarkeit wesentlich auch ein soziales Phänomen darstellt, verwundert es nicht, dass Geburtenabstände im Kulturvergleich variieren. Zunächst für West- und Mitteleuropa, später für weitere Weltregionen, kommt hierbei die Veränderung der Arbeitswelt durch die Industrialisierung ins Spiel, freilich nicht nur als Ursache für das Bevölkerungswachstum sich industrialisierender Staaten, sondern zum Teil auch als deren Ergebnis.

Technik wurde nunmehr im Westen zunehmend zu einem Produkt angewandter Wissenschaft. Neue technische Erfindungen bildeten zweifellos eine Voraussetzung für eine Industrialisierung – aber nur eine notwendige, keine hinreichende Bedingung. Denn eine entsprechende Nachfrage nach technischen Produkten sowie deren ökonomisch sinnvolle Verwendbarkeit mussten hinzukommen, außerdem – auf der Produzentenseite – nicht nur kulturelle, sondern auch politische beziehungsweise finanzielle Rahmenbedingungen. Dabei stellt sich, wie der einschlägige Beitrag erläutert, der modernen Forschung die von England ausgehende Industrialisierung eher als ein schrittweiser, zunächst sektoral und regional begrenzter Prozess dar, weniger als eine „Industrielle Revolution" auf nationalstaatlicher Ebene. Für den Beginn der ersten, leichtindustriellen, das heißt vor allem von der Textilproduktion gekennzeichneten Phase der Industrialisierung bedurfte es einer liberalkapitalistischen, nicht mehr feudalistischen Rechts- und Wirtschaftsordnung, einer rationellen, relativ produktiven Landwirtschaft, etablierter kommerzieller Strukturen und ausgebauter Verkehrswege zu Lande und zu Wasser. Die zweite, schwerindustrielle, Phase stand vielfach im Zusammenhang mit der „Verkehrsrevolution", der Einführung von Dampfschiffen und Eisenbahnen, der Verbilligung der Frachttarife für Massengüter wie Getreide, Kohle und Erze, aber auch mit der Entstehung eines Weltwährungssystems und der Entwicklung neuer Verfahren der Eisen- und Stahlerzeugung. Ihr Ergebnis hing allerdings von der Zugänglichkeit natürlicher Ressourcen ab, desgleichen von der – teils eher privat-, teils mehr staatswirtschaftlichen – Organisation der Unternehmen. Ein kurzer Blick auf die erst um 1890 beginnende dritte Phase der „neuen Industrien" (Elektrotechnik, Chemie) rundet den Beitrag ab, dessen kommerzielle Aspekte durch die Behandlung von „Globalisierung und Weltwirtschaft" ab 1850 in Band VI ergänzt werden.

Die Industrialisierung

Trotzdem wird ein aufmerksamer Leser der »WBG Weltgeschichte« nicht nur manche Namen und Fakten, sondern gerade auf dem großen Feld der – im weitesten Sinne – „Sozial- und Kulturgeschichte" sogar größere Bereiche der Ergebnisse moderner Geschichtsforschung schmerzlich vermissen. Viele Darstellungen existieren zum Beispiel zur Geschichte gesellschaftlicher Eliten (etwa des Adels), welche sich durchaus globalhistorisch gesehen vergleichen lassen, aber auch zur Geschichte der Musik, der Literatur, der Wissenschaften, neuerdings beispielsweise selbst der Ernährungsgewohnheiten, der Kleidung, des Geruchs oder des Geschmacks. Von alldem wird der Leser im Gesamtwerk nicht viel oder gar nichts

Aspekte des kulturellen Wandels

finden – und das gilt speziell auch für den fünften Band. Auch von der Entwicklung der katholischen Kirche oder des Hinduismus im 19. Jahrhundert ist im vorliegenden Band nur ganz knapp die Rede, von den Diskursen der chinesischen Philosophie oder den Fortschritten der modernen Architektur überhaupt nicht. Aber nie wird das Unternehmen einer „Weltgeschichte" es allen seinen Lesern ganz recht machen können – selbst der Einzelne wird stets Lücken finden, Sachverhalte, die seiner Ansicht nach in eine „Weltgeschichte" hineingehören würden, während er auf andere, die dargestellt werden, glaubt verzichten zu können. Wir mussten, besonders angesichts des doch für ein so großes Projekt höchst bescheidenen Umfangs von gut 3000 Seiten, zum Teil paradigmatisch arbeiten, eine Auswahl unter den möglichen Themen treffen und – jeder Autor für sich – nach bestem Wissen und Gewissen Schwerpunkte setzen.

So bildet den Einstieg in das Großkapitel „Kultureller Wandel" die Behandlung eines Themas, das als die geistige Grundlage sowohl der ökonomisch-technischen als auch der politisch-ideellen Entwicklung des Westens gelten kann: der „europäischen Aufklärung". Ausgehend von einer Erläuterung der unterschiedlichen Phasen, des Selbstverständnisses und der Schlüsselbegriffe der Aufklärung werden in diesem Beitrag zunächst der „Aufklärungsraum", dessen durch das transnationale Netzwerk der *République des Lettres* verbundene Zentren und Peripherien (bis hin zu der „äußersten Peripherie", dem amerikanischen Doppelkontinent) sowie der Kulturtransfer von den Zentren hin zu diesen Peripherien untersucht. Danach werden die Medien der Verbreitung von Aufklärungsideen vorgestellt – Dialoge, Enzyklopädien, Romane, bürgerliche Dramen, verschiedenste Formen von Periodika – und in diesem Kontext nähere Erläuterungen zu einem Bestseller der Aufklärungsliteratur gegeben, der sich nicht zufällig der Geschichte der außereuropäischen Welt widmet. Obgleich die Aufklärung originär ein Elitenphänomen war, wandten sich viele ihrer Vertreter der „Volksaufklärung" zu und trieben diesen Prozess voran, indem sie ihren medialen Ausdruck den Kenntnissen und Bedürfnissen einfacherer, zum Teil illiterater Schichten anpassten. Ihr Erfolg zeigt sich im Wirken einzelner Autodidakten – die gleichwohl immer Außenseiter gegenüber den „gebildeten Ständen" blieben. Abschließend spürt der Verfasser den weltweiten Wirkungen der Aufklärung nach, ihrem universellen Erbe samt ihren Ambivalenzen und Grenzen.

Die europäische Aufklärung

Zweifellos lieferte die Aufklärung den Anstoß zu einer „Wissensrevolution". Unter diesem Stichwort wird in einem eigenen Beitrag zunächst die Erweiterung des empirischen Feldes in ihren verschiedenen Dimensionen – nach außen (ferne Länder, Kosmos), innen (mittels Biologie oder Statistik) sowie in die Vergangenheit (durch die Geschichtswissenschaft) – untersucht. Das machte mehr und mehr neue, eben wissenschaftliche, das heißt quantifizierende beziehungsweise kritisch reflektierende Methoden erforderlich. Dann wendet sich der Autor den Institutionen, die Wissen generierten, sammelten und weitergaben (wie Akademien, Universitäten, Bibliotheken), den Bedingungen, unter denen der einzelne Forscher arbeitete

Wissensrevolution

(Urheberrecht), ferner der systematischen und enzyklopädischen Ordnung des Wissens und dessen Distribution, den Orten, Wegen und Medien, aber auch den Hindernissen der Verbreitung von Wissen und Bildung zu. Am Schluss fragt er nach dem Ergebnis, dem (durchaus ambivalenten) Fortschritt, und wirft die Frage auf, warum es vor dem Ersten Weltkrieg nicht auch außerhalb des Westens zu einer eigenen „Wissensrevolution" gekommen sei und man sich daher dort vielfach genötigt sah, auf das im Westen produzierte Wissen zurückzugreifen.

Der Westen verbreitete aber nicht nur sein neues Wissen, sondern auch seine alten Glaubensüberzeugungen. „Christliche Missionen und religiöse Globalisierung" prägten daher das 19. Jahrhundert. Erstmals drangen nun auch protestantische Missionare in großer Zahl in „nichtwestliche" Gebiete vor und gründeten unter anderem Missionsschulen, auf denen ein Großteil der späteren indigenen Eliten Afrikas und Asiens ihre Ausbildung erfuhr. Diese Eliten übernahmen aber nicht einfach „das" Christentum, sie schufen vielmehr neue Varianten dieser Religion, die freilich – zum Teil sogar transkontinental – vernetzt blieben. Auf die Entstehung eines Weltchristentums reagierten indes andere Religionen mit inneren Reformbewegungen beziehungsweise mit weiterer Expansion und eigenen globalen Bestrebungen.

Christliche Missionen und religiöse Globalisierung

Dabei griff in Europa selbst der Prozess der Säkularisierung und Individualisierung immer weiter um sich. Das wird an den Weltdeutungen und Ideologien sichtbar, die sich hier herausbildeten. Der einschlägige Beitrag stellt dabei eine Betrachtung von Hegels Werk an den Anfang – als den Ausgangspunkt, von dem aus sich die wichtigsten der philosophischen Strömungen der westlichen Moderne auffächerten. Hegel distanzierte sich von Kants kritischer Philosophie, die ein Wissen über die Dinge an sich ausgeschlossen hatte. Hegels absoluter Idealismus wollte vielmehr dessen System vollenden, dabei Versuche, den generellen Vorrang der Religion vor der Philosophie wiederzugewinnen, zurückweisen, aber doch mit seiner dialektischen Methode die Gegensätze versöhnen. Das Scheitern dieser Synthese führte zum Zerfall der Hegelschule in verschiedene Richtungen. Manche Autoren verschärften Hegels Ansätze einer Religionskritik, andere bauten auf dessen Potential soziopolitischer Kritik auf und forderten Liberalisierungen, ja eine Säkularisation des Staates. Schließlich entwickelten manche die These, dass nicht die Philosophie, sondern die Naturwissenschaften die Führungsrolle bei der Deutung der Welt übernehmen müssten. Damit entstand der Szientismus in seinen beiden Hauptvarianten, dem Positivismus und dem Materialismus, Letzterer zum Beispiel in seiner Sonderform des Marxismus. Andererseits wendeten sich Existenzialismus und Irrationalismus gegen Hegels Betonung der Allgemeinheit der Vernunft. Diese verschiedenen Linien werden nun im Einzelnen verfolgt. Am Ende steht ein Ausblick auf die Entwicklungen des 20. Jahrhunderts, auf Formen des Pragmatismus und des Relativismus, schließlich auf die Abkehr von der Bewusstseins- und die Hinwendung zur Sprachphilosophie. Alle diese unterschiedlichen Ansätze blieben natürlich nicht auf den westlichen Diskursraum beschränkt. Als Beispiele für ihre weltweite Wirkung

Weltdeutungen und Ideologien

seien hier beispielhaft nur die Rezeption des Positivismus durch die liberalen Oligarchien in Lateinamerika oder, ab den 1890er Jahren, jene des Sozialismus/Marxismus durch junge chinesische Intellektuelle genannt.

Auch im künstlerischen Bereich machte sich die fortschreitende Säkularisierung bemerkbar. Ursprünglich war Kunst in allen Kulturen vorrangig religiöse Kunst. Das änderte sich nun, wie der Beitrag „Autonomie der Kunst" zeigt. Er skizziert – ausgehend von den verschiedenen Zwecken, denen Kunstschaffen dienen konnte – am Beispiel der Malerei die Entwicklung des europäischen Kunstverständnisses und der Stellung der Künstler von der Vormoderne bis um 1900. Erst mit der Erfindung des Subjekts wurde die Kunst „modern" und löste sich großenteils aus dem Wechselzusammenhang mit der Religion. Der Künstler geriet nun in das Dilemma zwischen dem eigenen Anspruch der Verwirklichung seines „Genies" und der Abhängigkeit von Auftraggebern beziehungsweise dem (zunehmend „nationalisierten") Kunstmarkt – eine Situation, die indes eine Vielfalt von unterschiedlichen künstlerischen Lösungen ermöglichte: Realismus, Impressionismus, Exotismus usw. Auch der künstlerische Ausdruck zeigte somit letztlich Auffächerungs- und Globalisierungstendenzen.

Autonomie der Kunst

Bieten die Beiträge im Kapitel „Kultureller Wandel" Perspektiven aus ganz unterschiedlichen Richtungen (Geistes-, Kirchen-, Kunstgeschichte), so sind die Artikel im Kapitel „Veränderungen der politischen Welt" eher komplementär angelegt. Denn politische Revolutionen – verstanden als gewaltsame, von breiteren Kreisen einer Bevölkerung getragene, zumindest vorübergehend erfolgreiche Bewegungen – konnten schwerpunktmäßig in zwei verschiedene Richtungen wirken. Entweder zielten sie – wie die US-amerikanische Revolution oder die Revolutionen in Spanisch-Amerika – auf staatliche Unabhängigkeit, waren also Teil der sogenannten ersten Dekolonisation. Oder aber sie beinhalteten einen Umsturz der inneren soziopolitischen Ordnung, wie die Revolutionen in Frankreich 1789, in Russland 1905/1906 oder in China 1911/1912. Aber staatliche Unabhängigkeit und innere Ordnung waren natürlich verknüpft: Das Ende des Qing-Reichs ermöglichte Tibet und – als Vasall Russlands – formal auch der Mongolei die Erlangung ihrer Souveränität. Der Erfolg der Unabhängigkeitsbewegungen in Lateinamerika wäre ohne die durch Napoleon ausgelösten inneren Wirren in Spanien und Portugal kaum zu erklären. Dabei verdrängte aber auch eine „heimische", kreolische, Elite die Repräsentanten der Kolonialmacht aus den Spitzenpositionen, wie überhaupt der Aufstieg neuer Eliten, zum Beispiel der „Jungtürken", für den Erfolg mancher revolutionärer Bewegungen grundlegend war. In Europa veranlasste der (zeitweilige) Erfolg einer revolutionären Bewegung andererseits nach 1815 nicht selten reaktionäre auswärtige Mächte zur Intervention. In Asien und Afrika, teilweise auch in Lateinamerika, lieferten innere Unruhen in einem Land den imperialistischen Mächten oft genug einen Vorwand, zum Schutz ihrer Bürger oder ihrer ökonomischen Interessen militärisch einzugreifen, was zu indirekter, im subsaharischen Afrika, in Süd- und Südostasien regelmäßig zu direkter Kolonialherrschaft führte.

Veränderungen der politischen Welt

So widmet sich der Beitrag „Zwischenstaatliche Verflechtungen und politische Revolutionen“ zunächst den Ursachen politischer Machtverschiebungen zugunsten Europas beziehungsweise des „Westens“ und der Verbreitung von deren Ideen hinsichtlich der Gestaltung „internationaler“ Beziehungen. Dann verfolgt er die – vorrangig revolutionsbedingten – Veränderungen innerhalb des europäischen Staatensystems, die durch dessen Einfluss verschärfte Krise der islamischen Welt sowie die Staatsbildungen im subsaharischen Afrika, in Süd- und Südostasien samt ihrem regelmäßig erfolglosen Bemühen, innere Stabilität herzustellen und sich dem zunehmenden imperialistischen Druck zu entziehen. Den meisten Gebieten des amerikanischen Doppelkontinents gelang es zwar frühzeitig, ihre kolonialen Herrschaften abzuschütteln und eigene Staaten zu bilden, doch blieben sie häufig dem Druck des Finanzimperialismus ebenso ausgeliefert wie Ostasien, das dem Einfluss der imperialistischen Mächte „geöffnet“ wurde. Während aber Japan dann infolge einer erstaunlichen Modernisierungsleistung rasch zur Regionalmacht aufstieg und selbst imperialistische Politik betrieb, löste sich das zunächst von Nepal über Burma und Vietnam bis Korea und das östliche Zentralasien reichende Tributsystem des chinesisch-mandschurischen Reiches auf, als dieses selbst eine Semikolonie der Großmächte wurde und schließlich teilweise zerfiel.

Zwischenstaatliche Beziehungen

Kolonialismus und Imperialismus sind somit ein grundlegendes Kennzeichen des langen 19. Jahrhunderts. Der Beitrag „Die Globalisierung Europas“, der zahlreiche Ausführungen zu den Themen Handel, Migration und Mission mit umfasst, stellt diese Entwicklung als einen schon im 15. Jahrhundert einsetzenden Prozess der zunehmenden Verflechtung der Welt dar. Dieser Vorgang lässt sich nicht einseitig nur als eine auf „Modernisierung“ angelegte „Herausforderung“ durch die Expansion rivalisierender europäischer Mächte (schließlich auch der USA und Japans) deuten, sondern umfasst auch die flexiblen „Antworten“ der betroffenen kolonialen Gesellschaften. Untersucht wird zunächst der Übergang „vom Handel zur Herrschaft“, der Auf- beziehungsweise Ausbau der britischen, niederländischen und französischen Positionen in Süd- und Südostasien, aber auch die territoriale Ausdehnung Russlands auf Nord- und Zentralasien sowie den „Fernen Osten“. Dabei kommen ferner die Formen indirekter Herrschaft, die „Religionsprotektorate“ europäischer Mächte über christliche Untertanen islamischer Herrscher und über Missionare sowie die ökonomische Durchdringung formal weiterhin souveräner Reiche wie China zur Sprache. In eine ihnen weitgehend unbekannte Welt drangen die Europäer im Bereich der Südsee und des inneren Afrika ein, die sie praktisch unter sich aufteilten, wobei die verschiedenen Kolonialmächte der indigenen Bevölkerung in unterschiedlicher Weise, aber meist mit höchst problematischen Folgen, ihre eigenen administrativen, ökonomischen und religiösen Vorstellungen aufzudrängen suchten. Nicht vergessen werden schließlich die Rückwirkungen auf den Westen, welche dieser Prozess auf das westliche Bild „des Asiaten“, „des Südseebewohners“ oder „des Afrikaners“ hatte.

Die Globalisierung Europas

Mehr der sich wandelnden inneren Ordnung der „westlichen“ Staaten und der mehr oder minder nach deren Vorbild gestalteten politischen Strukturen – zum Beispiel der neuen lateinamerikanischen Staatsgebilde –, aber auch dem Versuch der soziopolitischen Neuordnung alter Länder und Reiche wendet sich der Beitrag über die Verfassungsentwicklung zu. Ausgehend von der Frage, was „moderne" Verfassung bedeutet beziehungsweise welche Elemente sie charakterisieren, unterscheidet er verschiedene „Verfassungswellen". Die ersten modernen Verfassungen von weiterwirkender Bedeutung finden sich in Nordamerika seit 1776 und in Frankreich seit 1789/1791. Mehr oder minder unter französischem Druck wurden Verfassungen ab 1795 in Anlehnung an das (jeweilige) französische Vorbild in den sogenannten Schwesterrepubliken beziehungsweise Satellitenstaaten eingeführt. Dagegen diente die Verfassung der USA samt der in ihr angelegten *checks and balances* nach 1814 vielen neuen Staaten in Lateinamerika als Vorbild, ohne ihnen freilich ein hohes Maß an innerer Stabilität zu vermitteln. Der Konstitutionalisierungsprozess in Europa empfing seine Anregungen dagegen zunächst von der Charte Ludwigs XVIII., die das monarchische Prinzip in den Mittelpunkt stellte. Eine neue Verfassungswelle wurde in Europa dann durch die Revolution von 1830 ausgelöst – mit der belgischen Verfassung von 1831 als nunmehrigem Schnittmuster. Während der Revolutionsjahre 1848/1849 wurden schließlich fast alle europäischen Staaten konstitutionalisiert, und wenn danach in manchen Ländern Neoabsolutismus beziehungsweise Bonapartismus zum Tragen kamen, wurden sie von der nächsten Verfassungswelle (1866/1878) ebenso hinweggespült wie das zweite mexikanische Kaisertum. Nicht zuletzt erfasste diese Welle auch die neuen südosteuropäischen Staaten, kurzzeitig sogar das Osmanische Reich. Das zeigt, dass die Verfassungsidee mittlerweile eine globale Dimension anzunehmen begann: Auch Japan, Russland und China erhielten – freilich zumindest tendenziell sehr autokratische – Verfassungen. Nicht zuletzt in den USA und im British Empire aber machte die Demokratie Fortschritte: Schwarze erhielten das Wahlrecht, Frauen forderten dasselbe, und den britischen Siedlungskolonien wurde das Recht zur Selbstverwaltung zugesprochen.

Der „Verfassungsstaat"

Allgemeine Schulpflicht und allgemeine Wehrpflicht, die allerdings – ebenso wie vor 1918 regelmäßig auch das „allgemeine Wahlrecht" – Frauen nicht berücksichtigte, zeigen, wie es dem modernen Staat zunehmend gelang, die Gesamtheit seiner Untertanen zu erfassen. Diese „Massenmobilisierung" besaß jedoch auch eine emanzipatorische Seite: Der Verfassungsstaat band erheblich breitere Schichten in die politischen Entscheidungen mit ein, als es etwa ein autokratisches Regime vermochte. Die „Moderne"– wenngleich sie sich noch nicht überall und vollständig durchgesetzt hatte – war geboren und mit ihr eine Vielzahl an Nationalstaaten. Das schlägt sich nun bis heute in der Historiographie nieder, so dass zum Beispiel selbst die von der UNESCO herausgegebene »General History of Africa«/»Histoire générale de l'Afrique« praktisch aus lauter Nationalstaatsgeschichten besteht – auch für all jene Epochen, in denen diese Nationalstaaten noch nicht einmal ansatzweise existierten! Das erschwerte eine transnationele Perspektive. Ein entsprechendes Problem stellt sich – wie generell für die Vormoderne –

Nationalstaatsbildung und kartographische Fragen

hinsichtlich der kartographischen Darstellung von Ländern und Reichen. Erst 1914 kann man mehr oder minder überall auf der Erde von eindeutigen „Staatsgrenzen" sprechen (vgl. S. 291 f.). Die abgestuften Vasallitäts- beziehungsweise Tributbeziehungen aber, die zuvor in weiten Teilen der Welt üblich waren, lassen sich kaum adäquat wiedergeben. Insofern sollen die Grenzen auf den Weltkarten der Seiten 288 f., 336 f. und 400 f. großenteils lediglich der ungefähren Lokalisierung von Herrschaftsbereichen dienen. Es ist zu hoffen, dass sie auf diese Weise dem Leser die Orientierung erleichtern und damit sein Gefallen an unserem Werk erhöhen.

Bevölkerung, Wirtschaft und Technik

Das »Eisenwalzwerk« von Adolph von Menzel gilt als die erste größere Industriedarstellung in Deutschland (158 × 254 cm). Als Vorbild dienten Menzel Betriebe im schlesischen Königshütte (Chorzów), nach dem Ruhrgebiet der damals modernsten Industrieregion Deutschlands.

Demographische Revolution – Die Geschichte der Weltbevölkerung

Georg Fertig

Demographie und Geschichte

Es ist kein Zufall, dass die Demographie in einer Weltgeschichte ein eigenes Kapitel einnimmt, und zwar besonders in dem Band, der sich mit der Entstehung der Moderne befasst. Die demographischen Entwicklungen dieser Epoche sind ziemlich gewichtig. Sie sind aber auch im Verhältnis zu anderen Aspekten der Geschichte etwas Eigenes. Demographie ist viel weniger als die Geschichte der Staaten und Gesellschaften, des Wissens und des Glaubens einem verstehenden und interpretierenden Blick zugänglich, auch wenn ihre Auswirkungen auf all diese Bereiche nicht zu ignorieren sind. Was man von der Historischen Demographie nicht erwarten sollte, ist, dass sie auf Grund der sehr persönlichen Daten, die sie verarbeitet (Namen, Geburts-, Heirats- und Todesdaten) und mit Hilfe geheimnisvoller Methoden irgendwie die Menschen in ihrem Kern und in allem, was ihnen wirklich wichtig war, erfasst und so den vielen von der politischen Geschichte nicht zum Sprechen gebrachten Menschen ein eigenes Gesicht und eine Stimme in der Geschichte gibt. In der Demographie geht es zunächst einmal nur um das blanke Präsent-Sein von zählbaren Menschen. Dazu gehören auch die Fragen, wie es zu diesem Präsent-Sein kommt (Kinder werden gezeugt, Zuwanderer kommen ins Land), wie es sein Ende findet (durch Abwanderung und Tod) und was für Konsequenzen das Präsent-Sein von Menschen hat – es kann nämlich ebenso gut das Blühen aufstrebender Landstriche anzeigen, wie es drangvolle Enge verursachen kann.

Präsent-Sein mag ein trockenes und sperriges Thema sein, aber ohne Menschen gibt es keine Geschichte, ohne Geburt und Tod keinen Lebenslauf, ohne Familien keine Wirtschaft. Die eigentümlichen Methoden der Demographie – bei denen es im Kern um mathematische Eigenschaften nicht der Individuen, sondern von Kohorten gleichzeitig geborener Menschen über die Zeit hinweg geht – bieten dabei eine Chance, die Ebenen des Einzelnen und des Kollektivs auf eine spezielle Art zu verbinden. Es geht hier nämlich nicht darum, dass das Einzelschicksal multipliziert mit Hundert oder mit einer Milliarde eben eine sehr große Zahl ergibt. Vielmehr hat das Vorhandensein der Hunderte oder Milliarden in einem bestimmten Raum (oder auch ihre kollektive Lebenserwartung und

Untersuchung der Präsenz von Menschen

Fruchtbarkeit) Konsequenzen für die Einzelnen: Wo niedrige Lebenserwartung und niedrige Fruchtbarkeit vorwiegen, haben die meisten Menschen nur wenige Verwandte; wo die Bevölkerung wächst, kann es zum Verfall der Arbeitslöhne kommen; wo der Anteil der arbeitsfähigen Jahrgänge gering ist, muss man darüber nachdenken, wie die Gesellschaft Transferleistungen für die Alten und die Jungen organisiert. Mit der Sozial- und Wirtschaftsgeschichte ist die Demographie also eng verbunden.

Da es bei der Demographie nicht nur um das Zustandekommen der Bevölkerungszahl geht, sondern auch um ihre Konsequenzen, hat sie letztlich aber auch ganz erhebliche Implikationen für die Kulturgeschichte – nicht, wie es die ältere Forschung in nur selten gelingender Weise versucht hat, in der Art, dass aus der Zuständigkeit der Historischen Demographen für das Thema Heirat auch eine Expertise für das Thema Liebe und Emotion erwüchse, aus ihrer Zuständigkeit für illegitime Geburten eine Expertise für das Thema der Sexualität oder aus ihrer Zuständigkeit für das Thema Tod eine Expertise für die Frage der Kunst des Sterbens. Zu Liebe und Tod können wir bei Theologen, Soziologen und Literaturwissenschaftlern oft Kompetenteres anstelle solcher „demographischer Psychologie" lesen. Es ist aber so, dass die Bevölkerung – vom Einzelnen aus betrachtet – immer aus anderen Menschen besteht, die auf eine bestimmte Art und Weise wahrgenommen werden. Diese Wahrnehmungen werden ganz besonders dort akut, wo jemand kommt oder geht. Demographische Ereignisse und Strukturen stellen also Bruchlinien dar, an denen in historisch unterschiedlicher Weise „demographische Konflikte" auftreten. Heute sind bei uns Zuwanderung, Altersversorgung, Abtreibung und Sterbehilfe solche aktuellen, heißen Themen. Im Übergang zur Moderne stritt man eher über Familiengründung, Abwanderung und die Verantwortung für Kinder. Historische Demographie hat also auch viel damit zu tun, Wahrnehmungen und Regulierungen an diesen Bruchlinien zu untersuchen. Hierin und nicht in der nur scheinbar aufregenden Geschichte von Sex und Tod liegt ihre kulturhistorische Relevanz.

Demographie und Kultur

Veränderungen und große Zusammenhänge

Zwischen 1750 und 1914 wuchs die Weltbevölkerung von 720 auf 1825 Millionen Menschen. Die Weltbevölkerung wurde aber nicht nur zahlreicher, sondern auch europäischer und amerikanischer, während die Anteile des großen Asien und Afrikas zurückgingen. In derselben Zeit kam es in den westlichen Ländern zu zwei fundamentalen demographischen Vorgängen: zum Entkommen aus der „malthusianischen Falle" und zum demographischen Übergang. Beide haben mit diesem zunehmenden Gewicht des Westens zu tun und blieben nicht auf die westlich-nordatlantische Welt beschränkt.

Mit dem Begriff der „malthusianischen Falle" wird ein Grundproblem praktisch aller Gesellschaften der Vormoderne bezeichnet: Tendenziell blieb wirtschaftlicher Fortschritt, auch wenn er möglich war, nutzlos, denn dort, wo mehr Produkte – vor

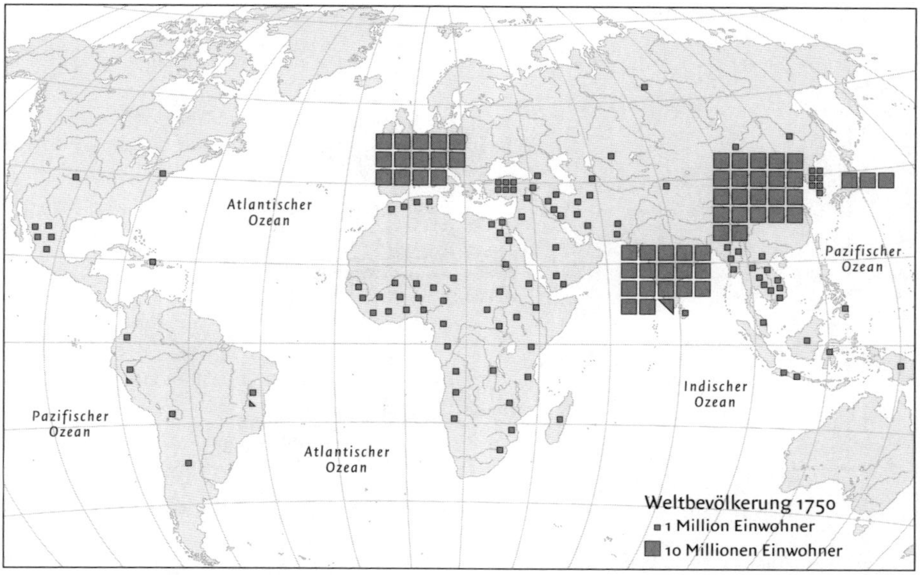

Verteilung der Weltbevölkerung um 1750
(nach: Dupâquier/Bardet 1998, Nordamerika korrigiert nach Ubelaker 1988).

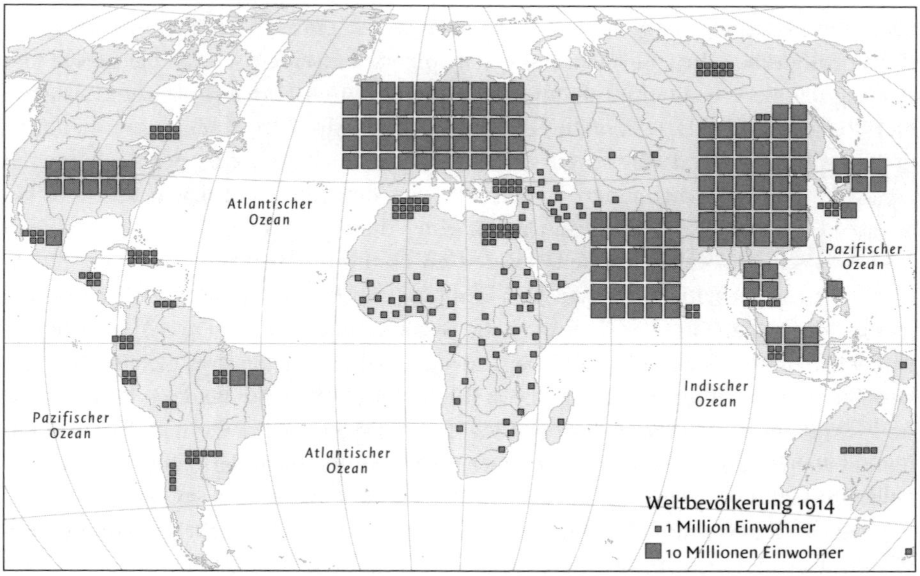

Verteilung der Weltbevölkerung um 1914
(nach: Dupâquier/Bardet 1998 und nach Maddison 2001).

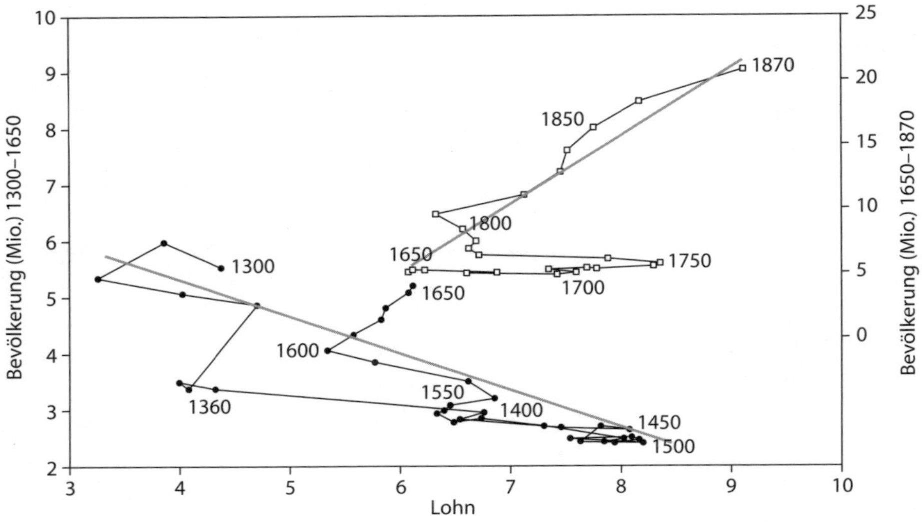

Grafik 1: Reallohn und Bevölkerung in England (Reallöhne von Londoner Bauarbeitern nach Allen 2001 [Gramm Silber pro Tag, dividiert durch in Gramm Silber bemessene Kosten eines Warenkorbs lebensnotwendiger Güter in Straßburg um 1745–1754]; Bevölkerung nach Clark 2007a).

allem Lebensmittel – hergestellt wurden, konnten auch mehr Menschen überleben. In der Vormoderne führte Bevölkerungswachstum stets zu einem Verfall der Löhne und Anstieg der Lebensmittelpreise, und hohe Preise hatten Hungerkrisen und erhöhte Sterblichkeit zur Folge. Im linken Teil von Grafik 1 kann man diesen Zusammenhang für England klar sehen: Auf der horizontalen Achse ist der Reallohn seit dem 14. Jahrhundert eingetragen, auf der linken vertikalen die Bevölkerungsgröße. Die einzelnen mit einer durchgezogenen Linie verbundenen Punkte bestehen jeweils aus den für bestimmte Zeitpunkte oder Zeiträume ermittelten gleichzeitigen Werten von Reallohn und Bevölkerungsgröße. In England galt bis ins 17. Jahrhundert: Je größer die Bevölkerung, desto geringer der Reallohn. Danach (rechter Teil der Grafik) begann der Reallohn trotz etwa gleichbleibender Bevölkerung anzusteigen, und ab etwa 1800 kletterten sogar beide – Bevölkerung und Reallöhne – gleichzeitig. Ein ähnliches Umkippen des Fundamentalzusammenhanges von Bevölkerung und Reallohn ist auch in anderen Ländern, etwa in Deutschland, beobachtet worden, nur dass dieser Prozess dort später einsetzt.

Ausbruch aus der „malthusianischen Falle"

Den als malthusianische *positive checks* fungierenden Hungerkrisen konnten Bevölkerungen durch den *preventive check* entgehen, wenn sie gar nicht erst so stark anwuchsen und stattdessen weniger Kinder zur Welt kamen. Das konnte dann zu einem dauerhaft höheren Pro-Kopf-Einkommen führen – jedoch nur in begrenztem Maße, denn bis zum Aussterben konnte man diese Strategie nicht gut treiben. Anders als ein verändertes Heirats- und Geburtenverhalten konnte technologischer Fortschritt das Einkommensniveau jedoch nicht dauerhaft anheben; er führte unweigerlich zu mehr Überlebenden und damit wieder zu demselben Pro-Kopf-Einkommen für eine gewachsene Bevölkerung. Dieser theoretisch und empirisch bis in die Frühe Neuzeit gut belegbare Zusammenhang brach zwischen 1700 und 1800 zunächst in England auf. Männer und Frauen heirateten jünger und blieben seltener ledig, die Bevölkerungszahl nahm zu, aber die Preise stiegen nicht mit an, und die Durchschnittseinkommen wuchsen mit einiger Verzögerung, anstatt zusammenzubrechen. Hierin besteht die demographische Seite dessen, was auch in der neuesten Forschung zur globalen Wirtschaftsgeschichte (etwa bei Robert Allen und Jan Luiten van Zanden) als Industrielle Revolution bezeichnet wird. Sie bedeutete einen fundamentalen Bruch in der Wirtschaftsgeschichte: Aller ökonomischer Fortschritt in den Jahrhunderten zuvor war immer wieder von zusätzlichen Menschen mehr oder weniger aufgezehrt worden, nur die Handelsgewinne und Innovationen seit dem 17. und 18. Jahrhundert nicht. Dafür, von einer bloßen „Industrialisierung" zu sprechen, gibt es gewiss gute Argumente – die Weltgeschichte kennt viele regionale Industrialisierungen und „Proto-Industrialisierungen" von epochal eingeschränkter Bedeutung (s. dazu auch das folgende Kapitel). Der grundlegende Bruch im Systemzusammenhang von Wirtschaft und Bevölkerung, der zwischen dem 17. und dem 19. Jahrhundert einsetzte, rechtfertigt es aber auch, eben von einer revolutionären Veränderung zu sprechen – nicht, weil damit erstmals Marktwirtschaft entstanden wäre oder weil die europäischen Gesellschaften bis zum 18. Jahrhundert keine Arbeitsmärkte gekannt hätten oder weil sich mit der Industriellen Revolution der Profitgedanke durchgesetzt hätte oder weil das mit ihr einsetzende Wachstum die Wirtschaft plötzlich und rasch nach oben gezogen hätte – das ist alles nicht der Fall. Die Industrielle Revolution besteht darin, dass man für die in Grafik 1 abgebildeten Epochen zwei völlig unterschiedliche Trendlinien zeichnen kann: eine vorindustrielle, die von links oben nach rechts unten führt, und eine industrielle von links unten nach rechts oben.

Es ist umstritten und bis heute nicht wirklich geklärt, weshalb das möglich wurde. Mehrere Aspekte sind wichtig: Zum einen veränderte sich die Art der Innovationen. Vor der Industriellen Revolution waren sie sporadisch, mit ihr entstand der Beruf des Ingenieurs. Ab dem 18. Jahrhundert wurden Erfindungen systematisch betrieben und finanziert, manche (nicht alle) von ihnen lohnten sich auch für die Erfinder selbst, weil das Patentwesen sich etablierte. Innovationen gingen nun auch jeweils in die benötigte Richtung. Die beiden folgenden Abbildungen machen das deutlich. Die linke zeigt einen britischen, die rechte einen chinesischen Töpferofen. Im britischen Ofen entweicht die Hitze nach oben, man unterhält nur ein Feuer, das von einer Person geschürt werden kann. Im chinesischen Ofen, der um ein Vielfaches aufwendiger zu bauen ist, wird die Hitze durch ein System aus mehreren Kammern hangaufwärts geleitet, und es müssen mehrere Feuer unterhalten werden. Die Beobachtung, dass in China energiesparende, in Europa dagegen arbeitssparende Innovationen entwickelt wurden, lässt sich auf die

Gründe für den Umbruch: 1. Innovationen

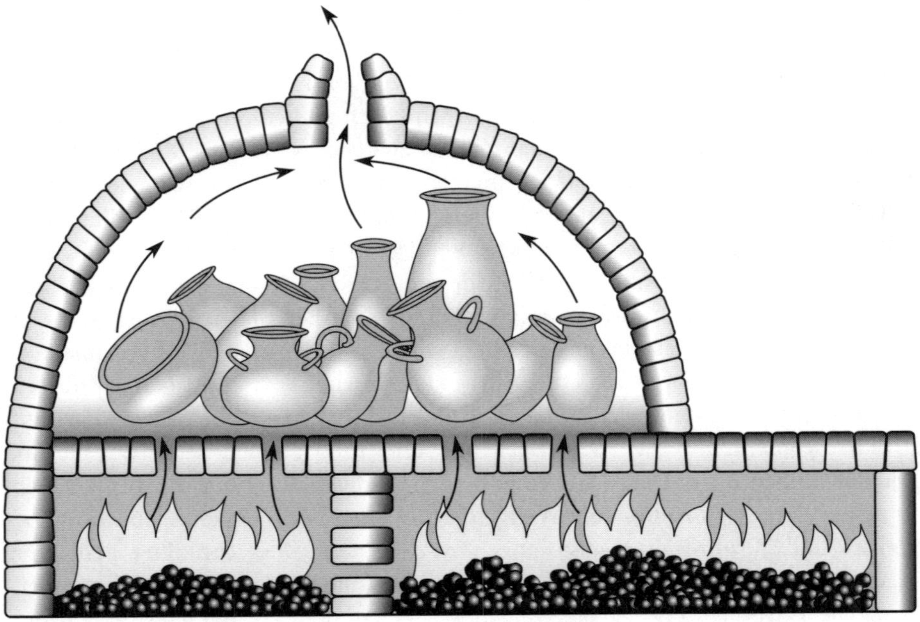

Töpferofen in England (nach: Allen 2009).

europäische Industrialisierung übertragen. In England, wo Kohle billig und Arbeit teuer war, ersetzte die Dampfmaschine körperliche Arbeit durch Energie; in der deutschen Landwirtschaft, wo Stickstoff knapp und Arbeitskraft reichlich vorhanden war, fing man an, das Rindvieh im Stall zu halten, ihm Futter zu bringen und seinen Dung sorgfältig zu sammeln und zu verteilen – harte, zu großen Teilen von Frauen geleistete körperliche Arbeit. Ökonomische Gesetzmäßigkeiten wie die „malthusianische Falle" gelten stets *ceteris paribus* und bedeuten keine eisernen, unüberwindlichen Hindernisse, sondern setzen sich nur mit einer gewissen Zeitverzögerung durch. Die „malthusianische Falle" war eng genug, so dass es in der Wirtschaft vor dem großen Systemwechsel auf längere Sicht nichts nützte, wenn eine einzelne Innovation die Technologie voranbrachte. Ganz andere Konsequenzen hatte aber der systematische Strom an Innovationen, der ab dem 18. Jahrhundert einsetzte.

Neben den Innovationen liegt in der geographischen Ausweitung der Produktmärkte ein zweiter Aspekt, der die ab dem 18. Jahrhundert massiv verbesserte Aufnahmefähigkeit der westlichen Volkswirtschaften für zusätzliche Menschen erklären kann. Wenn man nur lokal nachgefragte Güter produziert, wie das etwa das traditionelle Landhandwerk tat, dann wird der Platz für den zweiten, dritten oder vierten Schmied im Dorf sehr rasch eng. Bereits seit dem 16. Jahrhundert bildeten sich aber besonders für Textilien überregionale, bald auch internationale und die Kontinente überspannende Märkte. Schon im 17. Jahrhundert ge-

2. Ausweitung der Produktmärkte

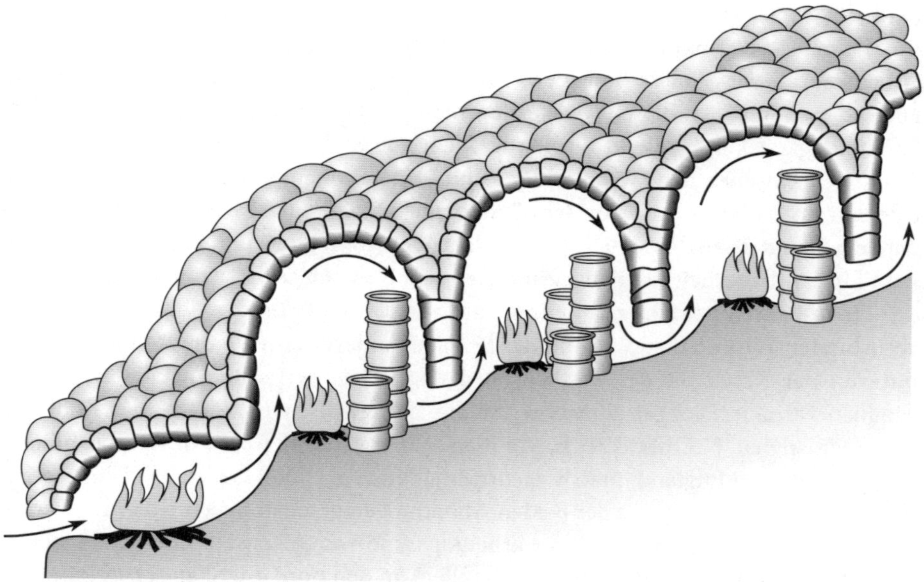

Töpferofen in China (nach: Allen 2009).

lang es den Ländern der Nordseeregion, vor allem den Niederlanden und England, eine zentrale Position im Welthandel zu erobern. Dass England (nach kleinen Anfängen um 1700) im späten 18. Jahrhundert dazu überging, Baumwollstoffe nicht nur weiterzuverkaufen, sondern in großen Mengen selbst herzustellen und nach Afrika und auf den europäischen Kontinent zu exportieren, drückte für die Textilproduzenten zwar weltweit die Preise, aber dies nur langsam – die meisten davon lebten in Indien. Im 19. Jahrhundert fielen durch den Eisenbahnbau die Transportkosten auch für Getreide. Entsprechend stark waren die Anreize, die landwirtschaftliche Produktion auch dann zu steigern, wenn dies einen erhöhten Arbeitseinsatz verlangte. Die Ausweitung von Märkten dämpfte und verlangsamte also den Einkommensverfall, den das Bevölkerungswachstum tendenziell mit sich brachte.

Drittens wird zunehmend betont, dass der Entwicklungspfad Englands hin zu arbeitssparenden Innovationen und hoher Arbeitsproduktivität deshalb möglich wurde, weil Arbeit dort schon lange relativ teuer war. Das hat wiederum damit zu tun, dass auch lange vorher die Bevölkerung dort nicht so rasch wuchs, wie es möglich gewesen wäre. Die Pest, aus Asien kommend und dort zum Teil noch heute endemisch, hatte im 14. und 15. Jahrhundert die Bevölkerung in vielen Ländern Europas dezimiert, auch in England und den Niederlanden. Der Rückgang der Bevölkerung ließ die Lebensmittelpreise fallen und die Reallöhne steigen; ihr Wiederanstieg vor allem im 16. Jahrhundert drückte die Reallöhne dann wieder – mit Ausnahme Englands und der Niederlande. Beide standen im

3. Relativ hohe Reallöhne

Zentrum großer Handelsimperien, ihre Handelsgewinne trieben also die Löhne hoch; in beiden bot das hohe Lohnniveau besonders jungen Frauen Chancen auf dem Arbeitsmarkt, was Anlass bot, die Heirat zu verschieben, so dass die Bevölkerung langsamer wuchs. An dieser Stelle sehen manche das Entstehen der sehr speziellen Selbständigkeitskultur, die in Europa westlich von St. Petersburg und Triest die Beziehungen zwischen den Geschlechtern und Generationen prägte: Man heiratete aus eigenem Entschluss, schob vor dem Familienleben eine Phase des Arbeitens für andere ein, heiratete auch möglichst nicht Hals über Kopf, und wenn man heiratete, war man für den Unterhalt der neugegründeten Familie auch selbst verantwortlich.

Einen vierten gewichtigen Beitrag zum raschen und von der Bevölkerung nicht absorbierten Wirtschaftswachstum des 19. Jahrhunderts leisteten die zusätzlichen Inputs aus der Natur, die der westlich-nordatlantischen Wirtschaft in dieser Zeit zugänglich wurden. Das galt zunächst für die „unterirdischen Wälder“ der Kohle in England, Belgien, Nordfrankreich, Preußen – Energiepreise waren in Europa, besonders in England, massiv niedriger als etwa in China, wo konsequenterweise – wie wir anhand der beiden Abbildungen gesehen haben – die Innovationen viel eher energie- und weniger arbeitssparend waren. Zusätzliche Inputs boten aber auch die weiten Landstriche, die vor allem an den nordamerikanischen Rändern der europäischen oder besser europäisch werdenden Welt unter Verdrängung der indianischen Ureinwohner besiedelt wurden. An diesem Punkt ist die Bevölkerungsgeschichte mit der des Wirtschaftswachstums über das Thema Migration verbunden.

4. Natürliche Ressourcen

Das 19. Jahrhundert war eine Zeit großer Wanderungsbewegungen besonders aus Europa nach Nordamerika (s. S. 82f.). Ältere Vorstellungen einer „Migrationstransition“ besagen, dass die Bevölkerung in vormodernen Gesellschaften grundsätzlich sesshaft war und dass erst die Modernisierung Europas Massenwanderungen und damit die Nutzung neuer Räume ermöglichte. Unser Bild schon des Mittelalters und erst recht der Frühen Neuzeit hat sich demgegenüber in den letzten Jahrzehnten sehr gewandelt. Europa und die Welt erscheinen in neuerer Sicht voller Bewegung von einem Ort und einem Kontinent zum anderen, und zwar immer schon: Erzählungen über Handwerker, Vaganten, Scholaren, Wikinger und „Zigeuner“, Nomaden, Buren und Zulus, Entdecker, Kreuzfahrer und Sklaven vermitteln den Eindruck, Migration habe immer schon und überall zur *conditio humana* gehört. Das ist auch richtig so, aber nur mit zwei Einschränkungen: Im 19. Jahrhundert waren die europäischen Migrationsraten tatsächlich deutlich höher als sonst, und ganz grundsätzlich war die europäische Gesellschaft stärker als andere von Arbeitsmärkten geprägt – von Märkten für „freie“ Arbeit, die mit ihrer eigentümlichen Verbindung von individuellem Vertragsschluss und persönlich verpflichtender Rechtsbeziehung eine über Jahrhunderte gewachsene und nicht selbstverständliche juristische Konstruktion darstellen.

Migrationen

Ein Großteil der europäischen Überseewanderung kann als eine Ausweitung der europäischen Arbeitsmärkte verstanden werden. Eine alternative Möglichkeit, Land in der „Neuen Welt“ als ökonomischen Input zu nutzen, bestand darin, unfreie Arbeitskräfte dorthin zu bringen. Das betraf sowohl Sklaven aus Afrika als auch Kulis (Vertragsarbeiter, die aus ihren Verträgen zu entkommen keine Chance hatten) aus Asien. Je knapper Arbeitskräfte waren und je weiter das Land, desto eher wurde Zwang eingesetzt. Die halb aus afrikanischen Gesellschaften importierte, halb aus der europäisch-mediterranen Antike übernommene Institution der Sklaverei hatte allerdings im 19. Jahrhundert zwei Probleme, ein demographisches und ein politisches: Demographisch gelang es den Sklavenbesitzern in keiner der neuweltlichen Plantagengesellschaften mit Ausnahme der USA, die versklavte Bevölkerung ohne Sklavenhandel zu reproduzieren. Dieser aber wurde bereits 1807/1808 zumindest von amerikanischer und wichtiger noch von britischer Seite verboten – auch wenn es lange dauerte, bis dieses Verbot etwa in Bezug auf Brasilien, aber auch auf die afrikanischen Sklavenjägergesellschaften durchgesetzt wurde. Politisch hatte die Sklaverei besonders in den USA und im britischen Weltreich das Problem, dass die Sklaven sie nicht wollten und die freien Arbeiter sie fürchteten. Zugleich widersprach die Sklaverei christlichen, besonders protestantischen Werten der Gleichheit. Als Institution brach die westliche Sklaverei im Lauf eines knappen, von der haïtianischen Sklavenrevolution 1791 bis zur verspäteten Emanzipation in Brasilien 1888 reichenden Jahrhunderts zusammen – eine volkswirtschaftlich durchaus leistungsfähige Produktionsweise, zur Seite geräumt nicht von den Kräften des ökonomischen Fortschritts, wie viele Zeitgenossen meinten, sondern von Politik und Religion.

Neben dem Entkommen aus der „malthusianischen Falle“ liegt der zweite Fundamentalvorgang, der im 19. Jahrhundert zunächst in Nordwesteuropa einsetzte, im „demographischen Übergang“: im Absinken der Sterbe- und Geburtenrate, wie es im 20. Jahrhundert als entwicklungspolitisches Vorbild und Modell für die ganze Welt festgeschrieben wurde. Mit dem „demographischen Übergang“ ist zunächst die Beschreibung dieses Vorganges gemeint, der als solcher unstrittig und rasch benannt ist: Dass unsere Kinder die ersten Tage und Monate überleben und dass wir ein Alter von über 80 Jahren erreichen, ist für uns hier und heute ungleich sicherer als für unsere Vorfahren um 1700; und eine solche Zunahme der Lebenserwartung ist ein weltweiter Vorgang. Zugleich bekommen wir im Durchschnitt nicht mehr vier bis sechs Kinder, wie es in Europa im 18. Jahrhundert normal war, sondern ein bis zwei (oder keines). Auch dieser Trend gilt weltweit. Mit dem „demographischen Übergang“ als Modell sind aber auch Annahmen über den typischen Verlauf dieser Vorgänge verbunden, wie sie in Grafik 2 skizziert werden. Anfänglich lagen Geburten- und Sterberaten danach auf ungefähr gleich hohem Niveau, danach fiel erst die Sterbe- und dann zeitverzögert die Geburtenrate. Dies führte zu einem Schub an Bevölkerungswachstum, bis beide Raten sich auf einem niedrigen Niveau wieder einpendelten. Diese Verlaufsvorstellung ist in mehrfacher Hinsicht falsch. Das gilt schon für den damit vorausgesetzten vortransitionären Normalzustand eines ungefähren Nicht-Wachstums der Bevölkerung. Die „malthusianische Falle“ besagt nämlich nicht, dass die Bevölkerung nicht wachsen kann, sondern nur, dass das Pro-Kopf-Einkommen auch bei technischem Fortschritt tendenziell konstant bleibt, weil die Bevölkerung auf verbesserte Technologien eben mit Wachstum

Der „demographische Übergang“

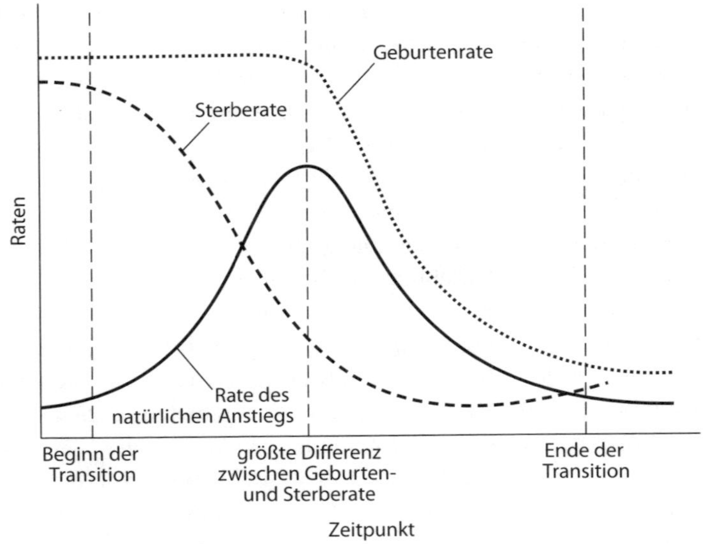

Grafik 2: Modell der demographischen Transition (nach: Livi-Bacci 1997).

reagiert. In vielen europäischen und außereuropäischen Regionen war bereits das 18., ja schon das 16. Jahrhundert eine Phase wachsender Bevölkerung. Insofern muss man auch nicht annehmen, dass das Bevölkerungswachstum aus einer Verspätung des Fruchtbarkeitsrückgangs gegenüber der Sterblichkeit resultiert. Grafik 3 zeigt die Verläufe der Bruttoreproduktionsrate (also der Töchter pro Frau) und der Lebenserwartungen für Frankreich, England, Costa Rica und ein philippinisches Dorf im langen 19. Jahrhundert. Dass zunächst die Sterberaten und dann erst die Geburten zurückgingen, ist in keiner Weise die Regel – das war so im Fall Schwedens, also des Landes, dessen Daten am längsten bekannt sind, aber in Frankreich waren das parallele Vorgänge, und in England stiegen die Geburten zunächst an. Costa Rica zeigt im 19. Jahrhundert heftige Schwankungen und das philippinische Dorf einen im Licht der Übergangsthese geradezu perversen Verlauf abnehmender Lebenserwartung und zunehmender Fruchtbarkeit. Als Verlaufsmodell mit allgemeiner Gültigkeit ist der „demographische Übergang“ offenbar untauglich.

Hinter diesen Problemen steckt die grundsätzlichere Frage, was denn eigentlich die treibende Kraft beim „demographischen Übergang“ ist. Dass im 19. Jahrhundert in Europa (aber z.B. nicht in China) die Sterblichkeit zurückging, ist dabei in allererster Linie eine Folge des Wirtschaftswachstums, das mit einiger Verzögerung zu einer besseren Ernährung der breiten Bevölkerung führte. Die Verzögerung war dabei nicht unerheblich: Es dauerte Jahrzehnte, bis das gestiegene Bruttosozialprodukt an den Reallöhnen, der Lebenserwartung oder der Körpergröße breiter Massen messbar wurde. Medizinischer Fortschritt spielte eine

Faktoren sinkender Sterblichkeit

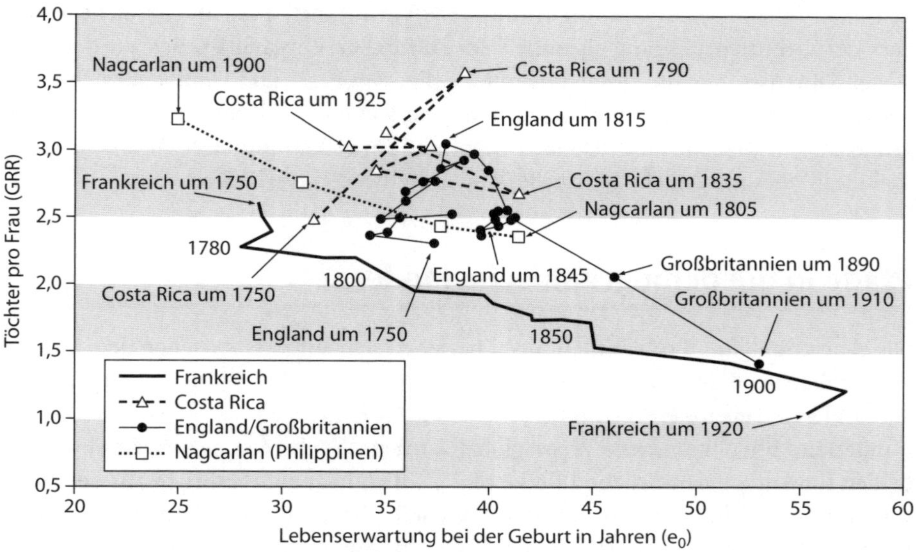

Grafik 3: Bruttoreproduktionsraten und Lebenserwartungen in England, Frankreich, Costa Rica und einem philippinischen Dorf, 1750–1920 (Werte geglättet; e_0 und GRR für Frankreich nach Wrigley/Schofield 1981 sowie www.mortality.org und www.gapdata.org; für England nach Wrigley/Schofield 1981; für Großbritannien nach Woods 1995; für Costa Rica nach Pérez-Brignoli 2010; für Nagcarlan eigene Berechnung nach Smith/Ng 1982).

geringere Rolle – obwohl die frühe Einführung der Pockenschutzimpfung von Gewicht war. Krankenhäuser verbreiteten noch lange mehr Krankheiten, als sie Heilung ermöglichten – es war schon ein Fortschritt, wenn die Patienten wenigstens an derjenigen Krankheit starben, mit der sie eingeliefert wurden. Zwar war die Industrialisierung lange Zeit medizinisch gesehen zutiefst ungesund, und erhebliche Lohnaufschläge waren erforderlich, um Menschen überhaupt in die wachsenden Städte zu locken. Auf längere Sicht gelang es den Stadtverwaltungen jedoch, kommunal finanzierte Netze von Frischwasserversorgung und Entwässerung aufzubauen und so die Nachteile des engen Zusammenlebens auszugleichen.

Ursachen des Geburtenrückgangs

Nicht ganz so einfach ist die Frage zu beantworten, weshalb es zum Rückgang der Fruchtbarkeit kam – eine Frage, mit der heute auch die nach einer sinnvollen Strategie der Entwicklungspolitik angesichts des weltweiten Bevölkerungswachstums verbunden ist. Man kann grundsätzlich auf zwei Weisen darüber denken. In ihrer ursprünglichen, um 1945 angesichts der politischen Entdeckung der „Dritten Welt" entwickelten Form besagte die Theorie der demographischen Transition, dass der Fruchtbarkeitsrückgang eine geradezu automatisch eintretende Folge von Wirtschaftswachstum und Abbau der Kindersterblichkeit ist. Als Politikempfehlung ergibt sich daraus, dass man eine Bevölkerungspolitik eigentlich nicht braucht: „Entwicklung ist die beste Verhütung." Eine andere Sicht besagt, dass der Geburtenrückgang eigentlich ein kultureller Vorgang ist, der auf der weltweiten Durchsetzung unseres heutigen Modelles von Paar- und Familienbeziehungen beruht, in dem Sexualität und Fortpflanzung voneinander gelöst und Familiengrößen grundsätzlich planbar sind. Danach bestünde Entwicklungspolitik zu einem guten Teil darin, dieses westliche kulturelle Modell weltweit zu verbreiten.

Pfade in die demographische Moderne

Demographische und Industrielle Revolution

Die eben entfalteten Problemstellungen beziehen sich auf zwei zwischen dem 18. und dem frühen 20. Jahrhundert in Europa einsetzende und den Westen auch zunächst von anderen Teilen der Welt unterscheidende Vorgänge, die dann erst im 20. Jahrhundert auf unvollkommene Weise global wurden. Wie kam es dazu? Wie sind diese beiden fundamentalen Brüche zu erklären? Zeitlich liegt der Ausbruch aus der „malthusianischen Falle" vor dem demographischen Übergang; wie es zur Industrialisierung kam, wird im folgenden Beitrag diskutiert. Manche möglichen Anteile an den Voraussetzungen dessen, was man „Industrielle Revolution" nennen kann, haben dabei selbst etwas zwar nicht mit dem demographischen Übergang, wohl aber mit dem demographischen Verhalten zu tun. So bezieht sich eine denkbare Voraussetzung der Industrialisierung auf das Bevölkerungswachstum: Wenn die Bevölkerung allzu rasch gewachsen wäre, wäre der Anreiz zu arbeitssparenden Erfindungen geringer gewesen. Ein anderer denkbarer Zusammenhang betrifft die räumliche Mobilität. Manche Autoren sehen das Revolutionäre an der Industriellen Revolution in der Herausbildung freier Arbeitsmärkte. Das passt zu der Vorstellung einer „Mobilitätstransition", wonach die vorindustrielle Gesellschaft von Sesshaftigkeit, die industrielle Moderne dagegen von hohen Migrationsraten geprägt gewesen sei. Die Frage, welche möglichen Pfade in die oben allgemein skizzierte Richtung führten, soll im Folgenden vor allem im Vergleich westlicher mit asiatischen Gesellschaften untersucht werden.

Geburt und Tod finden in der Familie, nicht im Betrieb statt – auch wenn die klare Trennung zwischen Familien und Unternehmen selbst eine Entwicklung der Moderne ist. Wenn wir den demographischen Übergang verstehen wollen, dann müssen wir also die Familiensysteme genauer betrachten. Das gilt mit Sicherheit für die Geburten, die hier zunächst thematisiert werden sollen, vielleicht aber auch für das Sterben. Eine sehr einfache Vorstellung von dem demographischen Übergang könnte darin bestehen, dass man für die Vergangenheit Geburtenzahlen in der Höhe vermutet, die dem menschlichen (d.h. dem weiblichen) Körper möglich ist. Das würde zu Bruttoreproduktionsraten (GRR) von annähernd sechs führen (also sechs Töchter bzw. zwölf Kinder pro Frau), wie sie bei Frankokanadiern im 17. Jahrhundert und bei einer täuferischen Religionsgruppe, den Hutterern, im 20. Jahrhundert beobachtet worden sind. Solche Raten kommen aber in Ländern der sogenannten Dritten

Gemäßigte Niveaus von Fruchtbarkeit

Welt im 20. und auch, soweit wir Daten haben, im 19. Jahrhundert eben gerade nicht vor. In Costa Rica und in einem philippinischen Dorf, für das Daten seit dem frühen 19. Jahrhundert vorliegen (Grafik 3), liegt die GRR zwischen 1800 und 1920 höchstens bei vier, meistens auf demselben Niveau von etwa zwei bis drei. Diese Zahl war auch in europäischen Ländern um 1700 oder 1800 normal, und zwar zum einen, weil viele Frauen (noch) unverheiratet waren, und zum anderen, weil Frauen und Männer innerhalb der Ehe eben nicht so viele Kinder zeugten, wie es körperlich möglich ist. Ähnliches gilt für China, das sich das europäische Bevölkerungsdenken seit Malthus als Gegenbild zum zurückhaltenden Europa vorgestellt hat – als eine Gesellschaft, in der alle sehr früh heirateten und so viele Menschen geboren wurden, dass jeder technische Fortschritt in Mehrbevölkerung aufging. So war das historische China aber eben nicht: Zwar heirateten (fast) alle, aber überwiegend in arrangierten Ehen, die weniger als die europäischen, die ja seit dem Mittelalter auf dem Konsens der Brautleute beruhten, mit einer intensiven sexuellen Beziehung verbunden waren. In der staatsgestützten patriarchalischen Gesellschaft Chinas fanden Paare nicht aus eigener Entscheidung zusammen, sie beschlossen nicht selbst, wann sie Kinder wollten, ja sie konnten nicht einmal selbst entscheiden, ob ihre Kinder überleben sollten – konsequenterweise lag die eheliche Fruchtbarkeit im vortransitionären China unter dem europäischen Niveau. Somit ist die Vorstellung von einer „natürlichen Fruchtbarkeit“, die dann im Zuge eines Modernisierungsprozesses durch „Geburtenbeschränkung“ abgelöst wird, irreführend.

Fruchtbarkeit als sozialer Faktor

Fruchtbarkeit ist nicht natürlich, sondern sozial. Sie hängt davon ab, welche Beziehungen Menschen eingehen und wie sie diese gestalten. Oft stellt man sich die traditionelle Gesellschaft (und damit dann gleich alle nichtwestlichen Gesellschaften) irrtümlich als das genaue Gegenteil unserer Gegenwart vor. Weil in der Begründung unserer Paarbeziehungen Emotionalität und freie Wahl eine große Rolle spielen, meint man, Ehen im Europa des 18. Jahrhunderts und solche in der Dritten Welt seien generell arrangiert und materiell begründet gewesen – oder sie seien es sogar noch. Weil bei uns die Nutzung der gängigen pharmazeutischen Technik zur Vermeidung von Schwangerschaften ein wichtiger Aspekt des Erwachsen- und Selbstverantwortlich-Werdens besonders von Mädchen ist, meint man, in traditionellen Gesellschaften habe Schwangerschaft nicht einmal im Bereich dessen gelegen, worüber Paare oder Frauen selbst entschieden hätten. Die naheliegende Tendenz, sich die Vormoderne und die außereuropäische Welt als Negativ unserer Gegenwart vorzustellen, verwischt aber die großen Unterschiede zwischen den Kulturen.

Das vortransitionäre Niveau der Fruchtbarkeit – auf halbem Wege zwischen dem biologisch Möglichen und dem in der Moderne normal Werdenden liegend – kann auf drei Wege der Geburtenbeschränkung zurückgeführt werden: *Stopping*, *Spacing* und *Starting*. *Stopping* entspricht der modernen Familienplanung, bei der man so viele Kinder bekommt, wie man möchte, und dann aufhört. In vormodernen Gesellschaften ist das einerseits technisch schwierig, denn sichere Methoden (Kondome,

Pille, natürliche Familienplanung) sind noch nicht entwickelt, und die gängigen Methoden (Stillen und Coitus interruptus) funktionieren nicht immer. Andererseits ist es auch wegen der hohen Kindersterblichkeit fraglich, ob ein *Stopping* beim Erreichen der „Zielkinderzahl" überhaupt sinnvoll ist. Wann *Stopping* einsetzte, war lange ein wichtiges Thema der bevölkerungsgeschichtlichen Forschung. Es gibt durchaus schon für die Zeit um 1700 Belege für Familien aus städtischen Oberschichten der Schweiz, die ein gewisses Interesse daran hatten, ihre Söhne zum Beispiel im Rat der Stadt zu platzieren, dies aber nur für eine begrenzte Zahl erreichen konnten. Vielleicht spielt auch der Calvinismus als eine religiöse Ausrichtung eine Rolle, die die Eigenverantwortlichkeit des Individuums sehr stark betont. In der Masse der europäischen Regionen kam es allerdings erst in der zweiten Hälfte des 19. Jahrhunderts zu einem Fruchtbarkeitsrückgang, der auf *Stopping* zurückgeführt werden kann. Auch wenn dieser Vorgang aufwendig (im „Princeton-Projekt") anhand von Daten zu relativ großen geographischen Einheiten untersucht worden ist, sind die Ergebnisse nicht eindeutig. Manche Autoren argumentieren, dass harte, messbare ökonomische Auslöser nicht aufzufinden seien, und dass es sich daher um einen „ideationalen" Vorgang handeln müsse, also um die irreversible Verbreitung der für die europäische Mentalität zu diesem Zeitpunkt neuen Idee, dass man auch aufhören kann, Kinder zu bekommen. Sie folgern daraus, dass es für heutige Drittweltländer sehr wichtig ist, dass dort bevölkerungspolitische Programme durchgeführt werden, die auf die Kosten der Regulierung zielen, die also eine Mentalität fördern, die Fruchtbarkeit als gestaltbar sieht und zugleich die Methoden der modernen Medizin verbreitet. Andere Autoren haben anhand von feiner differenzierten Daten (in Preußen: Landkreise statt Regierungsbezirke) festgestellt, dass mit der Berufstätigkeit von Frauen, der Präsenz von Lehrern und dem Einkommensniveau sehr wohl ökonomische Größen nachweisbar sind, die einen Einfluss auf den europäischen Fruchtbarkeitsrückgang hatten. In dieser Sicht folgt die Geburtenzahl grundsätzlich den Bedürfnissen der Eltern, die sich im Zuge des Entwicklungsprozesses eben wandeln: Wenn Frauen arbeiten und auch Mädchen lesen und schreiben können, verzichten sie pro Kind auf mehr Einkommen als vorher, so dass sich die ökonomischen Anreize verschieben. Ein Propagieren von Familienplanung ist danach entweder überflüssig oder den Bedürfnissen der Eltern entgegengesetzt.

Wege der Geburtenbeschränkung: 1. Stopping

Der zweite Weg der Geburtenbeschränkung ist das *Spacing*. In der älteren Forschung wird es kaum als Variante von Geburtenbeschränkung gesehen, es zählt nur das Aufhören. Abstände zwischen den Geburten können sich im Durchschnitt vor allem dadurch ergeben, dass unsichere Verhütungsmethoden, vor allem Stillen und Coitus interruptus, eingesetzt werden. Dass Letzterer bei Arbeiterfamilien in Berlin oder London um 1900 weit verbreitet war, wissen wir aus Interviewstudien. Ärzte empfahlen ihn nicht: Das medizinische Konzept von Verhütung drehte sich schon damals um einen den männlichen Höhepunkt einschließenden Geschlechtsakt, den es mit auf den weiblichen Körper zielenden, Vorbereitung und Planung erfordernden Methoden (z. B. Pessar) fertilitätsmäßig zu entschärfen galt.

2. Spacing

Die Interviewstudien zeigen, dass Sexualität in eher traditionellen, vorbürgerlichen Milieus nicht zwingend solchen bürgerlich-medizinischen Vorstellungen entsprechen musste; andererseits hinterlässt die innereheliche Alltagssexualität in den Quellen so wenig Spuren, dass sich über ihre praktischen Aspekte kaum Sicheres sagen lässt.

Im Kulturvergleich werden die Unterschiede deutlicher: Die für das China des 18. und 19. Jahrhunderts typische niedrige innereheliche Fruchtbarkeit kontrastiert mit einem Westeuropa, in dem im Großen und Ganzen nicht nur die Ehe eine Vorbedingung für sexuelle Aktivität war, sondern umgekehrt auch durchaus die sexuelle Aktivität ein zentraler Teil des ehelichen Lebens. Westeuropa mag, wenn man die geistlichen und weltlichen Moralpredigten des 19. Jahrhunderts liest, von einer „viktorianischen" und sexualitätsfeindlichen Kultur geprägt erscheinen. Das liegt aber vor allem daran, wie eifersüchtig in dieser Kultur der Zugang zur Ehe bewacht wurde, und wie viel Anstoß man am Verhalten derer nahm, die hier Umwege gingen. In der Ehe selbst sah das anders aus. Im Ost-West-Vergleich fällt auf, dass zu einem aktiven, erfolgreichen Leben in Westeuropa nicht nur Haus und Hof (oder Gewerbe und Beruf) und eben die Ehe gehörten, sondern auch, dass in der Ehe Kinder kamen, solange das eben biologisch möglich war. Wie viele das waren, konnten verheiratete Männer und Frauen in Westeuropa selbst entscheiden; niemand redete ihnen in ihren sexuellen Alltag hinein. Das war in China anders: Konfuzianische Lehren empfahlen sexuelle Zurückhaltung, weil zu häufiger Verlust des Samens auf Männer schwächend wirke. Vor allem aber war es gar nicht vom Paar selbst zu entscheiden, ob es ein Kind zeugte. Das war eine Frage, die von der (mehrere Paare umfassenden) Familie entschieden wurde, und die Familie bestimmte in China und Japan auch, welche dennoch gezeugten und womöglich überzähligen Neugeborenen man tötete. Kindstötung war in Europa dagegen tabuisiert; statt des japanischen *mabiki* („Setzlinge ausdünnen") und des chinesischen *ni ying* („Kind ertränken") war der Begriff des „Findelkindes" allgemein bekannt. Hospitäler, vor allem im katholischen Europa, nahmen um die Mitte des 19. Jahrhunderts über 100.000 ausgesetzte Kinder auf, der größere Teil davon stammte von verheirateten Paaren.

Geburtenabstände im Kulturvergleich

Es ging an dieser Stelle zunächst um Coitus interruptus und innereheliche Abstinenz als Wege zu größeren Geburtenabständen, darüber hinaus um den Umweg der Kindstötung oder -aussetzung. Eine weitere wichtige *Spacing*-Methode ist das Stillen. Da regelmäßiges Stillen den Eisprung unterdrückt, kann man es durchaus als Verhütungsmethode betrachten, auch wenn Mediziner vor ihrer Anwendung warnen und bevölkerungspolitisch motivierte Familienplanungsprogramme sie selten propagiert haben. Stillen ist andererseits ein Mittel, das nicht nur diesem Zweck dient, sondern in erster Linie eben der Ernährung des Kindes. Es scheint auch nicht situativ je nach Kinderwunsch, sondern landschaftlich unterschiedlich (z. B. in Norddeutschland lange, in Süddeutschland kurz) praktiziert worden zu sein. Extrem hohe Kinderzahlen auf der Schwäbischen Alb hängen mit dem dort üblichen Nichtstillen zusammen – stattdessen wurde Milch-Getreide-Brei gefüttert,

Stillgewohnheiten

der sparsamer- und verheerenderweise oft mehrere Tage stehen gelassen wurde. Die resultierende hohe Säuglingssterblichkeit wurde durch mehr Geburten kompensiert, bis Stillkampagnen im 20. Jahrhundert auch auf der Alb zu einer veränderten Praxis führten. Wieweit das Verhalten der nichtstillenden Schwäbinnen und der stillenden Norddeutschen als bewusste oder auf der Ebene des allgemein Üblichen halbautomatisch ablaufende Strategie zu interpretieren ist, ist offen.

Neben Geburtenbeschränkung und Geburtenabständen besteht der dritte wichtige Weg zu einer niedrigen Reproduktionsziffer im *Starting*, also im Beginn der elterlichen Beziehung. Europa, speziell das nordwestliche Europa, unterschied sich von anderen Regionen der Welt traditionell dadurch, dass Erwachsene ledig sein konnten. Sie heirateten spät, etliche heirateten gar nicht. Der britische Mathematiker John Hajnal hat in den 1950er Jahren festgestellt, dass westlich der inzwischen so genannten Hajnal-Linie von Triest nach St. Petersburg das „europäische“, das heißt westeuropäische Heiratsmuster von später und nicht universaler Heirat galt. Östlich davon war (und ist) das anders: In russischen Volkszählungslisten des 19. Jahrhunderts wurde es jeweils ausdrücklich begründet und erklärt, wenn ein 18-jähriger Mann ungewöhnlicherweise noch unverheiratet war („verkrüppelt“, „hässlich“, „dumm wie die Nacht“). Im Westen war es dagegen zunächst einmal eine ganz grundsätzlich denkbare Möglichkeit, dass ein Mann oder eine Frau nicht heiratete. Zum Teil ist das ein Erbe des bereits im Mittelalter etablierten Zölibats der Mönche und Nonnen, aber auch der Weltpriester. Zwar geriet der Zölibat seit der Reformation unter Druck: verdächtig als unnütze Lebensform, hinter der unfassbare Ausschweifungen vermutet

3. Starting: Ledigbleiben

wurden, konkurriert durch die seit Luther sakralisierte Ehe, im weltlichen Bereich staatlich sanktioniert durch eine auf die Ehe drängende staatliche Gesetzgebung „wider das Sitzen auf eigene Hand der ledigen Weibspersonen“. Aber der religiöse und weltliche Ledigenstand spielte besonders in katholischen Ländern wie Irland eine demographisch durchaus gewichtige Rolle. Auch bäuerliche Familien auf dem Kontinent trafen nicht selten Regelungen, die es ihren Kindern ermöglichten, unverheiratet auf dem Hof zu bleiben. Das Ledigbleiben war nicht unbedingt Scheitern, es konnte auch eine Wahl sein. Das ist die Kehrseite der Tatsache, dass das Heiraten im Westen (trotz allen kritischen Beäugens durch die ältere Verwandtschaft) kirchenrechtlich grundsätzlich auf dem Konsens des Paares und nicht auf einem Vertrag zwischen den (schwieger-)elterlichen Familien beruhte. Die römische Kirche hatte bereits im Frühen Mittelalter – wie spekuliert worden ist, aus ökonomischen Motiven – die Eheschließung aus der Kompetenz der Verwandtschaft in die des Paares gelegt, die Paarbeziehung zum Sakrament gemacht und die Ehe unter Verwandten verboten. In Europa, ja auf dem eurasischen Doppelkontinent insgesamt, regelte zudem die Institution der Mitgift – im Gegensatz zum in Afrika verbreiteten Brautpreis – die ökonomischen Familienbeziehungen anlässlich einer Heirat. Das heißt, dass die neugegründeten Paare von der Schwiegerfamilie materiell gestärkt wurden, und innerhalb des neuen Paares besonders die Frau. Brautpreis bedeutet dagegen, dass die Frau als Gut, als Objekt von hohem Wert für diejenige Familie gesehen wird, der sie jeweils untergeordnet ist und für die sie zu arbeiten hat, und dass sie deshalb ihrem Vater abgekauft werden muss. Westeuropa war also bereits seit dem Mittelalter eine Region, in der Paare und Frauen eine vergleichsweise starke Stellung gegenüber Verwandtschaften und Vätern einnahmen.

Zum europäischen Heiratsmuster gehört aber nicht nur das mögliche Ledigbleiben, sondern auch das späte Heiraten. „Spät" heißt, dass das Durchschnittsheiratsalter in der Regel mindestens 25, oft 30 Jahre und mehr betrug. So lagen zwischen der Pubertät (oft erst mit 17 oder 18 Jahren) und den ersten Kindern mehrere Jahre, die die mögliche Kinderzahl entscheidend reduzierten. Zum typischen Lebenslauf von Jungen und Mädchen gehörte eine Phase des Erwachsenwerdens, die durch Arbeit für andere Haushalte oder Betriebe geprägt war, als Lehrling, Knecht oder Magd. Man unterlag in dieser Zeit in der Regel keinem förmlichen Heiratsverbot, aber mit der Heirat wurden Dienstverhältnisse dieser Art normalerweise aufgelöst, und daher ergab es wenig Sinn, allzu früh zu heiraten. Besser war es, den Lohn anzusparen, denn das Heiraten hatte einschneidende Konsequenzen für die Stellung des Paares im System sozialer Unterstützungsverpflichtungen. In Westeuropa wurde erwartet, dass ein verheiratetes Paar auch in der Lage war, sich selbst und seine Kinder zu ernähren. Gelang dies nicht, fiel das Paar nicht mehr seinen Eltern und Schwiegereltern zur Last, sondern der Gemeinde, die in manchen Regionen deshalb zeitweise auch versuchte, die Unterschichten von der Ehe auszuschließen. Das Gründen eines eigenen Haushaltes bei der Heirat, der Gesindedienst und die Existenz eines auf der Gemeinde, nicht der Familie beruhenden Armenwesens sind also die Schlüsselelemente, die das europäische Heiratsmuster erklären. Es kontrastiert mit asiatischen Familienformen, die freilich durchaus Veränderungen des Heiratsverhaltens als strategische Reaktion auf Knappheit kannten: In China und Japan etwa blieben viele Männer unverheiratet, da die Geschlechterproportion durch Kindstötungen verzerrt war. In Indien entschieden die großen komplexen Familien nicht selten, dass einzelne der unter ihrem Dach lebenden Männer nicht heiraten sollten, oder es mussten sich Brüder eine Frau teilen. Nicht allein in Europa funktionierte das Heiraten als demographische Steuerungsgröße, speziell europäisch waren jedoch die Sozialformen der familialen Selbständigkeit und des außerfamilialen Arbeitsmarktes.

Starting: Heiratsalter

An dieser Stelle kann man darüber nachdenken, ob auch Migration Teil einer Weltgeschichte der „Demographischen Revolution" sein sollte (vgl. auch den Beitrag „Migration im Kontext von Globalisierung, Kolonialismus und Weltkriegen" in Band VI). Migration ist offensichtlich ein wichtiger Aspekt von Globalisierung im Sinne eines Zusammenrückens der Welt schon im 18. und 19. Jahrhundert durch Kolonialisierung und Handel, Sklaverei und Forschungsexpeditionen. Dass sie zudem zum Entkommen aus der „malthusianischen Falle" ihren Teil beitrug, lässt sich weniger anhand des britischen als des amerikanischen Wirtschaftswachstums zeigen: Ein erhöhter Einsatz von Inputs (also Wachstum, ohne dass die technische Effizienz verbessert wurde) war dort möglich, wo große natürliche Ressourcen in Form von Land mit hinzuwandernden und sich rapide vermehrenden Menschen

Migration

zusammenkamen – die amerikanische Geschichte ist als Geschichte der „Frontier“, der nach Westen vorrückenden Siedlungsgrenze interpretiert worden. Schon im 18. Jahrhundert beobachtete Benjamin Franklin die hohe Fruchtbarkeit der amerikanischen Siedler; Zuwanderung und Fruchtbarkeit waren also parallele Vorgänge.

Migration als Druckausgleich?

Fraglich ist, ob Abwanderung und Sterblichkeit auf ähnliche Weise zwei Seiten einer Medaille waren, so dass Migration als eine Art weltweiter demographischer Druckausgleich zu interpretieren ist. Ging man vor allem dann fort, wenn einem sonst der Hungertod drohte? Im irischen Fall etwa, wo eine Kartoffelfäule 1845 bis 1849 die Ernte vernichtete und in der Folge Hunderttausende starben sowie weitere Hunderttausende auswanderten, trifft diese Katastrophenlesart von Migration zu – auch wenn sie vielleicht etwas kurz greift, denn entscheidend für das irische Drama war nicht das Missverhältnis von Bevölkerung und Lebensmittelmengen, sondern die fehlende Kaufkraft und die marktradikale Politik der britischen Herrschaft, die den Getreideexport aus Irland inmitten der Hungerkatastrophe fortlaufen ließ. Andererseits war Hunger als Standarderklärung für Auswanderung etwa im deutschen Fall (im 18. Jh. wanderten um die 100.000, zwischen 1820 und 1920 5,5 Millionen nach Amerika aus) viel eher soziale Konstruktion als Abbild der Realität. Die deutschen Behörden, Regierungen und aufgeklärten Sozialtheoretiker mochten es sich nicht vorstellen, dass die Abwanderung von Untertanen, die staatlicher Fürsorge unterstanden, nicht auf ein politisches Versagen des Staates, auf Misswirtschaft, Hunger und „Überbevölkerung“ verwies. So entstand eine konventionelle Deutung der Amerikamigration als Katastrophe, Verführungs- und Leidensgeschichte, in der unentdeckt blieb, wie sehr Amerikawanderung mit der begründeten Attraktivität der Neuen Welt und dem Gelingen der Lebenspläne von Millionen zu tun hatte. Noch heute vermittelt das größte Auswanderermuseum Deutschlands in Bremerhaven eine solche Opfergeschichte, wenn es sich in Anlehnung an die bekannten „Stolpersteine“ für Holocaustopfer mit Pflastersteinen aus Messing umgibt, in die jeweils der Name eines Auswanderers geprägt ist – unsere Erinnerungskultur will Opfer, sie ignoriert die Glückspilze, das in seiner Außergewöhnlichkeit Normale, die Alltäglichkeit dessen, was nur den in Sicherheit lebenden Nachgeborenen als gewaltiger Schritt ins Unsichere erscheint.

Wenn Auswanderung demnach oft zu wenig in ihrer Normalität als Teilhabe an Land- und Arbeitsmärkten gesehen wird, wie sie im 19. Jahrhundert gar nichts fundamental Neues war, ist dann die Vorstellung von einer „Migrationstransition“, von einem großen Bruch zwischen der sesshaften Vormoderne und der mobilen Moderne gänzlich irreführend? Auf diese Frage sind zwei Antworten zu geben, eine quantitative und eine, die sich auf die Systemlogik von Wanderung bezieht: In quantitativer, mengenmäßiger Sicht scheint es so, dass die ältere modernisierungstheoretische Vorstellung inzwischen aufgegeben wurde, wonach vormoderne Gesellschaften innerhalb und außerhalb Europas immobil waren. Stattdessen gilt jetzt nicht nur (richtigerweise) Migrationsgeschichte als Weltgeschichte, sondern auch (was etwas problematischer ist) Weltgeschichte als Migrationsgeschichte – als ob sie immer und überall

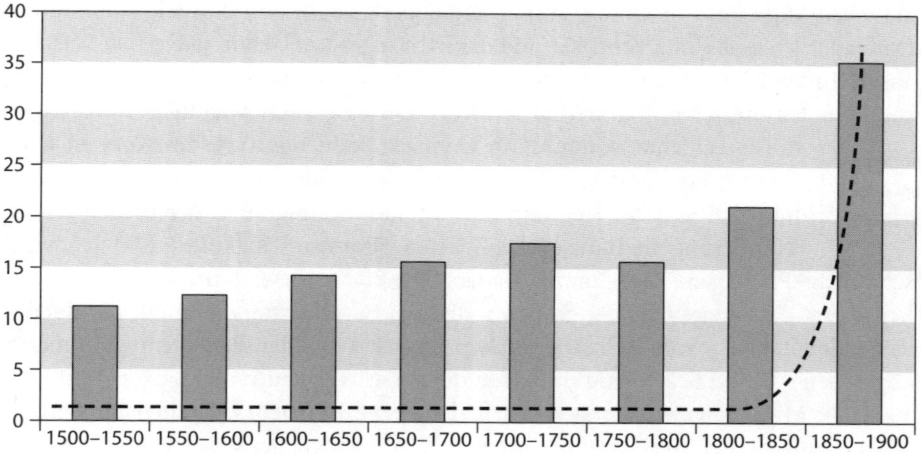

Grafik 4: Migrationsraten in Europa, 1500–1900 (nach: Lucassen/Lucassen 2009).

gleichermaßen von Wanderung geprägt worden wäre, als ob nicht auch in bestimmten Epochen und Regionen im Daheimbleiben das Charakteristische oder auch Erklärungsbedürftige und Interessante gelegen hätte. Aktuelle Schätzungen der europäischen Migrationsraten seit dem 16. Jahrhundert geben ein differenzierteres Bild. Sie umfassen sowohl die Aus- und Einwanderung über Grenzen hinweg, Seeleute und Soldaten, als auch die Migration vom Land in die Städte. Was (bedauerlicherweise) fehlt, ist die sogenannte Mikro-Mobilität, also die Wanderung zwischen kleineren Orten. Auch dies wäre ein wichtiges Thema, denn die ältere Forschung ging noch davon aus, dass zum Beispiel das typische vormoderne französische Dorf ein genetisches Isolat darstellte, in dem Verwandtschaftsbeziehungen auf die Nachbarschaft beschränkt waren. Erst durch die Modernisierung seien diese Isolate dann aufgebrochen worden. Auch ohne Blick auf diese kleinräumigen Wanderungen zeigt Grafik 4 jedoch, dass zwar einerseits die Migrationsraten in Europa (pro Kopf der Bevölkerung) schon in der Frühen Neuzeit nicht um Größenordnungen unter denen des 19. Jahrhunderts lagen, dass aber andererseits an der alten These von der *mobility transition* (als gestrichelte Linie skizziert) durchaus etwas ansatzweise Richtiges war. Die Verdoppelung der Migrationsraten im späten 19. Jahrhundert setzte aber auf einem generell recht hohen Niveau an. In den Niederlanden, also in einem der Zentren des westeuropäischen Ausbruchs aus der „malthusianischen Falle", erreichten die Migrationsraten schon um 1600 an die 70 Prozent, vor allem wegen der starken Urbanisierung und des Aufschwungs der Seefahrt.

Weltgeschichte als Migrationsgeschichte?

Dennoch bleibt Migration in der Regel – anders als Geburt und Tod – ein Minderheitenphänomen. Also sollte Migrationsgeschichte sich vor allem damit beschäftigen, die erstaunliche Sesshaftigkeit der Mehrheit in bestimmten Kulturen und Epochen zu erklären. Die folgende Karte zeigt ein gutes Beispiel für die Neigung der aktuellen Migrationsforschung, immer und überall Migration zu sehen. Anhand von Daten der Volkszählung von 1931 und damit bezogen auf Geburtsjahrgänge seit dem ausgehenden 19. Jahrhundert ist die Anzahl der jeweils aus benachbarten Provinzen stammenden indischen Männer zu sehen. In Dirk Hoerders wichtiger Welt-Migrationsgeschichte »Cultures in Contact« steht die Karte im Kontext einer Darstellung indischer Migrationssysteme des 19. und frühen 20. Jahrhunderts von der Heirats- und Entbindungsmigration der Frauen bis zur Wanderung in industrielle Zentren (Bombay, Kalkutta) und landwirtschaftliche Plantagen (Tee, Gummi, Kaffee). Die Pointe dieser Karte läge aber eigentlich darin, dass angesichts der großen indischen Bevölkerung die hinter den Pfeilen stehenden Zahlen – vom Industriezentrum Bengalen und der Plantagenregion Assam abgesehen – tatsächlich winzig sind. Hoerder verschweigt auch nicht, dass (1891 bzw. 1931) die Migration zwischen den Provinzen gerade 3 Prozent, zwischen den Distrikten 11 Prozent der Bevölkerung ausmachte, also möglicherweise noch unter dem europäischen Niveau des 17. Jahrhunderts lag.

Sesshaftigkeit als Untersuchungsgegenstand

Woran lag das? Binnenmigration in Indien ist noch heute selten, überwiegend weiblich, führt über kurze Distanzen und nimmt tendenziell nicht zu. Antworten kommen primär aus der ethnographischen Erforschung des gegenwärtigen Indien. Beginnen wir mit dem fremdartigsten Aspekt der indischen Kultur: dem Kastenwesen, das bekanntlich vor allem auf den Gebieten des gemeinsamen Essens und des Heiratens Barrieren zwischen bestimmten Unterkasten, Jātis, aufbaut und ein sich nicht selten gewalttätig entladendes Gruppenbewusstsein begründet. Der entscheidende Punkt dabei ist nicht so sehr das damit verbundene Denken in Hierarchie, Reinheit und sozialer Distanz in ganz Indien, etwa die Tatsache, dass man überall Brahmanen, Kshatriyas usw. antrifft und diese vier Varnas oder „Farben" eben sozial ungleich sind, sondern der extreme Lokalbezug der einzelnen, den „Farben" zugeordneten (Unter-)Kasten oder Jātis. Eine Jāti kann man sich als eine Familiengruppe vorstellen, die ihren Namen und ihre Funktion aus ihrer Stellung zum jeweiligen lokalen Königtum erhalten hat und in einer rituell, zum Teil aber auch durchaus ökonomisch arbeitsteiligen Beziehung zu anderen lokalen Jātis steht. Angehörige verschiedener Kasten arbeiten durchaus zusammen, und es gibt insofern keinen in der Arbeit liegenden Grund, nicht an Orte zu gehen, wo die eigene Kaste nicht vertreten ist – obwohl sie vor allem in der Großstadt helfen kann. Der Kastenstatus kann durch Migration verloren gehen, was für manche kolonialzeitliche Auswanderer nach Mauritius oder Südafrika ein erhebliches Problem darstellte – von anderen aber erleichtert begrüßt wurde. Es ist allerdings sehr wohl notwendig, dass Jātis untereinander ihre soziale Stellung kollektiv aushandeln. Das hat massive Auswirkungen auf die Formen sozialer Mobilität und auf das Arbeitsangebot. Soziale Mobilität erfolgt in Indien noch heute zu einem erheblichen Teil kollektiv auf der Ebene der Jātis durch Prozesse der Sanskritisierung, also der kollektiven Übernahme von Verhaltensmustern höherer Kasten. So wird zur Zeit etwa die zunächst nur in den oberen Kasten verbreitete Praxis einer Besserbehandlung von Jungen bis hin zur selektiven Abtreibung weib-

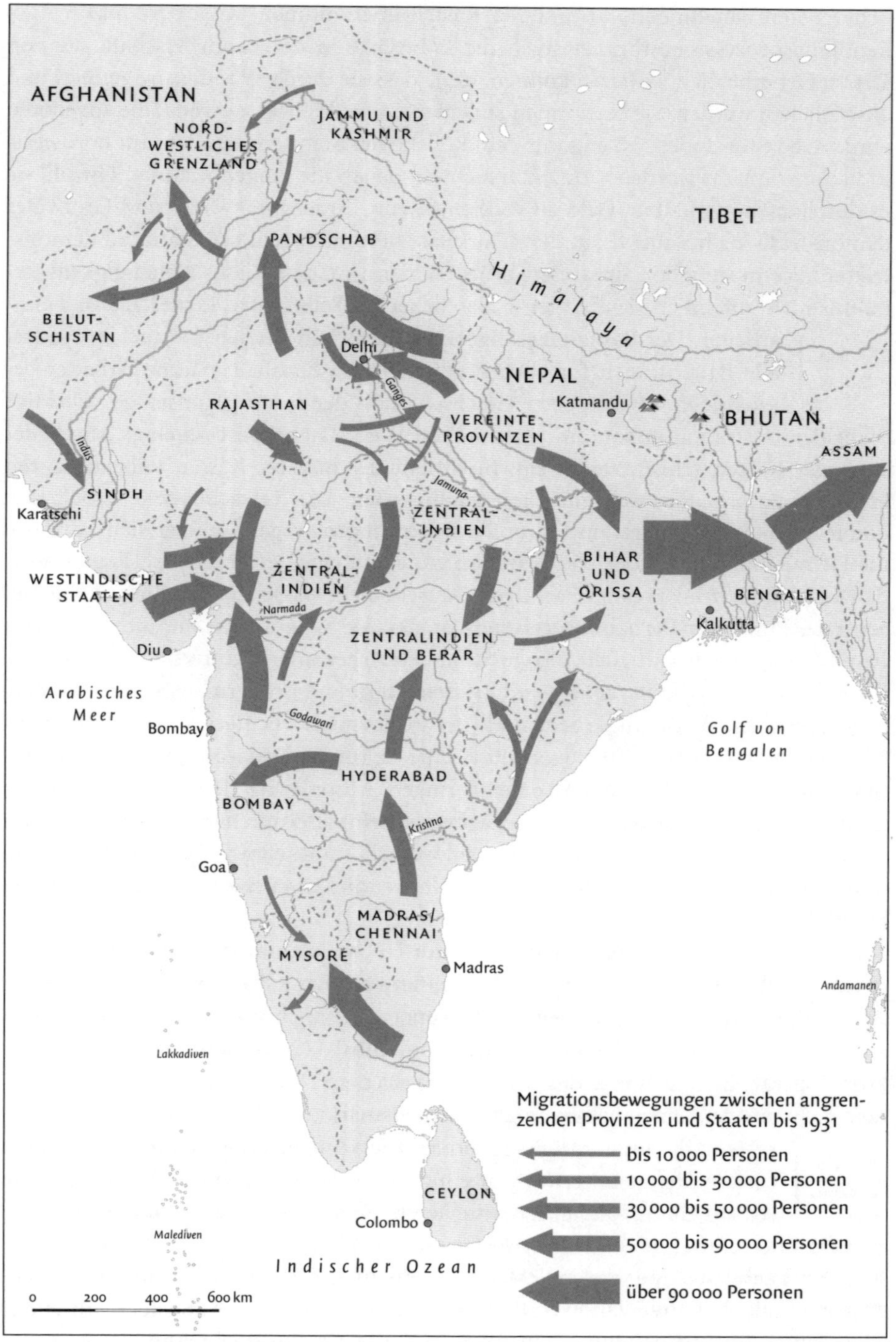

Migration zwischen indischen Provinzen im frühen 20. Jahrhundert.

licher Föten zunehmend von unteren Kasten übernommen. Kollektive lokale Aushandlungsprozesse bestimmen auch die Lohnsätze in der Landwirtschaft, die von Ort zu Ort erheblich variieren können, ohne dass sie durch Wanderung genutzt und ausgeglichen werden. Sie bestimmen zudem auch die Menge an Arbeit, die angeboten wird. Arbeit für andere ist eng mit dem kollektiven Status verbunden. Im nordwestindischen Gujarat wurden Orte untersucht, in denen die jungen Männer, obwohl sie es durchaus nötig hätten, Geld zu verdienen, zum Ärger ihrer Väter und Großväter demonstrativ nichts-tuend auf dem Dorfplatz herumhängen, um Status zu demonstrieren. Wenn sie schon für andere arbeiten, dann so, dass dieses Abhängigkeitsverhältnis nicht öffentlich sichtbar wird, also lieber als Teilpächter, keinesfalls als Landarbeiter. Der Besitz eines eigenen bäuerlichen Betriebes – auch wenn fast alle Bauern auch für andere arbeiten und haushaltsexterne Arbeiter beschäftigen – hat in einer Gesellschaft, in der es auf gegenseitige kollektive Statusdemonstration ankommt, einen hohen Wert. Umgekehrt sehen es Mitglieder niedriger Kasten schlicht nicht ein, für Mitglieder höherer Kasten unbeaufsichtigt engagiert zu arbeiten, während diese müßiggehen. Die Tatsache, dass Arbeit und damit auch Arbeitsmigration kulturelle Bedeutungen tragen, schlägt sich auch auf die Heiratsmobilität nieder, die in Indien vor allem eine der Frauen ist: Frauen werden in Gujarat zum prestigeträchtigen Tauschobjekt zwischen Familien, wobei ein zentraler Punkt der Verhandlungen stets ist, dass sie in der neuen, sie aufnehmenden Familie nur im Haus arbeiten, also nicht in den Arbeitsmarkt eintreten. Das indische Familiensystem der *joint family* – mit bei den Eltern und Brüdern bleibenden Söhnen, abwandernden, aber dem Arbeitsmarkt fernbleibenden Töchtern – passt also ebenfalls zur indischen Sesshaftigkeitskultur. Eine kulturelle Erklärung niedriger Migrationsraten und darüber hinaus einer geringen Ausprägung dessen, was die Ökonomen unter einem Arbeitsmarkt verstehen, scheint also durchaus plausibel, und im Vergleich mit dem Westen wäre zu fragen, weshalb (und seit wann) Arbeit für andere und an anderen Orten hier nicht mit den Notwendigkeiten von Statusdemonstration kollidiert.

Indien: Kaste und kollektiver Status

Ein weiteres Argument, das durchaus zur Hochschätzung der Arbeit in selbständigen Familienbetrieben beitragen könnte, bezieht sich auf die rechtliche Seite der Arbeitsbeziehungen. Die meisten Wanderungen im noch kolonialen Indien waren solche, die man als unfreie Arbeit (etwa von Kulis) kennzeichnen kann. Das birgt zwei Aspekte: Erstens führte die Wanderung aus dem Dorf in die ferngelegene Plantage nicht aus dem einen in den anderen Arbeitsmarkt, sondern aus einem Familiensystem, das seine Mitglieder erheblichen Finanzierungszwängen vor allem für die Heirat unterwarf, in ein System der multiplen Abhängigkeit von Arbeitgebern, die gleichzeitig auch Kreditgeber, Lebensmittelverkäufer und Hausherren waren. Solche *interlocking markets* beschränkten die Bewegungsfreiheit der in ihnen Arbeitenden. Zweitens konstruierte die britische Kolonialmacht Arbeit gezielt als unfrei: Zwar wurden 1855 die Sklaven befreit, 1865 aber wurde mit dem *criminal breach of contract act* ein System der Arbeitsbeziehungen errichtet, das

Interlocking markets und unfreie Arbeit

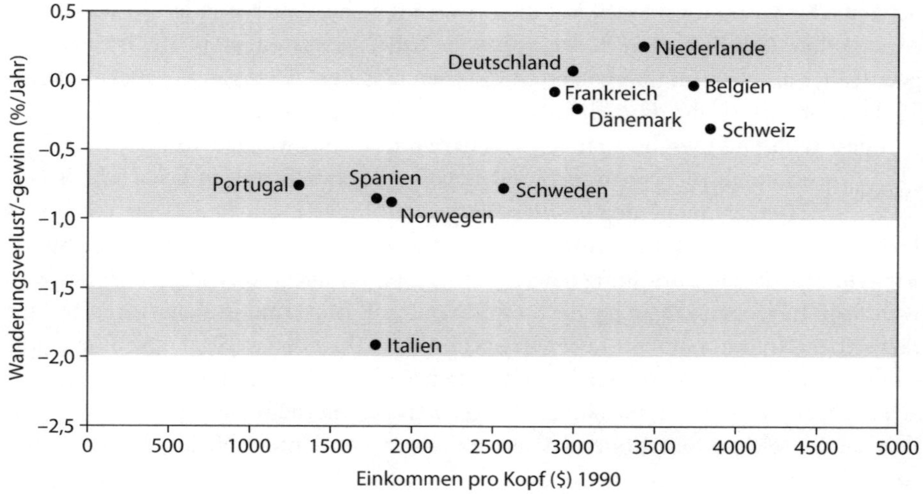

Grafik 5: Nettomigration und Realeinkommen in Westeuropa, 1900–1909 (GDP nach Maddison 2001, Nettomigration eigene Berechnung nach Mitchell 1998).

im Kontrast zur in England erkämpften Entkriminalisierung der Arbeitsmobilität das Verlassen des Arbeitsplatzes zur Straftat machte und erst 1935 aufgehoben wurde. Das Bleiben unterliegt also auch durchaus politischer, gesetzgeberischer Konstruktion.

Kommen wir zur Frage zurück, ob Migration als System des Druckausgleichs in eine Geschichte des demographischen Übergangs zu integrieren ist. Wäre es so, müsste der Westen das Bevölkerungswachstum außereuropäischer Länder als Gefahr wahrnehmen, von Migranten überrannt zu werden – eine Wahrnehmung, die den ökologischen und bevölkerungspolitischen Diskurs seit etwa 1970 stark geprägt hat. Demgegenüber neigt die aktuelle historische Migrationsforschung dazu, die Vorstellung der (neoklassischen) Mainstream-Ökonomie für unzureichend, eben „ökonomistisch" zu erklären, dass Migranten sich an Reallohnunterschieden orientieren. Spötter fragen: Wenn aus dem einen Land fünf Mal so viel ausgewandert wurde wie aus dem anderen, war es dann fünf Mal so arm? Grafik 5 zeigt Raten der (Netto-)Migration und der Realeinkommen in westeuropäischen Ländern um 1900. Offensichtlich gab es dort in der Tat einen nicht ausnahmslosen, aber doch linearen Zusammenhang zwischen Reallohn und Nettomigration. Ähnliche Grafiken für das Indien noch des späten 20. Jahrhunderts zeigen einen solchen Zusammenhang dagegen nicht. Ob es ihn gibt, hängt also von historischen Bedingungen ab. Er kennzeichnet eine Tiefendimension westlicher Gesellschaften, nämlich ihre auf dem europäischen Heiratsmuster beruhende Orientierung auf Arbeitsmärkte.

Migration und Einkommensdifferenzen

Schauen wir nun die andere Seite des demographischen Übergangs an: die Sterblichkeit. Das Übergangsmodell legt die Erwartung nahe, dass besonders in den hochentwickelten Gesellschaften Westeuropas die Lebenserwartungen relativ früh anstiegen, früher als etwa im übervölkerten Ostasien, das den „Übergang" danach erst im 20. Jahrhundert erfuhr. Für Malthus galt besonders China als das Gegenbild Westeuropas: Während hier das späte und an ökonomischen Zwängen ausgerichtete Heiraten als *preventive check* das Bevölkerungswachstum in Schach hielt und Hungersnöte – den *positive check* – verhinderte, führte dort die universale Heirat zu einer übermäßig dichten Bevölkerung, niedrigen Löhnen und hoher Sterblichkeit. Die neuere Forschung sowohl zu Europa als auch zu Asien hat dieses Bild widerlegt. In groben Zügen lag die Sterblichkeit in Europa und in Asien ungefähr auf demselben Niveau, nahmen Lebenserwartungen mehr oder weniger überall zu (mit einem allerdings ausgeprägten Spurt Westeuropas um 1900), und die interessanten Unterschiede liegen viel eher in der Frage, wen es innerhalb eines Ortes oder einer Familie in welchen Situationen härter traf, als in den Unterschieden zwischen den Kontinenten.

Lebenserwartung

Die Geschichte der Sterblichkeit ist zu großen Teilen Naturwissenschaft, reine Biologie, die der Geschichte der Menschen kausal vorgelagert ist. Fertilität ist sozial; was an ihr biologisch ist, ergibt sich aus Beziehungen zwischen Menschen. Sterblichkeit ergibt sich dagegen aus den Beziehungen zwischen Menschen und Mikroorganismen. Ein zentraler Begriff ist der des *disease environment*, der „Krankheits-Umwelt". Die Alte Welt bildete ein großes *disease environment*, innerhalb dessen Pest, Grippe, Pocken und Cholera frei zirkulierten. Europäer, Araber und Asiaten bildeten daher Immunitäten aus, die weiträumig nützlich waren. Das subsaharische Afrika, vor allem Westafrika, bestand dagegen aus vielen kleingekammerten „Krankheits-Umwelten". Wessen Körper mit angolanischen Mikroorganismen zurechtkam, der konnte dennoch sterben, sobald er in Kontakt mit solchen aus Guinea kam. Groß waren die Sterberisiken daher vor allem beim transatlantischen Sklavenhandel. Amerika schließlich war von Eurasien über Jahrtausende isoliert – mit verheerenden Folgen in der Frühen Neuzeit.

„Krankheits-Umwelt"

Ein Großprozess des 19. Jahrhunderts lag im „epidemiologischen Übergang", der Verschiebung der Todesursachen von den Hunger- zu den Abnutzungskrankheiten. Das verweist auf die besser werdende Ernährung, also auf ein Wirtschaftswachstum, das zu einem guten Teil auf der Produktivitätszunahme in der Landwirtschaft beruhte und sich auf Dauer in einem längeren Leben niederschlug. Allerdings war Hunger nicht in allen Teilen der Welt gleichermaßen ein Problem, und der Fortschritt der Ernährung verlief alles andere als linear. Die Herausbildung von Märkten war zwar eine wichtige Grundlage für ökonomisches Wachstum, aber das kam aus drei Gründen nur sehr langsam bei den menschlichen Körpern an: Erstens belohnen Märkte, was jeweils knapp ist. In der Industrialisierung waren das nicht die arbeitenden Menschen, sondern die Maschinen. Es stiegen also zunächst die Kapitalerträge an, erst später die Löhne, Körpergrößen und Lebenserwartungen. Zweitens waren die Löhne dort besonders hoch, wo besonders effizient pro-

„Epidemiologischer Übergang"

duziert wurde: in den Städten. Dort standen die Fabriken, die viele Menschen zusammenbrachten, dort waren auch Handel und Verkehr am intensivsten. Städte waren aber genau aus diesen Gründen auch besonders ungesund; sie wuchsen, weil die Zuwanderung den Sterbeüberschuss übertraf. Drittens konnte die Ausbildung von Märkten für Lebensmittel auch bedeuten, dass diese in die kaufkräftigen Städte fortverkauft wurden, anstatt dass die örtlichen Konsumenten zum Zuge gekommen wären – ein Phänomen, das anlässlich der letzten großen indischen Hungerkrise von 1944 entdeckt wurde.

In Westeuropa, besonders in den nordwesteuropäischen Eigentümergesellschaften, war zudem die Besitzungleichheit ungleich schärfer als in Asien, wo besonders in China der Staat und nicht das Eigentum die Grundlage gesellschaftlicher Autorität bildete. Das westeuropäische Armenwesen zielte nicht so sehr darauf, die hier zahlreichen Besitzlosen zu schützen, sondern auf die strukturellen Opfer der Sterblichkeit in einer Gesellschaft, die um die Kernfamilie und deren Ernährer herum gebaut war: auf die Witwen und Waisen. Hungerkrisen konnten bis weit ins 19. Jahrhundert hinein besonders die Unterschichten daher tödlich treffen. In China dagegen sorgte der kaiserliche Staat sowohl für den Schutz der Bauern vor Verschuldung und dem Verlust ihres Eigentums, so dass keine breite Besitzlosenschicht entstand, als auch für die Schaffung hinreichender Vorräte, die Hungerkrisen viel weitgehender als in Europa verhinderten. Auch von den größeren und komplexeren asiatischen Familien könnte man erwarten, dass sie ihre Mitglieder vor wirtschaftlichem Druck schützten. Das war aber nicht der Fall: Komplexe Familien gab es auch in Europa, wo sie den an Eigentum Armen ohne Unterstützung durch einen patriarchalischen Staat wenig gegen den Hunger halfen. Die ausgereifte chinesische Medizin gab den Menschen schließlich Handlungsmöglichkeiten in die Hand, die das Leben erheblich verlängern konnten, wenn man sich denn darum bemühte. Umgekehrt wurden in China diejenigen, um die man sich nicht weiter bemühen wollte, gleich nach der Geburt dem Tod überlassen. Der Tod war in China also grundsätzlich stärker durch soziales Handeln, durch Hygiene und Kindstötung, im Griff der Menschen, in Europa dagegen eher eine passiv erduldete Folge des Fehlens materieller Güter.

Eigentümergesellschaft und Tod

Neben der besseren Ernährung steht die verhinderte Ansteckung im Zentrum des langfristigen Fortschritts der Lebensdauer. Auch dies ist eine nicht besonders geradlinige Geschichte. Der Übergang zur Moderne war zunächst mit der Herausbildung von Staaten, speziell im Westen eines ganzen Weltsystems von miteinander konkurrierenden Staaten verbunden. Man hat versucht, den Gegensatz zwischen China und dem Westen mit dem Begriffspaar Weltreich – Weltsystem zu fassen. Das chinesische „Weltreich“ und das isolierte Japan kamen mit relativ wenig Militärs aus, die Europäer dagegen mischten auf ihren Kriegszügen Menschen und Mikroben immer wieder neu durcheinander. Auch die Entdeckung neuer Weltteile bedeutete für Entdecker und Entdeckte immer wieder die Konfrontation mit neuen Krankheiten. Deren Bekämpfung ging durch drei große Pha-

Verhinderung von Ansteckung

sen: vom Impfen über die Sanitätsreform zur Labormedizin – oder institutionell: vom Staat über die Stadtgemeinde zum Krankenhaus. Das Impfen gegen die Pocken wurde in China bereits im 17. Jahrhundert praktiziert. In vielen Ländern (Ägypten, zahlreichen europäischen Staaten, Jamaika) gelang es seit dem späten 18. Jahrhundert, die Pockensterblichkeit mit Hilfe der vom britischen Arzt Edward Jenner entwickelten Impfung mit Kuhpockenserum erheblich zurückzudrängen. Für Impfkampagnen waren (und sind) staatliche Strukturen erforderlich; Impfen bleibt bezogen auf die Verbreitung der Erreger wirkungslos, wenn nicht ein großer Teil der Bevölkerung erfasst wird.

Dass wirtschaftlicher Fortschritt vor allem in der ungesunden Stadt stattfand, wurde schon erwähnt. Da man sich gerade in der modernen Klassengesellschaft nicht wirklich aus dem Weg gehen konnte, kamen Koordinierungsprobleme zwischen Arm und Reich in bisher unbekanntem Ausmaß auf. Kommunalen Verwaltungen gelang es in Europa erst gegen Ende des 19. Jahrhunderts, städtische Umweltbedingungen so zu verbessern, dass Seuchen wie die Cholera nicht mehr ganze Städte bedrohten. Besonders wichtig war dabei das Wasser. Frisch- und Abwasser mussten in einem getrennten System von „Arterien" und „Venen" fließen, dem alle Bewohner sich anschließen mussten – ein Netz, das nicht privat betrieben werden konnte. Man musste nicht die richtigen wissenschaftlichen Theorien vertreten, um die richtige städtische Gesundheitspolitik zu verfolgen. Manche westliche Mediziner folgten noch im späten 19. Jahrhundert der Miasma-Theorie, die üble Dämpfe für Krankheiten verantwortlich machte, andere bereits der Auffassung Robert Kochs, dass die Ansteckung mit Bakterien entscheidend sei. Üble Dämpfe zu bekämpfen, konnte aber die richtige Strategie sein, etwa nach dem *Great Stink* von London 1858, als die Themse so stank, dass die Sitzungsräume des Parlaments mit feuchten Laken verhängt werden mussten. Nicht die feuchten Laken, wohl aber die überfällige Einrichtung einer städtischen Kanalisation, die damals beschlossen wurde, war der richtige Weg. In Hamburg dagegen hatte sich bereits die moderne Ansteckungstheorie Robert Kochs durchgesetzt, als die Cholera 1892 eingeschleppt wurde. Quarantänemaßnahmen zum Schutz der Einheimischen vor den aus Osteuropa kommenden mutmaßlichen Trägern des Erregers halfen aber wenig in einer Stadt mit großer sozialer Ungleichheit, in der immer noch die Armen die Abwässer der Reichen tranken. Auch das Krankenhaus mit seiner Konzentration medizinischer Kompetenz – aber auch eben von Ansteckungsgefahren – half erst spät. Bis zum Beginn des 20. Jahrhunderts war es eher kontraproduktiv; dann immerhin konnten Patienten halbwegs sicher sein, dass sie, wenn sie mit einer bestimmten Krankheit eingeliefert wurden, auch an dieser und nicht an einer erst im Krankenhaus dazugekommenen Krankheit starben. Aus der weitgehenden Unwirksamkeit der modernen Labormedizin in der Zeit des europäischen Sterblichkeitsrückgangs im 19. Jahrhundert ist gefolgert worden, dass dieser letztlich eben der verbesserten Ernährung zu verdanken sei, also der Wirtschaft und nicht der Medizin. Das mag so sein, aber der Vergleich mit ostasiatischen Ländern und ihrer Kultur des pfleglichen Umgangs mit dem Körper zeigt, dass

Städtische Gesundheitspolitik

Ansteckung durch Sauberkeit und abgekochtes Wasser auch unter vormodernen Bedingungen vermieden werden konnte.

Mit dem Tod von Neugeborenen wurde ein weiterer großer Veränderungsprozess angesprochen, der wiederum weltweit, aber uneinheitlich verlief: die Verschiebung des Sterbealters. Bei ihrer Geburt waren (und sind) die Menschen zwar nicht von den Mikroorganismen, wohl aber von den Konjunkturen und der allgemeinen Wirtschaftslage abgekoppelt. Um 1800 begannen Menschen ihr Leben unter dem Druck biologischer Gefahren und gerieten dann im Laufe der Kindheit in den Bereich sozioökonomischer Risiken. Man starb typischerweise entweder kurz nach der Geburt (wo sich die Sterberaten häuften) oder irgendwann im Lauf des weiteren Lebens, das im Prinzip sowohl für 10- als auch für 30- und 60-Jährige gefährlicher als heute war. Der Tod konzentrierte sich also noch nicht wie in der Gegenwart auf das hohe Alter. Seine Rhythmen waren auch noch nicht wie heute von medizinischer Rationalität beeinflusst, von ärztlichen Entscheidungen darüber, welche Operation noch zu wagen ist und ob sich eine bestimmte Behandlung noch lohnt. Sie ergaben sich vielmehr, sobald man den biologischen Gefahren der frühen Kindheit entwachsen war, zu einem guten Teil aus ökonomischem Stress und dessen mehr oder weniger gelingenden sozialen Abfederung über das ganze Jugend- und Erwachsenenalter hinweg. Diese Beobachtung, dass mit dem Aufwachsen ein Übergang von biologischen zu sozioökonomischen Gefahren verbunden ist, gilt allerdings bis heute nicht in allen Kulturen gleichermaßen.

Verschiebung des Sterbealters

Demographie und Weltgeschichte

Wir können abschließend darüber nachdenken, ob die Bevölkerungsgeschichte des langen 19. Jahrhunderts eigentlich Weltgeschichte ist. In einem der wichtigsten neueren Versuche einer Weltgeschichte des 19. Jahrhunderts (von Jürgen Osterhammel) kommt die Demographie nur halbiert vor, als Geschichte des Todes und der Medizin, aber ohne Bezüge zur Fertilität, also zum Heiraten und Kinderbekommen. In gewisser Weise ist das berechtigt. Die Biologie, die Geschichte der Menschen und der Mikroben, war bereits zu Beginn der Neuzeit global geworden. Seuchen wie die Syphilis waren die Konsequenz des großen interkontinentalen Näherrückens; schon seit dem Mittelalter tummelten sich die Pesterreger im ganzen eurasischen Raum. Im 19. Jahrhundert wurde auch die Ernährung Welternährung: nicht nur, weil die europäischen Unterschichten sich von der amerikanischen Kartoffel ernährten, sondern auch, weil mit der Dampfschifffahrt ein interkontinentaler Getreidemarkt entstand. Dass Fertilitätsgeschichte von weltweiten Abhängigkeiten handelt, kann man dagegen erst seit der Mitte des 20. Jahrhunderts sagen. Um 1945 entstand, in Reaktion auf den Verlust Chinas für den Westen, erstmals so etwas wie eine Welt-Entwicklungspolitik. Bevölkerungspolitik, besonders der Versuch, in armen Ländern einen Fertilitätsrückgang zu beschleunigen, war (und ist) ein wichtiger Teil dieser Entwicklungspolitik. Welche demographischen Modelle und Theorien wir vertreten, hat insofern heute durchaus Auswirkungen auf globaler Ebene. Dennoch ist Weltgeschichte nicht nur eine Geschichte der wechselseitigen Abhängigkeiten, sondern auch eine Geschichte der Kontraste und Ähnlichkeiten. Die Übergangsmodelle, die im 20. Jahrhundert aus Furcht vor der Fertilität der Entwicklungsländer entwickelt wurden, greifen Selbst- und Fremdbilder aus dem frühen 19. Jahrhundert auf. Seit Malthus begriff Europa seine Fertilität als zurückhaltend, rational, vorausschauend – und die der „Anderen" als überbordend, irrational und gefährlich. Der vergleichende Ansatz der modernen historischen Demographie zeigt, dass vieles von diesem Selbst- und Fremdbild auf Mythen beruht. Mythen allerdings sind selbst Fakten. Die Mythen der Europäer über ihre eigene Fertilität hatten und haben Konsequenzen; sie stellen daher ein gewichtiges Thema der Forschung dar.

Die Industrialisierung

Dieter Ziegler

Begriff und Dimension der Industrialisierung

Kann man eine Geschichte der Industrialisierung bis zur Wende vom 19. zum 20. Jahrhundert überhaupt als „Weltgeschichte" schreiben? Die Antwort lautet wohl: ja und nein. Denn zum einen war bis zum Ende des 19. Jahrhunderts nur ein sehr kleiner Teil der Erde von einer Entwicklung erfasst worden, die man als „Industrialisierung" bezeichnet, und dieser Teil lag fast ausschließlich in Europa: in Großbritannien, Belgien, der Schweiz, Frankreich, dem Deutschen Zollverein, in Norditalien und dem westlichen Teil des Habsburgerreiches. Die Niederlande und weite Teile Skandinaviens befanden sich auf einem guten Weg mit vielversprechenden Aussichten, im 20. Jahrhundert den Anschluss zu schaffen. In Russland gab es zwar einige industriell entwickelte Regionen, die aber in dem riesigen Reich nicht mehr als industrielle Inseln in einem Meer der Rückständigkeit darstellten. Ähnlich war die Situation auch in Spanien, und selbst über solche industriellen Inseln verfügten noch nicht einmal Portugal und fast ganz Südosteuropa. Außerhalb Europas hatte die Industrialisierung am Ende des 19. Jahrhunderts lediglich in den USA Fuß gefasst, die mit Blick auf diesen Prozess wegen ihrer kolonialen Vergangenheit und der Bedeutung europäischer Einwanderer wohl noch als eine europäische Exklave betrachtet werden können.

Industrialisierung in Europa

Etwas anders liegt der Fall lediglich in Japan, das um 1850 wegen seiner rigorosen Abschottungspolitik gegenüber dem Rest der Welt, insbesondere gegenüber dem Westen, wirtschaftlich-technisch noch längst nicht im 19. Jahrhundert angekommen war. Knapp 50 Jahre nach der „Öffnung" des Landes hatte sich Japan allerdings durch zwei erfolgreich bestrittene Kriege (gegen China 1894/1895 und gegen Russland 1904/1905) als regionale Großmacht etabliert. Die Europäer nahmen diese Entwicklung sehr ernst, weil dieser militärische Erfolg nicht zuletzt dank einer hochmodernen Flotte erzielt wurde. Japan war damit das erste nicht durch die christliche Kultur geprägte Land der Erde, das den Sprung in das Industriezeitalter schaffen konnte.

Japan

Um 1900 war Japan aber die Ausnahme von der außereuropäischen Regel. Trotzdem kann auch der „Rest der Welt" bei einer Geschichte der europäischen Industrialisierung nicht gänzlich vernachlässigt werden. Denn der Hunger Europas nach industriellen Rohstoffen sowie Nahrungs- und Genussmitteln, die in Europa nicht oder zumindest nicht in ausreichender Quantität gefördert oder angebaut werden konnten, veränderte einige Weltregionen nachhaltig. Außerdem blieb die Suche nach neuen Absatzmärkten für europäische Industriewaren nicht ohne Rückwirkungen auf die lokale vorindustrielle Gewerbewirtschaft.

Import Europas

Schließlich sorgte die koloniale Beherrschung weiter Teile der Welt durch europäische Mächte für den Import von moderner Infrastruktur, wie etwa den Bau von Eisenbahnen oder Hafenanlagen, wobei die europäischen Kolonialmächte aber nie daran dachten, dass dies als Ansatzpunkt für eine Industrialisierung der jeweiligen Kolonie dienen könnte. Eisenbahnen wurden gebaut, um ein Gebiet wirtschaftlich und militärisch besser durchdringen zu können. Außerdem wurde das Eisenbahnmaterial immer aus Europa importiert. An eine koloniale Importsubstitution war niemals gedacht worden.

Die Veränderung der lokalen Wirtschaftsstruktur in Teilen Asiens und Südamerikas durch die Europäer ist jedoch viel älter als die europäische Industrialisierung. Die Anlage von Zuckerrohr- und Tabakplantagen in Brasilien, in der Karibik und den britischen Kolonien in Nordamerika ließ nach der Entdeckung des neuen Kontinents nicht lange auf sich warten. Später folgte dann auch der Anbau von Kaffee. Ähnliches gilt für Gewürze und Tee aus Süd-, Südost- und Ostasien (s. Beitrag „Fernhandel und Entdeckungen" in Band IV). Diese Produkte wurden (zunächst) nicht industriell verarbeitet, sondern gingen nur geringfügig aufbereitet unmittelbar in den Konsum.

Aufstieg von Baumwolle und Kautschuk

Ganz anders war die Situation bei Baumwolle und später auch bei Indigo und Kautschuk. Baumwolle wurde seit dem 18. Jahrhundert außer in Südasien auch im karibischen Raum, insbesondere in den späteren Südstaaten der USA, in einer ausgedehnten Plantagenwirtschaft angebaut. Sie war der wichtigste Rohstoff der ersten Phase der Industrialisierung, musste aber überwiegend aus Übersee importiert werden, weil die subtropische Baumwollpflanze abgesehen von südlichen und östlichen Mittelmeeranrainern in der unmittelbaren Nachbarschaft Europas nicht angebaut werden konnte. Etwas später folgte der Aufstieg eines zweiten, in den Tropen gewonnenen industriellen Rohstoffs, des Kautschuks. Der Aufschwung dieses zunächst in Brasilien gewonnenen Rohprodukts setzte um die Mitte des 19. Jahrhunderts ein, nachdem es gelungen war, durch ein „Vulkanisation" genanntes chemisch-technisches Verfahren aus Naturkautschuk Gummi herzustellen. Gegen Ende des Jahrhunderts verlagerte sich der Schwerpunkt der Weltkautschukproduktion dann allerdings nach Südostasien (Thailand, Indonesien, Malaysia).

Abgesehen von den USA gelang es bis zum Ende des 19. Jahrhunderts keinem der Produzenten dieser Rohstoffe, eine größere eigene Verarbeitungsindustrie aufzubauen. Ganz anders war die Situation jedoch bei dem wohl wichtigsten, in Europa reichlich vorhandenen Rohstoff des Industrialisierungszeitalters, der Steinkohle. Tatsächlich entwickelte sich vom ausgehenden 18. bis zum Ende des 19. Jahrhunderts

Industrielle Ballungsräume

eine Kette industrieller Ballungsräume entlang des in west-östlicher Richtung – von Großbritannien ausgehend, über Nordfrankreich, Belgien, Westdeutschland, Mitteldeutschland und Nordböhmen bis nach Oberschlesien – verlaufenden Kohlebandes. Eine zweite Achse der europäischen Industrialisierung zog sich rheinaufwärts und rhôneabwärts in nord-südlicher Richtung. Im preußischen Rheinland sich mit der West-Ost-Achse schneidend, zog sie sich über das Elsass und das schweizerische Voralpenland bis nach Südostfrankreich und Nordwestitalien.

Diese geologischen und verkehrsgeographischen Voraussetzungen waren für den Verlauf der Industrialisierung in Europa weitaus wichtiger als die Staatsgrenzen, welche diese Räume trennten. Die Industrialisierung war insofern ein regionales Phänomen; die Vorstellung, dass Nationalstaaten industrialisiert wurden oder gar, dass Nationalstaaten die Industrialisierung „gemacht" hätten, kann als überholt gelten. Natürlich reichten die Ressourcenausstattung einer Region und andere natürliche Voraussetzungen wie eine verkehrsgünstige Lage nicht aus, um einen Industrialisierungsschub auszulösen. Die gesellschaftlichen, sozialen und rechtlichen Rahmenbedingungen mussten die Produktionsfaktoren Kapital, Boden und Arbeit von ihren feudalen Fesseln befreien und deren Kombination nach Rentabilitätsgesichtspunkten zulassen. Es war deshalb wohl die wichtigste Aufgabe der Regierungen, die feudalen Hemmnisse für die Herausbildung individueller Eigentumsrechte zu beseitigen und so die Entstehung einer Marktgesellschaft zu fördern sowie durch die Aufhebung von Binnenzöllen die Herausbildung überregionaler Märkte zu erleichtern. Wichtige Nebenbedingungen waren in diesem Zusammenhang auch ein geordneter Staatshaushalt mit moderaten Steuern für die potentiellen Kapitaleigner sowie die Bereitstellung einer stabilen Währung, die gleichzeitig flexibel genug war, einer wachsenden Wirtschaft ausreichend Zahlungsmittel zur Verfügung zu stellen.

Grundlagen der Industrialisierung

Das war aber noch keine aktive Industrialisierungspolitik. Vielfach waren sich die Reformer, gerade im 18. und frühen 19. Jahrhundert, überhaupt nicht über die Folgen ihrer Reformpolitik im Klaren. Daneben gab es aber auch schon bewusste Versuche von Landesherren, Regierungen oder Behörden, den Industrialisierungsprozess in spätmerkantilistischer Tradition als solchen aktiv zu unterstützen. Man denke etwa an die staatliche Unterstützung der Industriespionage oder an die Errichtung von Musterfabriken, ohne die die Verbreitung von technischem Know-how quer durch Europa so schnell nicht vorangekommen wäre. In vielen Staaten konnte eine moderne Verkehrsinfrastruktur (Straßen, Kanäle und später vor allem Eisenbahnen) auch nur dank des finanziellen Engagements der öffentlichen Hand realisiert werden. Die staatliche Politik ist in ihrer Wirkung deshalb nicht gering zu schätzen – wie anders wäre es ansonsten auch zu erklären, dass sich ein Industrialisierungsband entlang von Rhein und Rhône, nicht aber entlang der Donau durch Europa zog? Andererseits ist die Rolle des Staates im Industrialisierungsprozess in Kontinentaleuropa auch lange Zeit überschätzt worden. Dass die erste Industrieregion Europas in Lancashire entstand, hing weniger mit der britischen Politik zusammen, als vielmehr mit der Ressourcenausstattung der Region (Wasserkraft und später die Erschließung von Steinkohlevorkommen) und der verkehrsgünstigen Lage an der dem Atlantik zugewandten Küste Großbritanniens mit dem Hafen Liverpool. Dass

Rolle des Staates

sich knapp 100 Jahre später der größte industrielle Ballungsraum Europas ausgerechnet an Rhein und Ruhr entwickelte, hatte vergleichsweise wenig mit preußischer Politik, aber sehr viel damit zu tun, dass hier zwei natürliche Voraussetzungen, die Ressourcenausstattung mit Steinkohle und anfangs auch Eisenerz sowie eine verkehrsgeographisch günstige Lage, zusammentrafen, so dass es kein Zufall ist, dass sich die beiden beschriebenen Achsen der europäischen Industrialisierung hier kreuzten.

Aber was versteht man eigentlich unter „Industrialisierung" oder gar unter einer „Industriellen Revolution"? Nach einer naiven, aber weitverbreiteten Vorstellung wird die „Industrielle Revolution" mit dem Einsatz von Dampfmaschinen gleichgesetzt. Danach begann die Industrialisierung mit der Erfindung dieser revolutionär neuen Antriebsmaschine, und ihren Abschluss könnte man mit der Verdrängung der Dampfmaschine durch den Verbrennungs- und den Elektromotor datieren. Richtig ist an dieser Vorstellung lediglich, dass die Dampfmaschine, insbesondere die mit Rädern versehene und auf Schienen gesetzte Lokomotive, das Symbol der europäischen Industrialisierung darstellt. Aber die Vorstellung, eine technische Erfindung habe die Industrialisierung ausgelöst, ist absurd.

Beginn der Industrialisierung

Selbstverständlich ist der europäische Weg der Industrialisierung nicht ohne Kohle und Koks, die Dampfmaschine, die *Spinning Jenny* als erste Baumwollspinnmaschine oder die Stahlgewinnung durch das „Puddeln" vorstellbar. Diese und andere technische Errungenschaften stellen insofern eine notwendige Bedingung für die Industrialisierung dar, aber hinreichend sind sie noch lange nicht. Es ist in der Weltgeschichte vieles „erfunden" worden, das zunächst überhaupt keine praktische Bedeutung erlangte, sondern erst sehr viel später. Entscheidend für die wirtschaftliche Durchsetzung einer Maschine oder eines technischen Verfahrens sind vielmehr eine bestehende oder zumindest latente Nachfrage nach dem Produkt, für dessen Herstellung Maschine oder Verfahren benutzt werden können, und die Wirtschaftlichkeit ihrer Anwendung. Nur dadurch kommt es zu einer schnellen Verbreitung und damit zu weiteren technischen Verbesserungen, so dass aus einer Erfindung *(Invention)* eine Innovation werden kann.

Erfindung – Innovation

Lange Zeit galt deshalb die deutliche Beschleunigung des Wirtschaftswachstums oder der Kapitalbildung als das entscheidende Merkmal der Industrialisierung. Ältere Arbeiten gingen noch davon aus, dass es dazu in Großbritannien seit den 1760er Jahren kam. Man sprach deshalb in Abgrenzung zu den Jahrzehnten (Jahrhunderten) davor von einer „Industriellen Revolution". Analog ging man davon aus, dass sich der gleiche revolutionäre Vorgang im zweiten Drittel des 19. Jahrhunderts in Belgien, der Schweiz, Frankreich, Deutschland und etwas später noch in Österreich-Ungarn, Italien und Skandinavien wiederholte, bis er dann am Ende des 19. Jahrhunderts auch das zaristische Russland erreichte. Von dieser Vorstellung ist die Forschung aber seit einiger Zeit abgekommen. Insbesondere für Großbritannien konnte nachgewiesen werden, dass das Wachstum dank einer entwickelten handwerklichen Produktion und heimgewerblichen Protoindustrie während der Jahrzehnte vor dem Beginn des „Maschinenzeitalters", der „Industriellen

Beschleunigung des Wirtschaftswachstums?

Dampfmaschine mit Planetengetriebe von James Watt (1788, London: Victoria and Albert Museum).

Revolution", lange unterschätzt worden war. Da das Ausgangsniveau des Bruttosozialprodukts in den 1760er Jahren demzufolge höher war als bisher angenommen, konnte das Wachstum nicht so rasant gewesen sein, wie die älteren Arbeiten noch vermutet hatten. Man geht deshalb von einer graduellen Beschleunigung des Wirtschaftswachstums aus.

In eine ähnliche Richtung wird heute auch von manchen Autoren im Falle der kontinentaleuropäischen Volkswirtschaften argumentiert. Im Falle Frankreichs passte die Vorstellung einer „Industriellen Revolution" ohnehin nie, weil Frankreich in der Mitte des 18. Jahrhunderts bereits ein hohes, mit Großbritannien vergleichbares Niveau des Pro-Kopf-Volkseinkommens aufwies, dann aber von der schneller wachsenden britischen Volkswirtschaft abgehängt wurde. Beim Eintritt in das 19. Jahrhundert war Frankreich den anderen kontinentaleuropäischen Ländern noch deutlich voraus, wurde im Laufe der folgenden Jahrzehnte aber von einigen Konkurrenten eingeholt und teilweise auch überholt. Im Gegensatz zur politischen war an der wirtschaftlichen Entwicklung Frankreichs damit immer schon wenig „Revolutionäres" zu entdecken.

Etwas anders sieht das bei Belgien oder dem Deutschen Zollverein aus, die seit der Mitte des 19. Jahrhunderts innerhalb weniger Jahrzehnte Anschluss an die führende Industrienation herstellen konnten. Im Falle Deutschlands wird aber mittlerweile auch darüber diskutiert, ob das Wirtschaftswachstum vor dem Beginn des „Maschinenzeitalters“ nicht unterschätzt wurde. Dennoch eignen sich Deutschland, Belgien und insbesondere Schweden, die am Ende des 19. Jahrhunderts in Europa am schnellsten wachsende Volkswirtschaft, noch am ehesten für eine Rettung des Konzepts beschleunigten Wachstums als Kriterium für Industrialisierung oder Industrielle Revolution.

Auch die Bedeutung der Kapitalbildung und das Wachstum des Kapitalstocks wurden lange Zeit überschätzt. Tatsächlich war die Kapitalintensität der modernsten Industrien in der zweiten Hälfte des 18. Jahrhunderts in Großbritannien, der Baumwollspinnereien, der Steinkohlenzechen oder der Hüttenwerke, kaum größer als die Kapitalintensität der Kupferminen und Kupferhütten des Elisabethanischen Zeitalters – ihre technischen Einrichtungen waren noch ausgesprochen primitiv. Eine ältere Lehrmeinung ging noch davon aus, dass eine vorindustrielle Gesellschaft etwa fünf Prozent ihres Bruttosozialprodukts investiert, eine industrielle Gesellschaft aber mindestens zwölf Prozent. „Industrialisierung“ sei deshalb gleichbedeutend mit einer Steigerung von fünf auf zwölf Prozent. Tatsächlich stiegen die Investitionen in Großbritannien jedoch innerhalb einer Generation von sechs auf höchstens neun Prozent, wobei die zusätzlichen drei Prozent auch noch größtenteils in traditionellen Sektoren ohne weitreichende Mechanisierung angelegt wurden, etwa in der Landwirtschaft. Das Produktionswachstum dieser Industrien resultierte deshalb weniger aus dem technischen als vielmehr aus dem organisatorischen Fortschritt, das heißt aus einer intensivierten Arbeitsteilung bei gleichzeitiger Optimierung der Arbeitsabläufe – so wie Adam Smith die moderne Unternehmensorganisation zeitgenössisch am Beispiel einer Nadelmanufaktur beschrieben hatte. Selbst bei einer Baumwollspinnerei um 1800, deren Energiebedarf bereits durch eine Dampfmaschine bereitgestellt wurde, machte das Anlagekapital bestenfalls die Hälfte des Gesamtkapitals aus, bei anderen Unternehmen des Textilgewerbes, etwa bei der zu dieser Zeit noch weit weniger mechanisierten Wollspinnerei, war dieser Anteil noch deutlich niedriger. Auf die Gesamtwirtschaft bezogen, konnten die Baumwollspinnereien und Steinkohlenzechen deshalb kaum einen plötzlichen und statistisch signifikanten Anstieg der Kapitalbildung auslösen.

Bedeutung der Kapitalbildung

Die einzige kapitalintensive Ausnahme des 18. Jahrhunderts waren die in Großbritannien ausschließlich privatwirtschaftlich gebauten, finanzierten und betriebenen Verkehrsinfrastrukturanlagen wie Straßen *(Turnpikes)* und Kanäle. Diese Anlagen waren zwar modern, aber in Anbetracht der Verkehrsmittel Pferdefuhrwerk beziehungsweise Treidelschiff nicht „industrialisiert“. Eine hohe Kapitalintensität kann deshalb nicht notwendigerweise als ein Indiz für das Vordringen moderner Maschinen gewertet werden. Die Dampfmaschine wurde in der Binnenschifffahrt kaum früher eingesetzt als im Überlandverkehr mit der Eisenbahn, das heißt seit dem zweiten Viertel des 19. Jahrhunderts, als die „Industrielle Revolution“ bereits ein halbes Jahrhundert alt war.

Da Industrialisierung aber heute ohnehin weniger als ein nationalstaatlicher Vorgang denn als ein europäisches Phänomen von industrialisierenden Regionen innerhalb politischer Grenzen und auch über Grenzen hinaus gesehen wird, muss eine Definition von Industrialisierung im gesamten europäischen Maßstab Gültigkeit besitzen. Die Wachstumspfade Frankreichs und Großbritanniens reichen aber aus, um das Konzept beschleunigten Wirtschaftswachstums zu verwerfen. Dasselbe gilt für die Kapitalbildung und das Wachstum des Kapitalstocks. Mit einfachen statistischen Methoden ist eine „Industrielle Revolution" nicht nachzuweisen.

Fast alle Periodisierungen der Industrialisierung sind in der Forschung nationalstaatlich orientiert. Selbst immanent gedacht waren solche Periodisierungsversuche nicht immer überzeugend. Das beginnt schon beim britischen Beispiel: Häufig wird hier der Zeitraum zwischen den 1760er Jahren und 1850 als die Periode der *industrial revolution* bezeichnet. Der Beginn dieser Periode ist relativ einfach zu bestimmen, solange man nicht versucht, sich durch einen scheinbar objektiven statistischen Beweis abzusichern: In den 1760er Jahren begann in der Grafschaft Lancashire die Mechanisierung der Baumwollspinnerei. Das Ende dieser Periode ist weit weniger klar. Die Erschließung des Landes mit Eisenbahnen war zwar 1850 schon recht weit fortgeschritten. Aber am Ende dieses Jahrzehnts, also außerhalb der so definierten *industrial revolution*, bekam der Eisenbahnbau mit der Einführung der Massenproduktion von Stahl durch das Bessemerverfahren noch einmal einen entscheidenden Impuls, weil dadurch die Schienenproduktion deutlich verbilligt wurde. Davon abgesehen hatte die Industrialisierung in Schottland sehr viel später eingesetzt, und in Irland hatte die große Hungersnot der 1840er Jahre gerade noch einmal deutlich gemacht, wie rückständig die Wirtschaft der kleineren der beiden Inseln des Vereinigten Königreichs noch war. Im belgischen, französischen und deutschen Fall behilft man sich bei der Periodisierung sogar gerne mit der Anlehnung an politische Zäsuren. Das ist wenig überzeugend und für die europäische Dimension der Industrialisierung völlig unbrauchbar.

Periodisierungen der Industrialisierung

Trotz der lange Jahre vorherrschenden Tendenz, die Industrialisierung nationalstaatlich zu betrachten, ist sich die Forschung über den europäischen Charakter des Prozesses weitgehend einig, denn die Auswirkungen der Industrialisierung in Großbritannien waren in ganz Europa – und darüber hinaus – fühlbar. Das gilt zunächst natürlich für die Technik: Denn die kontinentaleuropäischen „Nachzügler" mussten das Rad nicht neu erfinden, sondern konnten versuchen, vom britischen Vorbild zu lernen und einige der dortigen Errungenschaften auf die eigenen Verhältnisse angepasst zu übernehmen. Die Kostenersparnis einer intelligenten Nachahmung war beträchtlich und erklärt zu einem Gutteil, weshalb manche kontinentaleuropäische Volkswirtschaften sowie die USA den britischen Vorsprung bis gegen Ende des 19. Jahrhunderts in vielen Bereichen ein- und in manchen sogar überholen konnten.

Intelligentes Nachahmen von Technik

Die Bedeutung intelligenten Nachahmens war nicht nur für die Verbreitung britischer Technik in Europa entscheidend. Auch institutionelle Arrangements wurden häufig auf die jeweiligen Bedingungen angepasst übernommen. So schauten sich die

Intelligentes Nachahmen von Institutionen

Kontinentaleuropäer sehr genau die Reform der britischen Währungsverfassung an, die mit der Peelschen Bankakte von 1844 auf der einen Seite die Währungsstabilität garantierte, auf der anderen Seite aber die Zahlungsmittelversorgung so flexibel anlegte, dass der wachsende Zahlungsmittelbedarf befriedigt werden konnte. Die Preußische Bankordnung von 1847 ist sehr eindeutig der Versuch, das britische Vorbild auf die preußischen Verhältnisse anzupassen.

Seit den 1870er Jahren dominierte mit dem Goldstandard ein internationales Währungssystem den Welthandel, in dem die Zentralbanken trotz der imperialistischen Konkurrenz der wichtigsten Industriestaaten ausgesprochen gut miteinander kooperierten. In dieser Zeit orientierten sich weitere Nachzügler der Industrialisierung dann häufig auch am Vorbild der deutschen Reichsbank; und als sich die USA nach der Jahrhundertwende endlich entschieden, ihrerseits eine Zentralnotenbank zu gründen, ließ der Kongress die Bankensysteme und Währungsverfassungen aller wichtigen Industriestaaten dieser Zeit durch einen Untersuchungsausschuss durchleuchten, bevor er im Jahr 1913 den *Federal Reserve Act* erließ.

Ein weiteres wichtiges Datum für die Zusammenarbeit der europäischen (Industrie-)Staaten war die Verabschiedung des Cobden-Chevalier-Vertrages im Jahr 1860. Hierin vereinbarten Großbritannien und Frankreich eine weitgehende Zollsenkung auf Importe aus dem Land des Vertragspartners. Da sich diesem Vertrag nach einiger Zeit auch der Deutsche Zollverein, Belgien, die Schweiz und Italien anschlossen, entstand in Europa eine Art „Freihandelszone", die allerdings nicht allzu lange Bestand hatte. In den 80er Jahren kehrten die meisten europäischen Staaten dann zum Zollschutz für bestimmte Importgüter zurück. Aber immerhin: Die gegenseitige wirtschaftliche Verflechtung durch den Waren- und Kapitalverkehr und – nimmt man die USA hinzu – auch durch die Arbeitsmigration hatte am Ende des 19. Jahrhunderts ein Ausmaß angenommen, das nach der Unterbrechung der Zwischenkriegszeit erst gegen Ende des 20. Jahrhunderts wieder erreicht wurde. Die wirtschaftliche Zusammenarbeit der europäischen Staaten, so prekär sie im Einzelfall auch gewesen sein mag, begann demzufolge keineswegs erst mit ihrer Institutionalisierung in den „Römischen Verträgen" im Jahr 1957, sondern bereits im 19. Jahrhundert.

Wirtschaftlicher Austausch

Abgesehen von der grenzüberschreitenden Bedeutung des wirtschaftlichen Austauschs hielten sich auch die Rohstoffvorkommen, insbesondere die Steinkohle, aber auch Eisenerz und andere Bodenschätze, nicht an nationalstaatliche Grenzen, so dass Industrieregionen auf beiden Seiten von Grenzen entstanden. Man denke nur an das deutsch-belgische Revier zwischen Lüttich und Aachen, das deutsch-französische Saarrevier oder den sächsisch-böhmischen beziehungsweise den schlesisch-böhmischen Grenzraum. Jeder Versuch, die gegenseitige Befruchtung benachbarter Wirtschaftsräume zu unterbinden, hätte nicht nur dem Nachbarn geschadet, sondern auch die eigene Entwicklung gebremst. Mögen die Abneigungen der Preußen gegenüber dem aus einer Revolution geborenen Belgien noch

Nationalstaatliche Grenzen

so groß gewesen sein, ohne die Impulse aus den belgischen Revieren wäre nicht nur die Geschichte des Aachener Reviers, sondern auch die Geschichte des Ruhrgebiets anders verlaufen.

Verlässt man aber die nationalstaatliche Perspektive, ist es nicht mehr möglich, die Periodisierung der Industrialisierung in Frühindustrialisierung, *Take off* und Hochindustrialisierung aufrechtzuerhalten. Denn als Preußen zum Zeitpunkt der Gründung des Deutschen Zollvereins noch in der Phase der Frühindustrialisierung steckte, war Großbritannien bereits ein Industrieland, das seinen ersten Eisenbahnboom erlebte, während die russische Wirtschaft noch ganz in den Fesseln des Feudalismus gefangen war.

Im Folgenden soll deshalb einem anderen Periodisierungsschema gefolgt werden. Die Forschung geht heute einhellig davon aus, dass die Industrialisierung ein sowohl sektoral als auch regional ungleichgewichtiger und ungleichzeitiger Prozess war. Das bedeutet, dass nicht alle Gewerbezweige gleichzeitig von der Industrialisierung erfasst wurden, sondern nach und nach. Dabei bildeten sich bestimmte, auf „Basisinnovationen" wie der mechanischen Baumwollspinnerei, der Eisenbahn oder der Elektrifizierung beruhende industrielle Führungssektoren heraus, die über einen längeren Zeitraum in der Lage waren, den Wachstumsrhythmus maßgeblich zu bestimmen. Die Wachstumsimpulse dieser Führungssektoren hielten in der Regel bei leichten Schwankungen über mehrere Jahrzehnte an, bis sie an Dynamik einbüßten. In diesen schwächeren Wachstumsphasen erfolgte dann der Durchbruch einer neuen Basisinnovation, die sich nach einiger Zeit zu einem neuen industriellen Führungssektor entwickelte und ihrerseits die Wachstumsdynamik bestimmte.

Anderes Periodisierungsschema

Wenn eine rückständige nationale Volkswirtschaft den Anschluss an die industrialisierenden Volkswirtschaften herstellen wollte, musste sie sich im 19. Jahrhundert in der Regel dem Wachstumsmuster der höher entwickelten Volkswirtschaften anpassen, indem sie etwa ihre geringere Arbeitsproduktivität und Produktqualität durch niedrigere Lohnkosten auszugleichen versuchte. Während der Boomphasen war die Nachfrage meist so hoch, dass auch die anfangs noch teuren und qualitativ kaum konkurrenzfähigen Produkte ihre Absatzchancen besaßen. Mit der Zeit wurden die Produkte der nachholenden Volkswirtschaften durch Nachahmung dann qualitativ besser, so dass sie dank der weiterhin vergleichsweise niedrigen Lohnkosten zumindest auf dem Binnenmarkt und bei den noch rückständigeren Nachbarn dauerhaft konkurrenzfähig wurden. So konnte ein selbsttragendes Wachstum über die nachholende Industrialisierung in bestimmten Schlüsselbranchen erreicht werden.

Die folgende Darstellung wird sich an diesen langwelligen Industrialisierungsmustern orientieren. Sie gliedert sich in drei Phasen, die durch unterschiedliche Führungssektoren bestimmt wurden: die Phase der Baumwollindustrie von ca. 1760 bis 1840 (leichtindustrielle Phase), die Phase des Eisenbahnbaus von ca. 1830 bis 1890 (schwerindustrielle Phase) und die Phase der elektrotechnischen Industrie seit den 1880er/1890er Jahren (Phase der „neuen" Industrien). Letztere liegt allerdings größtenteils außerhalb des Untersuchungszeitraums dieses Bandes, so dass auf diese Entwicklungen nur mit einem Ausblick eingegangen werden wird.

Die leichtindustrielle Phase der Industrialisierung

Die Industrialisierung ging nicht nur von England aus, sondern während der ersten Jahrzehnte seiner Industrialisierung war die englische Wirtschaft in weiten Teilen auf der Welt konkurrenzlos. 1851 konnte Großbritannien auf der ersten Weltausstellung, die natürlich in London stattfand, seine Überlegenheit eindrucksvoll demonstrieren und mit Fug und Recht als die „Werkstatt der Welt“ bezeichnet werden. Auf die naheliegende Frage, warum die Industrielle Revolution gerade von diesem Land ausging, kann keine einzelne Ursache angegeben werden. Ausschlaggebend dürfte das Zusammenwirken mehrerer positiver Faktoren bei gleichzeitiger Neutralisierung negativer Einflüsse gewesen sein.

Vorteile Großbritanniens

Die naheliegendsten Voraussetzungen, die den Vorsprung Großbritanniens ermöglichten, waren seine Geographie und seine natürlichen Ressourcen. Die Insellage im Atlantik war ausgesprochen günstig: für die neuen Atlantikrouten, besonders nach Amerika, hatte das Land eine fast optimale Lage, und neue Industrien ließen sich entweder in Küstennähe oder an schiffbaren Flüssen verkehrsgünstig ansiedeln. Rohstoffe wie Kupfer, Zinn, Blei, Eisen und vor allem Kohle waren reichlich vorhanden und häufig günstig gelegen. Die anfangs niedrigen Fördermengen konnten durch geringfügige technische Verbesserungen ohne größere Schwierigkeiten gesteigert werden. Weitere Vorteile Großbritanniens waren die fruchtbaren Böden und das gemäßigte Klima. Schließlich war die ortsgebundene Wasserkraft leicht zu erreichen, so dass der Nutzung der Wasserkraft nicht die exorbitant hohen Transportkosten in den Mittel- und Hochgebirgsregionen Kontinentaleuropas entgegenstanden.

So wichtig die naturräumlichen Bedingungen und die Verfügbarkeit von „strategisch“ wichtigen Ressourcen auch waren, sie waren nicht einmalig. In anderen Teilen Europas gab es bessere Eisenerze und fruchtbarere Böden, in manchen Gebirgsgegenden Flüsse mit stärkerem Gefälle; manche Staaten verfügten über bessere Erziehungs- und Bildungsanstalten, die eine schnellere Senkung der Analphabetenquote erlaubten. In anderen Staaten gab es bereits viel früher reiche Kaufleute und Bankiers, oder sie waren wohlhabender. Wenn gerade dieser Weg, gerade in England und gerade um die Mitte des 18. Jahrhunderts die Welt zu verändern begann, waren dafür auch gesellschaftliche und historisch bedingte Umstände verantwortlich.

In diesem Zusammenhang ist zunächst an die frühe Auflösung der Feudalordnung zu denken. Früher als in anderen europäischen Staaten wurden in Großbritannien die herrschafts-, besitz-, eigentums- und nutzungsrechtlichen Ansprüche der Feudalherren in kapitalistische Eigentumsrechte an landwirtschaftlichem Grund und Boden umgewandelt. Die *Enclosures*, das heißt die Privatisierung bisher durch die Dorfgemeinschaft kollektiv genutzten Bodens *(Commons)*, bildeten eine wichtige institutionelle Voraussetzung für die deutliche Steigerung der Agrarproduktion in Großbritannien, ohne die die rasch wachsende Bevölkerung nicht ausreichend hätte ernährt werden können. Zum Zweiten bildeten die *Enclosures* aber auch die Voraussetzung für eine deutliche Steigerung der Arbeits- und Bodenproduktivität, so dass ein immer kleinerer Teil der Bevölkerung in der Landwirtschaft beschäftigt werden musste. Manche Historiker sprechen deshalb von einer „Agrarrevolution“, die zeitlich fast parallel zur „Industriellen Revolution“ verlief.

Die Enclosures

Obwohl die ersten Anfänge der Privatisierung von *Commons* bereits auf das Spätmittelalter zurückgehen, nahm die Bewegung erst um die Mitte des 18. Jahrhunderts entscheidend Fahrt auf, weil die Überführung des Bodens in Privateigentum bisher nur auf Grundlage einer freiwilligen Übereinkunft der Betroffenen möglich gewesen war. Als der Prozess jedoch wegen des zunehmenden Widerstandes der Kleinbauern ins Stocken geriet, wurden die *Enclosures* durch Parlamentsakte, das heißt durch gesetzlichen Zwang, fortgesetzt. Da das britische Parlament im 18. Jahrhundert noch maßgeblich durch die großen Grundeigentümer *(Landlords)* dominiert wurde, konnte die Individualisierung der Eigentumsrechte an der landwirtschaftlich nutzbaren Fläche, die in der Regel auch mit einer Flurbereinigung verbunden war, bis gegen Ende des ersten Viertels des 19. Jahrhunderts abgeschlossen werden.

Privatisierung von Commons

Indem die *Enclosures* die individuelle Aneignung der Mehrerträge durch eine rationelle Produktion und Investitionen in Entwässerung und andere den Boden verbessernde Maßnahmen ermöglichten, löste diese Eigentumsrevolution einen deutlichen Produktivitätsschub aus. Auf der anderen Seite verschärften die *Enclosures* aber auch die sozialen Gegensätze auf dem Land. Während die ländlichen Unterschichten ihre Subsistenz durch die Nutzungsrechte an den *Commons* einigermaßen hatten sichern können, führte die Privatisierung des Bodens zu einer Konzentration des Landbesitzes in den Händen der *Landlords*, die diesen wiederum in großen und damit leistungsfähigen Einheiten an wohlhabende Bauern verpachteten. Dadurch verschwand nicht nur der kleinbäuerliche Besitz, sondern auch die mittelbäuerlichen, von einer Familie bewirtschafteten Höfe *(Freeholder)* wurden immer weiter zurückgedrängt, weil sie gegen die großen Farmen der Pachtbauern nicht konkurrenzfähig waren.

Folgen der Enclosures

Wegen der Größe der von ihnen zu bearbeiteten Flächen waren die Pachtbauern wiederum auf Landarbeiter angewiesen, die sie aus dem großen Heer der landlosen Unterschichten rekrutieren konnten. Allerdings beschäftigten diese nun nicht mehr für die Subsistenz, sondern für einen anonymen Markt produzierenden Pachtbauern nur so viele Landarbeiter, wie sie saisonweise tatsächlich benötigten. Die Unterbeschäftigung auf dem Land, die die europäische Landwirtschaft seit Jahrhunderten gekennzeichnet hatte, verschwand damit in Großbritannien, wodurch, begünstigt durch das schnelle Bevölkerungswachstum, Arbeitslosigkeit und Massenarmut ausgelöst wurden, die bereits von den Zeitgenossen als „Pauperismus“ bezeichnet wurden. Denn die zu dieser Zeit entstehenden Fabriken waren noch nicht annähernd in der Lage, die ländliche Überschussbevölkerung aufzunehmen.

Investitionen

Die wachsende soziale Ungleichheit auf dem Land durch die Konzentration des Eigentums an Grund und Boden war aber auch die Voraussetzung für den im europäischen Vergleich sehr hohen Kapitaleinsatz. Investitionen wurden nämlich nicht nur zur Umwandlung von Brachen in landwirtschaftlich nutzbare Böden oder zum Umbrechen von Wiesen in Ackerflächen getätigt, sondern auch der Viehbesatz pro Hektar war in dieser durch Pachtbetriebe geprägten Landwirtschaft viel höher als etwa in der durch eine bäuerliche Besitzstruktur geprägten französischen Landwirtschaft. Dadurch waren auch die Zugkraft je Hektar sowie der Anfall an Dung höher, was wiederum der Bodenproduktivität auch in der Pflanzenproduktion zugute kam.

Landlords als Multiplikatoren

Die Konzentration des landwirtschaftlichen Besitzes hatte aber auch noch einen weiteren Vorteil. Moderne Anbaumethoden und Züchtungserfolge sowie neue Erkenntnisse der Pflanzenphysiologie usw. konnten sich sehr viel schneller verbreiten, weil die *Landlords* sich im Winter überwiegend nach London zurückzogen. Man kannte sich, verkehrte in denselben Kreisen und debattierte nicht selten über landwirtschaftliche Fragen. Damit fungierten die *Landlords* als Multiplikatoren, weil sie ihre neuen Kenntnisse im nächsten Frühjahr an ihre Pächter weitergaben. So war Großbritannien am Ende des 18. Jahrhunderts und in der ersten Hälfte des 19. Jahrhunderts nicht nur das führende Land der industriellen Technik in der Welt, sondern auch die britische Landwirtschaft war ihren Konkurrenten deutlich voraus. Bis in die 1840er Jahre hinein war das Land deshalb nicht auf den Import von Getreide angewiesen, der während der Napoleonischen Kriege ohnehin kaum möglich war. Auch danach wurden bis in die 1830er Jahre kaum mehr als 10 Prozent des Getreide-(Weizen-)Bedarfs eingeführt. Dafür waren aber nicht allein Produktivität und Kapitalintensität der britischen Landwirtschaft verantwortlich, sondern auch der bis 1846 geltende Zollschutz *(Corn Laws)*, der dank des parlamentarischen Einflusses der *Landlords* zeitweise sogar durch Importverbote ergänzt wurde. Erst nach Aufhebung der *Corn Laws* wurde Großbritannien zu einem Land mit einer hohen Nettoeinfuhr von Getreide, zunächst vornehmlich aus dem Ostseeraum und später auch aus Nordamerika.

Rechtssystem

Der Auflösung der Feudalordnung verdankte England auch die frühe Entwicklung eines Bürgertums und die Durchsetzung des bürgerlichen Leistungsethos sowie den im europäischen Vergleich ebenfalls frühen Abbau städtischer Privilegien und Zunftzwänge. Das aus dem Kampf zwischen Krone und Adel hervorgegangene Rechtssystem stärkte Privateigentum und Individuum gegenüber der Obrigkeit. Konkret bedeutete das, dass etwa Zunfttraditionen zwar aufrechterhalten werden konnten, diese aber fast ausschließlich dazu dienten, handwerkliche Fähigkeiten zu erhalten. Freie unternehmerische Initiativen konnten sie nicht mehr behindern.

Die auf einem funktionierenden Rechtssystem ruhende öffentliche Verwaltung war zudem stark genug, um die innere Ordnung zu garantieren, und ließ vergleichsweise wenig Raum für das Versickern der Steuereinnahmen des Staates in privaten Taschen, was für das Frankreich des *Ancien Régime* so charakteristisch war. Die Steuerbelastung war deshalb trotz der kolonialen Expansion und der zahlreichen Kriege, die Großbritannien im 18. und frühen 19. Jahrhundert jenseits seiner Grenzen führte, nur mäßig, was wiederum der Kapitalbildung im Inland zugute kam. Schließlich führte die besondere Form der Reformation zu einer Vielfalt von Religionsgemeinschaften und dadurch zur Toleranz auch in anderen Bereichen, einschließlich der freien Forschung in Naturwissenschaft und Technik. Historiker sprechen in diesem Zusammenhang neuerdings von *Industrial Enlightenment.*

Industrial Enlightenment

Als der im 18. Jahrhundert bedeutendsten Seemacht gelang es Großbritannien, nicht nur Kolonien zu erwerben, sondern auch einen blühenden Handel mit anderen Ländern zu treiben. Seine stärksten Rivalen waren die Niederlande und Frankreich. Erstere konnten schließlich wegen ihrer geringen Einwohnerzahl und ihrer schwächer entwickelten Industrie mit Großbritannien nicht Schritt halten, während Frankreich letztlich den Versuch vorzog, die kontinentale anstelle der maritimen Vorherrschaft zu erringen. So gelang es bereits 1763, die konkurrierenden Mächte fast vollständig aus Indien und Nordamerika zu verdrängen. Selbst in der Karibik und in Südamerika, wo der Einfluss Spaniens und Portugals trotz ihres Abstiegs als Seemächte noch beträchtlich war, konnte Großbritannien trotz eines vergleichsweise kleinen eigenen Kolonialbesitzes zu einer dominierenden Macht aufsteigen. Nachdem sich die südamerikanischen Staaten im ersten Viertel des 19. Jahrhunderts von ihren Kolonialherren befreit hatten, mutierten sie als Teil eines *informal empire* zu einem – modern gesprochen – „Hinterhof" der britischen Weltherrschaft, der zwar nicht unmittelbar politisch, aber sehr wohl wirtschaftlich weitgehend vom „Mutterland" abhängig war und blieb, bis im 20. Jahrhundert die USA auch dieses Erbe des zerfallenden Weltreiches übernahmen.

Rivalen Großbritanniens

Der größte Gewerbesektor im Großbritannien des 18. Jahrhunderts war das Textilgewerbe. Die Kommerzialisierung und die gesellschaftliche Arbeitsteilung waren zu diesem Zeitpunkt bereits so weit fortgeschritten, dass ein sehr großer Teil der Bevölkerung, insbesondere natürlich in den Städten, auf die Produktion ihrer Bekleidung im eigenen Haushalt verzichtete. Insofern ist es nicht verwunderlich, dass die Textilproduktion einer der ersten Gewerbezweige gewesen ist, die durch technische Erfindungen und neue Organisationsformen von Grund auf verändert wurden. Ursprünglich hatte das Textilgewerbe aus weit verstreuten gemischten Betrieben bestanden. Aufwendige Arbeiten wie Spinnen, Weben und Wirken wurden in Heimarbeit verrichtet; weniger aufwendige wie die Vorbereitung der Fasern für den Spinnvorgang wurden um die Mitte des Jahrhunderts in großen Werkstätten zentral ausgeführt. In der Garnspinnerei wurden hauptsächlich Mädchen und Frauen in Teilzeitarbeit eingesetzt, die daneben den eigenen Haushalt und ihr bäuerliches Anwesen versorgten. Weben und Strumpfwirken dagegen waren überwiegend Männerarbeit. Ursprünglich hatten Weber und Wirker zu den in Zünften organisierten

Textilgewerbe

Stadthandwerkern gehört. Im 18. Jahrhundert waren sie aber schon lange frei und wohnten meist auf dem Lande. Um ihre Familien ernähren zu können, bewirtschafteten sie neben ihrem Gewerbe häufig noch ein kleines Stück Land.

Ebenso uneinheitlich wie die technischen Produktionsprozesse waren im Textilgewerbe die Marktstrukturen. Es gab Großbetriebe, vornehmlich im Südwesten, die entfernte Märkte in London und in Übersee belieferten, und es gab vornehmlich im Norden den Weber, der als kleiner unabhängiger Unternehmer die Rohwolle selber einkaufte, durch Familienangehörige oder Nachbarn zu Garn verspinnen ließ und das fertig gewebte Tuch Großhändlern zum Kauf anbot. In Schottland und Irland erzeugtes Leinen sowie die in Lancashire und den Midlands hergestellten Baumwoll- und Wirkwaren lagen hinsichtlich der Strukturen ihres Marktes zwischen diesen beiden Extremen.

Marktstrukturen

Der Schwerpunkt der Wollproduktion lag im 18. Jahrhundert im Nordosten Englands, im West Riding. Obwohl es dank der billigen, wenn auch minderwertigen Wollprodukte gelang, andere auf den europäischen Märkten schon lange etablierte Konkurrenten – wie die Wollweber des Languedoc – auf den Exportmärkten zurückzudrängen, entwickelte sich das Baumwollgewerbe am schnellsten. Reine Baumwollstoffe, wie sie aus Asien bezogen wurden, wurden in Großbritannien allerdings zunächst nicht hergestellt. Die britischen Spinner und Weber besaßen nach einer verbreiteten Ansicht nicht die notwendigen Fähigkeiten für die Herstellung von Baumwollstoffen. Stattdessen fanden aber Mischgewebe aus Baumwolle und Leinen oder aus Baumwolle und Wolle im In- und Ausland wachsenden Absatz. Das Zentrum dieser Entwicklung war die Grafschaft Lancashire mit dem gewerblichen Zentrum Manchester, das nicht weit entfernt von dem im Atlantikhandel zunehmend an Bedeutung gewinnenden Hafen von Liverpool lag.

Schwerpunkt: Wollproduktion

In den 1760er Jahren stieß die Entwicklung des Baumwollgewerbes in Lancashire jedoch an eine Grenze: Die Arbeitskräftereserven waren vollständig ausgeschöpft. Das machte sich besonders beim Spinnen bemerkbar, weil jeder vollbeschäftigte Weber das Garnprodukt von vier bis sieben Spinnrädern verbrauchte. Es entstand ein klassischer Engpass in der Versorgung eines wachsenden und rentablen Marktes. So schrieb die britische »Society of Arts« 1761 einen Preis aus, wonach eine Maschine gesucht wurde, welche „sechs Fäden aus Wolle, Flachs, Hanf oder Baumwolle auf einmal spinnen und nur eine Person brauchen würde, um mit ihr zu arbeiten und sie zu bedienen". Diese Vorgaben wurden von der *Spinning Jenny* des Handwebers James Hargreaves erfüllt. Sie ahmte das abgesetzte Spinnen mit dem normalen Handspinnrad nach. Der Unterschied bestand allerdings darin, dass eine Arbeiterin mit nur einer Handkurbel zunächst sechs Spindeln gleichzeitig antreiben konnte.

Spinning Jenny

Die wichtigste Konkurrentin der *Jenny* war die nur wenig später entwickelte *Waterframe*-Spinnmaschine des Perückenmachers Richard Arkwright, die das kontinuierliche Spinnen mit dem Flügelspinnrad nachempfand und von Anfang an größer ausgelegt war, so dass der Wasserradantrieb für sie sogar namensgebend wurde. Der

Eine Frau bedient die von James Hargreaves erfundene „Spinning Jenny“ (unbekannter Holzstich, 1880).

Vorteil dieser Maschine gegenüber der *Jenny* bestand darin, dass sie fast automatisch lief und nur noch ein Hilfsarbeiter die gefüllten Spindeln durch leere ersetzen und gerissene Fäden wieder ansetzen musste. Allerdings konnte die *Waterframe* nur sehr grobes Garn produzieren, das für viele Gewebearten ungeeignet war. Ende der 70er Jahre gelang es dann Samuel Crompton eine Maschine zu entwickeln, die automatisch wie die *Waterframe* feine Garne wie die *Jenny* spinnen konnte. Er gab ihr ebenfalls einen sprechenden Namen: *Mule* (Maulesel). Diese Maschine bildete dann die Grundlage für die Invasion Europas und weiter Teile der übrigen Welt durch britische, Maschinengesponnene Garne.

Waterframe und Mule

Die Verbilligung der Produktion war jedoch nicht der einzige Grund für die schnelle Verbreitung der Spinnmaschine in Lancashire. Auch die bisher dezentrale Produktion durch das Heimgewerbe musste wegen des Antriebs nun räumlich konzentriert werden. Die Technisierung war demnach auch ein gezielter Versuch des Unternehmers, die Kontrolle über eine wachsende Produktion zu behalten. Auch hier war Arkwright ein Pionier. Er entwickelte nicht nur noch weitere Maschinen für andere Arbeitsvorgänge, sondern unter seiner Leitung entstanden ab 1771 die ersten Baumwollfabriken.

Bis um die Wende zum 19. Jahrhundert spielte die Dampfmaschine als Antriebs-

Fabrikstandorte

aggregat in der Baumwollindustrie kaum eine Rolle. Abgesehen von dem vereinzelten Einsatz von Göpeln (Pferdeantrieb) wurden die Spinnmaschinen zu dieser Zeit hauptsächlich mit Wasserkraft angetrieben. Die Fabriken entstanden deshalb auch zunächst in abseits gelegenen Flusstälern. Erst später, als die Wasserkraft durch die Dampfkraft ersetzt worden war, baute man Fabriken in wachsendem Maße in den Städten, in denen das Arbeiterpotential und bessere Verkehrsverbindungen günstigere Standortbedingungen boten. Erst jetzt entwickelte sich Manchester zur ersten industriell geprägten Großstadt der Welt.

Beginnende Mechanisierung

Das Spinnen von Baumwollfasern ließ sich leichter mechanisieren als das Spinnen anderer Textilfasern, und da Baumwollstoffe preiswert waren und sich für ganz unterschiedliche Klimata eigneten, ließen sie sich auf Märkten in Übersee und Europa, hier vor allem an die ärmeren Bevölkerungsschichten, gut verkaufen. Die wachsende Nachfrage nach dem Rohstoff, der Baumwollfaser, konnte man durch Ausweitung des Anbaus, insbesondere in Nordamerika, befriedigen. Für den Aufstieg der Südstaaten der USA zum führenden Baumwollproduzenten der Welt war ebenfalls eine Maschine mitverantwortlich. Die von dem Amerikaner Eli Whitney entwickelte Egreniermaschine *(Cotton Gin)* trennte die Samenkapseln von den Fasern (s. Abb. S. 85). Damit entfiel das arbeitsintensive Rupfen der Baumwolle, das die Rohbaumwolle bisher trotz des Sklaveneinsatzes zu sehr verteuert hatte. Durch diese Teilmechanisierung der Aufbereitung war das Rohprodukt auf dem Weltmarkt konkurrenzfähig geworden. Die Sklaven wurden auf den Südstaatenplantagen seitdem in erster Linie als Pflücker eingesetzt.

Der Markterfolg der englischen Baumwollstoffe ging natürlich zum Teil zu Lasten der Stoffe aus anderen Textilfasern. Entsprechend groß war dort der Anreiz, den Spinnprozess ebenfalls zu mechanisieren. Das gelang kurz vor 1800 in Ansätzen in der Wollspinnerei. Nach weiteren 30 Jahren konnte auch die Flachsspinnerei dank einer französischen Erfindung mechanisiert werden. Noch mehr Zeit verging bis zur Entwicklung eines brauchbaren Maschinenwebstuhls. Auch hier war bereits im 18. Jahrhundert experimentiert worden, aber wirtschaftlich einsetzbare Modelle entstanden erst nach 1820 und verdrängten zunächst auch nur die Handwebstühle für einfache Webstoffe.

Baumwollspinnerei als Führungssektor

Die Baumwollspinnerei erfüllte damit alle Kriterien, die der Wirtschaftswissenschaftler Walt W. Rostow für die Funktion eines Führungssektors der Industrialisierung als notwendig erachtete. Die Baumwollspinnerei besaß ein großes und dank ihres Wachstumstempos schnell ansteigendes gesamtwirtschaftliches Gewicht. Die Produktionspreise konnten dank der Produktivitätsfortschritte deutlich gesenkt werden, wodurch neue Käuferschichten erschlossen wurden. Schließlich diente die Baumwollspinnerei als Vorbild für andere Branchen und sorgte auch dort durch die wachsende Nachfrage nach Vorprodukten für Wachstumsimpulse.

Bei der Analyse der Ausbreitungswirkung eines Führungssektors muss man jedoch nicht ausschließlich an Vor- und Konkurrenzprodukte denken. Auch die Verkehrsrevolution war eine mittelbare Folge des Ausbreitungseffekts der Textilindustrie. Dabei ist allerdings noch nicht die Eisenbahn gemeint, sondern in erster Linie der Kanalbau, der im letzten Viertel des 18. und im ersten Viertel des 19. Jahrhunderts, nur unterbrochen durch die Napoleonischen Kriege, eine wegen der späteren Bedeutung der Eisenbahn weithin unterschätzte Blüte erlebte.

Im Gegensatz zu Frankreich, wo der Staat im 17. und 18. Jahrhundert zahlreiche Kanäle hatte bauen lassen, fehlte es in Großbritannien zu Beginn der Industrialisierung an einer vergleichbaren infrastrukturellen Vorleistung des Staates. Die Insellage erlaubte zwar auch ohne den Bau künstlicher Wasserstraßen die Versorgung Londons über den Wasserweg. Aber von der Brennstoffnachfrage Londons, der zu diesem Zeitpunkt mit Abstand größten Stadt Europas, profitierten allein diejenigen Kohlenreviere, die an der Küste lagen. Der Überlandtransport von Massengütern verteuerte diese Waren so sehr, dass sie schon nach wenigen Meilen Transportweg nicht mehr nachgefragt wurden. Insofern war es naheliegend, wenn bereits die ersten Unternehmer die Initiative zum Bau eines Kanals in ihrer Region übernahmen.

Kanalbau

Nachdem bereits zu Beginn des 18. Jahrhunderts die Flüsse Mersey und Irwell schiffbar gemacht worden waren und damit eine Wasserverbindung von Manchester zum Hafen nach Liverpool bestand, entschied sich Francis Egerton, der dritte Duke of Bridgewater, nach einer Besichtigung des südfranzösischen Canal du Midi zum Bau eines Kanals von seinen Kohlegruben bei Worsley zum Irwell, um auf diesem Wege Manchester billiger mit Kohle versorgen zu können. Nachdem zunächst 1761 der Anschluss nach Manchester hergestellt worden war, baute Egerton auch eine Verbindung zum Mersey, um auf diese Weise Liverpool mit seinen Kohlen zu beliefern. Die Versorgung Manchesters mit Steinkohle diente zwar zum Zeitpunkt der Projektierung des Kanals noch nicht der Versorgung von Dampfmaschinen in der Stadt. Aber die sichere und preisgünstige Versorgung mit Energie bildete einen wichtigen Standortvorteil, als gegen Ende des Jahrzehnts leistungsfähige Dampfmaschinen für die Textilindustrie verfügbar waren, für deren rentablen Einsatz preisgünstige Steinkohle eine notwendige Bedingung darstellte. Umgekehrt sorgte die Industrialisierung Manchesters für weitere Impulse zum Ausbau des Bridgewater-Kanals und andere Kanalbauten in der Grafschaft. Auch die Erschließung der ersten montanindustriellen Führungsregion Europas, des fernab von der Küste in Mittelengland gelegenen *Black Country*, erfolgte fast ausschließlich über den Bau von Kanälen.

Der Bridgewater-Kanal

Die Kanalbauten erfolgten ohne finanzielle Beteiligung des Staates. Ihr Bau überstieg natürlich die finanziellen Möglichkeiten einer einzigen Unternehmerfamilie bei weitem. Deshalb wurden für Bau und Betrieb Aktiengesellschaften nach dem Muster der bereits im Überseehandel, im Versicherungswesen und in einigen anderen Sektoren bestehenden Gesellschaften gegründet, die zunehmend auch Investoren außerhalb der Region interessierten. In den 1790er Jahren setzte dann ein „Kanalbaufieber“ *(Canal Mania)* ein. Dabei handelte es sich um eine Spekulationsblase, deren Ursache

Finanzierung der Kanalbauten

nicht allein die hohen Renditen waren, die mit den Aktien der bereits in Betrieb befindlichen Kanäle erzielt wurden, sondern auch zahlreiche französische Adlige versuchten nach 1789, ihr Vermögen durch Investitionen in britische Kanäle in Sicherheit zu bringen. Mit der französischen Kriegserklärung an Großbritannien 1793 platzte die Blase jedoch und der Kanalbau kam für einige Jahre fast ganz zum Erliegen. Die weitere Entwicklung nach der Jahrhundertwende verlief dann kontinuierlicher. Im Ergebnis waren bis 1820 in Großbritannien Kanäle mit einer Gesamtlänge von 2200 Kilometern gebaut worden. Damit verfügte das Land über gut 5000 Kilometer Wasserstraßen, was einem durchschnittlichen Wachstum von 1,4 Prozent pro Jahr (seit 1760) entsprach. Das war zu diesem Zeitpunkt einmalig, so dass Großbritannien schon am Vorabend des Eisenbahnzeitalters das verkehrsinfrastrukturell mit Abstand am besten ausgestattete Land der Welt war.

Zunächst überschaubare Auswirkungen

Während dieser ersten Phase der Industrialisierung waren die Auswirkungen auf dem Kontinent noch recht überschaubar. Bis in die 1830er Jahre hatte kein Nationalstaat eine mit England vergleichbare Modernisierung der Gewerbewirtschaft hervorgebracht. In den großen Flächenstaaten wie Frankreich oder Preußen waren einige (textil-)industrielle Inseln entstanden, die allerdings in Preis und/oder Qualität der von britischen Maschinen gesponnenen Garne noch nichts Gleichwertiges entgegenzusetzen hatten. Ihren Aufstieg verdankten sie in erster Linie ihrer Überlegenheit gegenüber der vorindustriellen Textilproduktion des Landes und nicht zuletzt, insbesondere im Falle Frankreichs, auch einer protektionistischen Handelspolitik, wodurch britische Importe massiv verteuert wurden.

Die gesonderte Betrachtung einer kontinentalen Industrieregion verdienen während dieser leichtindustriellen Phase der Industrialisierung deshalb wohl nur das schweizerische Voralpenland und das benachbarte (französische) Elsass. Während das Elsass jedoch seine gewerbliche Modernisierung hinter den hohen Zollmauern eines starken Nationalstaates mit einem riesigen Binnenmarkt und einer Bevölkerung fundieren konnte, die im europäischen Vergleich zu dieser Zeit über eine recht hohe Kaufkraft verfügte, schaffte es das schweizerische Voralpenland, sich nicht so sehr als Konkurrent der britischen Textilindustrie, sondern komplementär dazu auf dem Weltmarkt erfolgreich zu platzieren.

Schweiz

Bis 1848 war die Schweiz mit Ausnahme der kurzen Periode der Helvetischen Republik (1798–1803) stark fragmentiert. Die Kantone besaßen eine große politische Autonomie, auch und gerade in wirtschaftspolitischen Fragen. Insofern existierten weder einheitliche Zoll- und Münzsysteme noch einheitliche Maße und Gewichte. In Anbetracht der geringen Größe des Binnenmarktes, der nach dem zwischenzeitlichen Anschluss der Helvetischen Republik an den französischen Binnenmarkt schon 1803 wieder auf die Eidgenossenschaft beziehungsweise auf den jeweiligen Kanton reduziert worden war, muss den schweizerischen Textilunternehmern klar gewesen sein, dass sie mit der Produktion von Massenware gegen die britische Konkurrenz auf den Exportmärkten chancenlos waren. Aber die britische Textilindustrie war damals noch längst nicht in der Lage, allen Bedarf an textilen

Qualitäten so billig zu befriedigen wie die unteren Preissegmente des Marktes. Das Besetzen von Nischen war die Chance der Schweizer und sie nutzten sie.

Dabei waren die Voraussetzungen für einen frühen Start in das Industriezeitalter in der Schweiz auf den ersten Blick alles andere als günstig. Das Land verfügte nicht über wertvolle Bodenschätze und auch in erreichbarer Entfernung jenseits der Grenzen war die Ressourcenausstattung nicht besser. Außerdem lag die Region am Fuß der Alpen verkehrsmäßig ungünstig. Allerdings verfügte die Schweiz über eine alte städtische Kultur mit einer Tradition gewerblicher Arbeit für auswärtige Märkte. Durch den Fernhandel hatten sich die Städte einen gewissen Wohlstand geschaffen, so dass Kapital grundsätzlich verfügbar war, das in industrielle Anlagen investiert werden konnte – sofern die Gewinnaussichten dies nahelegten.

Voraussetzungen

Ein wichtiger Startvorteil war daneben in erster Linie die im kontinentaleuropäischen Vergleich sehr frühe Verbreitung des Baumwollgewerbes. Bereits in den 1760er Jahren war die Baumwollspinnerei der wichtigste Gewerbezweig des Landes geworden. Denn das schweizerische Baumwollgewerbe zeichnete sich im 18. Jahrhundert durch hohe Kunstfertigkeit und eine hohe Qualität seiner Produkte aus. Dank des hohen Wertes der Waren bei relativ geringem Gewicht fiel der Transportkostennachteil der Entfernung sowohl von den Einfuhrhäfen für Baumwolle als auch zu den Absatzmärkten nicht allzu sehr ins Gewicht.

Baumwollgewerbe

Zu einer Mechanisierung der Spinnerei nach englischem Vorbild kam es im 18. Jahrhundert jedoch noch nicht. Als gegen Ende des Jahrhunderts die schweizerischen Handspinner von den englischen Maschinenspinnereien unterboten wurden, stellten sich die eidgenössischen Unternehmen zunächst fast völlig darauf um, preiswertes englisches Garn zu verarbeiten. Dadurch waren die Stoffe weiterhin konkurrenzfähig, obwohl auch die Weiterverarbeitung der Garne zunächst noch nicht mechanisiert werden konnte. Entsprechend arbeitsintensiv war die Produktion, so dass der Arbeitskräftebedarf anstieg, wodurch die Folgen der zusammenbrechenden Handspinnerei teilweise aufgefangen werden konnten. Man schätzt, dass bereits um 1800 200.000 Schweizer im Textilgewerbe beschäftigt waren, davon allein etwa 100.000 im Bereich der Baumwollverarbeitung. Nach der Jahrhundertwende, zunächst noch im Schutz des französischen Binnenmarktes, setzte sich dann auch in der Schweiz die Maschinenspinnerei durch, zunächst in St. Gallen, später auch etwa in Zürich. Nach der Aufhebung der Kontinentalsperre konnte man dann der englischen Konkurrenz auf den kontinentaleuropäischen Märkten einschließlich des Schweizer Garnmarktes zunehmend erfolgreich Paroli bieten. Ab etwa 1830 war die Schweizer Baumwollverarbeitung von englischen Garnimporten sogar völlig unabhängig.

Entwicklung der Spinnerei

Zu dieser Zeit setzte schließlich auch die Mechanisierung der Weberei ein. Das Wachstum der Textilindustrie war aber nicht so schnell, dass die arbeitslosen Handweber in den Fabriken schnell wieder Arbeit fanden. Es kam zu sozialen Unruhen, wodurch die Durchsetzung der Maschinenweberei im europäischen Vergleich deutlich verlangsamt wurde. Bis in die 60er Jahre hinein konnte sich die Handweberei

Entwicklung der Weberei

deshalb noch recht gut behaupten, was zum Teil allerdings auch daran lag, dass in der Schweiz weiterhin in großem Maße Textilien höherer Qualitäten produziert wurden, für deren Herstellung die mechanischen Webstühle anfangs noch nicht geeignet waren. Als Absatzmarkt kam Europa jedoch wegen der geringen Größe des Schweizer Binnenmarktes und wegen des Protektionismus vieler Nachbarstaaten kaum in Frage. Deshalb gingen etwa 90 Prozent der schweizerischen Textilproduktion in den Export und davon etwa drei Viertel nach Übersee, größtenteils in die beiden Amerikas.

Die Mechanisierung der Baumwollindustrie und auch die Basler Seidenindustrie mit ihren komplizierten Maschinen boten die Grundlage für den Aufbau einer modernen Maschinenbauindustrie. Deshalb kann die Schweiz als der einzige Industrialisierungsfall Kontinentaleuropas im 19. Jahrhundert gelten, in dem die Textilindustrie die Führungssektorfunktion ausfüllte. Die energetische Basis dieses Industrialisierungsweges war und blieb im Gegensatz zu Großbritannien lange Zeit die Wasserkraft. Die dezentrale Struktur der schweizerischen Industrie mit ihren durch Fluss- und Bachläufe bestimmten Fabrikstandorten blieb deshalb erhalten. Zu städtischen Agglomerationen wie in Lancashire nach der Durchsetzung der Dampfkraft als Antriebsenergie kam es in der Schweiz im 19. Jahrhundert nicht. Von der Entstehung eines „Industriereviers“ kann insofern nirgends die Rede sein, bestenfalls von „Industrielandschaften“.

Schweiz als „Industrielandschaft“

Eine ähnliche Entwicklung nahm auch das Elsass. Auch dort gab es kaum Bodenschätze, aber die Region verfügte über eine hochentwickelte vorindustrielle Tradition im Textilgewerbe. Denn sie gehörte zu den am dichtesten besiedelten Gebieten Europas, so dass die ländlichen Unterschichten schon früh gezwungen waren, neben ihrer Landwirtschaft auch heimgewerblich tätig zu werden, um die Subsistenz der Familie zu sichern. Neben anderen günstigen Voraussetzungen wie der Verfügbarkeit von Wasserkraft und sauberem Wasser für die Textilindustrie und dem Zugang zu schweizerischem Kapital kam aber insbesondere den im Vergleich zu den anderen textilgewerblich geprägten Regionen Frankreichs niedrigen Löhnen der elsässischen Landbevölkerung eine große Bedeutung zu. Zu Beginn der Industrialisierung dürfte das wohl der entscheidende Standortvorteil der Region innerhalb Frankreichs gewesen sein, zumal die benachbarte schweizerische Konkurrenz ebenfalls sehr niedrige Löhne zahlte.

Das Elsass

Ähnlich wie in der Schweiz hatte sich auch das elsässische Textilgewerbe im 18. Jahrhundert auf hochwertige Baumwollwaren spezialisiert. Der Beginn der Mechanisierung der Spinnerei erfolgte etwa zeitgleich mit der Schweiz nach der Wende zum 19. Jahrhundert. Auch hier begann man mit Kopien englischer Maschinen, aber die Spinnmaschinen aus dem Elsass gehörten zu den ersten, die auf dem Kontinent gebaut wurden. Auch beim Übergang zum mechanischen Webstuhl war man im Elsass nur ganz zu Beginn auf den Technologietransfer aus Großbritannien angewiesen. Wenig später entwickelte sich eine leistungsfähige Maschinenbauindustrie, deren Produktionsprogramm sich im Laufe

Industrialisierung im Elsass

des Jahrhunderts so erweiterte, dass sie Dampfmaschinen und Lokomotiven exportieren konnte.

Ein wichtiger Grund dafür, dass die Industrialisierung sich auf dem Kontinent so langsam ausbreitete, waren zum einen die Verwüstungen und finanziellen Belastungen durch die auf dem europäischen Kontinent ausgefochtenen Kriege, zum anderen die Steuer- beziehungsweise Tributzahlungen an das napoleonische Frankreich. In diesen Zusammenhang gehört auch die Kontinentalsperre, in deren Windschatten das überkommene kontinentaleuropäische Textilgewerbe noch eine Weile ohne wesentliche Veränderungen überleben konnte. Als die Kontinentalsperre 1814 nach acht Jahren aufgehoben wurde, war der Vorsprung der britischen Textilindustrie so groß, dass die Chancen, eine konkurrenzfähige eigene Textilindustrie aufzubauen, in den meisten, finanziell ausgebluteten kontinentaleuropäischen Staaten denkbar schlecht standen.

Daneben waren aber vielfach auch die institutionellen Voraussetzungen für die Industrialisierung noch nicht geschaffen worden. Für die „institutionelle Revolution" war allerdings weniger das englische Vorbild maßgebend gewesen als vielmehr das französische. Die Verdrängung hierarchiegesteuerter durch marktwirtschaftliche Transaktionen, für welche die Förderung des Privateigentums an landwirtschaftlichem Grund und Boden, ferner die volle Dispositionsfreiheit über die eigene Arbeitskraft durch die Aufhebung feudaler Abhängigkeitsverhältnisse sowie die Förderung des Wettbewerbs durch die Einführung der Gewerbefreiheit die Voraussetzungen waren, erfolgten in West- und Teilen Mitteleuropas durch den mittelbaren oder unmittelbaren Einfluss der Französischen Revolution.

„Institutionelle Revolution"

Für die Niederlande, insbesondere für die südlichen Niederlande, das spätere Belgien, und die deutschen Territorien westlich des Rheins bedeutete die Eingliederung in das französische Staatsgebiet erstens, dass mit der Einführung des französischen Rechts auf einen Schlag zahlreiche Hemmnisse der wirtschaftlichen Entwicklung beseitigt wurden: Die Gewerbefreiheit wurde eingeführt, die Bauern wurden von jeglicher Art feudaler Bindungen und Lasten befreit, die Binnenzölle wurden abgeschafft. Zweitens öffnete sich nun das französische Hinterland als Absatzmarkt, dessen Nachfrage insbesondere für die gewerblich fortgeschrittenen Teile der südlichen Niederlande einen entscheidenden Wachstumsimpuls darstellte, zumal das Borinage, eines der wichtigsten Kohleabbaugebiete Kontinentaleuropas im ausgehenden 18. Jahrhundert, durch den Canal de Mons à Condé an das französische Kanalnetz angeschlossen wurde. Der Kanal wurde zwar erst nach dem Ende der französischen Herrschaft eröffnet, aber die infrastrukturellen Fortschritte und die „institutionelle Revolution" hatten ein solch solides Fundament geschaffen, dass auch die auf die französische Niederlage folgende Depression, die Abtrennung vom französischen und die Eingliederung in den deutlich kleineren niederländischen Binnenmarkt die Region nicht wieder in die vornapoleonische Zeit zurückkatapultieren konnten.

Eingliederung ins französische Staatsgebiet

In den nach der Niederlage von Jena und Auerstedt errichteten deutschen Rheinbundstaaten schuf die politische Abhängigkeit ebenfalls die Voraussetzungen für Fundamentalreformen. Auch wenn sie nicht mit derselben Konsequenz wie in den annektierten Territorien durchgesetzt wurden, sorgte auch hier der französische Druck für die Einleitung einer „Bauernbefreiung" und die Durchsetzung der Gewerbefreiheit. In Preußen war der französische Einfluss zwar nur ein mittelbarer. Aber der Reformbürokratie um Staatskanzler Karl August von Hardenberg war durch die französischen militärischen Erfolge klar geworden, dass man durch eine „Revolution von oben" eine „defensive Modernisierung" von Wirtschaft und Gesellschaft einleiten musste, wenn Preußen der französischen Bedrohung mittelfristig widerstehen wollte. Nach dem Sieg über Napoleon setzten sich zwar in vielen deutschen Staaten in mancherlei Hinsicht restaurative Tendenzen durch, aber ein Zurück zu Zunftzwang und feudalen Abhängigkeitsverhältnissen erfolgte nicht. Spätestens mit der Revolution von 1848 war dieser Prozess abgeschlossen. Anders als noch im ausgehenden 18. Jahrhundert waren damit die Voraussetzungen geschaffen, um in der zweiten Phase der Industrialisierung den Anschluss an die „Werkstatt der Welt" herzustellen.

Voraussetzungen für Fundamentalreformen

Für das Habsburgerreich galt das jedoch nicht. Erste Reformansätze hatte es zwar schon im 18. Jahrhundert unter Kaiser Joseph II. gegeben, aber nach dem Tod des Monarchen 1790 kam die Reformbewegung ins Stocken und auch die napoleonische Bedrohung sorgte im Gegensatz zu Preußen nicht für ein Lösen der Blockade. Die Restauration führte während der Jahrzehnte nach der französischen Niederlage erst recht nicht zu einem Umdenken: Im Gegensatz zu den absolutistischen Herrschern des 18. Jahrhunderts hatte die Regierung Metternich aus innenpolitischen Gründen starke Bedenken gegen die freie Entfaltung von Handel und Gewerbe. Denn damit wäre die Stärkung eines unabhängigen Bürgertums verbunden gewesen, und es war zu erwarten, dass diejenigen, die den Staat durch ihre Steuern finanzierten, mittelfristig auch darüber mitbestimmen wollten, wofür diese Steuern ausgegeben wurden. Das sollte verhindert werden, und bis zur Revolution von 1848 besaß die alte Gesellschaftsordnung tatsächlich noch die Macht, den Motor der industriellen Entwicklung zu drosseln. Damit fiel das Habsburgerreich gegenüber den seit 1834 im Deutschen Zollverein zusammengeschlossenen (übrigen) deutschen Staaten wirtschaftlich so entscheidend zurück, dass der später angestrebte wirtschaftliche „Anschluss" an das deutsche Zollgebiet nicht mehr möglich war.

Entwicklung im Habsburgerreich

Erste Ansätze zum Aufbau einer modernen Baumwollindustrie gab es seit den 1820er Jahren auch schon in den USA. Es war aber nicht der Rohbaumwolle produzierende Süden, sondern es waren die wesentlich bevölkerungsreicheren Neuenglandstaaten, in denen ein eigenständiges Textilgewerbe entstand. Die erste mechanische Baumwollspinnerei wurde bereits 1790 durch den Einwanderer Samuel Slater mit britischer Technik in Rhode Island errichtet. Das Unternehmen entwickelte sich aber nicht sehr erfolgreich, da der britische Vorsprung nicht so einfach aufzuholen war. Das änderte sich erst, als der *Embargo Act* von 1807 den Handel mit den kriegführenden europäischen Staaten verbot. Dadurch

Baumwollindustrie in den USA

wurden die Importe britischer Textilien erheblich erschwert beziehungsweise verteuert. In der Folge entstanden in den Neuenglandstaaten zahlreiche Baumwollspinnereien, die sich dann aber seit 1815 erneut einer nach wie vor überlegenen britischen Konkurrenz ausgesetzt sahen. Der Kongress führte daraufhin einen effektiven Zollschutz für Textilien ein, der auch nicht aufgehoben wurde, als die amerikanische Textilindustrie den britischen Vorsprung aufgeholt hatte.

Wegen der Alternative einer selbständigen Existenz als Farmer waren Arbeitskräfte in den USA trotz der Zuwanderung jedoch knapp und die Löhne der Fabrikarbeiter im Vergleich zu Europa sehr hoch. Solange die Weberei noch nicht mechanisiert war, war die Verarbeitung der maschinell hergestellten Garne deshalb ein besonders großer Nachteil der Textilindustrie in Neuengland. Der Anreiz zur Mechanisierung der Weberei war entsprechend hoch und setzte nicht später als in England ein. Von Vorteil war hierbei auch, dass sich die amerikanische Textilindustrie von Anfang an auf grobe Gewebe spezialisiert hatte. Bei diesen billigen Stoffen fielen die Transportkosten der britischen Importe relativ stärker ins Gewicht als bei feinen, teuren Tuchen. Außerdem wurden grobe Stoffe wegen ihrer Strapazierfähigkeit auch stärker von der inländischen bäuerlichen Bevölkerung nachgefragt.

Um 1840 besaßen die USA die nach Großbritannien größte und leistungsfähigste Textilindustrie der Welt. Wegen des Exportverbots für britische Maschinen führte die Nachfrage der Fabriken frühzeitig zur Entstehung einer modernen Textilmaschinenindustrie, die sehr schnell nicht mehr auf das Kopieren englischer Maschinen angewiesen war. Wie leistungsfähig der amerikanische (Textil-)Maschinenbau bereits um die Jahrhundertmitte war, zeigt die Erfindung der Nähmaschine, mit der die bis dahin ganz auf Handarbeit angewiesene Bekleidungsindustrie revolutioniert wurde. Schon in der ersten Hälfte des 19. Jahrhunderts wurde aber nicht nur der rasch wachsende Binnenmarkt mit Textilien, Schuhen und anderen Konsumgütern beliefert, sondern es wurden auch durchaus erfolgreich Textilien nach Lateinamerika exportiert. Nicht von ungefähr waren es deshalb auch die USA, die durch Verträge mit China (1844) und Japan (1855) die nach Indien größten potentiellen Absatzmärkte Asiens für Industriewaren „öffneten".

Bedeutung der USA in der Textilindustrie

Die schwerindustrielle Phase der Industrialisierung

Die zweite Phase der Industrialisierung war von der Schwerindustrie geprägt und nicht mehr auf die britische Hauptinsel beschränkt, sondern konnte jetzt auch auf dem europäischen Kontinent und in Nordamerika Fuß fassen. Diese Ausdehnung der Industrialisierung hatte im Wesentlichen zwei Ursachen. Erstens war die Entwicklung der Schwerindustrie seit den 1830er Jahren aufs engste mit der Transportrevolution verbunden, denn der Aufbau der Verkehrsinfrastruktur entwickelte einen bisher nicht gekannten Bedarf an Eisen und Stahl sowie an Energie (Steinkohle). Gleichzeitig verbilligte er den Transport von Gütern, so dass die lokalen und regio-

Ursachen für die Ausdehnung

nalen Märkte immer enger vernetzt werden konnten. Zweitens war der Vorsprung der Briten bei diesen neuen Führungssektoren der Wirtschaft zunächst zwar weiterhin groß, aber nicht mehr lange uneinholbar wie zuvor bei der Textilindustrie. Auch die institutionellen Voraussetzungen waren in zahlreichen kontinentaleuropäischen Gesellschaften mittlerweile geschaffen worden, um die (zunächst weiterhin kopierte britische) Technik in ähnlichem Maßstab einsetzen zu können wie in der „Werkstatt der Welt". Am Ende dieser Phase war Großbritannien deshalb zwar noch das bedeutendste Industrieland der Welt, aber viele kontinentaleuropäische Volkswirtschaften hatten sehr stark aufgeholt und industrielle Führungsregionen entwickelt, die den britischen nicht zuletzt auf dem Gebiet der modernsten Industrien der Zeit ernsthaft Konkurrenz machen konnten. Daneben zeichnete sich in den USA bereits ab, dass die Erschließung des Landes zu einer Nutzbarmachung der reichsten Ressourcen führen würde, über die eine Volkswirtschaft zu dieser Zeit verfügen sollte. Auch hier bildete die Transportrevolution insofern die Voraussetzung für den Aufstieg zur führenden Industrienation des 20. Jahrhunderts.

Transportrevolution

Wegen der stark in den Grenzen nationaler Volkswirtschaften denkenden älteren Industrialisierungsforschung wird die Transportrevolution der mittleren Jahrzehnte des 19. Jahrhunderts bis heute oftmals fast ausschließlich mit der Eisenbahn gleichgesetzt. Tatsächlich bildete die Eisenbahn in einigen Ländern wie Belgien und dem Deutschen Zollverein beziehungsweise in Preußen sowie mit Abstrichen auch in Frankreich und in den sich industrialisierenden westlichen Teilen des Habsburgerreiches den Kern eines schwerindustriellen Führungssektorkomplexes. Aber auch die Schifffahrt wurde durch den Einsatz der Dampfmaschine als Antriebsaggregat und von Stahl als Schiffbaumaterial revolutioniert.

Dampfschiffe

Der Einsatz von Dampfmaschinen auf Schiffen setzte etwa zeitgleich mit der „Eisenbahn-Revolution" ein. Nachdem bereits kurz nach der Jahrhundertwende in den USA das erste Dampfschiff auf dem Hudson seine Jungfernfahrt erfolgreich bestanden hatte, absolvierte wenig später das erste britische Dampfschiff seine erste Fahrt auf dem Clyde bei Glasgow. Regelmäßig verkehrten Flussdampfer allerdings erst seit den 1820er Jahren. Obwohl Dampfschiffe auf den größeren kontinentaleuropäischen Flüssen kaum später erschienen, fehlten dort noch die infrastrukturellen Voraussetzungen, vor allem ein Netz bildendes Wasserstraßensystem aus schiffbaren Flüssen und Kanälen, um eine mit dem Eisenbahntransport vergleichbare Verbindung verschiedener Wirtschaftsräume zu erreichen. Aber auch in Großbritannien war die Leistungsfähigkeit der Kanäle, die noch für Schiffe gebaut worden waren, die auf traditionellem Wege durch Treideln angetrieben wurden, nicht ausreichend, um die Fähigkeit der Dampfmaschine, wesentlich größere Schiffe zu bewegen, wirklich ausnutzen zu können.

Es war deshalb auch nicht der Binnenwasserstraßenverkehr, der sich komplementär zur Eisenbahn entwickelte, sondern – allerdings etwas zeitversetzt – die Hochseeschifffahrt, die ein ganz ähnliches Wachstum durchlief wie der binnenländische Verkehr mit der Eisenbahn. Nachdem der Schaufelradantrieb seit den 1840er

Jahren zunehmend durch den Schraubenantrieb ersetzt worden war und sich seit den 1850er Jahren der Einsatz von Verbundmaschinen durchzusetzen begann, wodurch der Kohlenverbrauch der Schiffe deutlich gesenkt wurde, war es vor allem der Ersatz von Holz durch Stahl im Schiffbau, der für eine „Industrielle Revolution" auf den Weltmeeren sorgte. Zwischen 1870 und 1913 dürften sich die Tarife deshalb etwa halbiert haben (s. Band VI, S. 285, Grafik 3). Daneben wurden aber auch die Hafenanlagen durch eine Vergrößerung der Hafenbecken sowie durch neuartige Schütt- und Ladetechniken modernisiert, wodurch die Liegezeiten der teuren neuen Schiffe deutlich verkürzt werden konnten.

Hochseeschifffahrt

Hatte die Gesamttonnage der britischen Handelsmarine 1820 noch 2,4 Millionen Tonnen betragen, waren es 1860 schon 4,7 und 1900 9,3 Millionen Tonnen. Bis in die 1860er Jahre war der Anteil der Dampfschiffe noch sehr gering, um 1860 lag er bei knapp 10 Prozent. Bis 1880 stieg der Anteil dann auf knapp 40 Prozent, um bis 1890 die Gesamttonnage der Segelschiffe deutlich zu übertreffen. Bis zu diesem Zeitpunkt waren durchaus noch neue Segelschiffe in Dienst gestellt worden, so dass sich zwar ihr Anteil an der britischen Handelsmarine, nicht aber das von ihnen bewältigte Frachtaufkommen reduzierte. Erst seit den 1880er Jahren ging dann auch die Gesamttonnage der Segelschiffflotte zurück. Während auf dem Atlantik nun das Dampfschiff dominierte, waren die traditionellen Schoner wohl nur noch bei der Küstenschifffahrt im Einsatz, dort allerdings häufig mit einer unterstützenden Dampfmaschine ausgerüstet.

Gesamttonnage

Damit stand erneut Großbritannien auch bei der überseeischen Transportrevolution im Mittelpunkt der Entwicklung, was bei der Insellage auch nicht verwunderlich ist. Denn während auf dem europäischen Kontinent die nationalen Eisenbahnsysteme recht zügig miteinander vernetzt wurden und damit nicht nur der interregionale, sondern auch der Handel zwischen benachbarten Staaten deutlich verbilligt wurde, war Großbritannien bei seinem Außenhandel vollständig auf den Schiffsverkehr angewiesen. Diese Abhängigkeit sorgte für den Aufbau einer modernen Schiffbauindustrie, wobei sich die durchschnittlich pro Jahr in Großbritannien gebaute Dampfschifftonnage in der zweiten Jahrhunderthälfte etwa verzehnfachte.

Großbritannien im Mittelpunkt

Die britische Wirtschaft war zwar auch schon während der ersten Phase der Industrialisierung existenziell auf den Import von Rohstoffen, insbesondere von Baumwolle, angewiesen gewesen und das rasante Wachstum der Textilproduktion war auch nur dank der Aufnahmefähigkeit überseeischer Märkte möglich, aber die Verbilligung des Überseetransports verstärkte in der zweiten Hälfte des 19. Jahrhunderts zum einen noch einmal die internationale Konkurrenzfähigkeit und ermöglichte zum zweiten, dass sich in Großbritannien schon frühzeitig ein moderner tertiärer (Dienstleistungs-)Sektor entwickelte. Denn die Schiffe und ihre Ladung mussten versichert und die rasch wachsenden Zahlungsströme zwischen den Volkswirtschaften und damit zwischen unterschiedlichen Währungen – vielfach unterstützt durch Kredit – abgewickelt werden.

Neben der „Industriellen Revolution" im Schiffbau war deshalb auch die Entstehung eines funktionsfähigen Weltwährungssystems eine notwendige Bedingung für das Wachstum des Welthandels während des halben Jahrhunderts vor dem Ersten Weltkrieg. Dafür mussten aber erst einmal die Währungen der wichtigsten Industrieländer stabilisiert werden, was wiederum die Sanierung der Staatsfinanzen nach den großen europäischen Kriegen des 18. und frühen 19. Jahrhunderts voraussetzte. Großbritannien, die Niederlande, Belgien, die Schweiz, Frankreich und Preußen hatten diese Stufe schon relativ schnell erreicht. Viele andere Staaten bemühten sich durch wirtschafts- und finanzpolitische Reformprogramme im weiteren Verlauf des 19. Jahrhunderts, ebenfalls ihre Währungen zu stabilisieren. Denn je rückständiger sie waren, desto wichtiger wurde für sie das internationale Vertrauen in die wirtschaftliche und politische Stabilität des Landes, da nur so ausländische Investoren etwa für den Eisenbahnbau gewonnen werden konnten.

Weltwährungssystem

Das Weltwährungssystem des späten 19. Jahrhunderts, der internationale Goldstandard, dem sich – von Großbritannien ausgehend – seit den 1870er Jahren immer mehr Länder anschlossen, war im Grunde nicht mehr als die Einführung einer gemeinsamen Recheneinheit, dem Gold. Indem ein Land seine Währung in einer bestimmten Menge Gold definierte, entstand ein System fester Wechselkurse zwischen allen Ländern, die ihre Währungen in dieser Weise reformierten. Handels- und Zahlungsbilanzungleichgewichte sollten in der Theorie durch das Schwanken nationaler Zinsniveaus ausgeglichen werden, was dann bis 1914 auch leidlich funktionierte, weil London im Zentrum dieses Systems als internationale Clearingstelle fungierte, deren freier Geldmarkt in letzter Instanz den ungehinderten Austausch zwischen dem Gold und den verschiedenen Währungen der Goldstandardländer sicherte (s. Band VI, S. 286–288).

Bevor die enormen Kosten der Revolutionskriege und der Napoleonischen Kriege die Währungen der beteiligten Staaten aushöhlten, waren die meisten Währungen der Welt reine Silber-(Metall-)Währungen gewesen. Die Experimente mit Papiergeldwährungen waren sämtlich gescheitert und die aus der Not geborenen Papiergeldwährungen der Kriegsjahre, allen voran die französische Assignaten-Inflation, hatten jede nicht Metallbasierte Währung diskreditiert. Nach den Napoleonischen Kriegen war 1819 einzig das britische Pfund als Goldwährung neu geschaffen worden, Frankreich bevorzugte stattdessen einen Doppelstandard aus Gold und Silber. An dieses System schlossen sich seit 1865 mit Belgien, Italien, der Schweiz und Griechenland weitere Staaten an („Lateinische Münzunion"), während die anderen im internationalen Handel eine gewisse Rolle spielenden Staaten, wie die Niederlande und Preußen, zunächst noch an ihren Silberwährungen festhielten. Die entscheidende Wende erfolgte dann Anfang der 1870er Jahre, als das neugegründete Deutsche Reich mit Hilfe der französischen Kriegsentschädigung eine neue Währung schuf und sich mit der Mark dem Goldstandard anschloss. Nahezu gleichzeitig führten auch die Niederlande (1876), Dänemark und Schweden (1873) die Goldwährung ein, indem sie sich auf die Goldkrone als gemeinsame Währungs-

Weltwährungen

einheit verständigten. 1875 trat dann auch Norwegen dieser „Skandinavischen Münzunion" bei. Parallel zu dieser Entwicklung machten zahlreiche weitere Länder den französischen Gold-Franc zur Grundlage ihrer Währung: Spanien 1868, Finnland 1877, Serbien 1878, Venezuela 1879 und Bulgarien 1880.

Schließlich schlossen sich auch Österreich-Ungarn, das 1867 zunächst einen Vorvertrag mit der Lateinischen Münzunion geschlossen, den Beitritt aber nicht vollzogen hatte, mit der Einführung der Krone (1892) und Russland mit einer Reform der Rubel-Währung (1897) dem Kreis der Goldwährungsländer an. Außerhalb Europas hatten zu diesem Zeitpunkt lediglich die USA seit 1873 eine Goldwährung besessen. Die umlaufenden Währungen der Länder Asiens und Lateinamerikas basierten dagegen überwiegend auf Silber. Das britische Pfund bildete dort allerdings in den meisten Fällen eine Art Parallelwährung für den Außenhandel, und auch der Kapitalimport wurde überwiegend in britischen Pfund abgewickelt und damit dem internationalen Währungssystem untergeordnet. Der Wertverlust des Silbers durch die Demonetarisierung der Silberwährungen Europas führte allerdings zu einer schleichenden Abwertung der Silberwährungen, wodurch zwar die Ausfuhr der Silberländer erleichtert wurde, sich aber die aus der Auslandsverschuldung resultierenden Zins- und Tilgungslasten erhöhten. Deshalb und wegen des vergleichsweise langsamen Geldmengenwachstums der Goldstandardländer war die Frage des Währungsstandards in vielen Ländern ein politisch umkämpftes Terrain. Das gilt besonders für die USA, wo sich die Anhänger einer reinen Goldwährung gegen die Bimetallisten 1896 in einer Präsidentenwahl schließlich durchsetzen konnten, und für Indien, wo 1898 eine Art Gold-Devisen-Standard eingeführt wurde, indem man die Rupie zu einem festen Wechselkurs an das britische Pfund band.

Silberfrage

Die Silberfrage war für Großbritannien auch deshalb wichtig, weil der Export in die industriell weniger entwickelten Regionen der Welt gegen Ende des 19. Jahrhunderts ein immer größeres Gewicht für den britischen Außenhandel bekam. Im Mittelpunkt standen dabei neben den britischen Kolonien und den Dominions insbesondere die Silberwährungsländer des *informal empire* in Südamerika. Denn wegen ihrer erfolgreich nachholenden Industrialisierung waren die Kanal- oder Nordseeanrainerstaaten in immer größerem Maße in der Lage, ihren Bedarf an Industriewaren selber zu befriedigen. Der Umorientierung des britischen Außenhandels kam es deshalb auch zugute, dass sich die Frachttarife im Seeverkehr auf den langen Strecken, also etwa im Atlantik- oder im Asienhandel, deutlich stärker ermäßigten als auf den kürzeren Strecken.

Wie sehr Großbritannien aber immer noch im Zentrum des internationalen Handels lag, zeigt sich nicht zuletzt an der Rangfolge der wichtigsten im Seeverkehr transportierten Güter, unter denen seit den 1870er Jahren Baumwolle, Getreide und Steinkohle die ersten Plätze belegten. Baumwolle war bereits in den Jahrzehnten zuvor ein wichtiges Transportgut im Atlantikhandel gewesen, wobei Liverpool nicht nur als Importhafen, sondern auch als Transithafen weiterhin eine zentrale Rolle zukam.

Bei Getreide handelte es sich zwar nicht um einen industriellen Rohstoff und erst recht nicht um ein industriell hergestelltes Gut, aber seine Bedeutung für die Industrialisierung kann gar nicht hoch genug veranschlagt werden. Als sich Großbritannien seit den 1840er Jahren zum wichtigsten Getreideimporteur der Welt entwickelte, wurde das Getreide zunächst vor allem aus dem Ostseeraum, insbesondere aus dem

Getreide

preußischen Ostelbien bezogen. Dank der billigen Getreideimporte konnte nicht nur der Brotpreis im Inland gesenkt werden, wodurch sich wegen der großen Bedeutung von Grundnahrungsmitteln in der Ausgabenstruktur von Unterschichtshaushalten die Kosten der (industriellen) Arbeitskraft deutlich verringern ließen, sondern durch die Exporterlöse waren Preußen und andere Getreideexportländer auch in der Lage, britische Fertigwaren zu importieren, was ebenfalls der britischen Industrie zugute kam.

Mit der Transportrevolution auf dem Atlantik kam das britische Importgetreide seit den 1870er Jahren in rasch zunehmendem Umfang aus den USA, die wiederum zum Aufbau ihrer kontinentalen Verkehrsinfrastruktur essentiell auf Exporterlöse angewiesen waren (s. Band VI, S. 290 ff.). Denn das Kapital für den Bau der amerikanischen Eisenbahnen kam überwiegend aus Europa, wodurch sich die USA zum weltweit größten Schuldnerland entwickelten. Die Erlöse aus dem Export von Baumwolle und Getreide spielten in dieser kritischen Phase des Übergangs der USA zu einem Industrieland eine zentrale Rolle, um den Verpflichtungen gegenüber den Gläubigern auch zuverlässig nachkommen zu können.

Steinkohle war das einzige industriell hergestellte, quantitativ für die Seeschifffahrt bedeutende Massengut, das über die Weltmeere verschickt wurde. Deshalb war Großbritannien auch nicht Importeur dieses Gutes, sondern Exporteur. Abgesehen von den Exporten in die La-Plata-Region und nach Indien war die Richtung der Steinkohlenausfuhr jedoch weniger außereuropäisch ausgerichtet, sondern die wich-

Steinkohle

tigsten Abnehmerländer waren die Kanal- und Nordseeanrainerstaaten (einschließlich Nordfrankreich und Norddeutschland) sowie die Mittelmeerländer, vor allem Italien. Während Letztere kaum über eigene Kohlevorkommen verfügten und dementsprechend für ihre nachholende Industrialisierung auf den Import dieses Energieträgers angewiesen waren, mussten sich die britischen Steinkohlenexporte an den gegenüberliegenden Küsten gegen die belgische, die französische und vor allem gegen die Ruhrkohle durchsetzen.

Insbesondere die Niederlande profitierten von ihrer Mittellage zwischen dem nordostenglischen Revier um Newcastle und dem Ruhrgebiet. Denn wegen dieser Konkurrenzsituation dürfte kaum ein anderes Land so preisgünstig an diesen für eine

Mittellage der Niederlande

nachholende Industrialisierung in der zweiten Hälfte des 19. Jahrhunderts strategisch so bedeutenden Energieträger gekommen sein wie sie. Da war es nur logisch, dass die Erschließung des im äußersten Süden des Landes gelegenen Limburger Reviers erst erfolgte, als die Niederländer während des Ersten Weltkriegs die Erfahrung machen mussten, dass ihre Neutralität sie nicht vor einem Versiegen dieses Zuflusses an billiger Energie schützen konnte.

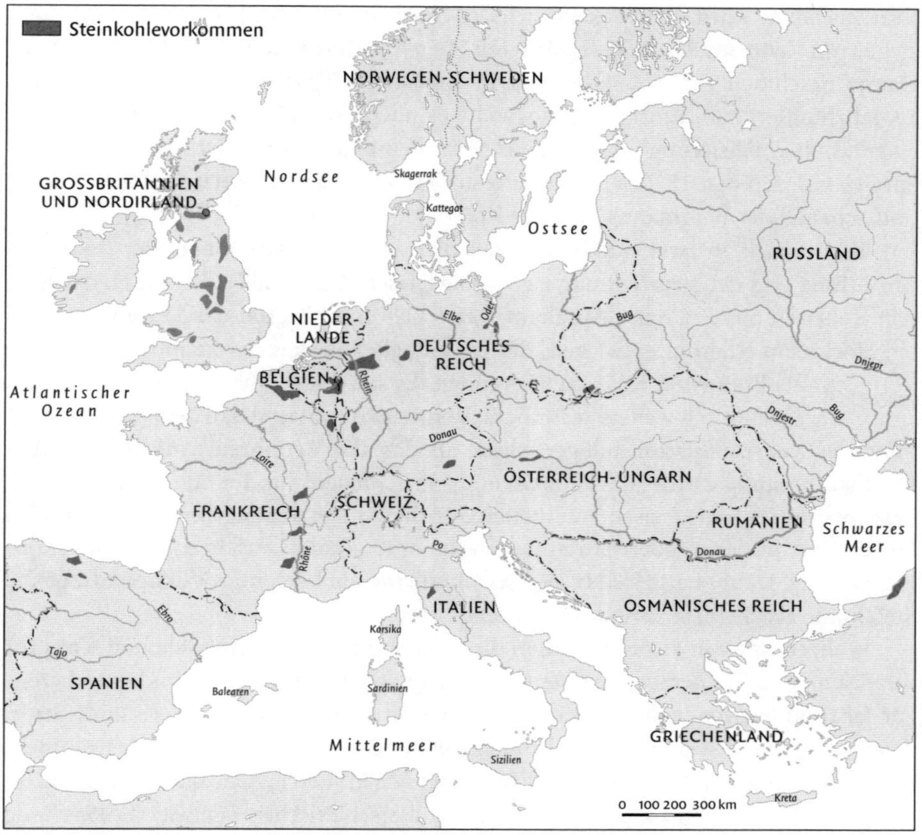

Steinkohlevorkommen in Europa um 1875.

Wenn im Folgenden von dem Aufstieg der Eisen- und Stahlindustrie sowie des Steinkohlenbergbaus zu industriellen Führungssektoren die Rede ist, heißt das nicht, dass nicht auch schon während der leichtindustriellen Phase Steinkohle industriell abgebaut und Eisen sowie Stahl auf industriellem Wege hergestellt worden wären. Aber ihre Funktion als „Lokomotive“ der industriellen Entwicklung konnten sie erst in Verbindung mit der Eisenbahn entfalten.

Am Anfang dieser Entwicklung standen deswegen auch keine spektakulären Erfindungen. Im Gegenteil, wichtige Technologiesprünge erlebte die Eisen- und Stahlindustrie schon im 18. Jahrhundert, und der Kohlenabbau war noch längst nicht so weit mechanisiert, wie man sich das für einen „industrialisierten“ Bergbau vielleicht vorstellt. Das Hauptproblem des Steinkohlenbergbaus war im 18. Jahrhundert die Wasserhaltung gewesen, weil die über dem Grundwasserspiegel liegenden Flöze schnell abgebaut waren. Obwohl die erste moderne, von Thomas Newcomen konstruierte Dampfpumpe 1712 in einem Kohlebergwerk in Stafford-

Steinkohlenbergbau

shire installiert wurde, entwickelte sich der Nordosten Englands mit Newcastle upon Tyne zum Zentrum der industrialisierten Steinkohleförderung. Obwohl Newcomen-Dampfmaschinen zur Wasserhaltung in englischen Bergwerken bereits im frühen 18. Jahrhundert zum Einsatz kamen, sollte es noch über 100 Jahre dauern, bis es zu einer „Industrialisierung" des Abbaus von Steinkohle kam. Erst der Einsatz von Sprengstoff, seit den 1870er Jahren in erster Linie Dynamit, ersetzte Schlegel, Hacke und Schaufel des Bergmanns „vor der Kohle".

Eisen wurde in zwei verschiedenen Arbeitsprozessen gewonnen: der Roheisenverhüttung und der Verarbeitung zu Schmiedeeisen (bzw. Stahl). Für die Herstellung von Roheisen aus Erz hatte Abraham Darby schon zu Beginn des 18. Jahrhunderts ein Hochofenverfahren entwickelt, das es ermöglichte, statt der knappen Holzkohle als Brennstoff Koks zu verwenden. Es setzte sich aber erst ab 1750 durch, als es durch weitere technische Verbesserungen und dank einer Kostensenkung der Koksproduktion billiger wurde als das alte Verfahren. Auf der nächsten Produktionsstufe wurde das Roheisen in Frischfeuern und unter Hämmern zu brauchbarem Schmiedeeisen verarbeitet. Für diesen Herstellungsprozess entwickelte Henry Cort in den 1780er Jahren das sogenannte „Puddelverfahren" mit Steinkohlenfeuerung. Damit hatte sich in der Eisenindustrie auf beiden Produktionsstufen die Steinkohle als alleiniger Brennstoff durchgesetzt.

Eisengewinnung

Während sich in Großbritannien die Verwendung von Steinkohle und Koks für die Eisen- und Stahlerzeugung vergleichsweise schnell durchsetzte und dort bereits zur Jahrhundertwende das Eisenerz überwiegend in Kokshochöfen verhüttet wurde, dauerte die Durchsetzung des Kokshochofens und des Puddelns auf dem Kontinent wesentlich länger. Nach ersten mäßig erfolgreichen Versuchen, unter anderem im französischen Le Creuzot um 1785 und im oberschlesischen Gleiwitz 1796, wurde der erste dauerhaft leistungsfähige Kokshochofen auf dem Kontinent erst 1824 in Seraing (südliche Niederlande, seit 1830 Belgien) durch John und Charles James Cockerill angeblasen – zwei Söhnen des aus Lancashire stammenden belgischen Industrialisierungspioniers William Cockerill, der sich kurz vor der Jahrhundertwende im benachbarten Vervier niedergelassen hatte.

Die frühen Versuche zur Einführung von Kokshochöfen in Kontinentaleuropa waren nicht in erster Linie deswegen so wenig erfolgreich, weil die Techniker auf dem Kontinent unfähig gewesen wären, die noch vergleichsweise wenig komplexe Technik zu kopieren. Vielmehr war die chemische Zusammensetzung des Eisenerzes aus den verschiedenen Abbauregionen häufig so unterschiedlich, dass ein technisches Verfahren, das sich in dem einen Fall bewährt hatte, in einem anderen Fall scheiterte. Der Technologietransfer erfolgte deshalb selten und in der Metallverarbeitung so gut wie nie problemlos. Es mussten Anpassungsleistungen erbracht werden, die selbst innerhalb Großbritanniens nicht immer gelangen und erst recht nicht, wenn eine Anlage im Ausland installiert wurde. Zweitens waren in Frankreich und Deutschland wegen ihrer im Vergleich zu Großbritannien weiterhin reichlich vorhandenen Holzvorkommen die Voraussetzungen für eine

Einführung von Kokshochöfen in Kontinentaleuropa

Umstellung der Holzkohlenverhüttung durch Koks bei weitem nicht so günstig. Die Verfügbarkeit von Kohle war insbesondere in Frankreich viel schlechter und außerdem waren die meisten französischen Kohlevorkommen für das Verkoken nicht geeignet. Da Holz in Frankreich demzufolge billiger und Kokskohlen sehr viel teurer waren als in England, verwundert es nicht, wenn die Anlagen vor allem ökonomisch scheiterten. Der Kokshochofen setzte sich entsprechend auch nach der Lösung der technischen Probleme in Frankreich und (West-)Deutschland viel langsamer durch als in England. An der Saar wurde der erste Kokshochofen erst 1844 errichtet und im Ruhrgebiet sogar erst 1848. Ähnlich war die Situation beim Puddelverfahren, das in den südlichen Niederlanden/Belgien (Seraing) erstmals 1820, in Frankreich (Charenton bei Paris) erstmals 1822 und in Deutschland (Neuwied) erstmals 1824 zur Anwendung kam.

Im Steinkohlenbergbau war der Abstand Kontinentaleuropas nicht ganz so groß wie bei der Eisengewinnung und -verarbeitung. Das älteste moderne Revier auf dem Kontinent, das Borinage im äußersten Westen des späteren Belgien, stand den englischen Revieren technisch kaum nach. So wurde dort bereits 1737 die erste englische Newcomen-Dampfpumpe installiert. Im Laufe des 19. Jahrhunderts wurde auch in den anderen belgischen Revieren dank verbesserter Abbauverfahren die Fördergrenze in immer größere Tiefen vorangetrieben. Von 1838 bis 1866 stieg der Durchschnittswert für ganz Belgien von 210 auf 437 Meter, der Maximalwert erhöhte sich von 437 auf 1065 Meter Tiefe in einer Grube bei Mons. Die Voraussetzungen dieser rasanten Entwicklung waren technische Fortschritte auf breiter Front: die Verwendung dampfgetriebener Pumpen, Förderseile aus Draht statt Hanf, Schienen für Förderkörbe, Sicherheitslampen, Ventilatoren und vieles andere mehr. 1846 betrug die Kohleförderung in Belgien 5 Millionen Tonnen, das waren 450 Kilogramm pro Kopf der Bevölkerung. Vergleicht man diese Menge mit den 600 Kilogramm in Großbritannien auf der einen Seite und den 230 Kilogramm in Preußen sowie den gar nur 40 Kilogramm in Frankreich auf der anderen Seite, erkennt man Belgiens neue Bedeutung als Kohlelieferant Europas.

Belgien als Kohlelieferant

Am Vorabend des Eisenbahnzeitalters waren demzufolge nur Großbritannien und Belgien für die wachsende Nachfrage nach Stahl und Kohle seitens dieses neuen Führungssektors gerüstet. Entsprechend gehörten beide Länder zu den Pionieren dieses komplexen Transportsystems. Das Eisenbahnzeitalter begann in Großbritannien mit der Eröffnung der Stockton-Darlington-Eisenbahn im Jahr 1825, die allerdings zu einem Gutteil noch eine Kohlebahn war und außerdem auch gelegentlich noch als Pferdebahn betrieben wurde. Die erste Eisenbahnstrecke im modernen Sinne war die Verbindung von Manchester nach Liverpool, die 1830 eröffnet wurde.

Eisenbahnzeitalter

Die *Liverpool-Manchester Railway Company* war eine Aktiengesellschaft, die allerdings zum Bau ihrer Eisenbahnstrecke die Genehmigung durch ein Parlamentsgesetz benötigte. Das Kapital für den Bau der Strecke musste über den Kapitalmarkt aufgebracht werden. Solange die Eisenbahngesellschaften hohe Dividenden ausschütteten, war es in Anbetracht des Reichtums im Land nicht allzu schwer, Anleger für dieses und alle weiteren Eisenbahnprojekte zu interessieren. Außerdem waren die Kapitalbesitzer im Land durch den privatwirtschaftlichen Kanalbau an derartige Investitionsprojekte bereits gewöhnt und konnten das Risiko einigermaßen abschätzen – jedenfalls glaubten sie das zu können.

Bereits Ende der 1830er Jahre löste der wirtschaftliche Erfolg der ersten Eisenbahnen ein „Eisenbahnfieber“ *(Railway Mania)* aus, als zahlreiche neue Gesellschaften gegründet und konzessioniert wurden, deren Kapital wegen völlig unrealistisch hoher Renditeerwartungen von den Investoren auch noch mehrfach überzeichnet wurde. Die Aktienkurse stiegen zunächst rapide. Als sich jedoch zeigte, dass die Erwartungen nicht zu erfüllen waren, brach der Markt zusammen. Daraufhin wurden die Investoren sehr vorsichtig, so dass auch solide Neugründungen Schwierigkeiten bekamen, das Kapital für den Bau der Strecken zu beschaffen. In den 40er Jahren wiederholte sich dann dieser Zyklus von übertriebener Erwartung (seit 1844) und Zusammenbruch (Frühjahr 1847). Trotz des vorübergehenden Stillstands war das Bautempo enorm: 1851 waren knapp 11.000 Kilometer Eisenbahn in Betrieb – gegenüber etwa 3500 Kilometer nach der ersten *Mania* zehn Jahre zuvor. Am Ende der 70er Jahre waren es dann knapp 25.000 Kilometer.

Railway Mania

Mit dem Wachstum der Streckenlänge war auch ein Wachstum des bewältigten Verkehrsaufkommens verbunden. Allein zwischen 1856 und 1873 verdreifachte sich der Güterverkehr auf den britischen Eisenbahnen, und der Personenverkehr erreichte sogar fast das Vierfache. Begleitet wurde dieses *Output*-Wachstum von einer deutlichen Senkung der Tarife. Um 1870 waren die Personentarife um etwa 40 Prozent und die Frachttarife um etwa 30 Prozent gegenüber der Frühzeit der Eisenbahnentwicklung gefallen. Damit lagen sie deutlich unter den Tarifen der konkurrierenden Verkehrsträger (Post-)Kutsche im Personenüberlandverkehr und Binnenschifffahrt im Frachtverkehr.

Verkehrsaufkommen und Tarife

Die Auswirkungen der Eisenbahnen auf die übrige Wirtschaft, die Kopplungseffekte, waren beträchtlich. Das gilt sowohl für die Nachfrage der Eisenbahnen nach Stahl und Kohle als auch für die Angebotsfunktion durch die Verbilligung der Transportkosten und die dadurch ermöglichte Markterweiterung für die Frachtgüter. Insbesondere die Bedeutung der Eisenbahnnachfrage nach Stahl und Kohle ist in der Vergangenheit allerdings häufig überschätzt worden und kann nicht mit ihrer Wirkung in manchen kontinentaleuropäischen Volkswirtschaften gleichgesetzt werden. Denn sowohl die Eisen- und Stahlindustrie als auch der Steinkohlenbergbau waren bereits recht weit fortgeschritten, als die Eisenbahnen mit ihrem Schienenbedarf etc. als Nachfrager am Markt erschienen. Dennoch ist nicht zu übersehen, dass die Eisenbahnnachfrage ein wichtiger Impuls für den Übergang zur Massenproduktion von Stahl durch das Bessemerverfahren gewesen ist, der vermutlich wichtigsten Innovation in der Stahlindustrie während der schwerindustriellen Phase der Industrialisierung.

Auswirkungen auf die übrige Wirtschaft

Das durch den Stahlindustriellen Henry Bessemer in Sheffield Mitte der 1850er

Jahre entwickelte Verfahren stellte im Vergleich zu dem arbeitsaufwendigen Puddelverfahren eine stärker mechanisierte Methode der Stahlherstellung dar. Sie ermöglichte es, in 20 Minuten die gleiche Menge Stahl herzustellen, für die man bisher beim Puddeln 24 Stunden benötigt hatte. Das Prinzip des Bessemerverfahrens bestand darin, flüssiges Roheisen in einem großen, mit dem entsprechenden Futter ausgekleideten Gefäß („Konverter") durch das Einblasen von Luft zu frischen. Ein wesentlicher Vorteil dieses Verfahrens war es, das gefrischte Eisen in beliebig große Formen gießen zu können und nicht als verfestigtes Eisen weiter verarbeiten zu müssen. Dadurch wurde insbesondere die Schienenproduktion wesentlich vereinfacht und damit verbilligt. Der Nachteil des Bessemerverfahrens bestand allerdings darin, dass die Auskleidung des Konverters die Verwendung phosphorhaltiger Erze unmöglich machte, wodurch die Verwendbarkeit von Roheisen aus bestimmten Regionen äußerst eingeschränkt war. Dieses Problem wurde erst etwa 20 Jahre später durch das ebenfalls in Großbritannien entwickelte Thomasverfahren gelöst, das nun auch die Verwendung phosphorhaltiger Erze ermöglichte.

Bessemerverfahren

Nicht quantifizierbar ist die Bedeutung der Vorbildfunktion der Eisenbahngesellschaften für die Organisation von Großunternehmen sowie für die Entwicklung neuer Formen der Industriefinanzierung durch den Kapitalmarkt. Die Integrationsleistung, die Bedeutung der Eisenbahnen für die Entstehung eines nationalen Binnenmarktes, kann durch ein deutliches Abschleifen der Preisunterschiede auf regionalen Teilmärkten belegt werden. Auf diese Weise wurden die Herausbildung regionaler Spezialisierungen und das Ausnutzen komparativer Kostenvorteile gefördert. Es muss allerdings einschränkend betont werden, dass die Kanäle auch in dieser Hinsicht schon eine erhebliche Vorleistung erbracht hatten. Das gilt zum einen für die Marktintegration als auch für die Anpassung der Kapitalmärkte an die Bedürfnisse kapitalintensiver Industrien und Infrastrukturprojekte.

Vorbildfunktion der Eisenbahngesellschaften

Um 1870 verfügte Großbritannien über das dichteste Eisenbahnnetz der Welt. Eine solche Geschwindigkeit beim Bau von Eisenbahnen war wohl nur unter privatwirtschaftlichen Bedingungen denkbar, aber der Nachteil dieses kaum regulierten Wucherns war das Fehlen jeglicher Netzplanungen. Alle größeren Eisenbahngesellschaften waren darauf bedacht, sich einen möglichst großen Teil des Landes als Gebietsmonopol zu sichern. Genau das wollten aber die Nutzer der Eisenbahn verhindern, wodurch der Bau von Konkurrenzstrecken, von mehreren Bahnhöfen in derselben Stadt usw. ermutigt wurde. Außerdem fehlte es an jeglicher Standardisierung des Materials. Noch nicht einmal die Spurweite war während der ersten Jahrzehnte des Eisenbahnzeitalters einheitlich.

Fehlen jeglicher Netzplanungen

Wegen der fehlenden übergeordneten Netzplanung erfolgte die Erschließung des Landes auch sehr ungleichmäßig. Während die Industrieregionen mit einem dichten Netz von Eisenbahnen überzogen wurden, waren die stärker landwirtschaftlich geprägten Regionen des Landes in der Regel nur dann an das Eisenbahnnetz angeschlossen, wenn zufällig eine Fernverbindung zwischen zwei Ballungsregionen durch

Ungleichmäßige Erschließung des Landes

das Land führte. Periphere landwirtschaftlich geprägte Regionen wie East Anglia waren deshalb noch Jahrzehnte nach Beginn des Eisenbahnzeitalters weitgehend vom „neuzeitlichen Verkehr" abgeschnitten. Denn die Erschließung von dünn besiedelten Gebieten mit einem niedrigen Fracht- und Personenverkehrsaufkommen war für Rendite-orientierte Eisenbahngesellschaften unattraktiv. Insofern folgte der Eisenbahnbau in Großbritannien – etwas vereinfacht gesprochen – den bestehenden Handelsströmen, so dass das britische Eisenbahnnetz gegen Ende des 19. Jahrhunderts ziemlich genau die Wirtschaftsgeographie des Landes abbildete. Im Ergebnis verstärkte die Eisenbahn damit das interregionale Wohlstandsgefälle des Landes noch. Aber das zu ändern, wurde von der Regierung ausdrücklich nicht als ihre Aufgabe angesehen.

Nur mit einer geringen zeitlichen Differenz, nicht ganz so schnell, aber deutlich besser geplant als in Großbritannien, begann das Eisenbahnzeitalter in Belgien. Die Initiative zum Bau der ersten Eisenbahnen ging hier von der Regierung aus, die in den 1830er Jahren nach einem Ausweg aus der Krise suchte, die durch Belgiens Trennung von den Niederlanden ausgelöst worden war. Belgien besaß zwar zum Zeitpunkt seiner Gründung Wasserstraßen mit einer Gesamtlänge von etwa 1600 Kilometer, davon 450 Kilometer Kanäle, aber die Regierung war weitsichtig genug, sich nicht allein auf dieses Verkehrsnetz zu verlassen. Denn die Kanäle waren weniger zur Erschließung des Landes, sondern eher zur Anbindung der belgischen Reviere nach Frankreich (während der französischen Besatzung) beziehungsweise nach den nördlichen Niederlanden (seit der Annexion der südlichen Niederlande 1815) gebaut worden. Nach der Unabhängigkeit kam es vor allem auf die Verbindung der verschiedenen Wirtschaftsregionen untereinander an, zumal die Niederlande seit der Abspaltung Belgiens einen Wirtschaftskrieg gegen das Land anzettelten und auch Frankreich sein Zollgebiet gegen belgische Einfuhren schützte. Folgerichtig begann der belgische Staat schon 1834 mit dem Bau der ersten Eisenbahnstrecken. Denn das neue Verkehrsmittel hatte sich noch nicht bewähren können, so dass private Investoren in Anbetracht der enormen, bis zur Fahrt des ersten Zuges zu investierenden Summen noch Zurückhaltung übten. Der Aufbau eines nationalen Eisenbahnnetzes war deshalb nur als Staatsbahn realistisch.

Eisenbahnzeitalter in Belgien

Zuerst ging es um die Verbindung zwischen Antwerpen und Aachen, die auf preußischer Seite durch eine Verlängerung nach Köln an den Rhein führen sollte, um auf diesem Wege einen großen Teil des deutschen Rheinhandels anstatt über die Niederlande durch den „eisernen Rhein" nach Antwerpen umzulenken. Diese West-Ost-Strecke kreuzte sich in Mecheln mit einer Nord-Süd-Strecke, die Verbindungen nach Frankreich und in die Niederlande herstellte. Der Erfolg der ersten Linien führte dazu, dass der weitere Ausbau des Eisenbahnnetzes größtenteils von Privatgesellschaften übernommen wurde. Seit Beginn dieser Entwicklung hatte das kleine Belgien das nach England dichteste Eisenbahnnetz der Welt, und um 1880 wurde der Pionier des Eisenbahnbaus in dieser Hinsicht sogar übertroffen. Dank ihrer Pionierleistungen bei der Produktion von Lokomotiven, Schienen und anderem Eisenbahnmaterial konnte die belgische Industrie bald auch andere Länder beliefern und dadurch die Grundlagen seiner für den Inlandsbedarf deutlich überdimensionierten Schwerindustrie festigen.

Von fast noch größerer Bedeutung für die europäische Industrialisierung war jedoch eine institutionelle Innovation, die als wichtiger Vorläufer für die (kontinental-)europäische Universalbank angesehen werden kann. Als das damals industriell weit fortgeschrittene Gebiet 1815 der holländischen Krone zugesprochen und so einem Staat angeschlossen wurde, der zwar wenig Industrie besaß, aber mit Amsterdam über einen führenden europäischen Finanzplatz verfügte, interessierten sich die Amsterdamer Banken wenig für die Industrie in den neu gewonnenen südlichen Landesteilen. Da ihr traditionelles Geschäft mit der Handels- und Staatsfinanzierung weiterhin gut lief, hatten sie auch nur wenig Veranlassung, sich auf das neue und bislang unbekannte Terrain der Eisenbahn- und Industriefinanzierung zu begeben, das als riskant eingeschätzt wurde. Allerdings war in Brüssel im Jahr 1822 die *Société générale pour favoriser l'industrie nationale* gegründet worden, die vom niederländischen König gefördert wurde, der sich um die Loyalität seiner Untertanen im neuen Landesteil bemühte. Nach der Gründung des belgischen Staates wandte sich die *Société Générale* der Finanzierung der belgischen Industrie zu, wie es der Name des Instituts eigentlich von Anfang an nahegelegt hatte. Die *Société Générale* wurde somit die erste (Aktien-)Bank der Welt, die als Investitionsbank bezeichnet werden kann. Im Jahr 1835 kam mit der *Banque de Belgique* eine zweite Industriefinanzierungsbank hinzu. Diese beiden Banken unterstützten in den folgenden Jahren insbesondere die sich schnell ausbreitenden Gründungen von Aktiengesellschaften in der Schwerindustrie.

Industriefinanzierungsbanken

Der von dem raschen Aufbau der Montanindustrie und dem Eisenbahnbau ausgelöste Gründerboom hatte jedoch einen Kapitalbedarf zur Folge, der trotz eines beträchtlichen französischen Kapitalimports die Möglichkeiten der beiden Banken überstieg. In zwei schwere Krisen musste schließlich der Staat eingreifen, um in den 1840er Jahren den Zusammenbruch zu verhindern. Zu dieser Zeit war die enge Verknüpfung von Banken und Industrie in Belgien aber bereits dauerhaft vollzogen.

Auch in Frankreich hatte die Regierung ein landesweites Eisenbahnnetz geplant. Anders als in Belgien bot sie jedoch Privatfirmen Konzessionen für die projektierten Strecken an. Wegen des enormen Kapitalbedarfs schalteten sich recht bald die großen Pariser Banken in den Eisenbahnbau ein. Darüber hinaus kam Kapital für den Bau jedenfalls der rentablen Strecken auch von britischen, belgischen und schweizerischen Banken. Die Krise von 1847/1848 beendete jedoch den Boom und die weniger rentablen Strecken mussten nun von der Regierung in eigener Regie gebaut werden. In der zweiten großen Phase des Eisenbahnbaus, während des Zweiten Kaiserreichs unter Napoleon III., war die Situation eine völlig andere. Daran hatten die Vorstellungen des Saint-Simonismus einigen Anteil, insbesondere der Grundsatz, dass der teure Ausbau der Infrastruktur und der Aufbau großer Industrieunternehmen zentral geplant und mit Aktienkapital finanziert werden soll-

Eisenbahnbau in Frankreich

ten. Einige Anhänger dieser Ideen hatten unter Napoleon III. einflussreiche Stellungen inne und gewannen den Kaiser für ihre Ansichten. Sie und ihre Banken konnten deshalb bei öffentlichen Aufträgen mit weitgehender Unterstützung seitens der Regierung rechnen.

Neuer Bankentypus

So entstand ein neuer Bankentypus, für den der 1852 von den Brüdern Pereire gegründete *Crédit Mobilier* den Prototyp bildete. Sein Geschäftsprinzip war es, Einlagen breiter Bevölkerungsschichten anzusammeln und dieses Kapital vor allem in den großen Unternehmen des Eisenbahnbaus anzulegen. Auf diese Weise wurden Ersparnisse für die Wirtschaft mobilisiert, die ansonsten brachgelegen hätten. Eine Zeitlang war der *Crédit Mobilier* äußerst erfolgreich. In Spanien, Italien, Österreich, den deutschen Staaten und sogar in England wurden Banken nach seinem Vorbild gegründet, die ebenfalls primär in den Eisenbahnbau, außerdem in die Schwerindustrie und in andere kapitalintensive Projekte investierten.

Auswirkungen des Crédit Mobilier

Der anfängliche Erfolg des *Crédit Mobilier* veranlasste schließlich auch in Frankreich manche etablierten Pariser Banken, dieses Konzept zu übernehmen und ihr Engagement in der Eisenbahnfinanzierung aus den Jahren vor 1848 wieder aufzunehmen. Die französischen Banken waren deshalb Mitte der 1850er Jahre bereit und in der Lage, nicht nur den jetzt stürmisch voranschreitenden Ausbau des französischen Eisenbahnnetzes zu finanzieren, sondern beträchtliche Summen auch im Ausland, vor allem für den Eisenbahnbau, anzulegen. Der Konkurrenzkampf zwischen den zwei größten Finanzgruppen, den Rothschilds und dem *Crédit Mobilier*, um Konzessionen in Frankreich setzte sich im Ausland verstärkt fort und trug dazu bei, dass in den Ländern Süd-, Mittel- und Osteuropas längere Eisenbahnstrecken viel früher gebaut werden konnten, als das mit eigenem Kapital dieser Länder möglich gewesen wäre. Diese Entwicklung verstärkte die internationale Verflechtung der nationalen Volkswirtschaften und trug zum Zusammenwachsen Europas zu einem Wirtschaftsraum bei.

Zwei Montanreviere von überregionaler Bedeutung

Ein wesentlicher Grund für das vergleichsweise langsame Wachstum der französischen Wirtschaft im 19. Jahrhundert war die im Vergleich zu England, Belgien und auch Deutschland schlechte Ausstattung mit Bodenschätzen, insbesondere mit Steinkohle. Deshalb entwickelten sich dort auch nur zwei Montanreviere von überregionaler Bedeutung. Zum einen zogen sich die Steinkohlevorkommen des belgischen Reviers bis in das französische Département Nord. Dort entstand 1757 die *Compagnie des mines d'Anzin*, eines der lange Zeit größten und technisch fortgeschrittensten Unternehmen Frankreichs. Nach der Eingliederung des belgischen Teils des Reviers in die Niederlande wurden im Frankreich verbliebenen äußersten Westen des Kohlenbandes auch Eisenhütten gegründet. Wie auf der anderen Seite der Grenze waren auch hier nicht wenige englische Fachleute beteiligt. Der Abbau tiefer gelegener Kohle begann 1851 bei Courrières. Nun wurde der Norden auf Grund seines Kohlereichtums zum wichtigsten Montanindustriegebiet Frankreichs; vor dem Ersten Weltkrieg wurden dort zwei Drittel der französischen Kohle gefördert.

Die Ursprünge der französischen Eisenindustrie lagen aber nicht im Norden, sondern in Lothringen mit seinen Eisenerzgruben. Bereits in den 1820er Jahren hatte man dort Kokshochöfen aufgestellt. Die Nachfrage war allerdings noch zu gering, um die Holzkohle als Energieträger bei der Eisenproduktion ernsthaft zu gefährden. Erst mit dem Eisenbahnbau änderte sich die Situation, so dass zu Beginn der 1850er Jahre mehr als die Hälfte des französischen Eisens durch Kokshochöfen produziert wurde. Als in dieser Zeit dann die Kohlevorkommen im Norden erschlossen wurden, verlagerte die Eisen- und Stahlindustrie ihren Schwerpunkt von den Eisenerzgruben zu den Steinkohlezechen. Trotzdem blieb Lothringen weiterhin eine Eisen und Stahl produzierende Region. Die Einführung des Bessemerverfahrens in anderen Revieren stellte seit den 1860er Jahren allerdings eine schwere Beeinträchtigung der Konkurrenzfähigkeit der lothringischen Eisenindustrie dar. Denn die lothringischen „Minette-Erze" waren stark phosphorhaltig und deshalb für die Bessemerkonverter nicht geeignet. Die wenig später erfolgte Annexion Lothringens mit einem Großteil der Erzgruben des Reviers durch das Deutsche Reich schwächte die Stellung des bei Frankreich verbliebenen Teils des Reviers weiter.

Eisenindustrie in Lothringen

In den Staaten des Deutschen Zollvereins standen die gesamtwirtschaftlichen Wirkungen des Eisenbahnbaus denjenigen in Belgien nicht nach. Der Aufbau eines Netzes erfolgte auch hier vergleichsweise schnell, aber es gab weder eine zentralstaatliche Netzplanung wie in Belgien und Frankreich, noch trieb die privatwirtschaftliche Konkurrenz – abgesehen von einem kurzen Zeitraum in den 1860er Jahren – den Ausbau des Netzes wie in England voran. Der Eisenbahnbau war im Zollverein Sache der Einzelstaaten, und deren Konkurrenz untereinander war für den schnellen Zuwachs an Eisenbahnstrecken verantwortlich. Im Ergebnis war auch im Zollverein die Erschließung der einzelnen Landesteile recht unausgewogen, aber der Streckenausbau folgte nicht wie beim privatwirtschaftlich betriebenen Eisenbahnbau grundsätzlich den bestehenden Handelsströmen, sondern jeder Einzelstaat war bemüht, sein Territorium, seine Hauptstadt oder im Extremfall sogar die Residenz des Landesherrn vorrangig mit einem Eisenbahnanschluss zu versehen. So existierten beispielsweise drei parallele Süd-Nord-Verbindungen in Süddeutschland (jeweils eine in Baden, Württemberg und Bayern), bevor die erste süddeutsche Ost-West-Verbindung in Angriff genommen wurde.

Eisenbahnbau im Zollverein

Für die meisten Eisenbahnprojekte der kleineren deutschen Staaten interessierten sich zu wenige Investoren, so dass dort in der Regel Staatsbahnen gebaut wurden. Lediglich in Preußen wurde der Eisenbahnbau bis 1848 ausschließlich privatwirtschaftlich betrieben. Eine staatliche Förderung gab es zunächst kaum. Erst zu Beginn der 40er Jahre erkannte auch der preußische Staat die Bedeutung der Eisenbahn und unterstützte einige ausgewählte Eisenbahngesellschaften mit Zinsgarantien. Seit 1848 erfolgte der weitere Aufbau des Eisenbahnnetzes dann durch ein „gemischtes System" von Staats- und Privatbahnen, bis seit dem Ende der 1870er Jahre sukzessive alle Privatbahnen verstaatlicht und einer behördlichen Betriebsführung unterstellt wurden. Die weitere, bis zu Beginn des 20. Jahrhunderts erfolgende weitere Verdichtung des Netzes diente dann wesentlich der Erschließung der durch die Privatbahnen vernachlässigten Regionen.

Lokomotiven

Der Aufbau des Streckennetzes wurde auch in Deutschland von einer deutlichen Senkung der Frachttarife begleitet, wodurch das Frachtaufkommen deutlich gesteigert werden konnte. Neben der Markterweiterung waren die aus der realen Investitionsnachfrage resultierenden Impulse ebenso bedeutsam für den gesamtwirtschaftlichen Ausbreitungseffekt der Eisenbahnen. Von der Nachfrage des expandierenden Eisenbahnsektors profitierten in erster Linie die Eisen- und Stahlindustrie (Schienen), der Maschinenbau (Lokomotiven) und der Steinkohlenbergbau (Kohle als Antriebsenergie). Lokomotiven mussten wie in fast allen kontinentaleuropäischen Ländern zunächst überwiegend aus Großbritannien, teilweise auch aus Belgien, bezogen werden. Aber sehr schnell gelang es deutschen Unternehmern diese Importe durch eigene Produkte zu substituieren: bei Schienen etwa seit den späten 1850er Jahren und bei Lokomotiven sogar schon seit den späten 1840er Jahren. Insbesondere der Lokomotivbau wurde von den verschiedenen deutschen Staaten massiv gefördert, denn jede Staatsbahn wollte möglichst nur Lokomotiven einsetzen, die im Land selbst gefertigt worden waren. So entstanden über das Gebiet des Zollvereins verteilt zahlreiche Lokomotivfabriken, die zugleich die bis heute andauernde Spitzenstellung des deutschen Maschinenbaus auf dem Weltmarkt begründeten.

Das Ruhrgebiet

Als Zentrum der deutschen Schwerindustrie bildete sich nach 1850 das Ruhrgebiet heraus, das bis zur Jahrhundertwende zum größten montanindustriell geprägten Ballungsraum Europas aufstieg. Das Ruhrgebiet entwickelte sich im Vergleich zu den englischen, belgischen und sogar zu den anderen deutschen Revieren in Oberschlesien und an der Saar zwar vergleichsweise spät, aber wegen seiner verkehrsgünstigen Lage an Ruhr und Rhein und wegen des hohen Anteils an verkokbarer Kohle etablierte sich neben dem Steinkohlenbergbau auch eine der modernsten Stahlindustrien der Welt. In diesen beiden wichtigen Sektoren der Wirtschaft hatte das Deutsche Reich um 1900 den britischen Pionier sowohl quantitativ als auch qualitativ fast eingeholt und die belgische Schwerindustrie deutlich hinter sich gelassen.

Leistungsfähiges Bankensystem

Dieser außerordentlich zügige Aufbau moderner, aber gleichzeitig vergleichsweise kapitalintensiver Industrien war nur dank des parallelen Aufbaus eines leistungsfähigen Bankensystems möglich. In den deutschen Staaten herrschte während der Frühindustrialisierung zwar kein Kapitalmangel, aber die Vermögensbesitzer waren es nicht gewohnt, in Industrie- oder Handelsunternehmen zu investieren. In dieser Situation erforderte ein erfolgreicher Durchbruch der Industrialisierung solche Finanzinstitutionen, die in der Lage waren, die verfügbaren Ersparnisse zu sammeln und den neuen Wachstumsbranchen zuzuführen. Die etablierten Bankhäuser der Finanzzentren Frankfurt und Hamburg waren ähnlich wie die Amsterdamer Banken einige Jahrzehnte zuvor zunächst wenig an der Erschließung dieses neuen Marktes interessiert. Es blieb deshalb Newcomern aus der Provinz überlassen, diese Märkte zu entwickeln und Erfahrungen zu sammeln.

Die Lokomotive Rob Roy, hergestellt von Neilson & Company in Glasgow (1873).

Die deutschen Universalbanken unterschieden sich von den belgischen und französischen Pionieren der Industriefinanzierung in erster Linie dadurch, dass sie das kurzfristige und das langfristige Kreditgeschäft „mischten" und zunächst nicht nur auf das Notenbankgeschäft, sondern weitgehend auch auf das Depositengeschäft verzichteten, wodurch sie weniger anfällig für plötzliche Ressourcenabzüge waren. Unterstützt wurde das sich in zwei Schüben, in den 1850er Jahren und in den 1870er Jahren, herausbildende Universalbankensystem in Deutschland durch eine Zentralnotenbank, zunächst die Preußische Bank und nach der Reichsgründung die Reichsbank, die als „Bank der Banken" ihre *Lender of Last Resort*-Funktion durch eine implizite Liquiditätsgarantie für grundsätzlich solvente Banken wesentlich aktiver interpretierte als die in dieser Zeit mit Abstand bedeutendste Zentralnotenbank der Welt, die *Bank of England*.

Zentralnotenbank

Das deutsche Universalbanken-Modell mit der Reichsbank als „Bank der Banken" diente am Ende des 19. Jahrhunderts vielen Ländern als Modell, die ebenfalls versuchen mussten, mit kapitalintensiven Industrien den Anschluss an das Industriezeitalter zu schaffen. Das gilt etwa für Schweden, die während der Jahrzehnte vor dem Ersten Weltkrieg am schnellsten wachsende Volkswirtschaft Europas, und auch für Italien, wo nicht nur versucht wurde, das deutsche Modell zu kopieren, sondern wo sich auch deutsche Banken an der Gründung italienischer Universalbanken beteiligten.

In Ost-, Ostmittel- und Südosteuropa war die Industrialisierung am Ende des 19. Jahrhunderts erst in vergleichsweise begrenzten Teilregionen zum Durchbruch gelangt. Österreich-Ungarn und Russland waren von einem extremen Entwicklungsgefälle zwischen den modernen industriellen Zentren und der Peripherie geprägt, während das Osmanische Reich so gut wie keine Ansätze einer Industrialisierung zeigte.

Österreich-Ungarn

Nach dem Ausgleich von 1867, der die Habsburgermonarchie in zwei gleichberechtigte Teile gliederte, umfasste die österreichische Hälfte einige moderne Industriegebiete, vornehmlich in Böhmen, sowie vergleichsweise moderne landwirtschaftlich geprägte Regionen. Galizien im Nordosten und Dalmatien im Süden waren jedoch wirtschaftlich sehr rückständige Provinzen, die zu den ärmsten Regionen Europas gehörten. Die ungarische Reichshälfte war fast ganz agrarisch geprägt, wobei die großen Latifundien der ungarischen Tiefebene exportorientiert Weizen anbauten. Im Zuge dieser Entwicklung entstand in Budapest eine moderne Mühlenindustrie. Die Randbereiche waren aber auch in der ungarischen Reichshälfte wirtschaftlich sehr rückständig.

In Russland war die Bedeutung moderner Industrieregionen noch weitaus geringer als in Österreich-Ungarn. Das lag zum einen daran, dass die Bauernbefreiung noch einmal deutlich später erfolgte, und zum anderen waren mit der Reform von 1861 de facto immer noch keine individuellen Verfügungsrechte den Bauern verliehen worden. Die Voraussetzungen für eine marktorientierte Landwirtschaft wurden in Russland erst mit den Stolypin'schen Reformen nach der Wende zum 20. Jahrhundert geschaffen. Damit erfolgte die institutionelle Revolution rund 150 Jahre später als in Großbritannien und rund 100 Jahre später als in den seinerzeit von Frankreich beherrschten Teilen Europas.

Eisenbahnbau in Russland

Ähnlich wie bei seinen westlichen Nachbarn spielte auch in Russland der Eisenbahnbau eine zentrale Rolle für die Industrialisierung. Die erste wichtige Strecke von Moskau nach St. Petersburg wurde aber erst 1852 eröffnet. Im Jahr 1880 hatte das russische Eisenbahnnetz aber immerhin einen Umfang von 22.900 Kilometern erreicht. Im Jahr 1892 war eine Verbindung von Moskau zum Ural fertiggestellt, und etwa zur gleichen Zeit wurde mit dem Bau der Transsibirischen Bahn von Moskau nach Wladiwostok an der Pazifikküste begonnen, die eine der gewaltigsten technischen Herausforderungen der Zeit darstellte. Bei einer Streckenlänge von ca. 6000 Kilometern betrug das Bautempo bis zur Fertigstellung im Jahr 1904 ca. 450 Kilometer pro Jahr. Das war nicht zuletzt deshalb eine bemerkenswerte Leistung, weil ein großer Teil des Baumaterials über Tausende von Kilometern herangeschafft werden musste. Noch vor der Vollendung der Transsibirischen Eisenbahn wurde bereits 1901 ein Abzweig von Orenburg am Ural nach Taschkent – und damit in die Baumwollgebiete Zentralasiens – in Angriff genommen (s. S. 366).

Diese eindrucksvolle Bauleistung eilte jedoch der gesamtwirtschaftlichen Entwicklung weit voraus. Das neue Verkehrsmittel wurde vielerorts noch nicht einmal annähernd ausgelastet, entsprechend gering war die Neigung von privaten Investoren, Eisenbahnen in Russland zu bauen. Deshalb musste der Staat die Bahnen teils selbst finanzieren, teils den privaten Gesellschaften eine jährliche Mindestverzinsung garantieren. Diese staatliche Zinsgarantie entwickelte sich zu einem der wichtigsten Instrumente zur Förderung der russischen Industrialisierung und gleichzeitig zu einer schweren Belastung des Staatshaushalts. Das Kapital zum Bau der Eisenbahnen und zum Aufbau einer russischen Schwerindustrie kam zum großen Teil aus dem Ausland, etwa ein Drittel aus Frankreich, knapp ein Viertel aus Großbritannien und jeweils etwa ein Fünftel aus Belgien und Deutschland. Besonders Sergei Juljewitsch Witte, seit 1891 Finanzminister, förderte den Kapitalimport aus dem westlichen Ausland als notwendige Voraussetzung einer nachholenden Industrialisierung. Er setzte auch den erwähnten Beitritt Russlands in den Kreis der Goldwährungsländer durch, wodurch die Wechselkursrisiken für ausländische Investoren deutlich verringert wurden.

Kapital für den Eisenbahnbau

Die Witte'sche Industrialisierungsförderung führte in den 1890er Jahren tatsächlich zu einem deutlich beschleunigten Wachstum der Industrieproduktion. Zu den wichtigsten Trägern dieses Wachstums gehörte die Schwerindustrie der Ukraine. Nach 1871 wurden das Donez-Kohlerevier und im folgenden Jahrzehnt das Kriwoj-Rog-Eisenerzgebiet erschlossen. Im Jahr 1887 betrug der Anteil der Ukraine an der russischen Eisen- und Stahlproduktion nur drei Prozent. Zu dieser Zeit wurde Eisenerz in Russland noch überwiegend vorindustriell im Uralgebiet auf Holzkohlebasis verhüttet. 1897 machte der moderne ukrainische Produktionsanteil dann schon 34 Prozent und 1901 sogar 75 Prozent aus.

Ukraine

Das mit Abstand rückständigste der drei Großreiche im Osten und Südosten Europas war das Osmanische Reich. Im 18. Jahrhundert hatte in Ägypten und der Levante zwar noch ein vorindustrielles exportorientiertes Baumwollgewerbe existiert, aber spätestens in der Mitte des 19. Jahrhunderts waren Baumwollwaren aus dem östlichen Mittelmeerraum auf den Weltmärkten nicht mehr konkurrenzfähig. Zunehmend wurden sie sogar im Inland durch industriell hergestellte Konkurrenzprodukte bedrängt. Die auch weiterhin erfolgreiche Nische handgearbeiteter Orientteppiche war viel zu klein, um als Führungssektor fungieren zu können. Davon abgesehen hätte jeder Mechanisierungsversuch deren Alleinstellungsmerkmal zerstört.

Osmanisches Reich

Im Gegensatz zu Russland war das Osmanische Reich aber nicht nur wirtschaftlich rückständig, sondern auch politisch schwach. Deshalb konnte die Erschließung des Landes durch die Eisenbahn auch dort nur dank des Zuflusses ausländischen Kapitals erfolgen. Dies geschah aber nicht auf Grund von selbst gesetzten Standards, sondern war mit einer imperialistischen Durchdringung des Landes durch die europäischen Großmächte verbunden (s. S. 373). Obwohl das Land deren Konkurrenz gelegentlich durchaus auszunutzen versuchte, waren weder Frankreich noch Großbritannien oder Deutschland daran interessiert, das Osmanische Reich mittelfristig in die Lage zu versetzen, etwa Lokomotiven und Schienen selber herzustellen. Deshalb ging vom Eisenbahnbau auch kein Impuls für den Aufbau einer eigenen Schwerindustrie aus. Allerdings waren dafür auch die institutionellen Voraussetzungen nicht geschaffen worden. Der jungtürkische Versuch einer gezielten Industrialisierungsförderung seit 1909 kam spät und war auch deswegen zum Scheitern verurteilt.

Anders als die beschriebenen Vielvölkerstaaten Europas befanden sich die USA am Ende des 19. Jahrhunderts nicht mehr in einem Übergangsstadium zu einem Industriestaat. Ganz ähnlich wie Russland gab es auch in den USA industrielle Ballungsräume neben weiten Gebieten, die kaum besiedelt waren. Die dort lebende indigene Bevölkerung, der moderne Eigentumsrechte fremd gewesen war, wurde einfach verdrängt, wenn es wirtschaftlich geboten schien oder sie eine Gefahr für die europäischen Siedler darstellte. Ein wesentlicher Unterschied zu Europa lag jedoch darin, dass die USA nicht mit einem feudalen Erbe belastet waren, das die wirtschaftliche Entwicklung in Ost- und Südosteuropa fast über das gesamte 19. Jahrhundert noch maßgeblich behinderte. Ein weiterer nicht zu unterschätzender Vorteil war die Tatsache, dass die amerikanische Bevölkerung wegen der besonderen Altersstruktur der Einwanderer während des 19. Jahrhunderts im Durchschnitt ausgesprochen jung war. Junge Menschen auf der Suche nach einem besseren Leben waren wesentlich mobiler und stellten eine weitaus bessere Voraussetzung für die Übernahme jeglicher Arten von Neuerungen dar als die Traditionen verhaftete und in den scheinbar unverrückbaren Hierarchien der dörflichen Gesellschaft lebende Bevölkerung in weiten Teilen Europas.

„Vorteile" der USA

Zu einem Massenphänomen wurde die europäische Amerikaauswanderung seit den 1840er Jahren, als bis zum Ausbruch des Bürgerkriegs etwa vier Millionen Menschen nach Amerika strömten. Allein zwischen 1847 und 1857 kamen auf 10.000 Einwohner der USA etwa 100 Immigranten jährlich. Während der zweiten Einwanderungswelle nach dem Bürgerkrieg war die Relation von Immigranten und Einwohnern zwar nicht mehr ganz so hoch, in absoluten Zahlen aber immer noch einzigartig: Zwischen 1870 und 1890 stieg die Einwohnerzahl der USA von 40 auf über 60 Millionen Menschen, wobei zwei Drittel dieses Zuwachses auf die Einwanderung zurückzuführen sind. Die Mehrheit der Einwanderer kam aus Irland (insbesondere während der ersten Welle), den deutschen Staaten, der Schweiz und Skandinavien. Später kamen auch verstärkt Italiener und Asiaten, wobei vor allem Chinesen als Eisenbahnbauarbeiter angeworben wurden und eine regional bedeutsame Minderheit in den noch dünn besiedelten Gebieten an der Westküste darstellten (s. Band VI, S. 180 f.). Das Ziel der meisten europäischen Einwanderer dieser Jahre war der Erwerb von Farmland, was vielen von ihnen auch gelang. Lediglich die irischen Einwanderer blieben mehrheitlich in den Städten an der Ostküste und verdingten sich dort als Industriearbeiter. Nachdem die Landnahme jedoch kurz vor der Jahrhundertwende abgeschlossen und damit die Hoffnung auf ein weitgehend selbstbestimmtes Leben in den USA geschwunden war, ebbte die Auswanderung aus den Industriestaaten ab. Denn Arbeit in Fabriken war dort zu dieser Zeit auch zu finden.

Europäische Amerikaauswanderung

Im Folgenden werden drei Wirtschaftsregionen in den USA zu betrachten sein, die das Land für den größten Teil des 19. Jahrhunderts wesentlich prägten: das alte, frühzeitig leichtindustriell strukturierte Siedlungsgebiet an der Ostküste, der Mittlere Westen, der zum einen die „Kornkammer" der USA bildete, zum anderen südlich der Großen Seen eine bedeutende Schwerindustrie hervorbrachte, sowie der Baumwollgürtel des Südens.

Die neuen Siedlungsgebiete für diejenigen Einwanderer, deren Ziel der Erwerb von Farmland war, lagen jenseits der Appalachen. Diese, später als Mittlerer Westen bezeichnete Großregion war zunächst rein landwirtschaftlich geprägt. Die Wachstumsraten der weitgehend auf Familienbetrieben beruhenden agrarischen Produktion waren fast während des gesamten 19. Jahrhunderts sehr hoch. Um die wachsende Produktion vermarkten zu können, musste jedoch eine Verkehrsanbindung an die Ostküste mit ihren großen Städten hergestellt werden. Da Landwirtschaft in den Neuenglandstaaten nur unter ungünstigeren Bedingungen möglich war, erleichterte ein intensivierter Warenaustausch zwischen der Ostküste und dem Mittleren Westen auch die regionale Spezialisierung. Während sich der Mittlere Westen zum Getreideproduzenten entwickelte, nutzte die Landwirtschaft an der Ostküste ihre relative Nähe zu den Verbrauchern und spezialisierte sich auf leicht verderbliche Produkte (Veredelungslandwirtschaft), die für lange Transportwege ungeeignet waren.

Landwirtschaft an der Ostküste

Allerdings stellten die Appalachen ein schwer zu überwindendes Hindernis dar. Nach einigen frühen Straßenbauprojekten waren es in erster Linie Kanalbauten zur Verbindung der natürlichen Ströme und Flüsse, mit denen die drei Wirtschaftsregionen miteinander verbunden wurden. Das galt zum einen für das Flusssystem des Mississippi, mit dem der agrarische Mittlere Westen erschlossen und mit dem Süden verbunden werden konnte. Zum anderen kam das Gebiet der Großen Seen über den Eriekanal mit dem Hudson und damit mit der Ostküste in Verbindung. Besonders der Erfolg dieses zwischen 1817 und 1825 errichteten Kanals löste wie zuvor in Großbritannien eine *Canal Mania* aus und lockte auch europäische Investoren an. Am Vorabend des Eisenbahnzeitalters waren in den USA insgesamt fast 5000 Kilometer Kanäle in Betrieb.

Kanalbau

Der Aufstieg zur „Kornkammer" der USA bedeutete jedoch nicht, dass der Mittlere Westen eine rein agrarisch strukturierte Region geblieben wäre. Vielmehr entstand mit der interregionalen Exportorientierung auch eine landwirtschaftsnahe Industrie: teilweise, indem landwirtschaftliche Produkte verarbeitet wurden, etwa in den Schlachthöfen Chicagos (denen das Provinzstädtchen seit den 1860er Jahren seinen Aufstieg zu einer der bedeutendsten Großstädte der USA verdankte) oder in den Brauereien von St. Louis (die aus dem „Tor zum Westen" eine Industriestadt machten), teilweise aber auch als Zulieferer für eine auch im zeitgenössischen Vergleich mit Europa recht kapitalintensive Landwirtschaft. Auf die relativ frühe Mechanisierung der Landwirtschaft des Mittleren Westens ist die hohe Produktivität der US-Landwirtschaft im Vergleich zu Europa wesentlich zurückzuführen.

„Kornkammer" der USA

Mit dem wachsenden Bedarf Europas an Baumwolle entstand in den Südstaaten von South Carolina im Osten über die Staaten an der Golfküste bis nach Texas eine auf Sklavenarbeit beruhende Baumwollplantagenwirtschaft. Dort, wo schon seit längerem Tabak, Reis oder Zuckerrohr angebaut worden war, verschwanden diese Kulturen und wurden durch *King Cotton* ersetzt. Lediglich in dem etwas weiter nördlich an der Atlantikküste gelegenen Virginia konnte sich der Tabak- und Weizenanbau noch behaupten, ansonsten lebte der gesamte Süden von der Baumwolle. Dabei entwickelte sich New Orleans an der Mississippi-Mündung zu dem wichtigsten Ausfuhrhafen der USA. Anders als im Mittleren Westen fand der Süden jedoch lange Zeit keinen Anschluss an das Industriezeitalter. Eine textilindustrielle Entwicklung wurde trotz der leichten Verfügbarkeit des Rohstoffs im Süden nicht ausgelöst. Am Vorabend des Bürgerkriegs waren nur etwa 10 Prozent des Kapitalstocks der Baumwollindustrie in den Südstaaten investiert worden, aber 70 Prozent in den Neuenglandstaaten.

Baumwollgürtel des Südens

In das Eisenbahnzeitalter traten die USA trotz ihres gut ausgebauten Binnenwasserstraßennetzes außerordentlich früh ein. Mit dem Bau der ersten Eisenbahnstrecke von Baltimore über die Appalachen an den Ohio wurde bereits 1827 begonnen. Die erste in den USA gebaute Lokomotive war dort bereits seit 1830 im Einsatz und damit kaum später als die *Rocket* von George und Robert Stephenson auf der Strecke Liverpool–Manchester. Im Jahr 1852 überquerten dann schon vier Eisenbahnstrecken die Appalachen, und um 1860 waren mehr als 45.000 Kilometer Eisenbahn in Betrieb. Auch hier war die privatwirtschaftliche Konkurrenz zwischen den Eisenbahngesellschaften eine wesentliche Triebfeder für das rasante Wachstum. Ähnlich wie in England fehlte allerdings auch in den USA eine zentrale Planung. So war der wirtschaftlich stärkere Norden weitaus besser durch Eisenbahnen erschlossen als der Süden, und fast alle Strecken besaßen eine Ost-West-Ausrichtung. Um 1860 verliefen nur ganze drei Eisenbahnstrecken von Norden nach Süden. Außerdem ließen sich die amerikanischen Eisenbahngesellschaften lange Zeit ähnlich wie in England auf bestimmte Standards (einschließlich der Spurweite) nicht verpflichten.

Eisenbahnbau in den USA

Eine wichtige Voraussetzung für den frühen Eintritt der USA in die schwerindustrielle Phase der Industrialisierung waren die Kohlenfunde auf der Ostseite der Appalachen. Bereits in den 1820er Jahren wurde das erste Kohlefeld durch einen Kanal erschlossen. Die dort und in anderen Feldern im östlichen Pennsylvania abgebaute Kohle war reine Anthrazitkohle, die sich anders als die europäische Kohle wegen ihres hohen Kohlenstoffanteils ohne Verkokungsprozess als Energielieferant für Eisenhütten eignete. Nachdem in Pennsylvania bereits seit Beginn des 19. Jahrhunderts Eisenerz gefördert und in Holzkohlehochöfen verhüttet worden war, wurden seit den 1840er Jahren die ersten Anthrazithochöfen in Betrieb genommen und das Roheisen dann in Puddelöfen weiter verarbeitet. Die Technologie kam ursprünglich aus Wales, wo es ebenfalls Anthrazitvorkommen gab, wurde dann aber in den USA weiterentwickelt und verbreitete sich sehr schnell in der Region. Vor dem

Kohlenfunde in den USA

Südstaaten-Sklaven bei der Bedienung von Eli Whitneys 1790 erfundenen „Cotton Gin" (Holzstich, 19. Jh.).

Bürgerkrieg waren schon deutlich mehr als 50 Prozent des in den USA produzierten Roheisens in Anthrazithochöfen verhüttet worden.

Seit den 1840er Jahren bildete die Eisen- und Stahlindustrie in Pennsylvania dann auch die Grundlage für eine erfolgreiche Importsubstitution von Schienen, für die der Eisenbahnbau rund 50 Jahre lang einen gewaltigen Absatzmarkt schuf. Daneben versorgten die Anthrazitkohlenfelder aber auch die Städte an der Ostküste, die wegen ihres schnellen Bevölkerungswachstums ebenfalls einen bedeutenden Wachstumsmarkt darstellten. Mit der steigenden Produktion und der sich ständig verbessernden verkehrsmäßigen Erschließung sanken die Kohlenpreise, so dass die Energieträger Holz und Wasser in allen Bereichen immer weiter zurückgedrängt werden konnten.

Gleichzeitig wurden weitere Kohlefelder erschlossen, darunter auch solche westlich der Appalachen, in Ohio, Illinois und Missouri. Der Abbau war in den meisten Feldern wenig aufwendig, weil die Kohle nahe an der Oberfläche gefördert werden konnte. Der Abtransport erfolgte entweder über das Wasserstraßennetz oder seit den 1840er Jahren auch schon mit der Eisenbahn. Während des Bürgerkriegs wurde die Förderung dann noch einmal gesteigert. Auch in den Südstaaten wurden neue Felder in North Carolina und Alabama erschlossen, nachdem vor dem Bürgerkrieg dort nur in Virginia Kohle abgebaut worden war.

Bei Kriegsende waren in sehr vielen Staaten der USA Kohlevorkommen erschlossen worden, was wiederum einen starken Anreiz für die verschiedenen Eisenbahngesellschaften schuf, die Felder mit den Verbrauchszentren zu verbinden. Der Eisenbahnbau ermöglichte dann auch die Erschließung der ersten, westlich des Mississippi gelegenen Kohlevorkommen, etwa in Colorado, Wyoming und New Mexico. Da in den meisten der seit dem Krieg neu erschlossenen Felder Fettkohle gefördert wurde, überflügelte sie im Rest der USA die Anthrazitförderung Pennsylvanias schon wenige Jahre nach dem Krieg, so dass auch der Hochofenkoks in der Eisen- und Stahlindustrie rasch und zu Lasten der Anthrazitkohle an Bedeutung gewann.

Eisenerzfunde am Lake Superior

Von nicht minder großer Bedeutung für die Entwicklung der Schwerindustrie nach dem Bürgerkrieg waren die Eisenerzfunde am Lake Superior. Die ersten Minen förderten zwar schon seit den späten 1840er Jahren, aber die Transportprobleme von Minnesota nach Osten waren noch zu groß, um Erz und Kohle zusammenzubringen. Die erste Voraussetzung stellte ein Verbindungskanal vom Lake Superior zu den anderen Seen dar. Als dieser Mitte der 1850er Jahre realisiert worden war, reichten aber die Transportkapazitäten von Kanal und Segelschiffen noch nicht aus, um die Vormachtstellung der Eisen- und Stahlindustrie Pennsylvanias ernsthaft zu gefährden. Als in den 70er und 80er Jahren jedoch die Dampfschiffe auf den Großen Seen die Segelschiffe verdrängten und der Verbindungskanal sowie die Hafenanlagen in Cleveland und Buffalo am Eriesee sowie in Chicago am Michigansee ausgebaut worden waren, entwickelte sich das Gebiet südlich vom Michigansee (Chicago) und Eriesee (Detroit, Cleveland, Buffalo) sowie mit Pittsburgh im Westen Pennsylvanias zu der bedeutendsten schwerindustriell geprägten Region der USA.

Landerschließung mit der Eisenbahn

Neben der „Transportrevolution“ auf den Großen Seen stellte die Erschließung des Westens mit der Eisenbahn die zweite, im kollektiven Gedächtnis der Amerikaner noch weit stärker verwurzelte infrastrukturelle Leistung dar. Nach dem Bürgerkrieg wurde der alte Traum einer Eisenbahnverbindung zwischen der Ost- und der Westküste relativ schnell verwirklicht. Angetrieben durch einen privatwirtschaftlichen Wettbewerb und die Zusage des Staates, den Eisenbahngesellschaften finanzielle Beihilfen zu gewähren und das benötigte Land entlang der Strecken unentgeltlich zur Verfügung zu stellen, wurde das letzte Verbindungsstück der transkontinentalen Eisenbahn zwischen Omaha im Bundesstaat Nebraska, einem der westlichsten Punkte des Eisenbahnnetzes zu dieser Zeit, und Sacramento in Kalifornien bereits 1869 geschlossen. In den 1880er Jahren folgten dann zwei weitere Strecken, zunächst die etwas weiter südlich verlaufende Verbindung von Kansas nach Los Angeles und dann die etwas nördlichere Verbindung von Duluth am Westufer des Lake Superior nach Portland im Bundesstaat Oregon. Etwa zu derselben Zeit wurde auch die erste transkontinentale Eisenbahn in Kanada gebaut, die nach diversen politischen Skandalen, Unruhen und Finanzierungsproblemen 1885 vollendet wurde und das kanadische Eisenbahnnetz von dessen westlichstem Punkt Winnipeg aus mit Port Moody beziehungsweise Vancouver in British Columbia an der Pazifikküste verband.

Etwas aus dem Rahmen der Systematik dieses Überblicks fällt die Industrialisierung der einzigen außerhalb des christlich geprägten Kulturkreises gelegenen Weltregion. Denn es war nicht die Schwerindustrie, die als Führungssektor die Industrialisierung Japans während des letzten Drittels des 19. Jahrhunderts prägte, sondern die Leichtindustrie. Weshalb es gelang, der überlegenen westlichen Konkurrenz ausgerechnet in diesem Segment industrieller Produktion zu diesem späten Zeitpunkt noch erfolgreich Paroli zu bieten, erklärt sich vermutlich zum einen aus der geographischen Lage des Landes. Denn die europäische und nordamerikanische Textilindustrie hatten zwar den atlantischen Raum zu diesem Zeitpunkt fast vollständig erschlossen, aber auf dem riesigen asiatischen Markt war das mit der Ausnahme Indien erst ansatzweise gelungen. Zum anderen konnte sich Japan mit einer Textilfaser auf dem Weltmarkt platzieren, die bisher in den Ländern mit der leistungsfähigsten Textilindustrie weitgehend unbeachtet geblieben war: der Seide. Der japanische Erfolg gelang also erstens wegen der Größe des asiatischen Marktes für billige textile Massenwaren (Baumwolle) und zweitens wegen des erfolgreichen Besetzens einer Nische (Seide).

Industrialisierung Japans

Die Startbedingungen für die Industrialisierung waren denjenigen Europas aber durchaus nicht unähnlich. Eine einschneidende (militärische) Niederlage hatte einen fundamentalen Lernprozess ausgelöst, der dem sich seit längerem im Niedergang befindlichen Feudalsystem den Todesstoß versetzte. Was in weiten Teilen West- und Mitteleuropas die napoleonische Besetzung beziehungsweise Bedrohung und im Falle Russlands der Krimkrieg bewegt hatten, war in Japan durch die von den USA militärisch erzwungene Öffnung des japanischen Marktes für westliche Importe gelungen. Dadurch musste Japan seine jahrhundertelange Politik der relativen Abschließung aufgeben, wodurch das soziale und politische System des Landes weiter destabilisiert wurde.

Startbedingungen

Nach einer Revolution im Jahr 1868 veränderte sich das Land in einem atemberaubenden Tempo. Ähnlich wie in Europa bildeten die Aufhebung aller Beschränkungen der Bewegungs- und Gewerbefreiheit sowie die Herstellung von Eigentums- und Verfügungsrechten über Grund und Boden auch in Japan eine wichtige Voraussetzung für die Modernisierung der Wirtschaft, die zu diesem Zeitpunkt noch wesentlich durch die Landwirtschaft geprägt war: Bauern und ihre Familien machten zum Zeitpunkt der Marktöffnung noch etwa drei Viertel der Gesamtbevölkerung aus. Anstelle feudaler Abgabe- und Dienstverpflichtungen wurde nun eine in Geld zu zahlende Grundsteuer eingeführt, die es dem Staat erlaubte, sich wirtschaftlich stark zu engagieren, ohne sich im Ausland nennenswert verschulden zu müssen. Denn das Ziel dieser Politik war die volle Wiederherstellung der Souveränität, die man auch durch ausländische Gläubiger gefährdet sah.

Das Grundsteueraufkommen, das zwischen 1875 und 1895 etwa 90 Prozent aller staatlichen Einnahmen ausmachte und sich 1895 auf etwa 60 Millionen Yen (gegenüber 2 Mio. Yen 1868) belief, ermöglichte ein zu dieser Zeit auf der Welt wohl einmaliges wirtschaftliches Interesse des Staates. Der Staat engagierte sich vom Aufbau eines breiten elementaren Bildungssystems und der gezielten Förderung höherer (technischer) Bildung im Inland, über die Organisation von Industriespionage und die Errichtung von Musterfabriken bis hin zu Investitionen in die Infrastruktur (Telegraf, Eisenbahn und Handelsflotte) und eine moderne Rüstungswirtschaft. In einem atemberaubenden Tempo wurde das Geldwesen vereinheitlicht und 1882 mit der Bank von Japan eine moderne Zentralnotenbank geschaffen. Auch bei diesen institutionellen Reformen suchten die Japaner im Westen gezielt nach Vorbildern, die dann den Gegebenheiten angepasst wurden.

Institutionelle Reformen

Ähnlich wie in den erfolgreichen Fällen kontinentaleuropäischer nachholender Industrialisierung spielte auch in Japan die Landwirtschaft eine Schlüsselrolle. Denn zum einen stellte die durch die Agrarreformen ausgelöste Produktionssteigerung eine ausreichende Ernährung der Bevölkerung sicher, so dass Devisen für den Import von Nahrungsmitteln nicht benötigt wurden, zum anderen gelang es, den Rohstoff für die Seidenproduktion durch eine erhebliche Ausweitung der Kokonproduktion in der heimischen Landwirtschaft in ausreichender Menge herzustellen. Zwischen 1880 und 1910 stieg die Rohseideproduktion Japans um etwa 700 Prozent, wobei etwa drei Viertel exportiert wurden. Die Verarbeitung der Kokons wurde seit den 1870er Jahren dank der staatlichen Unterstützung flächendeckend mechanisiert, indem spezialisierte kleingewerbliche, aber auf Marktproduktion ausgerichtete Haspelbetriebe errichtet wurden, deren Energiebedarf entweder noch ausschließlich durch die menschliche Muskelkraft oder auch schon durch den Wasserradantrieb sichergestellt wurde.

Schlüsselrolle der Landwirtschaft

Vor der Öffnung des Binnenmarktes hatte es auch in Japan ein auf Heimarbeit beruhendes Baumwollgewerbe gegeben. Mit der Marktöffnung für westliche, maschinell gesponnene und gewebte Baumwolltextilien brach die heimische Garnproduktion jedoch innerhalb kurzer Zeit fast vollständig zusammen. Die Handweberei konnte sich dagegen noch etwas länger behaupten, indem die Weber auf besondere Qualitäten auswichen und damit Nischen wie etwa die Stoffe für die Kimonoproduktion besetzten. Dank einer massiven staatlichen Intervention konnte sich dann in den 1880er Jahren auch eine mechanisierte Baumwollspinnerei etablieren, wobei die leichter zu verarbeitende indische Rohbaumwolle die heimische Baumwolle zunehmend verdrängte. Viele der neuen Spinnereien gliederten sich mit der Zeit modernen Webereien an, die vor allem für den Export in die asiatischen Nachbarländer arbeiteten.

Baumwollgewerbe

Obwohl Japan große Steinkohlenvorkommen besaß, wurden die Lager wegen ihrer peripheren Lage auf Kyūshū und Hokkaidō, der südlichsten beziehungsweise nördlichsten der vier Hauptinseln Japans, erst gegen Ende des 19. Jahrhunderts erschlossen. Das älteste Steinkohlenbergwerk, die Miike-Kohlenmine auf Kyūshū, war 1872 wegen ihrer „strategischen Bedeutung" verstaatlicht und dann überwiegend mit dem Einsatz von Häftlingen betrieben worden. Gegen Ende des Jahrhunderts wurde das Bergwerk dann privatisiert, indem der größte (Misch-)Konzern des Landes, Mitsui Bussan, dank seiner hervorragenden Kontakte zur Meiji-Regierung das Bergwerk übernahm. Die Häftlingsarbeit ging danach zwar zurück, wurde aber erst 1930 ganz eingestellt. Auch andere große (Misch-)Konzerne (Zaibatsu) engagierten sich in dieser Zeit im Steinkohlenbergbau, so dass Steinkohle um 1900 immerhin zum zweitwichtigsten Exportgut Japans nach Rohseide aufstieg. Zu diesem Zeitpunkt wurde Steinkohle im Gesamtwert von etwa 20 Millionen US-Dollar exportiert, um 1880 hatte der Exportwert dagegen erst bei etwas über 1 Million US-Dollar gelegen.

Steinkohlenvorkommen

Die Phase der „neuen Industrien" – Ein Ausblick

Die dritte Phase der Industrialisierung setzte um das Jahr 1890 ein und wurde von der Elektrifizierung beziehungsweise von der Elektrotechnik als Führungssektor getragen. Manche Wirtschaftshistoriker sprechen auch von mehreren Führungssektoren, deren Gemeinsamkeit in der wissenschaftsgeleiteten industriellen Forschung lag („neue Industrien"). Neben die Elektrotechnik trete dann noch die Chemieindustrie und die – allerdings sehr viel kleinere – optische Industrie. Sie sprechen in diesem Zusammenhang von einer „Zweiten Industriellen Revolution".

Großbritannien hatte seine Vorreiterrolle mittlerweile eingebüßt. Die Basisinnovationen besaßen jetzt eher in den USA (Elektrotechnik) und Deutschland (Chemie) ihren Ausgangspunkt. Für ein komplexes System wie die Elektrifizierung reichte eine einzelne Erfindung nicht mehr aus. Der Amerikaner Thomas A. Edison gilt zwar als der „Erfinder der Glühbirne" und damit als Begründer des elektrotechnischen Zeitalters, aber hätte Edison nur die Glühbirne erfunden, wäre er kaum zu diesem Ruhm gelangt. Es musste vielmehr ein ganzes System entwickelt werden, wobei die Glühlampe nur den Endpunkt dieses Systems darstellte. Für die Lösung dieses komplexen ökonomisch-technischen Problems reichte das „Pröbeln" der industriellen Pioniere nicht mehr aus. Es bedurfte eines neuen Erfindertypus, für den Edison tatsächlich prototypisch steht. Er entwickelte nämlich eine Art Wissenschaftsprogramm, das auf die verschiedenen Bestandteile des Systems abgestellt war. Denn die Lösung der technischen Probleme überforderte die technischen Fähigkeiten eines einzelnen Erfinders bei weitem. Darüber hinaus benötigte der neue „wissenschaftliche" Erfinderunternehmer zusätzliche Fähigkeiten, um sein Programm durchzusetzen. Neben Forschung und Entwicklung musste er sich um die Finanzierung, das Management und um organisatorische Probleme kümmern. Zu diesem Zweck gründete Edison verschiedene Firmen mit sehr speziellen Aufgaben: eine Forschungsgesellschaft, eine Fabrik zur Herstellung der verschiedenen Komponenten seines Systems sowie eine Gesellschaft zur Organisation der Systemeinführung und zur Überwachung. Für die einzelnen Aufgaben holte Edison sich jeweils Fachleute: Mathematiker, Physiker, Ingenieure, Facharbeiter für die technische Seite sowie Spezialisten für die kaufmännische Seite. Seine eigene Stärke bestand darin, dass er technische wie finanzielle oder organisatorische Probleme identifizieren konnte und Lö-

Komplexe Problemlösung

sungsstrategien entwickelte. So war ihm von Anfang klar, dass es nicht ausreichte, mit Kupfer einen geeigneten Stoff für die Kraftübertragung zu besitzen. Die Kraftübertragung musste auch so billig sein, dass der elektrische Strom wirtschaftlich gegen das Gas konkurrenzfähig war. War dies nicht der Fall, musste er die Forschungskapazitäten entweder auf die Beschaffung eines Ersatzmaterials oder auf die Reduktion des Materialaufwandes konzentrieren.

Als Edison 1882 die erste Glühlampe in einem New Yorker Bankhaus publikumswirksam hatte erleuchten lassen, war aber noch längst nicht klar, ob die elektrische Beleuchtung die Gasbeleuchtung jemals verdrängen würde. Allerdings wurden Lizenzen in die gesamte Welt verkauft. Ein wichtiger Schritt zur flächendeckenden Elektrifizierung gelang in den USA ebenfalls zu Beginn der 1880er Jahre, als das erste Wasserkraftwerk der Welt bei den Niagarafällen im Bundesstaat New York errichtet wurde. Allerdings konnte der elektrische Strom zunächst nur lokal genutzt werden, weil die Kraftübertragung bei Gleichstrom wegen der hohen Leitungsverluste unrentabel war. In den 1890er Jahren gelang es dann Edisons Konkurrenten George Westinghouse, den Strom unter Verwendung des Wechselspannungsystems bis in die 40 Kilometer entfernte Stadt Buffalo zu übertragen. Einen ähnlichen Erfolg erzielten die deutsche AEG und die Schweizer Firma Brown, Boveri & Cie., als etwa zu derselben Zeit eine Fernübertragung von hochgespanntem Wechselstrom über 175 Kilometer von Lauffen am Neckar nach Frankfurt am Main in Betrieb genommen wurde. 20 Jahre später wurden dann die elektrische Energie über Leitungen mit Strom bis zu 100.000 Volt übertragen und erste regionale Verbundnetze errichtet.

Flächendeckende Elektrifizierung

Neben der Kraftübertragung war die schwankende Kapazitätsauslastung der Anlagen in den 90er Jahren das zweite große ökonomische Problem für die Kraftwerksbetreiber. Da zu dieser Zeit noch über 90 Prozent der erzeugten elektrischen Energie für Beleuchtungszwecke gebraucht wurden, wurde der Strom in erster Linie während der Abendstunden abgenommen. Tagsüber mussten manche frühe Elektrizitätswerke sogar abgeschaltet werden. Insofern war es naheliegend, für diese Zeit neue Kunden zu günstigeren Tarifen zu gewinnen. Mit der Entwicklung gebrauchsfähiger Drehstrommotoren begannen sich in den 90er Jahren dank günstiger Tagestarife auch die Industrie und wenig später auch das Handwerk für den elektrischen Strom als Energiequelle zu interessieren. Denn der Elektromotor besaß gegenüber der Dampfmaschine eine Reihe von Vorteilen. Er war schnell betriebsbereit, lief fast geräuschlos und belästigte den gewerblichen Anwender nicht durch Abgase.

Kapazitätsauslastung der Kraftwerke

Mit der Elektrifizierung erreichte die Industrialisierung das Kleingewerbe, und die Standortabhängigkeit wurde ebenfalls deutlich reduziert. So waren die neuen Industriegebiete nicht mehr auf das Vorhandensein von Steinkohle angewiesen und die Industrialisierung in den bereits industrialisierten Ländern konnte sich nun in die Fläche ausdehnen. Europäische Länder, die wegen des Mangels an heimischer Steinkohle bisher eher im Schatten der industriellen Umwälzungen gestanden hatten, konnten nun aufholen, wenn sie über genügend Wasserkräfte verfügten. In Europa galt das etwa für Norwegen, das sich dank der reichlich vorhandenen, nutzbaren Wasserkraft jetzt sogar auf besonders energieintensive Industrien (Aluminium) spezialisieren konnte, sowie für Italien, und auch die Schweiz durchlief seit der Jahrhundertwende eine zweite Phase der Industrialisierung mit dem Aufbau einer leistungsfähigen elektrotechnischen und chemischen Industrie, nachdem das Land an der schwerindustriellen Entwicklung wegen des Mangels an Bodenschätzen kaum hatte partizipieren können. Dennoch sollte nicht übersehen werden, dass der weitaus größte Teil der Welt zu Beginn des 20. Jahrhunderts noch weit davon entfernt war, einen industriellen Aufholprozess zu starten. Die Zeit der Weltkriege sowie die Deglobalisierung während der Zwischenkriegszeit boten dafür aber anschließend auch denkbar schlechte Voraussetzungen.

Industrieller Aufholprozess?

Kultureller Wandel

James McNeill Whistler: »Variationen in Inkarnat und Grün: Der Balkon« (1864–1870). Die an späterer Stelle besprochene und noch einmal im Vergleich zu einem japanischen Holzschnitt wiedergegebene Darstellung (S. 273 ff.) deutet die Globalisierung künstlerischen Schaffens an: Als Werk eines US-Amerikaners zeigt sie im Vordergrund Frauen mit japanischen Requisiten (Kimono, Fächer), im Hintergrund ein Londoner Industriegebiet.

Die europäische Aufklärung

Hans-Jürgen Lüsebrink

Aufklärung – Periodisierung, Selbstverständnis und Schlüsselbegriffe

Epochengrenzen

Unter „europäischer Aufklärung" ist zum einen ein spezifischer Zeitraum der europäischen Kulturgeschichte und zum anderen ein zentraler Bestandteil der modernen europäischen Identität und ihres Wertesystems zu verstehen. Die grundlegenden Werte der europäischen Aufklärung sind das Streben nach Wahrheit auf der Grundlage rationalen Denkens sowie nach Freiheit, nach Selbständigkeit und nach individuellem Glück. Sie implizierten häufig einen mehr oder minder radikalen Bruch mit der Vergangenheit, mit überlieferten Traditionen, Glaubenspraktiken, Überzeugungen und Wissensbeständen.

Der Zeitraum, der als Aufklärungszeitalter definiert wird, umfasst im Wesentlichen das 18. Jahrhundert bis zur Französischen Revolution. Häufig wird der Beginn der Periode, etwa in dem wegweisenden Werk von Paul Hazard zur Krise des europäischen Bewusstseins („La crise de la conscience européenne", 1935), mit dem Jahr 1685 – dem Jahr des Widerrufs des Edikts von Nantes – angesetzt, der eine Emigrationswelle auslöste und (ungewollt) die Grundlagen für die Entstehung und Ausbreitung aufgeklärter Diskussionsforen, Periodika und philosophischer Schriften, vor allem zunächst in Holland, England und der Schweiz, legte. Die Jahre 1670 bis 1715 markieren zugleich eine tiefgreifende kulturelle, politische und wirtschaftliche Krise, die vor allem Frankreich betraf und mit der Verfolgung von Protestanten, Jansenisten und Quietisten sowie der aggressiven und brutal vorgehenden militärischen Expansionspolitik König Ludwigs XIV. von Frankreich verknüpft war. In England wurde mit der *Glorious Revolution* von 1688 die Grundlage für eine konstitutionelle Monarchie gelegt. Durch die wieder hergestellte, weitgehende Meinungsfreiheit und durch religiöse Toleranz wurden die Möglichkeiten der Verbreitung aufklärerischer Schriften und Ideen gelegt. Als besonders folgenreich erwiesen sich die Schriften des 1688 mit Wilhelm von Oranien nach England aus dem Exil zurückgekehrten Philosophen John Locke (1632–1704). Mit seinen in rascher Folge publizierten, großenteils bereits im Exil in Holland verfassten Schriften vollzog die englische Philosophie ihre „folgenreiche Wendung zur Anthropologie" (Werner

Zeitraum des Aufklärungszeitalters

Schneiders): Sein Essay »Concerning Human Understanding« (1690) stellte eine systematische Untersuchung zu den Grundlagen menschlicher Erkenntnis dar, in der er insbesondere die Lehre von den angeborenen Ideen in Frage stellte; in »Two Treatises of Government« (1690) entwickelte er die Theorie der Gewaltenteilung und des Gesellschaftsvertrags, die Jean-Jacques Rousseau in seinem »Contrat Social« (1762) weiterentwickeln sollte (vgl. Band IV, S. 234 ff.); in seinen »Letters Concerning Toleration« (1689–1690/1692) forderte er die Trennung von Staat und Kirche sowie die Duldung aller Religionen; in seinem Essay »Some Thoughts Concerning Education« (1693) bezog er Distanz zu den traditionellen Formen schulischer Pädagogik und Wissensvermittlung und vertrat das Ideal einer autonomen, weitgehend selbständigen Wissensaneignung.

John Locke

In die letzten Jahrzehnte des 17. Jahrhunderts fallen auch die Erscheinungsjahre der großen Werke von Isaac Newton, des Wegbereiters der modernen Mathematik und der Naturwissenschaften, von Robert Hooke, des Entdeckers der Zellstrukturen (»Micrographia«, 1665), von Nicolas Malebranche (»De la recherche de la vérité«, 1674/1675) sowie von Baruch Spinoza, der mit seinem »Tractatus theologico-politicus« (1670) die Grundlagen eines dezidiert religionskritischen *Radical Enlightenment* legte. In diesen Jahrzehnten des politischen und wissenschaftlichen Umbruchs entstanden auch die ersten großen enzyklopädischen Werke des Aufklärungszeitalters, das »Grand Dictionnaire Historique« (1674) von Louis Moréri und das »Dictionnaire critique« (1697) von Pierre Bayle. Vor allem der Einfluss Bayles, der in seinem »Dictionnaire« ein grundlegend kritisches Verhältnis zu den historischen Quellen entwickelte und hiermit entscheidende Anstöße für die *Querelle des Anciens et des Modernes* und ihre weitere Entwicklung gab, war im Hinblick auf die Entstehung der europäischen Aufklärungsbewegung sehr stark. „Indem Bayle die Kritik zum Instrument einer autonom urteilenden Vernunft einsetzte, erhob er diese in den Rang höchstrichterlicher Instanz des Denkens. Er ging vom selbständigen Erkenntnisvermögen des intelligenten Subjekts aus, lieferte eine Arbeitsanweisung an den kritisch sichtenden, prüfenden Geist und gab so dem schwelenden Problembewusstsein seiner und der folgenden Zeit eine Richtung" (Isabella von Treskow).

Einflussreiche Wissenschaftler

Der Beginn des von Bayles Werk entscheidend beeinflussten Streits zwischen den „Altertumsfreunden" und den „Anhängern der Moderne" im Jahre 1687 weitete sich von Frankreich nach England sowie Italien aus und nahm innerhalb weniger Jahre durch Übersetzungen, literarische Korrespondenzen und Periodika eine gesamteuropäische Dimension an. Der Streit nahm seinen Ausgang von einem Lobgedicht von Charles Perrault auf Ludwig XIV., in dem die Epoche des *Roi-Soleil* als eine neue Ära der Menschheitsgeschichte verherrlicht und in ihrem Glanz über die griechische und römische Antike gestellt wurde. Die *Querelle des Anciens et des Modernes* führte zu einem neuen, aufgeklärten Verständnis von Literatur und Philosophie, einer dezidierten Aufwertung von Innovation und Fortschritt und zu einer kritischen Neubewertung antiker Traditionen. Sie stellte somit einen wichtigen Einschnitt im Hinblick auf die Entwicklung eines neuen Periodenbewusstseins dar. In der *Querelle* vollzog sich der definitive Bruch mit der autoritären Geltung der Antike in allen wissenschaftlichen und ästhetischen Bereichen. Für diese „Revolution des historischen Bewusstseins" der Jahre 1660 bis 1700 hatte die „Wissenschaftliche Revolution" (Pierre Chaunu) der Jahre 1620 bis 1650 mit den Werken von René Descartes in Frankreich, Francis Bacon in England und den Forschungen von Galileo Galilei in Italien die erkenntnistheoretischen Grundlagen gelegt.

Das Ende des Aufklärungszeitalters wird im Allgemeinen mit dem Jahre 1789, dem Beginn der Französischen Revolution, angesetzt. Bezieht man die unmittelbaren politischen, sozialen und kulturellen Folgen der Aufklärungsbewegung ein, so müssten an sich für eine Gesamtbetrachtung der europäischen Aufklärung die Epoche der Französischen Revolution und das Napoleonische Zeitalter einbezogen werden. Für die Aufklärungsbewegungen außerhalb des europäischen Gravitationszentrums in West- und Zentraleuropa, das heißt für Gesellschaften Süd- und Osteuropas sowie Amerikas, sind ohnehin phasenversetzte Epochengrenzen anzusetzen. So bezeichnet Robert Ferguson als „American Enlightenment" die Epoche zwischen 1750 und 1820. Reinhart Koselleck geht noch einen Schritt weiter und charakterisiert die Umbruchperiode zwischen 1750 und 1850 als entscheidende „Sattelzeit" der europäischen und okzidentalen Geschichte, in der sich mit der Amerikanischen, der Französischen und der Revolution von 1848 grundlegende Veränderungen der sozialen, politischen und kulturellen Strukturen und Terminologien vollzogen, die von der europäischen Aufklärungsbewegung ausgelöst worden waren. Vor allem in den Jahrzehnten zwischen 1789 und 1815 zeigten sich nicht nur die unmittelbaren Auswirkungen aufgeklärten Denkens, wie zum Beispiel in der französischen Menschenrechtserklärung vom August 1789, der Gründung der Mainzer Republik 1792 und der Abschaffung der Sklaverei 1794 in Frankreich, sondern auch die Widersprüche der Aufklärungsbewegung und ihre grundlegende Dialektik. Die Legitimation von Gewaltherrschaft durch das Versprechen zukünftiger Freiheit und die Begründung von Terror durch das zu erreichende Ideal gesellschaftlicher Gleichheit, die die Phase der Französischen Revolution während der Herrschaft des *Comité du Salut Public* (Wohlfahrtsausschuss, 1793/1794) unter Führung von Maximilien Robespierre kennzeichnen, belegen augenfällig das Umschlagen aufgeklärter Werte und Modelle in ihr absolutes Gegenteil, in Willkürherrschaft, Unterdrückung und Gewalt. Diese Gefahr hatte bereits der Berliner Aufklärer Moses Mendelssohn 1783 in seinem berühmten Aufsatz in der »Berlinischen Monatsschrift«, »Über die Frage: was heißt aufklären?«, in eindringlichen Sätzen umrissen: „Mißbrauch der Aufklärung schwächt das moralische Gefühl, führt zu Hartsinn, Egoismus, Irreligion und Anarchie, Mißbrauch der Kultur erzeuget Üppigkeit, Gleißnerei, Weichlichkeit, Aberglauben und Sklaverei."

Ende des Aufklärungszeitalters

Entstehungsprozesse

Zwei grundlegende Prozesse haben in allen europäischen Gesellschaften die Entstehung und Verbreitung aufklärerischen Denkens ermöglicht und bedingt: Zum einen sind die Alphabetisierung und die Verbreitung von Buchdruck und Druckerzeugnissen zu nennen. In Gesellschaften wie Frankreich und den Territorien des Alten Reichs verdoppelten sich die Alphabetisierungsraten der Bevölkerung innerhalb eines Jahrhunderts, zwischen 1700 und 1800. So verdreifachte sich die Zahl der jährlich im deutschen Sprachraum gedruckten Titel zwischen 1700 und 1805, selbst in deutlich weniger alphabetisierten Kulturräumen Europas, wie dem Königreich Neapel, stieg die Zahl der gedruckten Titel (Bücher, Zeitschriften, Einblattdrucke etc.) im Laufe des Jahrhunderts auf etwa das Doppelte. In Frankreich stieg die Zahl der jeweils neuen Titel im Bereich des Romans zwischen 1730 und 1800 um 137, im Bereich der Zeitschriften um 58 Prozent. Vor allem in der Spätaufklärung, zwischen 1750 und 1770, und erneut während der Französischen Revolution nahm die Zahl der Zeitschriftentitel geradezu sprunghaft zu. So vermehrte sich während der Revolution die Zahl der Periodika, die pro Jahr in Frankreich veröffentlicht wurden, von 218 im Jahre 1789 auf 387 im Jahre 1790. Der Rückgang in den darauf folgenden Jahren ist vor allem auf die Zunahme der Zensur, insbesondere während der napoleonischen Ära, zurückzuführen.

Verbreitung von Druckerzeugnissen

Am Ende des 18. Jahrhunderts zählte, so Pierre Chaunu, Europa vier- bis fünfmal so viele Leser und Leserinnen wie ein Jahrhundert zuvor. Für den „Kleinen Mann bedeutete die Alphabetisierung den fundamentalen Übertritt von einer traditionsgebundenen, stark ländlichen Oralkultur zur modernen städtischen Schriftkultur, deren Kind die Aufklärung war“ (Hans Ulrich Gumbrecht u. a.). Die Alphabetisierung breiterer Bevölkerungsschichten ermöglichte die sprunghafte Ausbreitung von Verlagen, Zeitungen und anderen Druckerzeugnissen, die die materielle Grundlage des Aufklärungsprozesses darstellten. Der Umfang der Wissensvermittlung durch Druckwerke verschiedenster Gattungen, von den Volksbüchlein der *Bibliothèque Bleue* in Frankreich bis zu gelehrten Zeitungen und Enzyklopädien, erhöhte sich zwischen 1700 und 1800 um das Zwanzigfache. Die Gründe hierfür sind vielfältig: Sie sind zweifellos außer im ökonomischen Aufschwung des 18. Jahrhunderts in erster Linie als längerfristige Nachwirkungen von Reformation und Gegenreformation zu betrachten, die seit dem 16. Jahrhundert in der Verbreitung religiöser Druckschriften – von Bibelübersetzungen über Gesangbücher bis zu Heiligenviten und Katechismen – ein wesentliches Instrument der religiösen Akkulturation breiterer Bevölkerungsschichten sahen. Der Ausbau des religiösen Schulsystems, unter anderem durch religiöse Orden wie den Jesuitenorden sowie durch protestantische Konfessionsschulen, bildete für die Ausbreitung von Lese- und Schreibkenntnissen unter breiteren Bevölkerungsschichten wiederum eine wichtige Grundlage.

Gesteigerte Alphabetisierung

Einen zweiten wichtigen Prozess für die Entstehung und Verbreitung der Auf-

Jahr	1610	1650	1700	1750	1763	1805
Titel	1511	948	978	1296	1360	2821

Nr. 1: Deutsche Druckproduktion (Anzahl der Titel).

Jahr	1701	1711	1721	1731	1741	1751	1761	1771	1781	1791
Titel	405	385	387	395	529	633	703	846	1191	863

Nr. 2: Buchproduktion im Königreich Neapel (Titel pro Jahrzehnt).

Jahr	1789	1790	1791	1792	1793	1794	1795	1796	1797	1798	1799	1800
Titel	218	387	280	245	144	129	159	124	214	136	110	75

Nr. 3: Zahl der Periodika, die in Frankreich pro Jahr veröffentlicht wurden.
(Nr. 1–3 nach: Frédéric Barbier: Histoire du livre, Paris ²2009.)

klärungsbewegung in Europa stellt – auf den ersten Blick geradezu paradoxerweise – die Herausbildung des absolutistischen Staates vor allem im Laufe des 17. Jahrhunderts als Folge der Religionskriege und ihrer Überwindung dar. „Der Absolutismus bedingt die Genese der Aufklärung“, so Koselleck, weil er zum einen Institutionen wie Akademien und wissenschaftliche Gesellschaften schuf und förderte. Diese entwickelten sich im Laufe des 18. Jahrhunderts im Zuge einer dialektischen Eigendynamik nicht nur zu wichtigen Einrichtungen wissenschaftlicher Erkenntnis und Forschung, sondern auch zu Foren aufgeklärter und kritischer Debatten. Zum anderen griffen Vertreter eines aufgeklärten Absolutismus, wie Kaiser Joseph II., König Friedrich II. von Preußen, König Karl III. von Spanien, Leopold II., zuvor Erzherzog von Toskana, oder Minister, wie die französischen Wirtschafts- und Finanzminister Anne Robert Jacques Turgot und Jacques Necker, auf von der Aufklärungsbewegung konzipierte politische Modelle zurück, um den absolutistischen Staat zu reformieren. Drittens schließlich bildeten der absolutistische Staat, sein Herrschaftsverständnis, seine Legitimationsbasis und seine Auswüchse (zu denen aus der Sicht der Aufklärer insbesondere das Justiz- und Steuersystem sowie die Korruption gehörten), die Gegenfolie zur aufgeklärten Geschichts-, Staats- und Gesellschaftsphilosophie. Die Aufklärung entwickelte sich somit aus dem Absolutismus heraus, „zunächst als dessen innere Konsequenz, um dann als dialektischer Widerpart und Feind dem absolutistischen Staat seinen Untergang zu bereiten“. Zensur und Machtmissbrauch, aber auch die Struktur des absolutistischen Hofstaates und seine Formen der Machtausübung und Machtrepräsentation, die keinen Raum für kritische Debatten und staatsbürgerliche Partizipation ließen, beschleunigten die „Bewegung der Aufklärung, in der sich der Untertan als Bürger entdeckt“ (Koselleck). Die politische Struktur des absolutistischen Staates, die zunächst in erster Linie als eine Reaktion

Der absolutistische Staat

auf die religiösen Bürgerkriege entstanden war, bedingte somit die Radikalität der im Zuge der Aufklärungsbewegung entstehenden Gegenmodelle. Unter ihnen nahmen vor allem in der zweiten Hälfte des 18. Jahrhunderts Gesellschaftsutopien (wie Louis-Sébastien Merciers »L'An 2440«, 1772), demokratische Staatsentwürfe (wie Rousseaus »Contrat Social« 1762) sowie die zunehmend an Bedeutung gewinnende Vorstellung der Notwendigkeit oder gar Unumgänglichkeit einer revolutionären Umwälzung einen wichtigen Stellenwert ein.

Periodisierung

Das Aufklärungszeitalter wird, zumindest hinsichtlich der großen Aufklärungsbewegungen in Frankreich, England, Deutschland, Italien und den Niederlanden, im Allgemeinen in drei große Perioden eingeteilt: erstens die Frühaufklärung, zweitens die Phase des Enzyklopädismus und der Popularisierung der Aufklärungsbewegung und drittens die Spätaufklärung.

Die Frühaufklärung

Die Frühaufklärung (1680–1750) wurde in historischer Hinsicht durch dreierlei Ereignisse eingeläutet: erstens durch die Emigration der Hugenotten (1685) und die unmittelbar hiermit verbundene Entstehung neuer Verlage und akademischer Gesellschaften in Holland, der Schweiz, England und verschiedenen deutschen Fürstentümern, die sich durch ihre absolutismuskritischen Positionen auszeichneten; zweitens durch die *Glorious Revolution* (1688) in England, durch die König Jakob II. abgesetzt, Wilhelm III. von Oranien zum neuen König ausgerufen wurde und sich eine konstitutionelle Monarchie sowie eine begrenzte Pressefreiheit und religiöse Toleranz durchsetzten; und schließlich drittens durch das Ende der Herrschaftszeit Ludwigs XIV. (1715) und des Spanischen Erbfolgekrieges, die in Frankreich und Spanien, aber auch in anderen europäischen Ländern, eine Phase politischer Neuorientierung einleiteten. Die Frühaufklärung wurde in entscheidendem Maße durch den Sensualismus von John Locke und die vor allem in Frankreich geführte *Querelle des Anciens et des Modernes* geprägt. Diese hatten eine grundlegende erkenntnistheoretische Infragestellung tradierter Wissensbestände zur Folge und schufen den entscheidenden Antrieb zur Entwicklung und öffentlichen Diskussion neuer politischer und sozialer Modelle. Sie gründeten auf der Kritik gesellschaftlicher und politischer Zustände, die sich in prononcierter Form in einer ganzen Reihe herausragender Werke der europäischen Frühaufklärung finden: in Voltaires »Lettres philosophiques« (1734), in David Humes »Political Discourses« (1752), in den »Lettres Persanes« („Perserbriefe", 1721) von Montesquieu und vor allem in seinem grundlegenden staatsphilosophischen Werk »L'Esprit des Lois« (1748), das vor allem durch die Konzeption der Gewaltenteilung einen nachhaltigen politischen Einfluss ausüben sollte.

Zahlreiche Werke der Frühaufklärung sind zudem von einem komparatistischen Impetus geprägt, in denen die Erfahrungen und Modelle fremder Gesellschaften zur Infragestellung tradierter politischer Systeme und moralischer Gewissheiten der eigenen Gesellschaft – oder der europäischen Zivilisation in ihrer Gesamtheit – eingesetzt werden. So erfolgte etwa in Voltaires »Lettres Philosophiques« und in den »Lettres sur les Anglais et les Français« (1695/1725) des in Bern geborenen frankophilen Schweizers Béat-Louis de Muralt eine Gegenüberstellung des – positiv gewerteten – englischen Gesellschafts- und Politiksystems mit dem absolutistischen System in Frankreich. In den »Dialogues avec un sauvage« (»Dialoge mit einem Wilden«, 1709) des Baron de Lahontan, der hier seine langjährigen Erfahrungen als französischer Kolonialoffizier in Kanada verarbeitete, und in Montesquieus »Lettres Persanes« dienten inszenierte, dezidiert kritische außereuropäische Sichtweisen auf die europäischen Herrschafts- und Gesellschaftsordnungen dazu, diese grundlegend zu hinterfragen und alternative politische, soziale und kulturelle Modelle zur Diskussion zu stellen. Diese für zeitgenössische Leser anziehende „exotische" Außensicht der eigenen Kultur vermochte auch einen gewissen Schutz vor dem Zugriff der Zensur zu gewährleisten. Dies kommt auch in anderen erfolgreichen Werken der Epoche, wie Françoise de Graffignys »Lettres d'une Péruvienne« (»Briefe einer Peruanerin«, 1747) und Ange Goudars in Köln auf Französisch publizierter Schrift »Espion Chinois, ou l'envoyé secret de la Cour de Pékin pour examiner l'état présent de l'Europe« (»Der chinesische Spion oder der zur Untersuchung des gegenwärtigen Zustands von Europa abgesandte Geheimagent des Hofs von Peking«, 1765/1774), zum Tragen. Der Jesuitenpater Joseph-François Lafitau legte mit seinem Werk »Mœurs des Sauvages américains comparées aux mœurs des premiers temps« (»Die Sitten der amerikanischen Wilden im Vergleich zu den Sitten der Frühzeit«, 1724, dt. Übers. 1752/1753) die Grundlage für die moderne kulturvergleichende Anthropologie. Das in Amsterdam publizierte, monumentale Werk »Cérémonies et coutumes de tous les peuples du monde« (»Heilige Ceremonien, Gottes und Götzen-Dienste aller Völcker der Welt«, 1723–1743, dt. Übers. 1748) des aus Frankreich ins holländische Exil geflohenen protestantischen Verlegers Jean-Frédéric Bernard und des Buchillustrators Bernard Picart repräsentierte die erste umfassende Enzyklopädie der Weltreligionen, deren komparatistische Vorgehensweise den Alleinvertretungsanspruch insbesondere der katholischen Kirche kritisch in Frage stellte und unterminierte.

Interesse am Anderen

Das wachsende Interesse an anderen Kulturen, Gesellschaftsformationen und politischen Modellen, das das Aufklärungszeitalter insgesamt charakterisiert, beruhte auf der zunehmenden Mobilität der Gesellschaften dieser Epoche, vor allem ihrer sozialen und intellektuellen Eliten, und der rapiden Verbesserung der Verkehrs- und Postwege. Es schlug sich in augenfälliger Weise in der Konjunktur der Reiseliteratur nieder. Zwischen 1500 und 1800 erschienen in ganz Europa etwa 5500 Reiseberichte, davon über zwei Drittel (3540) während des 18. Jahrhunderts. Im Aufklärungszeitalter nahm besonders das Interesse an den anderen europäischen Gesellschaften (1884 Titel im Vergleich zu 674 im 16./17. Jh.) und an Amerika (457 Titel im Vergleich zu 337 1500–1700) verglichen mit den vorherigen Jahrhunderten sprunghaft zu.

Steigende Mobilität

Enzyklopädismus und Popularisierung der Aufklärungsbewegung

Die zweite Phase der Aufklärungsbewegung (1750–1770) ist durch die Entstehung und Verbreitung enzyklopädischer Werke und die hiermit verbundene Popularisierung aufklärerischer Ideen sowie durch einen wissenschaftlichen Erkenntnisschub gekennzeichnet, der vor allem durch die intensive Ausbreitung wissenschaftlicher Gesellschaften und Korrespondentennetze sowie die großen Weltumseglungen von James Cook (1768/1770), Louis Antoine de Bougainville (1766/1769) und Jean-François de La Pérouse (1772/1776) ausgelöst wurde. Kennzeichnend für die Epoche sind neben dem Erscheinen großer enzyklopädischer und in ganz Europa rezipierter Werke, wie der »Encyclopédie« von Denis Diderot und Jean-Baptiste le Rond d'Alembert (1751/1765), der »Encyclopédie d'Yverdon« (1770/1780), der »Histoire philosophique et politique des établissemens et du commerce des Européens dans les deux Indes« von Guillaume Thomas François Raynal (1. Aufl. 1770) und Johann Gottfried Herders »Auch eine Philosophie der Geschichte zur Bildung der Menschheit« (1774), die Entstehung europaweit verbreiteter wissenschaftlicher Publikationen und Publikationsorgane. Zu nennen sind in erster Linie das »Journal Encyclopédique« (1756/1793), die »Göttingische Zeitung von gelehrten Sachen« (1737, seit 1751 von der Akademie der Wissenschaften herausgegeben) und die »Allgemeinen Deutsche Bibliothek« (1765–1806) von Friedrich Nicolai. In die Jahre 1750/1770 fallen auch zahlreiche Ansätze der „Volksaufklärung", das heißt der Verbreitung aufklärerischen Gedankenguts unter breiteren Volksschichten außerhalb der kulturellen Eliten, die sich etwa in den Neuengland-Staaten in Benjamin Franklins »Poor Richard's Almanac« (1732/1758), in Spanien in den Volksalmanachen von Diego de Torres Villarroel (»El Gran Piscator de Salamanca«, 1725/1753) und in Deutschland ab den 1780er Jahren mit dem Erscheinen des »Historischen Landkalenders« in Karlsruhe sowie des »Badischen Landkalenders« zeigen, dessen volksaufklärerische Tradition Johann Peter Hebel 1808 in seinem »Rheinländischen Hausfreund« fortsetzte.

Die Epoche der Spätaufklärung (1770–1789/1815) ist durch die Radikalisierung und Politisierung der Aufklärungsbewegung unter den Vorzeichen des Amerikanischen Revolutions- und Unabhängigkeitskriegs (1776/1783) und der Französischen Revolution gekennzeichnet, die auch die Haïtianische Revolution (1790–1804) und die Unabhängigkeitsbewegungen der spanischen Kolonien in Südamerika (ab 1809/1810) nach sich ziehen sollten. Obwohl sich Strukturmerkmale wie der Enzyklopädismus, die Volksaufklärung und die Weiterentwicklung der Naturwissenschaften – etwa durch René-Antoine Ferchault de Réaumur, den Erfinder des Thermometers, den Chemiker Antoine Laurent de Lavoisier und das Werk Alexander von Humboldts – fortsetzen und in Teilbereichen intensivieren, zeigen sich vor allem in den zeitgenössischen Periodika der Spätaufklärung und in der Pamphletliteratur, bei Schriftstellern wie Diderot, Mercier und Nicolas Edme Restif de la Bretonne in Frankreich oder Georg Forster und Christian Friedrich Daniel Schubart in Deutschland vielfältige Formen der politischen Radikalisierung. Selbst in den Preisausschreiben der gelehrten Gesellschaften und Akademien der Epoche, die sich in zunehmendem

Maße neben wissenschaftlichen und literarischen Themen auch politischen und gesellschaftlichen Problemstellungen zuwandten, lässt sich eine deutliche Tendenz zur Politisierung aufgeklärter Ideen feststellen. Diese ging mit einem Wandel innerhalb der Mitgliederstruktur vieler gelehrter Akademien einher, die über neue Themenstellungen der Preisfragen und ihre Verbreitung durch die Presse ein breiteres Publikum auch außerhalb des Gelehrtenmilieus zu erreichen suchten. Die „Akademie für Schöne Künste und Literatur" in Lyon etwa erhielt 1783 auf ihre Preisfrage zum Nutzen oder Schaden der Entdeckung Amerikas über 80 Antworten eingesandt, die in der zeitgenössischen Publizistik intensiv diskutiert wurden und der Kritik am Kolonialismus sowie an Sklaverei und Sklavenhandel eine breite, öffentlichkeitswirksame Dimension verliehen. Die Lyoner Akademie wies in ihrer abschließenden Stellungnahme zu den Ergebnissen der Preisfrage ausdrücklich und in eindringlicher Weise darauf hin, dass eine aufgeklärte Revision der kolonialen Expansion auch die bisher unterdrückten und rechtlich wie politisch benachteiligten Eingeborenen als gleichberechtigte Bürger behandeln müsse. In zahlreichen Preisschriften zu gesellschaftspolitischen Fragen zeigt sich eine utopische Dimension, die sich in der Spätaufklärung auch in einer generellen Konjunktur utopischer Werke, vor allem in der französischen Aufklärungsbewegung, spiegelt. Unter ihnen sind insbesondere Merciers »L'An 2440. Rêve s'il n'en fut jamais« (»Das Jahr 2440. Ein Jahr aller Träume«, 1771), »Aline et Valcour« (1795) des Marquis de Sade, Diderots »Supplément au Voyage de Bougainville« (1772) und die »Histoire des Galligènes« (1765) des Schriftstellers Charles François Tiphaigne de la Roche zu nennen.

Spätaufklärung

Die Spätaufklärung ist gleichfalls durch Strömungen der Rationalismuskritik gekennzeichnet, die in den verschiedenen europäischen Kulturen unterschiedliche Formen annahmen: in Deutschland etwa durch Immanuel Kants »Kritik der kritischen Urteilskraft« (1781) und das Aufkommen des Illuminatenordens (1776 von dem Philosophen und Kirchenrechtler Adam Weishaupt gegründet, 1785 verboten) und in Frankreich, Italien, Skandinavien und gleichfalls im deutschen Kulturraum durch vernunftkritische und tendenziell religiös-schwärmerische und spiritualistische Strömungen und Denkrichtungen, wie sie die Publikationen von Franz Anton Mesmer zum Magnetismus („Mesmerismus") und die in mehreren europäischen Sprachen verlegten und übersetzten Schriften von Alessandro Cagliostro und Emanuel Swedenborg spiegeln. Der Mesmerismus besaß in seinen Anfängen keinerlei Beziehung zur Politik, wurde aber durch radikale Mesmeristen, wie den Rechtsanwalt Nicolas Bergasse und den Publizisten und späteren Revolutionär Jacques Pierre Brissot, zu einer „verkleideten politischen Theorie, vergleichbar derjenigen Rousseaus" (Robert Darnton). Die gebildete Öffentlichkeit des vorrevolutionären Europa neigte vor allem in Frankreich, aber auch in Deutschland dazu, „den kalten Rationalismus der Jahrhundertmitte zu verwerfen". Anne Louise Germaine de Staëls Werk »De l'Allemagne« (1810) stellte der rationalistischen französischen Literatur und Philosophie der Aufklärung und der Französischen Revolution konsequenterweise eine idealisierte Sicht der deutschen Frühromantik und der zeit-

Rationalismuskritik

genössischen deutschen Philosophie, unter anderem August Wilhelm Schlegels, entgegen.

Selbstverständnis

Der Begriff „Aufklärung“

Das Selbstverständnis der Aufklärungsbewegung kristallisierte sich im Begriff „Aufklärung“ und seinen Äquivalenten in anderen europäischen Sprachen, obwohl der Begriff sich als Epochenbezeichnung erst Ende des 18. Jahrhunderts und – je nach Kulturraum – in sehr unterschiedlicher Form und Intensität einbürgerte. So lassen sich die Begriffe „Aufklärung“, *Lumières, Enlightenment, Illuminismo, secolo filosófico* beziehungsweise *secolo illuminato* und *Ilustración, siglo de las luces, século das luzes* in nahezu allen großen europäischen Sprachen seit den letzten Jahrzehnten des 18. Jahrhunderts nachweisen. Im Englischen wich der Epochenbegriff *Age of Reason* erst im 19. Jahrhundert der Bezeichnung *Age of Enlightenment*. Der erste US-Präsident George Washington umschrieb die Epoche der Aufklärung, die in den Neuenglandstaaten zur revolutionären Loslösung vom Mutterland England und zur Gründung einer unabhängigen Republik geführt hatte, als „an Epocha when the rights of mankind were better understood and more clearly defined, than in any former period“. In den profanen Aufklärungsbegriff fanden neben der christlichen, aus dem Johannesevangelium entlehnten Lichtmetaphorik, die säkularisiert und umgedeutet wurde, die Lichtsymbolik des Sonnenkönigtums, der rationalistischen Philosophie von René Descartes (*Lumières naturelles* als „Licht der Vernunft“) und des Freimaurertums Eingang. Die Ausprägung des Begriffs „Aufklärung“ in den unterschiedlichen europäischen Kulturen des 18. Jahrhunderts implizierte somit eine „Emanzipation vom Lichtverständnis der christlich-katholischen Tradition“. Sie stellte „bis ins Detail eine säkularisierte Verkehrung der christlichen Lichtmetaphysik dar“ (Rolf Reichardt). Die Säkularisierung der christlichen Lichtmetaphorik und ihr Transfer von der religiösen in die philosophische und dann tendenziell – vor allem in Frankreich – auch in die politische Sphäre unter Beibehaltung einer ähnlichen Bild- und Metaphernsprache zeigt sich beispielsweise augenfällig in dem Aufruf des Journalisten Camille Desmoulins vom Juni 1790 in der Zeitung »Révolutions de France et de Brabant«, in dem er den 14. Juli als neuen, patriotischen Nationalfeiertag bezeichnete und dies mit einem biblischen Vergleich begründete. Der Bastillesturm, so Desmoulins, habe „die gleiche fundamentale Bedeutung der Erlösung wie der Auszug aus Ägypten für das Volk Israel und wie Ostern (das Fest des Lichtes) für die Katholiken“.

Bereits die unterschiedliche Semantik des deutschen Begriffs „Aufklärung“ und des französischen Begriffs *Lumières* verweist jedoch auf sehr verschiedene Denk- und Vorstellungsmuster, die in den unterschiedlichen europäischen Sprachen und Kulturräumen hiermit verbunden wurden. So bezeichnet der deutsche Begriff in erster Linie einen Prozess des Erkenntnisfortschritts und der Wissensvermittlung, während seine französische Entsprechung, unter Rückgriff auf eine aus dem religiösen Bereich übernommene Metapher, insbesondere auf die Inhalte aufklärerischen Fortschritts,

„Aufklärung“ – „Lumières“

vor allem die hiermit verbundenen Werte und Wissensformen, zielt. Während sich im Deutschen etwa seit den 1770er Jahren um den Begriff „Aufklärung“ ein Begriffsfeld mit gleichem Wortstamm herausbildete, zu denen die Wörter „aufklären“, „aufgeklärt“ und „Aufklärer“ zählen, gehörten im Französischen zum Begriffsfeld *Lumières/éclairé* auch die im 18. Jahrhundert weitaus häufiger verwendeten Begriffe *philosophie, les philosophes, les encyclopédistes* und *Le parti philosophique*, mit denen die Aufklärungsbewegung und ihre Träger bezeichnet wurden. Dem französischen Aufklärungsverständnis, das auf der Dichotomie von *Lumières* und *Ténèbres*, von *Clarté* und *Ombres*, das heißt von Licht und Finsternis, beruhte, wohnte das Bewusstsein schroffer Gegensätze und die Notwendigkeit historischer Umbrüche inne. Das dominante Aufklärungsverständnis des deutschen Sprach- und Kulturraums, das Aufklärung als Prozess verstand, rückte statt der Licht-/Schatten-Metaphorik die Oppositionen von (aufgeklärter) Minderheit und (aufzuklärender) Mehrheit sowie von Unmündigkeit und Emanzipation ins Zentrum. Dieser Orientierung entspricht auch Kants berühmte Definition in der »Beantwortung der Frage: Was ist Aufklärung?«, die in der Dezember-Nummer der »Berlinischen Monatsschrift« von 1784 erschien: „Aufklärung ist der Ausgang des Menschen aus seiner selbstverschuldeten Unmündigkeit. Unmündigkeit ist das Unvermögen, sich seines Verstandes ohne Leitung eines anderen zu bedienen.“

Den Prozesscharakter der Aufklärung im deutschen Verständnis bringt auch Kants markante Antwort auf die Frage „Leben wir jetzt in einem aufklärten Zeitalter?“ zum Ausdruck: „Nein, aber wohl in einem Zeitalter der Aufklärung.“ Als aufgeklärt habe also ein Volk je nach dem Verbreitungsgrad „intellektueller und praktischer Wahrheit“ zu gelten, wobei hierbei zwischen „intensiver“ und „extensiver“ Aufklärung zu unterscheiden sei. Johann Georg Büsch (1728–1800), Pädagoge und Publizist sowie Lehrer Alexander von Humboldts, definierte in seiner Antwort auf die Preisfrage der Berliner Akademie der Wissenschaften „Gewinnt ein Volk in Absicht auf seine Aufklärung dabei, wenn seine Sprache zur Universalsprache wird?“ (1787) den Begriff „intensive Aufklärung“ als die „Erweiterung des Wissens durch hervorragende Gelehrte wie Bacon und Newton“ und „extensive Aufklärung“ als die „Verbreitung des Wissens unter den verschiedenen Volksklassen, vor allem den höheren Ständen, möglichst aber auch unter den unteren Volksschichten“.

Prozesscharakter der Aufklärung

Ähnlich unterschiedlich wie die Wort- und Begriffsfelder, die mit der Idee der „Aufklärung“ in den verschiedenen Ländern Europas verknüpft wurden, stellten sich auch die Gegenbegriffe zur Aufklärungsbewegung dar. George Washington stellte der Epoche der Aufklärung, die zur Gründung der Vereinigten Staaten geführt habe *(The foundation of our Empire)*, ein vergangenes, „düsteres Zeitalter der Unwissenheit und des Aberglaubens“ gegenüber. Während in Frankreich der Akzent deutlich auf den Trägern der Aufklärung und den von ihnen vermittelten Inhalten lag, indem die Gegner aufklärerischen Denkens als *Anti-philosophes* und „Anti-Philosophie“ und sowohl ihre Ideen als auch sie selbst als *Ténèbres* („das Dunkle“)

Wort- und Begriffsfelder

bezeichnet wurden, bürgerten sich in Deutschland Begriffe wie „Aufklärerei“ und „Schwärmerei“, aber auch „Aufklärungsnarrheit“ und „Aufklärungssucht“ ein. Insbesondere der zunächst negativ besetzte Begriff der „Schwärmerei“, der in der Folge von Johann Georg Hamann, Friedrich Heinrich Jacobi und Novalis zu einem positiven Gegenbegriff zu dem als einengend und überzogen wirkenden aufklärerischen Vernunftgedanken aufgewertet wurde, sollte zu einem der Leitbegriffe der deutschen (Früh-)Romantik werden. Er bedeutete im damaligen Sprachgebrauch, folgt man Johann Christoph Adelungs »Wörterbuch der hochdeutschen Mundart« (1774), „sich von seinen dunkeln Gefühlen, seiner Einbildungskraft bestimmen lassen, ihnen folgen, sich ihnen überlassen und seine Einfälle für göttliche Offenbarung halten“.

Die einzelnen Aufklärungsbewegungen in den Gesellschaften Europas im 18. Jahrhundert zeichnen sich gleichfalls durch sehr unterschiedliche Schwerpunktsetzungen aus, die sich in ihrem Selbstverständnis, in ihrer politischen und sozialen Wirkung und in ihrer Begrifflichkeit niederschlagen. Die italienische Aufklärung hob sich außer durch die „regionale Zerteilung der Bewegung“ durch die „frühe und vorrangige Zuwendung zur Ökonomie“ (Werner Krauss) sowie zur Justizreform ab, wie insbesondere die Werke von Lodovico Antonio Muratori (»Della felicita pubblica«, 1747, »Über öffentliches Wohl«), Scipione Maffei (»Del impiezo del denaro«, 1744, »Über Kapitalanlage«) und Cesare Beccaria (»Dei delitte et delle pene«, 1764, »Über Verbrechen und Strafen«) belegen. Die Aufklärungsbewegungen in Spanien, Portugal, Schweden und Russland wurden entscheidend von der Konzeption des „Aufgeklärten Absolutismus“ und einem reformistischen und zugleich häufig dezidiert adelskritischen Impetus geprägt. In Spanien spielte darüber hinaus die Entwicklung eines auf Schlüsselbegriffen und zum Teil auch Ideen der Aufklärung beruhenden

Aufklärungsbewegungen

neuen Identitätsdiskurses eine zentrale Rolle, der sich in der kritischen Auseinandersetzung vor allem mit der französischen Aufklärung herausbildete. Während die Aufklärer in Holland, Schweden, England sowie in zahlreichen deutschen Fürstentümern sich häufig in der Nachfolge protestantischer Traditions- und Dogmenkritik sahen, nicht selten enge Verbindungen zu reformorientierten Fürsten pflegten und die Verbreitung von aufgeklärtem Wissen und kritischer Erkenntnis als wichtigen Hebel des sozialen Fortschritts betrachteten, war die französische Aufklärung in entscheidendem Maße von der Oppositionshaltung zum absolutistischen Staat und den Standesprivilegien von Klerus und Adel geprägt. Die in den letzten Jahrzehnten vor der Jahrhundertwende zunehmend deutlicher werdende Reformunfähigkeit der französischen Monarchie und der Feudalgesellschaft trug entscheidend zur Radikalisierung der Aufklärungsbewegung in Frankreich bei. Diese zeigte sich insbesondere im Stellenwert des utopischen Denkens und der geschichtsphilosophischen Umwertung des traditionellen Revolutions-Begriffs. *Révolution* bedeutete ab den 1770er Jahren, das heißt unter dem Eindruck der Amerikanischen Revolution und im Zuge der sich entwickelnden neuen Geschichtsphilosophie, nicht mehr die zyklische Wiederkehr des Vergangenen, sondern umfasste nunmehr die Vision einer radikalen, den gesamten Gesellschafts- und Staatskörper grundlegend und nachhaltig verändernden Umwälzung. Als einzige Aufklärungsbewegung Europas mündete die französische auch in der historischen Wirklichkeit in eine politische, soziale und kulturelle Revolution, deren Wortführer sich von Beginn an auf die *Lumières* als Ursache und Legitimation der Ereignisse von 1789 bezogen.

Schlüsselbegriffe

Jenseits der unterschiedlichen ideologischen und begrifflichen Ausprägungen der Aufklärungsbewegung lässt sich ein gemeinsames Profil der europäischen Aufklärung erkennen, das den Kern ihres Selbstverständnisses und ihrer Schlüsselbegriffe ausmacht. Allen Strömungen der Aufklärungsbewegung ist gemeinsam das „Prinzip der Emanzipation des Menschen aus der Welt des geschichtlichen Herkommens, d. h. seine Befreiung von allen Autoritäten, Lehren, Ordnungen, Bindungen, Institutionen und Konventionen, die der kritischen Prüfung durch die autonome menschliche Vernunft nicht standzuhalten vermögen, sich der Einordnung in ihr gesetzmäßiges System entziehen und sich infolgedessen als Aberglauben, Vorurteil, Irrtum usw. erweisen" (Horst Stuke). Eine entscheidende Rolle kommt hierbei der Instanz der „Kritik" *(Critique)* und dem Forum der „Öffentlichkeit" *(Opinion publique, Public opinion)* zu. Kein sozialer und politischer Bereich solle sich, so das Selbstverständnis der Aufklärungsbewegung, eingehender kritischer Reflexion und kritischem Urteil entziehen können. Diese so verstandene Kritik müsse sich im öffentlichen Raum, vor den Augen eines kritischen Publikums *(Public)*, vollziehen. „Die Aufklärung", so Koselleck, „baut alle Tabus ab, indem sie die Privilegien zerstört. Dadurch wird alles und jedes in den Strudel der Öffentlichkeit gezogen. Es gibt nichts, was nicht von dieser Öffentlichkeit erfasst würde."

Mit diesem gemeinsamen „Sockel" aufgeklärten Selbstverständnisses sind Werte verknüpft, die sich in einem Netz von politisch-sozialen Schlüsselbegriffen spiegeln. Neben den grundlegenden Werten der Presse-, Religions-, Meinungs- und Bewegungsfreiheit *(Liberté)* und dem Prinzip der natürlichen Gleichheit *(Égalité)* aller Menschen vor dem Gesetz, ungeachtet der bestehenden Unterschiede von Kultur, Hautfarbe, sozialer Stellung und Besitz, sind dies vor allem das Prinzip der Volkssouveränität, der zentrale Stellenwert der Vernunft *(Raison)* als Instanz der Kritik und Mittel der Erkenntnis sowie die Werte Gerechtigkeit, Menschlichkeit, individuelles und gemeinschaftliches Streben nach Glück, Fortschritt, Bildung, Tugend und Kultur. Moses Mendelssohn hat in einer nicht nur für die Begriffs- und Vorstellungswelt der deutschen Aufklärung zeittypischen Reflexion die grundlegenden Begriffe „Aufklärung", „Kultur" und „Bildung" wie folgt 1783 in ein gedankliches Beziehungsgefüge eingeordnet: „Bildung zerfällt in Kultur und Aufklärung. Jene scheint mehr auf das Praktische zu gehen: auf Güte, Feinheit und Schönheit in Handwerken, Künsten und Geselligkeitssitten (objektive); auf Fertigkeit, Fleiß und Geschicklichkeit in jenen, Neigungen, Triebe und Gewohnheit in diesen (subjektive). […] Aufklärung hingegen scheinet sich mehr auf das Theoretische zu

Positiv besetzte „Identifikationsbegriffe"

beziehen. Auf vernünftige Erkenntnis (objekt.) und Fertigkeit (subj.) zum vernünftigen Nachdenken über Dinge des menschlichen Lebens nach Maßgebung ihrer Wichtigkeit und ihres Einflusses in die Bestimmung des Menschen."

Gegenbegriffe

Zu den Schlüsselbegriffen der Aufklärung zählen, neben den genannten positiv besetzten „Identifikationsbegriffen", auch die Gegenbegriffe. Sie kennzeichnen, aus der Sicht der Zeitgenossen, jene politischen, religiösen und sozialen Gegebenheiten sowie mentalen und kulturellen Vorstellungsmuster, die der Vergangenheit angehören und im Zuge fortschreitender Aufklärung überwunden werden sollten: Im politischen Bereich sind dies die Begriffe Feudalismus, Despotie, Komplott, Tyrannei und Willkür sowie hiermit verknüpfte Institutionen wie das Staatsgefängnis der Bastille und die Einrichtung der königlichen Verhaftungsbefehle *(Lettres de cachet)*; im religiösen Bereich handelt es sich um die Begriffe Fanatismus, Inquisition und Aberglauben, im sozialen Bereich um Aristokratie, Korruption, Dekadenz und Sittenverfall und auf mentaler und kultureller Ebene um die Begriffe Unwissenheit, Barbarei und Vorurteile.

Politisierung der Aufklärung

Insbesondere in Frankreich, aber in Ansätzen und in unterschiedlicher Ausprägung auch in den anderen europäischen Aufklärungsbewegungen zeigten sich seit den 1770er Jahren deutliche Tendenzen zur Radikalisierung und Politisierung der Aufklärung und ihrer Schlüsselbegriffe. Ursprünglich abstrakte geschichtsphilosophische Begriffe wie „Despotismus" und „Feudalismus" wurden zunehmend, vor allem in der Pamphletliteratur, aber auch in Werken wie der einflussreichen »Histoire des deux Indes« von Raynal und Diderot, auf konkrete soziale und politische Sachverhalte bezogen und in einen revolutionären Begründungszusammenhang eingeordnet. Es lassen sich in zunehmendem Maße in den 1770er und 1780er Jahren in Frankreich und tendenziell auch in anderen Aufklärungsbewegungen der Spätaufklärung Phänomene der rhetorischen „Tribunalisierung" und „Kriminalisierung" des politischen Gegners und der für soziale Missstände ausgemachten Verantwortlichen feststellen. Koselleck sah in der dualistisch geprägten Geschichtsphilosophie der Spätaufklärung und ihrer Rhetorik das entscheidende Bindeglied zwischen Aufklärung und Revolution: „War durch die rigorose Kritik die Existenz der bestehenden Herrschaft bereits zum ‚crime', zum Verbrechen, geworden, dann ergab sich für den Bürger, dass der Sturz dieser Herrschaft, die Krise, nichts anderes sein kann, denn ein Gericht. […] Das Ende der Krise liegt in der Züchtigung der Verbrecher beschlossen. Der Bürgerkrieg wird damit in der Gegenwart so sehr beschworen, wie sein Ablauf als der Vollzug einer moralischen Jurisdiktion verstanden wird."

Diese für das Frankreich des ausgehenden 18. Jahrhunderts kennzeichnende Politisierung der Aufklärungsbewegung spiegelte sich in den unmittelbaren Bezügen zwischen Aufklärung und Revolution, die zahlreiche Zeitgenossen seit 1789 explizit herstellten. So sah Jean-Paul Rabaut Saint-Étienne, protestantischer Pastor und Abgeordneter der französischen Nationalversammlung, in seinem populären »Almanach de la Révolution Française« (1792) die Französische Revolution als ein „Produkt der

Aufklärung“ *(produit des Lumières)*, die, mehr als dies bei anderen Völkern der Fall gewesen sei, in Frankreich in alle Bürgerschichten Eingang gefunden habe. Rabaut de Saint-Étienne versah den Aufklärungsprozess zugleich mit einer zeittypischen, „geradezu weltmissionarischen Deutung“ (Reichardt): Das Licht der Vernunft gehöre allen Völkern und allen Ländern, und kein Machthaber oder Stand könne sein Fortschreiten verzögern.

Aufklärungsraum Europa – Räume, Netzwerke, Kulturtransfer

Gravitationszentren und Peripherien

Die Aufklärung als ein gesamteuropäisches Phänomen lässt sich nicht mit dem Beschreibungsmodell von „Zentrum“ und „Peripherie“ erfassen, da es eine Vielzahl von Zentren und eine variable Geometrie von Konjunkturen und Einflusszonen aufwies. Hinsichtlich ihrer Dynamik und ihrer Ausstrahlung kommt der französischen Aufklärungsbewegung, vor der englischen, deutschen und italienischen, zweifellos der weitreichendste und intensivste Einfluss zu. Die Schriften der französischen Aufklärer, die in zahlreichen anderen Ländern auf eine beachtliche Resonanz stießen, wurden jedoch zu einem beträchtlichem Maße nicht im französischsprachigen Kulturraum, sondern in Holland und der romanischen Schweiz sowie in verschiedenen deutschen Fürstentümern und in Italien verlegt. Die Verbreitung und der Einfluss der französischen Aufklärung wurden in entscheidendem Maße auch dadurch beeinflusst, dass das Französische seit dem ausgehenden 17. Jahrhundert zur dominierenden Sprache der höfischen Gesellschaft und zur Diplomatensprache in ganz Europa wurde. In den ersten Jahrzehnten des 18. Jahrhunderts verdrängte das Französische in zunehmendem Maße das Lateinische als internationale Gelehrten- und Wissenschaftssprache. Zwischen 1792 und 1815 bildete es darüber hinaus auf Grund der politischen Dominanz des revolutionären und imperialen Frankreich in weiten Teilen Europas die wichtigste Verwaltungs- und Unterrichtssprache.

Den Zentralraum der europäischen Aufklärung bildeten, hinsichtlich der Intensität der Wissensproduktion, der Dichte von Verlagshäusern, Buchhandlungen, Salons und akademischen Gesellschaften und des lesefähigen Publikums, Frankreich, England, Südschottland, die beiden Niederlande, Norditalien, Teile der Habsburgermonarchie und der deutschen Fürstentümer. Dieser Raum umfasste im Jahre 1700 etwa 33 Millionen und um 1800 ca. 55 Millionen Bewohner, das heißt etwa die Hälfte der europäischen Gesamtbevölkerung im 18. Jahrhundert. Frankreich, einschließlich der frankophon geprägten kulturellen Einflusszonen außerhalb der französischen Grenzen, repräsentierte zweifellos das Gravitationszentrum, den „Kopf der europäischen Aufklärung“, wie der Historiker Chaunu formulierte. Dies ist nicht nur auf den Einfluss der französischen Sprache als der *Lingua franca*

Zentren der Aufklärung

der aufgeklärten Gelehrtenrepublik Europas seit dem ausgehenden 17. Jahrhundert, sondern auch auf eine relativ hohe Alphabetisierungsquote (ca. 30 % um 1790) sowie das demographische Gewicht Frankreichs als dem mit Abstand bevölkerungsreichsten Land Europas im 18. Jahrhundert zurückzuführen. Jeder fünfte Bewohner des europäischen Kontinents lebte im Aufklärungszeitalter in Frankreich. So standen den 20 Millionen Franzosen um 1700 lediglich 12 Millionen Bewohner der gesamten italienischen Halbinsel, 7 Millionen Einwohner Spaniens und Portugals und 2,3 Millionen Einwohner Preußens gegenüber, von denen Ende des Jahrhunderts (1786) 150.000 in Berlin lebten. Berlin, das Madame de Staël 1804 als die „wahre Hauptstadt des neuen, des aufgeklärten Deutschlands" bezeichnete, war in der zweiten Hälfte des 18. Jahrhunderts innerhalb weniger Jahrzehnte zu einem der vier oder fünf großen Zentren der Aufklärungsbewegung in Europa avanciert.

„Innere Peripherie"

Große Teile Nord- und Südeuropas sowie Osteuropas, einschließlich Russlands, das sich seit Zar Peter dem Großen (1682/1689–1725) und vor allem unter der Herrschaft Katharinas II. (1762–1796) zum Westen geöffnet hatte, wurden allenfalls in Teilen der Hof- und Elitenkulturen von der Aufklärungsbewegung erfasst und sind einer ersten Peripherie des Raums der europäischen Aufklärung zuzuordnen. Diese „Peripherie" erlangte in politischer und demographischer Hinsicht – auf Grund des im europäischen Vergleich überdurchschnittlichen Bevölkerungszuwachses – im Laufe des 18. Jahrhunderts eine wachsende Bedeutung auch für die Entwicklung der Aufklärungsbewegung. Vor allem Russland, Polen, das Spanien Karls III., Schweden unter der Herrschaft Gustavs III. und das Königreich Neapel unter der Regentschaft des Marchese Bernardo Tanucci (1759–1767) und Ferdinands I. (1767–1825) öffneten ihre Länder gezielt aufklärerischen Ideen, förderten Übersetzungen, gründeten aufgeklärte Gesellschaften und Akademien (häufig nach französischen Vorbild, wie die 1786 gegründete Svenska Akademien) und luden in erster Linie französische und deutsche Aufklärer – wie Diderot (1773 am Hof Katharinas II.), Julien Offray de La Mettrie am Hof Friedrichs II. von Preußen (1747–1751) oder Georg Forster (1784/1787 Professor im litauisch-polnischen Wilna) – an ihre Höfe und Wissenschaftsinstitutionen ein. Trotz dieser Entwicklungen vollzogen sich im 18. Jahrhundert vier Fünftel der aufgeklärten Buch- und Zeitschriftenproduktion sowie -rezeption im west- und zentraleuropäischen Gravitationsraum der Aufklärungsbewegung und ihren kulturellen Zentren, das heißt westlich der Achse Hamburg–Triest und nördlich des Pyrenäen- und Apenninenkamms.

„Äußerste Peripherie"

Die „äußerste Peripherie" der europäischen Aufklärung, der amerikanische Doppelkontinent einschließlich den Inseln der Karibik und der französischen Plantagenkolonie Saint-Domingue, umfasste im 18. Jahrhundert insgesamt nicht mehr als 12 Millionen Einwohner. Als europäischer Kolonialraum, der sich mit der Amerikanischen und der Haïtianischen Revolution, auch unter dem Einfluss politischer Ideen und Konzepte der Aufklärungsbewegung, von den Mutterländern zu lösen begann, gehört der Doppelkontinent zum Raum der europäischen Aufklärung des 18. und beginnenden 19. Jahrhunderts genuin hinzu. Die Vertreter der Aufklärungsbewegung in den spanischen Kolonien in Südamerika, wie Juan Bautista Maciel in Buenos Aires zu Beginn der 1770er Jahre oder Mariano Millán de Aguirre in Peru um 1800, verstanden sich als *ilustrados* (Aufklärer) und *bellos espíritus* (Schöne Geister). Sie sahen ihre Bewegung als *la Ilustración* (die Aufklärung) und ihr Jahrhundert als *Siglo de las luces* (Jahrhundert der Aufklärung). In der Verwendung des Begriffs auch in den europäischen Kolonien in Amerika zeigt sich somit, „dass die Aufklärungsbewegung im spanischen Amerika und ihre antikoloniale und separatistische Ausrichtung von ihren eigenen Vertretern als Teil des gleichen universalen bürgerlichen Emanzipationsprozesses begriffen wurde, der sich in den englischen Kolonien, in Frankreich und im übrigen Europa vollzog" (Carlos Rincón).

Das Europa der Aufklärung ist somit von tiefgreifenden Asymmetrien und einer grundlegenden „Ungleichzeitigkeit des Gleichzeitigen" gekennzeichnet. Weite Teile vor allem Ost- und Südeuropas und der beiden Amerikas wurden von den Ideen und Schriften der Aufklärungsbewegung nur punktuell, in schmalen Sozialschichten und mit zum Teil erheblicher Verzögerung erreicht. Dies schloss keineswegs aus, dass die Ideen der Aufklärung, insbesondere die politische Philosophie und die mit ihr verknüpften zentralen Ideen der Freiheit, Gleichheit, Volkssouveränität sowie des Rechts auf Widerstand gegen Unterdrückung und Despotismus, in den Neuenglandstaaten, in der französischen Kolonie Saint-Domingue (dem späteren Staat Haïti) und in den spanischen Kolonien in Südamerika nachhaltige soziale und politische Wirkungen ausübten. Diese trugen entscheidend zur Entstehung und Legitimation des gewalttätigen Widerstands gegen die kolonialen Mutterländer bei, die zu den Unabhängigkeitserklärungen der USA (1776), Haïtis (1804) und zahlreicher Staaten Südamerikas (ab 1821) führten. Die Gründe für die Asymmetrien der Aufklärungsbewegung und ihrer sehr unterschiedlichen geographischen und sozio-kulturellen Ausbreitung liegen in verschärften Zensurbestimmungen – wie in Spanien und Portugal vor 1715 und nach 1788 oder nach dem Tod Friedrichs II. in Preußen (1786) –, in einer langsameren ökonomischen Entwicklung sowie in deutlich niedrigeren Alphabetisierungsraten. Während der Grad der Lese- und Schreibfähigkeit in Teilen Südschottlands, Englands, der südwest- und mitteldeutschen Fürstentümer, Hollands, in der Pariser Region, der Normandie, im Elsass sowie in Teilen der Schweiz 60 bis 90 Prozent betrug, lag er in Russland um 1780 durchschnittlich nur bei fünf Prozent und zwischen drei und fünf Prozent in den europäischen Kolonien Südamerikas und der Karibik.

Asymmetrien der Aufklärungsbewegung

Besonders die Neuenglandstaaten nahmen hinsichtlich der Alphabetisierungsquoten der Bevölkerung und der Verbreitung von Druckerzeugnissen auf dem amerikanischen Kontinent eine Ausnahmestellung ein: Bereits im 17. Jahrhundert entwickelten sich in Cambridge, Massachusetts (1640), Boston (1674), Jamestown (1682), Philadelphia (1686) und New York (1693) erste Zentren des Druck- und Verlagswesens, die im 18. Jahrhundert Träger einer rasch expandierenden Zeitschriften-, Almanach- und Buchproduktion wurden. In Kanada setzte diese Entwicklung erst mit über einem Jahrhundert Verspätung ein: Die erste Druckerpresse im anglophonen Kanada wurde 1752 in Halifax durch den aus Boston immigrierten Verleger und Drucker Bartholomew Green gegründet, der die neue »Halifax Gazette« nach dem Vorbild der »Boston Gazette« gestaltete und druckte. Im frankophonen Québec begann die Einführung des Verlags- und Druckwesens erst nach der Eroberung der französischen Kolonie (in der der französische König keine Druckerpressen zuließ) durch England im Siebenjährigen Krieg, zunächst in Québec 1763 und in Montreal 1776 durch den aus Philadelphia eingewanderten und den Ideen der Aufklärung sehr aufgeschlossen gegenüberstehenden Drucker und Journalisten Fleury Mesplet. In Südamerika entstanden die ersten Druckereien und Verlage (außerhalb der Kirche) seit den 1780er Jahren in Lima, Buenos Aires, Mexiko sowie in Rio de Janeiro, wo 1808 die erste Zeitung Brasiliens, die »Gazeta do Rio de Janeiro«, erschien. 1791 veröffentlichte in Quito (Ecuador) der von Voltaire, Rousseau, den französischen Enzyklopädisten und dem mexikanischen Aufklärer Fray Servando Teresa de Mier beeinflusste Pater Eugenio Espejo (1747–1795) die aufgeklärte und autoritätskritische Zeitung »Primicias de la Cultura de Quito«, die bald von der Zensur verboten wurde und ihren Herausgeber ins Gefängnis brachte, wo er 1795 vor seiner offiziellen Verurteilung verstarb.

Druckerzeugnisse in Amerika

La République des Lettres – Europäische Aufklärung als transnationales Netzwerk

Die europäische Aufklärung stellte ein transnationales und transkulturelles Netzwerk dar, das sich durch eine bis in die Gegenwart hinein nicht wieder erreichte Intensität des Austauschs und der Kommunikation auszeichnete. Dies drückte sich im Selbstverständnis der *République des Lettres* aus, die sich nicht als eine nationale Institution, sondern als ein grenzüberschreitendes, mehrsprachiges und kosmopolitisches Netzwerk verstand. „Neben den Hof mit seinen Repräsentationswünschen und die Universitäten trat als schützende Institution die ‚Res publica litteraria', der freie Zusammenschluß von gelehrten über nationale und konfessionelle Grenzen hinweg. Wahrheitsfindung und Nutzenorientierung wurden zu zentralen Ideen wissenschaftlicher Tätigkeit" (Richard van Dülmen u. a.). Die aufgeklärte Gelehrtenrepublik kristallisierte sich in Institutionen, wie den Akademien, den Freimaurerlogen und den patriotischen Gesellschaften. Zu Letzteren sind sehr unterschiedliche Organisationen, wie etwa die 1759 gegründete *Société économique de Berne* oder die *Sociedades de los Amigos del País* („Gesellschaften der Vaterlandsfreunde") in Spanien seit den 1740er Jahren und seit den 1790er Jahren im spanischen Südamerika (Quito 1792, Havanna 1793) zu zählen, die ihre Aufgabe in der Förderung von Landwirtschaft, Handwerk und Bergbau sowie in der Verbreitung aufklärerischer Ideen sahen. Im deutschen Sprach- und Kulturraum spielten die Universitäten – insbesondere Göttingen, Halle und Leipzig – als Zentren aufgeklärten Denkens eine herausragende Rolle. Der soziale Netzwerkcharakter der *République des Lettres* spiegelte sich gleichfalls in Soziabilitätszirkeln wie den Salons, den politischen Clubs und den Kaffeehäusern. Er äußerte sich auch in Medien, wie in erster

Herausbildung von Institutionen

Linie den gelehrten Zeitschriften, den in Manuskriptform verbreiteten Informationsmedien wie der »Correspondance Littéraire« von Friedrich Melchior Grimm und Jakob Heinrich Meister und den Moralischen Wochenschriften, die häufig auf Korrespondenzen und transnationalen sozialen Beziehungsnetzen beruhten.

Die transnationale Dimension der *République des Lettres* zeigte sich schließlich in den Briefwechseln großer Schriftsteller und Gelehrter des 18. Jahrhunderts, die im Vergleich zu den Gelehrten der Renaissance, wie etwa Erasmus von Rotterdam, völlig neue Dimensionen aufwiesen. Gottfried Wilhelm Leibniz (1646–1716) beispielsweise, Fürstenratgeber, Historiker, Bibliothekar, Universalgelehrter, Mathematiker, Philosoph und zugleich Wasserbau- und Mineningenieur, im Hauptberuf Geheimer Rat in Hannover, verfasste im Laufe seines Lebens etwa 15.000 Briefe, im Wesentlichen gelehrter Art. Er stand mit durchschnittlich 200 Korrespondenten in 170 Städten in Verbindung, bis nach Kanton und Peking in China. Auch wenn sein Korrespondentennetz einen gewissen Schwerpunkt im deutschen Sprach- und Kulturraum aufwies (80 Korrespondenten in Berlin, 20 in Celle, 15 in Clausthal-Zellerfeld, 80 in Hannover, 46 in Helmstedt, 40 in Wolfenbüttel), so spiegelt es in geographischer und auch sozialer Hinsicht ein außerordentliches und vielfältiges Spektrum. So unterhielt Leibniz einen regelmäßigen Briefaustausch mit Korrespondenten in je zehn italienischen, französischen und niederländischen und in je fünf englischen und Schweizer Städten; neben Gelehrten waren unter ihnen auch über 300 politische Amtsträger (Fürsten, Diplomaten, Geheime Räte u. a.), 120 Geistliche, 70 Ärzte und selbst 20 Buchhändler und 20 Schreiber. Zu Leibniz' internationalem Korrespondentennetz zählte auch der 1709 aus Kanada ins hannoveranische Exil geflohene Baron de Lahontan, dessen zivilisations- und autoritätskritische Schriften »Nouveaux Voyages en Amérique Septentrionale« zunächst 1703 in Holland und dann unter dem Titel »Neueste Reisen nach Nord-Indien oder dem mitternächtischen America, mit vielen besondern und bey keinem Scribenten befindlichen Curiositæten« 1709 in Hamburg und Leipzig publiziert wurden und am Beginn einer neuen Sicht außereuropäischer Kulturen und ihrer Wertsysteme in Europa standen. Der Schweizer Gelehrte Albrecht von Haller (1708–1777), seit 1747 Herausgeber der »Göttingischen Anzeigen von gelehrten Sachen« und Verfasser einer Vielzahl medizinischer, botanischer und naturgeschichtlicher Schriften, stand mit mehr als 1200 Korrespondenten in Verbindung; 13.500 Briefe, die Haller zwischen 1723 und 1777 bekam, sind erhalten. Sein Korrespondentennetzwerk, das die Grundlage seiner wissenschaftlichen und publizistischen Vermittlertätigkeit bildete, reichte von Stockholm bis Málaga und von Dublin bis St. Petersburg und umfasste somit den gesamten Raum der europäischen Aufklärung. Der schwedische Naturforscher Carl von Linné stand ebenfalls mit einer Vielzahl europäischer Gelehrter in regelmäßigem und intensivem Briefwechsel – ein Wissenschaftsaustausch, der entscheidend dazu beitrug, dass seine Schriften (u. a. »Systema naturae«, 1735, und »Species plantarum«, 1753) in mehrere europäische Sprachen übersetzt wurden – unter anderem ins Deutsche und Holländische – und europaweite Anerkennung fanden.

Korrespondenzen

Die *Res publica litteraria* der europäischen Aufklärung war durch eine geradezu ungewöhnliche geographische und kulturelle Mobilität von Schriftstellern, Gelehrten und Publizisten gekennzeichnet, die in dieser Intensität erst im ausgehenden 20. Jahrhundert – und unter dem Vorzeichen weitaus schnellerer Kommunikations- und Verkehrsmittel – wieder erreicht werden sollte. Zahlreiche herausragende Vertreter der europäischen Aufklärungsbewegung lebten und arbeiteten in mehreren Ländern, Kulturen und Sprachen: so etwa David Hume, der in Schottland geborene Verfasser des »Enquiry Concerning Human Understanding« (1748), der 1737 für mehrere Jahre nach Frankreich ging und in Reims und dem westfranzösischen Provinzstädtchen La Flèche sein Werk »A Treatise of Human Nature« (1739/1740) verfasste; ebenso Georg Forster (1754–1794), der in London aufwuchs, als Zehnjähriger mit seinem Vater Reinhold Forster an einer Russland-Expedition und als 18-Jähriger an der Weltumseglung James Cooks teilnahm, Mitglied der wissenschaftlichen Akademien von Madrid und Berlin und der *Royal Society* von London wurde, in Wilna lehrte und nach Zwischenstationen in Kassel und Mainz das letzte Jahr seines Lebens im revolutionären Paris als Abgeordneter der Mainzer Republik verbrachte. Auch Alexander von Humboldt führte ein Leben zwischen mehreren Kulturen, unternahm ausgedehnte Forschungsreisen nach Südamerika (1799–1804), verbrachte mehr als die Hälfte seines Gelehrtenlebens in Paris und verfasste sowie veröffentlichte einen beträchtlichen Teil seines wissenschaftlichen und publizistischen Werks in französischer Sprache. Ähnliches gilt für zahlreiche andere Vertreter der europäischen Aufklärung, die häufig nicht einem Sprach- und Kulturraum zugeordnet werden können, sondern grundlegend interkulturell geprägte Biographien aufweisen. Herausragende und zeittypische Beispiele hierfür sind Albrecht von Haller, der 1708 in Bern geborene Naturwissenschaftler und Universalgelehrte, der zwischen 1723 und 1728 in Tübingen, Leiden (Holland), England und Frankreich studierte, dann in die Schweiz zurückkehrte, 1736 einen Ruf nach Göttingen annahm und 1753 nach Bern zurückkehrte, um dort Schulrat und Leiter eines Waisenhauses zu werden. Ludvig Holberg (1684–1754), der wichtigste Vertreter der Aufklärungsbewegung in Dänemark, wurde in Bergen (Norwegen) geboren, lebte und studierte in Kopenhagen, aber auch in Oxford sowie bei Christian Thomasius in Halle und unternahm umfangreiche Reisen nach Italien und Frankreich. Geprägt durch seine ausgedehnten Reiseerfahrungen, vertrat er, wie viele andere Repräsentanten der europäischen Aufklärungsbewegung, eine kosmopolitische Sicht von Kultur, obwohl er sich zugleich entschieden für die Verwendung des Dänischen als Literatur- und vor allem auch als Theatersprache einsetzte. Eine ähnlich transkulturelle Karriere zeichnet Antoine-Augustin Bruzen de La Martinière (1683–1746) aus: Er wurde in der nordfranzösischen Stadt Dieppe geboren, absolvierte in Paris ein Theologie- und Philosophiestudium, trat 1709 als Sekretär in die Dienste des Herzogs von Mecklenburg in Schwerin, erhielt 1718 eine Anstellung am Hof des Herzogs von Parma und des Königs beider Sizilien und etablierte sich schließlich ab 1722 in den Niederlanden – als Herausgeber mehrerer Zeitungen, Historiker, Agent in diplomatischen Diensten,

Transkulturelle Karrieren

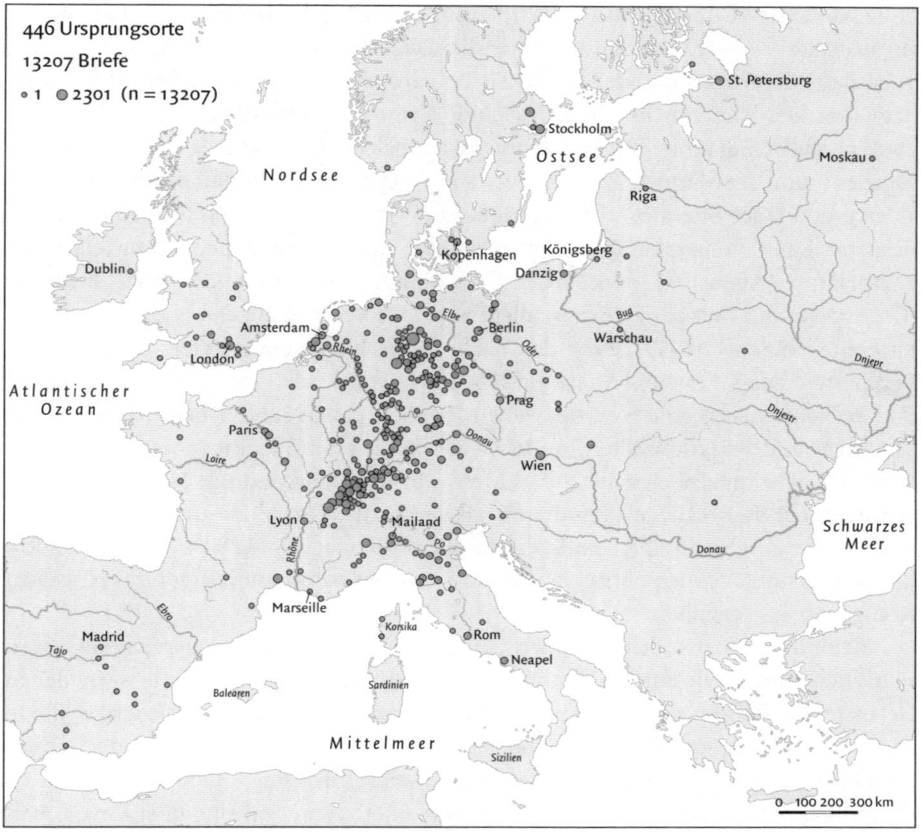

Netzwerk der Korrespondenz Albrecht von Hallers. Aufgeführt sind Orte, von denen zwischen 1723 und 1777 Briefe an Haller gesendet wurden.

Verleger, mondäner Schriftsteller, Mitarbeiter an Jean-Frédéric Bernards und Bernard Picarts monumentaler Religionsenzyklopädie »Cérémonies et coutumes de tous les peuples du monde« (1723/1743) und zugleich als Verfasser des in mehrere Sprachen übersetzten und europaweit verbreiteten »Grand Dictionnaire géographique et historique« (1726/1739).

Der Netzwerkcharakter der europäischen Aufklärung zeigte sich schließlich in der Entstehung einer transkulturellen Öffentlichkeit, die in dieser Form auch in der Gegenwart des 21. Jahrhunderts noch nicht wieder erreicht wurde. Gelehrte Zeitungen wie das »Journal Encyclopédique« oder das »Journal des Savants« wurden nicht nur in ganz Europa gelesen, sondern auch von einem europaweiten Stab von Beiträgern und Mitarbeitern verfasst. Die im Ausland, vor allem in Holland und in deutschen Fürstentümern, gedruckten französischsprachigen Gazetten, wie die »Gazette d'Amsterdam«, die »Gazette d'Utrecht«, die »Gazette

Transkulturelle Öffentlichkeit

de Leyde«, der »Courrier du Bas-Rhin« und die »Gazette de Cologne«, hatten eine europaweite Verbreitung, die weit über die Gelehrtenkreise hinausreichte und auch Teile des Bürgertums an einer aufgeklärten europäischen Medienöffentlichkeit partizipieren ließ. Die von Friedrich Melchior Grimm, Jakob Heinrich Meister, Denis Diderot und Guillaume Thomas François Raynal in französischer Sprache herausgegebene und in Manuskriptform auf dem Wege der Diplomatenpost verbreitete »Correspondance littéraire, philosophique et critique« (1747/1793) wies Abonnenten in erster Linie an Fürstenhöfen auf, vor allem im deutschen und osteuropäischen Kulturraum (August III. von Polen, Katharina II. von Russland), sowie Beiträger *(Correspondants)* aus ganz Europa, allein in Schweden über 50. Die »Correspondance Littéraire Secrète« (1777/1793) des nach Deutschland emigrierten französischen Publizisten Louis-François Mettra (1738–1804) wurde ab 1785 in Neuwied verlegt und erreichte neben einem europaweiten Publikum auch zahlreiche Leser unter den Bildungs- und Funktionseliten im deutschen Sprach- und Kulturraum des 18. Jahrhunderts. Wie für das gleichfalls von Mettra in Köln und dann in Neuwied herausgegebene handschriftliche Periodikum »Bulletins de Versailles« und seine in Köln erschienene Zeitschrift »Nouvelliste politique d'Allemagne« (1780/1788) verwendete Mettra hierfür geheime politische Informationen aus dem Umkreis des französischen Königshofs in Versailles.

Strukturen einer transkulturellen Öffentlichkeit des Aufklärungszeitalters zeigen sich auch in den vielfältigen Formen der Replik und des Kommentars, in denen Gelehrte, Publizisten und Schriftsteller auf aufklärerische Schriften reagierten, die in anderen Ländern und Kulturen publiziert worden waren. So setzte sich der schwedische Philosoph Nils von Rosenstein (1752–1824) in seiner Rede »Försök till en afhandling om upplysningen, till dess beskaffenhet, nytta nödvändighet för samhället« (»Versuch einer Abhandlung über die Aufklärung, ihre Beschaffenheit, ihren Nutzen und ihre Notwendigkeit für die Gesellschaft«) 1789 aus der Perspektive des von ihm vertretenen aufgeklärten Absolutismus kritisch mit Kants fünf Jahre zuvor erschienener Schrift »Was ist Aufklärung?« auseinander, die an den schwedischen Universitäten intensiv gelesen und diskutiert worden war. Die umfangreichen Anmerkungen, in Form von Fußnoten und einem kritischem Apparat, die der Göttinger Historiker Jakob Mauvillon seiner 1774 in Hannover erschienenen Übersetzung von Raynals »Histoire des deux Indes« beifügte, gingen weit über kritische Randbemerkungen hinaus. Sie stellten im Grunde eine grundlegende Korrektur des Werkes in quellenkritischer und geschichtsphilosophischer Sicht dar, die deutlich von Positionen der Göttinger Historischen Schule geprägt war und auch sehr kritisch dem Pariser Aufklärungsmilieu und seinen herausragenden Vertretern (Voltaire, Diderot, Raynal) gegenüberstand. Ähnlich kritische Formen der Replik zeigen sich beispielsweise auch in außereuropäischen Lektüren europäischer Aufklärungsschriften: so etwa in der berühmten und in zahlreichen Auflagen und Übersetzungen (u.a. ins Französische und Deutsche) vorliegenden Entgegnung Thomas Paines auf Raynals Darstellung der amerikanischen Revolution in seiner »His-

Repliken und Kommentare

toire des deux Indes«. In seinem »Letter Addressed to the Abbe Raynal on the Affairs of North America, in Which the Mistakes in the Abbe's Account of the Revolution of America Are Corrected and Cleared Up« (1781) warf Paine Raynal und seinen französischen Koautoren zahlreiche Irrtümer und vor allem fehlende Kenntnisse der politischen und sozialen Situation der Neuenglandstaaten vor. Eine ähnliche Gegenüberstellung von Fremdperspektive und intimer, auch sprachlicher und kultureller, Kenntnis der eigenen Geschichte und Kultur kennzeichnet die Werke mehrerer Jesuiten, die nach ihrer Vertreibung aus Südamerika (durch das Verbot des Jesuitenordens in Spanien 1767) im italienischen Exil wegweisende historische, ethnographische und historiographische Werke vorlegten, die häufig kritische Positionen zu europäischen und vor allem französischen Werken der Aufklärung bezogen. Die in italienischer Sprache publizierte »Storia antica de Messico« (1782, dt. Übers. 1789, »Geschichte von Mexiko«) des mexikanischen Gelehrten und Jesuitenpaters Francisco Javier Clavijero (1731–1787) beispielsweise distanzierte sich zum Teil in vehementer Weise von Aussagen und Faktendarstellungen unter anderem in Werken von William Robertson, Cornelius de Pauw und Raynal zur Geschichte Amerikas. Neben ideologischen Differenzen spielte bei Clavijero, ebenso wie bei anderen Exiljesuiten, die – durchaus im Sinne der Aufklärung liegende – Aufwertung von Quellenkenntnis, Quellenkritik und empirischer Beobachtung eine wichtige Rolle.

Einen besonders aufschlussreichen Fall der transkulturellen Replik stellt die Antwort des spanischen Autors José Cadalso auf Montesquieus berühmten, Spanien betreffenden Brief Nr. 78 seiner »Lettres Persanes« dar. Zwischen 1768 und 1771 verfasst, also 50 Jahre nach dem Werk Montesquieus, und zu Lebzeiten des Autors nicht veröffentlicht, stellt Cadalsos Schrift »Defensa de la nación española contra la carta persiana LXXVIII de Montesquieu« (»Verteidigung der spanischen Nation gegen den 78. Perserbrief Montesquieus«) zugleich eine virulente Kritik am Spanienbild des französischen Aufklärers und eine dezidierte Aufwertung Spaniens, seiner Geschichte und seiner kulturellen Eigenarten dar. Cadalsos apologetische Kritik umfasst gleichfalls eine Übersetzung des 78. Briefs der »Lettres Persanes«, die er somit dem spanischen Publikum zum Urteil vor- und im gleichen Zug in seiner *Refutatio* argumentativ widerlegte. Der stereotypen, aber zugleich in subtiler Weise mit Satire und Ironie unterlegten und in eine mehrstufige Erzählstruktur eingebetteten Darstellung Spaniens bei Montesquieu – deren ästhetische und rhetorische Komplexität Cadalso geflissentlich oder auch unabsichtlich übersieht – setzt er den Respekt zum spanischen Staat und zur katholischen Kirche und den mit ihnen verbundenen Werten und Moralvorstellungen entgegen. Er sieht sich hierbei in der „Rolle eines Aufklärers der Aufklärer", der Schlüsselbegriffe der französischen Aufklärung (wie „Wahrheit", „Freiheit", „Vernunft") verwendet, sie aber in einem völlig anderen Sinn gebraucht. „Sie ermöglicht es Cadalso, sich als spanischer Patriot gegenüber den in aggressivem und überheblichem Ton vorgetragenen Hegemonialansprüchen der französischen Aufklärer zu profilieren, ohne deswegen seinen eigenen aufklärerischen Überzeugungen abzuschwören" (Christian von Tschilschke). In der

Cadalso und Montesquieu

Auseinandersetzung mit Montesquieus fremder Sicht Spaniens – die er zumindest teilweise missversteht, weil er die satirischen und ironischen Untertöne überhört – entwickelt Cadalso somit einen Diskurs über die Eigenarten der spanischen Geschichte, ihrer Institutionen und ihrer Werte.

Diese Dialektik von Eigenem und Fremdem, von Außen- und Innensicht der eigenen Kultur, die mit der Infragestellung der dominierenden Stellung der französischen Kultur und ihres universalistischen Anspruchs einherging, erscheint charakteristisch für die Dynamik des Kulturtransfers und der ihm zugrunde liegenden transkulturellen Netzwerke in der Spätaufklärung. Ähnlich wie bei Mauvillon und in gleicher Weise wie bei Cadalsos spanischem Zeitgenossen Juan Pablo Forner, der dezidiert zu dem Artikel *Espagne* von Masson de Morvilliers in der »Encyclopédie Méthodique« (1782) von Charles-Joseph Panckoucke Distanz bezieht, war die Übersetzung französischer Aufklärungsschriften eng mit Formen der Replik und der Refutation sowie der Entwicklung eines nationalen Identitätsdiskurses verknüpft.

Kulturtransfer

Von Frankreich, Holland und England und ab der zweiten Hälfte des 18. Jahrhunderts auch von Deutschland als den „Gravitationszentren“ der europäischen Aufklärung gingen die entscheidenden Impulse für die Ausbreitung aufklärerischer Ideen und Institutionen in andere europäische und außereuropäische Kulturen aus. Dies zeigt sich zunächst an der Geographie der Gründungen von Akademien und anderen gelehrten Gesellschaften, häufig nach französischem oder englischem Vorbild. So gründete die Gemahlin König Adolf Friedrichs von Schweden, Luise Ulrike, 1753 die schwedische Wissenschaftsakademie *(Vitterhetsakademi)* nach französischem Modell und machte den französischen Enzyklopädisten D'Alembert zum prominenten Mitglied und zugleich intellektuellen Aushängeschild der jungen Institution. Die 1724 gegründete Petersburger Akademie der Wissenschaften gründete auf einem intensiven Gedankenaustausch Zar Peters I. mit Leibniz und Christian Wolff und folgte sowohl dem Vorbild der Akademien von Paris, London und Berlin als auch, durch die originelle Verbindung von Forschungsstätte und Lehrinstitut, einem letztlich eigenständigen Konzept.

„Verspätete“ Übersetzungen

Ein Vergleich der Erscheinungsdaten von Originalen und Übersetzungen belegt die kulturellen Asymmetrien zwischen den unterschiedlichen Sprach- und Kulturräumen der europäischen Aufklärung. Während die wichtigsten Schriften der aufgeklärten Literatur, Philosophie und Wissenschaften zwischen den „Gravitationszentren“ der europäischen Aufklärung im Allgemeinen innerhalb weniger Jahre übersetzt wurden und sich dieser Zeitraum in Umbruchzeiten wie der Französischen Revolution sogar häufig auf nur wenige Monate reduzierte, erschienen Übersetzungen in der geographisch-kulturellen „Peripherie“ oft mit vielen Jahren oder gar auch Jahrzehnten Verspätung. So wurde Salomon Gessners tragisches Epos »Der Tod Abels« (1758), das in Deutschland, aber auch in anderen zentral- und westeuropäischen Ländern in den 1750er und 1760er Jahren großen Erfolg hatte und in mehrere Sprachen übersetzt wurde, in Island erst 1826/1831 von Þorvaldur Bödvasson übersetzt und publiziert, mit fast 70-jähriger „Verspätung“.

Der transnationale Kulturtransfer des Aufklärungszeitalters beruhte auf der Expansion des Druck- und Verlagswesens und einem zunehmend international ausgerichteten Typus von Verlegern. Verlagsgesellschaften wie die *Société Typographique de Neufchâtel* (1769/1789), die großenteils zahlreiche in Frankreich verbotene Werke der Aufklärungsliteratur (u. a. von Raynal, Rousseau, Diderot, Gabriel Bonnot de Mably, D'Holbach, Mercier) verlegte, die *Société Typographique de Neuwied*, der Verlag *Pellet* in Genf und der Verleger Clément Plomteux in Liège sowie die großen holländischen Verlagshäuser wie *Van Duren* in Amsterdam und *Gosse* in Den Haag verkauften ihre Produktion europaweit und – wenn es sich um verbotene Schriften handelte – auf illegalen Wegen auch im Königreich Frankreich.

Der Buchhändler Desaint

Die Tätigkeit des Pariser Buchhändlers Jean Desaint, einer der größten in der französischen Hauptstadt im 18. Jahrhundert, veranschaulicht die europaweiten Vernetzungen vor allem des französischsprachigen Buch- und Verlagswesens im Aufklärungszeitalter. Die Witwe Desaint, die in den letzten Jahrzehnten des 18. Jahrhunderts die Buchhandlung leitete, arbeitete mit Buchhändlern, Korrespondenten und Verlegern in 26 europäischen Städten zusammen, von Edinburgh bis Lissabon und von Amsterdam und Wien bis Barcelona, Madrid und Neapel. Unter anderem vertrieb Desaint im deutschen Sprachraum zahlreiche Exemplare der »Essays moral, political, and literary« (1742) von David Hume in der 1767 unter dem Titel »Pensées philosophiques, morales, littéraires, critiques et politiques« in Paris erschienenen französischen Übersetzung – ein zeittypisches Beispiel dafür, dass Werke der englischen, aber auch der italienischen und spanischen Aufklärung europaweit häufig in französischen Übersetzungen zirkulierten. Die Übersetzung des in Frankreich offiziell verbotenen Werks von Hume trägt auf der Titelseite neben dem fingierten Verlagsort *Londres* die Adresse des Pariser Verlags *Veuve Duchesne* und verweist somit auf die Praxis der *Permissions tacites* („Stillschweigenden Erlaubnisse“). Diese ermöglichten es französischen Buchhändlern und Verlagen in zunehmendem Maße, verbotene Schriften der Aufklärungsliteratur und -philosophie mit Duldung der monarchischen Zensurinstanzen zu verlegen, in ganz Europa zu verbreiten und somit nicht ausschließlich den ausländischen Verlagen diesen rapide wachsenden und lukrativen Markt zu überlassen.

Vielfältige Formen des Kulturtransfers und der Übersetzung zeigen sich auch im Bereich der Volksaufklärung sowie der populären Aufklärungspublizistik und -literatur. Rudolf Zacharias Beckers »Noth- und Hülfsbüchlein« (1788) wurde in zahlreiche Sprachen übersetzt, ebenso wie Benjamin Franklins »Poor Richard's Almanack«. In englischen Volkskalendern der Französischen Revolution, wie dem »Patriot's Calendar« (London) aus dem Jahre 1794, finden sich nicht nur eine Übersetzung von Fabre d'Églantines Parlamentsbericht zur revolutionären Zeit- und Kalenderreform, sondern auch Übersetzungen der *Marseillaise* und des anti-aristokratischen Revolutionslieds *Ça ira*. Ein als volksaufklärerisches Kompendium 1758 publizierter Auszug aus dem letzten Jahrgang von Benjamin Franklins »Poor Richard's Almanack«, der die emblematischen Texte *Father Abraham's Speech* und *The Way to Wealth* enthielt, dürfte die international am weitesten verbreitete und am intensivsten übersetzte volksaufklärerische Schrift des 18. Jahrhunderts darstellen. Es lassen sich insgesamt 144 Auflagen der Schrift in verschiedenen Ausgaben nachweisen, davon 100 in englischer Sprache, 28 auf Französisch (unter dem Titel »La Science du Bonhomme Richard«), 3 auf Deutsch (u.a. unter dem Titel »Der arme Jakob«) und 11 in italienischer Sprache, zumeist unter dem Titel »Il buon uomo Ricciardo«. Dass Benjamin Franklins Schriften sowohl die Eliten- als auch die Volkskulturen der Aufklärung in ihrer transkulturellen Dimension erreichten, belegt nicht nur ihre Präsenz in französischen, deutschen und italienischen populären Periodika des 18. Jahrhunderts, sondern auch in Volkslesebüchern des 19. Jahrhunderts, wie dem 1838 in Turin verlegten Jugendlesebuch »Il piccolo Franklin ossa Guia della guiventù« oder dem 1836 in Karlsruhe erschienenen »Lesebuch für Volks- und Gewerbeschulen«, das neben Auszügen aus den Schriften des Braunschweiger Pädagogen und Volksaufklärers Joachim Heinrich Campe auch Franklins Werk in Übersetzung unter dem Titel »Der arme Richard, oder der Weg zum Wohlstand« enthielt. Claude Fauchet, Kleriker und Abgeordneter in der französischen Nationalversammlung, bezeichnete Franklins »Science du Bonhomme Richard« in einer Lobrede auf seinen Verfasser (»Éloge de Benjamin Franklin«, 1790) als eine „Moral von höchstem Anspruch, die volkstümlich geworden sei". Das Werk befinde sich in den Händen sowohl der Unwissenden als auch der Gelehrten und stelle für alle Menschen einen „Katechismus des Glücks" dar.

Franklins »Poor Richard's Almanack«

Kulturtransfer und Übersetzung implizierten häufig eine mehr oder minder grundlegende Adaptation und Veränderung des Originals im Hinblick auf das Publikum der Zielkultur. So erschien das zehnbändige »Grand Dictionnaire géographique et historique« (1726/1739) von La Martinière zwischen 1744 und 1750 in einer deutschen Übersetzung in Leipzig, unter dem Titel »Historisch-Politischer Atlas der gantzen Welt«, in einer erheblich modifizierten und erweiterten Ausgabe. Die Übersetzung, der ein umfangreiches Vorwort des Hallenser Philosophen Christian Wolff vorangestellt war, wurde durch mehrere tausend Artikel vor allem zu Geschichte und Geographie des (Deutschen) Reichs erweitert, die ihren Inhalt und ihren Stil auf die Erwartungen des deutschen Lesepublikums ausrichteten. Bereits in den Titeln etwa von Enzyklopädien finden sich häufig deutliche Hinweise auf solche Strategien der kreativen Adaptation und Transformation der Vorlagen im Übersetzungsprozess. So ist die englische Übersetzung von Noël Chomels »Dictionnaire économique« von 1725 mit dem Zusatz versehen *revised and recommended*. Eine zwei Jahre darauf in Dublin erschienene Neuausgabe vermerkt *With considerable alterations and improvements*. Der Untertitel der holländischen Übersetzung aus dem Jahre 1778 unterstreicht, dass das ursprüngliche Werk um „mehr als die Hälfte vermehrt" worden sei. Während die italienische Erstübersetzung von Ephraim

Veränderung des Originals

Chambers' »Cyclopaedia« aus dem Jahre 1746 noch deren Exaktheit und Vollständigkeit betonte, insistierte die rasch darauf erfolgte Zweitübersetzung auf den vorgenommenen umfangreichen Ergänzungen. Die Übersetzung von Jacques Savary des Bruslons' »Dictionnaire universel du Commerce« ins Englische (1774) enthielt, so der programmatische Hinweis im Untertitel, ebenso umfangreiche „Ergänzungen und Verbesserungen" wie die englischen und spanischen Übersetzungen von Louis Morérис »Grand Dictionnaire historique« (frz. Erstausgabe von 1674). Der Verfasser der englischen Übersetzung dieses »Dictionnaire« aus dem Jahre 1694 präzisierte in seinem Vorwort ausdrücklich, dass es sich hierbei nicht um eine reine Übersetzung, sondern um eine eigene Ausgabe *(edition)* handele: „I call it an Edition, because the Reader should not think it a bare translation; there being Abundance of Collections added in entire Paragraphs by themselves with a *prefix'd to distinguish them."

Medien und Gattungen der Aufklärung

Aufklärung und tradiertes Gattungssystem – Kontinuitäten und Brüche

Die Vermittlung und Verbreitung aufgeklärten Gedankenguts erfolgte nicht nur in der Philosophie und in Medien des Wissenschaftsdiskurses (Gelehrte Abhandlungen, Traktate, Essays), sondern in entscheidendem Maße auch in der Literatur, in neuen Ausprägungen der Historiographie, in Enzyklopädien und den verschiedensten Formen der Publizistik. Auch die Musik (Händel, Bach, Mozart), die Garten- und Landschaftskunst (die in England vor allem durch William Kent begründete wurde), die Bildende Kunst (etwa durch das Werk von William Hogarth in England und Jean-Baptiste Greuze in Frankreich) und insbesondere Druckgraphik sowie Bildillustration bildeten wichtige Medien der Vermittlung aufgeklärter Ideen. Das druckgraphische Werk etwa von Daniel Chodowiecki, unter anderem seine zahlreichen Illustrationen in dem von Georg Christoph Lichtenberg und Christoph Girtanner herausgegebenen und verfassten »Göttinger Taschen-Calender« (1776–1813) und seiner französischsprachigen Ausgabe (»Almanac de Goettingue«), belegt eine enge Verzahnung von Aufklärungsdiskurs und visueller Darstellung mit dem Ziel, Standesprivilegien und Völkerstereotypen aus ironischer Distanz zu betrachten und Formen des Aberglaubens und des Standesdünkels grundlegend in Frage zu stellen.

Fiktionale Literatur und Publizistik

Im Bereich der fiktionalen Literatur und der Publizistik hat die europäische Aufklärungsbewegung „das bestehende Schema der literarischen Gattungen keineswegs aufgehoben, sondern mit ihrem Geist, mit ihrer Tendenz durchdrungen" (Werner Krauss). Dies gilt auch für Gattungen, die ursprünglich eng mit der feudalen Gesellschaft und ihren Vorstellungswelten verbunden waren: so zum Beispiel das Epos, das vor allem durch Voltaires episches Gedicht über König Heinrich IV. von Frankreich, »La Henriade« (1728), eine aufklärerische Umdeutung und Renaissance erfuhr, sowie die Satire, die in der Frühaufklärung bei

Jonathan Swift (»Travels into Several Remote Nations of the World in Four Parts By Samuel Gulliver«, 1726) und Christian Ludwig Liscow (»Briontes der Jüngere, Eines berühmten Medici Glaubwürdiger Bericht«, 1734) eine erste Konjunktur und dezidierte politische Zuspitzung erlebte und sich in den folgenden Jahrzehnten in den Erzählungen Voltaires (u. a. »Zadig«, 1747; »Candide«, 1758) und den Romanen Christoph Martin Wielands (»Die Abderiten«, 1774–1780) entfaltete. Auch die bis ins ausgehende 17. Jahrhundert eng antiken Vorbildern (v. a. Äsop) folgende Gattung der Fabel erfuhr durch Dichter wie Jean-Pierre Claris de Florian in Frankreich sowie Johann Gottfried Herder und Gottlieb Konrad Pfeffel in Deutschland, dessen Fabeln eine „aggressiv politische Tendenz" aufwiesen (Michael Hofmann), eine aufgeklärte Neuausrichtung. Unter der Vielzahl literarischer Gattungen, in denen aufgeklärtes Gedankengut formuliert und verbreitet wurde, kommt im Rahmen der europäischen Aufklärung vier Formen ein herausragender Stellenwert zu: dem Dialog, den Enzyklopädien, dem Roman und dem bürgerlichen Drama.

Eine besondere Stellung im Rahmen der literarischen Gattungen der Aufklärungsbewegung hat der Dialog inne. Die Aufklärung als einer der herausragenden Perioden der „dialogischen Verfertigung von Wissen" in der Kultur- und Ideengeschichte Europas schrieb der aus der Antike (Sokrates, Platon) überlieferten literarischen und philosophischen Form des Dialogs zwei Funktionen zu: zum einen die Funktion, „den Prozess der Erkenntnisgewinnung sichtbar zu machen, auch die Perspektivität und den Schwebezustand von dialogisch verfertigter Erkenntnis", und zum anderen die Aufgabe, „bereits Gewusstes, als gesichert Geltendes in elementarisierter und stereotypisierter Form unters Volk zu bringen" (Brigitte Schlieben-Lange).

Denis Diderot kann zweifellos als der Verfasser der subtilsten und differenziertesten philosophischen Dialoge der europäischen Aufklärung bezeichnet werden. In seinen Werken »Le Neveu de Rameau« und »Le Rêve de d'Alembert« behandelte er vor allem ästhetische und moralphilosophische Fragestellungen, deren Lösung er in einer sorgsam in der Schwebe belassenen Balance beließ, die dem Räsonnement und der kreativen Intelligenz des Lesers eine weitgehende (Entscheidungs-)Freiheit einräumte, aber zugleich auf den Grundprinzipien des philosophischen Materialismus fußte. Insbesondere im Artikel *Jouissance* der »Encyclopédie« und im »Supplément au voyage de Bougainville« (1772), einem philosophischen Dialog, findet sich das Postulat einer „natürlichen Moral", die weitestgehend auf die Realisierung des Lustprinzips und auf das Erreichen größtmöglichen sinnlichen Glücks abzielt, dessen Grenzen lediglich durch eine vernunftbestimmte Ordnung des menschlichen Zusammenlebens bestimmt werden. „Über den Nachteil, moralische Ideen an bestimmte physische Handlungen zu heften, die solche gar nicht enthalten" – so lautet der Untertitel von Diderots Schrift, die sich als ein Nachtrag zu Bougainvilles Bericht über seine Weltumsegelung ausgibt. Hier werden kontrovers, zwischen einem Philosophen A und einem Dialogpartner B und in der Folge zwischen Europäern (in erster Linie einem Priester, dessen religiöse Grundprinzipien ins Wanken geraten), und Tahitianern, philosophische Erkenntnisse aus der Konfrontation mit

Der Dialog

einer anderen, fremden Kultur gezogen. Die Struktur des »Supplément«, seine dialogisch strukturierte Erzähl- und Argumentationslogik lassen keinen Zweifel an der Position Diderots, der auch anhand dieses Spätwerks als der Verfechter eines „epikureischen Materialismus" erscheint und die Begriffe „Moral" und „Scham" radikal hinterfragt. „Der Tahitianer würde uns sagen:", so der Kommentar des Philosophen B über die Weltsicht der Bewohner Tahitis, „Warum versteckst Du Dich? Worüber empfindest Du Scham? Tust Du etwas Schlechtes, wenn Du den edelsten Trieben der Natur nachgibst?" Das kritische Potential der Bezugnahmen Diderots auf den – beispielhaft in der Gesellschaft und Kultur Tahitis verkörperten – Naturzustand liegt weniger in seiner Vorbildfunktion, das heißt der Idealisierung des *État naturel*, sondern in einer in der Form des philosophischen Dialogs auf mehreren Ebenen erfolgenden Infragestellung moralischer und kultureller Normen europäischer Gesellschaften. Diderots kulturanthropologische Reflexionen, die ihren Ausgangspunkt unter anderem von zeitgenössischen Entdeckungsreisen, wie der Bougainvilles, nehmen, verfolgen mit der „Inszenierung" des Naturzustandes die Zielsetzung, den Leser in zweifacher Hinsicht zu sensibilisieren: zum einen für die tiefgreifende Lasterhaftigkeit, Dekadenz und Regellosigkeit der geltenden Moral- und Gesellschaftsordnung Europas und zum anderen für alternative Gesellschafts- und Moralordnungen, die Diderot in den Dialogen des »Supplément« in der Südsee ansiedelt, die aber letztlich einen genuin utopischen Charakter haben.

Denis Diderot.
Aquatinta von Pierre-Marie Alix nach Louis-Michel van Loo.

Enzyklopädien (s. S. 171 ff.) stellen die zweite wichtige Gattung der Vermittlung aufgeklärter Ideen dar. In ihnen manifestierten sich die aufklärerischen Strategien der Wissenssystematisierung, der -popularisierung und des -transfers in besonders augenfälliger Weise. Das Aufklärungszeitalter, als herausragende Epoche enzyklopädischer Wissensproduktion und -verbreitung, systematisierte und integrierte das zeitgenössische Wissen in den großen Enzyklopädien der Epoche. Zu erwähnen sind Chambers' »Cyclopedia« (1728), Diderots und D'Alemberts »Encyclopédie« (1751/1772), Zedlers »Grosses und vollständiges Universal-Lexikon aller Wissenschaften und Künste« (1732–1750), die »Oeconomische Encyklopädie« (1773–1858) von

Johann Georg Krünitz, die ursprünglich eine Übersetzung zweier französischer Werke darstellte, aber schnell eine eigene Entwicklung nahm. Außerdem sind zu nennen die im schweizerischen Yverdon publizierte »Encyclopédie, ou, Dictionnaire universel raisonné des connoissances humaines« (1775/1780) von Fortunato Bartolomeo de Felice (1723–1789), eine erweiterte Neufassung der Diderot'schen »Encyclopédie«, und die »Encyclopédie méthodique« (1782–1835) des Verlegers Charles-Joseph Panckoucke – um nur die wichtigsten enzyklopädischen Wörterbücher zu nennen, die europaweit Verbreitung fanden. Der Zuwachs an Wissen beispielweise über die außereuropäische Welt, zu Anthropologie, Geographie, Geschichte, Fauna und Flora lässt sich in gewissem Maße auch quantitativ erfassen, wenn man etwa die Artikel zu Indien, Südamerika und dem Pazifik in Chambers' »Cyclopedia« und Diderots und D'Alemberts »Encyclopédie« mit de Felices Neuausgabe der »Encyclopédie« aus dem Jahr 1772 vergleicht, in die die Ergebnisse der großen Forschungs- und Weltreisen seit der Jahrhundertmitte bereits größtenteils eingeflossen waren. So verdoppelte sich in der Neuauflage der »Encyclopédie« Diderots und D'Alemberts durch den Italo-Schweizer beispielsweise der Umfang der insgesamt 18 Artikel, die Indien betrafen. Einzelne Beiträge, etwa zu den Begriffen *Bramah* und *Bramine*, die in Chambers' »Cyclopedia« noch völlig fehlten, befinden sich erstmals in Diderots »Encyclopédie« und wurden von de Felice und seinem Mitarbeiterstab auf das Dreifache (Art. *Bramine*) beziehungsweise sogar Zwölffache (Art. *Bramah*) ausgedehnt – ein deutlicher Beleg für den Wissenszuwachs beispielsweise über Indien in Europa in der zweiten Hälfte des 18. Jahrhunderts.

Die Enzyklopädien

Das Aufklärungszeitalter brachte gleichfalls eine Anzahl enzyklopädischer Werke heraus, die spezifisch der außereuropäischen Welt gewidmet waren. Zu nennen wären insbesondere zwei Werke, die, beide in mehrere europäische Sprachen übersetzt, europaweit rezipiert wurden und die sich beide auch in Forsters Buchbesitz befanden: die »Histoire Générale des Voyages« des Abbé Prévost aus den Jahren 1746/1753, die erste umfassende, enzyklopädische Beschreibung von Reiseberichten in der europäischen Kulturgeschichte, und Raynals erwähnte »Histoire philosophique«, 1770 in einer ersten sechsbändigen Ausgabe erschienen, die Forster in der zehnbändigen Edition von 1780 während seines Aufenthaltes in Wilna orderte und die zu einem der wichtigsten Referenzwerke seiner kolonialhistorischen und kolonialkritischen Reflexionen zählte.

Die Romanliteratur erlebte zusammen mit den Periodika die spektakulärste Entwicklung unter den zeittypischen Medien der Aufklärungsbewegung. Ähnlich wie im Fall der Zeitungen stieg die Zahl der beispielsweise in Frankreich verlegten Romane ab den 1720er Jahren steil an und verfünffachte sich innerhalb von sechs Jahrzehnten. Während die Zahl der jährlich neu erscheinenden Romantitel im 17. und beginnenden 18. Jahrhundert zwischen 80 und 174 lag, betrug sie 1770 bereits über 400 und erreichte 1780 die Zahl von 530 Titeln. Auch wenn nur ein Teil der rasch expandierenden und auf die Bedürfnisse neuer Leserschaften eingehenden Romanproduktion unmittelbar der Aufklärungsbewegung zuzurechnen ist, so stellte der Roman ins-

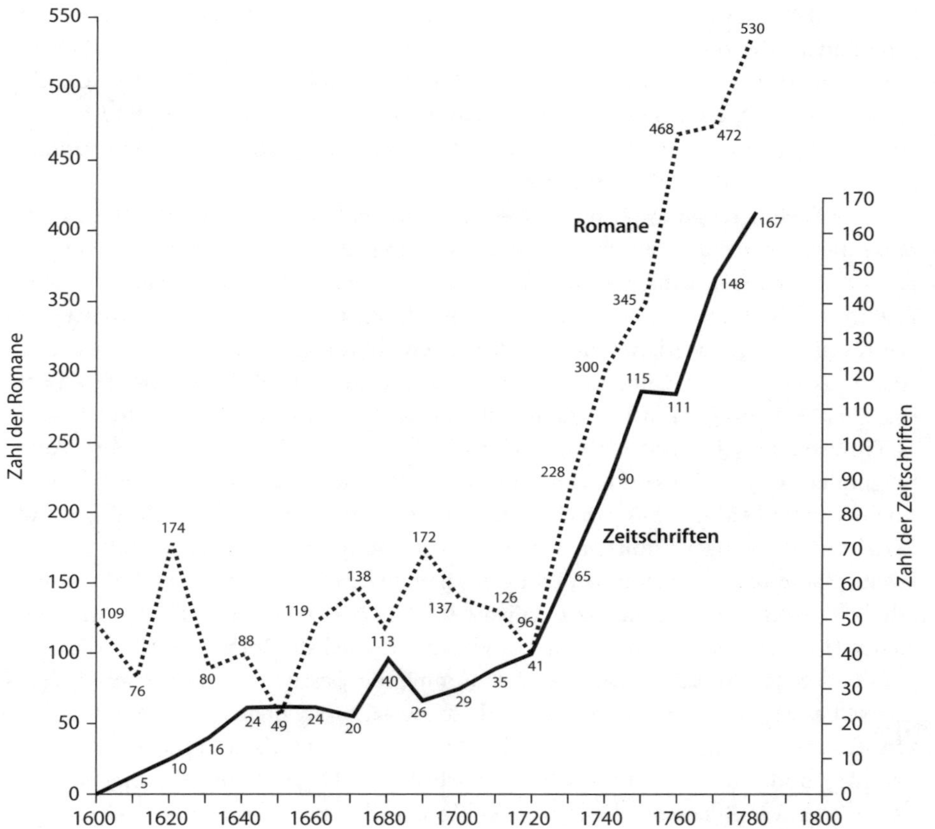

Die Zeitschriften- und Romanproduktion in Frankreich, 1600–1780 (Anzahl der Titel). (Nach: Hans-Ulrich Gumbrecht u. a. [Hrsg.]: Sozialgeschichte der Aufklärung in Frankreich. Teil II: Medien. Wirkungen. München/Wien 1981.)

gesamt gesehen im Europa der Aufklärung ein herausragendes Medium der Vermittlung aufgeklärter Ideen und Werte dar.

Innerhalb der vielgestaltigen Romanproduktion in den unterschiedlichen Ländern Europas im 18. Jahrhundert lassen sich vor allem zwei dominierende Erzählschemata des aufgeklärten Romans unterscheiden: zum einen die erzählerische Thematisierung der „Verfolgten Unschuld“, häufig verkörpert durch eine Protagonistin, deren Prüfungen und Leidensgeschichte auf die Kritik an herrschenden Standesprivilegien und der Moral der Reichen und Mächtigen der Gesellschaft abzielt. Herausragende Beispiele für diesen aufgeklärten Romantypus sind der Roman »La Vie de Marianne« (1731/1732) von Pierre Carlet de Marivaux, der das Schicksal der tugendhaften und hilfsbereiten Waisen Marianne in der Gesellschaft ihrer Zeit bis zu ihrem Eintritt ins Kloster schildert, die Romane Restifs de la Bre-

Der Roman

tonne, unter anderem »Le Paysan Perverti ou les Dangers de la Ville« (»Der verdorbene Bauer oder die Gefahren der Stadt«, 1775), sowie die Werke Samuel Richardsons, »Pamela Or Virtue Rewarded« (1740) und »Clarissa. Or the History of a Young Lady« (1747/1748), die beide ein zeitgenössisches Ideal der „Tugendempfindsamkeit" (Werner Schneiders) erzählerisch vermitteln und durch zahlreiche Übersetzungen eine europaweite Rezeption erfuhren.

Der Bildungsroman, ob mit autobiographischer oder romanesker Struktur, repräsentiert ein zweites zeittypisches Erzählschema der aufgeklärten Romanliteratur, das sich in nahezu ganz Europa im 18. Jahrhundert findet: in England in Henry Fieldings »The History of Tom Jones, A Foundling« (1749), der als ein Prototyp des Genres angesehen werden kann, im deutschen Kulturraum in der »Geschichte des Agathon« (1764) von Christoph Martin Wieland und in »Wilhelm Meisters Lehrjahre« (1795) von Johann Wolfgang von Goethe. In Frankreich knüpfte Rousseau in »L'Émile ou de l'éducation« (»Emile oder von der Erziehung«, 1762) und seiner Autobiographie »Confessions« (»Bekenntnisse«, 1782) an das Erzählschema des Bildungsromans an, radikalisierte es jedoch, indem er singuläre existentielle Erfahrungen – die Erziehung des jungen Émile in völliger Abschottung von der Gesellschaft und die eigene Biographie – zu Verkörperungen einer neuen Konzeption des Individuums erhob. Der Roman »Jacques le Fataliste« (1773/1796) von Diderot kann in mehrfacher Hinsicht als der „modernste" und experimentellste Roman des Aufklärungszeitalters gelten: Indem er die pikaresk anmutende Geschichte des Dieners Jacques und seines Meisters erzählt und mit zahlreichen Liebesabenteuern verknüpft, die Erzählstruktur aber immer wieder durchbricht und fragmentarisiert, erhebt Diderot das Erzählen und seine tradierten Schemata selbst zum Gegenstand kritischer und zugleich kreativer Reflexion. Kein anderer Roman der europäischen Aufklärung, der zunächst 1778/1780 in Fortsetzungen in Grimms und Meisters »Correspondance littéraire« veröffentlicht wurde und erst 1796 in Buchform erschien, hat in der europäischen Literatur- und Kulturgeschichte tiefere und nachhaltigere Spuren hinterlassen als »Jacques le Fataliste«: im Werk Goethes und Schillers, in der »Phänomenologie des Geistes« von Hegel und in der Literatur des 20. Jahrhunderts bei Autoren wie Hans Magnus Enzensberger, Carl Sternheim, Volker Braun, Jean Cocteau, Bertolt Brecht und Milan Kundera.

Das bürgerliche Drama

Das bürgerliche Drama bildete sich aus dem Geiste aufgeklärter Wertvorstellungen in mehreren europäischen Kulturen der zweiten Hälfte des 18. Jahrhunderts heraus, wobei neben parallelen Entwicklungslinien die vielfältigen Vernetzungen und gegenseitigen Einflussnahmen hervorzuheben sind. Gotthold Ephraim Lessing im deutschen Kulturraum mit seinen Dramen »Miss Sara Sampson« (1755), »Minna von Barnhelm oder Das Soldatenglück« (1767), »Emilia Galotti« (1771/1772) und »Nathan der Weise« (1779) schuf Klassiker des Aufklärungsdramas, die weit über das 18. Jahrhundert hinaus auf europäischen Bühnen präsent sein sollten. In ihnen wurden aufgeklärte Werte wie Toleranz, Gleichheit und individuelle Selbstbestimmung in dramatischer Form vermittelt, die Wertvorstellungen und die Standesschranken der Feudalgesellschaft in Frage gestellt und die Standesklauseln des traditionellen Hoftheaters durchbrochen. Mercier (»Du théâtre ou Nouvel essai sur l'art dramatique«, »Neuer Versuch über die Schauspielkunst«, 1773) und Diderot (»Paradoxe sur le comédien«, 1773) entwickelten ebenso wie Lessing (»Briefe über das Trauerspiel«, 1755/1756; »Hamburgische Dramaturgie«, 1767/1768) und Friedrich Schiller (»Die Schaubühne als eine moralische Anstalt betrachtet«, 1782) Dramentheorien, in denen die neuen Theaterformen eine poetologische Grundlegung erfuhren. Die Kritik des Adels und seiner Privilegien und die Einführung bürgerlicher Protagonisten als Identifikationsfiguren charakterisieren auch die populären Komödien von Carlo Goldoni in Italien (u. a. »Il servitore di due padroni«, »Der Diener zweier Herren«, 1745) und von Beaumarchais (»Le mariage de Figaro ou la folle journée«, 1784; »Le Barbier de Seville«, 1775) in Frankreich, während Mercier mit mehreren seiner Dramen, wie »La Brouette du Vinaigrier« (»Der Karren des Essighändlers«, 1774) mit der Welt der sozialen Unterschichten dem Theater auch neue soziale Wirklichkeitsbereiche zu erschließen suchte.

Die »Histoire des deux Indes« von Guillaume Thomas François Raynal – Ein Bestseller der europäischen Aufklärungsliteratur

Die von dem französischen Schriftsteller und Philosophen Guillaume Thomas François Raynal herausgegebene und zusammen mit einem umfangreichen Mitarbeiterstab – zu dem unter anderen Denis Diderot zählte – verfasste »Histoire philosophique et politique des établissemens et du commerce des Européens dans les deux Indes« repräsentiert eines der breitenwirksamsten und einflussreichsten sowie durch seine Struktur zeittypischsten Werke des Aufklärungszeitalters. Es erschien 1770 zunächst in sechs Bänden in Den Haag, dann 1774 in einer erweiterten siebenbändigen Ausgabe und wurde schließlich 1780 in einer dritten Ausgabe auf zehn Bände erweitert. Mit insgesamt 51 Auflagen in französischer Sprache, etwa 30 in Buchform erschienenen Auszügen (wie der »Révolution de l'Amérique«) und über 100 Übersetzungen des Gesamtwerkes oder von Auszügen in alle großen europäischen Sprachen zählte Raynals »Histoire des deux Indes« neben Voltaires »Candide«, Rousseaus »La Nouvelle Héloïse« und Samuel Richardsons »Pamela« zu den größten Buchhandelserfolgen im Europa des 18. Jahrhunderts. Die Tatsache, dass die dritte Ausgabe des Werkes von der Theologischen Fakultät der Sorbonne und dem Pariser Parlament 1780 verboten wurde, und zwar wegen antireligiöser und staatsfeindlicher Passagen, beeinträchtigte in keiner Weise seine Verbreitung, sondern schürte die Neugier der europäischen *République des Lettres* und ließ seinen Hauptautor und Herausgeber, der 1781 ins Exil ging, als eine Märtyrerfigur der Aufklärungsbewegung erscheinen.

Die »Histoire des deux Indes« als die erste Geschichte der kolonialen Welt, auf deren Titelblatt in der Ausgabe von 1780 provokativ – und um der Zensur zu trotzen – der Name Raynal steht, ist von ihrer Struktur her eine narrativ organisierte Enzyklopädie mit kollektiver Autorenschaft. Raynals Werk, das sich als eine Enzyklopädie der kolonialen Welt und seiner Eroberungsgeschichte seit den Entdeckungsfahrten des Christoph Kolumbus begreift, erfasst die Bewohner der außereuropäischen Kontinente aus einer spezifisch anthropologischen Erkenntnisperspektive heraus, die zugleich handlungsorientierten Zielsetzungen unterworfen ist: dem Bestreben einerseits, möglichst umfassend die Bevölkerung der überseeischen Kolonien zu beschreiben und zu inventarisieren, ausgehend von demographischen Daten und Bevölkerungsstatistiken, bis hin zur globalen Erfassung kultureller und kulturanthropologischer Phänomene in Beschreibungspassagen, in denen Hautfarbe, Aussehen, Kleidung und sogar Tänze und Musikformen außereuropäischer Bevölkerungen geschildert werden. Zum anderen ordnet sich der anthropologische Diskurs Raynals und seiner Mitarbeiter, vor allem Diderots, in grundlegende geschichtsphilosophische Zielsetzungen ein, die von den Oppositionspaaren *Lumières* und *Ténèbres*, *Civilisation* und *Barbarie*, *Progrès* und *Superstition* geprägt werden. Raynal verknüpft hier in zeittypischer Weise die Idee der Aufklärung mit dem Begriff der *Civilisation*. Diese betrachtete er als eine Errungenschaft der europäischen Geschichte und ihres aktuellen Entwicklungsstadiums. Als ihre entscheidende Antriebskraft sah er die ökonomische Entwicklung, insbesondere den Aufschwung des internationalen Handels seit dem 15. Jahrhundert, an. In gleicher Weise wie 20 Jahre nach Erscheinen der ersten Ausgabe der »Histoire des deux Indes« Condorcet in seiner »Esquisse d'un tableau historique des progrès de l'esprit humain« (1793) sehen Raynal und seine Koautoren neben der ökonomischen Entwicklung die Erfindung des Buchdrucks und die Entstehung der aufgeklärten *République des Lettres* als die entscheidenden Etappen auf dem Weg des Zivilisationsfortschritts, dessen Realisierung – wie die Amerikanische Revolution zeige – die Grundfesten der tradierten Sozial- und Staatsordnung erschüttert habe.

Narrativ organisierte Enzyklopädie

Die koloniale Expansion Europas nach Übersee habe nicht nur zur Unterdrückung und teilweisen Vernichtung außereuropäischer Bevölkerungen geführt, sondern zugleich – in einem Prozess geschichtsphilosophischer Dialektik – die Voraussetzungen ihrer Emanzipation und Befreiung geschaffen: Die Sklavenaufstände in der Karibik, vor allem auf Jamaika, und als herausragendes Ereignis mit antizipatorischer Dimension die Amerikanische Revolution erscheinen hier als Vorzeichen zukünftiger revolutionärer Umwälzungen, deren historische Druckwelle – in Gegenbewegung zur kolonialen Expansion – auf Europa zurückwirken werde. Die Ureinwohner Amerikas, die Bewohner Schwarzafrikas und die Bevölkerungen der von Holländern kolonisierten Inselwelt Südostasiens werden von Raynal und Diderot in gleicher Weise als Objekte und Opfer eines von europäischer Macht- und Geldgier bestimmten Geschichtsprozesses und als Subjekte seiner Infragestellung imaginiert. Die »Histoire des deux Indes« ist kennzeichnenderweise von fiktionalen Wortergreifungen von Außereuropäern durchzogen, die an die Adresse der aus Übersee gekommenen fremden europäischen Eroberer gerichtet sind, Widerstand artikulieren und zukünftige Gegengewalt androhen beziehungsweise antizipieren. Die

Außereuropäer ergreifen das Wort

Wortergreifung der „Anderen“, der Bewohner eroberter und von Europäern kolonisierter Gesellschaften, die in anderen zeitgenössischen Schriften wie in Diderots »Supplément au Voyage de Bougainville« im Wesentlichen in der Form eines Dialoges erschien, artikuliert sich hier als unverhüllte Drohung, durch die revolutionäre Gewaltausübung legitimiert und in gewisser Hinsicht sprachlich vorweggenommen wird.

Guillaume Thomas François Raynal. Undatierter Kupferstich von Gottlob August Liebe (1746–1819).

Die fiktionale Wortergreifung aufständischer Sklaven geht in der »Histoire des deux Indes« mit einer ganzen Reihe von Aussageformen einher, in denen sich die als Historiker und zugleich als Philosoph präsentierende Erzählerfigur des Werkes *(Historien-philosophe)* in der Ich-Form an die Völker der Erde, aber auch an die Machthaber der europäischen Kolonialstaaten und gelegentlich auch – in der provokativen *Tu*-Form, das heißt in der Form des Duzens (die hier an die Stelle der respektvollen Majestätsanrede rückt) – an Herrscher wie Ludwig XVI. und Friedrich II. von Preußen richtet. In politischer Hinsicht spielte das Werk Raynals und seiner Koautoren neben Rousseaus »Du Contrat Social« (»Über den Gesellschaftsvertrag«, 1762) und dem staatsphilosophischen Werk von Gabriel Bonnot de Mably eine herausragende Rolle im Hinblick auf die Legitimation revolutionärer Gewalt und die Vision einer neuen, durch eine grundlegende Umwälzung der bestehenden Verhältnisse entstehenden Ordnung. Vor allem in Frankreich, aber auch in den englischen, französischen und spanischen Kolonien in Amerika wurde die »Histoire des deux Indes« intensiv rezipiert, sowohl in der französischen Originalfassung als auch in zahlreichen Übersetzungen und Auszügen, wie etwa dem 1781 in Philadelphia erschienenen Pamphlet von Anthony Benezet mit dem Titel »Slave Trade. A full account of the species of commerce … Translated from the French«. Der Autor, Nachfahre einer französischen Hugenottenfamilie aus Saint-Quentin, die nach der Widerrufung des Toleranzedikts von Nantes 1685 nach Nordamerika ausgewandert war, war hauptberuflich Lehrer und vor allem mit der schulischen Erziehung von Kindern freigelassener schwarzer Sklaven betraut. In seinen pädagogischen und politischen Schriften, die häufig explizit Bezug auf die »Histoire des deux Indes« nahmen und ausführlich übersetzte Auszüge hieraus veröffentlichten, verknüpfte er eigene Beob-

Politische Bedeutung des Werks

achtungen zur grundsätzlichen Gleichwertigkeit und intellektuellen Entwicklungsfähigkeit der schwarzen „Rasse“ mit Thesen Raynals und seines Koautors Diderot.

In anthropologischer Perspektive zeigt sich in Raynals Werk geschichtsphilosophisch untermauerte Nivellierung kultureller Differenzen, die den Autoren der »Histoire des deux Indes« und in gleicher Weise ihren Lesern eine weitgehende Vergleichbarkeit sozialer Strukturen erlaubt: Die Situation der schwarzen Sklaven auf den Plantagen der Karibik erscheint somit grundlegend, das heißt strukturell, vergleichbar mit der Lage der sozialen Unterschichten im kolonialen Indien und den Lebens- und Abhängigkeitsverhältnissen der Bauern im französischen *Ancien Régime* oder im Russland Katharinas II., die mit den gleichen sozio-politischen Schlüsselbegriffen wie „Sklave“, „Sklaverei“ und „Knechtschaft“ beschrieben werden. Die in kultur- und gesellschaftsphilosophischer Perspektive festgestellten Unterschiede sind lediglich gradueller, nicht struktureller Art, ebenso wie die kulturanthropologischen Differenzen lediglich als Oberflächenphänomene dargestellt werden, denen die übergreifende Matrix einer gemeinsamen „menschlichen Natur“ zugrunde liege. Kulturelle Unterschiede, so die Argumentationslinie Raynals und Diderots, der vor allem an den kulturanthropologischen Passagen als Verfasser maßgeblich beteiligt war, seien nicht ethnisch, biologisch oder genetisch bedingt, sondern beruhten auf unterschiedlichen Entwicklungsstadien und -formen menschlicher Gesellschaften. Zwischen dem „Naturzustand“ und der – häufig als dekadent und pervertiert dargestellten – „Zivilgesellschaft“ in Europa gelte es, ein als Idealzustand gedachtes Gleichgewicht zu finden. Dieses sei, so die Autoren der »Histoire des deux Indes«, in Gesellschaften, die dem Naturzustand noch vergleichsweise nahe ständen (wie in Russland, Kanada und den Kolonien Süd- und Mittelamerikas), durch das Wirken aufgeklärter Gesetzgeber weit besser zu realisieren als in Gesellschaften, die bereits einem mehr oder minder pervertierten Zustand der Zivilisation verfallen seien. In diesem historischen Entwicklungsstadium sei die Durchsetzung eines Gleichgewichts zwischen Natur- und Zivilgesellschaft entweder um den Preis einer gewalttätigen, revolutionären Krise zu erlangen, die den gesamten Staats- und Gesellschaftskörper durch ein „Blutbad“ erneuere und regeneriere, oder aber durch die energische Tatkraft aufgeklärter Reformer, an deren Wirkungsmöglichkeiten Diderot vor allem in seinem Spätwerk, nach seiner Rückkehr vom Hof Katharinas II. von Russland, insbesondere in seinen für die »Histoire des deux Indes« verfassten Passagen, zunehmend Zweifel hegte.

Anthropologische Perspektive

Die europaweite und zugleich weit über Europa hinausreichende Wirkung des Aufklärungsbestsellers von Raynal und seinen Koautoren beruhte auf einer zeittypischen Verbindung von Philosophie, Literatur und Pamphletistik. Ähnlich wie Rousseaus »Contrat Social« erreichte es seine Breitenwirkung weniger als Gesamtwerk – das in der Ausgabe von 1780 immerhin über 3000 Seiten umfasste –, sondern durch eine Vielzahl von Auszügen, in Form von Separatdrucken sowie durch die Verbreitung zentraler Zitate und Aussagen in Pamphleten, Zeitungen sowie – paradoxerweise – in den gedruckten und öffentlich verbreiteten Zensurschriften. Dies erklärt,

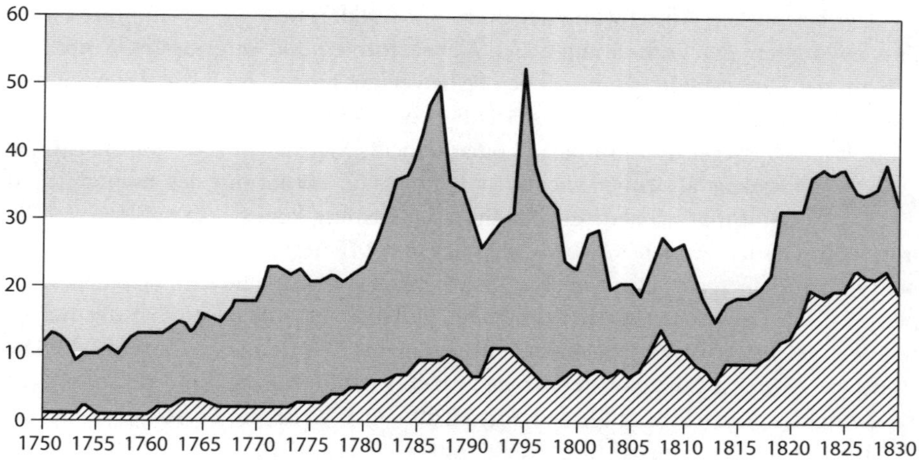

Zahl der Zeitungen und Zeitschriften in den Niederlanden 1750–1830 (nicht schraffiert: Gesamtzahl; schraffiert: kulturell-literarische Zeitschriften).
(Nach: Gert-Jan Johannes: De barometer van de smaak. Tijdschriften in Nederland 1770–1830, Den Haag 1995.)

warum der ins Exil geflüchtete Raynal 1782/1783 an den Fürstenhöfen von Darmstadt, Gotha und Potsdam von aufgeklärten Kreisen enthusiastisch gefeiert wurde und seine Kritik an kirchlicher Inquisition und Willkür, am monarchischen Absolutismus und an Kolonialismus und Sklaverei auch im deutschen Sprach- und Kulturraum ein nachhaltiges Echo fand. »Durch seine Geschichte beider Indien«, so war am 14. Juni 1791 in der Zeitung „Chronik“ von Christian Friedrich Daniel Schubart zu lesen, „begeisterte er die Nation für Freiheit und Menschenwürde; er malte die Despotengreuel, den Gewissenszwang, die Pfafferei und den Verfolgungsgeist mit brennenden Farben; kurz, er wurde als Prediger der politischen Freiheit und Gewissensfreiheit von ganz Europa gehört und bewundert.“

Journalistische Medien – Expansion, Verbreitung, Transformationen

Zeitungen, Zeitschriften und andere Formen von Periodika, wie Almanache, Taschenkalender und in Manuskriptform zirkulierende Informationsblätter, bildeten neben der Literatur das wichtigste und breitenwirksamste Medium der Aufklärungsbewegung in Europa. In allen europäischen Ländern lässt sich eine teilweise spektakuläre Zunahme der Zahl von Periodika feststellen. So vervierfachte sich in Frankreich ihre Zahl innerhalb von 60 Jahren und stieg von 41 im Jahre 1720 auf 167 im Jahre 1780. Im Holland des 18. Jahrhunderts lässt sich eine ähnliche Entwicklung beobachten: Die Gesamtzahl der in den Niederlanden verlegten Zeitungen stieg zwischen 1750 und 1788 von 10 auf 50.

Der beispiellose Aufschwung der Presse im Aufklärungszeitalter und ihre Funktion als Medium der Verbreitung neuer Wissensformen und aufgeklärter Werte gingen mit der Herausbildung eines neuen Selbstverständnisses des Journalisten einher. Ein zeittypisches Beispiel hierfür repräsentiert der 1779 nach Deutschland emigrierte französische Verleger und Journalist Louis-François Mettra, der seine journalistische Tätigkeit als einen wichtigen Beitrag zur Förderung der menschlichen Kenntnisse ansah. Dem Medium der Zeitung komme, so äußerte er 1779 in seinem Gesuch an den Kölner Kurfürsten um Privilegierung seines »Nouvelliste politique d'Allemagne«, eine wichtige öffentlichkeitswirksame Bedeutung zu. Es sei in besonderer Weise in der Lage, der gebildeten Öffentlichkeit die neuen Errungenschaften der „gelehrten Welt" innerhalb sehr begrenzter Zeitspannen zu vermitteln. Die Presse gewährleiste „die globale Vernetzung von Erkenntnissen" und sei somit „die unabdingbare Antriebskraft für den Fortschritt von Wissen und Forschung".

Louis-François Mettra

Im Bereich der journalistischen Periodika stand am Beginn der europäischen Aufklärung eine ganze Reihe wissenschaftlicher Zeitschriften, die in rascher Folge seit den letzten Jahrzehnten des 17. Jahrhunderts in Frankreich, Holland, England und Sachsen entstanden. Sie bildeten einen entscheidenden Impuls für die Dynamik der öffentlichen Verbreitung und Diskussion neuer wissenschaftlicher Erkenntnisse und Entdeckungen vor einem sich zunehmend internationalisierenden Forum von Gelehrten. 1665 erschienen im gleichen Jahr mit dem »Journal des Savants« in Paris und den »Philosophical transactions« der *Royal Society* in London die beiden wichtigsten wissenschaftlichen Organe der Zeit, die auch während des gesamten 18. Jahrhunderts ihre Bedeutung behalten sollten. Ab 1670 wurden die »Miscellanea curiosa« der kaiserlich Leopoldinischen Naturforschungsgesellschaft in Wien veröffentlicht. 1682 folgten die von Leibniz und dem Universitätsprofessor Otto Mencke initiierten und in Leipzig herausgebrachten »Acta Eruditorum«. Ab 1684 wurden in den Niederlanden die von Pierre Bayle verlegten »Nouvelles de la République des Lettres« (1684/1687) sowie die von Basnage de Beauval ab 1687 herausgegebene Zeitschrift »Histoire des ouvrages des savants« publiziert. Der protestantische Theologe Jean Le Clerc veröffentlichte zwischen 1683 und 1693 in Amsterdam seine »Bibliothèque Universelle et Historique«, zu der das 1701 vom Jesuitenorden begründete »Journal des Savants: Mémoires pour l'histoire des sciences et des beaux arts« (i. A. unter dem Titel »Mémoires de Trévoux« bekannt) das katholische Pendant darstellte. Hinzu kamen zwischen 1691 und 1694 der »Giornali de Letterati« (Parma), die »Galeria du Minerva« (Venedig), die Zeitschrift »Nova literaria maris baltici et septentrionis« (Lübeck), die »History of the Works of the Learned« (London) und eine erstmals in holländischer Sprache publizierte Gelehrtenzeitschrift, »De Boekzaal van Europe«, in Rotterdam. Innerhalb von weniger als vier Jahrzehnten war mit insgesamt nicht weniger als 36 Zeitschriftenneugründungen zwischen 1665 und 1701 – unter denen zahlreiche allerdings nur wenige Jahre Bestand hatten – ein dichtes, europaweites Netz gelehrter Kommunikation entstanden.

Journalistische Periodika

Im Bereich der nicht-gelehrten Publizistik beherrschten bis um 1700 politische

Relationen und historisch-geographische Periodika das Feld. Erst mit der Übernahme der aus England kommenden „Moralischen Wochenschriften" „beginnt auch in Deutschland die Zeit der populären Journale" (Martin Gierl). Das journalistische Genre der Moralischen Wochenschrift, das Joseph Addison und Richard Steele in England mit ihren Zeitschriften »The Tatler« (1709/1711) und »The Spectator« (1711/1712) geschaffen hatten, fand europaweite Verbreitung und avancierte zu einem wichtigen publizistischen Genre der Aufklärungsbewegung: In Frankreich wurde es von Marivaux mit seinem »Spectateur« (1721/1724) übernommen und weiterentwickelt, in Deutschland von Johann Christoph Gottsched in den Zeitschriften »Der Patriot« (1724/1726), »Die vernünftigen Tadlerinnen« (1725/1726) und »Der Biedermann« (1727/1729), in Italien unter anderem mit dem »L'Osservatore Veneto« (1761/1762) und in Spanien mit der in Cádiz 1762/1763 veröffentlichten Zeitschrift »La Pensadora Gaditana«. In Dänemark folgten die Zeitschriften »Den Danske Spectator« (1744/1745) und der »Nordische Aufseher« (1758/1761) von Jørgen Riss und »Den patriotiske Tilskuer« (»Der patriotische Aufseher«, 1761/1763) von Jens Sneedorf dem englischen Vorbild des »Spectator«, unter Bezugnahme auch auf die zuvor erschienenen deutschen Ausprägungen des Genres. Die Moralischen Wochenschriften richteten sich überwiegend an eine breite bürgerliche Leserschicht. Sie zielten darauf ab, auf unterhaltsame Weise und insbesondere in Form moralischer Erzählungen die Ideen und Wertvorstellungen der Aufklärung zu verbreiten.

Moralische Wochenschriften

Im Laufe des 18. Jahrhunderts entstanden auch die ersten Tageszeitungen (1702 »Daily Current« in England, 1759 »Gaceta de Madrid«, erst 1777 »Journal de Paris«) sowie seit der Jahrhundertmitte ein ausdifferenziertes Netz von Informations- und Anzeigenblättern mit einem häufig regional begrenzten Lesepublikum (»Annonces, Affiches et Avis Divers« in Frankreich, »Intelligenzblätter« im deutschsprachigen Raum) und schließlich ein zunehmend auf spezifische Publikumserwartungen und -schichten zielendes Spektrum von Zeitungen und Zeitschriften. Diese stellten häufig keine kultur- und nationalspezifischen Entwicklungen dar, sondern gründeten, wie das Genre der Moralischen Wochenschriften, auf transkulturellem Kulturaustausch und -transfer. Das Genre des Musenalmanachs beispielsweise wurde in Frankreich mit dem ab 1765 veröffentlichten »Almanach des Muses« geschaffen. Es erfuhr in der Folge, vor allem im deutschen Sprach- und Kulturraum (»Göttinger Musenalmanach« und »Leipziger Almanach der deutschen Musen« ab 1770), eine Verbreitung in zahlreichen europäischen Ländern sowie auch in Nordamerika (»Almanach des Dames«, Montreal 1807).

Zeitungen und Almanache

Von besonderer Bedeutung für die soziale Verbreitung und die internationale Vernetzung der Aufklärungsbewegung erwiesen sich darüber hinaus die politischen Gazetten, vor allem in französischer Sprache (wie die »Gazette de Leyde« und die »Gazette de Cologne«), die literarisch-philosophischen Zeitschriften (»Journal Encyclopédique«, »Göttingische Gelehrte Anzeigen«) und die politischen Journale. Die Spätaufklärung und die Epoche der Französischen Revolution waren durch die Entwicklung und Ausbreitung einer militant-politischen

Militant-politische Presse

Presse gekennzeichnet, die auf den Werten der Aufklärungsbewegung fußte und diese auf den seit dem Beginn der Französischen Revolution radikal veränderten politischen und sozialen Kontext bezog. Die Zeitungen »Révolutions de Paris« (1789/1794) und der von Jean-Paul Marat herausgegebene »L'Ami du Peuple« (1789/1793) repräsentieren zeittypische Beispiele für die Verbindung von Aufklärung und Revolution im Bereich der Periodika.

Elitenkultur und Volksaufklärung

Volksaufklärung – Elitäres Projekt und soziokultureller Prozess

Die „Volksaufklärung", das heißt die Verbreitung aufgeklärter Ideen und Schriften unter breitere Bevölkerungsschichten, insbesondere Handwerkern, Landarbeitern, Bauern, Dienstmägden und Ladenbesitzern, die das Gros des „Dritten Standes" ausmachten, stellt sich ebenso als ein „elitäres Projekt" wie als soziokultureller Prozess dar. Der jüdische Aufklärer und Philosoph Moses Mendelssohn (1729–1786) verwendete erstmals 1784 in einem Aufsatz mit dem Titel »Was heißt Bildung oder Aufklärung des Bürgers und Landmanns?« den Begriff „Volksaufklärung" und verstand hierunter „die große Aufklärung einer Nation", die beinhalte, „dass unter derselben viel Bücher im Umlaufe sind, [...] je mehrere Bücher in den Händen der Leute von allen Ständen herumgehen" und „je weiter sich die Liebe zum Lesen ausbreitet, desto mehr

Mendelssohn zur Volksaufklärung

nimmt die Aufklärung zu, desto mehr verlieren sich sogar bei den untersten Ständen die Folgen der Unwissenheit, Aberglaube und Schwärmerey". Auch dem „gemeinen Mann müsse", so Mendelssohn, „Stoff geliefert werden zum Lesen und Nachdenken über alles, was dem Menschen in Absicht auf sein zeitliches und ewiges Bestes wichtig ist". Mit der Frage, wie die Ideen der Aufklärung massenwirksam verbreitet werden könnten, beschäftigten sich nicht nur zahlreiche Erziehungsschriften vor allem in der zweiten Hälfte des 18. Jahrhunderts, sondern auch eine ganze Reihe von akademischen Preisausschreiben, wie etwa in Berlin oder an der seit den 1760ern in erster Linie gesellschaftspolitischen Fragen zugewandten *Académie des Sciences, Belles-Lettres et Arts* in Châlons-sur-Marne in der Champagne. Das Projekt der Volksaufklärung ging somit in erster Linie von Notabeln, Lehrern, Klerikern (im deutschen Sprach- und Kulturraum vor allem protestantischen Pastoren) und Wissenschaftlern aus, im Zuge der Französischen Revolution auch von Politikern wie dem Kulturpolitiker Henri Grégoire (1750–1831), dem Leiter des Erziehungsausschusses des französischen Nationalkonvents in den Jahren 1792 bis 1794.

Die Bewegung der Volksaufklärung ging mit der Schaffung von Institutionen einher, die sich – parallel zu den gelehrten Akademien – der Entwicklung von Pro-

Schaffung von Institutionen

jekten und Publikationen der Volksbildung widmeten. So wurden in rascher Folge vor allem in West- und Zentraleuropa seit der Jahrhundertmitte „Ökonomische Gesellschaften" gegründet, die insbesondere an die

Bauernschaft aufgeklärtes Wissen und Innovationen im Bereich der Landwirtschaft zu vermitteln suchten: so 1757 die in Rennes in der Bretagne gegründete *Société d'agriculture, de commerce et des arts*, die der zwei Jahre später eingerichteten Ökonomischen Gesellschaft in Bern in der Schweiz als Vorbild diente.

Im Zuge der Volksaufklärung wurden zahlreiche tradierte literarische und publizistische Gattungsformen, sowohl aus dem religiösen wie aus dem poetischen Bereich, umfunktioniert und der Sprache sowie den Lektüregewohnheiten breiterer Leserschichten angepasst. So griff Gottlieb Konrad Pfeffel (1736–1809) in seiner 1789 erschienenen Fabelsammlung auf die Gattungsstruktur der Fabel zurück. Seine Fabeln weisen jedoch nicht in erster Linie eine moralische Zielsetzung, sondern einen agitatorischen Appellcharakter auf, rechtfertigen die Rebellion der Unterdrückten und stellen somit eine der Vorläuferformen der deutschen Jakobinerliteratur dar. Unter den publizistischen Medien wurden vorzugsweise Kalender, Einblattdrucke mit Druckgraphiken sowie die seit den 1770er Jahren zunächst vor allem in Frankreich und Deutschland erscheinenden Intelligenzblätter (Anzeigenblätter mit redaktionellem Teil und obrigkeitlichen Proklamationen) für volksaufklärerische Ziele eingesetzt. Im »Churbaierischen Intelligenzblatt« aus dem Jahre 1795 beispielsweise wurden „Materialien zum Dienste des Landmanns, zur Ausbreitung nützlicher Kenntniße, zur Litteratur, Sittenlehre und guten Geschmack" vermittelt. Zahlreiche Periodika, sowohl die Kalender als auch die Intelligenzblätter für das breitere „Volk" *(peuple)* – worunter die Aufklärer den Teil der Bevölkerung verstanden, der keine höhere Bildung erfahren hatte, also nicht zu den „gesitteten Ständen gehörte" (Holger Böning) –, enthielten auch medizinische, rechtliche und hauswirtschaftliche Kenntnisse.

Vielfältige Gattungsformen

Einen besonderen Stellenwert im Rahmen des volksaufklärerischen Schrifttums nahmen Lesebücher und kleinere enzyklopädische Kompendien ein, die in kompakter und zugleich stilistisch und rhetorisch auf das Zielpublikum angepasster Form umfassendes lebensweltliches Wissen präsentierten. Hierzu gehörten Werke wie das populäre Taschenlexikon »L'Agronome. Dictionnaire portatif du cultivateur« (1760, 2 Bde.) von Pons-Augustin Alletz, ein land- und hauswirtschaftliches Lexikon, das den Bedürfnissen des Landmannes entsprechen sollte und zugleich alle „neuen Erfindungen", insbesondere auf dem Gebiet der Landwirtschaft, vorzustellen versprach.

Vor allem im deutschen Sprach- und Kulturraum erlebten volksaufklärerische Schriften in der zweiten Hälfte des 18. Jahrhunderts eine wahre Konjunktur, die in erster Linie auf die Impulse des Pietismus und der protestantischen Volkserziehung zurückzuführen ist und durch Übersetzungen auf ganz Europa ausstrahlte. Die wohl erste volksaufklärerische Schrift in Deutschland wurde 1738 von dem Pfarrer Johann Caspar Nägeli unter dem Titel »Des Lehrnbegierigen und Andächtigen Landsmanns Getreuer Wegweiser« publiziert. 1787 erschien Heinrich Gottlieb Zerrenners »Volksbuch, Ein fasslicher Unterricht in nützlichen Erkenntnissen und Sachen mittelst einer zusammenhängenden Erzählung für Landsleute, um sie verständig, gut wohlhabend, zufriedner und für die Gesellschaft brauchbarer zu ma-

Konjunktur der Schriften

chen«, dessen Untertitel sich geradezu als ein Programm der Volksaufklärung liest. Eine weite Verbreitung erlebte auch das stärker auf den schulischen und pädagogischen Bereich abzielende »Allgemeine Lesebuch für den Bürger und Landmann vornehmlich zum Gebrauch in Stadt- und Landschulen« (1790) von Georg Friedrich Seiler, das es auf insgesamt 30 Auflagen und die bemerkenswerte Zahl von 250.000 Exemplaren brachte.

Unter den ca. 4000 populären Kleinschriften dieser Art, die im Laufe des 18. Jahrhunderts im deutschen Sprachraum publiziert wurden, ragt das »Noth- und Hülfsbüchlein für Bauersleute« (1788) von Rudolf Zacharias Becker (1751–1822) heraus. Der in Erfurt geborene Autor, dessen Vater Lehrer an einer Mädchenschule war, verdiente zunächst nach seinem Studium der Theologie und der Schulwissenschaften sein Brot als „Hofmeister“ (Hoflehrer und Erzieher von Kindern aus aristokratischen Familien). 1779 gelang es ihm, mit seiner Schrift über Volksaufklärung bei einem Preisausschreiben der Berliner Akademie der Wissenschaften – gemeinsam mit einem Mitbewerber – den ersten Preis zu erlangen. Seine Schrift auf die gestellte Preisaufgabe „Kann irgend eine Art von Täuschung dem Volke zuträglich sein, sie bestehe darin, dass man es zu Irrthümern verleitet, oder die alten eingewurzelten fortdauern lässt?“ gab eine dezidiert verneinende Antwort und entwarf das Programm einer Volksaufklärung, die auf die Perfektibilität aller Menschen auch aus den untersten Sozialschichten und den einfachsten gesellschaftlichen Verhältnissen setzte. „Man strengt“,

Rudolf Z. Becker und sein Werk

so Becker zu Beginn seiner Preisschrift, „alle Kräfte an, das Volk im Irrtum zu erhalten, das ist, es außer Stand zu setzen, dem Vaterlande durch das Licht, das die Aufklärung verbreiten würde, nützlich zu werden. Wenn ein solches Verfahren nicht nach dem Despotismus und der Tirranei schmekket, so verräth es wenigstens Unwissenheit der ersten Gründe einer gesunden Staatsklugheit.“ Der Erfolg der Preisschrift gab Beckers Karriere einen nachhaltigen Aufschwung: Auf Grund der Unterstützung des mit ihm befreundeten Pädagogen Christian Gotthilf Salzmann erhielt er 1782 beim Philanthropin in Dessau, der Reformschule von Johann Bernhard Basedow und Christian Heinrich Wolke, eine Anstellung mit der Aufgabe, eine neue »Dessauische Zeitung für die Jugend« herauszugeben. 1784 machte sich Becker als Schriftsteller und Publizist unabhängig, gab die »Deutsche Zeitung«, ein auf seiner Korrespondenz beruhendes Periodikum, heraus und erlangte mit dem 1788 erschienenen »Noth- und Hülfsbüchlein für Bauersleute« einen geradezu überwältigenden Erfolg. Bis 1815 erreichte das Werk über 30 Auflagen (Originalausgaben und von Becker lizenzierte Bearbeitungen), mindestens 20 illegale Nachdrucke und eine Gesamtauflage von etwa einer halben Million Exemplaren. Von der Erstauflage wurden innerhalb des ersten Jahres nach ihrem Erscheinen 28.000 Exemplare bestellt. Hinzu kamen Übersetzungen in zwölf europäische Sprachen, unter anderem ins Italienische, Französische und Holländische, aber auch ins Slowenische, Ungarische, Estnische und Dänische, die das Werk Beckers – noch vor Benjamin Franklins »Poor Richard's Almanack« – zu dem mit Abstand am weitesten verbreiteten Werk der Volksaufklärung im Europa des 18. und beginnenden 19. Jahrhunderts werden ließen.

Der Erfolg von Beckers Werk beruhte auf seinem volksnahen Inhalt, seinem Stil und seiner an mündliche Kommunikations- und Erzählformen anknüpfenden Rhetorik, aber auch auf der Tatsache, dass es seinem Autor gelang, ganz im Sinne eines volksaufklärerischen „Projekts“ eine aufklärungsbegeisterte Gebildetetenschicht dafür zu gewinnen, mit relativ geringem finanziellen Einsatz Exemplare (mindestens acht) zu kaufen und an weite Bevölkerungskreise weiterzugeben – eine frühe, originelle Idee des Sponsorentums im Bereich der Volksbildung, die Beckers Reputation und auch seinen geschäftlichen Erfolg begründete. „Er animierte sie, das Büchlein bei ihm zu kaufen, an Landsleute zu verschenken, mit ihnen darüber zu sprechen, es in Schulen und Kirchen zu verwenden und dadurch eine Nachfrage von unten, vom Volk selbst, zu schaffen, die dann später durch die herkömmlichen Vermittler von Volkslesestoffen, durch Buchbinder und Kolporteure, befriedigt werden sollte.“ Sein »Noth- und Hülfsbüchlein« wurde zudem „in großen Stückzahlen von Privatleuten, aber auch von Obrigkeiten, von Freimaurerlogen und gemeinnützigen Gesellschaften an Bauern verteilt, oft genug zusätzlich mit mündlichem Leseanreiz begleitet oder als Auszeichnung (es war z. B. ein beliebtes Schulpreisbuch). Pfarrer richteten »Noth-und-Hülfsbüchlein«-Vorlesestunden ein und zitierten das Büchlein in Predigten, Schriftsteller setzten es in andere Volksschriften um, in denen sie auf das »Noth- und Hülfsbüchlein« verwiesen, es zitierten, in Bild und Text kopierten. Wir finden es in Dorflesegesellschaften und Leihbibliotheken“ (Becker 1788/1980, Nachwort). Beckers Schrift, die den Zeitgenossen als „Nationales Schatzkästlein“ und „Nationalschrift zur Volksbelehrung“ galt (Holger Böning), griff nicht auf die Struktur einer – alphabetisch geordneten – Enzyklopädie zurück, sondern verwendete als Modell vor allem narrative Strukturen wie die Reisebeschreibung, als deren Verfasser ein Bauer namens Wilhelm Denker präsentiert wird. In drei Teilen, die durch zahlreiche Holzschnitte bebildert und durch poetische Kurztexte und Sprichworte begleitet werden, umfasst das Werk eine Fülle von geographischen, hauswirtschaftlichen, medizinischen und agrarischen Kenntnissen, die in sehr eingängiger Weise vermittelt werden. Am Ende des Buches, dass mit 445 Seiten im handlichen Taschenformat durchaus das Volumen eines kleinen enzyklopädischen Kompendiums aufweist, unterstreicht Becker seinen unbegrenzten aufklärerischen Fortschrittsglauben und seine Überzeugung von der Perfektibilität aller menschlichen Werke, die er nunmehr auf sein eigenes Werk überträgt: „Auch soll in jenem Theil alles verbessert werden, was in diesem von verständigen Leuten für mangelhaft oder unrichtig befunden wird: weil es mit den Büchern eben so wie mit allen menschlichen Dingen beschaffen ist, daß man sie immer besser machen muß, bis an das ENDE.“

Beckers »Noth- und Hülfsbüchlein«

Beckers »Noth- und Hülfsbüchlein«, das durch seine Verbreitung und die Vielzahl seiner Übersetzungen eine genuin europäische Dimension der Volksaufklärung verkörpert, weist als „nationales Volksbuch“ auf die Volkslesebücher der Französischen Revolution und des 19. Jahrhunderts voraus, die sich nunmehr jedoch zunehmend vaterländisch-patriotischen Zielsetzungen unterordneten. Das aus der Bewegung der Volksaufklärung hervorgegangene und erstmals in breitenwirksamer Weise durch Becker verwirklichte Konzept eines „aufgeklärten Volksbuchs“ wurde zunächst unter völlig anderen politischen Voraussetzungen von der Ersten Französischen Republik in den Jahren 1793/1794 aufgenommen. Es lag unter anderem dem Beschluss des Erziehungsausschusses des französischen Nationalkonvents aus dem Jahre 1793 zugrunde, ein Elementarbuch der Moral zu schaffen, das die Heldentaten großer Franzosen enthalten und für alle Angehörigen der französischen Nation zukünftig zur Pflichtlektüre gemacht werden sollte. Eine erste, massenwirksame Realisierung erfuhr dieses Konzept in dem »Recueil des actions héroïques et civiques des républicains français« (»Sammlung der heroischen und staatsbürgerlichen Aktionen der französischen Republikaner«, 1793) des Abgeordneten Léonard Bourdon, das in einer Auflage von über 150.000 Exemplaren gedruckt und vor allem in den politischen Clubs und unter den Soldaten der Revolutionsheere Verbreitung fand. Die Konzeption eines volkstümlichen und zugleich aufgeklärten „Nationalbuchs“ lag auch Goethes Schema zu einem Volksbuch historischen Inhalts zugrunde, das er 1808 im Auftrag des bayerischen Innenministers Friedrich Immanuel Niethammer verfasste, aber nie realisierte.

Zwischen Schriftlichkeit und Mündlichkeit – Medien der Volksaufklärung

Die Volksaufklärung vermochte im 18. Jahrhundert das breite „Volk“, das im zeitgenössischen Verständnis von lesekundigen Handwerkern (die jedoch nicht das Geld für den Kauf von Büchern hatten, sondern allenfalls Kolportageheftchen, Almanache, Katechismen und Gesangbüchlein kauften) über das Dienstpersonal in bürgerlichen und adligen Haushalten bis hin zu Landarbeitern und Bettlern reichte, nur zu erreichen, wenn sie weitestgehend auf die kulturellen Spezifika der populären Lebenswelt und ihrer von Mündlichkeit und Bildlichkeit geprägten Kommunikationsformen einging. Diesen entsprachen vor allem bebilderte Kalendergeschichten, Prophezeiungen, kurze

Semi-orale Literatur- und Rezeptionsformen

medizinische Ratschläge und Sprichwörter, wie sie sich in den populären Volkskalendern wie den »Hinkenden Boten« (die in deutscher und französischer Sprache vor allem am Oberrhein und in der Schweiz verlegt wurden) oder dem ab 1750 in Pavia und dann ab 1770 in norditalienischen Totrona verlegten »Almanacco universale del Gran Pescatore di Chiaravalle« finden. Sie eigneten sich zur mündlichen Weitergabe sowie zum Vorlesen und enthielten häufig auch begleitendes Bildmaterial in Form von Holzstichen. Auch in Lieder, wie die populären, häufig im Zusammenhang von öffentlichen Hinrichtungen gesungenen Bänkellieder *(Complaintes)*, sowie in Gesangbüchlein fanden im ausgehenden 18. Jahrhundert aufklärerische Ideen Eingang. Beckers »Noth- und Hülfsbüchlein« enthielt gleichfalls eine Reihe von erzählerischen, bildlichen und poetischen Elementen, die sich zur mündlichen Weitergabe eigneten und somit an Kommunikationsformen der Leser anknüpften. Vor allem im Kontext der Spätaufklärung und der Französischen Revolution entwickelte sich eine Fülle solcher semi-oraler, das heißt Schriftlichkeit und mündliche Kommunikation miteinander verbindender Formen, durch die aufklärerische Ideen auch leseunkundige Schichten zu erreichen vermochten.

Die Entwicklung semi-oraler Literatur- und Rezeptionsformen in der Spätaufklärung und vor allem während der Französischen Revolution äußerte sich in einer sprunghaften Zunahme von literarischen Gattungen, die mündlichen Kommunikationssituationen entnommen waren und sich in besonderer Weise zum Vorlesen, Re-Zitieren und zur „Re-Dialogisierung" eigneten: so in erster Linie der Dialog, der Katechismus, das Lied, die (fingierte) Rede, öffentlich angeschlagene Plakate, auf denen sich ebenso Lieder und Pamphlettexte wie offizielle Bekanntmachungen fanden, sowie narrative Kurzformen wie Sprichwörter und Anekdoten. Beispiele hierfür lassen sich in Frankreich, aber auch in Italien und den an Frankreich angrenzenden Gebieten in Fülle ausmachen. Die Zeitung »Chronique de Paris« etwa sprach 1792 von einer „Unmenge von Plakaten, die die Wände vor den Wahlen füllten", und verglich die Entwicklung der – häufig von einer Menschenmenge umlagerten und von Lesekundigen laut vorgelesenen – *Affiches* mit der rhetorischen Sprengkraft wirkungsvoller Prediger während der Religionskriege des 16. Jahrhunderts.

Zeitungen wie der »Orateur du Peuple«, Héberts »Père Duchêne« oder die »Feuille Villageoise« im Frankreich der Französischen Revolution verfolgten die Zielsetzung, dem Stil gesprochener Sprache möglichst nahe zu bleiben, und verwendeten aus diesem Grunde bevorzugt Textgattungen wie den Dialog, den Katechismus, die Anekdote und das Sprichwort. Dies gilt auch für zahlreiche Almanache wie Franklins »Poor Richard's Almanack« oder den »Encyclopädischen Calender« (1776/1786) von Johann Christoph Heppe sowie für traditionelle Volksalmanache wie die »Messagers Boiteux«/»Hinkenden Boten«, die seit der Mitte des 18. Jahrhunderts in zunehmendem Maße medizinische und agrarwissenschaftliche Texte aufnahmen und in Exempelgeschichten aufklärerische Zielsetzungen, wie die Bekämpfung des Aberglaubens und die Verbreitung religiöser Toleranz, zum Ausdruck brachten. „Vorstellungen der europäischen Aufklärung – etwa von der Vernunft und Eigenverantwortung des Menschen – wurden von den Almanachen des Typs »Messager Boiteux« ausdrücklich reflektiert und der Leserschaft nahe gebracht" (Susanne Greilich).

Medien: gesprochene Sprache

Die enge Verbindung von Aufklärungsvermittlung, Schriftlichkeit und Mündlichkeit charakterisiert zudem das Theater des späten 18. Jahrhunderts, das in England, aber vor allem in Frankreich während der Französischen Revolution ein völlig neues Publikum anzog und in weit stärkerem Maße als etwa im deutschen Sprach- und Kulturraum die Funktion einer aufgeklärt-politischen „Bildungsanstalt" einnahm. Die Aufführungen des Theaterstückes »Brutus« von Voltaire (1730) während der Epoche der Französischen Revolution bieten ein anschauliches Beispiel dafür, welche Konsequenzen sich aus der Aufführung eines klassischen Schrifttextes der frühen Aufklärungsbewegung mit einer konventionellen Tragödienstruktur in einem total neuen Kontext und vor einem radikal gewandelten Publikum ergaben. Die Tragödie »Brutus« weist eine in der Theatergeschichte des 18. Jahrhunderts völlig aus dem Rahmen fallende Rezeptionsgeschichte auf. 1730 publiziert und erstmals aufgeführt, gehörte das Stück mit nur durchschnittlich 15 Aufführungen pro Jahrzehnt (im Zeitraum 1730–1789) zu den krassen Misserfolgen in Voltaires Dramenrepertoire, um während der Revolutionszeit – vor allem in den Jahren 1790 bis 1794 – zu einem der meistgespielten Theaterstücke überhaupt zu werden. Zusammen mit Molières »Le Tartuffe« und Jean Racines »Athalie« gehörte es zu den wenigen Theaterstücken des *Ancien Régime*, die während der Revolutionszeit Publikumserfolge erlebten.

Das Theater

Allein in Paris wurde es in den Jahren 1790 bis 1794 77 Mal aufgeführt, im Allgemeinen im *Théâtre de la Nation*, dem neuen französischen Nationaltheater, wo es auch regelmäßig zum Repertoire jener *Pièces nationales* gehörte, die in Gratis-Vorstellungen vor einem Publikum, das überwiegend aus den unteren Volksschichten stammte, aufgeführt wurden. Der Erziehungsausschuss des Nationalkonvents zählte in einem Dekret aus dem Jahre 1794 Voltaires »Brutus« zu jenem schmalen Kanon republikanischer Stücke, die jeder französische Staatsbürger kennen und mindestens einmal gesehen haben sollte. Ein deutscher Revolutionsreisender, Gerhard Anton von Halem, der im November 1790 eine der ersten Neuaufführungen des Stückes während der Revolution miterlebte, führte den überragenden Erfolg des Werkes auf eine völlig neue Erwartungshaltung des Publikums zurück, das in radikal anderer Weise als das Theaterpublikum des *Ancien Régime* auf Symbolik, Sprache und den möglichen Aktualitätsbezug der Tragödie »Brutus« reagierte: „Die darin enthaltenen Freiheitsideen sind zu verschieden von denen, die damals herrschten, oder geäußert werden durften. Es war nur sechzehnmal gegeben worden. Bei jetzigen so veränderten Umständen suchte das Nationaltheater, das im Geruch des Aristokratismus ist, durch Vorstellung des Brutus andre Grundsätze zu affichieren. Indessen bot der Brutus Anspielungen dar von mancherlei Art. Nicht nur konnten die republikanisch Gesinnten bei den energischen Versen, in denen Brutus wider die von ihm zertrümmerte monarchische Gewalt donnert, applaudieren; sondern die Monarchisten fanden auch Gelegenheit, ihre Hände zu bewegen, wenn Aron die Süßigkeiten der absoluten Monarchie rühmet, und von Volk und Senat mit Verachtung spricht."

Die zahlreichen und vielfältigen Berichte in der zeitgenössischen Presse sowie in der Memoirenliteratur erlauben es, geradezu seismographisch den oralen Resonanzraum auszuloten, den die von Halem erwähnten „Anspielungen" des Stückes schufen. Sie belegen Formen der Aufklärungsrezeption, die im Kontext der Französischen Revolution neue Sozialschichten erreichten und eine kaum zu überschätzende politische und mentale Wirkung zeitigten. Alle Zeitungsrezensionen der Aufführungen, die im November/Dezember 1790, in der zweiten Junihälfte 1791, im August 1792 und im Januar/Februar 1793 sowohl in Paris wie in der französischen Provinz ihre Höhepunkte erlebten, berichten von den Reaktionen des Publikums, die vor allem bestimmte Passagen und Verse der Tragödie betrafen.

Öffentliche Wirkung von Theaterstücken

Die Tageszeitung »Affiches, Annonces et Avis Divers« hob etwa hervor, dass eine Reihe von Versen des Stückes auf Verlangen des Publikums von den Schauspielern

Voltaire. Porträt von Jean-Michel Moreau (1741–1814).

wiederholt werden mussten und hierbei – je nach politischer Einstellung – von Beifallsstürmen oder lauten Missfallensäußerungen begleitet wurden. Die öffentliche Wirkung von Voltaires »Brutus« setzte sich schließlich in einer Vielzahl semi-oraler Textformen fort, die einzelne Verse oder Passagen aus dem Stück zitierten und hiermit memorisierten: Sie finden sich auf zeitgenössischen Plakaten wie einer »Affiche publique du 24 juin 1791, dans le fauxbourg Saint-Germain«, die kurz nach dem gescheiterten Fluchtversuch König Ludwigs XVI. erschien und deren ausschließlich aus Versen der Tragödie »Brutus« bestehender Text die Zeitung »Annales Patriotiques« am nächsten Tag ihren Lesern zur Kenntnis brachte. Verse aus Voltaires »Brutus« wurden ferner in Zeitungen, Pamphleten und auf Voltaire-Büsten als Sentenzen und Motti verwendet und fanden sich als Zitate auf den Seitentüren der zwölfspännigen Karosse, die am 11. Juli 1791 die letzten Überreste des Philosophen ins Panthéon überführten. Selbst Straßen-, Sektions- und Ortsnamen (in Frankreich trugen insgesamt elf Orte während der Revolutionszeit den Namen „Brutus") sowie der in den Jahren 1790/1794 beliebte Vorname „Brutus" knüpften unmittelbar an den ungeheuren Erfolg des Theaterstückes an, bei dessen erster Aufführung im *Théâtre de la Nation* auch Davids bereits 1789 entstandenes Gemälde »Brutus« auf der Bühne und hiermit einer breiten Öffentlichkeit präsentiert wurde.

Volksaufklärung und Autodidaktentum

Autodidakten, das heißt Personen, die keine oder nur eine sehr fragmentarische Schulbildung genossen und sich durch Selbststudium Lesen und Schreiben sowie Bildung angeeignet hatten, repräsentierten zugleich Grenzfälle und herausragende sozio-kulturelle Symptome des Aufklärungsprozesses. Insbesondere schreibende Autodidakten, wie der Tagelöhner Ulrich Bräker (1735–1798) aus dem schweizerischen Städtchen Toggenburg im Kanton Appenzell oder der zum Schriftsteller und Verwalter des kaiserlichen Münzkabinetts in Wien aufgestiegene ehemalige Schafhirt Valentin Jamerey-Duval (1695–1775), waren seltene Ausnahmeerscheinungen. Zugleich riefen sie unter den Zeitgenossen und der aufgeklärten Öffentlichkeit eine nachhaltige kulturelle und anthropologische Neugierde hervor. Aus der Sicht der entstehenden Kulturanthropologie, wie sie etwa Gottfried Immanuel Wenzel (»Die natürlichen Zauberkräfte des Menschen, erklärt und in Geschichten, Anekdoten und Beyspielen dargestellt«, 1800), Johann Gottfried Herder und Henri Grégoire (»De la Littérature des Nègres«, 1808) entwickelten, stellten sie schlagende Beweise für die grundsätzliche intellektuelle und kulturelle Entwicklungsfähigkeit aller Menschen, unabhängig von Hautfarbe, Rasse, Geschlecht und sozialer Herkunft, dar. Sie illustrierten zugleich, aus der Sicht vieler Zeitgenossen, aber häufig auch in ihrem Selbstverständnis, einen Prozess der Volksaufklärung *sui generis*, ohne Vermittlerinstanzen und institutionalisiertes Lernen, der die unmittelbare Überzeugungskraft aufgeklärter Erkenntnis für „unverbildete" Bevölkerungsschichten zu veranschaulichen schien. „Ich dachte mich als den Repräsentanten der Natur", schrieb etwa Gottlieb Hiller 1805 in seinem Werk »Gedichte und Selbstbiographie«, „ich hätte es für ein Verbrechen gehalten, wenn ich auch nur ein Wort gesagt hätte, was ich nicht mit dem Herzen fühlte, daher meine Unbefangenheit." Die »Münchener Gelehrte Zeitung« charakterisierte in ihrer Rezension der Memoiren den schreibenden Autodidakten Jamerey-Duval als einen jener „seltnen Menschen, die ohne die mindeste Unterstützung bloß durch den Drang ihres Genies die Bewunderung der Welt werden" und der das „Leben eines Weisen", eines „wahrhaften Gelehrten" mit „philosophischer Denkungsart" und „gesunden Religionsbegriffen" geführt habe.

Der Autodidakt Ulrich Bräker, Sohn eines Kohlenbrenners und Salpetersieders, von Beruf zunächst Hirte und Tagelöhner, später dann Garnverkäufer und – nebenberuflich – Schriftsteller, der selbst sechs Jahre hindurch nur zehn Wochen die Dorfschule besucht hatte, schildert in seiner Autobiographie »Lebensgeschichte und Natürliche Ebenteuer des Armen Mannes im Tockenburg« (1789) seinen eigenen, ungewöhnlichen Lebensweg und seine Entwicklung zum Schriftsteller. Lesen und Schreiben erscheinen bei Bräker als Zuflucht, als Kompensation einer unerträglich gewordenen Alltagssituation, als Mittel der Kommunikation mit Gott, als Medium des Glaubensausdrucks und zugleich als Hoffnungsträger, denn der Arbeitersohn und Autodidakt Bräker verfolgte zeitlebens den Traum, Schriftsteller zu werden und durch seine Bücher zu Reichtum und Ansehen zu gelangen. Ermutigt und unterstützt
Ulrich Bräker von einem Wattweiler Pfarrer gelang es ihm nicht nur, „Stufe zu Stufe die Bahn eines angehenden [...] Schriftstellers zu durchlaufen", sondern auch seine Lebensgeschichte im Verlag Füssli in Zürich zu veröffentlichen und in den örtlichen Gelehrtenzirkel – die Moralische Gesellschaft zu Lichtenberg – als vollwertiges Mitglied aufgenommen zu werden – ein Triumph, den er in dem Kapitel seiner Autobiographie mit der bezeichnenden Überschrift »Das Samenkorn meiner Autorschaft« breit und mit unverhohlenem Stolz ausmalte. Obwohl stolz darauf, „ein bisschen Schreiben ganz aus mir selbst, ohne andern Unterricht gelernt" zu haben und sich Werte und Erkenntnisse der aufgeklärten Welt angeeignet zu haben, überkommen

Bräker auch immer wieder Minderwertigkeitsgefühle, die aus der Konfrontation mit der ihm ganz überwiegend nur aus seinen Lektüren bekannten Welt der Gelehrten herrühren. Er sieht sich als „armer ungelenker Weltbürger", als „ungelehrter Tropf", der sich auch nach seiner ersehnten Wahl zum Mitglied der aufgeklärten Moralischen Gesellschaft in Lichtenberg als völliger Außenseiter betrachtete.

Die »Mémoires« von Valentin Jamerey-Duval, die erst postum 1784 in französischer Sprache und fast gleichzeitig auch in deutscher Übersetzung erschienen sowie in stark veränderter, politisch „entschärfter" Form publiziert wurden, vermitteln eine zweite Form autodidaktischen Selbstverständnisses, das sich hier in einer zugleich volksnahen und von der Aufklärung geprägten kritischen Außensicht auf die Gesellschaft seiner Zeit äußerte. Jamerey-Duval stammte aus dem kleinen Dorf Arthonnay in einem der ärmlichsten Teile der Champagne, war bis zu seinem 13. Lebensjahr Schafhirte ohne jegliche Schulbildung, floh wegen Auseinandersetzungen mit seinem Stiefvater und einem Obstdiebstahl (den er allem Anschein nach aus Hunger begangen hatte) aus seiner Heimat und wurde durch eine Kette von Zufällen zunächst Schützling eines Eremiten, der ihm Lesen und Schreiben vermittelte, und dann des Herzogs von Lothringen, als dieser 1716 voller Erstaunen und Bewunderung bei einem Jagdausflug den lesenden Schafhirten entdeckte und seine Begabung erkannte. Der Herzog förderte daraufhin tatkräftig die weitere Schulausbildung des ehemaligen Schafhirten, der nach dem *Collège* an der Universität von Pont-à-Mousson studierte und zunächst als Bibliothekar sowie als Lehrer für Geschichte und Altertumswissenschaften an der Akademie von Lunéville tätig war. Als sein Förderer Herzog der Toskana und anschließend Kaiser wurde, folgte ihm Jamerey-Duval an die Höfe von Florenz und Wien, wo er das Königliche Münzkabinett verwaltete, jedoch in der Hofgesellschaft als Kauz und bizarrer Sonderling galt. Jamerey-Duval verkörpert trotz seines Aufstiegs in das Milieu der höfischen Kultur das Beispiel eines krassen sozialen Außenseiters, der die Gesellschaft seiner Zeit aus einer völlig peripheren Position heraus betrachtete. Er selbst sah sich in der Hofgesellschaft in Lunéville und dann in Florenz und Wien als jemanden, der „aus den Wolken gefallen war" und den die Höflinge auf Grund seiner bizarren, äußerst bescheidenen Kleidung – einer Eremitenkutte, die der Rousseaus ähnlich sah – und seiner stillen und unauffälligen Art als einen „Halbwilden" betrachteten. Jamerey-Duval verstand sich als Zeuge einer sozialen Welt, der Kultur der bäuerlichen Unterschichten des 18. Jahrhunderts, die die intellektuellen Eliten der Zeit nicht aus eigener Erfahrung und Lebensanschauung kannten und die in Gattungen wie der Ekloge vergilscher Tradition, der Hirtenfabel, der Komödie und der Schäferdichtung in völlig verzerrender Weise dargestellt wurde. „Ich begnüge mich damit", so Jamerey-Duval in seinen »Mémoires«, „das Echo eines ganzen Volkes und der Übersetzer seiner Traditionen zu sein."

Valentin Jamerey-Duval

Jamerey-Duvals Wahrnehmung der französischen Gesellschaft seiner Zeit, die er aus der autobiographischen Retrospektive heraus darstellte und beurteilte, ist von einem tiefen Misstrauen gegenüber der Welt des Hofes geprägt. Er spricht selbst von einer ausgesprochenen, geradezu physischen Abneigung, die er gegenüber den Hof-

adligen hegt: Er geht ihnen am Hofe sorgsam aus dem Wege, weniger, wie er schreibt, aus Schüchternheit, sondern aus „Widerwillen“ und „Abscheu“. Seine Beschreibungen der königlichen Hofgesellschaft in Versailles, die er 1718 während einer Reise aus der nächster Nähe beobachten konnte, und des sozialen Elends im Winter 1708/1709, für das er wesentlich das ungerechte Steuersystem, die Wucherer und insgesamt die „kriminelle Unempfindsamkeit der Reichen“ verantwortlich macht, gehören – neben dem »Testament« (1764 postum in Teilen von Voltaire veröffentlicht) des Abbé Jean Meslier (1664–1729) – zu den radikalsten sozialkritischen Passagen der Literatur des 18. Jahrhunderts. In der Sicht Jamerey-Duvals, der von seiner Verachtung gegenüber der höfischen Gesellschaft nur wenige Personen, wie seine Förderer und väterlichen Freunde, den Herzog von Lothringen und den Baron Pfitzner, ausnimmt, stellen die Höflinge arrogante Schmarotzer dar, die er mit Reptilien und gierigen Raubvögeln vergleicht, deren Tagesbeschäftigung aus puren Schmeicheleien bestehe. Jamerey-Duvals Sichtweise der französischen Gesellschaft, die den sozialrevolutionären Bruch von 1789 symbolisch und mental antizipiert, erhebt das „einfache Volk“, aber auch die Bourgeoisie zu den legitimen sozialen Säulen einer zukünftigen neuen und gerechteren Gesellschaftsordnung. Autodidakten wie Jamerey-Duval und Bräker stellten zeittypische Bindeglieder zwischen Volks- und Elitenkultur dar und verkörperten zugleich Repräsentanten einer „Volksaufklärung von unten“. Als Zeugen für die Möglichkeit des sozialen Aufstiegs durch Intelligenz und (Selbst-)Bildung aus einfachsten Verhältnissen verweisen ihre Lebensläufe und ihre Rezeption in der aufgeklärten Öffentlichkeit des späten 18. Jahrhunderts auf den Fortschrittsglauben der Aufklärungsbewegung, die in ihnen schlagende Beweise für die intellektuelle und kulturelle Entwicklungsfähigkeit aller Menschen, unabhängig von sozialer Stellung, Hautfarbe und Geschlecht, sah.

Stellung zur höfischen Gesellschaft

Henri Grégoire, Mitglied des katholischen Klerus, Abgeordneter in der Konstituierenden Nationalversammlung 1789, dann im Nationalkonvent 1792 und zugleich der wichtigste Sprach- und Kulturpolitiker der Französischen Revolution, wies in seinem kulturanthropologischen Pionierwerk über die Literatur der Schwarzafrikaner darauf hin, dass ein Vergleich zwischen verschiedenen Völkern die Herstellung „gleicher Verhältnisse“ voraussetze. Unter Bezugnahme auf eine ganze Reihe von ehemaligen Sklaven und autodidaktischen Schriftstellern, wie Phillis Wheatley und Olaudah Equiano aus den Vereinigten Staaten sowie Julien Raimond aus Haïti, die er neben Autodidakten aus den europäischen Kulturen stellt, unterstreicht er den anthropologischen Erkenntniswert ihrer Werke und Biographien: „Es sollte schon nicht befremden, wenn ein Neger noch nie einen Beweis von Geistesgaben dargebracht hätte; und darum ist es um so mehr der Verwunderung werth, dass eine große Zahl etwas der Art geäußert. Was würden sie nicht leisten, wenn sie, ganz der Würde freier Menschen theilhaftig die Stelle einnähmen, welche die Natur ihnen anwies und die Tyrannei ihnen nur versagte?“ Grégoires Werk, das als eines der Pionierwerke der aufgeklärten vergleichenden Kulturanthropologie gesehen werden muss, stellte die tradierten Grenzen zwischen Elitenkultur und Volkskultur und zugleich auch zwischen europäischen und außereuropäischen kolonialen Kulturen in Frage. Es sollte zu Beginn des 19. Jahrhunderts einen nachhaltigen Einfluss auf die Haïtianische Revolution ausüben. Grégoire stand mit dem ersten Präsidenten der Republik Haïti, Alexandre Sabès Pétion (1806–1818), in regelmäßigem Briefwechsel und wurde dort, unter anderem in der frühen haïtianischen Literatur und in Zeitungen wie »L'Abeille Haïtienne«, als einer der „Väter der Revolution" gefeiert. Im 20. Jahrhundert sah die emanzipatorische Négritude-Bewegung Léopold Sédar Senghors und Aimé Césaires in Afrika und der Karibik Grégoire, der maßgeblich auch die Vorbereitung und Verabschiedung des Gesetzes zur Abschaffung der Sklaverei in Frankreich im Jahre 1794 betrieben hatte, als einen ihrer Vorläufer und Identifikationsfiguren an.

Transkulturelle Dimensionen – Erbe und Universalität der Aufklärung

Weltwirkungen der Europäischen Aufklärung

Die Aufklärungsbewegung hatte ihren Ursprung in den Kernländern Europas – Frankreich, England, Deutschland und den Niederlanden. Sie wies jedoch in der Folge nicht nur eine europaweite, sondern eine weltweite Wirkung auf. Das „Zeitalter der Revolutionen" (Koselleck) der Jahrzehnte zwischen 1760 und 1850 beiderseits des Atlantiks war unmittelbar mit der Entstehung, sozialen Ausbreitung und globalen Verbreitung aufgeklärter Ideen von Demokratie, Volkssouveränität, Selbstbestimmung und Nation verknüpft. Die Aufklärungsbewegung wies in den verschiedenen Kulturen und Gesellschaften Europas sehr unterschiedliche Ausprägungsformen auf: So stand den reformorientierten Aufklärungsbewegungen in Deutschland, Spanien, Russland, den Niederlanden und England die sehr viel früher und dezidierter auf radikaler Kritik an Kirche und absoluter Monarchie ausgerichtete Aufklärungsbewegung in Frankreich gegenüber, die vor allem in der Spätaufklärung Visionen und Legitimationsformen des revolutionären Umsturzes entwickelte, vor allem in den Werken Rousseaus, Mablys, Raynals sowie im Spätwerk Diderots. Die im deutschen Sprach- und Kulturraum häufig zu beobachtende Verbindung von Religion und Aufklärung kontrastierte scharf mit den dominant religionskritischen und antiklerikalen Tendenzen der französischen Aufklärungsbewegung. Im Gegensatz zu den west- und zentraleuropäischen Aufklärungsbewegungen, insbesondere Frankreichs, Deutschlands und Englands, die eine dominant kosmopolitische, nationenübergreifende Ausrichtung aufwiesen, waren die Aufklärungsbewegungen in Spanien und Portugal eng mit nationalen Interessen und Reformbestrebungen verknüpft.

Unterschiede der Aufklärungsbewegungen

Das „Zeitalter der Revolutionen" führte zum einen zu einer Polarisierung der Öffentlichkeiten in Bezug auf die neuen sozialen und politischen Entwicklungen, zu einem Erstarken konservativer und aufklärungsfeindlicher Strömungen und in zahlreichen Ländern – wie vor allem Russland, Spanien und Portugal – zu einer nachhaltigen Schwächung der Aufklärungsbewegung. Zum anderen entwickelten in den letzten Jahrzehnten des 18. Jahrhunderts und zu Beginn des 19. Jahrhunderts die politischen, sozialen und kulturellen Konzepte und Ideale der Aufklärungsbewegung im Kontext der Amerikanischen, der Französischen und der Haïtianischen Revolution sowie der Unabhängigkeitsbewegungen der Länder Südamerikas eine ungeahnte Dynamik. Bei allen revolutionären Bewegungen der Epoche spielten spezifische soziale und politische Faktoren eine wichtige Rolle; durchgehend lässt sich jedoch, bei den politischen und sozialen Eliten und – vor allem während der Amerikanischen und der Französischen Revolution – auch bei breiteren Schichten der Bevölkerung, ein unmittelbarer Einfluss politischer, sozialer und kultureller Modelle der Aufklärungsbewegung feststellen. Selbst in der Haïtianischen Revolution, die zur Loslösung der reichsten Plantagenkolonie Frankreichs vom Mutterland und 1804 zur Unabhängigkeit des ersten von ehemaligen schwarzen Sklaven regierten Staats der Erde führte, bildete die europäische Aufklärungsbewegung einen herausragenden Bezugs- und Legitimationsrahmen. Der französische Kulturpolitiker und Kulturanthropologe Henri Grégoire, der in den Jahren 1793/1794 eine zentrale Rolle bei der Entstehung des modernen französischen Bildungssystems spielte, stand in enger Verbindung mit Alexandre Sabès Pétion, der die neuen politischen Strukturen sowie die Bildungs-, Wissenschafts- und Kulturinstitutionen Haïtis nach dem Vorbild des revolutionären Frankreich und den Idealen der Aufklärungsbewegung auszurichten suchte. Zugleich zeigen die Beispiele Haïtis und der ab 1819 unabhängig werdenden spanischen Kolonien Südamerikas, dass die Umsetzung der Ideale und politischen Modelle der Aufklärungsbewegung zunehmend in einem nationalstaatlichen Rahmen gedacht wurde und erfolgte. Der Nationalstaat des 19. Jahrhunderts stellte somit auch ein – von dem meisten Aufklärern zweifellos ungewolltes – Kind des Aufklärungszeitalters dar.

Polarisierung der Öffentlichkeiten

Erbe und Hypothek der Aufklärung

Die Aufklärung unterscheidet sich grundlegend von anderen Epochen der europäischen Geschichte der Moderne: „Sie hat die Gründungsurkunden der politischen Ordnung geschaffen, in der ein Teil der Menschheit immer noch lebt und der sich andere gerne anschließen möchten. Die ‚Erklärung' der Rechte des Menschen ist nicht nur ein historisches Dokument. Es ist auch ein lebendiges Manifest, dessen erster Artikel heute für Millionen von Bürgern ein Glaubensartikel ist: ‚Die Menschen sind frei und gleich geboren und bleiben es in ihren Rechten.'" (Robert Darnton).

Die Aufklärung bildet heute in der Sicht vieler Europäer das eigentliche geistige Bindeglied des modernen Europa und somit – vor allem aus französischer, das heißt auch laizistischer, Sicht – das Fundament europäischer Identität. Nicht das Christentum, sondern die humanistischen Werte der Aufklärungsbewegung seien dazu geeignet, so Tzvetan Todorov, der Kurator der 2006 in der Pariser Nationalbibliothek gezeigten Ausstellung über *Les Lumières*, zum gemeinsamen Bindeglied der Gesellschaften und Staaten Europas im 21. Jahrhundert zu werden. „Die Aufklärung ist das prestigevollste, das Europa hervorgebracht hat", erklärte Todorov. Er stellte zugleich die Frage, warum universelle Werte, die auch in anderen Gesellschaften und Kulturen, wie den mittelalterlichen islamischen Gesellschaften, bereits zuvor eine gewisse Ausprägung erfahren hatten, im Europa des 18. Jahrhunderts ihre prägnanteste Formulierung und ihre zugleich nachhaltigste Wirkung erfahren hätten. Die Antwort liegt für Todorov in der Struktur des europäischen Raums, seiner Vielsprachigkeit und seiner Multikulturalität, der Vielzahl seiner Staaten sowie in der Unterschiedlichkeit seiner Gesellschaften und Kulturen. Anders als die Gesellschaften anderer Kontinente sei der europäische Raum seit der Frühen Neuzeit durch eine intensive Kommunikation vor allem unter Intellektuellen und Gelehrten gekennzeichnet gewesen – ein entscheidendes Ferment für geistigen Austausch und ökonomische Konkurrenz, aber auch für die Entwicklung von Toleranz- und Fortschrittsdenken.

Ausprägung universeller Werke

Rousseaus Ausspruch aus den »Considérations sur le gouvernement de Pologne« (1770/1771), „Es gibt heute keine Franzosen, Deutschen, Spanier und selbst keine Engländer mehr, was man auch sagen möge, sondern nur noch Europäer", kann somit in gewisser Hinsicht als ein Grundcharakteristikum der europäischen Aufklärungsbewegung gelten. Es verweist auf die genuin europäische Dimension der Aufklärungsbewegung, die im 19. und 20. Jahrhundert allzu oft in engen nationalkulturellen und nationalliterarischen Bahnen gesehen wurde. Das Europa der Aufklärung war multikulturell und, trotz der Dominanz des Französischen, vielsprachig, und ihre Wortführer – im Verhältnis zu den intellektuellen Eliten des 19. und der ersten Hälfte des 20. Jahrhunderts – waren erstaunlich mobil. Nacheinander in mehreren Kulturräumen zu leben, zu studieren, zu lehren und zu publizieren – eine Existenzform, die in der aktuellen globalen Postmoderne wiederentdeckt wird – gehörte im 18. Jahrhundert geradezu selbstverständlich zum biographischen Profil vieler Gelehrter, Journalisten, Schriftsteller und Intellektueller, von David Hume, Pierre Bayle, Voltaire und Diderot bis hin zu Georg Forster, Benjamin Franklin und Wilhelm von Humboldt. Die Schriftsteller und Philosophen der Aufklärungsbewegung verstanden sich als Intellektuelle im modernen Sinn des Wortes, lange bevor – im Zuge der Dreyfusaffäre Ende des 19. Jahrhunderts – das Wort *Intellectuel* selbst geprägt wurde: als Schöpfer und Verbreiter gesamtgesellschaftlichen Orientierungswissens – eine Rolle, die sie mit der Kritik an tradierten Wissensformen, Herrschaftspraktiken und Institutionen verknüpften. Anders als die Intellektuellen des 19. und 20. Jahrhunderts richteten sich ihre Vorgänger häufig an ein transnationales Publikum und publizierten nicht selten in genuin transkulturellen Medien, die ein Publikum in mehreren Sprach- und Kulturräumen erreichten, wie etwa die »Göttingischen Gelehrten Anzeigen« oder das im südwallonischen Städtchen Bouillon gedruckte, aber von der *République des Lettres* ganz Europas gelesene »Journal Encyclopédique«.

Multikulturalität

Universalität und Grenzen der europäischen Aufklärung

Die Widersprüche und Grenzen der Aufklärungsbewegung, die Theodor W. Adorno und Max Horkheimer in ihrer epochalen »Dialektik der Aufklärung« (1944) und vor dem Hintergrund der traumatischen Erfahrungen des Holocausts und der Totalitarismen des 20. Jahrhunderts prägnant erfasst haben, wurden den Zeitgenossen selbst spätestens seit der *Terreur*-Phase der Französischen Revolution deutlich. Politische Gewalt und Unterdrückung wurden hier durch aufklärerische Werte wie „Tugend", „Vernunft" und „Gleichheit" sowie durch eine geschichtsphilosophische Konzeption legitimiert, in der das revolutionäre Blutbad die Voraussetzung für die Schaffung einer zukünftigen egalitären und glücklichen Gesellschaft darstellen sollte. Auch das philosophische und schriftstellerische Werk des Marquis de Sade, der mit Werten und Schlüsselbegriffen der Aufklärungsbewegung (wie „Natur" und „Freiheit") das rücksichtslose Ausleben menschlicher Triebe sowie Unterdrückung und sexuelle Ausbeutung legitimierte, weist in vieler Hinsicht auf die »Dialektik der Aufklärung« von Adorno beziehungsweise Horkheimer voraus.

Das Aufklärungszeitalter stellte gleichfalls die Entstehungsepoche der modernen Rassentheorien dar (vgl S. 345 f., 409 ff.), die jedoch bereits unter Zeitgenossen virulente Kontroversen hervorriefen. Während Kant (»Von den verschiedenen Racen der Menschen«, 1775) und Samuel Thomas von Soemmerring (»Über die körperliche Verschiedenheit des Mohren vom Europäer«, 1784) in ihren anthropologischen Ansätzen den unterschiedlichen „Menschenrassen" spezifische moralische Eigenschaften und Charakterzüge zuschrieben, die als vorgegeben und nicht grundlegend veränderbar angesehen wurden, gingen Forster, Johann Friedrich Blumenbach und Herder ganz im Gegensatz hierzu von der gemeinsamen Abstammung („eine Gattung") und fundamentalen Gleichheit der intellektuellen Fähigkeit und der physischen Konstitution aller Menschen aus. Sie schätzten zudem den von Kant verwendeten Begriff „Rasse", der ursprünglich aus der Tierzucht stammte, nicht und suchten ihn durch andere Begriffe zu ersetzen. Die beobachtbaren Unterschiede in „Charakter" und „Organisation" (Forster) seien auf das Klima und „lokale" Faktoren zurückzuführen. In allen Menschen sei jedoch, so etwa Forsters Überzeugung, die er unter anderem mit dem französischen Kulturpolitiker und Kulturanthropologen Grégoire teilte, ein „heiliger Funken der Vernunft" zu entwickeln.

Rassentheorien

Die politischen und kulturellen Konflikte der letzten 30 Jahre haben wie in einem Brennglas eine völlig neue Dimension der Widersprüche und Grenzen der europäischen Aufklärungsbewegung hervortreten lassen. Religiöse Zensur und Intoleranz haben in den letzten Jahrzehnten, vor allem jedoch seit dem 11. September 2001, weltweit zugenommen. Französische Intellektuelle, wie die Philosophin Élisabeth Badinter, vertraten angesichts der Virulenz des Streits um die dänischen Mohammed-Karikaturen im Jahre 2006 die Ansicht, eine Wiederaufführung von Voltaires Theaterstück »Mahomet« mit dem Propheten Mohammed als kritisch betrachteter

Hauptfigur sei, ob in Frankreich oder sonst wo in Europa, heute schwer durchsetzbar und würde wohl auf deutlich größeren Widerstand stoßen als vor 250 Jahren.

Seit dem Ende des „Kalten Krieges“ und des kommunistischen Blocks, mit dem die globale Durchsetzung des okzidentalen, im Aufklärungszeitalter entstandenen Modells der parlamentarischen Demokratie, der Menschenrechte und der religiösen und weltanschaulichen Toleranz möglich erschien, sind zugleich deutliche Gegentendenzen aufgetreten. Die Universalität aufgeklärter Werte und Modelle wird zunehmend im Namen eigener kultureller Werte und Traditionen in Frage gestellt: bei der Niederschlagung der Demonstrationen auf dem Tianmen-Platz in Peking 1989 ebenso wie durch fundamentalistische Strömungen in der islamisch-arabischen Welt seit der Iranischen Revolution von 1979 oder durch Diktatoren wie den kongolesischen Staatspräsidenten Joseph-Désiré Mobutu und den Staatspräsidenten Robert Mugabe von Zimbabwe, die ihre totalitäre Regierungsführung und die Ablehnung demokratischer Kontrollinstanzen nach europäischen Vorbild mit dem Verweis auf eine kulturspezifische, afrikanische Konzeption von Gesellschaft, Autorität und Herrschaft verteidigten und legitimierten. Die zeitgenössische „kulturalistische“ Kritik am Universalismus der Aufklärungsbewegung, die sich im Aufklärungszeitalter selbst vor allem im Denken Johann Gottfried Herders ausprägte, hat somit erstmals seit dem 18. Jahrhundert die Allgemeingültigkeit aufgeklärter Prinzipien wie der Menschenrechte, der Gleichheit aller Menschen, der Freiheit des Individuums und der Unantastbarkeit der Würde des Menschen nicht im Namen politischer Ideologien (wie des Faschismus), sondern auf Grund anders gelagerter Werte und Kulturstandards grundlegend in Frage gestellt.

Deutliche Gegentendenzen

Wissensrevolution

Uwe Jochum

Erfunden und entdeckt hat der Mensch, seit es ihn gibt. Vor diesem Hintergrund scheint ein Zeitalter, in dem eine Wissensrevolution stattfand, nichts anderes sein zu können als eine ins Große ausgreifende Entfaltung humaner Entwicklungspotentiale: Was der Mensch immer schon tat, macht er nun häufiger und in kürzeren Abständen, um auf diese Weise mehr an Wissen hervorzubringen als frühere Zeitalter. Das ist nicht falsch, verstellt aber den Blick auf das Eigentliche der Wissensrevolution, von der hier zu reden ist: dass sie ein spezifisch europäisch-westliches Ereignis ist, dessen Kern nicht in der Steigerung der schieren Menge des Erfundenen und Entdeckten liegt, sondern in der Transformation des Wissenssystems, in das Erfindungen und Entdeckungen eingebettet sind. Diese Transformation lässt sich als Übergang von einer hierarchischen Ordnung des Wissens zu einem Wissensnetz beschreiben, das von Europa aus als ein institutionell-technisches System über die Welt geworfen wird. Der maßgebliche Teil dieses Wissensnetzes sind die Wissenschaften, in denen sich die vom Netz weltweit eingefangenen empirischen Daten mit kurrenten Theorien zu einem Entwurf von Welt verbinden, der davon überzeugt ist, dass Natur und Geschichte einem Fortschritt unterliegen, dessen Bedingungen sich wissenschaftlich kontrollieren lassen. Was in diesem wissenschaftlichen Entwurf Gestalt gewann, wurde auf den von Europa aufgebauten und unterhaltenen Kommunikationswegen weltweit distribuiert: die europäische Wissenschaft und ihre Institutionen ebenso wie die Fabriken, in denen das naturwissenschaftlich-technische Wissen des Westens die Ressourcen der Welt zu verarbeiten begann.

Wer die Wissensrevolution verstehen will, muss daher zunächst deren Umfang und innere Struktur in den Blick nehmen. Erst dadurch kann sich zeigen, woher die Kraft stammt, mit der sie die alten, oft konfuzianisch geprägten Lehr-, Lern- und Wissenskulturen Asiens überflügelte, um schließlich eine Welt hervorzubringen, die tatsächlich Eine Welt ist – eine vom Westen aus vernetzte wissenschaftlich-industrielle Welt, deren verborgener Motor der Fortschritt ist.

Das empirische Feld

Wenn wir eine erste Annäherung an das Phänomen der Wissensrevolution versuchen, dann kommt zunächst in den Blick, dass in dem Zeitraum von 1700 bis 1900 der Bestand an Wissen in drei verschiedene Richtungen ausgeweitet wurde. Die erste Richtung ging nach außen auf eine Entdeckung unbekannter Länder und Kontinente und setzte im „Zeitalter der Entdeckungen“ (s. Band IV) einen Prozess der Welteroberung in Gang, in dem sich die Neugier mit politischen und merkantilen Interessen verband, so dass die Beseitigung der weißen Flecken auf den Landkarten und Globen mit der Installation von Handelsrouten und -stationen sowie bei günstiger Gelegenheit mit einer kolonialen Durchdringung fremder Räume einherging. Dieser Prozess begann mit der Entdeckung Amerikas durch Christoph Kolumbus (1492) und der Erschließung des Seewegs nach Indien durch Vasco da Gama (1498) und war mit dem Erreichen des Nord- und des Südpols (1909 bzw. 1911) im Prinzip abgeschlossen. Dabei verband sich die Expansion in den Raum mit einer Eroberung der Meere, die wie das Land kartographisch erfasst und deren Lebensräume biologisch erforscht wurden, etwa während der Südsee-Expeditionen von James Cook (1763–1775) oder der Weltumsegelung der HMS Beagle (1831–1836), die der an Bord befindliche Charles Darwin für seine geo- und biologischen Forschungsinteressen in epochaler Weise nutzte. Zu dieser horizontalen Expansion kam eine vertikale hinzu, bei der man in die Tiefen der Erde und der Meere vorstieß oder die Höhen der Gebirge zu erforschen begann (Besteigung des Chimborazo durch Alexander von Humboldt und Aimé Bonpland im Jahre 1802). Die vertikale Expansionsrichtung brachte es mit sich, dass sich der Horizont, der Bekanntes von Unbekanntem trennte, allmählich von der Erde ablöste und in den Weltraum verschob, wo immer neue Planeten (Entdeckung des Uranus durch Wilhelm Herschel im Jahre 1781), Monde, Sterne und Galaxien entdeckt wurden und die Erde sich schließlich als eine Welt unter vielen in einem unendlichen Kosmos erwies.

Entdeckung des Unbekannten

Eine zweite, nach innen gehende Richtung nahm die Wissensausweitung, als man zu entdecken begann, dass auch die altbekannten geographischen Räume voller weißer Flecken und unerforschter Phänomene waren, die nicht anders als das unbekannte Außen registriert, vermessen und kartographiert werden mussten. Das tat Joseph Pitton Tournefort (1656–1708), der im Auftrag des französischen Königs Anatolien und die griechischen Inseln durchstreifte, und es tat mit ungeheurer Wirkung Napoleon, der seinem von 1798 bis 1801 in Ägypten operierenden Expeditionskorps einen Tross von 160 Wissenschaftlern mitgab, die sich an eine Bestandsaufnahme der Topographie, der Monumente, der Fauna und der Flora Ägyptens machten und ihre Beobachtungen in dem vielbändigen Sammelwerk »Description de l’Égypte« (»Beschreibung Ägyptens«) publizierten. Aber so wie die vertikale Expansion in den Raum schließlich zum Überstieg über die Erde geführt hatte, so führte die Expansion nach innen zu einer immer feineren Dimensionierung der Innenräume, in denen sich Dinge enthüllten, die bisher unbemerkt geblieben waren. Hierher gehört nicht nur die Entwicklung einer Biologie (das Wort ist seit etwa 1800 in Gebrauch), die immer mehr immer kleinere Organismen entdeckte, hierher gehört ebenso das Interesse der Staaten an dem, was sich auf ihrem Staatsgebiet abspielte und statistisch erfasst werden konnte: Mit Volkszählungen verschaff-

Erforschung des Altbekannten

te man sich einen allgemeinen Überblick über die Bevölkerung (1769 in Dänemark, Norwegen und Spanien; 1790 in den Vereinigten Staaten; 1801 im Vereinigten Königreich, 1806 in Frankreich) und stellte fest, ob die Bevölkerung wuchs und wie gesund sie war, wie sich der Reichtum verteilte oder wo Prostitution und Trunksucht ein Problem darstellten. Das gab den Staaten die Möglichkeit, in ihrem Innern immer feinere Interventionsbereiche auszumachen, die bei geschickter Handhabung die zur Verfügung stehenden Ressourcen, seien das nun biologische oder humane, vermehrten: Seit der Antike hatte man Erdöl als Schmier- und Leuchtmittel verwendet, nun aber zeigte es sein Potential als Kraftstoff; und die Menschen, die in einem Staat wohnten, kamen plötzlich als Produktivkraft in den Blick, an deren Gesundheit die Behörden ein Interesse hatten.

Retrospektive Wissensausweitung

Die dritte Richtung der Wissensausweitung war die retrospektive. Sie wurde von einer neuen Art von Geschichtsschreibung bewirkt, die sich seit der Renaissance entwickelt hatte (s. Band IV, S. 269 f.) und historische Ereignisse nicht mehr als moralische Exempel betrachtete, sondern herausfinden wollte, wie es wirklich gewesen war. Zu diesem Zweck spürte man in Bibliotheken und Archiven historisches Quellenmaterial auf und veröffentlichte es in dickleibigen Sammelbänden, um die kritische Darstellung der Quellen mit der kritischen Darstellung der Ereignisse verbinden zu können. Den Höhepunkt dieser Entwicklung bildete zweifellos das 19. Jahrhundert, als man sich bewusst wurde, dass die überlieferten heldischen Selbstaussagen der Handelnden und die historischen Nahaufnahmen der Zeitgenossen durch Material befragt werden mussten, das nicht mehr zum Bereich unmittelbarer politischer Aktion gehörte und gerade deshalb dazu taugte, die strategisch gefärbten Aussagen der Akteure zu überprüfen. Das Ziel war die „Sammlung eines unverfälschten Stoffes", wie der Historiker Leopold von Ranke (1795–1886) damals schrieb; und die historische Arbeit, die nötig war, um dieses Ziel zu erreichen, setzte er mit der Tätigkeit von Naturforschern gleich: „Wir jagen unbekannten Gräsern bis in die Wüsten Libyens nach; sollte das Leben unserer Altvordern nicht denselben Eifer in unserem eigenen Land werth seyn?"

In-Frage-Stellen

Dieses in drei Dimensionen – nach außen, nach innen und in die Vergangenheit – ausgeweitete empirische Feld führte nun nicht einfach zu einer ungeheuren Vermehrung des Wissens über die Welt in allen ihren Aspekten, sondern zu einer Neubewertung von Wissen überhaupt. Lange Zeit hatte man das, was man „Wissen" nennt, als Summe alles Wissbaren betrachtet, das geordnet zusammengestellt, in seinem Für und Wider abgewogen und tatsächlich auch als „Summe" präsentiert und weitergegeben werden konnte – Thomas von Aquins »Summe der Theologie« (entstanden 1265/1266–1273) ist sicherlich das berühmteste Werk dieses Titels. Nun aber stellte die rapide vermehrte Fülle des Wissbaren solche summarischen und geordneten Überblicke in Frage, und dieses In-Frage-Stellen nahm zwei ganz unterschiedliche Wege.

Auf der einen Seite schärfte die schiere Fülle des Materials den Blick dafür, dass alles summarische Abwägen des Wissbaren davon abhing, dass man nicht nur das

Richtige meinte, sondern dass man sich darüber klar wurde, unter welchen Bedingungen etwas richtig oder falsch war und in welcher Beziehung all das als richtig Erkannte zueinander stand. Was man also brauchte, war eine kritische Bestandsaufnahme des Gewussten und Wissbaren, und was man ebenso brauchte, war ein methodisches Vorgehen bei dieser Bestandsaufnahme, damit, wie Immanuel Kant in seiner »Kritik der reinen Vernunft« (1781) schrieb, unsere Erkenntnisse „unter der Regierung der Vernunft" keine „Rhapsodie" ergäben, sondern „ein System" als „Einheit der mannigfaltigen Erkenntnisse unter einer Idee". Auf der anderen Seite aber hegte man den Verdacht, dass jeder Versuch, eine systematische Ordnung in die Fülle des Wissbaren zu bringen, ebendieses zu Wissende verfälschen würde, weil jedes System, eben weil es von einer „Idee" getragen werde, nicht die Dinge so nehmen könne, wie sie an sich seien, sondern nur so, wie sie im Lichte der System-Idee erscheinen würden. Daraus zog man den Schluss, dass es noch vor aller Philosophie darauf ankomme festzustellen, was wirklich der Fall ist. Das konnte man dann in den 1838 verabschiedeten Statuten der Londoner *Statistical Society*, aus der die heutige *Royal Statistical Society* hervorging, in denkbar kürzester und nachdrücklichster Form lesen: „We want facts."

Methodische, kritische Bestandsaufnahme

Damit war das Wort benannt, das den Wechsel vom 18. zum 19. Jahrhundert und die Verschiebung der Intentionen der Aufklärer markiert. Für Kant lag Aufklärung gerade darin, dass sie den Menschen dazu brachte, erstens selbst zu denken, zweitens an der Stelle jedes anderen zu denken und drittens mit sich selbst übereinstimmend zu denken. Kant war sich bewusst, dass das „eine schwere und langsam auszuführende Sache sei", weil es „so bequem [ist], unmündig zu sein", und diese Unmündigkeit konkret darin liege, dass der Mensch „das, was über seinen Verstand ist, nicht zu wissen verlangt". Mithin kam für ihn alles darauf an, dass die Menschen die Welt nicht nur mit den Augen des Verstandes als eine Welt betrachteten, in der bestimmte Regeln galten oder auch nicht und bestimmte Dinge so aussahen, wie sie aussahen, sondern dass sie das, was der Verstand als voraussetzungslos hinnahm, mittels der Vernunft reflektierten, also begriffen, warum sie etwas so sahen, wie sie es sahen. Man kann es auch so sagen: Kant ging es darum, „den obersten und inneren Zweck, der das Ganze allererst möglich macht" – das Ganze des Systems und das Ganze der Welt –, nicht aus dem Auge zu verlieren, darüber zu reflektieren und diese vernunftgeleitete Reflexion öffentlich zu machen, weil allererst der öffentliche Gebrauch der Vernunft den „Gemeinsinn" hervorbringt, der die Basis aller Gemeinschaft ist. Demgegenüber verabschiedete die Hinwendung zu den „Tatsachen" alle vernünftige Reflexion, weil sie die schon von Kant bemerkte Pluralität des Gemeinsinns – wer öffentlich spricht und schreibt, kann andere immer nur auffordern, ihm zuzustimmen, zwingen kann er sie nicht – als eine Kakophonie wahrnahm, die nur durch ein striktes Regime der Fakten abzustellen sei, durch Fakten, in denen sich die elementaren Wahrheiten als solche enthüllen sollten. Auch das war aufklärerisch gedacht: Man wollte in der Natur in den „Einzelheiten im Naturwissen" (Alexander von Humboldt), in der Geschichte im „unverfälschten Stoff" (Ranke) und

Die Aufklärung

in der Gesellschaft in den „sozialen Tatsachen" (Émile Durkheim, 1858–1917) die bewertungsneutralen Elemente finden, aus denen die natürliche und menschliche Welt aufgebaut ist und deren exakte Kenntnis eine bessere Organisation der Gesellschaft ermöglichen würde. Damit war zugleich ein Organisations-Apriori gesetzt: Was als Tatsache unmittelbar wahr war, stellte keinen Fall mehr für öffentliche Debatten dar, sondern bloß noch einen Fall der richtigen Organisation des Selbstverständlich-Wahren. Daher genügte es, wenn sich die Tatsachen-Spezialisten für ihre arbeitsteiligen Faktensammlungen angemessene Organisationsformen gaben, die es erlaubten, das empirische Material bei Bedarf als Entscheidungsgrundlage ins politische System einzuspeisen, wo man auf der Basis der unbestreitbaren Tatsachen dann die richtigen Entscheidungen fällen konnte.

Der Philosoph Georg Wilhelm Friedrich Hegel (1770–1831) hatte dagegen noch einmal geltend zu machen versucht, dass ein vermeintlich unmittelbares Wissen „Produkt und Resultat des vermittelten Wissens" ist und dass folglich der Standpunkt des Verstandes, der Fakten als blanke Fakten nehmen möchte, ein unmöglicher Standpunkt ist. Er läuft letztlich darauf hinaus, die unmittelbare Wahrnehmung eines Subjekts – auch wenn diese Wahrnehmung wissenschaftstechnisch durch Apparate geschärft ist – als gegeben zu betrachten, so dass man auf diese Weise wieder bei dem landet, was man für überwunden hielt: bei Aberglaube und Götzendienst. Diesen Einwand wollte ein Zeitalter, das sich mit Dampfmaschinen und Eisenbahnen gerade daranmachte, die aus dem vermehrten Wissen gewonnenen technischen Innovationen in den Alltag einzubauen, freilich nicht hören. Denn wenn es möglich war, auf der Basis wissenschaftlicher Fakten die ökonomische Produktion anzukurbeln, die Gesundheit der Menschen zu verbessern, den Wohlstand zu vermehren und also die Welt insgesamt besser zu machen, dann sprachen diese Fakten wirklich für sich selbst, und sie widersprachen in ihrer blanken Nützlichkeit der Zumutung einer Reflexion, die das, was jedermann positiv vor Augen hatte, zum Problem erklärte. Also neigte man dazu, die philosophische Spekulation sein zu lassen, um sich an die vielversprechende produktive Organisation des Wissens zu machen.

Institutionen des Wissens

Akademien und Universitäten

Die sichtbarste Veränderung in der europäischen Organisation des Wissens lag im Auftauchen der Akademien als neuer wissenschaftlicher Institutionen. Auch wenn sich nicht jede der vor allem ab der zweiten Hälfte des 17. Jahrhunderts entstehenden Akademien auch so nannte (*Académie Française* in Paris, 1635; *Academia Naturae Curiosorum*, genannt „Leopoldina", in Schweinfurt, 1652; *Accademia del Cimento* in

Theoria cum Praxi

Florenz, 1657; *Royal Society* in London, 1660; *Académie Royale des Sciences* in Paris, 1666), so widmeten sie alle sich doch von Anfang an dem Wissen nicht nur um des Wissens willen, sondern durchaus im Blick auf die aus dem Wissen möglicherweise zu gewinnenden Nutzanwendungen und dem daraus zu erzielenden finanziellen Gewinn. Der Wahlspruch, den Gottfried Wilhelm Leibniz (1646–1716) für die auf Grund seiner Initiative im Jahre 1700 gegründete Preußische Akademie der Wissenschaften fand – *Theoria cum praxi* –, bringt das bündig zum Ausdruck: Theorie und Praxis sollten nicht länger unverbunden nebeneinander stehen, vielmehr sollte von nun an die Theorie mit der Anwendung (Praxis) verbunden werden.

Mit dieser Weichenstellung zugunsten einer anwendungsbezogenen Operationalisierung des Wissens harmonierte aufs beste, dass die Akademien nicht einfach versuchten, die wissenschaftliche Neugier zu befriedigen und ihr einen institutionellen Rahmen zu bieten, sondern dass sie auch die Neugier neu organisierten. Sie sollte nun methodisch gelenkt und auf Grund ihres Bezugs zu einem erhofften Nutzen zur „Forschung" werden, bei der man die Entdeckung von Neuem nicht mehr dem Zufall überlassen wollte. Das war freilich nur möglich, wenn man das zu entdeckende Neue nicht mehr als von Gott vorgegebener Bestand von Wahrheiten betrachtete, die lediglich zu enthüllen und vielleicht auch nützlich waren, sondern als ein durch menschliche Anstrengung quantitativ und qualitativ ausweitbares Feld.

Das Personal, das sich dieser neuen Aufgabe des anwendungsbezogenen Forschens widmete, war leicht gefunden, denn die wissenschaftlichen Akademien boten all jenen, die an einer Universität nicht unterkommen wollten oder konnten, eine neue und attraktive Chance: Obwohl die Akademien wie die Universitäten vom Staat finanziert wurden, wurden die Akademiemitglieder nicht von staatlichen Organen ernannt, sondern von anderen Akademiemitgliedern gewählt und diese Wahl vom Staat nachträglich nur noch bestätigt. Dadurch dokumentierte man, dass – wie es der preußische Bildungsreformer Wilhelm von Humboldt (1767–1835) einmal formulierte – „die Idee der Akademie als die höchste und letzte Freistätte der Wissenschaft und die vom Staat am meisten unabhängige Korporation festgehalten werden" muss. Im wissenschaftlichen Alltag hieß das, dass die Akademiemitglieder frei von Lehrverpflichtungen waren und sich umfangreichen und langfristigen Forschungsprojekten widmen konnten, die man in der Regel durch Kommissionen lenkte und an eigene, gut ausgestattete Institutionen band. So gehörte zur Preußischen Akademie der Wissenschaften seit 1709 ein Observatorium, seit 1717 ein Anatomisches Theater und seit 1718 ein Botanischer Garten.

Personal und Organisation

Natürlich war die funktionale Trennung von Universitäten und Akademien niemals in Reinform verwirklicht. Bereits 1810 hatte Wilhelm von Humboldt im Entwurf einer Denkschrift festgehalten, dass die Universitäten, die insofern staatsnäher seien, als an ihnen die Bildung der Jugend stattfinde, und die Akademien, die auch dann, wenn sie nützliche Forschung betrieben, „es nur mit der Wissenschaft an sich zu tun" hätten, in einem Konkurrenzverhältnis zueinander stünden. Denn beiden sei es um Wissenschaft zu tun, und so wenig man die Hochschulen als wissenschaftliche Gymnasien betrachten könne, so wenig seien die Akademien nur Anstalten zur Auftragsforschung und Sendestationen für wissenschaftliche Gutachten. Vielmehr sehe man in der Praxis, dass sich gerade an den Universitäten durch die Notwendigkeit, wissenschaftliche Forschung vor Hörern vermitteln zu müssen, „der Gang der Wissenschaft […] rascher und lebendiger" zeige. Das ist mehr als die Herausstellung der oft zitierten und ebenso oft kritisierten Humboldt'schen Parole von der „Einheit von Forschung und Lehre"; es ist die präzise Beschreibung des Umstands, dass im 19. Jahrhundert es tatsächlich die Universitäten waren, die die Forschung bahnbrechend voranbrachten: Während sich die Akademien zu obersten nationalen Institutionen der Wissenschaftslenkung und -repräsentation wandelten und immer mehr Staaten aus solchen wissenschaftspolitischen Gründen sich mit Akademien schmückten (u.a. Ungarische Akademie der Wissenschaften in Budapest, 1825; Kaiserliche Akademie der Wissenschaften in Wien, 1847; *National Academy of Science* in Washington, 1863; *Academia Nacional de Ciencias* in Mexiko, 1884), nahmen die Universitäten nicht nur die sich intensivierende naturwissenschaftliche Forschung auf, sondern reagierten auch institutionell auf die Ausdifferenzierung der Wissenschaften.

Universitäten und Akademien

Diese institutionelle Reaktion bereitete sich dadurch vor, dass man Fach(hoch)-schulen gründete, mit denen man den anfangs mangelnden Praxisbezug der Universitäten zu kompensieren trachtete. So ging in Berlin im Jahre 1724 aus dem Anatomischen Theater der Akademie der Wissenschaften zunächst das *Collegium Medico-Chirurgicum* hervor, das für die Ausbildung von Militärärzten gedacht war und schon 1725 der wenige Jahre zuvor gegründeten Charité zugeschlagen wurde, die sich im 19. Jahrhundert zur Klinik der Berliner Universität entwickelte. Ein anderer Schwerpunkt lag in der Gründung von Bergakademien (Berlin 1770, Clausthal 1775, Freiberg 1776) als einer Antwort auf den im 18. Jahrhundert einsetzenden Aufschwung des Bergbaus oder in den polytechnischen Anstalten, in denen das Personal wissenschaftlich geschult und ausgebildet wurde, das als Brücke zwischen den Naturwissenschaften, der sich beschleunigenden technologischen Entwicklung und ihrer industriellen Nutzanwendung dienen und als Führungspersonal in Staat und Wirtschaft eingesetzt werden konnte. Hierher gehört die 1794 in Paris gegründete *École polytechnique* ebenso wie das 1856 gegründete Eidgenössische Polytechnikum in Zürich, aus dem die Eidgenössische Technische Hochschule Zürich hervorging. All diese Spezialinstitute – zu denen noch Militärhochschulen, Forstakademien, Handelshochschulen, Ackerbauinstitute und viele andere mehr hinzuzuzählen wären – mit ihrer Bündelung von naturwissenschaftlich-technischem Wissen und administrativer Kompetenz drängten im 19. Jahrhundert auf eine Anerkennung als Universität oder auf eine Angliederung an eine Universität, so dass sich die Ausdifferenzierung der Wissenschaften und ihre zunehmende Anwendungsorientierung in immer mehr Universitäten mit immer mehr Instituten und immer mehr Wissenschaftlern und Studenten niederschlug.

Institutionelle Reaktion

Das machte einen Umbau der Universitäten notwendig, bei dem erstens auf der Seite des Personals neben die Ordinarien als den „ordentlichen Hochschullehrern" und neben die Extraordinarien als den „außerordentlichen Hochschullehrern" nun die Assistenten als eine dritte Gruppe von Wissenschaftlern traten. Alle drei Gruppen forschten und lehrten arbeitsteilig an von Ordinarien geführten Instituten und wurden dabei von einer stetig größer werdenden Schar von nichtwissenschaftlichem Personal (studentischen Hilfskräften, Sekretärinnen) unterstützt. Das alles war trotz der in diesem System zunehmenden Abhängigkeiten attraktiv, weil diejenigen, die in die verantwortliche Stellung eines Ordinarius gelangten, im 19. Jahrhundert ein immer komfortabler werdendes staatliches Gehalt bezogen, das mit einem steigenden Sozialprestige einherging. Was das konkret bedeutete, kann heute noch in den im 19. Jahrhundert gebauten Professorenvillen besichtigt werden. Zweitens aber brachte der Umbau des umfänglicher und komplexer werdenden Universitätssystems eine verstärkte staatliche Regulierung mit sich, die nicht nur die Zugangsbedingungen zur Universität normierte, sondern auch die einzelnen Studiengänge und ihre Abschlüsse. Hierher gehört, dass es in Preußen seit 1788 ein „Abiturreglement" gab, das Abitur aber erst ab 1834 zur verbindlichen Voraussetzung für das Studium wurde, zu einer Zeit also, als man im Schulwesen die allgemeine Schulpflicht durchzusetzen und den Staat auch als „Schulstaat" (Thomas Nipperdey) zu entwickeln begann. Drittens griff die staatliche Regulierung schließlich in das Gesamtsystem der Universitäten ein und ergänzte die Binnendifferenzierung der einzelnen Hochschulen durch eine nationale Forschungskoordination, deren Ziel Adolf von Harnack (1851–1930), der berühmte Theologe, Bibliothekar und Wissenschaftsorganisator, darin sah, „auf dem Boden der Freiheit des Einzelnen [gemeint ist: des einzelnen Forschers] ein System der Forschung herzustellen". Harnack selbst hat dieses neuartige Wissenschaftssystem auf den Begriff gebracht, als er vom „Großbetrieb der Wissenschaften" sprach.

Folgen des Universitätenumbaus

Dieser Großbetrieb litt freilich unter dem Problem, dass die Ausstattung der naturwissenschaftlichen Universitätsinstitute trotz aller Erfolge mit der rasanten technischen Entwicklung nicht Schritt halten konnte. So drängte der wissenschaftliche Großbetrieb am Ende des 19. Jahrhunderts zu einer neuen Lösung, die in Deutschland im Jahre 1911 mit der Gründung der Kaiser-Wilhelm-Gesellschaft gefunden war. Mit ihr traten neben die Akademien und Universitäten die von der Kaiser-Wilhelm-Gesellschaft durch die „Opferwilligkeit privater Kreise" (Harnack) – das waren im Wesentlichen industrielle Sponsoren – finanzierten Kaiser-Wilhelm-Institute, deren Nukleus eine hervorragende Forscherpersönlichkeit war, die nun ohne Lehrverpflichtung, aber mit ausreichenden finanziellen und technischen Mitteln und ausreichendem Personal Grundlagenforschung betreiben sollte. Damit war das für das 19. Jahrhundert maßgebliche System einer staatlich finanzierten und an Akademien und Universitäten beheimateten Forschung aufgegeben zugunsten eines neuen Systems, das auf drei Säulen ruhte und in dem Grundlagenforschung und privates Kapital eine ganz neue Rolle spielen sollten.

Kaiser-Wilhelm-Institute

Diese ausführliche Präsentation der deutschen Wissenschaftsentwicklung hat einen einfachen Grund: Der im 19. Jahrhundert erfolgte Umbau des deutschen Wissenschaftssystems und besonders der Universitäten galt als Erfolgsmodell, das, auch wenn man es in anderen Ländern nicht direkt nachbaute, doch oftmals die Legitimation dafür lieferte, das eigene Universitätssystem den Erfordernissen der Industriegesellschaft anzupassen. So hatte etwa in Frankreich Forschung zumeist an den Akademien stattgefunden, während die Universitäten bürokratisch gegängelte Institutionen waren, an denen man bürokratietaugliches Personal auszubilden hatte. Damit drehten sich staatliche Aufsichts- und Ausbildungsbehörden in einem perfekten Kreislauf um sich selbst, der erst durch die Niederlage im Deutsch-Französischen Krieg 1870/1871 unterbrochen wurde, als man unter anderem ebendieses bürokratisch geschlossene System für die französische Niederlage verantwortlich machte und die deutsche Universität als Vorbild für eine auch kriegsrelevante Wissenschaftsorganisation in den Blick nahm.

Nachahmung durch weitere Nationen

In Großbritannien dagegen waren die Universitäten, Cambridge und Oxford zumal, Institutionen der Elitebildung, die bis ins 19. Jahrhundert hinein eine verschwindend geringe Zahl von Studenten (in Oxford waren es um 1850 etwa 400, in Cambridge rund 360) zu *Gentlemen* machen wollten, die die klassischen Texte in den Originalsprachen lesen und verstehen konnten. Aber nun sah man auf Deutschland und wollte auch in Großbritannien an den Universitäten nicht mehr nur Persönlichkeitsbildung, sondern Forschung betreiben, die als prüfungsrelevanter Stoff an die Studenten weitergegeben werden konnte. Wie in Deutschland wurde die Forschung daher den Universitäten angegliedert, allerdings nicht in Instituten, sondern in *Colleges*, und der zu vermittelnde Stoff wurde zum Examensstoff, den staatliche Prüfungsbehörden festlegten und abfragten. Lediglich in den Vereinigten Staaten blieben die frühen Universitäten (Harvard 1636, Yale 1701, Princeton 1746), die von ihren Gründern mit eigenem Kapital ausgestattet worden waren, der staatlichen Kontrolle entzogen. Aber auch hier erfolgte im 19. Jahrhundert im Zuge der Industrialisierung des Landes die Abkehr von klassischen Bildungsidealen und die Integration einer nützlichen Forschung in das Universitätssystem, sei es, wie in Großbritannien, an den bestehenden Universitäten durch die Gründung neuer *Colleges*, sei es durch die Gründung neuer praxisorientierter Hochschulen (*Rensselaer Polytechnic Institute*, 1824). Insgesamt muss man feststellen, dass der Umbau der Universitäten zu Forschungsuniversitäten im 19. Jahrhundert in allen der Industrialisierung folgenden Ländern vollzogen wurde und über deren ökonomisches und politisches Gewicht als Kolonialmächte weltweit exportiert und von den Nationen, die direkten Anschluss an westliche Wissenschaftsstandards suchten, nachgeahmt wurde (Universität Bombay, 1857; Universität am Kap der Guten Hoffnung, 1873).

Bibliotheken

Die institutionelle Reorganisation des Wissens betraf auf der pragmatischen Ebene jene Einrichtungen ganz besonders, denen es von Haus aus um die Bereitstellung von schriftlich fixiertem Wissen zu tun ist: die Bibliotheken. Sie hatten in der Neuzeit ihre Größe und ihr kulturelles Gewicht vor allem als Hof- und Fürstenbibliotheken gewonnen, die der opulenten Repräsentation landesherrlicher Macht dienten und ein

Der Prunksaal der Wiener Hofbibliothek zeigt eindrücklich, wie sehr die Fürsten im Zeitalter des Barock an einer repräsentativen Engführung von politischer und kultureller Macht interessiert waren.

museales Ambiente pflegten, das die prächtigen, seltenen und teuren Bücher oftmals im Rahmen einer größeren Schausammlung mit seltenen Mineralien, teuren technischen Instrumenten, ausgestopften Tieren und menschlichen Skeletten präsentierte. Diese Verbindung von Bibliothek und Museum begann im 18. Jahrhundert zunehmend schwächer zu werden, so dass schließlich Bibliotheken rein als Bibliotheken entstanden, freilich immer noch im Hinblick auf Pracht und Repräsentation angelegt. So bestand etwa die 1735 vollendete kaiserliche Hofbibliothek in Wien aus einem 78 Meter langen, 14 Meter breiten und fast 20 Meter hohen Prunksaal, in dem 200.000 Bücher Platz fanden und auf einen in der Mitte liegenden 29 Meter hohen Kuppelraum ausgerichtet wurden, in dem ein allegorisches Deckenfresko den Landesherrn als deutschen Kaiser, Beschützer Österreichs und Schirmherr der Wissenschaften zeigte.

Repräsentationsbibliotheken

Sobald jedoch die Wissenschaft als ein Produktionsfaktor in den Blick kam, der die Wohlfahrt eines Landes zu mehren hatte, konnte sich der Landesherr nicht mehr mit einer Repräsentationsbibliothek und bibliophilen Schausammlung zufrieden geben. Stattdessen kam nun alles darauf an, eine dem Produktionsfaktor Wissenschaft angemessene Bibliotheksorganisation zu finden. Diesen Fund machte man zuerst in Göttingen, wo die 1737 gegründete Universität mit einer Bibliothek ausgestattet wurde, die nicht nur über einen festen Anschaffungsetat verfügte, sondern diesen Etat auch dazu verwendete, die neuesten wissenschaftlichen Veröffentlichungen gezielt zu beschaffen. Als die Göttinger Bibliothek dank ausreichender Finanzen bis 1812 auf 200.000 Bände angewachsen war, zog sie quantitativ mit der Wiener Hofbibliothek gleich und hatte zugleich eine neue Qualität etabliert: Zum ersten Mal hatte man eine universitäre Forschungsbibliothek aufgebaut.

Universitäre Forschungsbibliotheken

Diesen Trend zum Aufbau nicht repräsentativer, sondern nützlicher Bibliotheken verstärkten die politischen Ereignisse. Als man in Frankreich nach 1789 den Besitz der Klöster einzog und in Bayern nach dem Reichsdeputationshauptschluss von 1803 etwa 150 Klöster aufhob, gingen Millionen von Bänden verloren, die die Klöster über die Jahrhunderte hin gesammelt hatten, die der revolutionäre Zeitgeist beiderseits des Rheins nun aber als „gemeinschädlich" betrachtete und umstandslos durch Vernichten „außer Kurs" setzte, wie es in einem aus dem Jahr 1803 stammenden Bericht der in Bayern tätigen bibliothekarischen Säkularisierungskommission heißt. Nur das, was man für „das Gute und Brauchbare" hielt, wurde von staatlichen Bibliotheken übernommen. Damit ging die inhaltliche Neuausrichtung der Bibliotheken mit einer institutionellen Konzentration des Wissens an wenigen Orten einher, vorzugsweise der Hauptstadt und den Universitätsstädten eines Landes; und die an diesen wenigen Orten sich entwickelnde Forschung konnte jetzt auf Bibliotheken zurückgreifen, die die forschungsrelevante Literatur bereitstellten, den historischen Ballast des „Gemeinschädlichen" in überflüssigen Dubletten aber beseitigt hatten.

Die Entwicklung der Wissenschaft zum Großbetrieb machte freilich eine Neujustierung des Zusammenspiels der verschiedenen Bibliotheken nötig. Wenn Forschung wirklich an Universitäten stattfinden können sollte und dort immer mehr Institute gegründet wurden, mussten auch diese Institute mit immer mehr immer speziellerer Literatur versorgt werden. Zu diesem Zweck richtete man Institutsbibliotheken zunächst als kleine Handbibliotheken für den unmittelbaren Forschungsbedarf ein, war aber schon bald mit dem Umstand konfrontiert, dass die kleinen Handbibliotheken sich zu ordentlichen Fachbibliotheken auswuchsen und eigenes bibliothekarisches Fachpersonal benötigten. Um diese Multiplikation von Bibliotheken auf Grund einer sich multiplizierenden Forschung beherrschbar zu halten, begann man, das jeweilige nationale Bibliothekswesen hierarchisch zu strukturieren: Die Institutsbibliotheken wurden der Aufsicht der örtlichen Universitätsbibliothek unterstellt, und über die Universitätsbibliotheken wurden nun die großen Nationalbibliotheken platziert. Diese gingen aus den in den Hauptstädten zu findenden königlichen oder kaiserlichen Bibliotheken hervor, die sich im 19. Jahrhundert dem breiten bürgerlichen Publikum öffneten, bis die Zeit schließlich reif war, dieser Öffnung durch Namensänderung Rechnung zu tragen. Im revolutionären Frankreich geschah das bereits 1795, als man die Königliche Bibliothek in Paris zur Nationalbibliothek deklarierte; in Preußen dagegen wurde die Berliner Königliche Bibliothek erst 1918 zur Preußischen Staatsbibliothek, die als wichtigste Bibliothek des wichtigsten deutschen Landes faktisch die Rolle einer deutschen Nationalbibliothek spielen sollte; und es dauerte bis 1920, ehe aus der Wiener Hofbibliothek die Österreichische Nationalbibliothek wurde. Etwas anders verlief die Entwicklung in Großbritannien, wo die Nationalbibliothek auf eine Stiftung von Bürgern zurückging (*British Museum* in London, 1753), oder in den Vereinigten Staaten, wo die Bibliothek des Kongresses die Funktion einer Nationalbibliothek übernahm (*Library of Congress* in Washington, 1800). Man sieht daraus: Auf den Namen „Nationalbibliothek“ kommt es nicht an; worauf es hingegen ankommt, ist die Funktion. Sie liegt zum einen darin, die gesamte literarisch-wissenschaftliche Produktion eines Landes und die wichtigste ausländische Literatur zu sammeln, zum andern aber darin, als Lenkungsbehörde der über das jeweilige Land verteilten Bibliotheken zu dienen. Beides, die umfassende Sammlung und die Lenkung des nationalen Bibliothekswesens, folgte dem neuen Paradigma der Nützlichkeit, auch dann, wenn die Nationalbibliotheken museale Abteilungen für Handschriften und das alte Buch behielten oder sich neu zulegten.

Hierarchische Strukturierung des nationalen Bibliothekswesens

Ergänzen muss man, dass die im 19. Jahrhundert stattfindende hierarchische Justierung des Zusammenspiels der wissenschaftlichen Bibliotheken von einem in die Breite zielenden Aufbau öffentlicher Bibliotheken flankiert wurde. Diese gingen historisch teils auf städtische Ratsbibliotheken, teils auf private Lesekabinette und Leihbibliotheken – die kommerziell geführt oder von einem privaten Verein getragen waren – zurück, wurden nun aber ihrer engeren Funktion entkleidet und aus der privaten in eine öffentliche Finanzierung überführt. Die von Karl Benjamin Preusker in Großenhain 1828 begründete „Stadt-Bibliothek“ ist die erste Bibliothek dieses neuen Typs, und sie zeigt, worauf es nun auch dem

Nutzen der öffentlichen Bibliotheken

liberalen Bürgertum ankam: auf eine „Förderung der steten Fortschrittes so bedürftigen Jugend- und Gewerbs-, wie der allgemeinen höheren Bürgerbildung" (Preusker). Damit war das Paradigma des Nutzens auch für die öffentlichen Bibliotheken etabliert, und es war nicht zuletzt deshalb so erfolgreich, weil es von allen weltanschaulichen Richtungen, die im 19. Jahrhundert Einfluss auf die öffentlichen Bibliotheken zu gewinnen versuchten, geteilt wurde, auch wenn man damit jeweils andere Inhalte verband. Öffentliche Bibliotheken konnten daher am Ende des Jahrhunderts zu Einrichtungen werden, deren Förderung zu einem von allen gesellschaftlichen Gruppen gebilligten staatlichen Ziel wurde.

Entwicklung in der anglo-amerikanischen Welt

Die skizzierte Entwicklung fand unter anderen Voraussetzungen auch in der anglo-amerikanischen Welt statt. Die 1848 gegründete *Boston Public Library* war in den Vereinigten Staaten die erste Bibliothek des neuen Typs, und in Großbritannien folgten 1852 die Gründung von *Public Libraries* in Manchester und Liverpool. Dank der äußerst komfortablen Finanzausstattung, deren sich die anglo-amerikanischen öffentlichen Bibliotheken in jener Zeit erfreuen konnten, überflügelten sie rasch die kontinentalen Konkurrenzinstitute (*Boston Public Library* 1886: 500.000 Bände; Stadtbibliothek in Frankfurt am Main 1890: 171.000 Bände) und konnten auch weiterhin ohne Beteiligung des Staates in der Regie von bürgerlichen Stiftungen und Vereinen geführt werden. Aber gerade dadurch waren sie Institute, die jedermann den Zusammenhang von Bildung und ökonomischem Nutzen vor Augen führten, einen Nutzen, der dem lesenden Individuum berufliche Entwicklungschancen versprach und die ökonomische Produktivität des Staates durch gebildete Arbeiter erhöhen wollte.

Fernleihen

Abgeschlossen wurde dieser Prozess der inhaltlichen Neuausrichtung und hierarchischen Umbildung des Bibliothekswesens im letzten Drittel des 19. Jahrhunderts durch die Fernleihe, die das seit Jahrhunderten praktizierte informelle Verfahren der Bibliotheken, sich gegenseitig auf begrenzte Zeit Bücher zur Verfügung zu stellen, durch ein bürokratisches Reglement ablöste. Diese Umstellung begann auf nationaler Ebene in Italien, wo die staatlichen Bibliotheken seit 1879 im Rahmen eines solchen Reglements sich gegenseitig Bücher liehen. Frankreich folgte 1886, Preußen 1890, Bayern 1891, die Vereinigten Staaten 1916 und Deutschland 1924. Der zwischenstaatliche bibliothekarische Leihverkehr blieb dagegen noch bis 1937 unreguliert. Durch den Leihverkehr wurde der hierarchisch durchgebildete bibliothekarische Großbetrieb um eine horizontale Komponente erweitert, die es erlaubte, die Bibliotheken auf verschiedenen Niveaus – dem regionalen, nationalen und schließlich internationalen – organisatorisch zusammenzufassen und dadurch den Benutzern Zugang zu einem drastisch ausgeweiteten Bibliotheksbestand zu gewähren. Sie waren damit nützlicher als je zuvor, aber sie waren es um den Preis des Verlustes ihrer Selbständigkeit. Von nun an zählte nicht mehr die einzelne Bibliothek mit historisch wertvollem Bestand, sondern das im Leihverkehr sichtbar werdende Netz von Bibliotheken, ein Netz, das die Bestände dort zur Verfügung stellte, wo sie gerade gebraucht wurden.

Verlust der Selbständigkeit

Blick in den Lesesaal des 1897 eingeweihten Jefferson Building *der* Library of Congress *in Washington. Das Gebäude kopiert die großen europäischen Nationalbibliotheken und kündigt den Eintritt der Vereinigten Staaten in den Kreis der intellektuell bestimmenden Weltmächte an.*

Urheberrecht

Wer Wissenschaft um ihres erhofften Nutzens willen betreibt, der muss ein Interesse daran haben, die eigene Wissenschaft vor dem Zugriff von Konkurrenten zu schützen. Das betrifft ganz besonders die grundlegenden Ideen, die mitgeteilt werden müssen, um angewendet werden zu können, die aber auch als mitgeteilte nicht herrenlos werden dürfen. Hierbei ist nun entscheidend, dass man Ideen nicht als solche weitergeben kann, sondern stets nur in medial vermittelter Form, und das heißt seit der Erfindung Gutenbergs zumeist als Buch. Ebendieses mediale Erscheinen der Ideen als Buch macht es möglich, Ideen zu schützen, indem man Bücher schützt.

Dieser Schutz wurde seit dem 15. Jahrhundert in Form von Privilegien gewährt, die den mit großem Kapitaleinsatz arbeitenden Druckern und/oder Verlegern und manchmal auch den Autoren für eine bestimmte Zeit das ausschließliche Recht erteilten, die gedruckten Werke wirtschaftlich zu verwerten. Aus der Möglichkeit zur wirtschaftlichen Verwertung ergab sich freilich ein Konflikt zwischen den Autoren als den Urhebern der Werke und den Druckern/Verlegern als denjenigen, die die Werke als Bücher vertrieben, denn jetzt musste geklärt werden, ob der Urheber als der Werkschöpfer oder der Drucker/Verleger als der Werkdistributor der eigentliche Besitzer des Werkes war, dem folglich auch der aus der Verwertung erzielte Gewinn zufiel. Die Lösung dieses Konflikts lag darin, das geistige Eigentum an einem Werk vom Eigentum am werkverkörpernden Manuskript oder Buch zu trennen. Dadurch konnte der Urheber über sein immaterielles Werk in einer Weise verfügen, die der Verfügung über Sacheigentum gleichkommt, während man den Drucker/Verleger als jemanden betrachtete, der fremdes Eigentum gegen Bezahlung nutzte. Die Frage war dann nur noch, ob der Urheber ein ewiges Recht an seinem Werk haben sollte, oder ob es Gründe gab, dieses Recht zu befristen.

Autor, Drucker, Verleger

Die Rechtsentwicklung verlief hierbei *grosso modo* so, dass sich eine Befristung des gesetzlichen Schutzes des geistigen Eigentums durchsetzte, sei es, dass man wie in Großbritannien an das Patentrecht anschloss und dessen Schutzfrist von 14 Jahren auf Bücher übertrug (erster *Copyright Act* aus dem Jahr 1709), sei es, dass man wie im revolutionären Frankreich das literarische und künstlerische Eigentum in Gesetzen der Jahre 1791 und 1793 ausdrücklich festschrieb, dieses Eigentum aber mit Ablauf von zehn Jahren nach dem Tod des Urhebers für erloschen erklärte, so dass das Werk nach Fristende zu öffentlichem Eigentum *(domaine public)* wurde.

In Deutschland hingegen kam es zu einer eigentümlichen Vertiefung des Problembewusstseins bei gleichzeitigem Aufschub der Problemlösung. Die Vertiefung des Problembewusstseins leisteten in den 1790er Jahren die Philosophen Immanuel Kant und Johann Gottlieb Fichte (1762–1814), indem sie den Unterschied herausarbeiteten, der das (gedruckte) Buch als Sache von seinem Inhalt als der spezifischen Form der Gedanken (der Art und Weise ihrer Verbindung, der sprachlichen Wendungen und Fügungen) trennt. Selbst wenn man, so ihr Argument, ein Buch kaufe, also einen materiellen Gegenstand erwerbe,

Vertiefung des Problembewusstseins in Deutschland

der einem mit dem Kauf gehöre, selbst dann habe man den Inhalt nicht mitgekauft, weil er sich nicht gegen Geld tauschen lasse, sondern die mühsame Aneignung fremder Gedanken erfordere. Da ebendiese Aneignung aber nur so stattfinden könne, dass die Form der fremden Gedanken der eigenen Form des Denkens unterworfen und also verändert werde, bleibe die spezifische Gedankenform, die sich in einem Buch vergegenständlicht habe, auf immer Eigentum des Autors. Damit war das Urheberrecht theoretisch als ein Persönlichkeitsrecht begründet, und in dieser Form hat es die Rechtsentwicklung weltweit beeinflusst. Trotz dieser Klärung dauerte es freilich bis zum Jahr 1837, bis in Preußen als erstem deutschen Land das Eigentum an Werken der Wissenschaft und Kunst urheberrechtlich geschützt und die Schutzfrist auf 30 Jahre nach dem Tod des Autors festgesetzt wurde. Der Deutsche Bund übernahm diese Regelung im Jahre 1845.

Insgesamt muss man festhalten, dass im 19. Jahrhundert, ausgehend von Großbritannien, Frankreich und Deutschland, das Urheberrecht in immer mehr Ländern die alten Drucker- und Verlegerprivilegien ablöste und als ein Recht implementiert wurde, das die Urheber zeit ihres Lebens und eine bestimmte Frist danach schützt. Die weitere Entwicklung brachte nicht nur eine Verlängerung der Schutzfrist (Frankreich 1866: 50 Jahre nach dem Tod des Autors), sondern auch eine Beseitigung der territorialen Schranken des Urheberrechts, die 1883 mit der zwischen acht Staaten, darunter Deutschland, vertraglich vereinbarten „Berner Übereinkunft zum Schutz von Werken der Literatur und Kunst" erreicht wurde; seither kann ein Urheber, dessen Rechte in einem anderen Land verletzt wurden, den Schutz des Urheberrechts dieses anderen Landes in Anspruch nehmen.

Beseitigung der territorialen Schranken

Man muss sich dieser Entwicklung bewusst sein, um die Tragweite der institutionellen Reorganisation des Wissens im Zeitraum zwischen 1700 und 1900 ganz verstehen zu können. Was in dieser Zeit geschah, war nicht einfach eine Institutionalisierung von Wissenschaft im Sinne des Aufbaus von neuen Organisationseinheiten, die in einen immer weiter vernetzten wissenschaftlichen Großbetrieb überführt wurden; vielmehr wird in dieser Zeit das Wissen dank des Urheberrechts zu etwas, das man schützen und bestimmten Individuen verantwortlich zurechnen kann. Nur so kann es wirklich als ein nützliches Gut behandelt werden und zugleich jenen Individuen, die es entdeckt und/oder hervorgebracht haben, unsterblichen Ruhm eintragen. Seither gibt es Heroen der Forschung und ihre Nobilitierung durch den Nobelpreis, der 1901 zum ersten Mal verliehen wurde.

Die Ordnung des Wissens

Das große Problem, das aus der Ausweitung des empirischen Feldes resultierte, war die rasche Zunahme des Faktenwissens verbunden mit einer sich beschleunigenden Verschiebung und Erneuerung der Theorien, die mit dem Anspruch auftraten, die Fakten erklären zu können. Wie groß das Problem war, zeigt sich daran, dass man um

1700 die Gesamtzahl der Pflanzen und Lebewesen (Arten, Spezies) auf etwa 45.000 schätzte, dass man aber rund 80 Jahre später von 175.000 Pflanzen- und sieben Millionen Tierarten ausging. So musste man, um mit der zunehmenden und überwältigenden Fülle der Arten zurechtzukommen und den Überblick nicht zu verlieren, zwangsläufig nach der angemessenen Ordnung des empirischen Materials fragen. Das war ein Problem, das sich in der Zoologie und der Botanik auf Grund des in der Frage liegenden (theologischen) Konflikts um Konstanz oder Evolution der Arten besonders dringlich stellte; aber es war ein Problem, das jenseits von Botanik und Zoologie überall dort auftauchte, wo man der Welt immer mehr Fakten abzuhorchen begann und der inneren Ordnung all dieser Fakten auf die Spur kommen wollte. Auf diese Ordnungsfrage gab es zwei Antworten, eine systematische und eine enzyklopädische.

Systematik

Die Grundidee, mit der die Systematik das Ordnungsproblem zu lösen versucht, besteht darin, Gegenstände auf Grund von gemeinsamen Merkmalen in Klassen zusammenzufassen und diese Klassen hierarchisch zu ordnen. Dabei ist der Gedanke leitend, dass die Gegenstände von sich aus eine solche systematische Ordnung zulassen und das Ganze der Natur folglich ein System bildet, das von der menschlichen Ordnungsleistung unabhängig ist, dank dieser aber als System zum Ausdruck gebracht werden kann. Sobald man sich jedoch konkret ans Ordnen machte, zeigte sich, dass es viele mögliche Ordnungskriterien gab, über deren Gewichtung keine Einigung erzielt werden konnte, so dass es unmöglich war, sich auf ein verbindliches System zu verständigen. Wie aber sollte man dann noch hoffen können, dasjenige System zu finden, in dem sich die Natur so zeigte, wie sie an sich war?

Diese Frage konnte man mit Leibniz so zu beantworten versuchen, dass man das System auf wenigen evidenten Prinzipien aufbaute, so dass die gesamte Ordnung auf diesen Prinzipien gründete und aus ihnen abgeleitet werden konnte. Aber diese Antwort wiederholte im Grunde bloß die Frage, denn es war ja gerade strittig, welche Prinzipien evident waren. Immerhin schärfte das den Blick dafür, dass ein System in irgendeiner Form empirisch abgesichert werden sollte und, solange es die Ordnung der Natur nicht vollständig explizierte, als eine Hypothese zu betrachten war, mit deren Hilfe man Ordnung in die Dinge brachte. Diese Ordnung war zwar eine bloß vorläufige, aber solange sie funktionierte, ließ sie Raum für die Hoffnung, bei fortgesetzter Arbeit eines Tages eine endgültige Ordnung erreichen zu können. Es war eine Hoffnung, die die offene Frage in ein Arbeitsprogramm transformierte, das während des ganzen 18. Jahrhunderts in der unablässigen Konstruktion von Systemen immer wieder versuchte, von den vielen „künstlichen" zu dem einen „natürlichen" und mithin wahren System durchzubrechen.

Das wahre System?

Am Ende des 18. Jahrhunderts war es dann Kant, der die grundlegende Voraussetzung der bisherigen Systembauten in Frage stellte, als er aufwies, dass die Natur eine Mannigfaltigkeit empirischer Gesetze zeige, die für uns zufällig sind, so dass auch die „Einheit der Erfahrung" als eines „Systems nach empirischen Gesetzen" eine zufällige sei. Da wir aber – und das ist Kants Pointe – ohne die Voraussetzung einer solchen Einheit der Erfahrung niemals „zu einem Ganzen der Erfahrung" kämen, müssen wir das, was wir objektiv als zufällig erkennen (dass die Natur mit unserem Erkenntnisvermögen zusammenstimmt), a priori voraussetzen. Kant nannte das die „transzendentale Zweckmäßigkeit" der Natur, die allein es gestatte, dass wir „mit dem Gebrauche unseres Verstandes in der Erfahrung fortkommen und Erkenntnis erwerben können". Für Kant war daher klar, dass die Wissenschaft einerseits systematisch verfahren und andererseits kritisch sein müsse: Sie habe das Feld möglicher Erfahrung einzugrenzen und nicht zu überschreiten. Das aber hieß, dass ein „natürliches System" hinfort unmöglich war; möglich war nur noch ein „kritisches System", das auf seine eigenen Voraussetzungen reflektieren und sich bewusst sein musste, dass es sein eigenes Fundament argumentativ nicht begründen konnte. Während Hegel und mit ihm die gesamte idealistische Philosophie daraus den Schluss zogen, dass das wissenschaftliche System nur zirkulär begründet werden könne, indem das, was es voraussetze, sich erst am Ende, nach dem Durchgang durch das gesamte System, als der wahre Ausgangspunkt erweise und dieser Durchgang die älteren Systeme als „Momente" des eigenen Systems darzustellen habe, erteilte Friedrich Nietzsche im letzten Drittel des 19. Jahrhunderts allen Systembauversuchen eine Absage: Da die Systeme systematisch nicht begründbar seien, hätten sie ihren eigentlichen Grund in der jeweiligen Persönlichkeit des systembauenden Philosophen und seien daher lediglich als eine „Form von Memoiren" zu betrachten.

Systembauversuche

Schaut man von hier aus auf die konkreten Versuche, in das rasch wachsende empirische Material vor allem der Biologie eine systematische Ordnung zu bringen, zeigt sich, wie sehr sie mit den philosophischen Reflexionen korrespondieren. So wollte das seit dem Mittelalter bis in die Neuzeit hinein beliebte Ordnungsmodell der *Scala naturae* (Stufenleiter der Natur) im Rückgriff auf antike Überlegungen die gesamte Natur gemäß dem Kriterium der Perfektion ordnen: Von Gott als dem perfektesten Wesen gelangte man bei graduell abnehmender Perfektion zu den Engeln, Sternen, Menschen, Tieren, Pflanzen, dem Feuer und schließlich den Mineralien. Auf diesem Wege ergab sich eine unilinear gestufte Ordnung, die die Fülle der Schöpfung in ihrem kontinuierlichen Zusammenhang aufzeigte, aber es blieb hochgradig strittig, welches Kriterium bei der Stufung nach Perfektion zu berücksichtigen sei: die Schärfe der Sinneswahrnehmung etwa oder die Differenziertheit der Organe oder ein anderes Kriterium? Als dann Carl von Linné in der Mitte des 18. Jahrhunderts seine Systematiken veröffentlichte, in denen er die Pflanzen nach Anzahl und Anordnung der Staub- und Fruchtblätter der Blüte und die Tiere nach anatomischen und physiologischen Merkmalen ordnete, hatte er in der Tat auf der Basis weniger Merkmale ein künstliches System errichtet, dessen Künstlichkeit ihm vollauf bewusst war. Aber wie die Philosophen der Zeit glaubte er, in dem künstlichen System ein „Fragment" der noch aufzufindenden natürlichen Ordnung in der Hand

Ordnung der Biologie

zu halten. Dieser natürlichen Ordnung kam man, wie man meinte, näher, wenn man den Art-Begriff nicht mehr klassifikatorisch verstand, sondern die artbildenden als biologische Merkmale auffasste, die einen artspezifischen Bauplan ergaben. Dazu musste man die Anatomie der Lebewesen studieren und konnte dann, wie es Georges Cuvier (1769–1832) tat, das Tierreich in vier Äste (Wirbel-, Glieder-, Weich- und Strahlentiere) aufteilen.

In die – mit Kant zu reden – „kritische Phase" traten die Klassifikationen, als man erkannte, dass die Fossilien die Vorformen rezenter Lebewesen sind. Damit war beim Systembau der Faktor der Zeit zu berücksichtigen und mit ihm zugleich der Faktor der Varianz (was früher so war, war jetzt anders), so dass die alle bisherigen Systematiken tragende Vorstellung von der Konstanz der Arten aufgegeben werden musste. Sobald man diese Varianz auch bei rezenten Arten erkannte, ließen sich die Arten endgültig nicht mehr als Träger essentieller Eigenschaften bestimmen, sondern mussten im Durchschnitt der Varianten ausgemacht werden. Der Name der Art war dann nichts weiter als die abgekürzte Bezeichnung für einen solchen Durchschnitt der Varianten. Das war die Auffassung Charles Darwins, der mit dieser nominalistischen Auffassung von der Art den modernen Evolutionismus begründete, für den sich in der Ordnung der Natur die Evolutionsgeschichte der Lebewesen zeigt. Diese Geschichte wird nun in den biologischen Klassifikationen festgehalten, die von den dia- und synchronen Artübergängen als den evolutionären Momenten erzählen.

Hatte man Ordnung in eine einzelne Wissenschaft wie etwa die Biologie gebracht, war immer noch zu klären, wie man das Insgesamt der Wissenschaften systematisch ordnen sollte. Vom Mittelalter bis ins 18. Jahrhundert hinein hatte man sich dabei in den Bibliotheken als den Wissensspeichern par excellence des Wissenschaftskanons der „Sieben freien Künste" bedient. Dieser Kanon erlaubte es, das gesamte Grundlagenwissen dem Trivium (Grammatik, Rhetorik und Dialektik/Logik) und dem Quadrivium (Arithmetik, Geometrie, Musik und Astronomie) zuzuordnen und das höhere Wissen der Medizin, der Jurisprudenz und der Theologie. Das ermöglichte jedem Gelehrten, der mit diesem Wissenschaftskanon vertraut war, eine sichere Orientierung in den nach diesem System geordneten Bibliotheken und ihren Katalogen. Als im 18. Jahrhundert die Ausweitung des empirischen Feldes den Kanon der „Sieben freien Künste" zu überschreiten begann und die Aufklärung die systemische Spitzenposition der Theologie in Frage stellte, geriet die tradierte Ordnung des Wissens freilich unter Druck. Das führte zur Suche nach einer neuen verbindlichen Systematik des Wissens und damit auch der Bibliotheken, wobei in Frage stand, ob die auf eine pragmatische Ordnung angelegten Wissensklassifikationen, wie sie die Bibliotheken benutzten, die philosophischen Klassifikationen abzubilden hatten oder gänzlich neue Wege beschreiten sollten. Auf diese Frage gab es im Wesentlichen zwei Antworten.

Wissenschaftskanon der „Sieben freien Künste"

Zum einen versuchte man, den Aporien der philosophischen Systematik dadurch aus dem Weg zu gehen, dass man die Wissensklassifikation gezielt von einem pragmatischen Ansatz her entwickelte. Damit wiederholte man freilich nur das Problem,

Einblick in die naturhistorischen Sammlungen des Benediktinerstifts Admont/Steiermark.

das die philosophischen Klassifikationen mit ihrer „evidenten" Ausgangsbasis gehabt hatten: Was unter pragmatischen Ordnungsgesichtspunkten für den einen ein evidenter Ausgangspunkt sein mochte, musste das für einen anderen ganz und gar nicht sein. Der Streit darüber war endlos und unlösbar und beruhigte sich erst um 1900, als man die systematische Ordnung des Wissens und der Bibliotheken nur noch als ein Orientierungsinstrument unter anderen betrachtete. Damit hatte man, indem man weiterhin Systematiken benutzte, den zugrundeliegenden philosophischen Systemgedanken allerdings gründlich verabschiedet.

Pragmatischer Ansatz der Wissensklassifikation

Zum andern versuchte man, eine Universalisierung der Wissensklassifikation dadurch zu erreichen, dass man alle Tradition und vermeintlich unmittelbare Evidenz hinter sich ließ, um auf der Basis eines allgemeinen Schemas das Wissen tradi-

tions- und kulturübergreifend verbindlich ordnen zu können. Die Grundlagen für diese Lösung lieferte der amerikanische Bibliothekar und Wissenschaftsorganisator Melvil Dewey, als er im Jahre 1876 die von ihm am *Amherst College* eingesetzte Dezimalklassifikation veröffentlichte. Die Grundidee seiner Klassifikation besteht darin, das gesamte Korpus des Wissens in zehn Klassen *(classes)* einzuteilen, die jede wiederum in zehn Abteilungen *(divisions)* und die Abteilungen in je zehn Abschnitte *(sections)* gegliedert werden. Indem Dewey auf diese Weise die formale Logik des Dezimalsystems auf die Systematik applizierte, wollte er eine rein formale Universalität der Systematik erreichen, die jegliche Festlegung auf inhaltliche Universalität vermied: Die Inhalte waren wie bei den konkurrierenden Systematiken nach rein pragmatischen Gesichtspunkten geordnet, aber diese Pragmatik auf Grund des Dezimalsystems universalisiert zu einer formalen Universalpragmatik mit hierarchischer Ordnung.

Dezimalklassifikation des Melvil Dewey

Das System, das Dewey entworfen hatte, hatte gegenüber seinen Konkurrenten zwei Vorzüge. Erstens setzte es in der Applikation des Dezimalsystems den direkten Bezug zur natürlichen Sprache und des von der natürlichen Sprache abgesteckten Kulturraums aus und machte das durch eine numerische Notation der Klassenbezeichnungen deutlich. Wer hinfort nach Literatur über „Moose" suchte, musste sich in der Bibliothek nach den Regalen mit der Signatur „588" umschauen (5[00] = Naturwissenschaft; 58[0] = Botanik; 588 = Moose). Zweitens aber lag sein Vorzug darin, dass es eine eigene Klasse, die Klasse „000", für die Bemühungen um die Klassifikation des Wissens auswies und damit selbstreflexiv und zirkulär verfuhr, ganz so, wie es Hegel für das wahre System gefordert hatte: In der Klasse „000" enthielt Deweys Dezimalsystem sich selbst und gab dort die Gründe an, warum es so verfuhr, wie es verfuhr, um in den darauffolgenden neun Klassen das gesamte System des Wissens zu entfalten und in der Entfaltung zu bewähren. Es waren diese Vorzüge, dank deren sich die Dezimalklassifikation rasch zu der am weitesten verbreiteten Wissens- und Bibliotheksklassifikation entwickelte, um schließlich von dem Juristen Paul Otlet (1868–1944) und dem Juristen und Friedensnobelpreisträger Henri La Fontaine (1854–1943) zur „Universalen Dezimalklassifikation" ausgebaut zu werden. Diese sollte die klassifikatorische Basis liefern, um das vom 1898 in Brüssel gegründeten *Institut International de Bibliographie* gesammelte Schrifttum der gesamten Welt zu erfassen und in einer „Universellen Bibliothek" zur Verfügung zu stellen.

Vorzüge des Systems

So groß man mit alldem auch ausgriff und so erfolgreich insbesondere die Dezimalklassifikation Deweys war, der Einwand, dass jede Systematik von einem „inneren Gesetz" abhänge, das nicht umstandslos zu verallgemeinern sei, holte auch die Dezimalklassifikation ein. So hat man früh schon kritisiert (und Dewey hat diese Kritik antizipiert, ohne ihr mehr als die praktische Funktionsfähigkeit seines Systems entgegenhalten zu können), dass die formale Unterteilung in zehn Klassen durch nichts zu rechtfertigen sei außer durch den historischen Zufall, dass in den kulturell maßgeblichen westlichen Breiten das Zehnersystem das allgemein akzeptierte Zahlensystem ist. Zweitens aber stellte man immer wieder fest, dass die konkrete Füllung des formalen Zehnerschemas auf der Basis dezidiert westlicher Werte vorgenommen wurde, so dass etwa der Islam in der Klasse 290 („Nichtchristliche Religionen") untergebracht wurde, wo er mit vielen anderen Religionen einen Appendix zu den christlichen Religionen bildet. Drittens schließlich war es gerade der universale Anspruch der Dezimalklassifikation, der im Verein mit der numerischen Notation der Klassen eine Orientierung so schwierig machte, dass man der Klassifikation einen alphabetischen Schlagwortindex *(Alphabetical Subject Index)* mitgeben musste, der es erlaubte, zu einem gesuchten Thema über den Schlagwortindex die numerische Notation und damit den genauen Ort des Themas innerhalb der Systematik zu finden. Das aber hieß: Trotz aller Anstrengungen war die Dezimalklassifikation nicht anders als die ihr historisch vorhergehenden systematischen Kataloge alles andere als selbsterklärend und unmittelbar benutzerfreundlich. Man musste dieses System wie alle anderen Systeme im Grunde lernen und fand dann nicht nur, was man suchte, sondern wurde auch damit belohnt, dank des Systems die hierarchischen Kontexte, zu denen ein Thema gehörte, kennenzulernen. Um das System aber kennenzulernen und gebrauchen zu können, benötigte man am Ende doch wieder die natürliche Sprache, die man aus dem System selbst ausgeschlossen hatte, um sie am Rand des Systems im Schlagwortindex als unvermeidlichen Notbehelf mitzuführen. Wie aber, wenn dieser Notbehelf gar kein Notbehelf war? Dann war man mitten in der Enzyklopädie als der großen Alternative zur Systematik.

Nachteile des Systems

Enzyklopädie

Die Enzyklopädie versucht, das Ordnungsproblem dadurch zu lösen, dass sie Gegenstände auf Grund ihrer (natürlichsprachigen) Benennung in eine alphabetische Ordnung bringt, so dass jeder, der die betreffende Sprache beherrscht, den gesuchten Gegenstand auf Anhieb in der Enzyklopädie finden kann. Damit überträgt die Enzyklopädie das von Wörterbüchern benutzte Ordnungsprinzip des Alphabets von den Wörtern auf die mit Wörtern bezeichneten Sachen.

Tatsächlich spricht einiges dafür, dass die Enzyklopädien sich aus Wörterbüchern entwickelt haben. Wörterbücher waren im 17. Jahrhundert in großer Zahl entstanden, als der Kontakt der Europäer mit fremden Kulturen es notwendig machte, die Sprachen dieser Kulturen zu lernen. Hinzu kamen in dieser Zeit Wörterbücher, die man schuf, um den Sprachumfang der eigenen Kultur festzustellen und die Standardsprache als Norm festzuhalten. Das war besonders in Frankreich der Fall, wo man die dezentralen politischen Tendenzen auch sprachlich-kulturell einhegen wollte und die *Académie Française* seit 1637 an einem Wörterbuch arbeitete, dessen erste Auflage 1694 erschien. Unzufrieden mit dem Bearbeitungstempo und der Schwerpunktsetzung dieses Werkes veröffentlichte das Akademiemitglied Antoine Furetière 1684 den Auszug eines eigenen, in Vorbereitung befindlichen Wörterbuchs, des »Dictionnaire Universel«, woraufhin ihn die übrigen Akademie-

Wörterbücher

mitglieder des Plagiarismus beschuldigten und aus der Akademie ausschlossen. Die Streitigkeiten mit der Akademie verhinderten zu Furetières Lebzeiten die Veröffentlichung seines Wörterbuchs, das erst postum 1690 in Holland erscheinen konnte. Herausgeber dieser postumen Veröffentlichung war Pierre Bayle, der vom holländischen Exil aus in Frankreich die Aufklärung voranzubringen versuchte und zu diesem Zweck 1695/1696 sein »Dictionnaire historique et critique« veröffentlichte. Dieses „Wörterbuch" bot im Rückgriff auf Louis Moréris »Grand dictionnaire historique« (1674) nicht nur Informationen über historische Personen, sondern gab zum ersten Mal auch die Quellen für diese Informationen an, so dass es dem Leser möglich war, sich auf der Basis der Quellen ein eigenes Urteil zu bilden.

Damit hatte sich das „Wörterbuch" vom reinen Sprachlexikon emanzipiert und war zu einem Personenlexikon geworden, das im Hinblick auf die von den Personen gestalteten historischen Fakten geschrieben war. Von hier aus war es nur noch ein kleiner Schritt, solche Fakten selbst zum Gegenstand eines Wörterbuches zu machen. Das geschah in England, wo der Mathematiker John Harris im Jahre 1704 sein »Lexicon technicum, or an universal English dictionary of arts and sciences« veröffentlichte, das alphabetisch geordnete Einträge zu Gegenständen und Themen der Technik und der Wissenschaften bot. Was Harris für Technik und Wissenschaft geleistet hatte, universalisierte Ephraim Chambers zu einem allgemeinen Wörterbuch über natürliche und künstliche Gegenstände („of things natural and artificial"), das er 1728 in London unter dem Titel »Cyclopaedia, or, an universal dictionary of arts and sciences« veröffentlichte. Aber Chambers universalisierte nicht nur den Ansatz von Harris, er fand zugleich das Mittel, um die über das Alphabet verstreuten, aber sachlich zusammengehörigen Gegenstände miteinander zu verbinden; dieses Mittel war der Querverweis, der mittels eines „siehe" von einem Eintrag auf einen anderen führte – so gibt es etwa unter dem Eintrag „Chaos" Verweisungen auf „Welt", „Gott" und „Komet". Der Erfolg von Chambers' »Cyclopaedia« war so groß, dass der Titel des Werkes zum Gattungsnamen dieses Wörterbuchtyps wurde: Die „Enzyklopädie" war jetzt ein alphabetisch geordnetes Universalwörterbuch aller Themen und Gegenstände, die durch Verweisungen sachlich miteinander verbunden waren und zu denen die einschlägigen Quellen angegeben wurden.

Chambers' »Cycloaedia« als Vorbild

Die Karriere des neuen Wörterbuchtyps begann mit einem Paukenschlag, als Chambers' »Cyclopaedia« in den 1740er Jahren ins Französische übersetzt werden sollte. Denn über mehrere Stationen von persönlichen Zerwürfnissen und finaniellen Problemen kam das Übersetzungsprojekt in die Hände von Denis Diderot und Jean-Baptiste Le Rond d'Alembert, die den Anspruch eines universalen Lexikons mit den Zielen der Aufklärung verbanden und mit einem Stab von weit über 100 Mitarbeitern, unbekannten und berühmten (Voltaire, Rousseau, Montesquieu u. v. a. m.) die 35 Foliobände der »Encyclopédie, ou dictionnaire raisonné des sciences, des arts et des métiers« schufen, die von 1751 bis 1780 erschien und trotz der langen Erscheinungsdauer und eines hohen Preises zur ökonomisch

Übersetzungs- und Folgeprojekte

erfolgreichsten Enzyklopädie der Zeit wurde. Fast parallel dazu war von 1732 bis 1754 in Deutschland in 64 Bänden das von dem Buchhändler und Verleger Johann Heinrich Zedler initiierte »Grosse vollständige Universal-Lexicon Aller Wissenschaften und Künste« erschienen, das zwar weniger erfolgreich als die »Encyclopédie« war, aber zusammen mit dieser den neuen Lexikontyp der Enzyklopädie im Bewusstsein der Menschen und auf dem Markt fest etablierte. Kein Wunder, dass das ausgehende 18. und das beginnende 19. Jahrhundert in immer mehr Ländern immer mehr vielbändige Enzyklopädien sah: Die »Encyclopædia Britannica« erschien 1768 bis 1771 in drei Bänden und erreichte ihr maximales Volumen in der elften Auflage, die von 1910 bis 1911 in 29 Bänden herauskam; das von Joseph Meyer herausgegebene »Große Conversations-Lexicon für die gebildeten Stände« (1839–1855) brachte es auf stattliche 52 Bände, und die von 1818 bis 1889 erscheinende »Allgemeine Encyclopädie der Wissenschaften und Künste« von Johann Samuel Ersch und Johann Gottfried Gruber gar auf 168 Bände.

Um den ungeheuren Erfolg der Enzyklopädien zu verstehen, muss man sich vor Augen halten, dass sie in der Tat Kompendien des zeitgenössischen Wissens darstellten, die mit dem Ziel verfasst waren, „das Aufnehmen und die Ausbreitung gelehrter Wissenschafften zu befördern“ (Zedler). Das meint einen Begriff von Wissenschaft, der um das Wissbare aller Art oszilliert und den d'Alembert in seinem »Discours préliminaire de l'Encyclopédie« als „connoissonces humaines“ (menschliches Wissen) namhaft gemacht hatte. Es meint aber auch, dieses Wissen nun nicht mehr in gelehrtem Latein zu bieten, sondern in der jeweiligen Landessprache, so dass es den Zirkel der Gelehrten verlassen und neue Adressaten finden kann. Es meint schließlich, das bekannte Wissen einerseits vollständig in seinem Zusammenhang zu bieten – „exposer autant qu'il est possible, l'ordre & l'enchaînement des connoissances humaines“ (die Ordnung und die Verkettung der menschlichen Kenntnisse so weit als möglich darzustellen), sagt d'Alembert in seinem »Discours préliminaire« – und andererseits offen zu bleiben für Neues. Ebendas leistet die Enzyklopädie, indem sie alles zu Wissende in die sequentielle Ordnung des Alphabets einfasst – eine Ordnung, die als Alphabet abgeschlossen und als Sequenz an jeder beliebigen Stelle offen für Erweiterungen und Einschübe ist.

Ziel der Kompendien

Kurz: Die Enzyklopädie war das Medium der Wahl, um das sich ausweitende empirische Feld wissenstechnisch kontrollieren zu können. Der oft bemerkte Umstand, dass die »Encyclopédie« und der »Zedler« dem handwerklichen und dem Alltagswissen zum ersten Mal breiten Raum geben, verdankt sich der alphabetisch-sequentiellen Integrationskraft der Enzyklopädie, die ohne Debatte um den systematischen Ort solchen Wissens das Neue an der ihm zukommenden Alphabetstelle einträgt. Damit stand zum ersten Mal handwerkliches und Alltagswissen abrufbar bereit und konnte im Hinblick auf seine Nützlichkeit geprüft und beurteilt und anwendungsbezogen reproduziert werden. Das erklärt den Absatz der »Encyclopédie« und des »Zedler« in Kreisen der traditionellen Eliten: Die Adligen und die Männer, die als Kleriker, Juristen oder Verwaltungsbeamte Verant-

Handwerkliches und Alltagswissen

wortung trugen, lasen in den Enzyklopädien, was zu wissen nottat, wenn man sich um das allgemeine Beste zu kümmern hatte.

Dieses allgemeine Beste verbindet sich seit der Aufklärung mit dem, was Kant den „öffentlichen Gebrauch der Vernunft" nannte und worunter er einen Vernunftgebrauch „vor dem ganzen Publikum der Leserwelt" verstand. Dieser öffentliche Vernunftgebrauch zielte nicht nur gegen die „Faulheit und Feigheit" der Menschen, die lieber unmündig bleiben als selbst denken wollten; er zielte auch gegen all die „Vormünder" der Menschen, „die die Oberaufsicht über sie gütigst auf sich genommen haben". Das erklärt, warum die »Encyclopédie« 1759 in Frankreich auf den Index gesetzt wurde und noch im selben Jahr Papst Clemens XIII. alle Katholiken aufforderte, ihre Exemplare der »Encyclopédie« zu verbrennen, andernfalls sie exkommuniziert würden: Die »Encyclopédie« reklamierte eine vernünftige Öffentlichkeit, in der Form und Inhalt homolog waren; und die »Encyclopédie« reklamierte das nicht nur, sie stellte es selbst dar. Die „Konversationslexika" des 19. Jahrhunderts (»Brockhaus«, seit 1808; »Meyer«, 1839–1855) stehen in dieser Tradition. Aber indem sie die Konversation als Mittel zur Bildung betrachten und Bildung wiederum mit Berufsbildung zu identifizieren beginnen, verkürzen sie den ursprünglich intendierten öffentlichen Vernunftgebrauch zu einer instrumentellen Vernunft, die sich beliebigen Zielen unterwerfen lässt.

Öffentlichkeit

Dennoch bleibt es dabei: Mit den Enzyklopädien ist die Form gefunden, in der der Universalitätsanspruch der Vernunft öffentliche Gestalt gewinnt, auch wenn dieser Anspruch nicht immer eingelöst werden kann. Das eben macht sie zu einem Motor des von der Aufklärung propagierten „allgemeinen Besten", das nicht von „Vormündern" gesetzt, sondern im öffentlichen Vernunftgebrauch selbst gesetzt werden sollte.

Für die Bibliotheken als den Metaorganisationen des Wissens blieb das enzyklopädische Ordnungsprinzip nicht ohne Folgen. Obwohl die Mehrzahl der (wissenschaftlichen) Bibliotheken bis zum Ende des 19. Jahrhunderts und noch weit darüber hinaus an der systematischen Ordnung der Bücher und Kataloge festhielt, nötigte die rapide Zunahme wissenschaftlicher Publikationen über ebenso rapide sich vermehrende Themen die Bibliothekare zu einer Neureflexion ihrer bibliothekarischen Praxis. Diese Neubesinnung machte deutlich, dass es bei der Katalogisierung im Grunde um die Ermöglichung eines multidimensionalen Zugriffs auf den Bibliotheksbestand ging und dass der klassische systematische Katalog diese Multidimensionalität des Zugriffs eher verweigerte als erlaubte. Je nach kulturellem Umfeld und Bibliothek wurde diese Erkenntnis ganz verschieden umgesetzt: Zum einen versuchte man, durch ein dem systematischen Katalog beigegebenes alphabetisches Sachregister die Multidimensionalität des Zugriffs zu erleichtern; zum andern ersetzte man den systematischen Katalog durch einen alphabetisch geordneten Sachkatalog, der die Themen in einem auf der natürlichen Sprache basierenden kontrollierten Vokabular verzeichnete (der erste gedruckte Schlagwortkatalog ist der des *Middle Temple* in London aus dem Jahr 1734; der erste umfassende Schlagwortkata-

Neubesinnung der Bibliothekare

log einer Universalbibliothek ist der der Hofbibliothek in München, entstanden zwischen 1819 und 1851); und schließlich kam es besonders in der anglo-amerikanischen Welt zur Einführung des „Wörterbuchkatalogs“ *(dictionary catalogue)*, der das Prinzip der Enzyklopädie auf den Bibliothekskatalog übertrug: Ein „Wörterbuchkatalog“ enthält in alphabetischer Ordnung Einträge zu Verfassern, Buchtiteln und Sachthemen und führt unter dem jeweiligen Eintrag die einschlägige Literatur auf (»Boston Athenaeum Library catalogue«, 1874–1882).

Im Grunde hieß das, dass am Ende des 19. Jahrhunderts der Kredit der Systematiken verbraucht war, auch wenn es immer noch Stimmen gab, die Wissenschaftlichkeit und Systematik gleichsetzten. In der Praxis war es längst anders. Es ging nicht mehr um eine wie auch immer zu begründende Wissenschaftlichkeit, sondern um den Zugriff auf Wissens- und Bibliotheksbestände um eines sehr pragmatischen Nutzens willen. Dieser Nutzen fragte nicht mehr nach dem systematischen Ort einer Erkenntnis, um einer selbstbestimmten Vernunft zum Durchbruch zu verhelfen, vielmehr fragte er nun nur noch nach dem schnellen Zugang zu dem, was man heute so gerne „Information“ nennt: ein punktuelles Wissensdatum, das nicht reflektiert, sondern angewendet werden will.

Mikroordnungen des Materials

Das Faktenwissen, das auf dem sich ausweitenden empirischen Feld erhoben wurde, nötigte nicht nur zu einer Neufassung der großen Ordnungslinien, sondern auch zu einer übersichtlicheren Präsentation des Materials selbst. Den Anfang machten hier die zahlreichen Werke, die einen Einblick in Verhältnisse eines Landes oder eines Kontinents geben wollten und sich dazu des Mittels der Beschreibung bedienten. Sie ordneten das Material nach Themen und handelten diese Themen enumerativ ab, wie es etwa Anton Friedrich Büsching in seiner »Neuen Erdbeschreibung« (1754–1782) tat, in der er beispielsweise das in Deutschland vorhandene „zahme Federvieh“ wie folgt präsentiert: „Hühner, wälsche Hühner, Perlhühner, Tauben, Gänse und Enten.“ Und er fährt fort: „Es gibt ferner Störche, Löffelgänse, wilde Gänse und Enten, Schwäne, Trappen, Fasanen, Auerhähne und Hühner, Rephühner, Birk- und Haselhühner, Schnepfen, Lerchen, Krammetsvögel, Ortolanen, Wachteln, und anderes Geflügel, imgleichen Falken, Reiger, Habichte, und dergleichen mehr.“ Solche Beschreibungen fußten zum Teil auf einer Auswertung von Quellenmaterial, zum Teil auf eigenen Beobachtungen, die auf Reisen gemacht und dann gerne in der Form von Reisebeschreibungen veröffentlicht wurden. Hierher gehört Friedrich Nicolais zwölfbändige »Beschreibung einer Reise durch Deutschland und die Schweiz im Jahre 1781« (1783–1796 erschienen), die ausführlich auf die Landschaften, Dörfer und Städte mit Blick auf die im Untertitel genannte „Gelehrsamkeit, Industrie, Religion und Sitten“ eingeht. Indem Nicolai aber nicht nur beschreibt, sondern sein Material bisweilen auch in der Form von Tabellen ausbreitet (bspw. über die Trauungen, Geburten und Sterbefälle der von ihm besuchten

Staats- und Länderkunde

Städte), zieht er es zu statistischen Daten zusammen, die auf einen Blick Orientierung bieten.

In der Tat ist der Übergang von der enumerativ-beschreibenden Staats- und Länderkunde zur Aggregierung rein numerischer Daten der Beginn dessen, was wir „Statistik" nennen. Um den Aussagewert der ab dem Ende des 18. Jahrhunderts überall entstehenden staatlichen und gelehrten statistischen Zahlenwerke gewährleisten zu können, müssen freilich zwei Bedingungen erfüllt sein. Zum einen müssen die Zahlen in ein Kategoriensystem eingefügt werden, das als Interpretationsrahmen zugleich den Vergleichspunkt markiert, der den reinen Zahlen Sinn verleiht: Wer wo auch immer 100 Bauernhöfe zählt, zählt eben 100 Bauernhöfe und nicht Fabriken. Für die Aufteilung der Wirklichkeit auf solche interessierende Kategorien sorgten staatliche Behörden (in den deutschen Ländern „Statistische Bureaus"), die damit zum ersten Mal in großem Stil Datenpflege betreiben mussten: Sie mussten nicht nur das Koordinatennetz der Daten verwalten, sondern auch die Daten selbst dauerhaft aufbewahren. Zum andern aber müssen die Zahlen normiert sein, um eine quantitative Vergleichbarkeit des Gezählten und Gemessenen zu ermöglichen. Das war bis ins 19. Jahrhundert alles andere als selbstverständlich, denn lokal und regional sorgten die unterschiedlichsten Längen- und Flächenmaße, Währungen und Berechnungen der Ortszeiten dafür, dass die Zahlenangaben nicht direkt vergleichbar waren, sondern umständlich und fehleranfällig umgerechnet werden mussten. Hier schuf erst das dezimalmetrische System Abhilfe, das von den französischen Revolutionären 1793 eingeführt wurde, um einerseits den von Händlern betriebenen Missbrauch mit Maßen und Gewichten und andererseits das Privileg des Adels als Kontrollinstanz für korrekte Maße und Gewichte zu beenden. Der revolutionäre Hintergrund des metrischen Systems hat seine Durchsetzung in Frankreich und seine internationale Anerkennung lange Zeit behindert – es wurde erst 1875 im Rahmen der „Meterkonvention" von 17 Staaten offiziell anerkannt –, aber es war damit ein System geschaffen, das von vielen Wissenschaftlern als ideal betrachtet wurde und den Interessen der im 19. Jahrhundert schnell an Gewicht gewinnenden Industrie sehr entgegenkam. Nun konnte man international vergleichbar zählen und messen, man konnte technische Beschreibungen auf Grund der gleichen Zahlenbasis austauschen und nutzen, und man konnte dank der Statistik sich einen Überblick über Bodenschätze oder menschliche Ressourcen verschaffen und die erhobenen Daten wiederum dank der im 18. und 19. Jahrhundert aufkommenden modernen mathematischen Wahrscheinlichkeitstheorie hochrechnen. Damit war es zum ersten Mal möglich, mit wissenschaftlichen Mitteln nicht nur festzustellen, was wo vorhanden war, sondern auch, was wo in Zukunft wahrscheinlich vorhanden sein würde. Als in den 1830er Jahren die numerischen Daten mit der mathematischen Wahrscheinlichkeitstheorie zusammengingen, war aus dem Beginn der „Statistik" die moderne Statistik geworden.

„Statistik" und das dezimalmetrische System

Zur Veränderung der Materialpräsentation gehört auch jener auf den ersten Blick unscheinbare Mechanismus, der es erlaubt, eine wissenschaftliche Veröffentlichung als solche zu bestimmen: die Fußnote. Natürlich hat die Fußnote eine lange Geschichte, die mit den Glossen beginnt, in denen die gelehrten Kommentatoren seit der Antike vorliegende Texte kommentierten oder korrigierten. Ihre moderne Gestalt und Funktion hängt indessen eng mit Pierre Bayles »Dictionnaire historique et critique« zusammen, das, indem es seine Quellen benannte, in extenso zitierte und ihren Wert qualifizierte, einen neuen Kanon wissenschaftlichen Arbeitens etablierte: Wissenschaft musste jetzt genau nachprüfbar sein, und die Nachprüfbarkeit bestand in der Benennung und Präsentation der benutzten Quellen in Fußnoten. Seither sind wissenschaftliche Texte zweistimmig: Sie bringen im Haupttext eine Folge von Argumenten, eine historische Erzählung oder die Erklärung eines Sachverhalts, und in den Fußnoten zeigen sie, auf Grund welcher Materialbasis argumentiert, erzählt oder erklärt wird. Man verkennt daher die Funktion der Fußnote, wenn man sie nur als einen Mechanismus betrachtet, um das benutzte Quellenmaterial auf ökonomische Weise aus dem Haupttext auszulagern. Man muss die Fußnote vielmehr als das sehen, was sie selbst unmittelbar zeigt: Sie ist ein Beglaubigungsmechanismus, der auf der Basis einer drucktechnisch sichtbar gemachten Zweistimmigkeit einen wissenschaftlichen Text als wissenschaftlichen Text autorisiert. Im Grunde ist die Fußnote so etwas wie die typographische Abbildung einer wissenschaftlichen Expedition, und es spielt keine Rolle, ob diese Expedition in die Natur oder in die Geschichte führt; in beiden Fällen sammelt man, was man findet, um dem Gesammelten in der Fußnote den Status eines Belegs zuzuschreiben. Kein Wunder also, dass die Fußnoten in den Texten zu blühen beginnen, als man im forschenden Drang nach außen und innen, nach oben und unten und in die fernste Vergangenheit immer mehr zu verarbeitendes Material entdeckte.

Die Fußnote

Die Distribution des Wissens

Orte

Wissen wurde in den Institutionen des Wissens nicht nur produziert, sondern zugleich auch distribuiert: Was in Universitäten und Akademien gedacht und geschrieben wurde, wurde von dort über den Unterricht unmittelbar mitgeteilt oder in Bibliotheken archiviert, um für später auf Abruf bereitzustehen. Solange man Bibliotheken freilich als bibliophile Schausammlungen betrachtete, spielte der Aspekt der Bereitstellung von Büchern zwecks Distribution von Wissen keine entscheidende Rolle. Das erklärt, warum die Bibliotheken im 18. Jahrhundert nur wenige Stunden in der Woche geöffnet waren und es immer wieder zu Klagen der Bibliotheksbenutzer über die „Inhumanität" des Bibliothekspersonals kam, das den Zugang zur Bibliothek oder die Herausgabe eines Buches verweigerte. Tatsächlich handelte es sich hier aber gar nicht um eine „Inhumanität" des Personals, sondern um eine durchaus angemessene Einstellung zur Bibliothek und ihren Schätzen: Die

Schausammlung – nützlicher Bestand

seltenen und teuren Handschriften und Inkunabeln waren ebenso schützenswert wie die im 18. Jahrhundert noch teuren Bücher, so dass es für die Bibliothekare nicht immer leicht war, die rechte Balance zwischen dem Schutz von wertvollen Kulturgütern und liberalen Benutzungsmodalitäten zu finden. Erst als daher nach 1800 die Bibliotheken den Schritt von der bibliophilen Schausammlung zum nützlichen Bestand machten, sorgten längere Öffnungszeiten und amtliche Bibliotheksreglements dafür, dass sich in den Bibliotheken ein „humanes" Klima zu verbreiten begann, das an die Stelle des Schutzes der Sammlung deren Gebrauch setzte.

Lesegesellschaften

Dass diese Transformation der Bibliotheken nicht als ein natürlicher Evolutionsprozess, sondern als ein konfliktreicher gesellschaftlicher Vorgang verstanden werden muss, zeigt sich besonders an den am Ende des 18. Jahrhunderts in Deutschland überall entstehenden Lesegesellschaften und -kabinetten, in denen das aufstrebende Bürgertum seine Lektüre selbst zu organisieren begann. Was man dort an populärwissenschaftlichen Zeitschriften und Büchern las, wurde einem gemeinsamen Räsonnement unterworfen, in dem sich zum ersten Mal eine bürgerliche Öffentlichkeit konstituierte: Der freiwillige Zusammenschluss von Gleichgesinnten aus verschiedenen Ständen war auf eine Formung des wahren Menschen angelegt, der sich in Freiheit mit anderen verband, um in der freien Vergesellschaftung wahrer Mensch zu werden. Die Form des Zusammenschlusses und ihr Inhalt waren als „Freiheit" also identisch, und ebendas nannte man „Humanität". Es war eine Humanität durch gemeinsame Lektüre und gemeinsames Räsonnement über die Lektüre, es war eine Humanität, die die Bibliotheken als „humane Anstalten" benötigte und, solange diese nicht human waren, in den Lesegesellschaften genau die Humanität fand, die den Bibliotheken fehlte. Das alles erklärt, warum die Lesegesellschaften in der Anfangsphase der Französischen Revolution ihre Blütezeit erlebten: Sie modellierten in der Aufhebung ständischer Schranken ein Stück Revolution – in den Lesekabinetten waren freilich Frauen und Studenten in der Regel ausgeschlossen, fanden sich dafür aber in den Salons wieder, wo sie auf die literarische und wissenschaftliche Intelligenz und die adlige Verwaltungsspitze trafen. Es erklärt ebenso, warum die deutschen Territorien in den 1790er Jahren die Lesegesellschaften teils verboten, teils sich die Lektüreverzeichnisse vorlegen ließen, um zensierend einzugreifen.

Der ab 1800 einsetzende Umbau der Bibliotheken zu „humanen Anstalten" muss vor diesem Hintergrund gesehen werden. Er verschob nicht nur die Gewichte von der musealen Schausammlung auf eine unter Zugriffs- und Benutzungsaspekten zu betrachtende Bibliothek, die weniger an kanonischen als an nützlichen Texten interessiert ist. Vielmehr nahm er bei dieser Verschiebung auch das Humanitätskriterium der freien Vergesellschaftung auf, ersetzte es aber durch eine von der staatlichen Bürokratie bereitgestellte bibliothekarische Dienstleistung, die die humane Selbstbildung freier Bürger immer weiter in Richtung auf eine nützliche Berufsbildung verschob. Was sonst noch an Leseinteresse übrigblieb, wurde in den kommerziellen Leihbibliotheken bedient.

Grundlage dieses gesamten Transformationsprozesses war eine Schulpflicht, die in den protestantischen deutschen Ländern seit dem 16. Jahrhundert den Gläubigen – die sich die Bibel in ihrer Muttersprache in eigener Lektüre aneignen und als Hausväter den Angehörigen des Hausstandes auch auslegen können sollten – immer wieder per Verordnung eingeschärft wurde, aber in Preußen erst durch die Schulordnung aus dem Jahr 1736 zum Schulzwang wurde, den das Allgemeine Landrecht des Jahres 1794 verschärfte. Auch wenn man in anderen Ländern die Schulpflicht nicht zum Schulzwang ausbaute, wurde im Laufe des 19. Jahrhunderts der Schulbesuch der Kinder in weiten Teilen Europas zu einer allgemein akzeptierten Selbstverständlichkeit.

Schulpflicht

Wege

Die vielen Orte und Institutionen des Wissens wurden durch Verkehrswege miteinander verbunden. Auf ihnen verkehrte seit dem Ende des Dreißigjährigen Krieges eine regelmäßige Fahrpost, die teils von privaten Betreibern, teils von der Familie der Thurn und Taxis in staatlichem Auftrag unterhalten wurde. Im 18. Jahrhundert führte die von Frankreich ausgehende Pflasterung der über Land gehenden Straßen (Chaussierung) zu einer Erhöhung der Reise- und Transportgeschwindigkeit, und zugleich führte der Ausbau der inner- und zwischenstaatlichen Postnetze dazu, dass immer mehr Orte in immer kürzerer Zeit erreicht werden konnten. Einen weiteren Beschleunigungsgewinn brachte die Einführung von Schnellposten durch die Abstimmung der überregionalen Postfahrpläne, wodurch die Verweildauer auf den Poststationen verkürzt wurde. Endlich brachte dann im 19. Jahrhundert die Eisenbahn in Europa und Nordamerika noch einmal eine drastische Verkürzung der Reise- und Transportzeiten, wobei die Postkutsche lange Zeit als Zubringer zur Bahn diente und ihre überregionale Transportfunktion erst um 1870 verlorenging.

Dass auf den Postwegen gleichermaßen Nachrichten, Informationen, Waren, Geld und Personen transportiert wurden, hatte einen einfachen medientechnischen Grund: Solange Nachrichten, Informationen und Wissen nur in der medialen Verkörperung von Briefen, Zeitungen, Zeitschriften und Büchern zu haben waren, mussten Nachrichten, Informationen und Wissen als materielle Gegenstände von einem Ort zum andern transportiert werden, wenn sie mitgeteilt werden sollten. Die für diesen Transport anfallende Gebühr (Porto) wurde folglich in Abhängigkeit vom Gewicht, der Entfernung und dem Wert der Sendung berechnet und war nicht billig zu haben: 1812 betrugen in Großbritannien die Portokosten für einen Brief so viel, wie ein Arbeiter an einem Tag verdiente. Außerdem war es eine personalintensive Angelegenheit: In den 1830er Jahren arbeiteten in den Vereinigten Staaten vier von fünf Staatsbediensteten für das seit 1792 bestehende *United States Post Office Department*; und von Frankreich weiß man, dass hier 1831 20.000 Pferde und 5000 Postillons für das Postsystem eingesetzt wurden.

Portokosten

Eine Post in dem noch heute gültigen Sinne entstand, als man im 19. Jahrhundert

Schreibtelegraf von Samuel Morse (1844).

dazu überging, das Postsystem auf der Basis einer medialen Trennung weiter auszubauen. Indem man am Beginn des Jahrhunderts zunächst die Paketbeförderung von der Personen- und Briefbeförderung trennte, konnte man den Personen- und Briefverkehr beschleunigen und verstetigen und damit den Erwartungen gerecht werden, die die unaufhörliche Zunahme des privaten Briefverkehrs und das neue Medium der Zeitung an die Post stellten. Wie groß der Erwartungsdruck war, mag man daran ablesen, dass bereits 1832 in den Vereinigten Staaten 95 Prozent des Gewichts der Postsendungen auf Zeitungen entfielen. Nachdem dann ab der Mitte des 19. Jahrhunderts der Transport von Menschen zunächst von der Post auf die Eisenbahn und später auf das Automobil überging, wurde „Post“ schließlich zu einem Synonym für den Transport von Briefen, kleineren Paketen und Nachrichten in Form von Zeitungen und Zeitschriften.

Die mediale Trennung der Distributionswege wurde durch die Einführung des Telegrafen vertieft, der eine Nachricht nicht in materiell greifbarer Form übermittelt. Eine solche immaterielle Nachrichtenübertragung kannte man seit der Antike, aber sie war stets in vergleichsweise primitiver Form erfolgt, etwa in Form von Feuerzeichen oder akustischen Signalen, die nur über ein sehr begrenztes und strikt abzusprechendes Signalrepertoire verfügten (Feuer brennt, Feuer brennt nicht). Eine Verbesserung der immateriellen Nachrichtenübermittlung brachte der von Claude Chappe (1763–1805) erfundene optische Telegraf, der dank zweier schwenkbarer Signalarme 196 in einem Kodebuch festgelegte Zeichen mit Buchstaben-, Wort- und Satzbedeutung an die nächste, in Fernrohrweite befindliche Telegrafenstation übertragen konnte. 1794 wurde in Frankreich zwischen Paris und Lille die erste optische Telegrafenverbindung eingerichtet; sie überwand die Distanz von 270 Kilometern mit 22 Telegrafenstationen, die für die Übertragung einer Nachricht zwischen zwei und sechs Minuten benötigten. In der napoleonischen Ära und danach wurden die optischen Telegrafenlinien ausgebaut, so dass bis zur Mitte des Jahrhunderts viele wichtige Städte Frankreichs mit der Hauptstadt telegrafisch verbunden worden waren. Das Telegrafensystem war äußerst erfolgreich und wurde nicht nur von anderen europäischen Staaten übernommen, sondern auch in vielen außereuropäischen Ländern eingeführt: Nachgewiesen sind optische Telegrafenlinien zwischen Kairo und Alexandria (in den 1820er Jahren), in Algerien, Australien, Indien, Südafrika und den Vereinigten Staaten.

Optisches Telegrafensystem

Die mediale Trennung der Distributionswege wurde schließlich dadurch perfekt, dass der in den 1830er Jahren entwickelte elektrische Telegraf es ermöglichte, einen

Kode als elektrisches Signal in einem Kabel über weite Strecken zu übertragen. Damit konnte man Signale nicht nur bei schlechtem Wetter oder in der Nacht, sondern auch erheblich schneller als beim optischen Telegrafen übermitteln. Hinzu kam, dass Samuel Morse für dieses System im Jahr 1837 einen passenden, aus Punkten und Strichen bestehenden Kode entwickelte, dessen Komplexität freilich in den 1840er Jahren bei seiner Übernahme in Europa reduziert wurde. Den endgültigen Durchbruch brachte die von Werner von Siemens 1847 erfundene Isolation für das elektrische Telegrafenkabel, die es ermöglichte, Telegrafenleitungen unter der Erde, durch Berge hindurch und unter Wasser (seit 1850; erstes Transatlantikkabel 1866) zu verlegen, wodurch sich die Zahl der nationalen und internationalen Telegrafenleitungen explosionsartig vermehrte. Für diese Vermehrung der Kabel und der über sie versendeten Nachrichten war es freilich ein Hindernis, dass die von Morses' Kode abgeleiteten nationalen Kodesysteme nicht miteinander kompatibel waren, so dass beim grenzüberschreitenden telegrafischen Verkehr die Nachrichten übersetzt werden mussten. Dieses Hindernis wurde im Jahre 1865 auf dem Internationalen Telegrafenkongress in Paris beseitigt, als man sich auf einen international normierten Telegrafenkode einigte. In dieser Form blieb das internationale Telegrafiesystem bis in die 1930er Jahre in Betrieb.

Elektrisches Telegrafensystem

Mit dem elektrischen Telegrafen verabschiedeten sich die Nachrichten von einer greifbaren Materialität und wurden auf ihrem Weg vom Sender zum Empfänger unsichtbar: Wo sie eben noch als Zeitung oder Buch gemeinsam mit Menschen und Waren auf Straßen transportiert worden waren, wurden sie nun ihres materiellen Substrats entkleidet und gerieten unter die Erde. Dort wurden sie den Gesetzen der Elektrizität und der Logik eines Zeichenkodes unterworfen, die es nötig machten, die zirkulierenden Nachrichten beim Senden zu kodieren und beim Empfangen zu dekodieren, um das, was da gesendet wurde, in sichtbare Zeichen eines für Menschen lesbaren Alphabets und also doch wieder in ein materielles Medium zu übersetzen. Seither fließen die Nachrichten als elektrische Ströme, die freilich immer wieder medienmateriell (z. B. zu Zeitung, Zeitschrift oder Buch) gestaut werden müssen, wenn sie Nachrichten für Menschen bleiben sollen.

Unsichtbare Nachrichten

Medien

Zum wichtigsten Medium der Mitteilung hatte sich seit Johannes Gutenbergs Erfindung des mechanischen Buchdrucks (um 1450) das Buch entwickelt, das relativ rasch bis zum Ende des 16. Jahrhunderts ein Titelblatt ausbildete, auf dem der Name des Verfassers, der Buchtitel, der Verlag, der Druckort und das Erscheinungsjahr genannt wurden, ganz so, wie es auch heute noch der Fall ist. Damit waren Texte eindeutig adressierbar geworden: Der Verfassername gab den Schöpfer des Werkes an, der Buchtitel das Thema, und die Nennung von Verlag, Verlagsort und Erscheinungsjahr stellte das Buch in einen präzisen raumzeitlichen Kontext, der es ermöglichte, seine Authentizität zu überprüfen. Mehr noch: Texte in Buchform

Das Buch

wiesen sich im Titelblatt als hochgradig individuelle Schöpfungen aus, aber sie taten es in der Weise, dass sie ihre Individualität und ihren Wahrheitsanspruch mit und gegen den Kontext behaupten mussten, den das Titelblatt ihnen mitgab.

Buchproduktion

Für die weitere Entwicklung des Buches war es nun wichtig, dass die Handpresse, mit der man seit Gutenbergs Zeiten Bücher gedruckt hatte, zu Beginn des 19. Jahrhunderts durch die Schnellpresse ersetzt wurde. Dadurch konnten statt der bis dahin üblichen 300 bis 500 Bogen in der Stunde nunmehr 1100 Bogen gedruckt werden. Ab der Mitte des Jahrhunderts erlaubte dann der Übergang zum immer weiter verbesserten Rotationsdruck den Druck von rund 10.000 Bogen in der Stunde, während die Erfindung der Setzmaschine (Monotype, Linotype) in den 1880er Jahren die Herstellung von Gedrucktem noch einmal beschleunigte. Hinzu kam, dass es gelang, die Papierproduktion in den 1840er Jahren von Hadern (Lumpen) auf Holzschliff umzustellen, wodurch Papier in ungleich größeren Mengen als früher und zu einem niedrigeren Preis zur Verfügung stand. Das alles ermöglichte eine enorme Steigerung der Buchproduktion: Waren in Deutschland im Jahre 1800 knapp 4000 Titel in den Messkatalogen verzeichnet, verdoppelte sich die Buchproduktion zur Jahrhundertmitte hin auf über 8000 Titel, um sich gegen Ende des Jahrhunderts erneut zu verdoppeln (1885: 16.305 Titel).

Format der Bücher

Während dieser rasanten Steigerung der Produktionszahlen veränderte sich zugleich die äußere Gestalt der Bücher: Sie wurden nicht mehr als Folianten (Höhe des Buchrückens etwa 40 cm) gedruckt, sondern zunehmend in den kleineren Formaten Quart (ca. 30 cm; das Format der von 1777 bis 1779 hergestellten zweiten Auflage der »Encyclopédie«) und Oktav (ca. 20 cm). Das erleichterte die Aneignung in einem sehr medienmateriellen Sinn: Das kleinformatigere und dank billigeren Papiers auch billigere Buch konnte nun außerhalb der Studierstube und ohne Zuhilfenahme eines Lesepultes gelesen oder gar in die freie Natur auf einen Spaziergang mitgenommen werden und in einem Lesezirkel bequem von Hand zu Hand gehen. Das galt insbesondere für die belletristische Literatur, die sich im 18. Jahrhundert mit der Innerlichkeit des modernen lesenden Subjekts so verband, dass das lesende Ich im Oktav- oder noch kleineren Duodezband auf ein transportables Dichter-Ich traf, mit dem man Freundschaft schließen konnte.

Inhalt der Bücher

Schließlich wandelte sich während der rasanten Steigerung der Produktionszahlen auch der Inhalt der Bücher. So ging etwa in Deutschland der Anteil der theologischen Werke im Zeitraum von 1740 bis 1800 von 38,54 auf 13,55 Prozent zurück; ebenso ging im selben Zeitraum der Anteil der mit den akademischen Institutionen zusammenhängenden wissenschaftlichen Bücher zurück: Er sank von 58 auf knapp 27 Prozent. Dafür nahm der Anteil dessen, was die Statistiker als „schöne Künste und Wissenschaften" bezeichnen (worunter dann auch die Belletristik fällt), von knapp sechs auf 21,45 Prozent zu. Kurz: Der Buchmarkt wurde zu einem Markt für Belletristik – und das heißt hauptsächlich für Romane – und populäre, jedenfalls nicht-akademische Sachbücher. Mit dieser Verschiebung hängt schließlich zusammen, dass der Anteil der in lateinischer Sprache gedruckten Bücher von 1740 bis 1800 von knapp 28 auf etwa 4 Prozent fiel. Latein war damit seit 1800 keine Sprache mehr, die im kulturellen Diskurs noch zählte.

Das Gegenteil des Buches scheint der Brief: Während das Buch sich an im Prinzip unbekannte Adressaten wendet, um ihnen Sachhaltiges mitzuteilen oder Belletristisches zu erzählen, wendet sich der Brief an im Prinzip bekannte Empfänger, denen er Privates mitteilt. Das ist freilich eine Unterscheidung, die sich erst seit dem 18. Jahrhundert herauszubilden begann, und auch dann ist sie nicht ganz korrekt. Anfangs war der neuzeitliche Brief nämlich ein Medium von Politik und Ökonomie, indem die Kanzleien der Höfe und Handelshäuser Nachrichten austauschten, Direktiven und Proklamationen verschickten oder Berichte von Agenten einholten. Früh schon trat daneben der gelehrte Briefverkehr, bei dem informelle Netzwerke von Korrespondenten wissenschaftliche Neuigkeiten austauschten, Bücher bekanntmachten und rezensierten und eigene sowie fremde Ideen kritisierten. Aus diesen eher formellen Mitteilungen entwickelte sich erst im 18. Jahrhundert, als man so etwas wie die eigene „Innerlichkeit" entdeckte und überall nach dem unverdorben-natürlichen Menschen suchte, der Privatbrief, und er entwickelte sich mit einer solchen Rasanz, dass man vom „Jahrhundert des Briefes" (Georg Steinhausen) gesprochen hat. Nun schreibt man sich in der Muttersprache (und nicht in gelehrtem Latein oder diplomatischem Französisch), um sich mitzuteilen, will sagen: Man spricht über seine Gefühle, über Pläne, über Gott und die Welt und die Kunst; und man tut es in einem Stil, der individuell sein soll, die Situation eines Gesprächs unter Freunden und Vertrauten nachstellt und also gesellige Nähe intendiert. Zu dieser Geselligkeit gehörte auch, sich gegenseitig solche Privatbriefe mitzuteilen (ein Brief, dem ein Brief beiliegt) oder in vertrautem Beisammensein vorzulesen. Geselliger Brief und gesellige Konversation sind also aufeinander bezogen, und beide werden ausgetauscht im Hinblick gerade auch auf jene Lektüreerfahrungen, die man dank der Bibliotheken, Lesegesellschaften und Leihbüchereien jetzt überall machen konnte. Je weniger es freilich gelang, in solchen geselligen Formen den Keim einer freien Vergesellschaftung der Bürger zu pflegen, desto mehr wurde der Privatbrief des 18. zum reinen Privatbrief des 19. Jahrhunderts, der seine gesellschaftlichen Funktionen an andere Medien abgab.

Der Brief

Diese anderen Medien waren die Zeitung und die Zeitschrift. Zeitungen hatten sich im Wesentlichen aus dem Briefverkehr der höfischen Kanzleien und Handelshäuser dadurch entwickelt, dass Agenten und Korrespondenten die einlaufenden brieflichen Nachrichten sammelten und die gesammelten Nachrichten an den Hof oder den Hauptsitz des Handelshauses weiterleiteten. Man nannte das dann „eine neue Zeitung [Nachricht, Neuigkeit] schicken", und indem man diese „Zeitungen" ohne das briefliche Beiwerk druckte und mehr oder weniger regelmäßig zunächst unter Freunden, politischen Verbündeten und Handelspartnern, später allgemein zirkulieren ließ, war die Zeitung entstanden. Die ältesten bekannten Zeitungen sind die in Straßburg seit 1605 einmal im Monat erscheinende »Relation: Aller Fürnemmen und gedenckwürdigen Historien« und die seit 1609 in Wolfenbüttel erscheinende »Aviso, Relation oder Zeitung«. Die erste Tageszeitung der Welt, die »Einkommende Zeitung«, erschien 1650 in Leipzig. Das 17. und 18. Jahrhundert brachten dann in allen europäischen Ländern und in Nordamerika eine Fülle von Zeitungsgründungen, aber Deutschland blieb das führende Zeitungsland: Hier erreichten um 1700 rund 50 Zeitungen insgesamt etwa 300.000 Leser; und um 1800 waren es dann schon mehr als 200 Zeitungen, die vermutlich rund drei Millionen Leser mit Neuigkeiten versorgten. Sie taten das zumeist im Quartformat mit schlichter Typographie auf schlechtem Papier und in der Regel nicht mehr als vier Seiten, bei einer Auflage von 300 oder 400 Exemplaren. Zum Massenmedium wurde die Zeitung erst im 19. Jahrhundert, als die neuen Druckverfahren (die Londoner »Times« wurde ab 1814 auf einer Schnellpresse gedruckt) und das billigere Holzschliffpapier eine Massenproduktion erlaubten, die unter der auf Grund der Schulpflicht zunehmend lesekundigeren Bevölkerung auch abgesetzt werden konnte. Diese Entwicklung zur Massenpresse fand zuerst in Frankreich, Großbritannien und den Vereinigten Staaten statt: Hier befand sich in den rasch wachsenden Städten erstmals ein Markt, der zielgerichtet versorgt wurde. Das geschah auf immer größerem Papierformat und bei zunehmendem Umfang zum einen durch eine Boulevardisierung der Berichterstattung (»New York Sun« ab 1833) und zum anderen durch eine Politisierung der Presse, die jetzt als konservativ oder progressiv, als staatstreu oder revolutionär auftrat. Diesen rasch wachsenden Pressemarkt versorgten Nachrichtenbüros („*Agence Havas*" in Paris, gegr. 1835; „Wolffs Telegraphisches Bureau" in Berlin, gegr. 1849; „Reuters" in London, gegr. 1850) zunächst mit kommerziellen, später auch mit politischen Nachrichten, die von den Zeitungen bezogen werden konnten. Zugleich sorgten die von den Zeitungen entsendeten Reporter mit ihren aktuellen Reportagen und Interviews und die festangestellten Auslandskorrespondenten dafür, dass über immer mehr Lebensbereiche in immer mehr Ländern berichtet werden konnte. Auf den beschleunigten Distributionswegen erreichte man so schließlich gegen Ende des 19. Jahrhunderts eine breite tagesaktuelle Berichterstattung.

Die Zeitung

Die Zeitschrift ist die Schwester der Zeitung. Wie diese aus der brieflichen Korrespondenz hervorgegangen, entwickelte sie sich jedoch als ein Medium, das nicht auf unmittelbare Aktualität und möglichst große thematische Vielfalt ausgerichtet war, sondern auf ein Thema oder Themengebiet, das aus einem bestimmten Blickwinkel betrachtet wurde. Das Publikum einer Zeitschrift war daher eines, das sich, anders als das Zeitungspublikum, durch ein starkes Interesse an einem Thema auszeichnete und bereit war, für dieses Interesse mehr Geld als für eine Zeitung auszugeben. Es bekam dafür eine Zeitschrift, die im Allgemeinen im angenehmen Oktavformat auf besserem Papier als die Zeitungen gedruckt war und typographische Schmuckelemente und Illustrationen einsetzte. Das alles begann im 17. Jahrhundert mit den gelehrten Zeitschriften (»Journal des Sçavans« in Paris, »Philosophical Transactions of the Royal Society« in London, beide ab 1665), entfaltete sich aber im 18. Jahrhundert zu einem bunten Feld von Zeitschriften zu allen möglichen Themen, von den Moralischen Wochenschriften der Aufklärer (»Die Discourse der Mahlern«, Zürich 1721–1723), über geographische (»Allgemeine geographische Ephemeriden«,

Die Zeitschrift

Weimar ab 1798) bis hin zu Modezeitschriften (»Cabinet des Modes«, Paris 1785–1793). Was als Fachzeitschrift und diskursives Medium begonnen hatte, wurde im 19. Jahrhundert zur Illustrierten (»Illustrated London News«, ab 1842), die das Räsonnement sehr erfolgreich durch bebilderte Unterhaltung ersetzte, bei der das Bild immer wichtiger und der Text immer unwichtiger wurde. Zugleich versuchte man in den Wissenschaften, durch die Etablierung von (kanonischen) Fachzeitschriften der Informationsflut Herr zu werden, indem man in der Fachzeitschrift die Fachdiskussion bündelte und die einschlägigen fachlichen Neuerscheinungen besprach (»Chemisches Central-Blatt«, seit 1830).

Jeder Versuch der medialen Bündelung von Informationen erhöht freilich die Informationsflut: Die Zeitschrift, die andere Zeitschriften oder Bücher bespricht, ist eine weitere Zeitschrift, und das Buch, das das in vielen Büchern und Zeitschriften ausgebreitete Wissen der Zeit zusammenträgt, ist ein weiteres Buch. Aus dieser medialen Kalamität gibt es keinen Ausweg, es sei denn, man wechselt das Medium, um in einem anderen Medium ganz neu anfangen zu können. Ebendies versuchte am Ende des 19. Jahrhunderts Paul Otlet, als er im *Institut International de Bibliographie* nicht nur alle Dokumente der Welt sammeln, sondern diese Dokumente in ihre monothematischen Untereinheiten und Fakten auflösen wollte, um diese auf Karteikarten zu übertragen und anhand der „Universalen Dezimalklassifikation" zu ordnen. Diese Auflösung der Dokumente in reine Fakten und monothematische Einheiten enthaltende Karteikarten nannte Otlet „Dokumentation", von der er hoffte, sie würde den durch die gedruckten Medien versperrten Zugang zum Wissen erheblich erleichtern. Um den Zugriff auf das auf Karteikarten geführte *Répertoire Bibliographique Universelle* (Universelles Bibliographisches Repertorium) von Fakten und Wissensatomen weiter zu verbessern – es bestand im Jahre 1895 aus über 400.000 Karteikarten –, dachte Otlet an den Einsatz von Hollerith-Maschinen, wie sie in den Vereinigten Staaten 1890 zum ersten Mal bei einer Volkszählung eingesetzt worden waren. Außerdem dachte er daran, das dank der Hollerith-Maschinen mechanisierte *Répertoire* mit den Büchern und Zeitschriften zu verbinden, diese aber im Format zu normieren und auf Mikrofilme zu photokopieren, so dass sich bei weiterem Fortschritt der Technik die Anfragen ans *Répertoire* und die mikroverfilmten Dokumente wie die Stimme am Telefon an entfernte Orte übertragen ließen. Kurz: Otlet dachte an ein planetares Wissensnetz auf der medialen Basis von Karteikarte, Mikrofilm, Telegraf/Telefon und Post, und er hatte damit in Angriff genommen, was zu Beginn des 20. Jahrhunderts der Chemiker und Nobelpreisträger Wilhelm Ostwald oder der britische Schriftsteller Herbert George Wells als „Gehirn der ganzen Welt" beziehungsweise *World Brain* propagieren sollten. Es war ein mechanisches Gehirn aus Karteikarten und Mikrofilmen, angefüllt mit Fakten und Wissensatomen, die bei Bedarf möglichst schnell und reibungsfrei bereitgestellt werden sollten. Es war ein Gehirn, das auf maximalen Nutzen ausgelegt war.

„Dokumentation" und World Brain

Hindernisse

Wo Wissen zirkuliert, gibt es den Wunsch, seine Zirkulation zu unterbinden oder doch zumindest zu lenken. Die Motive dafür sind vielfältig, gravitieren aber um die Bereiche der Politik und der Ökonomie, in denen es um die Akkumulation oder den Verlust von Geld und Macht geht und der Besitz des richtigen Wissens zur richtigen Zeit entscheidend, womöglich lebensentscheidend sein kann. Diese beiden Gravitationsbereiche verbinden sich gerne mit dem der Religion beziehungsweise Moral, die den eigenen Lebensentwurf für selbstverständlich nimmt und abweichende Lebensstile beargwöhnt.

Die Zensur

Sichtbar wird der kontrollierende Zugriff auf das Wissen in der Zensur. Als Vorzensur (Präventivzensur) greift sie gleich zu Beginn der Wissensdistribution ein, indem sie den Druck eines Buches genehmigt oder untersagt oder den Text vor seiner Veröffentlichung von unliebsamen Passagen reinigt. Mit diesem Modell operierte nicht nur die Römische Inquisition seit 1542, sondern auch die weltliche Macht in allen Staaten, in denen der Buchdruck Verbreitung fand: Noch Napoleon ließ Theaterstücke über eine Vorzensur auf verdächtige Wörter („Bourbonen", „Tyrann") prüfen. Komplementär zur Vor- verhält sich die Nach- beziehungsweise Repressivzensur, die nach der Veröffentlichung eines Werkes dafür zu sorgen hat, dass es nicht weiterverbreitet wird. Das geschieht über Listen verbotener Bücher (»Index Librorum Prohibitorum« der Inquisition, zuerst 1559) oder über „Zensurordnungen", in denen die Kriterien für die zu verbietenden Inhalte aufgelistet werden. Mit solchen Ordnungen versuchte man zum Beispiel, in den deutschen Ländern auf die Französische Revolution zu reagieren (kaiserliche „Generalzensurverordnung" vom 22.2.1795) und zugleich unerwünschte Schriften zu verhindern.

Einschränkung der Pressefreiheit

Eleganter war es freilich, die Nachzensur nicht über Bücherlisten und Zensurordnungen zu steuern, sondern die Zensur offiziell abzuschaffen, aber die Pressefreiheit durch weit auslegbare Gesetze zu beschränken. So ging man in Frankreich vor, in dem seit der »Erklärung der Menschen- und Bürgerrechte« vom 26. August 1789 die Pressefreiheit garantiert war, aber die seit 1791 erneut eingeführte Zensur mit dem Tatbestand der „Verleumdung" operierte, um Veröffentlichungen zu unterdrücken. Das war keine französische Erfindung, sondern folgte dem anglo-amerikanischen Modell, die Zensur von der Politik auf die Moral zu verschieben und über den Tatbestand der „Verleumdung" flexibel an verschiedene Situationen anpassen zu können. So boten in England der »Libel Act« von 1792 und in den Vereinigten Staaten der »Sedition Act« von 1798 den jeweiligen Regierungen die Möglichkeit, politisch unerwünschte Schriften gerichtlich verbieten zu lassen. War man aber einmal auf der Ebene der Moral, war man auf einer schiefen Ebene, auf der sich alles, was unliebsam war, in den Orkus befördern ließ, das politisch Unerwünschte ebenso wie blasphemische oder obszöne Schriften. So unterdrückte man in den Vereinigten Staaten Charles Knowltons (1800–1850) »Fruits of philosophy« (1825), das erste amerikanische Handbuch zur Geburtenkontrolle, als „obszön", nicht anders als den 1835 in Paris von Théophile Gautier veröffentlichten Roman »Mademoiselle Maupin«, dessen homo- und sonstigen erotischen Abenteuer einer amerikanischen Leserschaft erst nach dem Ersten Weltkrieg zugänglich gemacht wurden. Dass es auf dieser schiefen Ebene niemals um Qualität geht, zeigt der Prozess gegen Gustave Flauberts Roman »Madame Bovary« (1856), der kurz nach seinem Erscheinen wegen des Verstoßes gegen die guten Sitten verboten werden sollte.

Die sichtbare Kontrolle des Wissens wird durch die unsichtbare ergänzt, die nicht nur an einer Unterbrechung oder Verhinderung der Zirkulation von Wissen interessiert ist, sondern auch an einer für die Mehrheit der Staatsbürger nicht wahrnehmbaren Öffnung weiterer Informationskanäle. Hierher gehört die Praxis all jener geheimdienstlich operierender Organisationen und Einrichtungen, die wie die in den Postämtern eingerichteten „Schwarzen Kabinette" im 18. und 19. Jahrhundert Briefe abfingen und mitlasen, um die durchlaufenden Sendungen auf staatsfeindliche Äußerungen durchzusehen. Hierher gehört ebenso die geheimdienstliche Praxis, über vorhandene Distributionswege Nachrichten zu schicken, die so aussehen wie gewöhnliche Nachrichten, sich von diesen aber durch einen geheimen Kode unterscheiden. So gab es etwa für den optischen Telegrafen Kodebücher mit einem Geheimkode, der es Napoleon ermöglichte, trotz der Sichtbarkeit der telegrafischen Signale geheime militärische Nachrichten zu versenden.

Geheimdienstliche Praxis

Insgesamt wird man sagen können, dass die sichtbare Kontrolle der Kommunikationsströme im 19. Jahrhundert zurückgedrängt wurde, jedenfalls in den westlichen Industriestaaten, und dass die unsichtbare Kontrolle den Möglichkeiten folgte, die die technische Entwicklung zunächst dank des Briefes, später dank des Telegrafen und am Ende des 19. Jahrhunderts dank des Telefons bot. Während daher der staatliche Kernbereich zunehmend unsichtbarer geschützt wurde, wurde das Wissen jenseits dieses Kernbereichs zu freiem Wissen, dessen Schutz nicht mehr Sache staatlicher Organe, sondern Sache der Bürger und damit der vertraglich-gesetzlichen Beziehungen zwischen den Bürgern war. Hier konnte dann das Patentrecht eingesetzt werden, um eine unliebsame Nutzung fremden geistigen Eigentums zu unterbinden.

Am Ende des 19. Jahrhunderts fand der siegreiche Liberalismus daher im Grunde nur noch ein einziges und großes natürliches Hindernis der Wissensdistribution: die Spaltung der Welt in eine Vielzahl von Sprachen. Das erklärt die Begeisterung und Energie, mit der man sich an die Entwicklung von Plansprachen wie „Volapük" (1880) und „Esperanto" (1887) machte, von denen man hoffte, sie könnten zu einer allgemeinen Weltverkehrssprache jenseits der vielen natürlichen Sprachen werden. Die Hoffnung hat sich nicht erfüllt.

Vielzahl von Sprachen

Fortschritt

Natürlich war Europa nicht die einzige Weltgegend, die über Institutionen verfügte, in denen man Wissen sammelte und ordnete, um es anschließend zu distribuieren. Aber aus diesen in anderen Weltgegenden zu findenden Wissensinstitutionen und ihren Aktivitäten ging keine Wissensrevolution hervor. Fragt man nun nach den Gründen für die Revolution des Wissens in Europa und ihr Ausbleiben anderswo, muss man das Zusammenspiel von Wissen und Gesellschaft untersuchen, in dem Institutionen, Ordnungssysteme und Distributionsmedien auf Neugier und Veränderung oder auf Kontemplation des Gewesenen und Erhalt des Bewährten eingestellt werden und also eine Wissensrevolution ermöglichen oder verhindern.

Man bemerkt den hier skizzierten Unterschied sofort, wenn man auf die im Vergleich zu Europa viel älteren Wissenskulturen des Ostens schaut. Hier sind zunächst die jüdischen Jeschiwot zu nennen, die trotz aller Gefährdungen in großer Kontinuität seit der Antike das Studium der Thora und des Talmud organisierten und überall in der Diaspora für die Tradierung der jüdischen Lebensform bis in die Neuzeit sorgten. Hierher gehören auch die in der islamischen Welt seit dem 11. Jahrhundert bestehenden Madāris (Medresen), die als Lehrstätten einer spezifisch islamischen Erziehung auch die weltlichen Lehrgegenstände, die sie mitunter berücksichtigen, im Kontext des Islam verorten. Kurz: In Jeschiwot und Madāris geht es um Überlieferung und Bewahrung eines Kanons, der aus zentralen Texten (Thora oder Koran) und einem darübergelegten Flechtwerk von Kommentaren besteht, das selbst wiederum kanonischen Status beansprucht (Talmud, Hadīthe, vgl. Band IV, S. 249 ff., 400 ff.). Wer in einem solchen kulturellen Umfeld neugierig ist, muss seine Neugier zuletzt auf das kanonische Zentrum richten, in dem alles, was ist und sein könnte, bereits vorhanden ist, so dass alles, was sich entdecken lässt, im Grunde eine Wiederentdeckung dessen darstellt, was immer schon so war und wovon das kanonische Zentrum immer schon wusste.

Das Judentum und der Islam

Schaut man von hier aus weiter nach Osten auf das konfuzianisch geprägte China und Japan, findet man eine reiche intellektuelle Kultur, in der Einrichtungen, die wir mit unseren Begriffen „Schulen“ und „Akademien“ nennen, vielfältiges Wissen über die Welt sammelten, ordneten sowie vermittelten und dabei auch den praktischen Nutzen nicht vergaßen. Dennoch kam es auch in China und Japan zu keiner Wissensrevolution.

Betrachten wir zunächst China. Hier waren Bildungs- und Beamtensystem eng miteinander verbunden (vgl. Band IV, S. 449): Wer Beamter werde wollte, musste sich auf lokaler Ebene (Bezirk oder Kreis) einer Prüfung unterziehen, bei der es darum ging, ein Zitat eines klassischen konfuzianischen Textes zu erkennen und auszulegen, wobei die Auslegung der zur jeweiligen Zeit als maßgeblich geltenden Exegese genau zu folgen hatte. Wer die lokale Prüfung bestanden hatte, konnte zur Prüfung auf Provinzebene antreten, und wer auch diese bestanden hatte, durfte an der Prüfung in der Hauptstadt teilnehmen, bei der der Kaiser nominell der oberste Prüfer war. Dabei stieg von Stufe zu Stufe der Schwierigkeitsgrad der Prüfung, und mit ihm stieg der Status des erfolgreich geprüften Beamten, der auf diesem Stufensystem zu Macht und Einfluss und Vermögen kommen konnte. Wenn aber bei den Prüfungen alles darauf ankam, eine intime Kenntnis der konfuzianischen Texte samt ihrer kanonischen Interpretation ausweisen zu können, dann

China

musste es auch Mittel und Wege geben, sich diese Kenntnisse anzueignen. Diesem Zweck dienten die *leishu*, große enzyklopädieartige Kompilationen der klassischen chinesischen Literatur. In ihnen wurde in der Tat der überlieferte Kanon gesammelt, und zwar in Form umfassender Zitate aus den originalen Texten, wobei man diese nach Sachthemen modular ordnete, so dass dank der sachlichen Ordnung das vom Kanon bereitgestellte Wissen abrufbar wurde. Konkret heißt das: Es ging nicht primär um eine Ordnung der Kenntnisse über die Welt (eine Ordnung ihrer Objekte und Fakten), sondern um eine Ordnung derjenigen Gegenstände der Welt, über die die klassischen Texte Aussagen gemacht hatten. Diese Ordnung war nicht willkürlich, sondern folgte der Einteilung der Welt in „Himmel" (das männliche Prinzip *yang*) und „Erde" (das weibliche Prinzip *yin*), wobei die auf der Erde vorkommenden Lebewesen und Lebensverhältnisse einem Bereich zwischen Himmel und Erde zugeschrieben wurden, der sich auf Grund seiner Seinsfülle als umfänglichster Bereich der *leishu* zeigte: Hier fand sich von der Sachgruppe der „Kaiser und Könige" über „Kleidung und Gebrauchsgegenstände" bis hin zu „Geister und Gespenster" und den „Grasartigen Pflanzen" alles, worüber in den klassischen Texten geschrieben worden war, nach Wertigkeit – das Vollkommene steht vor dem Umvollkommenen – geordnet. Da es bei dieser Ordnung aber auf den Seinsstatus der Lebewesen und Phänomene nicht ankam, wurde der mythologische Drache nicht anders als eine real existierende Echse betrachtet und der Klasse der „geschuppten Tiere" zugeordnet.

Die leishu

Der Umfang der *leishu* war bisweilen gewaltig: Das 1408 fertiggestellte »Yongle dadian« (Großer Kodex der Regierungsperiode Yongle) dürfte mit seinen 22.877 Faszikeln – wobei man einen Faszikel mit sechs bis zwölf Doppelseiten rechnet – wahrscheinlich das umfangreichste jemals von Menschen zusammengestellte Werk sein, ein Werk, das die Arbeitskraft von über 2100 Redakteuren verschlang und von dem sich nur wenige Spuren erhalten haben. Ganz anders das »Gujin Tushu Jicheng« (Vom Kaiserhof genehmigte vollständige Zusammenstellung von Bildern und Dokumenten aus alter und neuer Zeit), das nach mehreren Anläufen und Überarbeitungen 1728 erschien: Mit 10.000 Faszikeln war es nur halb so umfangreich wie das »Yongle dadian«, aber dafür war es die erste in Bleisatz mit beweglichen Lettern gedruckte chinesische Enzyklopädie, von deren 64 Exemplaren im Oktav-Format sich viele erhalten haben, so dass 1884 bis 1888 eine zweite, im Format kleinere und billigere Ausgabe hergestellt werden konnte.

Umfang der leishu

Auf Grund ihres schieren Umfangs stehen die *leishu* von vornherein außerhalb der kommerziellen Sphäre: Planung und Durchführung waren zeitaufwendig und wegen des benötigten großen Mitarbeiterstabes so teuer, dass faktisch nur der kaiserliche Hof als Auftraggeber in Frage kam. Für den Kaiser war ein *leishu* zum einen ein Prestigewerk, mit dem er in einem System, das Bildungsstand und gesellschaftlichen Status, also Wissen und Macht eng aneinanderband, dokumentierte, dass er zu Recht die oberste Position einnahm. Zum andern bot ein *leishu* als Großprojekt die willkommene Gelegenheit, verdiente Gelehrte in den Mit-

Produktion und Rezeption

arbeiterstab berufen und durch die Berufung öffentlich ehren zu können. Schließlich konnte das Kaiserhaus mittels eines *leishu* direkten Einfluss auf den zeitgenössischen Wissenskanon nehmen, der im Rahmen der Beamtenprüfungen von den Kandidaten zu reproduzieren war. Kurz: Produktion und Rezeption der *leishu* zentrierten sich um den Kaiserhof, in dessen Umfeld und Bibliotheken die Beamtengelehrten um den Zugang zur Macht wetteiferten.

Die sich auf dieser Basis entwickelnde intellektuelle Kultur war daher in einem mehrfachen Sinne elitär: Sie war eine Kultur der Beamten und Beamtenanwärter; sie kreiste um den überlieferten Kanon, den sie in den *leishu* fand und bisweilen in Privatbibliotheken sammelte; und sie hütete den in der eigenen Bibliothek gesammelten Kanon als einen Schatz, der anderen nicht zugänglich gemacht und dessen Existenz mitunter als Familiengeheimnis betrachtet wurde. Die Gründe für dieses Verhalten

Elitäre intellektuelle Kultur

waren komplex. Zum einen waren Bücher zwar durchaus billig, aber dennoch selten, so dass man, was man gesammelt hatte, auch bewahren wollte. Zum andern fehlten vom Staat unterhaltene öffentliche Bibliotheken, so dass auf den Privatbibliotheken ein gewisser Druck lastete: Wer Bücher suchte, musste Privatbibliotheken finden, und wer sie gefunden hatte, musste sich mit dem Besitzer der Bibliothek arrangieren, ihm einen Dienst erweisen (Buchausleihe auf Gegenseitigkeit) – oder ihn notfalls bestehlen. Schließlich bedeutete der Besitz einer großen Bibliothek nicht nur gesellschaftlichen Status, sondern war als ein Aufstiegsinstrument zu betrachten, das vor konkurrierenden Personen und Familien zu schützen war.

In Japan dagegen ist seit dem 17. Jahrhundert eine Ausweitung der Leserschaft auf Gruppen jenseits der staatstragenden Elite festzustellen. Vielleicht lag der Hauptgrund für die Ausweitung der Leserschaft darin, dass die japanische Bevölkerung in der von Bürgerkriegen gekennzeichneten Sengoku-Zeit (1477–1568) hoch mobil geworden war und sich zu Beginn der sicheren Edo-Zeit (1603–1867) in den rasch wachsenden Städten ansiedelte (Kyōto hatte im Jahre 1700 bereits 350.000 Einwohner, Ōsaka 400.000), in denen Autoren ihr Publikum finden konnten. Dieses Publikum war neugierig und fand in einem Buchhandelskatalog des Jahres 1692 bereits über 7000 Titel aus allen Interessensgebieten: Von der Geographie über die Geschichte bis hin zur Kulinarik und Erotik war alles vertreten, was sich als Blockbuch drucken ließ.

Japan

Man hat daher vom ethnologischen Blick gesprochen, mit dem die Japaner ihre eigene Kultur betrachteten, aber es war ein Blick, der nicht in die Ferne ging: Jenseits der japanischen Inselwelt wurden die Dinge rasch unscharf, und was von dorther kam, unterlag obendrein einer strengen Zensur, die die Einfuhr westlicher Bücher seit 1640 nur über den Hafen von Nagasaki gestattete. Selbst als man nach 1720 die Erlaubnis erteilte, nichtchristliche holländische Bücher zu importieren, blieben die mit den Büchern ins Land kommenden westlichen Wissenschaften in der durch Statushierarchien stark fragmentierten japanischen Gesellschaft auf überschaubare Gruppen beschränkt. Es waren Gruppen, in denen Mediziner dominierten, die von ihrem Beruf leben konnten und auch an anderen Wissensgebieten ein

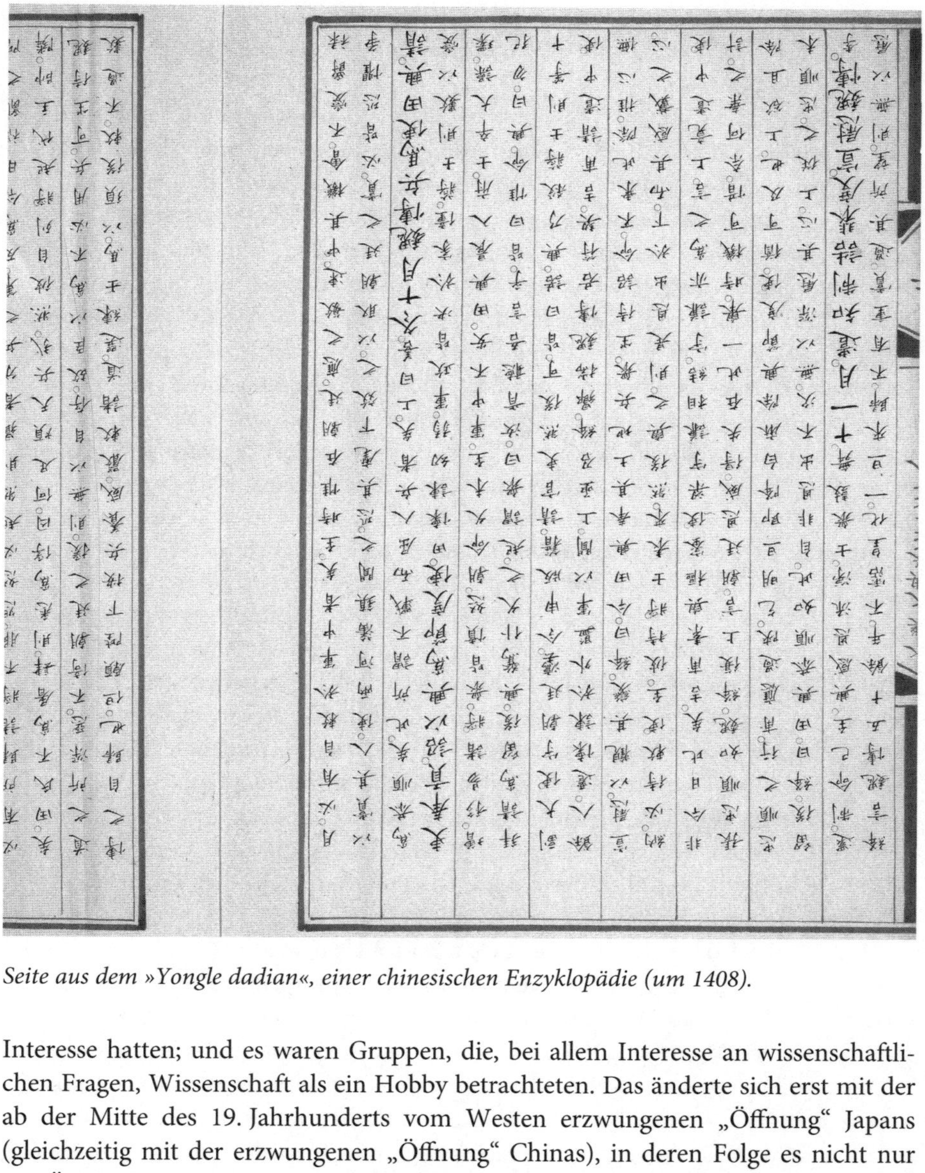

Seite aus dem »Yongle dadian«, einer chinesischen Enzyklopädie (um 1408).

Interesse hatten; und es waren Gruppen, die, bei allem Interesse an wissenschaftlichen Fragen, Wissenschaft als ein Hobby betrachteten. Das änderte sich erst mit der ab der Mitte des 19. Jahrhunderts vom Westen erzwungenen „Öffnung" Japans (gleichzeitig mit der erzwungenen „Öffnung" Chinas), in deren Folge es nicht nur zur Übernahme westlicher Institutionen kam (Gründung der Kaiserlichen Universität Tokio 1877; Gründung der Akademie der Wissenschaften in Tokio 1879), sondern Japan auch alle erdenklichen Anstrengungen unternahm, westliche Standards innerhalb der Institutionen und in der Gesellschaft durchzusetzen. Wie schwierig das war, zeigt sich daran, dass noch 1879 der konfuzianische Lehrer des Kaisers die westliche Wissenschaft als moralgefährdend betrachtete. Als 1889 Shibasaburo Kitasato (1853–1931), der bedeutende Bakteriologe und Schüler Robert Kochs, in einer wissenschaftlichen Kontroverse einen ranghöheren japanischen Wissenschaftler in einer Fachzeitschrift kritisierte, gab es Vorwürfe, ein solches Verhalten „verletze die menschlichen Gefühle".

Was war es also, was in China und Japan eine Wissensrevolution verhinderte? Es sind vermutlich drei Faktoren, die hier eine Rolle spielen und ein scharfes Licht auf die europäische Wissensrevolution werfen: dass es kein Bürgertum gab, das in der Doppelrolle der Kapitalgeber und Intellektuellen Wissenschaft zu einer die Gesellschaft treibenden Kraft machte; dass es nicht zur Ausbildung mathematischer Naturwissenschaften kam, die sich mit der Technik verbinden und durch Innovationen beeindrucken konnten; und dass es kein Konzept für einen „Fortschritt" gab, der bei der wissens- und wissenschaftsinduzierten Transformation der Gesellschaft ihre auseinanderstrebenden Teile integrieren konnte.

Keine Wissensrevolution in China und Japan

Zunächst zum Bürgertum und seiner Doppelrolle als Kapitalgeber und Intellektuelle. In der Tat vollzieht sich im 18. und 19. Jahrhundert in Europa die Emanzipation der Bürger von den Fürstenhöfen, in deren Verlauf das Bürgertum durch gewählte Repräsentativkörperschaften die Kontrolle über die staatliche Verwaltung übernimmt, ökonomisch erfolgreich als Unternehmer agiert und in den Schulen sowie Universitäten schließlich Einrichtungen hervorbringt, deren Aufgabe in der Bildung eines kritikfähigen freien Individuums liegt. Politischer und ökonomischer Erfolg gehören zusammen und verbinden sich mit einer intellektuellen Kompetenz, die auf Selbständigkeit pocht. Dabei entsteht eine Dynamik, die auf Teilen und Mitteilen beruht: Das selbständig Erwirtschaftete wird etwa über Stiftungen (*Vanderbilt University* in Nashville durch Cornelius Vanderbilt) dem gesellschaftlichen Kreislauf zurückgegeben, und das selbständig Gedachte wird anderen zur Prüfung vorgelegt, um durch einen gemeinschaftlichen und öffentlichen Reflexionsprozess an der vernünftigen Entwicklung der Gesellschaft teilzunehmen. Ebendiese bürgerliche Kultur des auf die Öffentlichkeit zielenden Teilens und Mitteilens aber fehlte in China und Japan.

Keine Doppelrolle des Bürgertums

Der zweite Faktor der Wissensrevolution und ein wesentliches Moment ihrer Dynamik waren die Naturwissenschaften, die sich von qualitativ betrachtenden zu quantitativ messenden Wissenschaften entwickelten. Dabei folgten sie zunehmend mathematischen Modellen, mit deren Hilfe nicht nur komplexe Versuchsanwendungen entworfen, sondern die Resultate ganzer Versuchsreihen in ihrer statistischen Valenz überprüft werden konnten. Ebendiese Mathematisierung der Naturwissenschaften fand in China und Japan nicht statt. Was man dort als Naturforschung betrieb, war durchaus experimentell angelegt und hat Erfindungen befördert – Abakus, Magnetkompass und Ventilator waren von Chinesen lange vor 1700 erfunden worden –, aber es ging nicht mit einer Mathematik zusammen, die das Innerste der Welt der mathematischen Theoriebildung für zugänglich hielt. Mathematik blieb vielmehr ein eigenständiger Problembereich, eine Art Kunst, die nichts von der technischen Praxis wissen wollte und deren Regeln man außenstehenden Laien nicht verriet. Auf dieser Basis konnte Mathematik natür-

Keine Mathematisierung der Naturwissenschaften

lich auch nicht zu einem Lehrgegenstand an den Schulen und Akademien werden und andere Forschungsgebiete befruchten. Wie streng diese Grenze behauptet wurde, zeigt ein Vorfall aus dem Jahr 1837, als ein japanischer Mathematiker ein Werk mit anwendungsbezogenen Beispielen aus der Steuerberechnung und Landmessung veröffentlichte und dafür von anderen Mathematikern beschuldigt wurde, er habe „Geheimnisse verraten".

Nimmt man beide Elemente zusammen, das Fehlen des Bürgertums mit seiner Dynamik des Teilens und Mitteilens und das Fehlen mathematischer Naturwissenschaften, wird deutlich, warum es in China und Japan nicht zu einer Institutionalisierung der Neugier und ihrer Transformation zu einer mathematisch modellierten Naturwissenschaft und Technik kommen konnte. Es gab für diese Entwicklung keine gesellschaftliche Basis und kein methodologisches Konzept, es gab nur unverbundene Elemente, die niemals zur „Forschung" im westlichen Sinne zusammenschossen.

Verhindert wurde dieses Zusammenschießen nicht zuletzt durch den dritten Faktor, der die erfolgreiche Entwicklung im Westen (wie vage man diesen Begriff auch immer verstehen mag) von der Entwicklung im Fernen Osten trennte. Mit dem Begriff des „Fortschritts" hatten sich die westlichen Aufklärer nämlich eine analytische Kategorie geschaffen, mit der sie die eigene Epoche von den vorhergehenden abgrenzen und zugleich einen Zukunftsentwurf entwickeln konnten, der die vielen unverbundenen gesellschaftlichen Elemente verbinden und zugleich die historische Parzellierung der Zeiten und Räume überwinden sollte. Vorgearbeitet hatte dabei das Christentum, für das die Geschichte einen Anfang in der Schöpfung, eine Mitte in der Erscheinung Christi und ein Ende in der einstigen Wiederkehr des Herrn hatte, so dass die Zeit nicht nur linear geordnet war, sondern zugleich auf ein Ende wies, an dem sich für die Gläubigen alle ihre Hoffnungen erfüllen würden. Die Moderne verstand diese auf das Ende zulaufende Geschichtszeit als eine Zeit zunehmender Perfektion: Das ständige Mehr an Wissen, das in der Geschichte angehäuft werde, sollte ein Mehr an Eingriffsmöglichkeiten bieten, um den Menschen – im Minimum – von den Schrecken der Natur zu emanzipieren oder ihn – im Maximum – gar zum Herrn der Schöpfung zu machen. Dazu benötigte man freilich einen Mechanismus, der das Anhäufen von Wissen und damit das Mehr an Eingriffsmöglichkeiten gewährleistete. Dieser Mechanismus war das Buch, so dass dank der buchförmigen und also medialen Vermittlung von Erfahrung nun nicht mehr nur ein einzelner Mensch lernen konnte, sondern die ganze Menschheit; diese sei, so meinte Blaise Pascal (1623–1662), nichts anderes als der „universelle Mensch", der im Laufe der Geschichte älter und reifer und vollkommener werde. Man musste dann nur noch zusehen, dass tatsächlich die ganze Menschheit in diesen historischen Lernprozess einbezogen wurde, um als ganze Menschheit auch wirklich Herr der Natur und Geschichte sein zu können. Das war in etwa die Problemlage, auf die die Aufklärer trafen. Sie verschärften diese Lage, indem sie die von Pascal vorgenommene Gleichsetzung von lernendem Individuum und lernender Gattung aufbrachen und in der prinzipiellen Perfektibilität der Gattung keine Garantie mehr dafür erkennen

Kein Konzept für einen „Fortschritt"

konnten, dass auch das Individuum sich perfektioniere. Plötzlich sah man, dass es auch Rückschritte geben konnte, so dass der lange unterstellte Zusammenhang zwischen einer Zunahme an Wissen und einer Vervollkommnung der Moral problematisch wurde.

Fortschritt als gesellschaftliche Tatsache

Über ebendiese Probleme und ihre mögliche Lösung debattierte man in Salons und Lesegesellschaften, in Akademien und Universitäten, in Zeitungen, Zeitschriften und Büchern. Aber man debattierte nicht lange so. Zum einen nämlich sorgte die im 19. Jahrhundert rasch einsetzende Kommerzialisierung der Presse dafür, dass diese die Funktion eines dem Räsonnement der Bürger Raum gebenden Mediums verlor, um in immer engerer Verbindung mit der Werbung zu einem Medium zu werden, das Meinungen machte und diese Meinungen marktgerecht an ein Massenpublikum zu verkaufen hatte. Diese Aufgabe perfektionierten am Ende des Jahrhunderts die großen Zeitungskonzerne von William Randolph Hearst (1863–1951) in den Vereinigten Staaten, von Alfred Harmsworth, Viscount Northcliffe (1865–1922) in Großbritannien, von Rudolf Mosse (1843–1920) und Leopold Ullstein (1826–1899) in Deutschland. Zum anderen aber war der Fortschritt dank der im 19. Jahrhundert sich beschleunigenden Synthese von Naturwissenschaft und Technik von einem Begriff zu einer gesellschaftlichen Tatsache geworden, die überall im Alltag in der Form neuer technischer Erfindungen und einer nicht zu übersehenden Industrialisierung begegnete und deren Umfang die erste, 1851 in London durchgeführte Weltausstellung eindrucksvoll vor aller Augen führte. Kurz: Der Fortschritt war erfolgreich geworden, und sein Erfolg war alltagspraktisch und massenmedial so vermittelbar, dass er sowohl mit politischen Strömungen (Sozialismus) als auch mit wissenschaftlichen Entdeckungen (Evolution) kompatibel war.

Auf die negative Seite des Fortschritts hatte man seit der Romantik immer wieder hingewiesen. Sie lag und liegt darin, dass der Impuls zu immer größerer Perfektion sich als technische Perfektionierung der verschiedensten Lebenswelten niederschlägt, in deren Verlauf ebendiese Lebenswelten technisch homogenisiert werden. Diese Homogenisierung bediente sich des vom Westen ausgeworfenen, immer engmaschigeren Netzes von Verkehrswegen, Poststationen, Telegrafen- und Telefonleitungen, Bibliotheken und Universitäten, in dem die bisher gleichgültig oder gar feindlich einander gegenüberstehenden Lebenswelten eingefangen und neugierig erforscht wurden. Was sie dabei an Geheimnissen preisgaben, wurde von Netzknoten zu Netzknoten dem Westen übermittelt und dort nicht nur als neues Wissen in Bibliotheken und Enzyklopädien verbucht, sondern zugleich und sofort nutzbar gemacht. Auf diese Weise wurde tatsächlich mit der Herstellung der Einen Welt begonnen, aber es war und ist eine Welt, in der die vom Westen implementierte technische Form des Netzes die vielen differenten Lebenswelten mit all ihren bunten Inhalten dadurch homogenisiert, dass sie sie netzförmig bearbeitet und also letztlich netztechnisch herstellt. Dabei entstand kein „universeller Mensch“ im Sinne Pascals, sondern zunächst ein Europäer und dann ein Amerikaner, der dank seiner Verfügungsgewalt über den technischen Apparat des Netzes seine eigene Lebensform universalisierte.

Christliche Missionen und religiöse Globalisierung im 19. Jahrhundert

Klaus Koschorke

Westliche Missionen

Standen das 16. bis 18. Jahrhundert – missionsgeschichtlich gesehen – im Zeichen katholischer Dominanz, so wurde das 19. Jahrhundert zum „großen Jahrhundert" der protestantischen Missionsbewegung (Kenneth Scott Latourette). Mit dem Ende des Ersten Kolonialzeitalters waren auch die alten kolonialkirchlichen Strukturen zerbrochen, und weltweit befanden sich die katholischen Missionen um 1815 auf einem Tiefpunkt – als Folge der revolutionären Erschütterungen in Europa ebenso wie bedingt durch das Ende der spanischen und portugiesischen Herrschaft auf dem amerikanischen Festland (und andernorts). Der Jesuitenorden war bereits 1773 aufgelöst worden, der Kirchenstaat zeitweilig besetzt, die römische Missionszentrale 1808 aufgehoben und die ökonomische Basis der katholischen Kirche durch die Säkularisationen weithin zerschlagen. In den neuen Staaten Süd- und Mittelamerikas waren viele Bischofssitze vakant und die spanischen Kleriker und Missionare in großer Zahl geflohen; und in Indien beklagte der französische Geistliche Abbé Dubois um 1815 einen Tiefstand der katholischen Religion, der „nicht mehr übertroffen werden" könne und kaum Hoffnung für die Zukunft lasse.

Tiefstand der katholischen Mission

Einen enormen Aufschwung hingegen erlebte die protestantische Missionsbewegung, die zuvor allenfalls eine regional begrenzte Rolle gespielt hatte. Sie gelangte im Verlauf des 19. Jahrhunderts in zahlreiche Gebiete, die Europäern zuvor verschlossen waren, und gründete Gemeinden in Regionen, die früher auf keiner Karte verzeichnet waren. Sie war keineswegs nur evangelisatorisch tätig, sondern trat vielerorts auch als Faktor der Modernisierung in Erscheinung. Missionare errichteten nicht nur Kapellen, sondern auch – und oft noch zuvor – Schulen, Spitäler und Waisenhäuser. Sie studierten (und verschriftlichten) die regionalen Sprachen, übersetzten die Bibel und andere Texte, führten vielerorts die ersten Druckerpressen ein oder gaben Anstöße zur Entwicklung einer einheimischen Presse. Sie kritisierten soziale Missstände – wie die Praxis der Witwenverbrennung in Indien oder der Kindesaussetzung in Afrika – und waren ihrerseits mit verantwortlich dafür, in Europa das Bild des „wilden" Afrikaners zu festigen (s. S. 409 ff.). Ohne den Faktor

Aufschwung der protestantischen Mission

„Missionsschule“ sind bestimmte Modernisierungsprozesse im Asien des 19. Jahrhunderts oder der antikoloniale Befreiungskampf afrikanischer Eliten im 20. Jahrhundert nicht zu verstehen. Auch wo die entstehenden protestantischen Gemeinden gegenüber der katholischen Konkurrenz numerisch zurückblieben (wie in Indien oder China), gaben die protestantischen Missionen in den Augen der außerchristlichen Öffentlichkeit zumeist den Ton an. Das zeigen etwa Erneuerungsbewegungen in unterschiedlichen Religionen Asiens Ende des 19. Jahrhunderts, die sich vielfach am bekämpften Vorbild des Missionsprotestantismus orientierten.

Missionsgesellschaften

Ausgangspunkt dieser neuen Etappe protestantischer Mission war nicht zufällig Großbritannien, die Hegemonialmacht des frühen 19. Jahrhunderts. Getragen wurde sie zunächst von nonkonformistischen Kreisen außerhalb des kirchlichen Establishments. Hervorzuheben sind vor allem die Baptisten (seit 1792), Methodisten (seit 1813) und andere evangelikale Gruppierungen wie die anglikanische *Church Missionary Society* (CMS, seit 1812). Organisationsform war die des Vereins, des freiwilligen Zusammenschlusses frommer Individuen, und Mission nicht mehr Sache des kolonialen Staates, sondern des Engagements mündiger Bürger. Dabei kooperierte man vielfach über konfessionelle und nationale Grenzen hinweg. Gleiches gilt für die Missionsvereine auf dem Kontinent, wie etwa die Basler Mission (gegr. 1815), deren Zöglinge in Westafrika in englischen Diensten und in Indonesien unter holländischer Hoheit tätig wurden. Bereits 1810 kam es auch in den USA zur Gründung einer ersten (kongregationalistischen) Missionsgesellschaft. Später traten Australien und Neuseeland hinzu. Eigens hervorzuheben ist – verstärkt seit den 1880er Jahren – auch das missionarische Engagement schwarzer Kirchen aus den USA.

Indien

Ziel der baptistischen Pioniermissionare um den Engländer William Carey (1761–1834) war Indien. Dort stand jedoch kein Empfangskomitee bereit. Vielmehr war die örtliche Kolonialverwaltung – die britische Ostindien-Gesellschaft – wenig über die Ankunft religiöser Aktivisten erbaut, weshalb diese alsbald (1800) vom britischen Kalkutta ins benachbarte dänische Serampore weiterziehen mussten. Missionare anderer Nationalität wurden sofort abgeschoben. Erst ab 1813 erhielten britische (und ab 1833 auch sonstige) Missionare freien Zugang zu Britisch-Indien. Serampore entwickelte sich rasch zu einem Zentrum von überregionaler Bedeutung. Im Mittelpunkt der Arbeit standen Bibel- und andere Übersetzungen, und zwar nicht nur in über 30 indische, sondern auch in andere asiatische Sprachen. Einen Eindruck vermittelt ein Bericht über die Druckereiwerkstatt in Serampore um 1811: „Es gibt da Inder, die die Hl. Schrift in die verschiedenen Schriften übersetzen oder Korrekturfahnen lesen. Du siehst […] Drucktypen in Arabisch, Persisch, Nagari, Telugu, Panjabi, Bengali, Marathi, Chinesisch, Oriya, Burmesisch, Kanaresisch, Griechisch, Hebräisch und Englisch.“

1818 wurde das bis heute bestehende *Serampore College* „zur Ausbildung […] in östlicher Literatur und europäischen Wissenschaften“ errichtet. Von Anfang an gab es auch Bildungseinrichtungen für Frauen. Zwischen 1830 und 1854 waren die christlichen Missionen die Hauptinitiatoren für neue College-Gründungen in Indien und bis etwa 1900 die Hauptträger des neuen Schulwesens, weshalb ihr Einfluss weit über den Bereich der getauften Gemeindemitglieder hinausreichte. Deren Zahl war zunächst sehr bescheiden und auf zwei regionale Zentren (Bengalen und Südindien) beschränkt. Seit der Jahrhundertmitte wuchs sie deutlich an – unter anderem eine Folge der nun einsetzenden „Massenbekehrungen" unter marginalisierten Gruppen (Kastenlosen, ethnischen Minderheiten). Von 1851 bis 1901 stieg die Zahl der indischen Protestanten von 91.000 auf 1,29 Millionen und die der Christen insgesamt von 1,27 auf 2,70 Millionen – bei einer indischen Gesamtbevölkerung von 150 beziehungsweise 255 Millionen. Zugleich formierte sich vor allem im Süden eine indigen-protestantische Elite, die sich – obwohl nur Minderheit innerhalb einer Minderheit – im öffentlichen Diskurs als tonangebend wahrnahm. Ältere Repräsentanten des indischen Christentums, wie die Thomaschristen, die vor allem im heutigen Kerala beheimatet sind, wurden zunächst als rückständig belächelt, aber zunehmend als Repräsentanten eines vorkolonialen Christentums gewürdigt.

In Japan erzwang 1853/1854 ein amerikanisches Flottengeschwader die „Öffnung" des Landes nach mehr als 200-jähriger Selbstisolierung. Das Verbot des Christentums aber blieb zunächst bestehen, weshalb amerikanische und englische Missionare anfangs nur in anderer Funktion tätig werden konnten. Sie studierten japanische Literatur, übersetzten die Bibel, kommentierten und publizierten chinesische christliche Schriften, unterrichteten in den Schulen westliche Wissenschaften oder arbeiteten als Ärzte. Die Aufhebung des Bannes über das Christentum 1873 ermöglichte dann offene evangelistische Aktivitäten, und die Zahl der getauften Japaner nahm langsam zu. Von Anfang an war das protestantische Christentum in Japan eine urbane Bewegung, die vor allem Studenten und Intellektuelle ansprach und sich insbesondere aus der Klasse der – respektierten, aber von Statusverlust bedrohten – Samurai rekrutierte. Katholiken fanden ihre Gefolgschaft eher im ländlichen Raum. In den 1890er Jahren verlangsamte sich der Aufschwung der protestantischen Bewegung. Christliche Ausbildungsstätten, wie die – 1875 gegründete und in Etappen zur Universität entwickelte – Dōshisha-Universität in Kyōto, übten indes unverändert eine große Attraktivität aus, weit über den Bereich der entstehenden christlichen Gemeinden hinaus.

Japan

Auch Korea war lange Zeit eine „verschlossene Nation", die erst 1876 gewaltsam „geöffnet" wurde – diesmal von den Japanern. Amerikanische Missionare wie der Presbyterianer Horace Newton Allen (1858–1932) kamen seit 1885 zunächst als Ärzte oder Erzieher ins Land. Sie gründeten die ersten westlichen Hospitäler, bauten Waisenhäuser und errichteten christliche Schulen, aus denen sich etwa die renommierte Yonsei-Universität in Seoul entwickelte. Sie prägten nicht nur das konfessionelle Spektrum des entstehenden koreanischen Protestantismus, sondern vertraten auch von Anfang an das Prinzip der Selbstverwaltung – mit dem Ergebnis eines raschen Wachstums und der Selbstausbreitung koreanischer Gemeinden über das Land. 1910 wurde Korea japanische Kolonie. Anders als in anderen

Korea

asiatischen Ländern richtete sich so der Widerstand der Koreaner nicht gegen eine westliche, sondern eine asiatische Kolonialherrschaft. Dabei standen die christlichen Gemeinden von Anfang an auf der Seite der sich formierenden Nationalbewegung – ein wesentlicher Faktor des rapiden Kirchenwachstums in der Folgezeit. So zählten zu den 33 Unterzeichnern der „Unabhängigkeitserklärung" vom 1. März 1919, die von den Japanern blutig unterdrückt wurde, 16 koreanische Kirchenführer.

Westafrika

In Westafrika war die anglikanische CMS seit 1808 tätig. Sie verfolgte sowohl evangelisatorische wie humanitäre Ziele und hatte sich neben der Predigt des Evangeliums den Kampf gegen die Sklaverei auf die Fahnen geschrieben. Ihre führenden Vertreter gehörten zugleich der britischen Antisklavereibewegung an. Um langfristig dem Sklavenhandel den Boden zu entziehen, vertraten sie – so programmatisch im Jahr 1839 Thomas Fowell Buxton – ein Konzept, das unter dem Stichwort *Commerce, Civilization, Christianity* in Afrika die Missionierung, Zivilisierung und Förderung „legitimen" (anstelle des illegitimen Sklaven-)Handels voranzutreiben suchte. Ziel der Missionsarbeit wiederum sollte die Bildung eigenständiger – sich selbst regierender, finanzierender und ausbreitender – einheimischer Kirchen sein, die möglichst rasch die Mission der Europäer ablösen konnten („Euthanasie der Mission", so Henry Venn 1844). Tätigkeitsfeld waren zunächst die Küstenregionen Westafrikas, vor allem Sierra Leone – das auch der britischen Marine im Kampf gegen Sklavenschiffe als Stützpunkt diente –, die Goldküste (Ghana) sowie das Nigerdelta.

Zentralafrika

Analoge Zielsetzungen bestimmten auch das Wirken von David Livingstone (1813–1873). Einem weiten Publikum ist er vor allem als Geograph, Ethnograph und Entdecker bekannt, dessen Expeditionen zur Erforschung der Flussläufe Zentralafrikas zahlreiche weiße Flecken auf der Landkarte des „dunklen Kontinents" beseitigten – und ihm den Ehrentitel eines „zweiten Kolumbus" einbrachten. Bei alledem war er jedoch stets zugleich auch Missionar – bestrebt, den „Heiden" das Licht des Evangeliums zu bringen und zugleich das Grundübel des Sklavenhandels zu bekämpfen. Zahlreiche interkulturelle Erstkontakte kennzeichnen sein Wirken. Der Häuptling Setschele im heutigen Botsuana etwa schickte nach seiner Taufe 1851 seine zahlreichen Ehefrauen heim – ein Konflikt zwischen christlichem monogamem Eheideal und den polygamen Traditionen Afrikas, der sich in der folgenden Geschichte vielfach wiederholen sollte. Livingstones Reisen inspirierten missionarische Aktivitäten im Inneren des Kontinents, nunmehr auch im Osten, wo bereits die Deutschen Johann Ludwig Krapf und Johannes Rebmann Pionierdienste geleistet hatten.

Südafrika

Ein drittes Zentrum protestantischer Missionstätigkeit im Afrika des 19. Jahrhunderts bildete Südafrika. Von den ca. 4000 protestantischen Missionaren, die um 1910 in Afrika tätig waren, arbeiteten 1500 in Südafrika. Hier war das Klima sehr angenehm, und die Zahl der Denominationen nahm ständig zu. Neben Reformierten (noch aus holländischer Zeit) waren unterschiedliche Vertreter des angelsächsischen Missionsprotestantismus tätig, insbesondere Anglikaner,

Baptisten, Kongregationalisten und Presbyterianer, sowie Katholiken. Im Laufe des 19. Jahrhunderts kamen noch andere Gruppierungen dazu, darunter deutsche (und skandinavische) Lutheraner, die ihrerseits in zwei Varianten auftraten: einerseits in Gestalt deutscher Einwanderer und der zu ihrer Betreuung entsandten Pastoren, andererseits als Missionare, die unter der einheimischen Bevölkerung tätig wurden. Das Ergebnis bestand im Nebeneinander schwarzer und weißer lutherischer Kirchen, das bis heute andauert.

Christliche Kirchen gab es aber im Norden Afrikas schon lange vor den westlichen Missionaren. Wichtigster überlebender Repräsentant des altafrikanischen Christentums war Äthiopien. Es konnte gegenüber den Europäern nicht nur seine kirchliche Eigenständigkeit wahren, sondern 1896 in der Schlacht bei Adwa auch eine italienische Invasionsarmee zurückschlagen, und blieb als einziges afrikanisches Land – neben Liberia – frei von kolonialer Herrschaft. Als Symbol kirchlicher und politischer Unabhängigkeit übte „Äthiopien" so auf die afrikanischen Eliten des gesamten Kontinents eine wachsende Faszination aus.

Äthiopien

In Lateinamerika hatte der Unabhängigkeitskampf die katholische Kirche gespalten. Der hohe Klerus blieb Spanien in der Regel treu und emigrierte, der niedere Klerus (zumeist aus Kreolen, Mestizen und Indios) unterstützte eher den Unabhängigkeitskampf, der etwa in Mexiko anfänglich von den Priestern Miguel Hidalgo und José María Morelos angeführt wurde. Viele Bischofssitze blieben lange Zeit vakant, und bei Stellenbesetzungen bereiteten die neuen liberalen Machthaber enorme Schwierigkeiten. Erst Mitte des 19. Jahrhunderts gelang es Rom, durch eine Serie von Konkordatsabschlüssen sein Verhältnis zu den Staaten Lateinamerikas auf eine neue Grundlage zu stellen. Dennoch blieb der gravierende Priestermangel ein dauerhaftes Problem. Er beförderte synkretistische Tendenzen innerhalb des Volkskatholizismus, der ihn nicht nur in den Augen protestantischer Kritiker, sondern auch katholischer Einwanderer aus Europa vielfach als semi-pagan erscheinen ließ. Protestanten nutzen nach dem Ende der Kolonialzeit die neuen, wenngleich zunächst begrenzten religiösen Freiheiten und kamen als Kaufleute, Einwanderer oder Bibelkolporteure. Eine zielgerichtete Missionstätigkeit unter den einheimischen Katholiken oder der indianischen Urbevölkerung gab es verstärkt seit etwa 1880, vor allem durch amerikanische Gesellschaften, die nun in größerer Zahl im Süden des Kontinents aktiv wurden.

Lateinamerika

Gegen Ende des 19. Jahrhunderts verstärkte sich der Zugriff Europas auf die Territorien in Übersee. Ermöglicht wurde dies unter anderem durch verbesserte Verkehrsbedingungen, Kommunikationsmittel und Fortschritte in der Tropenmedizin. Missionare strömten nun in großer Zahl in Gebiete, die früher als „Grab des weißen Mannes" galten. Innereuropäische Rivalitäten beschleunigten den *Scramble for Africa*, den kolonialen Wettlauf um Afrika. 1884 trat auch Deutschland in den Kreis der Kolonialmächte ein; und neben die älteren – zumeist international und ökumenisch orientierten – Missionen trat der neue Typus der Kolonialmission, die dem Grundsatz folgte: „Deutsche Missionare in deutsche

Zeit des Hochimperialismus

Kolonien.“ Der Streit zwischen universalistischer und nationaler Orientierung zählt zu den spannendsten Debatten deutscher Missionskreise in den 1890er Jahren.

Kolonialenthusiasmus und rassistisches Gedankengut fanden nun – in der Phase des sogenannten Hochimperialismus – vermehrt Eingang auch im angelsächsischen Missionsprotestantismus. Die hehren Grundsätze der „Drei Selbst“ – also des Konzepts, das auf die Gründung sich selbst regierender, finanzierender und ausbreitender einheimischer Kirchen abzielte – gerieten zunehmend in Vergessenheit, und kirchliche Führungspositionen waren wieder verstärkt Europäern vorbehalten. Analoge Entwicklungen sind zeitgleich ebenso in der katholischen Welt zu beobachten. Ultramontane – auf Rom ausgerichtete – Tendenzen kennzeichnen die Geschichte des europäischen Katholizismus seit den Wirren der Französischen Revolution. Mit dem Ersten Vatikanischen Konzil 1869/1870, das die Unfehlbarkeit des Papstes erklärte, erreichten sie einen markanten Höhepunkt und bestimmten zunehmend auch die Entwicklung in anderen Kontinenten – so in Lateinamerika, wo sich die Romanisierungs- und Zentralisierungstendenzen gegen Ende des Jahrhunderts deutlich verstärkten. Nicht zufällig fand das erste lateinamerikanische Plenarkonzil von 1899 in Rom statt; und die katholische Restauration des Kontinents glich weithin einer „Re-Europäisierung“. Auch in Afrika korrelierte der kirchliche „Wettlauf um Afrika“ mit dem institutionellen Revival der katholischen Kirche nach dem Ersten Vaticanum. Er führte zu einer massiv verstärkten katholisch-missionarischen Präsenz auf dem Kontinent.

Indigene Akteure, regionale Initiativen, transkontinentale Aktivitäten

Die globale Ausbreitung des Christentums im 19. Jahrhundert ist oft einfach als Begleiterscheinung des westlichen Kolonialismus oder als das Resultat euroamerikanischer Missionsaktivitäten beschrieben worden. Dabei wird die Bedeutung indigener Akteure und lokaler Multiplikatoren übersehen. Sie waren es, die letztlich über Erfolg, Misserfolg oder modifizierte Annahme des missionarischen Angebots entschieden. Ihre Bedeutung ist schon daraus ersichtlich, dass das explosive Wachstum des Christentums im subsaharischen Afrika gerade in die Zeit nach Erlangung der politischen Unabhängigkeit seit 1960 fällt, als mit den Kolonialherren auch die meisten Missionare abgetreten waren. Missionare kamen im 19. Jahrhundert vielfach als geladene Gäste einheimischer Herrscher (etwa in Madagaskar 1820). Noch 1879 setzte der König von Buganda (im späteren Uganda) eine Religionsdebatte zwischen anglikanischen und katholischen Missionaren (und zuvor mit Muslimen) an. Für ihn bedeutete die Annahme des Christentums den bewussten Einbau einer „modernen“ Religion in die politischen und sozialen Strukturen des Landes. Mit Christopher A. Bayly sollten wir darum „nicht nur fragen, warum Afrikaner, Indianer und Bewohner Ozeaniens zum Christentum übertraten, sondern auch, wie das Christentum von Afrikanern, Indianern und Ozeaniern umgewandelt wurde". Aus der Begegnung mit vielfältigen Kulturen entstanden lokale Christentumsvarianten, die ihrerseits zu Zentren regionaler Ausbreitung werden konnten.

Als Beispiel sollen die Anfänge des Protestantismus in Westafrika dienen. Diese werden in der traditionellen Missionsgeschichte vor allem als Resultat der Aktivitäten britischer Evangelikaler (CMS) und schwäbischer Pietisten (Basler Mission) zu Beginn des 19. Jahrhunderts geschildert. Sie waren jedoch wesentlich durch eine afroamerikanische Initiative mit bedingt: die Rücksiedlungsbestrebungen von Angehörigen der afrikanisch-protestantischen Diaspora auf der anderen Seite des Atlantiks. Vor allem in Neuschottland (im heutigen Kanada) gab es nach dem Amerikanischen Unabhängigkeitskrieg zahlreiche freigelassene Schwarze, die früher in britischen Diensten gestanden hatten und die nun – mit der „Bibel als Freiheitscharta in der Hand" (Adrian Hastings) – nach Afrika zurückkehren wollten. Trotz aller Rückschläge führte diese Initiative 1792 zur Gründung einer „freien" und christlichen Siedlung (Freetown) in Sierra Leone. Dort entstand im November 1792 auch – abgesehen von früheren Handelsstationen – die erste protestantische Kirche im tropischen Afrika, mit eigenen Strukturen und schwarzer Führung. Die vielsprachige schwarze Elite Sierra Leones sollte dann im weiteren Verlauf der Christianisierung Westafrikas eine wichtige Brückenfunktion wahrnehmen. Diesen Charakter behielt das Unternehmen auch später, als Sierra Leone 1808 zur britischen Kronkolonie erhoben wurde und dort zunehmend europäische Missionare in Erscheinung traten.

Samuel Ajayi Crowther, ein ehemaliger Sklave, der 1864 als erster Afrikaner zum anglikanischen Bischof in Westafrika geweiht wurde und als Symbol der Aufstiegshoffnungen schwarzer Eliten galt. Seine schrittweise Entmachtung 1890/1891 löste eine Welle unabhängiger Kirchengründungen aus.

Ein anderes Beispiel stellt die sogenannte äthiopistische Bewegung dar. Sie formierte sich gegen Ende des 19. Jahrhunderts zeitgleich zunächst in West- und Südafrika, später auch in Zentral- und Ostafrika, und führte zur Entstehung missionsunabhängiger Kirchen unter afrikanischer Leitung. Auslösendes Moment waren in Westafrika die schrittweise Entmachtung des ersten schwarzen Bischofs der anglikanischen Kirche, Samuel Ajayi Crowther (1806–1891) und die Ernennung eines Weißen zum Nachfolger. Dies führte zu wütenden Protesten der schwarzen Eliten in Kirche und Gesellschaft und zu ersten Abspaltungen von den protestantischen Missionskirchen. In Südafrika war es vor allem der wachsende Rassismus der weißen Missionare, der afrikanische Christen in die Sezession trieb. 1892 gründete der frühere methodistische Geistliche Mangena Maake Makone in Pretoria eine *Ethiopian Church* und löste damit eine Welle schwarzer – sich „äthiopisch" nennender – Kirchengründungen aus. Das Stichwort „Äthiopien" bezog sich dabei einerseits auf das afrikanische Land, das sich erfolgreich europäischen Kolonisierungsversuchen widersetzte, und anderseits auf biblische Referenzen (wie Psalm 68), die als Verheißung an alle Menschen afrikanischen Ursprungs verstanden wurden. Dieser „äthiopische Diskurs" hatte sich bereits seit Ende des 18. Jahrhunderts unter den Afroamerikanern in der Karibik und Nordamerika entwickelt. Von dort schwappte er nach Westafrika und später in den Süden des Kontinents über. „Äthiopische" Kirchen in Südafrika kooperierten dabei mit schwarzen in den USA; und zunehmend verband sich auf beiden Seiten des Atlantiks das Programm des Äthiopismus mit panafrikanischen Aspirationen. Die seit der Jahrhundertwende entstehenden unabhängigen afrikanischen Kirchen, von denen es momentan mehr als 20.000 gibt, wurden wesentlicher Faktor des rasanten Wachstums des afrikanischen Christentums im 20. Jahrhundert.

Äthiopistische Bewegung

Konflikte zwischen dem Paternalismus westlicher Missionare und den Emanzipationsbestrebungen indigen-christlicher Eliten gab es nicht nur in Afrika, sondern auch in Asien. Bestrebungen eines kirchlichen Independentismus sind dort um 1900 in zahlreichen Regionen zu beobachten. In Indien führten sie etwa 1886 zur Gründung der *National Church of India* in Madras, die alle indischen Christen – ungeachtet ihrer Konfessionszugehörigkeit – in einer nationalen Kirche zu vereinen und zugleich der Kontrolle und dem importierten Konfessionalismus der Missionare zu entziehen suchte. Getragen wurde diese nationalkirchliche Bewegung von einer Gruppe sozial hochstehender protestantischer Laien. Sie äußerten sich profiliert zu vielen Fragen des religiösen und politischen Lebens, unterhielten eigene Zeitschriften (wie den »Christian Patriot«) und suchten als christliche Patrioten beim nationalen Aufbruch mitzuwirken. Ihrem emanzipatorischen Ansatz entsprach auch die Gründung einer eigenen, nur von Indern geleiteten *National Missionary Society* (1905), die im Lande selbst, in Nachbarregionen (Burma, Sri Lanka) sowie unter den indischen Landsleuten in Südafrika tätig wurde.

Nationalkirchliche Bewegungen

Ein gewisses Analogon im katholischen Asien stellt die *Iglesia Filipina Independiente* dar. Sie entstand 1902 auf den Philippinen nach dem Sturz der spanischen Kolonialherrschaft. Mit deren Ende 1898 hatte sich die Hoffnung auf eine philippinische Nationalkirche mit eigener Hierarchie verbunden. Im 19. Jahrhundert waren einheimische Weltpriester vielfach Träger der antikolonialen Bewegung, und während der Revolutionsjahre von 1896 bis 1898 kontrollierten philippinische Geistliche alle 800 Gemeinden des Landes. Nicht unerwartet widersetzte sich Rom den Plänen für eine philippinische Nationalkirche, mit dem Ergebnis, dass sich 1902 der Priester Gregorio Aglipay (1860–1940) zum obersten Bischof der neuen Kirche weihen ließ. In ihrer Anfangszeit gehörte ihr mehr als ein Drittel der philippinischen Bevölkerung an. Heute zählt sie mehr als 2 Millionen Anhänger.

In China bildete sich Mitte des 19. Jahrhunderts mit der Taiping-Bewegung eine christlich inspirierte sozialrevolutionäre Bewegung, die die regierende Mandschu-Dynastie an den Rand des Zusammenbruchs brachte (vgl. S. 341). Sie ist von Autoritäten wie dem Sinologen John K. Fairbank als chinesische „Variante des alttestamentarischen protestantischen Christentums" bezeichnet worden. Ihre Führung verstand sich dezidiert als christlich, ließ – trotz aller synkretistischen Elemente – die biblische Botschaft unter Ausschluss aller anderen Lehren predigen, verfocht eine puritanische Ethik, suchte freundschaftlichen Kontakt zu Missionaren und anderen Vertretern des Westens, blieb aber unabhängig in Theologie und Handeln. Ihre (zum Schluss auch von den westlichen Mächten unterstützte) Niederschlagung 1864 durch die Mandschu forderte Millionen von Todesopfern. Am Anfang stand 1837 eine Vision des Gründers und späteren Taiping-Königs Hong Xiuquan (1814–1864), die er nachher im Licht biblischer Verheißungen als Auftrag zum Sturz der Mandschu-Dynastie und zur Vertreibung des Konfuzius interpretierte. Die Kenntnis dieser Vision war unter seinen Anhängern ebenso obligatorisch wie die eines aus den Zehn Geboten und Gebeten bestehenden Katechismus. Die Taiping erließen ein absolutes Opium-, Prostitutions-, Tanz- und Alkoholverbot, hielten den Sonntag in Ehren, erstrebten eine egalitäre Gesellschaftsordnung und sahen Taiping-China als gleichberechtigtes Glied in der Familie der „christlichen" – das heißt westlichen – Nationen.

China: Taiping-Bewegung

Bereits im 19. Jahrhundert gehören transkontinentale Aktivitäten und Vernetzungen von Christen der südlichen Hemisphäre zum Bild des entstehenden Weltchristentums. Das Engagement afroamerikanischer Missionare (aus den USA oder der Karibik) in Afrika – durchgeführt sowohl im Auftrag „weißer" wie zunehmend auch „schwarzer" Kirchen – wurde bereits erwähnt. Deren Zahl war zumeist eher bescheiden, der psychologische Effekt umso beachtlicher. Tamilische Christen aus Südindien wurden in Sri Lanka, Süd- und Ostafrika zu Multiplikatoren ihres Glaubens. Christlich-koreanische Aktivisten waren früh auch außerhalb Koreas tätig – so in Japan oder in der Mandschurei. Eine Quelle des Jahres 1910 vermeldet ihre Präsenz auch in Sibirien, China, Hawaii, Kalifornien und Mexiko. In Korea selbst ist das erstaunliche Wachstum des Christentums sowohl in seiner katholischen Gestalt (seit 1784) wie in seiner protestantischen Variante (seit 1884) von Anfang an entscheidend durch die Initiativen einheimischer Christen geprägt.

Transkontinentale Aktivitäten

Religiöse Modernisierung und Globalisierung

„Überall im Osten", so beschreibt die ceylonesische Zeitschrift »The Hindu Organ« am 18. Januar 1899 die religiöse Lage der Gegenwart, „findet gegenwärtig eine Renaissance [asiatischer] Überlieferung und Literatur statt; und es wird zügig daran gearbeitet, den Ruhm der orientalischen Religionen dem Vergessen der Vergangenheit zu entreißen. In Indien, Burma, Siam [Thailand], Annam [Vietnam], Japan und sogar in China [...] ist das Bedürfnis nach religiöser und moralischer Erziehung [und Erneuerung] stark zu spüren." In der Tat ist im Asien der Jahrhundertwende in zahlreichen Regionen ein Revival der traditionellen Religionen zu beobachten, das 20 oder 30 Jahre zuvor noch undenkbar gewesen wäre. Dabei handelt es sich keineswegs nur um das Wiederaufleben herkömmlicher Glaubensformen. Vielmehr erlebten die großen Religionen Asiens vielfach eine Auferstehung in „modernisierter" – aus der Begegnung mit der westlichen Moderne hervorgegangener – Gestalt, getragen von den lokalen Eliten und aufs engste verknüpft mit dem Aufkommen nationaler Bewegungen in den einzelnen Ländern. Diese artikulierten sich vielfach zunächst als Wiederentdeckung des eigenen kulturellen Erbes, bevor sie in einer zweiten Etappe politische Forderungen erhoben.

Revival der traditionellen Religionen

Ursprungsland des buddhistischen Modernismus ist Sri Lanka, das frühere Ceylon. Intensiver als das benachbarte Indien war das Land den Einwirkungen von mehr als drei Jahrhunderten europäischer Kolonialherrschaft und christlicher Missionstätigkeit ausgesetzt. Um die Mitte des 19. Jahrhunderts schien der traditionelle Buddhismus von einem unaufhaltsamen Niedergang bedroht, und der berühmte singhalesische Gelehrte James de Alwis rechnete um 1850 mit seinem baldigen Verschwinden. Zeitgleich aber setzte ein schrittweiser Aufschwung ein. Dieser vermochte in einer Reihe großer Streitgespräche zwischen Christen und Buddhisten zwischen 1865 und 1899 die singhalesische Öffentlichkeit zu mobilisieren. Dabei bediente sich die buddhistische Seite zunehmend der Ideen und Organisationsformen der christlichen Gegenseite. Unter dem Stichwort *Protestant Buddhism* – als Protest gegen und zugleich als Imitation des bekämpften Vorbilds des Missionsprotestantismus – ist dieser Sachverhalt in der religionssoziologischen Forschung verhandelt worden. So wurden etwa anstelle der YMCAs (der unter urbanen Eliten beliebten *Young Men's Christian Associations*) buddhistische YMBAs gegründet (und später auch hinduistische YMHAs, muslimische YMMAs und schließlich katholische YMCathAs), anstelle christlicher Katechismen ein *Buddhist Catechism* verbreitet sowie – besonders bemerkenswert in einem Land mit einem Mondkalender – die Einrichtung „buddhistischer Sonntagsschulen" vorangetrieben. Die rationalen Elemente der buddhistischen Lehre und ihre Vereinbarkeit mit westlichen Naturwissenschaften wurden nachdrücklich betont und die Bedeutung des Laienelements – anstelle des traditionellen Vorrangs der Mönchsorden – hervorgehoben.

Buddhistischer Modernismus

Zugleich verstärkten sich Bestrebungen zur internationalen Vernetzung des Buddhismus. 1891 gründete der Ceylonese Anagarika Dharmapala (1864–1933) die

Bodhgaya-Mahabodhi-Gesellschaft. Ziel war es, die Buddhisten aus allen Ländern – von Ceylon bis Tibet und Japan – zu einigen und das indische Bodhgaya wieder zum Mittelpunkt buddhistischer Religiosität zu machen. Dharmapalas Rede auf dem Weltparlament der Religionen in Chicago 1893 hinterließ großen Eindruck und stärkte auch im Westen das Interesse am Buddhismus. Japanische Buddhisten schickten Missionare in andere asiatische Länder.

Auch in Indien geriet die religiöse Landschaft im 19. Jahrhunderts in Bewegung. Das Spektrum der Antworten auf die westliche Moderne und christliche Missionsaktivitäten reichte dabei von defensiv-orthodoxen Reaktionen bis zu kühnen Neuerungen. In der Bildungsschicht formierte sich ein ethischer Reformhinduismus, „der aufgrund christlichen Einflusses hinduistische Auswüchse (Witwenverbrennung, Kastenwesen u. a.) verurteilte, eine Demokratisierung der Hindu-Religionen ohne priesterliche Dominanz der Brahmanen anstrebte und intellektualistische Befreiungslehren vertrat" (Axel Michaels). Repräsentanten solcher neohinduistischer Reformbewegungen waren etwa zu Beginn des 19. Jahrhunderts Ram Mohan Roy (1772–1833), der „Vater des modernen Indiens", Kämpfer gegen Idolatrie und Kastenwesen sowie Verfasser einer Schrift über die Relevanz der Bergpredigt Jesu (1822), oder gegen Ende des Jahrhunderts Ramakrishna (1836–1886) und der von ihm ins Leben gerufene Ramakrishna-Orden. Andere Vereinigungen, wie der 1875 gegründete Arja Samaj, vertraten demgegenüber einen betont „vedischen", von schädlichen westlichen oder islamischen Einflüssen gereinigten Hinduismus. Ramakrishnas Schüler Vivekananda (1863–1902) vertrat Indien auf der Weltkonferenz der Religionen 1893 in Chicago und präsentierte dort den Hinduismus als universale Religion, die mit den modernen Wissenschaften harmoniere. In Indien selbst prangerte er soziale Missstände an. Die Ramakrishna-Bewegung wurde in der Folgezeit auch außerhalb Indiens aktiv, so in Südostasien, Ozeanien und Afrika. Tätig wurde sie aber auch in Amerika, Westeuropa und Australien und damit außerhalb der indischen Auslandsgemeinden. Dabei wandte sie sich zunehmend zielgerichtet auch an Nicht-Inder und Nicht-Hindus.

Reformhinduismus

Neben Buddhismus und Hinduismus erlebten auch andere asiatische Traditionen (wie der chinesische Konfuzianismus oder der parsische Zoroastrismus) um 1900 zumindest phasenweise einen massiven Aufschwung. Vielfach verband sich dieser mit einer modernisierenden Neuinterpretation. Angesichts des gesteigerten Imperialismus westlicher Mächte sind diese im Einzelnen sehr unterschiedlichen Erneuerungsbewegungen zugleich als Ausdruck des wiederentdeckten Selbstwertgefühls der asiatischen Völker zu begreifen. Mit dem Sieg Japans über Russland im Krieg 1904/1905 steigerte sich dieses Gefühl noch einmal dramatisch. Dieses Ereignis wurde von vielen Zeitgenossen nicht nur als Triumph einer asiatischen über eine europäische Nation gefeiert, sondern auch als Sieg des „buddhistischen" Japan über das „christliche" Zarenreich. Bis in die letzten Dörfer Bengalens wurden diese Nachrichten lebhaft diskutiert, aber auch in Vietnam, Indonesien oder auf den Philippinen sehr aufmerksam zur Kenntnis genommen. Sie gaben den nationalisti-

Panasiatische Visionen

schen Bewegungen verschiedener Regionen Auftrieb, beschleunigten die „Renaissance der orientalischen Religionen“ und inspirierten die Intellektuellen des Kontinents zu panasiatischen Visionen. *Asia is one* – diese Parole war nun vielfach zu hören, und das „Erwachen“ und das „Aufstehen Asiens“ gegenüber dem bislang für unbesiegbar gehaltenen Westen wurden lebhaft beschworen.

Auch in der islamischen Welt wurden die Vorgänge in Fernost aufmerksam verfolgt. Sie verstärkten dort panislamische Bestrebungen. Sicherlich war die Situation der Muslime in Indien, Indonesien, Ägypten und dem Osmanischen Reich unterschiedlich. Erstere lebten unter kolonialer Herrschaft, während das zerfallende Reich der Osmanen zwar nominell unabhängig blieb, zugleich aber einem System ungleicher Verträge und westlichen Interventionen ausgesetzt war. Umso mehr aber konnte nun Japan auch hier als Vorbild modernisierender Reformen und Wahrer nationaler Souveränität angesehen werden. Die Reisen islamischer Führer und Reformer nach Tokio häuften sich, und in Kairo rief ein panislamischer Kongress 1907 zur kulturellen und sozialen Erneuerung auf. Der als Advokat panislamischer Solidarität bekannte ägyptische Nationalist Mustafa Kamil (Muṣṭafā Kāmil; 1874–1908) verwies auf Japan als möglichen Partner einer anzustrebenden internationalen Allianz gegen den westlichen Kolonialismus. Wenn die Aggression Europas gegen die muslimische Welt weitergehe, so prophezeite er 1901 angesichts der kolonialen Okkupation Nordafrikas, werde sich die muslimische Welt erheben, um ihren Glauben und den osmanischen Staat zu schützen. Muslime in aller Welt müssten sich von nun an unter der Führung des osmanischen Kalifen vereinen.

Panislamische Bestrebungen

Zeitgleich aber ging die Ausbreitung des Islam im subsaharischen Afrika weiter. Er hatte sich dort im 19. Jahrhundert weit verbreitet und war zum stärksten Rivalen der christlichen Missionen geworden. Die traditionellen – „animistischen“ – Religionen Afrikas verloren zunehmend an Bedeutung. Christentum und Islam befanden sich demgegenüber auf dem Vormarsch. Anders als die herkömmlichen, lokal oder regional begrenzten Kulte vermochten beide konkurrierenden Religionen in einer Zeit sozialen Wandels und der Auflösung kleinräumiger Lebenswelten eine universale Orientierung und ein kohärentes Weltbild zu bieten. Dabei waren die christlichen Missionen meist dort erfolglos, wo der Islam einmal Fuß gefasst hatte. Eigentümlicherweise beschleunigte sich die Ausbreitung des Islam gerade in der Kolonialzeit. Dies gilt für Territorien unter französischer, englischer und deutscher Herrschaft. Französische Kolonialbeamte förderten anfangs den Islam, da sie ihn als „höhere Stufe“ im evolutionären Prozess vom afrikanischem „Animismus“ zu westlicher Zivilisation betrachteten. Britische Offiziere unterstellten im heutigen Nordnigeria „pagane“ Gebiete muslimischen Territorialfürsten. Muslimische Händler profitierten von der kolonialen Erschließung Zentralafrikas. Die Entwicklung neuer Verkehrswege ermöglichte ihnen den Zugang zu Gebieten, die ihnen zuvor verschlossen waren. Auch in Britisch-Ostafrika und in Deutsch-Ostafrika bot die Etablierung kolonialer Herrschaft den Muslimen die Chance, in das zuvor unzugängliche Landesinnere zu gelangen. Muslimische Soldaten wurden in den Kolonial-

Ausbreitung des Islam

armeen eingesetzt, muslimische Handelsstationen im Inneren zu administrativen Zentren ausgebaut und Muslime in Schlüsselpositionen als Häuptlinge, Angestellte und Steuereintreiber beschäftigt. Noch zu Beginn des Ersten Weltkriegs beschwerten sich deutsche Missionare in Ostafrika über das, was sie als die pro-islamische Politik der deutschen Kolonialverwaltung ansahen. Andererseits vermittelten ihre Schulen wirkungsvoll den Zugang zu moderner Bildung, den das traditionelle Erziehungssystem der Muslime nicht leisten konnte.

Veränderte Religionsgeographien sind eines der hervorstechenden Merkmale des 19. Jahrhunderts. Freiwillige oder erzwungene Migration brachte nicht nur Menschen, sondern auch Religionen in Länder, wo sie zuvor unbekannt waren. Das gilt für europäische Auswanderer ebenso wie etwa für die Anfänge einer globalen Hindu-Diaspora – eine Folge unter anderem der großräumigen Verschiebung billiger Arbeitskräfte innerhalb des britischen Empire. Indische Kontraktarbeiter *(indentured labourers)* gelangten so nach Burma, Südafrika, Ostafrika, Fidschi, Mauritius, Guyana, Trinidad und Jamaika. Allein in die Karibik kamen zwischen 1838 und 1917 eine halbe Million Inder, andere folgten später. Die meisten blieben (80 %) und waren Hindus (85 %), mit dem Ergebnis, dass heute etwa in Trinidad 22,8 Prozent der Bevölkerung Hindus sind.

Hindu-Diaspora

Um die Wende vom 19. zum 20. Jahrhundert sind zwei international stark beachtete Ereignisse zu verzeichnen, die zugleich unterschiedliche Modelle religiöser Globalisierung repräsentieren. Das eine ist das Weltparlament der Religionen in Chicago 1893. Es war die erste interreligiöse Begegnung auf internationaler Ebene, an der Angehörige verschiedenster Religionen und Kulturen teilnahmen: japanische Buddhisten, indische Theosophen, amerikanische Juden, Christen der verschiedenen Konfessionen und Nationalitäten und andere mehr. Sie sprachen vor einem Publikum mit bis zu 7000 Zuhörern. Max Müller, der berühmte Orientalist, kommentierte enthusiastisch: „Ein solches Zusammenkommen von Vertretern der hauptsächlichen Religionen der Menschheit hat noch nie in der ganzen Geschichte stattgefunden. Es ist einzig in seiner Art.“ Es war eine Plattform, die – wie bereits erwähnt – den ceylonesischen Buddhisten Dharmapala und den indischen Hindu Vivekananda zu international bekannten Persönlichkeiten machte und wesentliche Anstöße zur Rezeption asiatischer Religionen im Westen gab. Zugleich war es eine Konferenz, auf der viele Stimmen fehlten. So nahm kein einziger Vertreter der Ureinwohner Amerikas oder einer anderen Stammestradition teil.

Weltparlament der Religionen

Das andere Ereignis ist die Weltmissionskonferenz von Edinburgh 1910. Sie ist schon deshalb von Bedeutung, da sie gemeinhin als „Geburtsstunde der ökumenischen Bewegung“ gilt, die ihrerseits in der Folgezeit zur globalen Vernetzung zahlreicher – zuvor konfessionell und geographisch getrennter – christlicher Kirchen führte. Ziel der Konferenz war die „Evangelisierung der Welt in einer Generation“. Das war nicht einfach Wunschdenken, sondern stützte sich auf eine bestimmte Analyse der globalen religiösen Situation, die bestimmt war

Weltmissionskonferenz in Edinburgh 1910

vom „Erwachen großer Nationen“ in Afrika und Asien (wie Indien und China). Entscheidend in der Optik der Konferenz war dabei die Frage, ob diese neu erwachenden Nationen einen „Weg mit oder ohne Christus“ gehen würden. 1911 wurde die seit 1644 in China regierende Mandschu-Dynastie gestürzt, und der erste provisorische Präsident des republikanischen Chinas – Sun Yat-sen – war Christ. Andererseits brach vier Jahre nach der Konferenz von Edinburgh der Erste Weltkrieg aus – in den Augen zahlreicher außereuropäischer Gesellschaften eine moralische Katastrophe nicht nur des Christentums, sondern des westlichen Zivilisationsprojektes überhaupt.

Weltdeutungen und Ideologien

Michael Quante, David P. Schweikard

Das 19. Jahrhundert ist in vielen Hinsichten bis heute prägend. Dies gilt auch für die Weltdeutungen und Ideologien, die im Zuge der immer weiter um sich greifenden Säkularisierung und als Reaktion auf gesellschaftliche Veränderungen entstehen. In diesem Beitrag sollen die wichtigsten dieser „neuen" Weltanschauungen als Geflecht von Weltdeutungen präsentiert werden, in denen auf unterschiedliche Weise Aspekte der Moderne – zu nennen sind beispielsweise Individualisierung oder Säkularisierung – verarbeitet werden. Wichtig sind diese Weltdeutungen nicht nur aus dem Grund, dass sie das 19. Jahrhundert geprägt haben, sondern vor allem auch deshalb, weil sie bis heute ihren Einfluss auf unser Denken nicht verloren haben. Die Termini Weltanschauung, Weltdeutung und Ideologie werden in diesem Beitrag austauschbar verwendet, da jeder von ihnen unterschiedliche Ausdeutungen erfahren hat. Es kommt im Folgenden also nicht darauf an, auf Grund welcher Merkmale ein Denkgebäude als Ideologie oder als Weltanschauung qualifiziert werden muss. Relevant ist vielmehr, auf welche Weise in diesen Weltdeutungen zentrale Aspekte der modernen Gesellschaftsordnung aufgenommen und verarbeitet werden. Die ungebrochene Attraktivität und der bleibende Einfluss dieser Weltanschauungen verdankten sich dabei auch der Tatsache, dass in ihnen Spannungen des modernen Lebens oder gar der menschlichen Lebensform thematisiert werden, die auch heute noch als zentrale Fragestellungen gelten können.

Man kann diesen komplexen Prozess darstellen, indem man eine Geschichte erzählt, die verständlich werden lässt, wie die unterschiedlichen Weltanschauungen aufeinander bezogen sind und sich teilweise auch gegenseitig beeinflussen. So vorzugehen bedeutet zugleich auch, eine Auswahl zu treffen, denn nicht jedem möglichen Kandidaten, nicht jeder einflussreichen Figur kann in jeder denkbaren Geschichte sinnvoll eine Rolle zugewiesen werden. Das hier gewählte Vorgehen ist also notwendigerweise selektiv und zielt nicht auf eine vollständige Darstellung aller Weltdeutungen, die im 19. Jahrhundert entstehen oder von beachtlichem Einfluss sind. Der Schwerpunkt liegt im Folgenden auf den Entwicklungen, die sich im westlichen Europa beobachten lassen. Damit soll weder geleugnet werden, dass es in anderen Teilen der Welt im 19. Jahrhundert bedeutende Weltanschauungen gegeben hat; selbstverständlich finden sich zum Beispiel in China, Japan oder Indien große und bedeutende philosophische Schulen und Traditionen. Noch soll bestritten werden, dass diese Weltanschauungen, die außerhalb des für diesen Beitrag gewählten Fokus

liegen, wichtige kulturelle Leistungen darstellen. Es ist umgekehrt sogar so, dass zum Beispiel in der Philosophie Schopenhauers, aber auch in der Philosophie Hegels, Spuren einer Rezeption außereuropäischen Gedankenguts vorliegen. Dennoch wird im Folgenden der Versuch unternommen, ausgehend vom Kern der Philosophie Hegels die thematischen Fragestellungen und Konfliktfelder zu benennen, von denen aus sich die wirkmächtigsten und bis heute aktuell gebliebenen Weltanschauungen als konkurrierende Antwortversuche verständlich machen lassen. Der Verlust an allgemeinem Überblick, der in dieser Auswahl liegt, wird – dies ist zumindest die Hoffnung und Überzeugung der Autoren – durch den Aufweis der inneren Dialektik der Entwicklungsprozesse kompensiert, die im Folgenden aufgezeigt werden.

Hegels Philosophie als Zentrum der Weltdeutung

Am 14. November 1831 stirbt Georg Wilhelm Friedrich Hegel (* 1770) plötzlich und unerwartet an der in Berlin grassierenden Cholera. Noch drei Tage vorher hatte er seine Vorlesungen gehalten und sich mit Freunden und Bekannten getroffen. Karl Rosenkranz, ein Schüler Hegels, berichtet in seiner 1844 erschienenen Biografie »Georg Wilhelm Friedrich Hegels Leben« von dem Schock, den dieser jähe Tod ausgelöst hat. Er zitiert dabei aus einem Brief, den Karl August Varnhagen van Ense zwei Tage nach Hegels Tod an Ludwig Robert geschrieben hat und der die damalige Stimmung wiedergibt: „Aber uns ist eine entsetzliche Lücke gerissen! Sie klafft unausfüllbar uns immer größer an, je länger man sie ansieht. Er war eigentlich der Eckstein der hiesigen Universität. Auf ihm ruhte die Wissenschaftlichkeit des Ganzen, in ihm hatte das Ganze seine Festigkeit, seinen Anhalt. Von allen Seiten droht jetzt der Einsturz. Solche Verbindung des tiefsten allgemeinen Denkens und des ungeheuersten Wissens in allen empirischen Erkenntnisgebieten fehlt nun schlechterdings; was noch da ist, ist einzeln für sich, muß erst die höhere Beziehung aufsuchen und wird sie selten finden. Auch fühlen es alle, selbst die Widersacher, was mit ihm verloren ist. Die ganze Stadt ist von dem Schlage betäubt, es ist, als klänge die Erschütterung dieses Sturzes in jedem rohesten Bewußtsein an.“ Mit Hegels Tod gehen 13 Jahre zu Ende, in denen er sein System des Absoluten Idealismus zu der umfassenden Quelle der Weltdeutung und zu der Instanz der Integration des menschlichen Wissens überhaupt entwickelt hat. In dieser Zeit galt seine Praktische Philosophie auch als Legitimation sowie als kritischer Maßstab für einen vernünftig eingerichteten Staat, der den Bedingungen der Moderne gerecht zu werden vermochte.

Hegels Tod

In seiner Rede zum Antritt des philosophischen Lehramtes an der Universität Berlin am 22. Oktober 1818 betont Hegel die Koinzidenz der politischen Stellung Preußens und seiner eigenen Philosophie, die durch seine Berufung nach Berlin manifest geworden war: „Und es ist insbesondere dieser Staat, der mich nun in sich aufgenommen hat, welcher durch das geistige Übergewicht sich zu seinem Gewicht

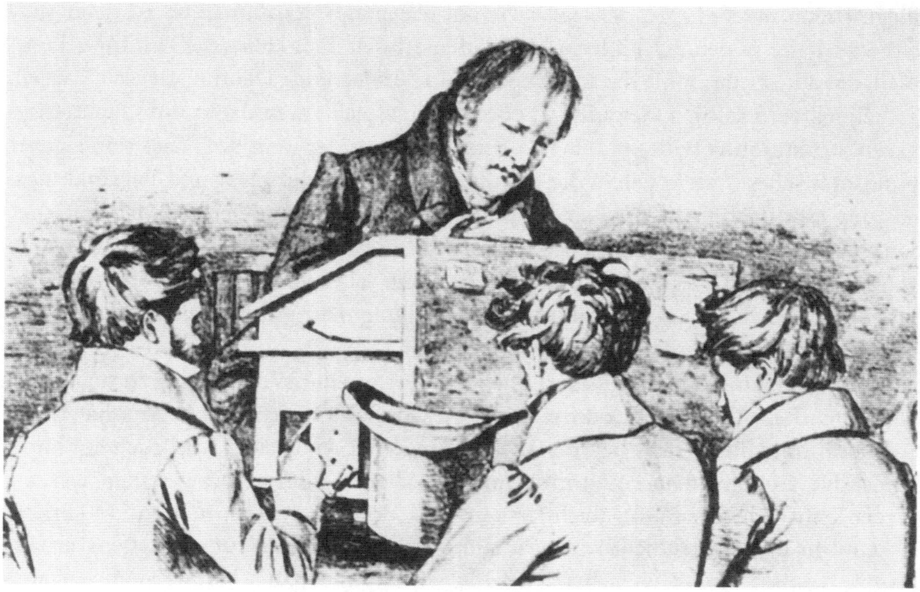

Georg Wilhelm Friedrich Hegel (1770–1831) mit Studenten an der Berliner Universität auf einer Lithographie von 1828.

in der Wirklichkeit und im Politischen emporgehoben, sich an Macht und Selbständigkeit solchen Staaten gleichgestellt hat, welche ihm an äußeren Mitteln überlegen gewesen wären. Hier ist die Bildung und die Blüte der Wissenschaften eines der wesentlichen Momente selbst im Staatsleben; auf hiesiger Universität, der Universität des Mittelpunktes, muß auch der Mittelpunkt aller Geistesbildung und aller Wissenschaft und Wahrheit, die Philosophie ihre Stelle und vorzügliche Pflege finden."

Hegel ist bemüht, die Einheit von Volk und Fürsten, von Freiheit und Monarchie, von modernem Rechtsstaat, Moral und Religion zu betonen, deren Grundlage seiner Auffassung nach durch die Philosophie rational begründet und systematisch geordnet werden kann und muss. Unverkennbar ist Hegels Bemühen, sein doppeltes Ziel zu erreichen: Auf der einen Seite betont er die ursprüngliche Einheit in dem patriotischen Gefühl, auf der anderen Seite erhebt er den Anspruch, dass man es bei einem bloßen Gefühl eben nicht belassen könne. Weil sich in dieser gefühlten Einheit der Gegensatz partikulärer Interessen untereinander und die Dominanz alltäglicher Angelegenheiten über substantielle Entwicklungen aufgelöst habe, sei nun die Stunde der Philosophie gekommen, das in dieser Gefühlseinheit angelegte Vernunftpotential auf den Begriff zu bringen: „In solchem tiefen und allumfassenden Wirken erhebt sich der Geist in sich zu seiner Würde, und die Flachheit des Lebens und die Schalheit der Interessen geht zugrunde, und [die] Oberflächlichkeit der Einsicht und der Meinungen steht in ihrer Blöße da und ver-

Die Aufgabe der Philosophie

fliegt. Dieser tiefere Ernst, der in das Gemüt überhaupt gekommen ist, ist denn auch der wahrhafte Boden der Philosophie." Offensichtlich hält Hegel die Zeit für gekommen, dass die Philosophie die Aufgabe hat, eine umfassende Deutung der Welt als ein prinzipiell vernünftiges Gebilde mit ebenso prinzipiell erkennbaren und rechtfertigbaren Strukturen vorzulegen. Ebenso eindeutig ist er der Meinung, dass sein eigenes philosophisches System genau diese universale Synthetisierungs- und Begründungsleistung erbringen kann. Eine solche philosophische Deutung der Welt ist, so Hegel, weder Ausdruck gesellschaftlicher Missstände noch Artikulation von partikularen Interessen, sei es von gesellschaftlichen Gruppen, sei es von politischen Parteien. Sie erhebt Anspruch darauf, eine objektive Darstellung der Wirklichkeit in ihrem „substantiellen Gehalt" bereitzustellen.

Hegel reklamiert für die Philosophie, im Zentrum der Weltdeutung zu stehen, die alle Lebensbereiche erfasst und frei von subjektiven oder partikulären Anschauungen Auskunft über die Verfasstheit der Welt geben kann. An diesem Anspruch auf intersubjektive Gültigkeit und Wahrheit muss in allen Kontexten festgehalten werden. Hegel lehnt jede Form von Rechtfertigung ab, die keinen Anspruch auf Wahrheit, Erkenntnis und intersubjektive Begründung erhebt, und zwar für alle Lebensverhältnisse und Wissensbereiche. In Hegels philosophischem System hat alles seine Wirklichkeit nur durch Teilhabe an der absoluten Vernunft, deren Realisierung er „Idee" nennt, und erfährt seine Rechtfertigung beziehungsweise Begründung nur durch den und im Zusammenhang mit dem gesamten System der Vernunft: „Was im Leben wahr und groß und göttlich ist, ist es durch die Idee; das Ziel der Philosophie ist, sie in ihrer wahrhaften Gestalt und Allgemeinheit zu erfassen. Die Natur ist darunter gebunden, die Vernunft nur mit Notwendigkeit zu vollbringen; aber das Reich des Geistes ist das Reich der Freiheit, – alles, was das menschliche Leben zusammenhält, was Wert hat und gilt, ist geistiger Natur; und dies Reich des Geistes existiert allein durch das Bewußtsein von Wahrheit und Recht, durch das Erfassen der Idee."

Hegels Absoluter Idealismus

Dieser sich in der Philosophie selbst erkennenden und in der Wirklichkeit selbst verwirklichenden Vernunft sind keine absoluten Grenzen gesetzt, weder durch die Natur, die in Hegels absolutem Idealismus kategorial verfasst ist und damit an sich der Vernunft entspricht – was auch ihre prinzipielle Erkennbarkeit garantiert. Noch gibt es Bereiche des Geistigen, die sich dieser Vernunft prinzipiell verschließen und damit gegen die kritische Prüfung durch die Philosophie versperren können. Am Ende seines Vorworts, mit dem Hegel seine erste Vorlesung in Berlin eingeleitet hat, fasst er diese Grundannahme seines gesamten philosophischen Systems wie folgt zusammen: „Das verschlossene Wesen des Universums hat keine Kraft in sich, welche dem Mute des Erkennens Widerstand leisten könnte; es muß sich vor ihm auftun und seinen Reichtum und seine Tiefen ihm vor Augen legen und zum Genusse bringen." Mit dieser programmatischen Vorrede erhebt Hegel zum einen den Anspruch, dass die Philosophie die zentrale Instanz der Weltdeutung und für alle Bereiche der Wirklichkeit zuständig ist. Mit dieser universalen Ambition steht die Hegelsche Philosophie in einem Spannungsverhältnis sowohl zu den sich zunehmend emanzipierenden Naturwissenschaften als auch zu der auf ihrer zentralen Leitfunktion beharrenden christlichen Religion.

Zum anderen ist sein philosophisches Programm mit einer dezidierten Kritik an der kritischen Philosophie Immanuel Kants und dessen Nachfolgern verbunden. Für Hegel stellt die Grundidee Kants, dass die Vernunft sich kritisch der Grenzen ihrer Leistungsfähigkeit bewusst sein müsse, eine unnötige und unzulässige Herabsetzung der Philosophie dar. Schon Karl Rosenkranz hat in seiner Hegelbiografie festgehalten: „Die Kantische Philosophie, die ursprünglich Preußische, der Hegel seine eigene Philosophie in den wesentlichen Puncten verdankte und deren Vollender er mit Recht genannt werden kann, wurde von ihm hart angelassen." Auch wenn er vermutlich weniger Kant selbst als diejenigen seiner Zeitgenossen im Auge hatte, die – allerdings unter Berufung auf Kants kritische Selbstbeschränkung der Erkenntnisansprüche der Philosophie – der Religion eine eigenständige oder gar überlegene Erkenntniskraft zuerkannten oder die in normativen Fragen Ansprüche auf rationale Begründungen zugunsten offenbarter Wahrheiten zurückzuweisen versuchten, bringen Hegels Aussagen seine Abgrenzung von dem kantischen Projekt einer sich kritisch selbst beschränkenden philosophischen Vernunft deutlich zum Ausdruck. Der Philosophie falle, dies ist Hegels eigenes Programm, die Aufgabe zu, „dafür zu sorgen, daß das Höchste, was der Mensch besitzen kann, das Selbstbewußtsein seines Wesens, nicht erlösche und untergehe".

Abgrenzung von Kant

Kant hatte mit seiner kritischen Philosophie den Versuch unternommen, die Philosophie durch eine strikte Besinnung auf die Reichweite und die Grenzen der Vernunft auf eine gesicherte Basis zu stellen, damit auch in der Metaphysik verbindliche Erkenntnisse und Erkenntnisfortschritt möglich werden. Dazu kombinierte Kant Elemente des Empirismus mit einer Transzendentalphilosophie, die auf die erfahrungsunabhängig zu ermittelnden Vorbedingungen für die Möglichkeit von Erfahrung überhaupt reflektiert. Die Selbstbegrenzung der Vernunft bestand zum einen darin, bestimmte Themen der Metaphysik, unter anderem Fragen der Religion oder nach Gott sowie nach der Welt als einer Totalität, aus dem Bereich des Erkennbaren auszugrenzen. Die Leistung der Vernunft konnte, so Kants Annahme, nur darin bestehen aufzuzeigen, weshalb die Vernunft immer wieder versucht ist, sich diesen metaphysischen Fragen zuzuwenden, sich dabei aber notwendigerweise in Widersprüche verwickeln muss. Kant hat diese Selbstbegrenzung der Philosophie gegenüber der Theologie als Versuch beschrieben, dem (religiösen) Glauben Platz zu lassen, indem die Vernunft ihre Erkenntnisansprüche aus diesem Feld zurückzieht. Zugleich hat Kant, ausgehend von seiner auf der Konzeption der Autonomie basierenden Moralphilosophie, deutlich gemacht, dass jede Religion die von der reinen theoretischen und praktischen Vernunft abgesteckten Grenzen zu respektieren habe.

Kants kritische Philosophie

In seiner Nachfolge ist diese religionsphilosophische Konstruktion Kants umgedeutet und der Versuch unternommen worden, den Vorrang der Religion vor der

Philosophie wiederherzustellen. Die erkenntniskritische und die Vernunft begrenzende Konzeption Kants wurde zu dem Argument transformiert, dass die Vernunft im Kontext religiöser Überzeugungen irrelevant sei, so dass man hier den Glauben – verstanden als eine epistemisch nicht weiter explizier- und begründbare Legitimationsquelle von Offenbarung – anerkennen müsse. Die Versuche, religiöse Einsichten und moralische Ansichten auf eine andere Basis als die der intersubjektiver Begründung zugänglichen Vernunft zu stellen, waren schon in der Aufklärung des 18. Jahrhunderts entfaltet worden und erreichten nach Hegel in der Rezeption von Kants kritischer Philosophie ihren Gipfel: „Die Verzweiflung an der Vernunft war, wie es bis zu ihr gekommen war, noch mit Schmerz und Wehmut verknüpft; aber bald hat der religiöse und sittliche Leichtsinn, und dann die Plattheit und Seichtigkeit des Wissens, welche sich Aufklärung nannte, frank und frei seine Ohnmacht bekannt und seinen Hochmut in das gründliche Vergessen höherer Interessen gelegt; – und zuletzt hat die sogenannte kritische Philosophie diesem Nichtwissen des Ewigen und Göttlichen ein gutes Gewissen gemacht, indem sie nämlich versichert hat, bewiesen zu haben, daß vom Ewigen und Göttlichen, vom Wahren nichts gewußt werden [könne]; diese vermeinte Erkenntnis hat sich sogar den Namen Philosophie angemaßt, und nichts ist der Seichtigkeit des Wissens sowohl als des Charakters willkommener gewesen, nichts so willkommen von ihr ergriffen worden als diese Lehre, wodurch eben diese Unwissenheit, diese Seichtigkeit und Schalheit für das Vortreffliche, für das Ziel und Resultat alles intellektuellen Strebens ausgegeben worden ist." Diese Umwertung des Verhältnisses von einer sich selbstkritisch beschränkenden Vernunft und einem sich davon abgrenzenden Glauben wird von Hegel scharf zurückgewiesen, aber nicht der kantischen Philosophie selbst angelastet.

Verhältnis von Philosophie und Religion

Anders sieht es dagegen mit Hegels Vorwurf aus, dass die Philosophie bis in die jüngste Zeit hinein die ihr zustehenden, aber auch von ihr zu leistenden Begründungsaufgaben geleugnet habe. Indem Kant die Möglichkeit von Erkenntnis und die Reichweite der Begründung von Erkenntnisansprüchen an die Anschauungsformen von Raum und Zeit bindet, die seiner Konzeption nach nicht als reale Eigenschaften der Dinge an sich, sondern als Formen zu verstehen sind, innerhalb derer die Dinge für das menschliche Erkennen zugänglich sind, schließt er ein Wissen über Dinge an sich aus: Die philosophische Vorstellung, die Leistungen der Vernunft gleichsam vom Erkenntnisobjekt abzuziehen, um dieses dann in seinem von menschlichen Erkenntnisvermögen unberührten Ansichsein zu erkennen, stellt ihm zufolge einen Irrweg dar. Es gibt, so lässt sich der skeptische Zug von Kants Position zusammenfassen, keine erfahrungstranszendente Erkenntnis der Welt, wie sie unabhängig von unserem Zugang zu ihr beschaffen ist. Anders als ein reiner Skeptizismus verbindet Kant diese Position mit Elementen, die er aus der rationalistischen Tradition aufnimmt, so dass er Raum für die intersubjektive Begründbarkeit von Erkenntnis- und anderen Geltungsansprüchen schafft. Als erfahrungsunabhängig gültig lassen sich ihm zufolge alle diejenigen Kategorien ausweisen, ohne die es unmöglich wäre, überhaupt Erfahrungen von der Welt zu machen. Diese Kategorien selbst wiederum lassen sich in

Immanuel Kant (1724–1804) auf einer Radierung von 1791.

einen systematischen Zusammenhang bringen, der durch die Einheit des Selbstbewusstseins konstituiert wird: Kant geht davon aus, dass diese Kategorien notwendig und gemeinsam hinreichend für die Möglichkeit von Selbstbewusstsein sind.

Es ist dieser philosophische Grundgedanke, an den die Hauptvertreter des Deutschen Idealismus anschließen: Da Kant selbst den Nachweis, dass sich die von ihm angeführten Kategorien aus dem Selbstbewusstsein als Einheitsprinzip ableiten lassen, in seiner Philosophie nicht erbracht hat, haben vor allem Johann Gottlieb Fichte in seiner »Wissenschaftslehre« und Hegel in seiner »Wissenschaft der Logik« versucht, diese Lücke zu schließen und das kantische System zu vollenden. Kant, und in letzter Instanz auch Fichte, legen ihren philosophischen Theorien einen Dualismus von Kategorienschema und Objekten der Bezugnahme beziehungsweise einen Dualismus von Ich und Welt, dem Nicht-Ich Fichtes, zugrunde. Damit bleibt jedoch ein skeptischer Restbestand in der kritischen Philosophie bestehen, der dann in der Folge zur Preisgabe intersubjektiver Begründungsmöglichkeiten und zur Leugnung intersubjektiv gültiger Erkenntnisse führt. Hegel ist der Auffassung, dass das Projekt einer sich selbst kritisch beschränkenden Philosophie zu kurz greift und es keinen Grund dafür gibt, die klassischen Erkenntnisgegenstände der Metaphysik aus der Reichweite der Vernunft zu verbannen. Er geht deshalb, anders als Kant oder Fichte, von einer die Subjekt-Objekt-Dualismen übergreifenden Einheit einer absoluten Subjektivität aus, die in sich die Unterschiede von Begriff und Gegenstand sowie von Erkenntnissubjekt und Erkenntnisobjekt erzeugt und sich zugleich darin als die ihnen zugrunde liegende Einheit weiß. Diese Subjektivität ist in doppeltem Sinne absolut: Zum einen gibt es nichts, was ihrem Bereich entzogen und keiner philosophischen Begründung zugänglich ist – in diesem Sinne bestreitet die Hegel'sche Philosophie die Möglichkeit der Transzendenz. Zum anderen benötigt diese Subjektivität nur sich selbst zur Explikation und Legitimation ihrer selbst: Hegel hält damit in aller Radikalität an der kantischen (und Fichte'schen) Idee fest, dass das Wesen der Vernunft in der Selbstbestimmung liegt.

Vollendungsversuch von Kants System

Als absolute hat diese Vernunft nichts, wovon sie abhängt, und kann nichts haben, was von ihr unabhängig ist – beides würde ihre Autonomie beschränken. Als radikale Freiheit im Sinne absoluter Selbstbestimmung nach dem Modell des Selbstbewusstseins konzipiert, muss die absolute Subjektivität ihre Bestimmungen, das heißt die sie ausmachenden Kategorien, aus sich selbst heraus erzeugen; und als absolutes Wissen muss sie sich selbst in diesen Erzeugnissen erkennen. Das Dilemma, entweder von unbegründeten ersten Prinzipien dogmatisch ausgehen zu müssen oder aber in einen unabschließbaren Begründungsregress zu geraten, scheint skeptische Konsequenzen unvermeidlich werden zu lassen. Hegel löst dieses Problem, indem er ein holistisches System entwirft, in dem sich alle Teile gegenseitig stützen und wechselseitig begründen: „Die Philosophie ist aber wie das Universum rund in sich, es ist kein Erstes und kein Letztes, sondern alles ist getragen und gehalten, – gegenseitig und in einem." Das zweite skeptische Einfallstor stellt – das hatte Hegel bereits 1807 in seiner Einleitung zur »Phänomenologie des Geistes« herausgearbeitet – die Annahme dar, dass sich das erkennende Subjekt auf ein von ihm ontologisch unabhängiges Objekt bezieht. Kant hatte die Möglichkeit der Erfahrung dadurch sichergestellt, dass er den vom Erkenntnisvermögen unbeeinflussten Dingen an sich eine durch die Anschauungsformen strukturierte und dem Erkenntnisvermögen daher zugänglichen Bereich von Erscheinungen gegenüberstellte. Erstere sind der menschlichen Vernunft prinzipiell unzugänglich; von Letzteren aber können wir intersubjektiv überprüfbares Erfahrungswissen haben – die Erscheinungen sind also keineswegs als bloßer Schein anzusehen. Hegel hält diesen ontologischen Dualismus für eine letzte Form des Skeptizismus, denn die von Kant vorgeschlagene Erkenntnisbeschränkung führt in seinen Augen dazu, dass wir die Wahrheit nicht erkennen können. Deshalb setzt er an die Stelle dieses Dualismus von Ding an sich und Erscheinung eine Identitätsthese und macht damit den Sonderfall der Subjekt-Objekt-Identität des Selbstbewusstseins zur ontologischen Basis: „Die Vernunft, welche das ist, was ist, und die Vernunft, welche das Wesen des Geistes ausmacht, ist eine und dieselbe."

Hegels Systemidee

Mit dieser Vernunft ist die vernünftige Verfasstheit der Welt gemeint, die Menschen in ihren Erkenntnisprojekten anstreben, wenn diese über den beobachtbaren Einzelfall hinaus in Richtung allgemeiner Zusammenhänge gehen. Hegel behauptet hiermit eine Kontinuität der Erkenntnisprojekte über die verschiedenen Handlungs- und Wissensbereiche hinweg. So wie im Recht oder in der Moral nach vernünftigen Begründungen und allgemeinen, über den Einzelfall hinausgehenden Prinzipien gesucht wird, so sucht auch die Naturwissenschaft nach allgemeinen Gesetzen. Zugleich liegt in der Fluchtlinie dieser im Menschen „instinktmäßig" wirksamen Vernunft auch eine Deutung der Welt als Totalität. Damit lassen sich auch Religion und Theologie als Ausformungen und Aktivitäten der einen, allem zugrunde liegenden Vernunft verstehen, die dann in der Philosophie zur adäquaten Erkenntnis ihrer selbst kommt. Nach Hegel liegt in all diesen epistemischen Aktivitäten „schon ein Beginn von Philosophie – in der Idee selbständiger allgemeiner Ge-

Hegels Vernunftbegriff

setze, eines Bestehenden, eines absoluten Wesens". Es liegt auf der Hand, dass dieser umfassende und im wahrsten Sinne auf das Ganze gehende Anspruch der Vernunft sowohl von Religion (bzw. Theologie) als auch von den anderen wissenschaftlichen Disziplinen als problematische Vereinnahmung oder Bevormundung wahrgenommen werden konnte. Hegel hat zwar stets strikt darauf geachtet und in seiner Philosophie des Geistes auch den Platz dafür geschaffen, dass allen epistemischen und praktischen Kontexten, die sich in der Moderne ausgebildet haben, ein Eigenrecht zukommt. Es lag ihm fern zu behaupten, dass die Philosophie die alleinige Quelle aller Erkenntnis, zum Beispiel des empirischen Wissens, sein könne. Aber der Anspruch ist doch, dass alle anderen Wissens- und auch Handlungskontexte in ihrer Verfasstheit und Begründungsstruktur auf dem basalen Kategoriensystem aufruhen müssen, in dem sich die absolute Vernunft in Gestalt der Hegel'schen Philosophie selbst erkennt und durch ihre praktische Umsetzung in Staat und Kultur auch selbst realisiert. Damit ist eine Spannung beschrieben, die sich kurz nach Hegels Tod im Streit der Hegelschule und im Zerfall seines Systems entladen sollte.

Ein zentrales Motiv von Hegels Philosophie besteht darin, die Spannungen, durch die sich die Moderne auszeichnet, in einem komplexen System durch vernünftige Integration anstatt durch die Einführung schroffer Gegensätze und Dualismen aufzulösen. Getragen von der metaphysischen Prämisse, dass es eine absolute Vernunft ist, die sich in allem Gestalt gibt und sich in allen ihren Gestaltungen Wirklichkeit gibt und dabei zu sich selbst verhält, sieht Hegel in dieser Tendenz zur Versöhnung das Grundbedürfnis der Philosophie in der Moderne. Es regt sich, da jeder denkende Mensch an dieser einen Vernunft partizipiert, in jedem Subjekt: „Im allgemeinen ist das, was dem eigentlichen Bedürfnis der Philosophie zugrunde liegt, bei jedem (denkenden) Menschen vorauszusetzen." Auch wenn seine Philosophie sich in vielen ihrer Denkfiguren weit vom alltäglichen Bewusstsein entfernt, sieht Hegel in dieser gemeinsamen Wurzel doch den tragfähigen Grund, um seine Philosophie als Ausdruck eines allgemeinen Bedürfnisses nach einer integrativen und eine Sinneinheit stiftenden Weltdeutung zu begreifen. Mit Blick auf die für ihn gegenwärtige Lage seines Zeitalters konstatiert er: „Noch steht das Unendliche dem Endlichen gegenüber, das Ewige macht noch den Gegensatz zum Zeitlichen; die Welt ist in zwei getrennte Teile zerrissen, – ein Reich der Gegenwart und ein Reich des Jenseits; an jenes bindet mich die Wirklichkeit – mein Bewußtsein –, zu diesem reißt mich der Geist fort; in keinem kann ich ganz sein, und in keinem kann ich bleibend verweilen; keines ist für mich befriedigend, jedes hat absolute Ansprüche an mich, und diese Ansprüche sind im Widerspruch, und den Widerspruch kann ich nicht lösen, indem ich eines aufgebe, sondern beide behaupten ihr Recht. Dieser Widerspruch ist es, der das nähere Bedürfnis der Philosophie enthält, dessen Auflösung sie zum Ziele hat; der in sich entzweite Geist sucht in ihr, das heißt in sich selbst, seine Versöhnung."

Spannungen der Moderne

Die Versöhnung der Gegensätze, die sich in der Moderne zwischen den Einzelwissenschaften und der Philosophie, zwischen Religion beziehungsweise Theologie

und Philosophie, aber auch im Bereich der sozialen Institutionen auftun, ist eines der stärksten Motive von Hegels philosophischer Weltdeutung. Er versucht in seiner praktischen Philosophie, die er als eine umfassende Philosophie der Rechte ausarbeitet, das Prinzip der Selbstbestimmung des Individuums mit der aristotelisch gedachten sozialen Natur des Menschen zu versöhnen. Sein Bemühen geht dahin, dem in der entstehenden Marktwirtschaft vorherrschenden Individualismus eine eigene Sphäre zu gewähren, das System des Marktes mit seinen atomisierenden und das Gemeinwesen destabilisierenden Tendenzen zugleich aber durch soziale und staatliche Rahmenbedingungen einzugrenzen. Zugleich entwirft er eine Geschichtsphilosophie, in der das Prinzip der Selbstbestimmung die historischen Prozesse als einen Fortschritt im Bewusstsein und in der sozialen Realisierung der Freiheit verständlich werden lässt. Außerdem versucht Hegel in seiner Lehre vom absoluten Geist, in der er sich mit sozialen Selbstinterpretationsinstitutionen der Kunst, der Religion und der Philosophie auseinandersetzt, den beiden erstgenannten Bereichen jeweils eine begrenzte Eigenständigkeit zu lassen, obwohl er sie zugleich als Vorformen der Selbsterkenntnis des Absoluten deutet, welches angemessen erst im Medium der Philosophie erreicht wird. Wie kaum ein anderer Philosoph rezipiert er die Erkenntnisse und Wissensfortschritte der Einzelwissenschaften, um sie auf ihre philosophische Passung hin zu prüfen. Für eine kurze Zeit, so scheint es, gelingt diese gewaltige Versöhnungs- und Synthetisierungsarbeit.

Hegels Versöhnungsprogramm

Doch die ungelösten und sich im Zuge der sich entwickelnden bürgerlichen Ökonomie zunehmend verschärfenden gesellschaftlichen Konflikte und die politische Restauration radikalisieren die Gegensätze und führen dazu, dass das Zutrauen in Hegels Interpretation der bestehenden Wirklichkeit als das letzte Wort der Vernunft zunehmend schwindet. Der Zerfall der Hegelschule setzt dabei die einzelnen Problemfelder und Hauptströmungen frei, die dann die prägenden Weltanschauungen des 19. und zu einem guten Teil auch des 20. Jahrhunderts werden. Hegel selbst hat gegen Ende seines Lebens die sich verschärfende soziale Frage und auch die restaurativen Tendenzen in Preußen mit Sorge betrachtet, wobei er bis zum Schluss daran festgehalten hat, dass seine Konzeption einer konstitutionellen Monarchie die angemessene Form des modernen Staates sei. Der Tod, der ihn im November 1831 ereilte, verhinderte, dass er selbst sich die Frage vorlegen musste, wie sich die Weiterentwicklungen der nächsten Jahrzehnte im Rahmen seines philosophischen Systems begreifen lassen könnten. So sah es auch Varnhagen van Ense in seinem bereits zitierten Brief an Ludwig Robert vom 16. November 1831, als er schrieb: „Seltsam! Fichte starb hier am Typhus, Hegel an der Cholera, Beide auf großen politischen Wetterscheiden, deren bedenklichsten Prüfungen sie zu rechter Zeit entrückt wurden."

Auflösung der Hegel'schen Synthese

Zerfall der Hegelschule

Angesichts der politischen und sozialen Prozesse im Zuge der Restauration kommt es unter den Hegelschülern selbst zu einem Streit um die richtige Deutung der Position Hegels. Dieser Streit, in dessen Konsequenz sich die Hegelschule aufspaltet, dreht sich zum einen um die Frage, wie das Verhältnis von Religion und Philosophie auf der Grundlage der Hegel'schen Philosophie zu bestimmen ist. Angesichts der religiös-theologischen Legitimationsversuche der restaurativen Kräfte kommt diesem Thema indirekte politische Relevanz zu. Das zweite Thema, um das unter den Anhängern Hegels schnell ein zunehmend erbittert geführter Kampf entbrennt, hat dagegen eine direkte politische Ausrichtung. Es geht um die Frage, ob und wie weit man auf der Grundlage von Hegels Rechtsphilosophie einen liberalen Staat rechtfertigen und politisch einfordern könne.

Religionskritik

In einem gewissen Sinn ist das 1835/1836 erstmals in zwei Bänden erschienene »Das Leben Jesu« kein originelles Buch, da David Friedrich Strauß (1808–1874) in ihm Überlegungen und Gedanken zusammentrug, die sowohl in der Theologie und Geschichtswissenschaft der Zeit als auch in der Hegelschule und allgemeiner in der Philosophie bereits diskutiert wurden. Die Verbindung, die diese Themen in der Strauß'schen Gedankenführung eingingen, sowie die Klarheit und Kompromisslosigkeit seiner Deutung des Verhältnisses von Religion und Philosophie erklären indes die große Aufmerksamkeit, die diesem Buch zuteil wurde: Die konsequente Anwendung der Hegelschen Philosophie auf die Interpretation der Evangelien und die darauf beruhende Deutung des Verhältnisses von der historischen Person Jesu zur Christologie hatte in der Hegelschule eine katalysatorische Wirkung und trug zu deren Auflösung entscheidend bei.

»Das Leben Jesu«

In den Formen der Kunst, der Religion und der Philosophie erkennt die absolute Subjektivität sich selbst. Dabei begreift die Philosophie nach Hegel im Gegensatz zu Kunst und Religion sowohl die Notwendigkeit der beiden anderen Selbsterkenntnisformen des Absoluten als auch die Notwendigkeit dieses Inhalts selbst: Sie hebt – im Sinne des Bewahrens und Emporhebens – Kunst und Religion auf: „Diese Bestimmung ist es nun, welche die philosophische Erkenntnis der Wahrheit hinzufügt; es erhellt aber hieraus unmittelbar, dass nur die ganz spekulative Philosophie dies zu tun vermag – zugleich auch, dass es um nichts weniger zu tun, als die Religion umzustoßen, das heißt zu behaupten, als ob der Inhalt der Religion nicht für sich selbst Wahrheit sein könne; vielmehr ist die Religion eben der wahrhafte Inhalt, nur in Form der Vorstellung, und die substantielle Wahrheit hat nicht erst die Philosophie zu geben." Wer die Position vertritt, dass die Religion einen von der Philosophie unterschiedenen Inhalt besitzt, oder sogar behauptet, dass die Erkenntnisse der Religion (und Theologie) über der Philosophie stehen, der kann Hegels Bestimmung des Verhält-

nisses von religiösem und philosophischem Inhalt nicht akzeptieren. Wer unter der Perspektive des Erkennens danach fragt, wie Hegel das Verhältnis von Religion zu Philosophie gedacht hat, der wird zu dem Schluss kommen müssen, dass die Religion diesen besonderen Inhalt zwar vor der Philosophie gehabt haben mag, aber nur in defizitärer Form, und dass die adäquate Erkenntnis dieses Inhalts erst in der spekulativen Philosophie erreicht worden ist. Man kann sich dem Phänomen religiöser Überzeugungen, Einstellungen und Institutionen unter der Fragestellung nähern, auf welche Weise sich in ihnen die Erkenntnis des Absoluten (oder die Selbsterkenntnis Gottes) vollzieht. Zu fragen ist aber auch, welche Funktion religiöse Einstellungen, Überzeugungen oder Institutionen für das menschliche Zusammenleben haben. In dieser Hinsicht spricht Hegel der Religion nicht nur eine Eigenständigkeit, sondern sogar eine gewisse Überlegenheit gegenüber der Philosophie zu. Weil die christliche Religion die absolute Wahrheit im Medium der Vorstellung erfasst, kann sie die nicht philosophisch geschulten Subjekte besser erreichen und können die in Bilder und Vorstellungen gebrachten Inhalte leichter eine motivierende Kraft entfalten. Auf diese Weise ist gerade die praktizierte Religion ein Medium, die absolute Wahrheit zu einer gelebten Sittlichkeit zu machen. Die philosophische Einsicht in die Vernünftigkeit der bestehenden Verhältnisse dagegen ist, so Hegel, nicht allen zu vermitteln und auch so abstrakt, dass sich daraus allein kaum eine breitenwirksame motivationale Grundlage entwickeln lässt. Diese funktionale Betrachtung der Religion ist jedoch keine adäquate Rekonstruktion des religiösen Selbstverständnisses, sondern öffnet vielmehr der ideologiekritischen Deutung dieses Phänomens Tür und Tor.

Religion und Philosophie bei Hegel

Strauß radikalisiert die religionskritische Komponente der Hegel'schen Philosophie, indem er die Evangelien als Produkt der Erlösungshoffnungen der urchristlichen Gemeinde, die auf das alttestamentliche jüdische Messiasbild zurückgriff, deutet. In der Jesus-Mythologie drücken sich ihm zufolge lediglich philosophisch rekonstruierbare Gehalte aus, es sind dort jedoch keine historischen Wahrheiten der Offenbarung zu finden. Der Jesus-Mythos wird als die real gewordene Idee der Menschheit interpretiert, Gott pantheistisch als das Unendliche und die individuelle Unsterblichkeit als bloße Fiktion begriffen. Strauß zieht damit den Schluss aus der Aufhebung, der durch Hegels spekulative Konstruktion von Form, Inhalt und Aufhebung nahe gelegt wird. Es komme nicht auf die buchstäbliche Wahrheit oder historische Korrektheit der Botschaft der Evangelien an, sondern ausschließlich darauf, in diesen Geschichten, Bildern und Vorstellungen einen Inhalt zu finden, der sich mit den Mitteln der Hegel'schen Philosophie spekulativ-logisch auf den Begriff bringen, also als vernünftig, notwendig und absolut begründet erweisen lässt. Nicht mehr die Offenbarung, sondern die philosophische Begründung sei der höchste Maßstab, der an die Bibel angelegt werde. Strauß gesteht der mythischen Erfassung der absoluten Wahrheit durch religiöse Überzeugungen keinen epistemischen Eigenwert zu. Die philosophisch inspirierte Kritik an den Evangelien ist ein philosophischer Aufklärungsprozess und als solcher „Aufhebung“ des Inhalts.

Radikalisierung von Hegels Religionskritik

Obwohl gerade das feste Vertrauen in die unumstößliche Wahrheit der Hegel'schen Philosophie Strauß an seine schonungs- und kompromisslose Entzauberung des Neuen Testaments gehen lässt, gibt es neben der impliziten Kritik an Hegels unentschlossener persönlicher Haltung doch auch einen zentralen Kritikpunkt: Hegels These, dass die absolute Wahrheit in einem individuellen Menschen manifest sein muss, lehnt Strauß ab. Daher schließt sein »Leben Jesu« mit den Worten, dass der Religionskritiker der Überzeugung verpflichtet ist, „keinen Frevel an dem Heiligen zu begehen, vielmehr ein gutes und nothwendiges Werk zu thun, wenn er alles dasjenige, was Jesum zu einem übermenschlichen Wesen macht, als wohlgemeinten und zunächst vielleicht auch wohlthätigen, in die Länge aber schädlichen und jetzt geradezu verderblichen Wahn hinwegräumt, das Bild des geschichtlichen Jesus in seinen schlicht menschlichen Zügen, so gut es sich noch thun lässt, wiederherstellt, für ihr Seelenheil aber die Menschheit an den idealen Christus, auf jenes sittliche Musterbild verweist, an welchem der geschichtliche Jesus zwar mehrere Hauptzüge zuerst in's Licht gesetzt hat, das aber als Anlage ebenso zur allgemeinen Mitgift unserer Gattung gehört, wie seine Weiterbildung und Vollendung nur die Aufgabe und das Werk der gesammten Menschheit sein kann".

Strauß' Hegelkritik

Damit wird Gott mit dem Geist, verstanden als die sittliche Verfasstheit der Menschheit, identifiziert, womit eine Tendenz der Religionsphilosophien von Kant, Fichte und Hegel aufgegriffen wird, die in der ersten Hälfte des 19. Jahrhunderts mit Bezug auf Hegel unter dem Stichwort des Pantheismus verhandelt wird. Neben dieser noch als religiös deutbaren Interpretation entwickelt sich eine entschieden atheistische Richtung, die bei Bruno Bauer (1809–1882) primär an der kognitiven Dimension religiöser Überzeugungen orientiert, bei Ludwig Feuerbach (1804–1872) dagegen eher an den emotiven Aspekten religiöser Einstellungen ausgerichtet ist. Während aber Bauer wie Strauß davon ausgeht, dass Hegels Philosophie im Grunde nur auf diese atheistische Weise gelesen werden kann, kommt Feuerbach zu dem Ergebnis, dass Hegels Philosophie die letzte Form der Theologie darstelle und ebenfalls aufzuheben sei.

Atheistische Konzeptionen

Ludwig Feuerbachs Religionskritik unterscheidet sich von der der französischen Aufklärung grundlegend, weil Religion nicht nur als Betrug und Verschleierung aufgefasst, sondern auch als anthropologischer Wesenszug begriffen wird. Seine Hauptthese, derzufolge es sich bei Gott um eine unbewusste Projektion des menschlichen Gattungswesens handelt, gehört zum Kernbestand des religionsphilosophischen Wissensbestands und ist bis heute Thema der Theologie. Der Mensch, der in seinem individuellen, endlichen und durch Kontingenzen geprägten Leben das Wesen des Menschen nicht verwirklichen kann, projiziert Feuerbach zufolge seine Wesenseigenschaften, die für ihn wie für Strauß immer Eigenschaften der Gattung sind, auf ein göttliches Wesen: „Ich zeige, dass die Religion das scheinbare, oberflächliche Wesen der Natur und Menschheit für ihr wahres, inneres Wesen nimmt und daher das wahre, esoterische Wesen derselben als ein andres, als ein besondres Wesen vorstellt, dass folglich die Religion in den Bestimmungen, die sie

Feuerbachs Religionskritik

von Gott, zum Beispiel vom Worte Gottes, gibt […], nur das wahre Wesen des menschlichen Wortes definiert oder vergegenständlicht.“

Der Mensch, dem diese Projektionsleistung nicht bewusst ist, verhält sich in seinem Verhältnis zu Gott eigentlich zu seinem eigenen Wesen. Da er diese Entäußerung jedoch nicht durchschaut, verhält er sich dazu in entfremdeter Form: „Die Religion ist das bewusstlose Selbstbewusstsein des Menschen. In der Religion ist dem Menschen sein eignes Wesen Gegenstand, ohne dass er weiß, dass es das seinige ist; das eigne Wesen ist ihm Gegenstand als ein andres Wesen.“ Die religionsphilosophische Aufdeckung dieses Projektionszusammenhangs führt im Sinne der Aufklärung dazu, dass der Mensch sich seine an Gott abgetretenen Gattungseigenschaften aneignet und bewusst selbst zuschreibt. Feuerbachs Religionskritik unterscheidet sich von den Kritiken, die Strauß und Bauer vorgelegt haben, auf mehrfache Weise, weshalb Feuerbach sich dagegen gewehrt hat, immer mit letzteren beiden gemeinsam genannt zu werden. Sein Hauptargument war dabei stets der Hinweis auf seine materialistisch-anthropologische Abkehr von Hegel, die sich von der weiterhin idealistisch – und damit nach Feuerbach hegelisch – inspirierten Religionskritik durch Strauß und Bauer prinzipiell unterscheide. Außerdem hat er immer betont, dass es ihm um „die Religion, wie sie unmittelbares Objekt, unmittelbares Wesen des Menschen ist“, geht, nicht aber um biblische Theologie wie Bauer oder um die christliche Glaubenslehre und das Leben Jesu wie Strauß.

Gott als menschliche Projektion

Liberalisierungen

Allen der Hegelschule zugehörigen Denkern gilt Hegels Philosophie, insbesondere seine dialektische Methode, als unumstößlich letzte Form der Philosophie. Angesichts der sich verändernden politischen Verhältnisse muss diese Methode erneut auf die politischen Verhältnisse angewendet werden, was dann in einzelnen Punkten zu inhaltlich von Hegel abweichenden Einschätzungen führt. Darin zeigt sich, wie Eduard Gans ausführt, dass Hegels Philosophie selbst als eine historisch zu situierende Gestalt des Geistes verstanden werden muss.

Die schon zu Hegels Lebzeiten sich immer stärker abzeichnenden reaktionären Tendenzen in Preußen führten zu sachlichen Differenzen zwischen Hegel und Eduard Gans (1797–1839), der in den 1820er Jahren mehrfach die Vorlesung zur Rechtsphilosophie gelesen hatte. Während Hegel ab 1820 die systemkonformen und -stabilisierenden Aspekte seiner Rechtsphilosophie in den Vordergrund stellt, betont Gans die kritische und auf Veränderungen abzielende Dimension von Hegels Theorie, wodurch die Doppeldeutigkeit der Hegelschen Formel von der Vernünftigkeit des Wirklichen und der Wirklichkeit der Vernunft deutlich wird: Auf der einen Seite wird unterstellt, dass die Wirklichkeit vernünftig und damit rechtfertigbar ist; auf der anderen Seite gilt aber auch, dass eine soziale oder politische Situation, die den Vernunftstandards nicht genügt, mit eben dieser Vernunft kritisiert werden darf und muss.

Historisierung der Hegel'schen Philosophie

So folgt Gans zwar Hegel in der Bestimmung der Rolle des Monarchen als lediglich repräsentatives Element, betont aber die kritische Komponente dieser Konzeption angesichts der restaurativen Tendenzen zum Beispiel in seiner Lehre von der Opposition deutlicher. Vor dem Hintergrund des nie eingelösten Versprechens von Friedrich Wilhelm III., Preußen eine konstitutionelle Verfassung zu geben, fand damals eine Debatte über die richtige Interpretation der Ständeordnung sowie der gesellschaftlichen Funktion der Stände statt. Gans versucht zu zeigen, dass Hegel progressiv ausgelegt werden muss – als Theorie repräsentativer Stände, die nicht nur partikulare Interessen, sondern das Allgemeine vertreten. Er selbst spricht sich eindeutig für das repräsentative System aus und leitet aus seiner Konzeption die Ablehnung des Wahlverfahrens nach Korporationen ab. Stattdessen plädiert er im Gegensatz zu Hegel für die Wahl „atomistisch nach der Bevölkerung".

Kritisches Potential von Hegels Rechtsphilosophie

Insgesamt hat Gans seine Vorlesungen als politische Waffe für Modernisierung und Liberalisierung begriffen und eingesetzt. Dies erklärt sicher auch den überragenden Publikumserfolg seiner Vorlesungen, bei denen sich zeitweise mehr Zuhörer einfanden als Studierende an der Berliner Universität eingeschrieben waren. Vor allem bei der Behandlung der sozialen Frage geht Gans über Hegel hinaus. Dieser hatte die moderne Nationalökonomie und die sich entwickelnde kapitalistische Marktgesellschaft intensiv studiert und diesen gesellschaftlichen Bereich in seine Rechtsphilosophie im Rahmen der bürgerlichen Gesellschaft integriert. Schon für Hegel ist die Armut ein entscheidendes Problem, wobei er noch nicht von Klassenantagonismen ausgeht, sondern Fabrikanten und Arbeiter zu einer sozialen Gruppe zusammenfasst. Insgesamt ist Hegel der Meinung, dass die freie Marktgesellschaft durch den Staat gesteuert werden müsse, damit die in ihr herrschenden Tendenzen zur Atomisierung und Zerstörung des sittlichen Bandes eingedämmt werden können. In den 1820 erschienenen »Grundlinien der Philosophie des Rechts« ist der Zusammenhang von Nationalökonomie und allgemeiner Struktur des Sozialen nur sehr knapp entwickelt. In den Vorlesungen, die Hegel auf der Grundlage des veröffentlichten Textes gehalten hat und die wir aus verschiedenen Nachschriften kennen, geht er auf zeitgenössische Phänomene weitaus ausführlicher ein und versucht, den sich verschärfenden Gegensatz von Luxus und Elend aus dem Zusammenhang von Arbeit, Arbeitsteilung und Armut philosophisch auf den Begriff zu bringen.

Soziale Gegensätze

Gans entwirft in seinem Werk eine rechtlich und politisch vermittelte Ausbalancierung der sozialen Gegensätze, lehnt aber die sozialistische Utopie der prinzipiellen Überwindung der sozialen Konflikte in einer Gesellschaftsformation jenseits von bürgerlicher Gesellschaft, politischem Staat und Rechtssystem grundsätzlich ab. Die Überlegungen von Gans sind durch seine persönlichen Erfahrungen mit den Elendszuständen in England – er hatte sich dort 1830 und 1831 für kurze Zeit im Rahmen seiner Reisen aufgehalten – und durch seine Bekanntschaft mit den Theorien der Saint-Simonisten in Frankreich geprägt. Bis in die Vorlesungen zum Naturrecht des Jahres 1828/1829 sind die Auffassungen von Gans in

Sozialreform statt Sozialismus

der sozialen Frage denen von Hegel sehr ähnlich; nach seinem Parisbesuch im Revolutionsjahr 1830 dagegen bereichert er seine Ausführungen um ausführliche Darstellungen der französischen Theorien (so etwa in der Vorlesung 1832/1833), wobei er die sozialen Zustände des industrialisierten Englands vor Augen hat.

Solidarvereine

Gegen die Saint-Simonisten lehnt Gans die sozialistische Grundidee der Abschaffung des Privateigentums an den Produktionsmitteln, des Erbrechts, der freien Berufswahl oder der Ehe sowie einen radikalen Egalitarismus als mit der Willensstruktur individueller Persönlichkeiten und personaler Autonomie unvereinbare politische Utopie ab. Als Alternative entwickelt er aus seiner Synthese von Hegel und Henri de Saint-Simon ansatzweise eine Vorform von Gewerkschaften, die bei ihm als „Vergesellschaftungen der Individuen" gedacht werden, das heißt nicht nur als Vertretungen ökonomischer Interessen, sondern als Bildungsinstitutionen, die es ermöglichen sollen, dass auch die Arbeiter sich mit ihrer Gesellschaft identifizieren und an der allgemeinen Sittlichkeit partizipieren können. Anders als Hegel sieht Gans deutlich, dass der real existierende Staat sehr schnell das Artikulationsrohr bestehender ökonomischer Interessen werden und nicht alleine die Ordnungsfunktion erfüllen kann, die ihm Hegel als dem Vertreter des Allgemeinen zugestanden hatte. Gans entwickelt jedoch nicht nur die Grundidee einer solidarischen Vereinigung der Arbeiter, um ihre Interessen durchzusetzen, und spricht diesbezüglich von einer „Koalition der Arbeiter in den Städten". In dieser aus dem Wintersemester 1833/1834 stammenden Vorlesung zur Philosophie der Geschichte, die in einer Mitschrift überliefert ist, behauptet Gans darüber hinaus, dass die aktuelle soziale und politische Entwicklung „beweis[e], dass der Kampf der Menschheit noch nicht ausgekämpft [sei], dass die untere Klasse der Gesellschaft sich auch Teil an der Geschichte erkämpfen werde, dass auch sie nach und nach immer mehr in den Staat eingreifen werde, dass der Unterschied von Regieren und Regiertwerden immer mehr schwinden w[erde] und dass der Begriff des Menschen, welcher als Basis aller Religion das Christentum gefunden ha[be], sich immer mehr verallgemeinern und bis in die untersten Kreise der Gesellschaft sich zunehmend verwirklichen werde".

Die Verbindung von Recht, Politik und sozialen Prozessen sowie die durchgängige Betonung der Offenheit der Zukunft und der zukünftigen Entwicklungen sind zentrale Motive, mit denen Gans die Denkmotive der kommenden Jahre vorgibt. Er bleibt dem Sozialismus und Kommunismus gegenüber negativ eingestellt und drängt auf eine Weiterentwicklung von Politik und Recht, nicht auf eine Transformation der bürgerlichen Lebensform, wie sie später Karl Marx vorschweben wird.

Aber nicht nur im Kontext der politischen Philosophie vollzieht sich eine Liberalisierung; auch in der Religionsphilosophie lässt sich die Emanzipation des individuellen Selbstbewusstseins im Namen der Autonomie beobachten. Im Jahr 1843 publiziert Bauer »Das entdeckte Christentum«, eine Schrift, die noch vor der Auslieferung von der Zensur beschlagnahmt wird und nur in ganz wenigen Exemplaren, von denen Karl Marx eines besaß, an die Öffentlichkeit gelangte. Erst im Jahre 1927 gelang es dem Bauer-Forscher Ernst Barnikol, dieses für verloren gehaltene Buch wieder aufzutreiben und neu zu edieren. »Das entdeckte Christentum« ist ohne Frage eine der radikalsten und schonungslosesten Kritiken des Christentums – es nimmt in vielem die spätere Kritik Friedrich Nietzsches vorweg. Zugleich ist es eine der klarsten Darstellungen der religions- und theologiekritischen Position Bauers: „Die Religion ist die fixierte, angeschaute, gemachte, gewollte und zu seinem Wesen erhobene Passivität des Menschen, das höchste Leiden, das er sich selbst zufügen konnte, die Furcht des Menschen und die Armut und Leerheit des Geistes, die zu seinem Wesen erhoben ist, das Unglück der Welt, das als ihr Wesen angeschaut, gewollt und fixiert ist." In Sätzen, die an Fichtes These erinnern, dass der Philosophie der Freiheit der individuelle Entschluss, frei sein zu wollen, vorausgehen müsse, wird Religiosität als Angst vor der eigenen Freiheit, als Mutlosigkeit und zugleich als Ursprung und Wesen von Religion überhaupt begriffen. Die Aufhebung dieses Phänomens in der von Bauer angestrebten Philosophie radikaler Selbstbestimmung kann daher nur vollständige Negation der Religion sein. Die Zurückführung des Ursprungs der Religion auf Unwissenheit, Elend und Unglück übernimmt Bauer aus der französischen Aufklärung, deren materialistischen Vertretern die Furcht des Menschen als Quelle ihrer Ideen von Gott galt. Bauer unterbietet damit die komplexe Konstellation, die Hegel zwischen Religion und Philosophie entwickelt hatte. Die Orientierung an göttlicher Offenbarung ist für ihn „die Selbsttäuschung des Menschen über seine Bestimmung", die nach seiner Ansicht in Autonomie besteht. Diese Selbsttäuschung wird dann zur Ursache für all die sozialen Übel, die Bauer in seiner Gegenwart beobachtet.

Bauer: Emanzipation des Selbstbewusstseins

Als Hegelianer begreift Bauer den Staat als Realisierung der Freiheit des Menschen, so dass die Religionskritik zwangsläufig zu einer Kritik an theologischer Legitimation politischer Herrschaft vorangetrieben werden muss: „Auch in seiner rohesten Gestalt muß es der Staat verraten, daß er die Erscheinung der Freiheit und die Tat des allgemeinen Selbstbewußtseins ist." Bauer ist zu dieser Zeit davon überzeugt, dass der entscheidende Durchbruch zum wirklich freien Staat und zur endgültigen Befreiung von Religion und Theologie unmittelbar bevorsteht, und dass der Ort der Entscheidungsschlacht der preußische Staat ist: „Die Sache ist unvermerkt weit vorwärts geschritten und sehr ernst geworden. Es scheint gewiß zu sein, daß sie im preußischen Staat entschieden werden soll." Deshalb greift Bauer 1843 mit »Die Judenfrage« und »Die Fähigkeit der heutigen Juden und Christen, frei zu werden« in die damalige Debatte um die Emanzipation der Juden im christlichen Staat ein. Beide Schriften enthalten nicht nur Bauers von Hegel übernommene These, dass das Christentum als innerreligiöse Überwindung und Höherentwicklung der Religion auf dem Wege zur (philosophischen) Vernunft gelten muss, sondern auch die über Hegel hinausgehende These, dass die wirkliche Emanzipation in der Befreiung des Menschen von der Religion besteht: „Die Emanzipationsfrage ist eine allgemeine: Juden wie Christen wollen emanzipiert werden. Wenigsten muß und wird die Geschichte, deren Endzweck die Freiheit ist, darauf hinarbeiten, daß beide, sowohl Juden und Christen, in dem Verlangen und Streben

Säkularisierung des Staates als Emanzipationsprojekt der Menschheit nach Emanzipation zusammentreffen, da zwischen beiden kein Unterschied vorhanden ist und vor dem wahren Wesen des Menschen, vor der Freiheit, beide in gleicher Weise sich als Sklaven bekennen müssen.“ Ein Staat, der noch religiöse Privilegien kennt, für den Religion noch eine relevante Größe darstellt, sei noch kein vernünftiger Staat. Ein Staat, dessen Legitimationsgrundlage religiös oder theologisch verfasst sei, könne weder sich als Produkt der Selbstbestimmung begreifen, noch seinen Mitgliedern das Selbstbewusstsein vermitteln, autonome Subjekte zu sein. Der Kampf von Juden und Christen um Emanzipation muss, so Bauer, deshalb als Kampf um die Emanzipation von der Religion überhaupt begriffen werden.

Bauers Geschichtsphilosophie

Jede Theorie, die mit dem Begriff der Entfremdung bestehende Phänomene kritisch analysiert, muss erläutern, woher die Entfremdung ihren Ursprung nimmt, ob sie prinzipiell überwindbar oder eine Seinsbedingung des Menschen darstellt, und wie eine solche Überwindung aussehen könnte. Bauers Antwort auf diese Fragen nimmt Hegels Geschichtsphilosophie in Anspruch, wobei der Weg des Bewusstseins zur adäquaten Selbsterkenntnis, den Hegel in der »Phänomenologie des Geistes« beschreibt, das Grundmodell abgibt. So beschreibt Bauer den Entwicklungsgang des Selbstbewusstseins zur Realisierung seiner eigenen Freiheit als einen Weg, der notwendigerweise durch das Zwischenstadium der Entfremdung in Form des religiösen und theologischen Bewusstseins führen muss. „Das theologische Bewusstsein kann nicht ohne den Bruch und die Zerrissenheit des Selbstbewusstseins bestehen. Wenn nämlich das freie, menschliche Selbstbewusstsein alle die allgemeinen Bestimmungen, die für den Menschen gelten und die Menschen untereinander verbinden, als Erzeugnis seiner eigenen Entwicklung und als das einzig würdige Erzeugnis seines Lebens betrachtet, erkennt und immer in seiner innern allgemeinen und idealen Welt zusammenhält, hat das religiöse Bewusstsein dieselben von dem Selbst des Menschen losgerissen, in eine himmlische Welt versetzt und so das unstete, schwankend und elend gewordene individuelle Ich mit dem allgemeinen, wahrhaften Ich, mit dem einzigen Ich, welches den Namen des Menschen verdient, in Zwiespalt gesetzt.“ Das religiöse und theologische Selbstbewusstsein kann die Entfremdung nicht nur nicht überwinden, sondern ist in Bauers Konzeption die primäre Ursache aller Missstände: „Der Widerspruch, die Zerrissenheit und die Entfremdung wiederholt sich also wiederum in dieser objektiven Welt, zu welcher sich das unbestimmte religiöse Bewußtsein gestaltet hat. Diese Welt ist entstanden durch die erste, ursprüngliche Tätigkeit der Reflexion, das heißt des theologischen Bewußtseins. Dieses weiß aber und kennt nicht seine eigene Schöpferkraft; es betrachtet sich dem Göttlichen gegenüber nur als empfangend, das heißt nur als religiös.“

Analog zum Bewusstsein in Hegels »Phänomenologie« enthält auch in Bauers Konzeption das menschliche Bewusstsein den Maßstab und das Potential in sich, die Entfremdung zu überwinden. Aus diesem Grunde sei die Entfremdung im Wesen des menschlichen Bewusstseins zwar als notwendige Zwischenstufe auf dem Weg der Selbstverwirklichung der Freiheit zu durchlaufen, aber die Einheit des Selbstbewusstseins sei zugleich der Garant dafür, dass der Mensch sich in dieser Entzweiung nicht vollständig verliert, sondern sie überwinden wird: „Die Menschheit kann in der Tat nicht so tief fallen, daß sie sich vollständig und unwiederbringlich und unwiderruflich wegwürfe. Sie kann sich wegwerfen – die Religion ist diese Wegwerfung ihrer selbst –, aber sie wird sich wieder sammeln und achten lernen. Sie wird sich selbst zerfleischen – die Religion ist dies blutige Opfer –, aber sie wird sich wieder mit sich selbst versöhnen. Sie kann sich nicht selbst entfliehen, da sie Alles ist und selbst das Nichts, in welches sie sich – in der Religion – stürzt, nur ihre Tat, ihre Willkür, ihre Phantasie und Bosheit ist." Solange Religion existiere, bleibe der Mensch jedoch außer sich: „Die Menschheit stößt sich von sich ab und taumelt sich selbst wieder zu, um sich wieder wegzuwerfen und den Augenblick darauf von neuem aus dem Falle aufzuheben, weil sie in der Religion ihren wahren Mittelpunkt, ihren Mittelpunkt in sich selbst verloren hat."

Religion als Entfremdung

Weltanschauungen

Der Zusammenbruch der Hegelschule stellt nicht nur das Ende eines philosophischen Systems dar. Hegel konnte während seines Wirkens in Berlin (1818–1831) eine Zeitlang den Anspruch realisieren, dass seine Philosophie das Zentrum der modernen Weltdeutung bildete und zugleich als gestaltendes Prinzip der gesellschaftlichen Prozesse fungierte. Lässt sich das 18. Jahrhundert als eine Epoche beschreiben, in der die Philosophie in Europa die Religion als zentrale Weltdeutungsinstitution ablöst, so stellt das 19. Jahrhundert eine Phase dar, in der die Naturwissenschaften diese Rolle teils aktiv übernehmen wollen, teils zugesprochen erhalten.

So bekennt David Friedrich Strauß in seinem 1872 erscheinenden Buch »Der alte und der neue Glaube« freimütig, dass man sich nun zu dem neuen Dogma bekennen müsse, den Naturwissenschaften die Führungsrolle bei der Weltdeutung zuzusprechen. Diese Aussage ist aus zwei Gründen aufschlussreich: Zum einen wird aus ihr ersichtlich, dass es nicht unbedingt die Naturwissenschaften selbst sind, die in das Zentrum der Weltdeutung drängen. Auch wenn sicher viele Naturwissenschaftler diesen Anspruch auch explizit reklamieren, reagieren sie damit doch auf eine gesellschaftliche Erwartungshaltung; zumindest konvergieren diese beiden Haltungen zu einem großen Teil. Zum anderen bezeichnet Strauß diese Einstellung als ein neues „Dogma". Damit macht er kenntlich, dass diese Einstellung weder naturwissenschaftlicher Art ist, noch sich aus der Verfasstheit von Naturwissenschaft überhaupt ergibt. Mit anderen Worten: In dem Moment, in dem man den Naturwissenschaften (oder einer ihrer Disziplinen) die Rolle der führenden Weltdeutungsinstanz zuspricht, fügt man ihnen einen Geltungsanspruch und Beweisziele hinzu, die nicht genuin naturwissenschaftlicher Art sind.

Naturwissenschaft als Weltdeutung

Die von Strauß charakterisierte Grundhaltung kann man als Szientismus bezeichnen und darunter die Einstellung verstehen, dass es die Naturwissenschaften sind, die als letzter Maßstab von Welterklärung und Weltdeutung dienen. Mit dieser

Grundhaltung geht eine Verengung des Begriffs der Wissenschaft einher: Alles Wissen und alle Erkenntnis wird nun am Modell der experimentellen und auf Beobachtung orientierten Naturwissenschaften ausgerichtet, so dass „Wissenschaft" und „Naturwissenschaft" mehr und mehr zu Synonymen werden. Dabei ist die Grundhaltung des Szientismus selbst, wie Strauß schreibt, keineswegs das Produkt einer naturwissenschaftlichen Erkenntnis und auch kein genuiner Bestandteil seiner Erkenntnisziele. Die beiden Hauptvarianten des Szientismus als Weltdeutung, die im 19. Jahrhundert dominant werden, sind der Positivismus und der Materialismus.

Szientismus

Mit dem Marxismus entsteht zugleich eine Weltanschauung, die sich – in Abgrenzung von der Philosophie und von utopischen Sozialvorstellungen philosophischer oder religiöser Provenienz – als wissenschaftlich versteht. Hierbei haben Karl Marx und Friedrich Engels, auf deren theoretische Arbeiten diese neue „wissenschaftliche Weltanschauung" zurückgeht, die Naturwissenschaften vor Augen, deren Methoden und Erklärungsstrategien sie auf den Bereich des Sozialen und der Geschichte ausdehnen wollen.

Marxismus

Die Abkehr von Hegels System, dessen Fundament durch einen umfassenden Begriff von Vernunft, konzipiert als kategoriale Grundstruktur von Subjektivität überhaupt, gebildet wird, resultiert nicht nur in dieser Hinwendung zum Szientismus, sondern nimmt darüber hinaus drei weitere Formen an: Hegels Praktische Philosophie, wenn auch weitgehend zu Unrecht als Legitimation der Restauration verunglimpft, zeichnet sich durch eine Betonung der sozialen Eingebundenheit des Individuums aus.

Hegels Staatstheorie betont das organische Ineinanderwirken der verschiedenen Institutionen mehr, als dass in ihr die Vorstellung einer wechselseitigen Kontrolle der Staatsgewalten untereinander leitend wäre. Dies hat bis heute zur Folge, dass die Hegel'sche Philosophie in der Traditionslinie des Liberalismus nur eine ablehnende Rezeption erfahren hat, so dass sich diese Ideologie des 19. Jahrhunderts als impliziter Gegenentwurf zu Hegels Versuch einer Versöhnung von individueller Selbstbestimmung und sozialer Inklusion verstehen lässt. Gegen die in der Restaurationsphase in Europa politisch und sozial spürbare Dominanz autoritärer Gesellschaftsordnungen, die sich unter anderem in einem Festhalten an der Monarchie und einer Betonung der normativen Bedeutung der Gemeinschaft gegenüber individueller Selbstbestimmung äußert, richtet sich der politische Protest des Liberalismus, der zugleich in der Gestalt der Praktischen Philosophie von John Stuart Mill seinen systematisch prägnanten philosophischen Ausdruck findet.

Liberalismus

Während sich die liberale Weltanschauung problemlos mit der Grundhaltung des Szientismus vereinbaren lässt, verbindet die anderen beiden Weltdeutungen nicht nur die Tendenz, sich gegen die Vernunftemphase des Hegel'schen Systems zu wenden, sondern auch eine Kritik an dem Rationalitätsmodell, das den Naturwissenschaften zugrunde liegt und vom Szientismus verabsolutiert wird. Der Existentialismus, der im Zerfallsprozess von Hegels absolutem Idealismus

Existentialismus

Zeitgenössische Darstellung des Vorparlaments in der Frankfurter Paulskirche am 31. März 1848. Hier wurde die Wahl einer Deutschen Nationalversammlung beschlossen, und deutsche Demokraten stellten ihre Märzforderungen auf, nämlich den Erlass einer konstitutionellen Verfassung, ein deutsches Parlament, Pressefreiheit etc.

entsteht, richtet sich gegen dessen Betonung der Allgemeinheit der Vernunft und zielt auf die Selbstbestimmung des Menschen in seiner unvertretbaren Individualität. Diese Weltanschauung nimmt dabei im Werk von Søren Kierkegaard zugleich die Form einer Kritik der Philosophie zugunsten der Religion an, während sie bei Max Stirner in Gestalt eines individual-anarchistischen Atheismus auftritt.

Die letzte hier zu erwähnende Abkehrbewegung richtet sich gegen die Vernunftemphase von Hegels Philosophie. Im philosophischen Pessimismus Arthur Schopenhauers wird Hegels Vernunftprinzip durch einen absoluten, irrationalen Willen als metaphysisches Grundprinzip ersetzt und die rationalistische Voraussetzung, dass die Welt sinnhaft geordnet ist, radikal bestritten. Friedrich Nietzsche geht in seiner Vernunftkritik noch einen Schritt weiter, indem er den Anspruch auf intersubjektive Begründbarkeit zugunsten eines Perspektivismus aufgibt und die Orientierung der menschlichen Vernunft an Wahrheit zu einem Instrument des Machtstrebens des Willens erklärt. Zugleich vollzieht Eduard von Hartmann in seiner »Philosophie des Unbewussten« eine weitere Abkehr von der am Selbstbewusstsein

Irrationalismus

ausgerichteten und aus Selbsterkenntnis ausgelegten Konzeption der Vernunft, die sich im 20. Jahrhundert in der Psychoanalyse ebenfalls manifestiert.

Positivismus

Die Entstehung des Positivismus als Weltanschauung ist vor allem als Prozess der Abspaltung vom Saint-Simonismus zu beschreiben. Dies liegt besonders dann nahe, wenn man den Positivismus eng mit seinem Urheber, Auguste Comte (1798–1857), und so die Entstehung jener Weltanschauung mit ihm verbindet, der nach unvollendetem Ingenieursstudium und einer Zeit der Tätigkeit als Hauslehrer ab 1817 fast sieben Jahre im direkten Umfeld und als Sekretär von Saint-Simon tätig war.

Comtes Anspruch

Das Anliegen Comtes in der Ausarbeitung einer umfassenden positiven Philosophie im »Cours de philosophie positive« liegt in der Verbindung geschichtsphilosophischer, vernunftphilosophischer und wissenschaftstheoretischer Thesen. Ihm zufolge lässt sich auf Basis eines Verständnisses der Grundstrukturen menschlichen Denkens und sozialen Zusammenlebens rekonstruieren, wie sich soziale Strukturen in der Zeit, genauer mittels Durchlaufen zweier defizitärer Stadien, zu ihrer optimalen Form fortbilden. Diese Rekonstruktion könne aber nur erfolgen, wenn man sie als das Geschäft einer neu zu definierenden Disziplin, der „sozialen Physik" oder „Soziologie", begreife und diese innerhalb einer Systematik der Wissenschaften etabliere. Damit sind die beiden tragenden Säulen von Comtes Fassung positiver Philosophie benannt: das sogenannte „Dreistadiengesetz" und das „enzyklopädische Gesetz", das seine Klassifikation der Wissenschaften enthält.

Das Dreistadiengesetz

Als Dreistadiengesetz wird Comtes These bezeichnet, derzufolge „alle unsere Theorien, welcher Art sie auch sein mögen, beim Individuum wie bei der Gattung notwendig nacheinander drei verschiedene theoretische Stadien durchlaufen (müssen), die durch die üblichen Benennungen als theologisches, metaphysisches und positives (Stadium) [...] hinlänglich genau bezeichnet sein können. Obgleich zunächst in jeder Hinsicht unentbehrlich, muss das erste Stadium hinfort stets als bloß provisorisch und vorbereitend aufgefasst werden; dem zweiten, das tatsächlich nur eine auflösende Abart des ersten darstellt, kommt stets nur eine vorübergehende Bestimmung zu, um schrittweise zum dritten hinzuführen; in dem, als dem allein vollständig normalen (normgemäßen) in jeder Beziehung die endgültige Herrschaft der menschlichen Vernunft besteht."

Unter Theorien fasst Comte in dieser Formulierung grundsätzlich alle Versuche der Weltdeutung oder Welterklärung, alle Bestrebungen also, dem Platz menschlichen Handelns und der Struktur menschlichen Zusammenlebens inklusive ihrer Entwicklung Rechnung zu tragen. Klarerweise sieht er hier eine Fortschrittsbewegung vom theologischen über das metaphysische zum wissenschaftlich-positiven Stadium. Es ist hier, ganz im Sinne hegelscher Geschichtsphilosophie, der menschliche Geist, dessen Weltdeutungsversuche sich fortentwickeln, wobei die Überwindung früherer Anschauungen und die je neu entwickelten Grundsätze das höhere Maß an Vernünftigkeit verbürgen, das der jeweils neuen Stufe eignet. Während das theologische Stadium gemäß Comtes Darstellung dadurch gekennzeichnet ist, dass zur Erklärung von Phänomenen die Existenz und Intervention übernatürlicher Akteure postuliert wird, ist es für das metaphysische Stadium typisch, anstatt auf solche Akteure „lediglich" auf abstrakte Entitäten zu rekurrieren. Das positive Stadium sei dadurch erreicht, dass man sich nicht mehr um eine mystifizierende Form der Forschung nach Ursachen von Phänomenen, sondern um eine empirisch fundierte Formulierung von Gesetzmäßigkeiten bemühe, welche der Relationalität der zu erklärenden Sachverhalte gerecht wird.

In wissenschaftlicher Hinsicht ist das letzte Stadium, „das Stadium rationaler Positivität", durch seine Betonung der Beobachtung als einzigen Grund der Erkenntnis charakterisiert. Als zentrales positivistisches Credo fungiert hier die „Grundregel, dass keine Behauptung, die nicht genau auf die einfache Aussage einer besonderen oder allgemeinen Tatsache zurückführbar ist, einen wirklichen und verständlichen Sinn enthalten kann". Diese Regel ist gegen jede Konzeption gerichtet, die auf die Möglichkeit der Erkenntnis mittels reiner Einbildungskraft oder apriorischen Wissens gegründet ist. Ferner hält sie nicht nur die Strategie der Rückführung aller Aussagen auf beobachtete oder beobachtbare, gesetzesmäßig erklärbare Tatsachen bereit, sie führt zugleich eine semantische Normierung ein, dergemäß Aussagen, bei denen diese Rückführung nicht möglich ist, schlicht sinnlos sind. In späteren Figuren positivistischen Philosophierens, etwa im logischen Empirismus der ersten Hälfte des 20. Jahrhunderts, wird genau diese Dopplung methodologischer und semantischer Grundentscheidungen zentral.

Das positive Stadium

Nach Comtes Verständnis besteht die entscheidende Gelingensbedingung positiver Erkenntnis darin, die Relativität der Tatsachen zu berücksichtigen, Erklärungen also unter Rekurs auf Gesetze zu liefern, in denen Zusammenhang und wechselseitige Beeinflussung von Tatsachen erfasst sind. Ziel dieses Vorgehens, das letztlich die Ausdifferenzierung wissenschaftlicher Disziplinen und der zugehörigen explanatorischen Praxen erfordert, ist „rationale Voraussicht", womit vor allem die begründete Vorhersage des Verlaufs natürlicher und sozialer Prozesse gemeint ist. Der Zweck der positiven Astronomie etwa erschöpft sich nicht darin, die durch Beobachtung erfassten Daten über Planetenbewegungen zu systematisieren, vielmehr zielt sie darauf, unter Rekurs auf Gesetzmäßigkeiten Prognosen über jeweils zukünftige Ereignisse zu erstellen und Strategien zur Prognoseerstellung zu verfeinern.

Doch beschreibt die wissenschaftliche Hinsicht nur eine Seite dessen, worauf Comtes Dreistadiengesetz abzielt. Es gelte für einzelne wissenschaftliche Disziplinen, aber auch für die Stufen kultureller beziehungsweise zivilisatorischer Entwicklung insgesamt. Die Modi der Weltdeutung stellen folglich nicht lediglich einen Dreischritt in der Abfolge wissenschaftlicher Paradigmen dar, sondern sie definieren jeweils die Grundzüge von Epochen. Auch hinsichtlich ihrer vertritt Comte die genannte Fortschrittsthese. Im Einzelnen unterscheidet er zwischen einer theologisch-militärischen, einer metaphysisch-juristischen und einer wissenschaftlich-industriellen Epo-

Comtes Epocheneinteilung

che. Letztere, die er mit dem positiven Zeitgeist assoziiert und als höchste Entwicklungsstufe ansieht, geht aus den vorgenannten hervor, wenn mit den jeweiligen Weltanschauungen das Streben nach territorialer Macht und Sicherheit mit militärischen Mitteln sowie die industrielle Expansion auf Basis negativer Rechtsprinzipien und Bürokratie aufgegeben werden. Erst in der wissenschaftlich-industriellen Epoche sei es möglich, geistigen und ökonomischen Fortschritt so zu harmonisieren, dass stabile soziale Gefüge entstehen, innerhalb derer Wissenschaft und Technik, Ordnung und Fortschritt in Einklang gebracht sind. Im Vordergrund steht bei dieser Auszeichnung der letzten Epoche nicht die konkrete politische Form, auch wenn er sie bisweilen als egalitär und aus Sicht der Proletarier als wünschenswert ausgibt, sondern das Maß ihrer wissenschaftlich nachweisbaren Vernünftigkeit.

Comtes wissenschaftstheoretische Position sowie der Gestus seiner soziohistorischen Einteilung bezeugen seine grundsätzliche Festlegung auf verschiedene holistische Thesen: Erstens stellt er sich gegen die wissenschaftliche Beschäftigung mit Einzeltatsachen, deren Herauslösung aus für sie konstitutiven Beziehungen zu anderen Tatsachen nicht nur den analytischen Blick verzerre, sondern eine adäquate, auf Gesetze abzielende Erfassung unmöglich mache. Zweitens lehnt er es ab, hinsichtlich wissenschaftlicher und zivilisatorischer Prozesse einzelne Individuen als Akteure der Geschichte und als Bezugsgrößen anzunehmen. Für den Positivismus gebe es „nicht den eigentlichen (individuellen) Menschen, sondern nur die Menschheit, denn unsere gesamte Entwicklung danken wir – unter welchem Gesichtspunkt man sie auch betrachten mag – der Gesellschaft. Wenn die Idee der Gesellschaft noch (immer) eine Abstraktion unseres Geistes zu sein scheint, so liegt das vor allem an der alten philosophischen Denkweise; denn in Wahrheit kommt der Idee des Individuums – wenigstens bei unserer Gattung – diese Bezeichnung zu. Die gesamte neue Philosophie wird stets danach streben, im tätigen wie im theoretischen Leben unter eine Fülle von verschiedenen Gesichtspunkten die Verbindung jedes einzelnen mit allen hervorzuheben, um so unwillkürlich das innere Bewusstsein der gebührend auf alle Zeiten und Räume ausgedehnten sozialen Solidarität zu einer alltäglichen Erscheinung zu machen." Damit wird der methodologische Holismus in den Dienst universeller Solidarität gestellt, sofern die Anwendung der holistischen Methode positiven Denkens sowohl zur Erfassung als auch zur Gestaltung insbesondere sozialer Phänomene, das heißt politischer Institutionen, genutzt wird. Dies zeigt, inwiefern der Positivismus Comtes wissenschaftliche und politische Weltanschauung zugleich ist.

Holismus

Die Systematizität des Comte'schen Positivismus erschließt sich nur, wenn man das Dreistadiengesetz samt der geschichtsphilosophischen Implikationen seiner Ausdeutung in den Zusammenhang mit einem weiteren grundlegenden Gesetz stellt. Dieses, das enzyklopädische Gesetz, zielt auf eine Einteilung und Rangordnung wissenschaftlicher Disziplinen, die – wie Comte im »System« ausführt – durch die Komplexität ihres jeweiligen Gegenstandsbereiches und die historische Abfolge ihrer Ausbildung begründet ist. Hier betont der Positivismus den engen Zusammenhang zwischen Wissenschaftstheorie und Wissenschaftsgeschichte. Es bestehe, so Comte, eine „unwandelbare[.] zugleich historische[.] und dogmatische[.] Rangordnung der sechs Grundwissenschaften, der Mathematik, der Astronomie, der Physik, der Chemie, der Biologie und der Soziologie, von denen die erste notwendig den ausschließlichen Ausgangspunkt und die letzte das einzige wesentliche Ziel der gesamten positiven Philosophie bildet". Es geht Comte um eine systematische Differenzierung der Wissenschaften, bei der ihre übergeordnete Einheit nicht aus dem Blick verloren wird. Denn er fasst diese Einteilung und Rangordnung als „unteilbares System" auf, „in dem jede Zergliederung völlig künstlich ist, ohne dass es übrigens in irgendeiner Weise willkürlich wäre, da sich alles letztlich auf die Menschheit, den einzig völlig allgemeinen Begriff bezieht". Gibt man die Idee der Aufspaltung der Disziplinen auf, erschließen sich, so Comte, auch Bezüge zwischen den Erkenntnisweisen und Wissensgehalten, auf die einzelne epistemische Subjekte zurückgreifen: „Diese gesamte enzyklopädische Formel, die genau mit den echten Verwandtschaftsverhältnissen der entsprechenden Fächer übereinstimmt und die im übrigen offenbar alle Elemente unserer realen Theorien enthält, erlaubt es endlich jedem denkenden Wesen nach seinem Belieben, die allgemeine Geschichte des positiven Geistes zu wiederholen, indem es auf fast unmerkliche Weise von den einfachsten mathematischen Ideen zu den höchsten sozialen Gedanken übergeht." Folglich erlaubt dieses Bündel von Disziplinen, sofern sie jeweils positivistisch praktiziert werden, zum einen eine vollständige Erfassung der Wirklichkeit; zum anderen ermöglicht der Aufstieg der Rangordnung von Mathematik zu Soziologie, die höchsten sozialen Gedanken nachzuvollziehen.

Das enzyklopädische Gesetz

Damit ergibt sich für die Soziologie, als deren Begründer oder wenigstens maßgeblicher Wegbereiter Comte anzusehen ist, eine Doppelrolle, da sie eine von sechs Wissenschaften, zugleich aber auch diejenige ist, mit deren Mitteln die Entwicklung der Gesamtheit des Wissens erfasst und koordiniert werden muss. Zudem ist ihr Gegenstandsbereich insofern besonders, als mit seiner hohen Komplexität ein hohes Maß an Veränderlichkeit einhergeht. Zwar ist nicht klar, wie genau diese Proportionalität mit positiven Mitteln begründet und zur Gesetzmäßigkeit erklärt werden kann, doch ist diese Feststellung für den sozialreformerischen Zug von Comtes Positivismus zentral. Soziologie positiv-wissenschaftlich zu betreiben heißt dann, das vormals herrschende Bedürfnis nach theologischen und metaphysischen Erklärungen überflüssig zu machen; die Idee einer positivistisch fundierten sozialen Reform wird so mit der Auffassung verknüpft, sie führe zu einer in höchstem Maße vernünftigen Einrichtung des gesellschaftlichen Lebens.

Sonderrolle der Soziologie

Damit ist die Zielsetzung von Comtes systematischem Positivismus klar: Auf der Basis eines theologisch und metaphysisch voraussetzungslosen wissenschaftlichen Ansatzes, innerhalb dessen in allen Seins- und Lebensbereichen nur Gesetzmäßigkeiten und Tatsachenaussagen zählen, soll eine soziale Reform vollzogen werden, dank welcher der positiv-wissenschaftliche Zeitgeist zur Realisierung gebracht wird.

Gemäß Comtes Anspruch und nach den Grundprinzipien positiver Philosophie dürfen an keiner Stelle der Formulierung dieses Programms Postulate eingebracht werden, die nicht nach den als universell und allein Wissenschaftlichkeit garantierenden Prinzipien aufgestellt wurden. Wie genau Comte dann aber sein teleologisches Geschichtsverständnis sowie seine Wertung sozialer Verhältnisse begründet, bleibt weitgehend offen.

Vollständiger Positivismus

In seiner letzten Schaffensphase widmete sich Comte der Transformation seines philosophischen Systems in eine religiöse Weltanschauung. Damit verfolgte er nicht etwa die Erhebung eines Szientismus in den Stand der Religion, sondern er verlieh mit dieser neu gewonnenen Auffassung, derzufolge die Künste den Wissenschaften überlegen sind und die Erfahrung der Liebe unübertroffen ist, Veränderungen in seinem persönlichen Leben Ausdruck. Comte selbst hatte sich mit den Folgen einer äußerst intensiven, aber unerfüllten Liebesbeziehung und dem Ausbleiben akademischen Erfolgs abzufinden, wurde aber wenigstens für einen kleinen Kreis zum Vordenker einer positivistisch fundierten Bewegung, die insbesondere mit Frauen und Proletariern Allianzen zu schließen suchte. Seine Vorstellung war die einer positivistisch fundierten sozialistischen Utopie, in welcher die wissenschaftliche Epoche ihre endgültige Gestalt gewinnen sollte.

Rezeption des Positivismus

Dem letztgenannten Vorschlag wurde unter Philosophen und Politikern jener Zeit keine Anerkennung zuteil. Comtes Verdienst sah man stattdessen in der Grundlegung einer positivistischen Auffassung, welche die Systematisierung der Wissenschaften und ihrer Methoden vorsah. Es war insbesondere der junge John Stuart Mill, der an die wissenschaftstheoretischen Grundbestimmungen von Comtes »System« anknüpfte, die normativen Prinzipien, die Comte daraus ableitete, aber ablehnte. Aus der Einsicht in die Komplexität sozialer Phänomene – und hier bahnt sich ein Grundlagenstreit in der Sozialphilosophie an – sei, so Mill gegen Comte, gerade nicht darauf zu schließen, dass der Bezugspunkt normativer Reflexion die Beschaffenheit sozialer Entitäten und Institutionen als solcher sei. Mill kritisiert, dass Comtes Makrosoziologie, die dem Erhalt und der Stabilität sozialer Gemeinschaft gegenüber individuellen Interessen normative Priorität gibt, dem Wesen nach illiberal sei. So ergibt sich ein Prinzipienstreit, an dem sich Comte faktisch nicht beteiligen konnte, für dessen Entscheidung das positivistische Weltbild aber auch keine Ressourcen bereitzuhalten scheint. Comtes liberale Kritiker rekurrieren auf normative Prinzipien – etwa das der Autonomie oder der Individualität –, deren Formulierung Comte für sinnlos erachtete und deren Existenz er für fiktiv hielt.

Dennoch wäre es verfehlt, an dieser Stelle die Wirkung von Comtes Werk und damit die Karriere des durch ihn begründeten Positivismus als Weltanschauung für beendet zu erklären. Zum einen wird ihm die Begründung der Soziologie als wissenschaftlicher Disziplin zugeschrieben, womit aber unter Rücksicht auf die Gesamtanlage seines Systems die Bemerkung zu verbinden ist, dass er den Sozialwissenschaften mit dem positivistischen Programm zugleich ein systematisches Problem mit normativen Aussagen und Forderungen vererbte. Zum anderen hat der Positivismus auch im Angesicht der vernichtend scheinenden Kritik, illiberal zu sein, im 20. Jahrhundert in den normativen philosophischen Disziplinen eine zweite Karriere erlebt, wie bestimmte Versionen metaphysikfeindlicher Wissenschaftstheorie, die Ablehnung prinzipienbasierter Moralphilosophien und letztlich der moralische Skeptizismus bezeugen.

Materialismus

Der Materialismus nimmt im 19. Jahrhundert zwei verschiedene Formen an: In der anthropologischen Variante bleibt er philosophischem Gedankengut eng verbunden, während sich die szientistische Spielart durch eine strikte Abwendung von der Philosophie hin zu den Naturwissenschaften auszeichnet.

Ludwig Feuerbach entwickelt eine Anthropologie, die von der Annahme ausgeht, dass dem Menschen die eigene Gattung theoretischer und praktischer Gegenstand ist. Bezüglich der theoretischen Dimension dieses Gattungsverhältnisses folgt Feuerbach der Konzeption Hegels: Der Mensch ist auf Grund seiner kognitiven Fähigkeiten in der Lage, sich sein eigenes Wesen, wie auch das aller anderen Dinge, durch Begriffe zur Kenntnis zu bringen. In der Folge seiner religionskritischen Stoßrichtung simplifiziert Feuerbach die praktische Dimension des Verhältnisses von Menschen zu ihrem Gattungswesen. Hatte Hegel noch eine in Sphären ausdifferenzierte Geistkonzeption entwickelt, die neben den anthropologischen und sozialen Institutionen auch die Selbstdeutungsmedien von Kunst, Religion und Philosophie als legitime Realisationsweisen dieses Gattungscharakters anerkannte, so verlagert Feuerbach alles in den anthropologischen und sozialen Nahbereich. Feuerbach hat seine empiristische und an den Erfahrungswissenschaften orientierte Philosophie später zum Teil in eine eher naturwissenschaftliche, nicht mehr eindeutig als Philosophie klassifizierbare Theorie weiterentwickelt. Insofern kann man unsere Charakterisierung von Feuerbachs Theorie als philosophische Anthropologie für seine späteren Schriften mit einem gewissen Recht in Frage stellen. Seine Berücksichtigung empirischer Daten in einer philosophischen Anthropologie dagegen ist zwar eine Kritik an rein apriorischen philosophischen Theorien, macht aber aus einer philosophischen noch keine naturwissenschaftliche Theorie. Unbestreitbar haben viele nachhegelsche Materialisten jedoch diese Konsequenz gezogen und sich verstärkt den Naturwissenschaften zugewandt (dies gilt z. B. für Marx und Engels). Feuerbach wendet sich jedenfalls durchgängig entschieden gegen jede Form des Idealismus, der das Wesen des Menschen ausschließlich in seine kognitiven Fähigkeiten, das heißt in sein Selbstbewusstsein legt. Gegen diese Art der Philosophie wendet er sich mit einer empirisch angereicherten und empiristischen Anthropologie, die auf den ersten Blick eine Abkehr von der Philosophie überhaupt darzustellen scheint und sich ihm selbst als Hinwendung zur Naturwissenschaft und zum Materialismus dargestellt hat.

Feuerbachs anthropologischer Materialismus

Feuerbach weist in seiner 1839 publizierten »Kritik der Hegelschen Philosophie«

dessen Anspruch zurück, mit den Mitteln des philosophischen Denkens die Dinge selbst erfassen zu können, und stellt seine erste materialistische These dagegen, dass es eine vom Denken unabhängige Materie gebe, die dem Menschen in der Erfahrung gegeben und deren Sein immer schon vorausgesetzt werde, so dass sie selbst nicht philosophisch eingeholt werden könne. „Das Denken kann nicht über das Seiende hinaus, weil es nicht über sich selbst hinaus kann, weil nur Sein zu setzen Vernunft ist, weil nur dieses oder jenes Sein, aber nicht das Sein selbst als geworden gedacht werden kann." Daneben stellt Feuerbach eine zweite materialistische (und zugleich gegen die Theologie gerichtete) These: Der Materie kommt dem Sein nach ein Primat vor dem Denken zu, Letzteres sei gegenüber Ersterem passiv und aufnehmend, aus diesem zu erklären und nicht – wie bei Hegel – umgekehrt.

Feuerbachs Idealismuskritik

Weil Hegel die Selbständigkeit und den Primat der Materie (des Seins) vor dem Denken (des Bewusstseins) nicht anerkenne, sei seine Philosophie, wie aller Idealismus, eine letzte Form der Theologie. Feuerbach klassifiziert Hegels System als „rationelle Mystik". Die Denkfigur der Subjekt-Prädikat-Vertauschung legt eine reine Umdrehung der Hegel'schen Konzeption nahe, die Feuerbach der Sache nach auch vollzieht: Hegel wird, mit den berühmten Worten von Marx gesprochen, auf die Füße gestellt. Dies ist jedoch eine bloße Negation, das heißt eine schlichte Gegenposition zu Hegels Theorie, keineswegs eine dialektische Aufhebung derselben in einem weiterentwickelten, transformierten Modell. Als Konsequenz setzt Feuerbach an die Stelle der aktivisch-idealistischen Erkenntnistheorie Hegels eine passivisch-sensualistische Konzeption. Der Mensch ist demnach qua erkennendes Wesen im Wesentlichen passiv aufnehmend und erleidet die Beeinflussung durch die materielle Außenwelt, deren kausale Einflüsse er dann intern verarbeitet – dies ist eine Aufnahme der empiristischen Tradition, die bis heute wirksam geblieben ist. Damit verliert die Feuerbach'sche Erkenntnistheorie die historische Dimension, da sie auf eine anthropologische, nicht durch Gesellschaft und Geschichte vermittelte Ursituation des leiblichen Sinnenwesens Mensch in einer materiellen Umwelt hinzielt. Obwohl Feuerbachs anthropologischer Materialismus sich primär aus den Quellen der idealistischen Philosophie speist, nähert er sich mit dieser letzten Wendung einer Version des Materialismus an, die von den Naturwissenschaften ausgeht und im 19. Jahrhundert eine Wirksamkeit entfaltet hat, die bis in die szientistische Philosophie des Geistes des 21. Jahrhunderts andauert.

Neben dem philosophisch motivierten anthropologischen Materialismus erstarkt im 19. Jahrhundert auch ein szientistischer Materialismus, der sich zu einer der dominierenden Weltanschauungen entwickelt und bis in das 21. Jahrhundert – man denke zum Beispiel an die gegenwärtigen Debatten um das Verhältnis von Hirnforschung und Freiheit beziehungsweise Verantwortung – hineinstrahlt.

Szientistischer Materialismus

Als szientistisch ist diese Weltanschauung zu charakterisieren, weil sie nicht nur eine Einbeziehung naturwissenschaftlicher Erkenntnisse verlangt. Diese methodologische Forderung wird auch vom anthropologischen Materialismus und von vielen Varianten des Idealismus erhoben und erfüllt. Über diese plausible Forderung hinausgehend, versteht sich der szientistische Materialismus dezidiert als antireligiöse und antiphilosophische Weltdeutung, derzufolge die Naturwissenschaften – eventuell auch eine ausgezeichnete unter ihnen – die alleinige Basis für eine umfassende Weltdeutung darstellen. Auf Grund dieses alleinigen Anspruchs auf Totalität ergibt sich ein Konflikt mit den anderen beiden Weltanschauungsformen, die ebenfalls diesen erhoben haben: Der szientistische Materialismus versteht sich als überlegene und ausschließende Alternative zu Religion und Philosophie. Solchermaßen naturwissenschaftlich ausgerichtet, ist der szientistische Materialismus dennoch keine Naturwissenschaft, da er zum einen auf Prämissen beruht, die metaphysischer und nicht naturwissenschaftlicher Art sind, und weil er zum anderen Beweisziele und Geltungsansprüche formuliert, die mit den Mitteln naturwissenschaftlicher Theorien weder formulierbar noch einlösbar sind.

Antiphilosophische und antitheologische Stoßrichtung

Dabei ist der Materialismus keine neue Erfindung des 19. Jahrhunderts; ganz im Gegenteil taucht er als philosophische Position seit der Antike immer wieder auf, zumeist als Reaktion auf und als Gegenspieler von idealistischen Philosophien oder religiös-theologischen Theorien. Sein Hauptmerkmal ist es, Materie als ontologisch basalen und einzigen Baustein alles Seienden anzusetzen. Über eine solche philosophische Ontologie geht der szientistische Materialismus hinaus, weil er eine umfassende Weltanschauung ist, die sich nicht auf ontologische Annahmen beschränkt, sondern sich bis hin zu naturwissenschaftlich fundierten Gesellschaftsformen erstreckt.

Die Protagonisten dieser Weltanschauung waren der Zoologe Carl Vogt (1817–1895), der Physiologe Jakob Moleschott (1822–1893) und der Arzt Ludwig Büchner (1824–1899). Das Werk »Kraft und Stoff« des Letzteren erlebte von seinem erstmaligen Erscheinen im Jahre 1855 bis zum Jahrhundertwechsel 19 Auflagen und wurde in zahlreiche Fremdsprachen übersetzt. Im Vorwort zur ersten Auflage rechnet es sich Büchner als Verdienst an, sich „vor den ebenso einfachen, als unvermeidlichen Consequenzen einer vorurtheilslosen, empirisch-philosophischen Naturbetrachtung nicht zimperlich sich zurückzuziehen, sondern die Wahrheit in allen ihren Theilen einzugestehen“. Dabei scheint, wie Büchner weiter schreibt, die Erkenntnis „jetzt allgemein werden zu wollen, daß die Naturwissenschaften die Basis jeder auf Exactheit Anspruch machenden Philosophie abgeben müssen“. Obwohl auch die szientistischen Materialisten, zeitlich parallel zur materialistischen Wende Ludwig Feuerbachs, ihre Theorien schon vor der Revolution des Jahres 1848/1849 entwickelt und publiziert haben, entfaltet der szientistische Materialismus doch erst in der zweiten Jahrhunderthälfte seine volle Kraft und wird dabei zur Leitideologie weiter Kreise der Gesellschaft. Die gescheiterte Revolution von 1848/1849 brachte auf allen kulturellen und politischen Ebenen ein Wiedererstarken restaurativer und reaktionärer Tendenzen hervor. Die klassische und traditionelle Legitimationsgrundlage dieser gesellschaftlichen Kräfte stellte die Theologie und – zumindest

Programm des szientistischen Materialismus

zum Teil – die klassische idealistische Philosophie dar. Schon aus diesem Grunde bot sich ein Bündnis mit den Naturwissenschaften als neuer Lokomotive der gesellschaftlichen Liberalisierung an. Außerdem hat eine Pointe des Materialismus, schon in Gestalt einer philosophischen Theorie, immer darin bestanden, gegen die Annahmen einer immateriellen Seele oder einer nicht ausschließlich materiellen, das heißt geistigen oder spirituellen Wesensverfasstheit des Menschen zu opponieren. So attackiert Büchner die „Schulphilosophie", die versuche, den szientistischen Materialismus „auf hohem, wenn auch täglich mehr abmagerndem Rosse sitzend", „in die Rumpelkammer des Vergessenen" zu schieben: „Sie selbst sinkt von Tag zu Tag in der Achtung des Publikums und verliert in ihrer speculativen Hohlheit an Boden gegenüber dem raschen Emporblühen der empirischen Wissenschaften, welche es mehr und mehr außer Zweifel setzen, daß das makrokosmische wie das mikrokosmische Dasein in allen Punkten seines Entstehens, Lebens und Vergehens nur mechanischen und in den Dingen selbst gelegenen Gesetzen gehorcht." Damit zeichnet sich der Materialismus auch traditionell durch seine Opposition zu Religion und Theologie aus. Während die Emanzipation zum Beispiel der Biologie und der Psychologie von der Philosophie für sich betrachtet nur dazu führt, dass Phänomene des Lebens und der Psyche auch einer naturwissenschaftlichen Erforschung zugänglich sind, ergibt sich aus der Kombination dieser Entwicklung mit den Grundannahmen des szientistischen Materialismus, dass andere als naturwissenschaftliche Deutungen biologischer und geistiger Prozesse als unwissenschaftlich und irreführender Aberglaube zurückgewiesen werden (müssen).

Gesellschaftliche Rahmenbedingungen

Der Aufstieg des szientistischen Materialismus lässt sich als Zusammenspiel einer genuin philosophischen Komponente und einer gesellschaftspolitischen Stoßrichtung verständlich machen: Der Kampf gegen Religion, Theologie und idealistische Philosophie ist metaphysisch und politisch motiviert. Doch nicht nur in Bezug auf die prinzipielle Legitimation staatlicher Ordnung, sondern auch auf die konkrete Organisation der Gesellschaft birgt der szientistische Materialismus Sprengkraft. Angesichts der unbestreitbaren und beeindruckenden Erfolge naturwissenschaftlichen Wissenserwerbs und technischer Beherrschung der Natur liegt in dem Versuch, auch für soziale Probleme und die Organisation der Gesellschaft auf diese Form menschlicher Rationalität zurückzugreifen, für viele Zeitgenossen eine hohe Attraktivität. Die versteckt oder unverhohlen ideologisch motivierten sozialen und politischen Maßnahmen werden im Namen einer überlegenen wissenschaftlichen Problemauffassung und -lösung kritisiert. In dieser Argumentationsfigur kommt ein Aspekt zum Ausdruck, den der szientistische Materialismus als Erbe der Aufklärung mit anderen Weltanschauungen dieser Zeit teilt: ein geschichtliches Fortschrittsdenken.

Die Evolutionstheorie Charles Darwins (1809–1882), von ihm 1859 erstmals veröffentlicht, ist für sich betrachtet eine naturwissenschaftliche Theorie und enthält weder zwingend antiphilosophische noch antireligiöse Implikationen. Zu einer umfassenden Weltanschauung wird sie nur durch Hinzunahme weiterer Annahmen, wobei diese Anreicherungen sowohl in theologischer als auch in szientistischer Form möglich sind – so ließe sich etwa der Evolutionsprozess selbst als Manifestation eines Schöpfungsplans deuten. Dennoch verstärkt Darwins Theorie aus zwei Gründen den szientistischen Materialismus: Weil er sich mit einem im 19. Jahrhundert als philosophisches Erbe der Aufklärung weit verbreiteten Fortschrittsglauben verbinden lässt, füllt die Evolutionstheorie eine Lücke in der Weltanschauung des szientistischen Materialismus. Evolutionäre Erklärungsmodelle werden in der Folge dieser Fusion zum Nachfolgemodell idealistischer Geschichtsphilosophie und transportieren deren idealistisches Gedankengut in ein scheinbar rein naturwissenschaftliches Gebilde. Darüber hinaus liefert Darwins Theorie zweitens – zumindest *prima facie* – eine Antwort auf eine Theorielücke, in welche die Theologie hineinstoßen konnte. Die im Totalitätsanspruch angelegte Behauptung des szientistischen Materialismus, eine Erklärung der Entstehung und Entwicklung der Welt und des Lebens ohne Annahme eines Schöpfungsaktes geben zu können, scheint sich mittels evolutionstheoretischer Erklärungsmuster einlösen zu lassen. Diese Verbindung des szientistischen Materialismus mit Darwins Evolutionstheorie ist nicht zwingend und stellt eine, überdies nicht einmal alternativlose, Umdeutung der Darwin'schen Theorie zu einer darwinistischen Weltanschauung dar. Letztere bildet eine Variante des szientistischen Materialismus, die dann auch im Rahmen der Interpretation und Behandlung sozialer Probleme gravierende Auswirkungen hatte, wie der bis heute gängige Ausdruck des Sozialdarwinismus belegt. Die durch diesen Transformationsprozess verursachte Überlagerung der Darwin'schen Theorie durch eine Variante der Weltanschauung des szientistischen Materialismus ist bis heute genauso ungebrochen wirksam wie die Verzerrung des philosophischen Materialismus durch sein szientistisches Pendant.

Darwins Evolutionstheorie

Marxismus

Die Philosophie, die Karl Marx (1818–1883) entwickelt hat und die im 20. Jahrhundert zu einer der wirkmächtigsten Weltanschauungen geworden ist, entsteht aus einer spezifischen Abkehrbewegung von Hegels Philosophie und nimmt dabei zentrale Elemente des anthropologischen sowie des szientistischen Materialismus auf.

Die entscheidende philosophische Sozialisation erfährt Karl Marx in seinen Berliner Studienjahren, die ihn in den Kreis der Linkshegelianer führen. Inhaltlich verbindet die Linkshegelianer die Annahme, dass Hegels Werk den Endpunkt der Philosophie darstellt, welches nun als Weiterentwicklung eine Hinwendung von der Theorie zur Praxis verlange. Nachdem die Aufgabe, die bestehende Wirklichkeit in ihrer Vernünftigkeit zu begreifen, durch Hegel geleistet worden sei, müsse man nun darangehen, die dieser Vernünftigkeit nicht angemessene soziale und politische Realität entsprechend zu modifizieren. Die Orientierung hin zur Praxis bedeutet, dass nicht mehr die theoretische Durchdringung des Istzustandes, sondern die durch philosophische Aufklärung zu erreichende Verwirklichung

Die philosophische Sozialisation

eines Sollzustands das primäre Ziel der Philosophie wird. Marx selbst bringt es in seiner berühmten 11. These über Feuerbach so auf den Punkt: „Philosophen haben die Welt nur verschieden interpretiert, es kömmt darauf an, sie zu verändern."

Die Marx'sche Transformation der Hegel'schen Philosophie ist das Resultat der Feuerbach'schen Hegel- und Religionskritik. Besonders einflussreich sind die zwei programmatischen Texte Feuerbachs, »Vorläufige Thesen zur Reformation der Philosophie« und »Grundsätze der Philosophie der Zukunft«, die beide 1843 erscheinen; unter Hinweis auf diese beiden Texte schreibt Marx, Feuerbach habe „die alte Dialektik und Philosophie dem Keim nach umgeworfen". Feuerbach stelle Hegel in dem Sinne auf die Füße, dass er dessen idealistische Geistmetaphysik durch eine philosophische Anthropologie ersetzt, also das Verhältnis von Materie und Geist umdreht. An die Stelle der Hegel'schen Betonung der Geistigkeit des Menschen tritt dadurch,

Feuerbachs Doppelrolle

bei Feuerbach wie bei Marx, die Emphase der Leiblichkeit, der Sinnlichkeit und der Naturhaftigkeit des Menschen, die beiden zufolge in allen geistigen und sonstigen Aktivitäten des Menschen philosophisch als grundlegend anzuerkennen ist. Marx folgt Feuerbach jedoch nicht vollständig, da er dessen sensualistische Epistemologie, in welcher der Mensch ein passives Verhältnis zur Natur hat, durch eine an Hegels Philosophie angelehnte aktivische Relation ersetzt. Das Wesen des Menschen ist für Marx, der sich hierin als Schüler Hegels weiß, Tätigkeit. Daher lobt er es auch als das „Große an der Hegelschen Phänomenologie und ihrem Endresultate […], daß Hegel die Selbsterzeugung des Menschen als einen Prozeß faßt, die Vergegenständlichung als Entgegenständlichung, als Entäußerung und als Aufhebung dieser Entäußerung; daß er also das Wesen der Arbeit faßt und den gegenständlichen Menschen, wahren, weil wirklichen Menschen, als Resultat seiner eignen Arbeit begreift".

In den Augen von Marx ist es „Feuerbachs große Tat", Religion und Philosophie als Entfremdungsformen des Menschen ausgewiesen zu haben. Marx geht über Feuerbach hinaus, insofern er dessen ideologiekritische Umstülpungsfigur nicht nur auf Religion und Philosophie, sondern auf die ganze Sphäre des Praktischen, auf Moral, Recht und Politik anwendet, die für Marx allesamt Entfremdungsphänomene sind, deren Ursprung letztlich in der sozialen Organisation der Arbeitswelt zu suchen ist.

Entfremdungstheorie

In den »Ökonomisch-philosophischen Manuskripten«, 1844 in Paris geschrieben, aber erst 1932 aus dem Nachlass veröffentlicht, verbindet Marx diese Synthese aus Hegel und Feuerbach in einer metaphysischen Konstruktion des gegenständlichen Gattungswesens, in der auf der Grundlage des Vergegenständlichungsmodells eine normative Anthropologie mit einer geschichtsphilosophischen Entfremdungs- und Selbsthervorbringungstheorie verbunden wird. Das Gattungswesen Mensch, welches Marx primär von der Gemeinschaft her denkt, muss sich als selbstbewusst-universales Wesen alle seine Wesensmerkmale bewusst aneignen. Dies geht nur, wenn es sie zuvor durch sein Handeln nach außen bringt, was unter den Bedingungen des Privateigentums nur in entfremdeter Form geschehen kann. Diese Entfremdung muss bis zur totalen Entäußerung aller Wesenskräfte radikalisiert werden, damit ein Subjekt entsteht, dem alle seine Wesensmerkmale in entäußerter Form als eine entfremdete soziale und natürliche Welt gegenüberstehen. Diesen Extrempunkt der Entfremdung sieht Marx in der kapitalistischen Lebensform erreicht, wobei er das Subjekt, welches in der totalen Entäußerung existiert, mit dem Proletariat identifiziert. Unter diesen Prämissen ist es möglich, durch eine Transformation des sozialen Lebens die entäußerten Gattungseigenschaften aus der jenseitigen Sphäre von Staat, Recht und Religion in die nicht entfremdete soziale Gemeinschaft zurückzuholen. Erst diese Rückkehr stellt die bewusste Aneignung des Gattungswesens durch das Gattungswesen her. Die Entfremdung ist deshalb ein notwendiges Element des Selbsterzeugungsprozesses, den das Gattungswesen durchlaufen muss, bevor es sich mit sich und der Natur versöhnen kann. Der von Marx anvisierte Endzustand zeichnet sich durch Unmittelbarkeit aus: Die Individuen befriedigen die Bedürfnisse der anderen Individuen nicht über marktvermittelte Tauschaktionen, ihr Motiv ist nicht die Erlangung ökonomischer Mittel zur eigenen Bedürfnisbefriedigung, sondern die Bedürftigkeit des Gegenüber. Dadurch kann das einzelne Individuum, so die Vorstellung von Marx, in seiner produktiven Tätigkeit unmittelbar seinen sozialen Charakter als Gattungswesen realisieren und, weil Lohnarbeit, Privateigentum und anonyme Marktmechanismen wegfallen, die eigene Tätigkeit als frei gewollte und zu bejahende Aktivierung und Vergegenständlichung des eigenen Wesens begreifen. Diese Zielvorstellung liegt auch seinen späteren Schriften zur Kritik der Ökonomie als normativer Bezugspunkt zugrunde. Erhalten bleibt aber auch die inhaltliche Unbestimmtheit dieser Zielvorgabe, deren Merkmal der Unmittelbarkeit nur ausschließt, dass sich die Individuen zueinander und zu ihrer Gattung vermittels sozialer Institutionen wie Moral, Recht oder Staat aufeinander beziehen. Denn diese Vermittlungen deutet der junge wie der alte Marx ausschließlich als Symptom von Entfremdung, die primär in der sozialen Organisation der Arbeit ihren Ursprung hat.

Die »Ökonomisch-philosophischen Manuskripte«

Die gemeinsam mit Engels verfasste Schrift »Die deutsche Ideologie« entstand 1845/1846, wird aber, genauso wie die »Ökonomisch-Philosophischen Manuskripte«, erst 1932 veröffentlicht. Über die »Manuskripte« geht die »Ideologie« in zweierlei Hinsicht hinaus: Feuerbachs Philosophie wird einer gründlichen Kritik unterzogen, und es wird eine an den nationalökonomischen Entwicklungen orientierte Geschichtsphilosophie entworfen: der historische Materialismus. Die Menschheitsgeschichte wird als Abfolge von Klassenkämpfen gedeutet, in denen sich die ökonomischen Interessengegensätze gesellschaftlicher Gruppen auf der Grundlage ökonomischen Fortschritts bis zur absoluten Entgegensetzung von Kapital und Arbeit verschärfen. Dieser Endpunkt ist für Marx die vollständige Entäußerung des Gattungswesens Mensch, welches dem Proletariat in entfremdeter Form als eine Welt gegenübersteht, in der es nur noch die bloße Existenz sichern kann, zugleich aber einen unermesslichen Reichtum an Waren produziert. Diese letzte Stufe der Entfremdung wird dann durch die Abschaffung von Lohnarbeit und Privateigentum in einer klassenlosen Gesellschaft aufgelöst. Diese wird die Leis-

»Die Deutsche Ideologie«

Friedrich Engels (re., 1820–1895) vollendete nach dem Tod von Karl Marx (1818–1883) aus dessen Manuskripten »Das Kapital«.

tungskraft der Produktivkräfte beibehalten, zugleich aber – da sie auf der bewussten Aneignung des Gattungswesens durch das Proletariat beruht – die gesellschaftlichen Produktionsverhältnisse so umgestalten, dass alle Ursachen für Entfremdung aufgehoben und damit die Symptome dieser Entfremdung, also zum Beispiel Moral, Recht oder Staat, verschwinden.

Von nun an ist das Marx'sche Werk durch den Versuch bestimmt, seiner Geschichtsphilosophie und Gesellschaftskritik durch eine Analyse der ökonomischen

Verhältnisse eine empirisch abgesicherte und konkrete Basis zu geben. Den Gipfelpunkt dieser theoretischen Anstrengung erreicht Marx in seinem Werk »Das Kapital«, dessen erster Band 1867 erscheint (die Bände II und III werden erst postum von Friedrich Engels herausgegeben). Im »Kapital« versucht Marx, auf der Grundlage seiner Metaphysik des Gattungswesens den Nachweis zu erbringen, dass allein die Arbeit als Vergegenständlichung des Gattungswesens wertschaffend ist. Neben diesem Aspekt der Arbeitswertlehre will Marx durch die Analyse des Kapitals als der höchsten entwickelten Stufe des Privateigentums, und damit als der Endstufe der Entfremdung des Gattungswesens von sich selbst, zeigen, dass diese gesellschaftliche Lebensform in sich widersprüchlich ist. Ihre Kritik kann, so Marx, daher durch die philosophische Darstellung dieses Systems geleistet werden. Grundlage der Marxschen Analyse bleibt dabei weiterhin die Metaphysik des Gattungswesens, die auch im »Kapital« präsent ist, indem die kapitalistische Gesellschaftsformation als letzte und äußerste Stufe der Entfremdung gedeutet wird.

»Kritik der Politischen Ökonomie«

Liberalismus

Durch die Ereignisse, die zur Französischen Revolution führten, und die Entwicklungen innerhalb der europäischen Nationalstaaten, die auf sie folgten, durch die Zeit der Restauration, der beginnenden Industrialisierung und damit der wachsenden sozialen Ungleichheit sind Fragen nach der Legitimation staatlicher Ordnung in das Zentrum des westlichen politischen Denkens gerückt. Zu welchem Zweck werden Staaten und innerstaatliche Institutionen errichtet? Wie sind Regulierungs- und Herrschaftsansprüche begründet? Worin genau gründet die Forderung, Menschen hätten Verpflichtungen zu erfüllen, die ihnen qua Bürger zukommen? Wie weit dürfen Staaten in der Beeinflussung oder Beschränkung des Lebensvollzugs ihrer Bürger gehen? Gibt es zur autoritären staatlichen Gewährleistung von innerer Stabilität und Sicherheit sowie der Rahmenbedingung für jedermanns individuelle Bedürfnisbefriedigung und Selbstverwirklichung nichtstaatliche Alternativen? Ist es gerechtfertigt, wenn staatliche Zuständigkeit und Aktivität alle Lebensbereiche durchdringt, inklusive des Eigentums, des Konsums und auch der religiösen Anschauung? Es sind Fragen wie diese, welche in mehreren Phasen und vielerorts im 19. Jahrhundert Generationen Intellektueller und politisch Aktiver bewegen, welche letztlich Strömungen spalten und die Opposition völlig neu konturierter Weltbilder hervorbringen. Im Streit um die Bedeutung und die am besten gerechtfertigte Form politischer Gemeinwesen ist der Liberalismus in diesem soziohistorischen Kontext und mit Blick auf diese Debatten entstanden.

Kernfragen und Herausforderungen

Diejenigen, die dem Lager der Liberalen zuzurechnen sind, geben der Bestimmung des Begriffs individueller Freiheit sowie den Bedingungen ihrer Realisierung oberste Priorität. Zentraler Wert der liberalen Position ist die Individualität, womit insbesondere das Streben des Einzelnen nach Selbstverwirklichung gemeint ist und sein Anspruch, darin weder von anderen noch von staatlichen Einrichtungen gehindert zu werden. Dementsprechend treten sie, gleichwohl in unterschiedlicher Ausprägung, für die Betonung von Bürgerrechten, für die (mehr oder weniger radikale) Beschränkung staatlicher Einflussnahme sowie für die weitgehende Deregulierung beziehungsweise Nicht-Regulierung von Handel und Märkten ein.

Grundüberzeugungen der Liberalen

Einerseits ist mit der Position der Liberalen der Versuch verbunden, das Zeitalter der absolutistischen Monarchie endgültig für beendet zu erklären. Keiner derer, welche auf die Legitimität und Überzeugungskraft der Leitformel von 1789 *(Liberté – Egalité – Fraternité)* setzten und vertrauten, war bereit, eine so starke, nicht regulierte und missbrauchsanfällige Machtkonzentration zu akzeptieren. Andererseits steht die damals erstarkende liberale Haltung für ein wirkmächtiges Bestreben, eine Alternative zu politisch-philosophischen Konzeptionen zu entwickeln, denen zufolge nur starke, mit Regelungs- und Interventionsbefugnissen ausgestattete Staaten ihre legitimen Zwecke, für individuelle Selbstverwirklichung sowie innere und äußere Stabilität zu sorgen, erfüllen können. Ein Teil der liberalen Bewegung ist, mit anderen Worten, als expliziter Gegenentwurf zu Hegels politischer Philosophie angelegt.

Der Brite John Stuart Mill (1806–1873) hat maßgeblich zur Entstehung und Profilierung des Liberalismus beigetragen. Seine Biographie weist Anhaltspunkte und Einflüsse auf, die für die Entstehung eines systematisch fundierten liberalen Programms, das Individualität zum Prinzip politischer und ökonomischer Ordnung erklärt, charakteristisch sind. Sein Vater, der in den Debatten seiner Zeit bestens situierte Ökonom, politische Philosoph und humanistische Gelehrte James Mill, unterzieht ihn, wie John Stuart in seiner »Autobiographie« berichtet, einem beispiellosen Ausbildungsprogramm, das nicht nur die Lektüre klassischer Literatur und Philosophie sowie historischer Abhandlungen schon im Kindesalter vorsieht, sondern ihn auch schon früh mit den einflussreichsten Ökonomen und Denkern jener Zeit in Kontakt bringt. Herauszuheben ist die Begegnung mit und die zeitweilige Tutorschaft durch David Ricardo, der Umstand, dass der junge John Stuart gewissermaßen in Echtzeit mitverfolgen kann, wie sein Vater ein Kompendium zur politischen Ökonomie verfasst, sowie das kurzweilige und intensive Engagement in der *Utilitarian Society* und in einer Gruppe junger *philosophical radicals*, welche sich der Weiterentwicklung von Jeremy Benthams Utilitarismus widmeten. Noch vor seiner eigentlichen Karriere als Autor war Mill als *Examiner* bei der *East India Company* tätig, später hatte er kurzzeitig verschiedene politische Ämter inne; beides dokumentiert exemplarisch, dass seine Studien auf eigenen Erfahrungen in politischer und wirtschaftlicher Administration beruhten und er die Aufgabe selbst eines weithin respektierten Philosophen nicht auf die Theoriearbeit beschränkt sah.

John Stuart Mill

Seine eigene Karriere als Philosoph und – um eine anachronistische, aber adäquate Bezeichnung zu wählen – Sozialwissenschaftler begann Mill mit der Veröffentlichung des »System of Logic« (1843). Als Abhandlung über die Strukturen und Grundprinzipien des Denkens sowie über die Gegenstände und Methoden der Wissenschaften war diese Schrift nicht an idealistischen Systementwürfen, sondern vor allem an Comtes »System« orientiert. Mit ihr legt Mill keine Exposition einer Weltanschauung vor, sondern erarbeitet die erkenntnis- und wissenschaftstheoretischen Grundlagen einer empiristischen, das heißt vor allem anti-rationalistischen und anti-intuitionistischen Position. Mills Nähe zum Positivismus, deren Explizitheit er in nachfolgenden Auflagen dieser Systemschrift tilgte, zeigt sich besonders im berühmten sechsten Buch des »Systems«, das der Logik der Moralwissenschaften, der Philosophie der Sozial- und Geisteswissenschaften, gewidmet ist. Dort erörtert Mill, inwiefern die Strategie, Phänomene unter Rekurs auf Regularitäten und Gesetzmäßigkeiten zu erklären, auch für Sozial- und Geisteswissenschaften, speziell für Psychologie, Ökonomie und Geschichte, leitend zu sein hat. Zwar stellt er, wie Comte, die höhere Komplexität sozialer Phänomene in Rechnung, räumt aber die prinzipielle Möglichkeit ihrer konzisen, an naturwissenschaftlichen Methoden orientierten Erfassung ein. Bei der Erklärung sozialer Phänomene gehe es – hier zeigt sich Mill als Deduktivist und methodologischer Individualist – darum, anhand von einzelnen Daten und Beobachtungen Aussagen über Wirkweisen und Tendenzen zu treffen. Dazu bedürfe es abgewogener Urteile über die Art und Weise, wie komplexe aus weniger komplexen Phänomenen zusammengesetzt sind. Zwar können solche Aussagen nicht die in formalen Wissenschaften erreichbare Gewissheit beanspruchen, doch können sie Mill zufolge die Grundlage für politische Handlungsempfehlungen abgeben. Solche Empfehlungen stellen aber nicht – wie nach Comtes Verständnis – Aussagen über Gesamtzusammenhänge, über soziale Ganzheiten, deren Existenz und Dynamik dar, sondern eine Form kompositionaler Generalisierungen, da den „gesicherten" wissenschaftlichen Methoden nur das Verhalten der Bestandteile, das heißt maximal die individuellen Bedürfnisse und Handlungen, zugänglich sind.

Mills Philosophie der Sozialwissenschaften, wie sie im »System of Logic« entwickelt wird, zeichnet einen Gutteil seiner materialen Behauptungen in den Gebieten der Ökonomik wie der Moral- und Sozialphilosophie vor. Das 1848 veröffentlichte Werk »Principles of Political Economy and some of the applications to Social Philosophy«, in dem er sich als Fortentwickler und Kritiker der Ansätze seines Vaters, David Ricardos und Thomas Robert Malthus' zeigt, kann als Grundlegung liberalen ökonomischen Denkens angesehen werden. Hier widerspricht er Versuchen, makroökonomische Gesetze über Gehalt und Stabilität zu begründen, und entwickelt die Grundlinien einer auf das Prinzip der Individualität und persönliche Entwicklung abstellenden Laissez-faire-Wirtschaft. Demnach kann nur ein System, das die Details der Produktion und Allokation von Gütern minimal regulierten Marktprozessen überlässt, den Rahmen für individuelle Entfaltung abgeben. So führt das Individualitätsprinzip, dem erst methodologischer Vorrang und dann eine normative Deutung gegeben wird, von der Zielsetzung persönlicher und ökonomischer Freiheit zu weitergreifenden Forderungen nach politischer Freiheit individueller Akteure. Diesen müsse nicht nur die Gelegenheit zur Partizipation an Marktprozessen und Konsum, sondern auch die zugehörige Motivation gegeben werden; ein extern gesteuertes Gehaltssystem kann nach dieser Auffassung unter den Bedingun-

Politische Ökonomie

gen der Industrialisierung nicht gewährleisten, dass auch Arbeiter Interesse an den Gütern haben (und verfolgen), die sie produzieren. Konsequenterweise setzt Mill – besonders in späteren Ausgaben der »Principles« – der sozialistischen Forderung nach einem balancierten Gehaltssystem die Forderung einer kooperativen Teilhabestruktur entgegen, in der Arbeiter und Manager einander Rechenschaft und Verantwortung schulden. Ziel einer solchen Struktur ist die Herausbildung eines stabilen wie geschlossenen Kapital- und Warenverkehrs, womit für die Abkehr von rein eigeninteressiertem ökonomischem Handeln die Grundlage gelegt ist. Später sagt Mill, die übergreifende Zielsetzung bestehe in der Lösung des Problems, „how to unite the greatest individual liberty of action, with a common ownership in the raw material of the globe, and an equal participation of all in the benefits of combined labour".

Mills Freiheitsbegriff

Der Freiheitsbegriff erhält, indem seine Realisierung in ökonomischen Prozessen als abhängig von der jeweiligen Rahmenordnung ausgewiesen wird, im Werk Mills eine dezidiert politische Deutung. Es geht dann nicht mehr nur darum zu bestimmen, was die Freiheit individueller Entfaltung und Entwicklung ausmacht und wie wirtschaftlich Interagierende sie im Streben danach realisieren können, sondern besonders darum, sie zum Prinzip staatlicher Organisation zu machen. Das wiederum muss für den Liberalen heißen, staatliche Einflussnahme zugunsten individueller Freiheitsräume zu beschränken. Sofern politische Freiheit als die Abwesenheit (der Möglichkeit) von Beeinflussung definiert wird, legt sich der Liberale auf einen negativen Freiheitsbegriff fest.

Mill widmet, in Fortführung des Programms der »Principles«, der Ausarbeitung der liberalen Freiheitskonzeption die Schrift »On Liberty« (1859). Programmatisch konstatiert er, es gebe „a sphere of action in which society, as distinguished from the individual, has, if any, only an indirect interest; comprehending all that portion of a person's life and conduct which affects only himself, or, if it also affects others, only with their free, voluntary, and undeceived consent and participation". Was genau diese Privatsphäre des Individuums ausmache, liege einzig und allein bei ihm, sei lediglich durch die persönlichen Belange anderer beschränkt und müsse äußerer Einflussnahme entzogen bleiben. Dies sei „the appropriate region of human liberty". Sie umfasse, so Mill weiter, erstens die Freiheit des individuellen Gewissens, des Denkens und Fühlens, aber auch der Meinung hinsichtlich praktischer, spekulativer, wissenschaftlicher, moralischer und theologischer Fragen sowie die Äußerung solcher Haltungen. Freiheit zum Prinzip zu erklären, umfasse zweitens persönliche Vorlieben, Zielsetzungen und Lebenspläne, sofern andere, was auch immer sie davon halten mögen, nicht zu Schaden kommen. Drittens folge aus dieser strikt individuellen Freiheit auch die Freiheit zur Bildung sozialer Zusammenschlüsse unter Erwachsenen, solange sie ohne Zwang zustande kommen und nicht die Schädigung anderer bezwecken. Nur einer Gesellschaft, welche diese Freiheiten respektiert und letztlich politisch garantiert, könne das Merkmal der Freiheit attestiert werden; kollektive Freiheit ergibt sich demnach aus der Zusammensetzung individueller Freiheiten: „No society in which these liberties are not, on the whole, respected, is free, whatever may be its form of government; and none is completely free in which they do not exist absolute and unqualified." Dies bildet den Rahmen für Mills Kernbestimmung des Begriffs politischer Freiheit als negativ, Selbstentfaltung ermöglichend und Abwehrrechte enthaltend: „The only freedom which deserves the name, is that of pursuing our own good in our own way, so long as we do not attempt to deprive others of theirs, or impede their efforts to obtain it. Each is the proper guardian of his own health, whether bodily, or mental or spiritual. Mankind are greater gainers by suffering each other to live as seems good to themselves, than by compelling each to live as seems good to the rest."

Selbst wenn Mills Forderung, Individuen müsse ein politischer Schutzraum für ihre persönliche Freiheit garantiert werden, auf eine rein negative Freiheitskonzeption im Sinne Isaiah Berlins hindeutet, wird damit der wahre Impetus seiner liberalen Vorstellung verfehlt. Denn seine Forderung sieht das Prinzip der individuellen Selbstentfaltung, die politisch ermöglicht werden solle, als wesentlichen Bestandteil vor – dies nicht allein, um staatlicher Einflussnahme enge Grenzen zu setzen, sondern um vermittels der Errichtung einer Gemeinschaft in diesem Sinne frei Lebender allgemeine Wohlfahrt zu befördern. Für Mills Liberalismus ist kennzeichnend, dass er die Last der Begründung staatlichen Handelns gerade denen zuschreibt, die es in großem Umfang legitimieren wollen. Die politische Form, die Mill für eine Individualität und insbesondere geistige Freiheit achtende Gesellschaft vorsieht, ist die der repräsentativen Demokratie. Eine solche Ordnung, die in zivilisierten Gesellschaften realisierbar sei, setze auf Beteiligung und Transparenz statt auf Bevormundung und ausgreifende staatliche Dominanz. Entgegen früheren politischen Philosophien, die dem Staat überantworten, die Bedingungen für Selbstverwirklichung und Autonomie herzustellen, sieht Mill diese Zuordnung nur in Ausnahmefällen, bei Minderjährigen und (noch) nicht zivilisierten Gesellschaftsformen, als gerechtfertigt an.

Die politische Form der Freiheit

In einer Linie mit seiner wissenschaftstheoretischen Grundlegung und seinem Freiheitsverständnis steht Mills Festlegung auf den Utilitarismus als normative Rahmentheorie. Wie komplexe Phänomene überhaupt anhand derjenigen Effekte zu analysieren sind, welche konkrete Zusammensetzungen von Einzelelementen hervorbringen, so sind gesellschaftliche Maßnahmen und Prozesse im Allgemeinen anhand ihrer Ergebnisse, im Besonderen anhand des von ihnen hervorgebrachten Nutzens zu bewerten. Grundelement dieser konsequentialistischen Ethik sind die auf Genuss *(pleasure)* zielenden Wünsche von Individuen. In der Schrift »Utilitarianism« (1861) erachtet Mill es als unleugbare Tatsache, dass nur das Maß der Wunscherfüllung als Kriterium für die Bewertung von Handlungen und politischen Einrichtungen überzeugen könne. Nach diesem Kriterium urteilten und werteten Individuen, also müssen es Moralphilosophie und politische Philosophie als Maßstab betrachten.

Mills Utilitarismus

Diese Grundausrichtung seiner Ethik wie seiner liberalen politischen Philosophie korrespondiert mit Mills Empirismus, insofern er das prospektiv kalkulierbare und

John Stuart Mill (1806–1873) war einer der einflussreichsten liberalen Denker und Anhänger des Utilitarismus.

retrospektiv messbare Ergebnis von Handlungen und Einrichtungen gegenüber der apriorischen oder vernunfttheoretischen Herleitung moralischer Prinzipien bevorzugt. Der normativen Sozialphilosophie wird ein Prinzip gegeben, das der moralischen Psychologie individueller Akteure, die primär durch Glücksstreben motiviert sind, ebenso entspricht, wie es institutionelle Arrangements der Prüfung und Wertung zugänglich macht.

Insgesamt begründet und systematisiert Mill eine liberale Weltanschauung, welche den Herausforderungen der industriellen Gesellschaft gewachsen sein soll. Dieses Weltbild hat in einer ökonomischen, politischen und ethischen Deutung des Prinzips der Individualität seinen Kern und betrachtet soziale Ordnung als notwendigen Bestandteil der Realisierung individueller Lebenspläne. Der Vorstellung, nur eine stark ausdifferenzierte soziale Ordnung und ausgreifende Befugnisse des Staates nach innen könnten Autonomie zu verwirklichen helfen, setzt der Liberalismus ein optimistisches Kalkül entgegen, demzufolge auch in nicht staatlich regulierten Sozialsphären das Eigeninteresse letztlich der allgemeinen, kooperativen Wohlfahrtsorientierung untergeordnet wird.

Existentialismus

Neben der Betonung der universalen Vernunft besteht ein weiteres zentrales Merkmal der Hegel'schen Philosophie darin, die soziale Natur des Menschen, seines Selbstbewusstseins und seiner Lebensführung zu betonen. Dagegen wendet sich nicht nur der Liberalismus, sondern auch eine Weltanschauung, die das unverwechselbare und nicht in das Soziale oder eine universale Vernunft aufhebbare menschliche Individuum ins Zentrum rückt. Dieser im Namen der Individualität geäußerte Protest nimmt dabei im Werk von Søren Kierkegaard (1813–1855) eine religiöse Wendung, während er bei Max Stirner (1806–1856) eine dezidiert atheistische Ausrichtung erfährt.

Der gesamte Impetus der Kierkegaard'schen Weltanschauung ist durch seine kritische Abkehr von der traditionellen Philosophie, vornehmlich von der Opposition zum Hegel'schen System geprägt. Gegen dessen Versuch, die individuelle Existenz des Menschen in die allgemeine Vernunft und die Materialität der Welt in den Geist aufzuheben, stellt Kierkegaard seine Existenzphilosophie. Dabei geht er von der Prämisse aus, dass das Ziel der Philosophie darin bestehen müsse, die konkrete, historisch situierte und leiblich verfasste Individualität des Menschen zu erfassen. Kierkegaard geht es also um die individuelle Person in ihrer Unaustauschbarkeit und Unvertretbarkeit. Die traditionelle Metaphysik ist in seinen Augen auf das Allgemeine in Form der Wesenserkenntnis ausgerichtet und kann daher das von ihm formulierte Erkenntnisziel nicht nur nicht erreichen, sondern nicht einmal als sinnvolles Ziel formulieren.

Kierkegaards religiöser Existentialismus

Anders als im Existentialismus, den Jean-Paul Sartre ein Jahrhundert später entwirft, unterstellt Kierkegaard in seiner Existenzphilosophie aber nicht, dass der Mensch eine Existenz ohne jegliche Essenz habe. Obwohl der Mensch auch in Kierkegaards Konzeption frei ist, weil sein Wesen gerade darin besteht, sich zu sich selbst zu verhalten, ist Kierkegaard sich doch der Tatsache bewusst, dass dem Menschen diese Freiheit innerhalb anthropologischen Rahmenbedingungen zukommt, denen er in seinem Selbstverhältnis Rechnung tragen muss. Eine der entscheidenden Voraussetzungen der Kierkegaard'schen Weltanschauung verbindet ihn mit der Subjektphilosophie des Deutschen Idealismus, von der er sich doch zugleich auch radikal abgrenzen will. Der Mensch wird in der Existenzphilosophie als ein Selbst bestimmt, nicht als ein Ding mit einem festliegenden Wesen. „Das Selbst ist", so schreibt Kierkegaard in seiner Schrift »Die Krankheit zum Tode«, „ein Verhältnis, das sich zu sich selbst verhält, oder ist das an dem Verhältnisse, daß das Verhältnis sich zu sich selbst verhält; das Selbst ist nicht das Verhältnis, sondern daß das Verhältnis sich zu sich selbst verhält." Dem Menschen kommt qua Selbst also kein statisches Sein zu, sondern sein Wesen realisiert sich nur im Vollzug, nur in Beziehungen; als ein Selbst existiert der Mensch nur als Aktivität und als Beziehung.

Zentrale Prämissen

Ein weiterer zentraler Baustein der Kierkegaard'schen Weltanschauung liegt darin, dass der Mensch in seinem Beziehungsein die fundamentalen metaphysischen Gegensätze von Absolutem und Endlichem, von Zeitlichem und Ewigem, überbrückt. Der Mensch ist „eine Synthese von Unendlichkeit und Endlichkeit, von Zeitlichkeit und Ewigkeit, von Freiheit und Notwendigkeit". In dieser internen Dynamik liegt Kierkegaard zufolge eine Spannung, die sowohl die Möglichkeit der Verzweiflung – als einer Grundbefindlichkeit des modernen Menschen – als auch die Möglichkeit der Transzendenz, gedacht als affirmativer Bezug auf Gott, eröffnet. Kierkegaards gesamte Philosophie ist, auch in ihrer literarischen Form, dazu gedacht, den Menschen zu einer individuellen Entscheidung, er nennt sie „Sprung", zu bringen, sich auf diesen absoluten Grund der eigenen Existenz in Gott zu beziehen und die Verzweiflung zu überwinden.

Das Selbst als paradoxe Synthese

Dabei unterscheidet er drei Grundformen der menschlichen Existenz: Die ästhetische Existenz sucht Sinn und Glück in der Erfüllung sinnlicher Begierden, scheitert aber zwingend an der Vergänglichkeit dieser Befriedigung. Außerdem ist der Mensch

in dieser Existenzform isoliert auf sich selbst bezogen und reduziert seine sozialen Beziehungen zu bloßen Mitteln der eigenen Interessenbefriedigung. Gegen diese Lebensform, in der Menschen keine sinnhafte Existenz gelingen kann, stellt Kierkegaard als zweite Existenzform die ethische Existenz: In dieser Variante findet der Mensch in sozialen Beziehungen und dem gemeinsamen Verfolgen ethischer Werte und Normen Sinn und Glück. Da diese Lebensform die egoistische Perspektive transzendiert und auf dem zufälligen Wandel weniger ausgesetzter Werte bezogen ist, liegt in dieser Lebensform eine gewisse Sinnfülle. Doch auch diese soziale Einbettung bleibt fragil, so dass auch dieses Sinn- und Glücksstreben in Kierkegaards Augen letztlich scheitern muss. Die dritte Existenzform ist dann die religiöse Existenz, in der das Selbst sich in seinem Selbstverhältnis auf die ihm zugrunde liegende Quelle bezieht, „indem es zu sich selbst sich verhaltend es selbst sein will, gründet sich das Selbst sich selbst durchsichtig in der Macht, die es setzte". Aus diesem Bezug gewinnt der Mensch in Kierkegaards religiöser Existenzphilosophie den Sinn seiner Existenz, der auf Grund seiner transzendenten Quelle von irdischer Unbill nicht beeinträchtigt werden kann.

Drei Existenzformen

Auf diese Stufe der religiösen Existenz kann sich der Mensch nur durch einen individuellen, letztlich mit Mitteln der Vernunft nicht mehr begründbaren Entschluss erheben. Die Möglichkeit, diesen „Sprung" zu vollziehen, bleibt dem Menschen so lange offen, wie er sich selbst als Selbst, das heißt als ein Verhältnis zu sich selbst verhält. In dieser dynamischen Verfasstheit der menschlichen Existenz ist jedoch konstitutiv auch angelegt, dass der Mensch sein eigenes Wesen verfehlt, indem er in eine von zwei Formen der Verzweiflung verfällt: In der ersten versucht er, sich ein statisches Wesen zu verschaffen, eine feste Basis und eine invariante Natur. Damit der Last der Ausübung der eigenen Freiheit entbunden, leugnet der Mensch zugleich sein Wesen, eben ein solches freies Selbstverhältnis zu sein. In der zweiten Form der Verzweiflung beharrt der Mensch dagegen genau auf diesem Aspekt seines Wesens, isoliert seine Freiheit und bemüht sich verzweifelt (und vergeblich), Festlegungen, Fixierungen und Bindungen zu vermeiden. In beiden Formen verfehlt der Mensch nach Kierkegaard sein dynamisches Wesen, eine Art paradoxer Synthese zu sein. Deshalb ist die Verzweiflung für ihn auch eine interne Selbstverfehlung, die vom Menschen selbst als innere Zerrissenheit erlebt wird.

Verzweiflung als Grundbefindlichkeit

Nur dann, wenn diese Verzweiflung als Selbstverfehlung vermieden oder überwunden ist, eröffnet sich dem Menschen wieder die Möglichkeit zum „Sprung", die ihn dann auch zur religiösen Lebensform führen kann, die nach Kierkegaard allein eine sinnhafte Existenz ohne Selbstverfehlung ermöglicht. Sie erfordert aber – und hierin ist der prinzipielle Unterschied zu den nicht-religiösen Varianten der Existenzphilosophie zu verorten – die Demut des Menschen, seine eigene Freiheit qua Selbst nicht zu verabsolutieren. Ohne diese Demut wird dem Selbst die Last auferlegt, absolut autonom zu sein, was zum Beispiel in Jean-Paul Sartres berühmtem Diktum, dass der Mensch zur Freiheit verurteilt sei, zum Ausdruck kommt. Diese atheistische Variante des Existentialismus, die sich neben der

Erlösung in der Transzendenz

religiös ausgerichteten Existenzphilosophie eines Gabriel Marcel im 20. Jahrhundert ebenfalls zu einer wichtigen Weltanschauung entwickelt, hat im Denken Max Stirners einen Vorläufer, der seinen Nachfolgern in Radikalität in nichts nachsteht.

Ende des Jahres 1844, in enger zeitlicher Nähe zu den Schriften Kierkegaards, erschien das Buch »Der Einzige und sein Eigentum«, welches die Diskussion innerhalb der Hegelschule extrem anheizte und schließlich zum Zusammenbruch führte. Die fundamentale Kritik Stirners besteht in dem Hinweis, dass jede philosophische Konstruktion mit allgemeinen Begriffen arbeiten muss, die auf das konkrete einzelne Individuum nicht vollständig zutreffen können. Unter Voraussetzung dieser radikal nominalistischen Prämisse muss jede Annahme einer Essenz des Menschen (qua Geist wie bei Hegel, qua Selbstbewusstsein wie bei Bauer, qua Mensch wie bei Feuerbach oder qua gegenständliches Gattungswesen wie bei Marx) als eine paternalistische Bevormundung eingeschätzt werden. Denn jede gegen diesen Nominalismus verstoßende Annahme führt entweder indirekt zu einer auf essentialistischen Prämissen oder direkt zu einer auf moralischen Prämissen begründeten Fremdbestimmung des Einzelnen im Namen von allgemeinen essentialistischen oder moralischen Prinzipien. Auch das geschichtsphilosophische Fortschrittsdenken führt zwangsläufig zur Entmündigung des einzelnen, konkreten Subjekts zugunsten des Fortschritts der Gattung oder der zukünftigen Gesellschaft, wenn dieser Fortschritt in essentialistischen oder moralischen Kategorien bestimmt wird. Gegen die Utopie der Vergesellschaftung als Mittel zur Aufhebung der Entfremdung wendet Stirner sich ebenfalls radikal und eindeutig. Eine damals viel diskutierte Frage der Sozialisten aufgreifend, „Wie könnt Ihr wahrhaft gesellschaftlich leben, so lange auch nur Eine Ausschließlichkeit zwischen Euch noch besteht?", entgegnet Stirner: „Ich frage umgekehrt: Wie könnt ihr wahrhaft einzig sein, so lange auch nur Ein Zusammenhang zwischen Euch noch besteht?"

Stirners atheistischer Existentialismus

Stirners Kritik richtet sich gegen drei Formen dieser Bevormundung: Erstens lehnt er jede Bevormundung mittels der Annahme einer allgemein menschlichen Essenz ab: „Ein Mensch ist zu nichts ‚berufen' und hat keine ‚Aufgabe', keine ‚Bestimmung', so wenig als eine Pflanze oder ein Tier einen ‚Beruf' hat." Auch die Konzeption der Gattung wird von ihm als paternalistische Freiheitsberaubung entschieden verworfen: „Daß die Gesellschaft gar kein Ich ist, das geben, verleihen oder gewähren könnte, sondern ein Instrument oder Mittel, aus dem Wir Nutzen ziehen mögen, dass Wir keine gesellschaftlichen Pflichten, sondern lediglich Interessen haben, zu deren Verfolgung Uns die Gesellschaft dienen müsse, dass Wir der Gesellschaft kein Opfer schuldig sind, sondern, opfern Wir etwas, es Uns opfern: daran denken die Socialen nicht, weil sie – als Liberale – im religiösen Prinzip gefangen sitzen und eifrig trachten nach einer, wie es der Staat bisher war, – heiligen Gesellschaft." Genauso eindeutig und fundamental richtet sich Stirner zweitens gegen jede Art moralischer Bevormundung: „Gegen das Recht kann man nicht mehr, wie gegen ein Recht, mit der Behauptung antreten, es sei ein ‚Unrecht'. Man kann nur noch sagen, es sei Unsinn, eine Illusion. Nennete man's

Stirners Paternalismuskritik

Unrecht, so müsste man ein anderes Recht dagegen stellen und an diesem messen. Verwirft man hingegen das Recht als solches, das Recht an und für sich, ganz und gar, so verwirft man auch den Begriff des Unrechts, und löst den ganzen Rechtsbegriff (wozu der Unrechtsbegriff gehört) auf." Dabei radikalisiert Stirner in seiner Kritik die von Marx in »Die Judenfrage« vorgebrachte Kritik an Bauer beträchtlich: „Nicht der einzelne Mensch – und dieser allein ist der Mensch – wurde frei, sondern der Bürger, der *citoyen*, der politische Mensch, der eben deshalb nicht der Mensch, sondern ein Exemplar der Menschengattung, und spezieller ein Exemplar der Bürgergattung, ein freier Bürger ist." Entschieden wendet sich Stirner drittens auch gegen geschichtsphilosophische Bevormundungen: „In der Revolution handelte nicht der Einzelne weltgeschichtlich, sondern ein Volk: die Nation, die souveräne, wollte alles bewirken. Ein eingebildetes Ich, eine Idee, wie die Nation sie ist, tritt handelnd auf, das heißt die Einzelnen geben sich zu Werkzeugen dieser Idee her und handeln als ‚Bürger'."

Vor allem der dritte Vorwurf lässt sich unmittelbar auf die Rolle des Proletariats bei Marx anwenden. Obwohl Stirners Kritik sich auf Grund der Publikationslage nicht direkt auf Marx beziehen kann, trifft seine Kritik doch einen wesentlichen und aus heutiger Sicht nicht unproblematischen Aspekt der Marx'schen Geschichtstheorie, dem er seinen radikalen Individualismus entgegensetzt: „Ich Meinesteils gehe von einer Voraussetzung aus, indem Ich Mich voraussetze; aber meine Voraussetzung ringt nicht nach ihrer Vollendung, wie der ‚nach seiner Vollendung ringende Mensch', sondern dient Mir nur dazu, sie zu genießen und zu verzehren." Stirners Kritik an der Kombination von Essentialismus und teleologischer Geschichtsphilosophie trifft ins Zentrum des anthropologischen Materialismus und des Marxismus: „Genug, es ist ein mächtiger Unterschied, ob Ich Mich zum Ausgangs- oder zum Zielpunkte mache. Als letzteren habe Ich Mich nicht, bin Mir mithin noch fremd, bin mein Wesen, mein ‚wahres Wesen', und dieses Mir fremde, ‚wahre Wesen' wird als ein Spuk von tausenderlei Namen sein Gespött mit Mir treiben. Weil Ich noch nicht Ich bin, so ist ein Anderer (wie Gott, der wahre Mensch, der wahrhaft Fromme, der Vernünftige, der Freie u. s. f.) mein Ich." Stirners Fazit aus seiner kritischen Erörterung der verschiedenen Versuche, in emanzipatorischer Absicht über die Hegel'sche Philosophie und die Theologie hinauszugelangen, muss für Bauer, Feuerbach und Marx eine Provokation ersten Ranges gewesen sein, da es den Finger in die Wunde des ungeklärten Verhältnisses von Individuum und Gattung legt. Es ist nicht verwunderlich, dass auf das Erscheinen dieses Buches mit Bauer, Feuerbach und Moses Hess drei der Kritisierten unmittelbar geantwortet haben. Dieser Kritik folgt dann zeitnah, noch im Jahre 1845, eine Entgegnung Stirners. Die letzte Runde dieser Debatte, in der sich dann auch Bauer und Feuerbach kritisch aufeinander bezogen, bildet die Grundlage für die Kritik von Marx und Engels an der deutschen Ideologie. Da die gleichnamige Schrift jedoch nicht publiziert wurde, konnte sie in den Gang der Debatte nicht mehr eingreifen.

Stirners Replik folgt dem Schema, darauf hinzuweisen, dass seine Kritiker von etwas ausgehen, was als absolut wertvoll, interessant oder normativ bindend ausgezeichnet wird. Solchermaßen ist es in seiner Werthaftigkeit nicht auf die Zustimmung oder Identifikation des Einzelnen angewiesen, weshalb es in den Augen Stirners eine fremdbestimmende Größe darstellt: „Alles Verhalten zu einem absolut Interessanten oder zu einem an und für sich Werthvollen ist religiöses Verhalten oder schlechtweg Religion. Das Interessante kann nur durch dein Interesse interessant, das Werthvolle nur durch dein Werthbeilegen werthvoll sein, wogegen das trotz Dir Interessante ein Uninteressantes, das trotz Dir Werthvolle ein Unwürdiges ist." Kurz darauf nutzt Stirner die Rolle des anonymen Rezensenten, seine eigene Terminologie klarzustellen: „Diess absolut Interessante, welches ohne den Interessenten interessant sein soll, welches also, statt Sache eines Einzigen zu sein, sich vielmehr erst ‚Gefässe seiner Ehre', oder Menschen, welche seine ‚Rüstzeuge und Werkzeuge' sein sollen, sucht, nennt Stirner schlechtweg ‚das Heilige'."

Stirners Replik an seine Kritiker

Diese Argumente von Stirner treffen – auf Grund ihres radikalen Nominalismus und Individualismus – alle anderen hier präsentierten Formen der Weltdeutung in ihrer Substanz. Zugleich lebt diese Kritik aber auch nur von ihrer Radikalität, jeglichen Inhalt als Fremdbestimmung zu verweigern. Damit hat Stirner die Tür zu den Fragen aufgestoßen, die das nächste Jahrhundert durchweg beschäftigen sollten.

Irrationalismus

Die Betonung der Vernunft, sei es in Form der Naturwissenschaften, sei es in Gestalt philosophischer Theorien wie denen von Kant, Fichte oder Hegel, ruft nahezu zwangsläufig Weltdeutungen hervor, in denen ein entgegengesetzter Akzent gesetzt wird.

Mit der Philosophie Arthur Schopenhauers (1788–1860), dessen Hauptwerk »Die Welt als Wille und Vorstellung« noch zu Hegels Lebzeiten im Jahr 1819 erscheint, liegt eine metaphysische Weltdeutung vor, in der nicht die Vernunft das Grundprinzip des Seins ausmacht, sondern ein irrationaler Wille. Die Erscheinung dieses irrationalen Urgrunds der Welt ist Schopenhauer zufolge nicht durch einen Fortschritt an Erkenntnis oder sozialer Freiheit gekennzeichnet. Vielmehr ist der Versuch des Menschen, sich selbst als rationales Subjekt und als Individuum zu verstehen, ein Fehler, der zu unbehebbarem Leiden führt. Entsprechend entwirft Schopenhauer auch keine Ethik, in der es um rationale Begründung von Geltungsansprüchen geht, sondern basiert seine Moralphilosophie auf dem ebenfalls rational nicht einholbaren Prinzip des Mitleids. Die Kernaussage der theoretischen Philosophie Schopenhauers lautet, dass die Wirklichkeit als Manifestation eines irrationalen Willens selbst unvernünftig ist und für die Individuen nur Leiden bereithält – dies gilt zumindest für die individuelle wie für die Gesamtbilanz von Lust und Leiden. Und die alles dominierende Botschaft seiner praktischen Philosophie wie auch seiner Ästhetik sind Weltentsagung und Aufhebung des Bemühens der indivi-

Arthur Schopenhauer

duellen Selbstbehauptung. Nur dann, so muss man Schopenhauer verstehen, wenn es gelingt, das Streben nach individueller Selbsterhaltung zu überwinden, kann man die Grundlage des Egoismus zerstören, der das Leiden in der Welt hervorruft.

Schopenhauer hat sein philosophisches System in dezidierter Gegnerschaft zu den philosophischen Systemen von Fichte, Hegel und Friedrich Wilhelm Joseph Schelling, deren Zeitgenosse er war und deren Vorlesungen er teilweise gehört hat, entwickelt. Als er sich 1820, übrigens unter Mitwirkung Hegels, in Berlin habilitiert hatte, bot er seine eigenen Vorlesungen parallel, allerdings auch erfolglos, zu Letzterem an. Dennoch teilt die Schopenhauer'sche Metaphysik, die – genau wie die seiner Gegner – von Kants kritischer Philosophie ausgeht, zentrale Merkmale mit ihnen. Die Betonung des Irrationalen aber sowie die explizite Absage an geschichtsphilosophische Denkfiguren und an den Fortschrittsglauben seiner Zeitgenossen markieren einen wichtigen Unterschied. Als sich in der zweiten Hälfte des 19. Jahrhunderts auf Grund des Scheiterns der bürgerlichen Revolution in Deutschland eine pessimistische Grundstimmung einstellte, stellte sich auch der verspätete Erfolg der Philosophie Schopenhauers ein, der zu einem der meistrezipierten Autoren dieser Jahrzehnte wurde.

Anders als die Philosophie Arthur Schopenhauers, die bis heute beachtet wird, ist das philosophische Werk von Eduard von Hartmann (1842–1906) nahezu in Vergessenheit geraten, obwohl er in den ersten Jahrzehnten des 20. Jahrhunderts als bedeutender Philosoph galt und beispielsweise von Ernst Bloch sehr geschätzt wurde. Auf der Grundlage eines metaphysischen Pessimismus versucht Hartmann in seiner Philosophie eine doppelte Synthese: Zum einen verbindet er die pessimistische Willensmetaphysik Schopenhauers mit zentralen Elementen der Hegel'schen Vernunftmetaphysik, vor allem mit dessen teleologischer Geschichtsphilosophie. Dies gelingt ihm dadurch, dass er die Vernunft als Erkenntnisprinzip und den Willen als ontologisches Prinzip zu zwei gleichberechtigten Attributen des Absoluten macht. Zum anderen versucht er, in sein eigenes philosophisches System zentrale Bestandteile der Naturwissenschaften, vor allem des Darwinismus, zu integrieren. Dabei führt er teleologische und mechanistische Erklärungsprinzipien zusammen und interpretiert sowohl evolutionäre als auch historische Prozesse mit dem Zweckbegriff. Sein grundlegender Pessimismus zeigt sich dabei in seiner Annahme, dass der Gesamtzweck dieses Natur und Kultur umfassenden Weltprozesses die Glückseligkeit des Absoluten ist, die aber für Hartmann lediglich in der Erlösung von individueller Existenz besteht.

Eduard von Hartmann

Mit der Verbindung evolutionärer und geschichtsphilosophischer Teleologie trägt Hartmann dazu bei, die ursprünglich auf Kausalerklärungen ausgerichtete Evolutionstheorie Darwins mit einem teleologischen Element zu vermischen. Außerdem führt die Verbindung von natürlichen Entwicklungsprozessen mit historischen Prozessen zu einer Aufweichung des Entwicklungsbegriffs, womit die Weiterentwicklung der Evolutionstheorie zu einer Weltanschauung vorgebahnt wird und sich ein Verständnis der Evolutionstheorie entwickelt, das bis heute wirksam geblieben ist.

Teleologisierung der Evolutionstheorie

Die metaphysische Basis des Systems, das Hartmann ausgearbeitet hat, ist ein unbewusster Wille. Unbewusst muss dieses Grundprinzip sein, weil nur so die Einheit der beiden sich widersprechenden Attribute des Willens und der Vernunft denkbar wird. Hartmanns Hauptwerk, seine »Philosophie des Unbewussten«, erstmals 1869 erschienen, erlebte zahlreiche Auflagen und wurde zu einem der meistgelesenen philosophischen Werke dieser Zeit. Die Gesamtanlage seines Systems erfordert es, dass Hartmann die Erscheinungsformen des Unbewussten als Basis des metaphysischen Willens und des individuellen Selbstbewusstseins aufweist. Indem er dies zugleich mit dem Bemühen verbindet, seine Philosophie auch empirisch zu fundieren, legt er damit die Basis für eine Theorie des Unbewussten, die sich selbst nicht mehr als Philosophie, sondern als eine naturwissenschaftliche Theorie versteht: die Psychoanalyse.

»Die Philosophie des Unbewussten«

Mit der Auflösung der Einheit des Selbstbewusstseins in verschiedene Instanzen einerseits und mit der Kombination aus kausal-mechanistischen sowie teleologischen Erklärungen andererseits wirken, unabhängig von der Frage nach dem Pessimismus, zwei zentrale Elemente der Weltanschauung Sigmund Freuds (1856–1939), die im 20. Jahrhundert ihre Erfolgsgeschichte beginnt, ungebrochen fort.

Entwicklungen im 20. Jahrhundert – Ein Ausblick

Blickt man auf die zentralen Weltanschauungen des 19. Jahrhunderts, so sind der Marxismus und der szientistische Materialismus sicher die beiden Weltdeutungen, die im 20. Jahrhundert die größte Wirkungsmacht behielten. Dies dürfte nicht zuletzt daran liegen, dass beide Weltanschauungen zentrale Elemente des Positivismus und der Abkehr von religiösen oder philosophischen Weltdeutungen in sich aufgenommen haben. Auch der immer noch weit geteilte Glaube an die Überlegenheit naturwissenschaftlicher Welterkenntnis und der vielfach noch wirksame Optimismus hinsichtlich eines naturwissenschaftlich basierten Fortschritts mittels technischer Naturbeherrschung haben sicher ebenfalls hierzu beigetragen.

Die Psychoanalyse

Spätestens nach dem Ende des Zweiten Weltkriegs werden die verschiedenen Weltanschauungen, die im 19. Jahrhundert von Europa ausgegangen sind, weltweit rezipiert. Dies führt nicht nur zu Modifikationen dieser Ideologien – man denke beispielsweise an die asiatischen Varianten des Marxismus –, sondern teilweise auch zu Synthesen zwischen zentralen philosophischen Strömungen aus Europa und den traditionellen Philosophien und Weltanschauungen zum Beispiel in Japan und Lateinamerika. Der durch die Globalisierung stetig weiter forcierte weltweite Austausch von Weltdeutungen schlägt sich auf vielen Ebenen nieder, von denen internationale politische Institutionen und deren normative Selbstverständnisse sowie Ansätze zu internationalem Recht und Universalisierung von Menschenrechten über kulturelle Räume sowie divergierende historische Erfahrungen hinweg eindrucksvoll Zeugnis ablegen. Der Anspruch auf die universale Geltung der

Globalisierung und Universalisierungen

Menschenrechte beispielsweise, die sich aus den Quellen der europäischen Aufklärung speisen, trifft auch in den Weltdeutungen anderer Kulturräume auf anschlussfähige Vorstellungen. Zugleich gibt es nicht nur in den Weltanschauungen anderer Kulturen, sondern auch im Erbe der im 19. Jahrhundert in Europa entstandenen Weltanschauungen Elemente, die sich dieser Idee einer universalen normativen Grundlage nur schwer einpassen lassen. Die Lernprozesse werden in diesem interkulturellen Austausch daher sowohl zwischen den Kulturräumen als auch innerhalb derselben stattfinden müssen. Es ist eine derzeit durchaus offene Frage, wie sich die Spannung zwischen einer Globalisierung und Universalisierung von Weltanschauungen auf der einen sowie der Bewahrung kultureller und historischer Besonderheiten auf der anderen Seite auflösen wird.

Über diese komplexe interkulturelle Verbindung auf der Ebene der Weltanschauungen hinaus hatte der Marxismus in seiner orthodoxen Form als Marxismus-Leninismus bis zum Zusammenbruch der Sowjetunion auch massive Auswirkungen auf gesellschaftliche und historische Prozesse. Nicht nur die bisher allesamt als gescheitert einzustufenden Versuche, auf der Grundlage des Marxismus eine klassenlose Gesellschaft aufzubauen, in der die Entfremdung des Menschen endgültig überwunden ist, auch die sozialstaatlichen Entwicklungen des 19. und 20. Jahrhunderts, mittels derer in Europa die schlimmsten Exzesse eines uneingeschränkten (liberalen oder neo-liberalen) Kapitalismus eingedämmt werden sollen, lassen sich als Reaktion auf die Marx'sche Kritik der politischen Ökonomie verstehen.

Der szientistische Materialismus entfaltet sogar bis in unsere unmittelbare Gegenwart hinein ungebrochen seine Wirkung. Die Ende des 20. Jahrhunderts ausgerufene Dekade des Gehirns oder das Vorhaben einer vollständigen Sequenzierung des menschlichen Genoms sind Teil eines mindestens seit dem 18. Jahrhundert laufenden Projekts, die menschliche Lebensform umfassend und ausschließlich innerhalb naturwissenschaftlicher Perspektive sowie auf der Grundlage einer materialistischen Ontologie zu bestimmen.

Neben dem Marxismus und dem szientistischen Materialismus sind im 20. Jahrhundert zwei weitere Weltdeutungen bedeutsam geworden, deren historische Wurzeln ebenfalls in der verwickelten Geschichte des 19. Jahrhunderts liegen: der Pragmatismus und der Relativismus.

Pragmatismus

Der Ursprung der Strömung und weltanschaulichen Position, der erst in den ersten Jahren des 20. Jahrhunderts der Name „Pragmatismus" gegeben wurde, liegt in den 1870er Jahren im Umfeld der Harvard University in Cambridge/USA. Mit Blick auf das spätere pragmatistische Programm erscheint es als gelungene Ironie, dass dort ein Kreis junger Intellektueller ausgerechnet einen *Metaphysical Club* bildete, bei dessen informellen, doch regelmäßigen Treffen Mitglieder und Gäste wissenschaftliche Vorträge hielten und diskutierten. Im Unterschied zu anderen Diskussionszirkeln, in denen sich in Deutschland, Frankreich und Großbritannien in früheren Phasen des 19. Jahrhunderts thematisch konzentrierte Debatten entfalteten, einte die Teilnehmer an den Treffen dieses Clubs zumindest zu Beginn kein gemeinsames inhaltliches Interesse und insbesondere keine Haltung, deren Ausdruck eine übergreifende Idee durchsetzen oder zersetzen sollte. Was die Beteiligten, unter ihnen Charles Sanders Peirce (1839–1914), William James (1842–1910), Oliver Wendell Holmes Jr. (1841–1935) und Chauncey Wright (1830–1875), stattdessen teilten, war vor allem die Erfahrung der gesellschaftlichen Zerrüttung und kollektiven Tragödie des wenige Jahre zurückliegenden Amerikanischen Bürgerkrieges (1861–1865). Einige der Diskutanten hatten in Kampf- oder Unterstützungseinheiten auf Seiten der Nordstaaten in jenem Krieg gedient, einzelne waren gar mehrfach verwundet worden, andere hatten mitverfolgen oder erfahren müssen, wie nahe Verwandte und Freunde versehrt oder getötet wurden. Diese persönlichen Erfahrungen, die interdisziplinäre Zusammensetzung der Runde und ein geteiltes Interesse an der Diskussion über philosophische Probleme, die der Beschäftigung mit wissenschaftlichen Methoden und der Auseinandersetzung mit dem positivistisch und agnostisch geprägten Zeitgeist entnommen wurden, bildeten den Hintergrund und den Reiz der Zusammenkünfte.

Der Metaphysical Club in Boston

Zwar lag den Treffen des *Metaphysical Club* keine explizite wissenschaftliche, philosophische oder politische Zielsetzung zugrunde, doch liegt es nahe, die Begründung und Fassung des Pragmatismus als Weltanschauung auf die dort geführten Debatten zurückzuführen. Die Beteiligten brachten Vorkenntnisse und intellektuelle Ansprüche ein, wie sie kaum unterschiedlicher sein könnten: Wright und Peirce verstanden sich vor allem als Naturwissenschaftler und Wissenschaftstheoretiker, James war als Dozent für Physiologie und Psychologie tätig und hatte mit der Ausbildung im engeren Sinne philosophischer Anschauungen gerade erst begonnen, und Holmes – der später (1902–1932) als Richter am Obersten Gerichtshof diente – formte in jener Zeit die Grundüberzeugungen einer naturrechtskritischen, positivistischen Rechtstheorie. Ein zentraler Topos ihrer Diskussionen im Club, der für die dort fußenden Arbeiten kennzeichnend ist, besteht in der Deutung von Überzeugungen als dasjenige, auf dessen Basis ein Individuum zu handeln bereit ist. Peirce schrieb diesen Grundsatz später Alexander Bain zu, einem schottischen Psychologen und Philosophen, der mit John Stuart Mill zusammenarbeitete und von dessen Denken beeinflusst war. Doch war Peirce selbst der Erste, der diese Grundhaltung in Veröffentlichungen verteidigte.

Die pragmatistische Grundhaltung

Es sind vor allem Formulierungen aus dem frühen Text »How to Make Our Ideas Clear«, auf die sich unter anderem William James später als Ausdruck von Peirces' Prinzip oder auch des Prinzips des Pragmatismus berufen und die er bisweilen wörtlich übernehmen sollte. In Ablehnung verschiedener, abstrakt rationalistischer und nominalistischer Definitionen von Gedanken und Überzeugungen schreibt Peirce: „And what, then, is belief? It is the demi-cadence which closes a musical phrase in the symphony of our intellectual life. [...] [I]t has just three properties: First, it is something that we are aware of; second, it appeases the irritation of doubt; and, third, it involves the establishment in our nature of a rule of action, or, say for short, a habit. [...] The essence of belief is the establishment of a habit, and different beliefs are distinguished by the different modes of action to which they give rise. If beliefs do not differ in this respect, if they appease the same doubt by producing the same rule of action, then no mere differences in the manner of consciousness of them can make them different beliefs, any more than playing a tune in different keys is playing different tunes.“ Demzufolge ist das Ziel der Bildung von Überzeugungen, Zweifel zu beseitigen, Handlungsentscheidungen zu treffen und damit, wenigstens bis das nächste Mal Zweifel aufkommen, Gewohnheiten zu etablieren. Nicht ihre exakte Form als geistige Haltungen oder ihr Fundament in unbezweifelbaren Annahmen, sondern ihre handlungsleitende Rolle stellt das Wesentliche von Überzeugungen dar.

Während Peirce grundsätzlich an dieser Haltung festhielt, sich aber mit Blick auf Kommunikationsprozesse vor allem der Entwicklung einer allgemeinen Zeichenlehre im Rahmen eines umfassenden philosophischen Systems zuwandte, das er letztlich nie fertigstellte, war es vor allem der institutionell deutlich erfolgreichere William James, der den Pragmatismus als philosophisches Programm zu etablieren half. James hatte sich seit den 1870ern beim Aufbau des Philosophischen Instituts der Harvard University engagiert, das erste Labor für experimentelle Psychologie in den Vereinigten Staaten aufgebaut und mit »The Principles of Psychology« sein Hauptwerk zur philosophischen Psychologie und Philosophie des Geistes verfasst. Der Aufnahme und Ausformulierung einer pragmatistischen Philosophie wandte er sich erst ab den späten 1890ern zu. In »Pragmatism« beschreibt er die pragmatische Methode wie folgt: „Die pragmatische Methode ist zunächst eine Methode, um philosophische Streitigkeiten zu schlichten, die sonst endlos wären. Ist die Welt eine Einheit oder eine Vielheit? Herrscht ein Schicksal oder gibt es freien Willen? Ist die Welt materiell oder geistig? Hier liegen Urteile über die Welt vor, die ebenso gut gelten als nicht gelten können, und die Streitigkeiten darüber sind endlos. Die pragmatische Methode besteht in solchen Fällen in dem Versuch, jedes dieser Urteile dadurch zu interpretieren, dass man seine praktischen Konsequenzen untersucht. Was für ein Unterschied würde sich praktisch für irgendjemanden ergeben, wenn das eine und nicht das andere Urteil wahr wäre? Wenn kein, wie immer gearteter, praktischer Unterschied sich nachweisen lässt, dann bedeuten die beiden entgegengesetzten Urteile praktisch dasselbe und jeder Streit ist müßig. Soll ein Streit wirklich von ernster Bedeutung sein, so müssen wir imstande sein, irgendeinen praktischen Unterschied aufzuzeigen, der sich ergibt, je nachdem die eine oder die andere Partei recht hat.“

Pragmatismus als Programm

Damit adaptiert James zum einen die Peirce'sche Bestimmung von Überzeugungen als philosophisches Programm, innerhalb dessen nur solche Streitigkeiten als relevant erachtet werden, in denen unterschiedliche praktische Konsequenzen ausgemacht werden können. Der Diskussion über rein theoretische Probleme, ja sogar dem idealisierten Theoriebegriff selbst, wird damit eine Absage erteilt, und es wird der

Philosophie explizit eine Art therapeutischer Funktion zugewiesen; dieses Verständnis von der Rolle der Philosophie ist im 20. Jahrhundert besonders in den späten Werken Ludwig Wittgensteins und bei John McDowell anzutreffen. Zum anderen stellt James hier heraus, dass es bei der Anwendung der pragmatischen Methode vor allem darum gehe, die praktischen Konsequenzen von Urteilen in den Blick zu nehmen. Dies betont die vor allem von James und später von John Dewey vertretene empiristische Akzentuierung des Pragmatismus, nach welcher dem Bezug auf Erfahrung Vorzug gegenüber abstrakten, logischen oder begrifflichen Argumentationen sowie dem Rekurs auf a priori geltende oder universelle Grundsätze zu geben ist. Gemeint ist aber nicht eine gestellte oder auf Expertenwissen gegründete Erfahrung, sondern es sind die Erlebnisperspektiven und Beschreibungsweisen gewöhnlicher Akteure, die in Einzelurteilen als Ausgangspunkt und jeweiliger Maßstab dienen. So ist schon der James'sche Pragmatismus auf eine Weise am *Common Sense* orientiert, die im 20. Jahrhundert der sogenannten Philosophie der normalen Sprache als Muster dient.

Als weiteres zentrales Element der pragmatistischen Grundhaltung ist der auf seine handlungsanleitende Rolle konzentrierte Wahrheitsbegriff anzusehen. Zusammenfassend und pointierend nimmt James diese schon bei Peirce anzutreffende Zuspitzung auf: „Wahre Vorstellungen sind solche, die wir uns aneignen, die wir geltend machen, in Kraft setzen und verifizieren können. Falsche Vorstellungen sind solche, bei denen dies alles nicht möglich ist. Das ist der praktische Unterschied, den es für uns ausmacht, ob wir wahre Ideen haben oder nicht. Dies ist der Sinn der Wahrheit, denn nur in dieser Weise wird Wahrheit erlebt." Eine Vorstellung ist demzufolge dann wahr, wenn sie die Verfolgung von Handlungszielen erfolgreich anleitet, wovon sich der Handelnde und sein Interpret mittels Verifikation überzeugen können. Damit werden zwei für den Pragmatismus charakteristische Weichenstellungen vorgenommen. Zum einen wird die Intention des Handelnden als maßgeblich dafür erklärt, ob eine Überzeugung, auf Basis derer er handelt, den Wahrheitstest besteht. So wird prinzipiell nicht ausgeschlossen, dass sich einander widersprechende Überzeugungen in unterschiedlichen Kontexten als wahr erweisen, sofern die jeweils adäquaten Mittel zur Erreichung des jeweiligen Handlungsziels helfen. Insbesondere James wendet sich hier gegen jede Form des Objektivismus, die Subjekt- und Kontexttranszendenz vorsieht. Er erachtet es als verfehltes, im schlechtesten Sinne intellektualistisches Ideal, mittels abstrakter Theorie Grundsätze aufstellen zu wollen, denen individuelle Akteure mit ihren Überzeugungen und Zielen zu entsprechen hätten. James' Pragmatismus geht hier zwar nicht in einem extremen Individualismus auf, da er der Achtung vor den Zielen und Interessen anderer Raum gibt, doch widerspricht er der Verfestigung von Handlungsnormen über konkrete Kontexte hinweg.

Der pragmatistische Wahrheitsbegriff

Zum anderen rechnet James es zu den Vorzügen des pragmatistischen Wahrheitsbegriffs, dass er individuellen Zielsetzungen und Weltdeutungen einen Eigenwert beizumessen erlaubt. Im öffentlichen Raum, in Interaktion und sozialer Gemeinschaft mögen verifizierbare Überzeugungen die oberste Währung darstellen, die Möglichkeit, dass Individuen ihren Lebensplänen auf Basis religiöser Überzeugungen Sinn geben, ist damit jedoch nicht beschnitten. James gesteht dem Charakter religiöser Erfahrung, die für Individuen in vielfältiger Weise sinnstiftend sein kann, eine Sonderstellung zu, indem er klarstellt, dass die pragmatistische Haltung mit einem religiösen Pluralismus vereinbar sei. Aus der Metaphysikskepsis des Pragmatismus folgt zwar auch die Ablehnung metaphysischer Theologie und jedes Programms absolut idealistischer Philosophie – James' expliziter Gegenspieler ist hier Josiah Royce –, doch unterminiert dies nach James' Verständnis nicht die Anerkennung religiöser Erfahrung, wie sie auch in modernen Gesellschaften für viele und auf unterschiedliche Weise von existentieller Bedeutung ist. Ein religiöser Pluralismus folgt dann zwangsläufig, weil mit den vom Pragmatismus anerkannten Mitteln keine Entscheidung zugunsten einer theologischen Weltdeutung getroffen werden kann.

Wahrheit und Individualität

Wer die unmittelbare Wirkmächtigkeit des Pragmatismus allein auf die Prominenz seiner Vertreter zurückführt oder ihn als Dokument einer spezifisch US-amerikanischen Mentalität auffasst, mag seine Wirkung im 20. Jahrhundert für allenfalls sozial begründet halten. Die pragmatistische Orientierung auf die Strukturen sozialer Praxis, die damit verbundene Skepsis gegenüber abstrakter Theorie und der pragmatistische Wahrheitsbegriff haben aber wiederholt auch eine substantielle inhaltliche Auseinandersetzung und Kritik sowie einflussreiche Versuche der Wiederaneignung hervorgerufen. Zu den ersten Kritikern des Pragmatismus zählt mit Bertrand Russell einer der Begründer der Analytischen Philosophie. Er mahnt an, dass der vermeintliche Vorzug des pragmatistischen Quietismus, die Enthaltsamkeit gegenüber objektiver Wahrheit und mit Universalitätsanspruch auftretender Theorie, in den Dienst eines Imperialismus gestellt werden könnte, in welchem die Durchsetzung von Interessen ihre Rechtfertigung leiste. Russell sieht eine enge Verbindung zwischen dem vom Pragmatismus als unbedenklich ausgewiesenen Wahrheitsrelativismus und feindlichem Nationalismus, wie er in den globalen Konfrontationsszenarien der Weltkriege zu beobachten war.

Die Karriere des Pragmatismus

Relativismus (historisch und kulturell)

Das 19. Jahrhundert bringt bereits gewisse Spuren einer Abkehr von geschichtsphilosophischem Denken und eine Hinwendung zur geschichtswissenschaftlichen Betrachtung historischer Prozesse mit sich. Zugleich wächst das Bewusstsein von der Pluralität menschlicher Lebensformen und Normen, deren historische und kulturelle Gebundenheit immer klarer ins Bewusstsein tritt. Die immer weiter um sich greifende Skepsis gegenüber den großen und allumfassenden Weltdeutungen der Religion oder der Philosophie verstärkt diese Tendenzen, die sich bereits im 19. Jahrhundert vollziehen, so dass ein historischer und kultureller Relativismus um die Jahrhundertwende zu einer umfassenden Weltanschauung beziehungsweise zu einem weit geteilten

Lebensgefühl wird. An die Stelle einer totalisierenden Vernunfterklärung tritt das Bewusstsein der Kontingenz und radikalen Veränderbarkeit nahezu aller Aspekte des menschlichen Lebens.

Während sich dieser Umschlag bei vielen Zeitgenossen – zu nennen wäre hier exemplarisch das Frühwerk von Georg Lukács (1885–1971) – als Verlusterfahrung manifestiert, kann man das philosophische Werk von Friedrich Nietzsche (1844–1900) als Ausdruck einer durchaus emphatischen Bejahung dieses Prozesses lesen. Nietzsches Philosophie, deren Rezeption erst im 20. Jahrhundert richtig einsetzt, hat viele Gesichter und integriert Elemente des Existentialismus mit einer generellen Vernunftskepsis, einer massiven Kritik an Religion und Moral sowie einer Orientierung an naturwissenschaftlicher Weltdeutung. Die Vernunft ist nicht mehr Organon wahrer Erkenntnis, sondern lediglich Werkzeug zur Lebenserhaltung und -steigerung. An die Stelle des Ideals intersubjektiver oder gar subjektunabhängiger Wahrheit tritt ein radikaler Perspektivismus, der die Wirklichkeit sowohl ontologisch als auch epistemologisch in eine irreduzible Pluralität von Perspektiven auflöst. Nicht mehr die rationale Konstruktion umfassender Theorien, die einen universalen Geltungsanspruch erheben, sondern der artistische Akt eines sich am genialen Künstler orientierenden autonomen Subjekts ist das grundlegende Modell. Verbunden mit einer generellen Absage an Transzendenz oder universale Vernunft entwirft Nietzsche das Bild eines autonomen modernen Subjekts, das sich gegen die Bevormundung durch historisch überkommene Moralvorstellungen und soziale Konventionen wehrt, um ein authentisches Leben zu führen. An die Stelle einer totalisierenden Metaphysik, die vermutlich in Hegels philosophischem System ihren rationalistischen Höhepunkt erreicht hat, tritt bei Nietzsche eine sich antimetaphysisch gebärdende Metaphysik der artistischen Existenz des modernen Menschen, der sich und seine Welt in ihrer radikalen Kontingenz auszuhalten und zu gestalten versucht.

Friedrich Nietzsche

Damit ist jedoch einem positiven oder konstruktiven Theoriedesign keine Vorlage geliefert, solange sich die Reflexion auf die historische und pluralistische Verfasstheit der Lebenswelt jedes Beitrages zu systematischer Kritik des Bestehenden enthält. In einer Ausprägung nimmt diese Enthaltung die Gestalt des Historismus an, welcher einzig den Rekurs auf die Genese sozialer Phänomene, insbesondere politischer Ereignisse und Institutionen, als Medium der Auseinandersetzung zulässt. Jenseits der Darstellung objektiver Befunde darüber, aus welchen Konstellationen Geschehnisse und Einrichtungen hervorgegangen sind, hat der Beobachter gemäß dieser Weltanschauung keine Erkenntnis anzustreben. In dieser Haltung wirkt ein im Wesentlichen positivistisches Verständnis nach, demzufolge die Komplexität und der einzige wissenschaftlich erschließbare Gehalt sozialer Phänomene in ihrer historischen Entstehung zu suchen und zu finden ist.

Historismus

Eine andere Ausprägung erfährt die Anerkennung der historischen und pluralistischen Verfasstheit der Lebenswelt im Relativismus. Ausgehend von der faktisch vorgefundenen intra- und interkulturellen Pluralität von Lebensentwürfen und Weltdeutungen stellt der Kulturrelativist fest, dass in dieser Pluralität einander widersprechende normative Prinzipien zum Ausdruck kommen. Über die skeptische Annahme, dass es unmöglich ist herauszufinden, welche der konkurrierenden Positionen wahr ist, geht der Relativismus hinaus, indem er die These formuliert, dass es eine

Relativismus

solche über oder hinter der Pluralität liegende Wahrheit gar nicht gebe. Die Kernidee des Relativismus besagt vielmehr, dass jede Weltdeutung eine ihr immanente Wahrheit zum Ausdruck bringt, relativ zu der sie begründet und wahr ist. Da sich die divergierenden Lebensentwürfe und Weltanschauungen nicht auf einen gemeinsamen Nenner zurückführen lassen, gibt es einerseits keine Möglichkeit, sie ineinander zu übersetzen. Andererseits bestehe aber auch kein Widerspruch zwischen ihnen, da es auf Grund der Relativität der Aussagen gar keinen gemeinsamen Diskurs geben könne.

In seiner umfassenden Form führt der Relativismus auf die Vorstellung inkommensurabler Weltbilder und -deutungen, die nebeneinander bestehen und zwischen denen nicht mehr mit rationalen Gründen entschieden werden kann. In seiner speziellen Variante als ethischer Relativismus wird eine Ethik mit universalem Geltungsanspruch als die Pluralität und das Eigenrecht konkurrierender Weltdeutungen missachtender Übergriff zurückgewiesen. Der von hier ausgehende Aufruf zur Toleranz erzeugt jedoch für den ethischen Relativismus ein unlösbares Problem: Entweder ist das Toleranzgebot selbst auch nur eine ethische Norm mit relativer Geltung, oder aber es nimmt für sich genau die übergreifende Geltung in Anspruch, die es – gemäß den Voraussetzungen des ethischen Relativismus – gerade nicht gibt.

Die Wende zur Sprache

Die bisher in diesem Ausblick erwähnten Weltdeutungen teilen mit den Weltanschauungen des 19. Jahrhunderts eine grundlegende Gemeinsamkeit: Sie gehören zum Paradigma der Bewusstseinsphilosophie, dem sie ihre grundlegenden ontologischen, epistemologischen und methodologischen Bestandteile entnehmen. Im 20. Jahrhundert vollzieht sich, entscheidend von der Philosophie initiiert, aber auch eine Abkehr von diesem bewusstseinstheoretischen Paradigma, die sich als Hinwendung zur Sprache beziehungsweise als *linguistic turn* charakterisieren lässt.

Auf unterschiedliche Weise partizipieren die hier vorgestellten Ansätze, auch wenn sie sich teilweise antiphilosophisch verstehen, an basalen bewusstseinstheoretischen Voraussetzungen. In einer expliziten Abkehrbewegung von dieser Tradition findet zu Beginn des 20. Jahrhunderts eine grundlegende Umorientierung statt: Nun soll nicht mehr die Analyse des Bewusstseins oder des Geistes, sondern die Analyse der Sprache der angemessene Zugang der Philosophie zu ihren Fragestellungen und für ihre Problemlösungen sein. Vor allem in den »Philosophischen Untersuchungen« Ludwig Wittgensteins (1889–1951) kommt diese gegenüber dem 19. Jahrhundert innovative Weltanschauung zum Ausdruck. Sie nimmt dabei im Laufe des 20. Jahrhunderts vielfältige Formen an, die von der Konstruktion einer idealen Wissenschaftssprache als Grundlage einer Einheitswissenschaft über die Analyse der Grammatik der Alltagssprache bis zur pragmatistischen Vorstellung, dass Sprache als eine besondere Form des Handelns und sprachliche Bedeutung als Sprachgebrauch zu verstehen sei, reichen.

Gelegentlich wird dieser *linguistic turn* auch als eine Entwicklung hin zu einem nachmetaphysischen Vernunftgebrauch bewertet, in dem sich die Erfahrung der Pluralität und Säkularisierung der Moderne angemessen niedergeschlagen hat. Die gegenwärtigen Entwicklungen der sprachanalytischen Philosophie, die sich in ihren Anfängen als dezidiert antimetaphysisch begriffen und dabei verschiedene der im 19. Jahrhundert prominenten Weltanschauungen affirmativ oder ablehnend aufgenommen hat, zeigen aber, dass auch diese Form der Antimetaphysik nur in der Gestalt einer Metaphysik vorgetragen werden kann, wenn sie mehr zu sein beansprucht als eine isolierte Einzelwissenschaft mit begrenztem Erkenntnisinteresse und beschränkter Erkenntnisfunktion. Die unterschiedlichen Akzente und Spannungen, durch welche sich die Weltanschauungen des 19. Jahrhunderts charakterisieren lassen, finden sich jedenfalls auch innerhalb der unterschiedlichen Weltdeutungen wieder, die innerhalb der Sprachphilosophie entwickelt worden sind.

Autonomie der Kunst – Eine europäische Scheinrealität

Lars Eisenlöffel

Wozu Kunst?

Nach der Vollendung der Siegesallee mit den Standbildern der Hohenzollerndynastie (1901) hielt Kaiser Wilhelm II. vor Berliner Künstlern eine Rede über Funktion und Bedeutung der Kunst: „Die Kunst soll mithelfen, erzieherisch auf das Volk einzuwirken, sie soll auch den unteren Ständen nach harter Mühe und Arbeit die Möglichkeit geben, sich an den Idealen wieder aufzurichten." Seine Rolle als Auftraggeber verglich der Kaiser mit dem Mäzenatentum eines Renaissancefürsten, der „seine" Künstler in Lohn und Brot brachte. Zentral für die Lösung einer künstlerischen Aufgabe sei der „direkte Verkehr des Auftraggebers mit dem Künstler". So diente Wilhelm II. die Kunst der „Selbsterschaffung des Fürsten", wie sie bei Niccolò Machiavelli und Thomas Hobbes formuliert wurde, der Repräsentation seiner Macht. Eine derartige politische Indienstnahme der Kunst war freilich bereits seinerzeit ein anachronistisches Zerrbild. Denn die Entfaltung der europäischen Kunst fand seit dem Mittelalter entlang des Diskurses um ihre Autonomie statt. Stellte die Idee einer Autonomie der Kunst nicht ein Konstrukt der in sich doch sehr vielfältigen europäischen Renaissance dar (vgl. Band IV, S. 266 f., 272 f.)? Jedenfalls waren es Höfe und reiche Bürger, welche „die Kunst als Zeugen einer Herrschaft protegier[t]en, die frei, autonom nur sich selbst verpflichtet" sein sollte. Anknüpfend an diese Feststellung von Horst Bredekamp soll „Autonomie der Kunst" hier in ihrer „Scheinrealität" verstanden werden, eben nicht als Autarkie des Künstlers, sondern als eine emanzipatorische Abgrenzung des Künstlerischen, zunächst gegenüber dem Handwerklichen.

Wozu Kunst?

Schon im Mittelalter standen das Sinnliche und das Spirituelle, Kunst und Religion, in einem Wechselzusammenhang, der oft genug als Widerspruch gedeutet wurde, so im Streit um eine luxuriöse Ausstattung von Gotteshäusern. Während die einen, zum Beispiel Bernhard von Clairvaux, ästhetischen Genuss als Ablenkung von einer rein geistigen Hingabe an Gott ablehnten, deuteten ihn andere, wie Abt Suger von Saint-Denis, als einen Weg zur inneren Einkehr, als eine Beglaubigung des sich im Dargestellten offenbarenden Heiligen. Diese wurde in der spätmittelalterlichen Kunst allenthalben angestrebt. In der Renaissance gelangte die „Befreiung" der

Kunst aus dem exklusiv kirchlichen Auftrag durch eine neue, breiter angelegte, nun auch bürgerliche Kundschaft zur Blüte. Das förderte das Selbstbewusstsein der Künstler: Schon ein Jan van Eyck signierte seine Werke, und zwar mit dem Zusatz „Wie ich es vermag"! Er begriff sich nicht mehr als Handwerker, sondern als vollwertiges – das heißt gelehrtes – Mitglied der höfischen Gesellschaft. Die durch die neuartige Technik der Ölmalerei möglich gewordene Realitätsnähe seiner Werke führte keineswegs in einen naiven „Naturalismus", sondern spiegelte ausdifferenzierte Topoi theologischer und scholastischer Diskurse. So wurde der Künstler mit einem schöpferischen Menschen identifiziert – ähnlich Gott schuf er sein Werk aus sich heraus, und zwar als Werk der „freien Künste", die traditionell höher standen als die „mechanischen" des „bloßen" Handwerks. Albrecht Dürers Selbstporträt aus dem Jahr 1500 zeigt ihn in einer zunächst blasphemisch anmutenden Inversion christologischer Ikonografie: Dürer hat sich, den Menschen, als Ebenbild Gottes gemalt. Darüber hinaus begreift er Kunst als Wissenschaft, die ihren eigenen – insbesondere geometrischen – Gesetzmäßigkeiten folgt, mithin „autonom" ist. Neben einem gottgegebenen Talent, das heißt einer gewissen Originalität, erheben den Künstler laut Dürer Proportionen, Perspektive und Naturstudium über den Handwerker. Die Autonomisierung der Kunst in der Renaissance war also ein vorrangig technisch inspirierter Gedanke. Dabei kreiste die Verwissenschaftlichung des künstlerischen Aktes stets um die Idee der Mimesis, der Naturnachahmung, die freilich, so Leonardo da Vinci, weit mehr sein sollte als die bloße mechanische Wiederholung des Sichtbaren, vielmehr dessen Selektion und Reflexion. Damit sollte eine neue, „zweite Natur" entstehen, ein idealtypisches Abbild der empirischen Wirklichkeit. So löste sich die Kunst von metaphysischen und theologischen Legitimationen, und die ursprüngliche Einheit von „schön" und „gut" wurde aufgehoben, die „Autonomisierung der ästhetischen Sphäre eingeleitet" (Erwin Panofsky). Vorerst freilich wurden die Zusammenhänge nicht vollends getrennt – stand doch die Darstellung religiöser Inhalte bis ins 19. Jahrhundert an der Spitze der Hierarchie möglicher Themen.

Vormoderne Entwicklungen

Die Hinwendung zur Natur war indes Ausdruck und Ergebnis eines sich entfaltenden Kunstmarktes – und damit einer Verschiebung in den Beziehungen zwischen Künstler und seiner Klientel. Besonders im 17. Jahrhundert lässt sich eine zunehmende Konstruktivität der Kunst beobachten. Der Mensch wird in Gestik und Mimik und deren systematischer Rhetorik lesbar; die Natur wird zur Landschaft und als solche zur Metapher innerer, seelischer Zustände. Das barocke Gesamtkunstwerk appellierte weniger an die Vernunft, sondern mehr an Gefühl und Fantasie. Der Barockkünstler suchte die Realität hinter den Dingen: den Fingerzeig des Göttlichen ebenso wie die Scheinhaftigkeit, Vergänglichkeit allen Irdischen. Deshalb war die Kunst des Barock stets metaphorisch, allegorisch, ambivalent. Autonomie der Kunst beruhte nun auf ihrer Erfindungskraft. Das Werk war nichts als Ausfluss des künstlerischen Geistes, seiner „inneren Zeichnung", die allem Kunstschaffen vorangeht. Dem künstlerischen Werk, dessen Inhalt über das Dargestellte weit hinausreichte, lag die gottgegebene Spontaneität des Genies zugrunde, aber auch eine hohe Gelehrsamkeit, denn der

Herrscher brauchte den Künstler als Mediator seiner Botschaften und seines Machtanspruchs, die es mit größtmöglichem Geschick zu untermauern galt.

Macht und Stellung des Künstlers

Insbesondere vor diesem Hintergrund politischer Indienstnahme der Kunst wird ihre Eigenständigkeit deutlich: Die Kunst hat überwältigende persuasive Macht, wenn sie mittels geschickter Inszenierung die Wünsche des Auftraggebers einerseits und die Begehrlichkeiten des Publikums andererseits ineinander vermittelt. So verlangt Peter Paul Rubens für ein Kunstwerk bildsprachliche Klarheit und Deutlichkeit, um die Verständlichkeit für den Betrachter zu wahren. Klarheit entsteht durch die Verwendung einschlägiger Gestik und Mimik – Gebärden und Haltungen sind von jedermann leicht zu lesen und zu interpretieren – sowie Farb-, Situations- und Attributssymbolik. Menschen sind in ihrer Eigenart präsentierbar durch Gesicht, Stellung und Kleidung, die insgesamt die Person charakterisieren. Der Künstler nutzt allgemein bekannte Figurationen und Bildmuster – das schließt auch das Kopieren, Zitieren und Übernehmen früherer künstlerischer Lösungen ein. Gerade Rubens war ein großer Kopist, der zahlreiche Werke nachbildete und sie für die eigene Kunst anverwandelte. Als Künstler und Diplomat in Diensten der großen Herrscherhäuser Europas wurde er geadelt (1624) und betonte dennoch stets seine bürgerliche Herkunft – nicht als unhintergehbares geburtliches Manko, sondern als ein Moment der Gleichberechtigung gegenüber seinen aristokratischen Auftraggebern. Wie Rubens erlangten auch Raffael, Tizian, Gian Lorenzo Bernini und andere durch ihr Werk eine besondere gesellschaftliche Stellung und zum Teil sagenhaften Reichtum. Die führenden Gesellschaftsschichten betrachteten sie als ihresgleichen. Doch dies gelang den wenigsten Künstlern. Rembrandt, der für bürgerliche Kreise arbeitete und ein „unangepasstes" Leben führte, starb in Armut.

Künstler und Gesellschaft – *L'art pour l'art*

Die Erfindung des Subjekts

Erst im 18. Jahrhundert, unter veränderten sozialen Konstellationen, erfuhr das Nachdenken über die Kunst eine entscheidende Wende, die das Bild bis in die Moderne prägte. Es war das Zeitalter der Erfindung des Subjekts: Der Mensch als autonomes Subjekt geriet mehr und mehr ins Blickfeld der Betrachtung, so dass sich auch die Vorstellungen von der Kunst, ihren Produzenten und Rezipienten, zwangsläufig ändern mussten. Beispielhaft lässt sich dies an Francisco de Goya nachvollziehen. Als dieser 1774 an den Madrider Hof kam, wurde er zunächst ausschließlich in der Teppichmanufaktur beschäftigt. Statt wie zuvor üblich die niederländischen Vorlagen aufzuarbeiten, begann Goya, eigene künstlerische Erfindungen auszuführen. So stieg er zum „Maler des Königs", danach zum „Hofmaler" und schließlich 1799 zum „Ersten Hofmaler" auf. Mit seinem Verdienst war er schon in den 1780er Jahren zufrieden, und doch war ihm bewusst, dass seine Karriere und sein Ansehen als Künstler darunter litten, als Gewerbemaler sein Geld machen zu müssen. Er versuchte, den Lebensstil eines Höflings zu pflegen, was ihm erst 1799 mit seinem neuen Jahressalär glückte. Gleichzeitig aber veröffentlichte er seinen Zyklus der »Caprichos« – einer Serie äußerst zeit- und gesellschaftskritischer Radierungen. In der Ankündigung dieses Zyklus notierte Goya, es handle sich dabei größtenteils nur um Produkte seiner Fantasie – ohne fremde Vorbilder und ohne das Bemühen, die Natur nachzuahmen. Doch halte er es für verdienstvoll, selbst düstere, verworrene, emotionale Fantasieformen und -geisteshaltungen an den Tag zu bringen – nur so werde der Künstler wahrhaft schöpferisch tätig. Goya pointierte damit das Kunstverständnis der neuen Zeit. Ihm ging es um eine nicht an akademische Regeln gebundene Schöpferkraft, um das genialische Talent, das dem Künstler innewohnt und das ihn zum prometheischen Schöpfer macht. Kunst folgt eigenen Regeln, die sich aus den Intentionen und Anlagen des Künstlers ergeben: Für Goya war die Darstellung von „Geisteshaltungen“ oberstes Ziel. Die von ihm so genannten „düsteren Geisteshaltungen“ sind dunkle Vorstellungen im Gegensatz zu den klassischen „klaren Ideen“, die vormals als höchste Erkenntnisform und selbst als ein Wahrheitskriterium für die Erkenntnis des Wesens einer Sache galten. Diese ans Licht zu bringen, seinen Zeitgenossen vor Augen zu führen, ist Pflicht des Künstlers und Aufgabe der Kunst.

Das Selbstverständnis als eigenständiger, sich selbst Gesetze, Regeln, Verfahrensweisen gebender Künstler offenbarte Goya paradigmatisch im Umgang mit seinem Auftraggeber. Obgleich äußerlich erfolgreich, ging Goya zunehmend auf Distanz zum Hofleben. Nach seinem 1800 geschaffenen Porträt der Familie Karls IV. schuf er, zutiefst enttäuscht und desillusioniert durch die politischen Zeitläufte, nichts Wesentliches mehr für den Hof. „Seine ‚Analyse‘ der königlichen Familie legt denn auch beredtes Zeugnis ab über deren moralische Qualitäten. Die Diskrepanz der bis auf wenige Ausnahmen hässlichen Gesichter, die im Pomp der prunkvoll glitzernden Kleider umso mehr auffallen, wurde von den Abgebildeten weder bemerkt noch beanstandet. Sie waren, allen voran die Königin, restlos begeistert“ (Sigrun Paas-Zeidler). Diese Ironisierung des klassischen Auftraggeber-Künstler-Verhältnisses entgeht jeder Indienstnahme für repräsentative, ideologisch-propagandistische Zwecke.

Auch ein heute kaum bekannter Künstler wie Asmus Jakob Carstens brachte um dieselbe Zeit dieses neue Selbstverständnis des Künstlers und seines Werkes auf den Punkt, wenn er, mit einem königlichen Stipendium zur Fortbildung nach Italien entsandt, dem zuständigen Minister gegenüber seinen befehlswidrigen Verbleib in Rom damit rechtfertigte, dass er kein Leibeigener der Berliner Akademie sei. Er gehöre der Menschheit, und hinsichtlich der Nutzung seines Talents sei er nur Gott gegenüber Rechenschaft schuldig. Im Übrigen habe er durch die Ausstellung seiner Werke das in ihn investierte Geld bereits zurückgezahlt. Carstens brach damit mit dem bis dahin gängigen Selbstverständnis, dass die Werke des Künstlers dem ihn fördernden Fürsten gehörten. Doch spiegelte sich in diesem Anspruch das ganze Dilemma der „neuen“ künstlerischen Existenz: Sein Eigentum musste ihn nun ernähren – und der bürgerliche Kunstmarkt war nicht zum Schenken aufgelegt. Der kleinbürgerlich geborene Caspar David Friedrich fühlte sich sowohl

Das Dilemma der bürgerlichen Existenz

*Francisco de Goya: »Der Schlaf der Vernunft gebiert Ungeheuer« (»*El sueño de la razón produce monstruos*«, 1799). Diese in der Technik der Aquatinta ausgeführte Radierung Nr. 43 stammt aus seiner 80 Bilder umfassenden Sammlung »Caprichos« (dt. „Launen", „Einfälle"), die zu den bedeutendsten und meistinterpretierten graphischen Werken der Kunstgeschichte zählen.*

in seinem Verhältnis zu seinen Auftraggebern als auch im Hinblick auf die bildkünstlerischen Grundlagen seines Wirkens frei. Er war damit ein Prototyp des modernen Künstlers, der sich auf dem freien Markt, ohne die traditionelle Bindung an einzelne Auftraggeber und Mäzene, behaupten musste. Zugleich ist Friedrich als Galionsfigur der deutschen Romantik der Inbegriff eines autonomen Künstlertums – sowohl im

Caspar David Friedrich: »Tetschener Altar« (1808).

Nachdenken über seine Arbeit als auch im Schaffen seines Werks. Nachdem er zunächst an der Kopenhagener Akademie studiert hatte, bildete er sich jahrelang vornehmlich autodidaktisch weiter und wandte sich von der Historienmalerei ab und, als leidenschaftlicher Spaziergänger, dem Naturstudium zu. Die Landschaftsmalerei, früher am unteren Ende der Gattungshierarchie, wurde für ihn zum Höchsten, denn eher als die tradierte religiöse Malerei vermöge sie auszudrücken, was der Künstler

in sich selbst fühle. Sein erstes Ölgemälde (1807/1808) machte Friedrich schlagartig berühmt: das »Kreuz im Gebirge«, auch »Tetschener Altar« genannt. Es spaltete das Publikum in begeisterte Anhänger und gnadenlose Kritiker. Obwohl Friedrich das angebliche Altarbild, in Wahrheit aber seinem (schwedischen) König dedizierte Gemälde zunächst behalten wollte, verkaufte er es schließlich und stellte damit die politische Lesart zugunsten einer religiösen zurück. Deshalb wurde das Bild zum Skandal. Friedrichs „Anmaßung“, so Kritiker, bestand in seinem Verstoß gegen die tradierte Gattungshierarchie sowie in der Umwertung der Natur als Ausfluss und Sinnbild göttlichen Schöpfertums. Nicht einmal die grundlegendsten Maßstäbe der Kunst scheine der Künstler zu kennen: Zentral- und Luftperspektive fehlten im Bild ebenso wie die Differenzierung zwischen Vorder-, Mittel- und Hintergrund; die Lichtführung sei willkürlich und die Tageszeit unbestimmt. Alle diese Einwände sind gut beobachtet und treffend formuliert – und offenbaren umso deutlicher die Radikalität, mit der Caspar David Friedrich das akademische Kunstverständnis zertrümmerte und neue, ihm eigene Wege suchte.

An die Adresse der Kritiker formulierte Friedrich: „Denen Herren Kunstrichter genügen unsere teutsche Sonne, Mond und Sterne, unsere Felsen, Bäume und Kräuter, unsere Ebenen, Seen und Flüsse nicht mehr. Italienisch muss alles sein, um Anspruch auf Größe und Schönheit machen zu können.“ Jenseits eines oberflächlichen Patriotismus beschrieb Friedrich hiermit einerseits seine Motivwelt; andererseits wurde hier auf die Kontextualität der Kunstproduktion verwiesen, die schon Johann Gottfried Herder als Gegenposition zu Johann Joachim Winckelmann formuliert hatte: Die Kunst der Völker sei „durch Land und Zeit und Gegend, durch Lehre und Unterweisung gebunden“. Im Gegensatz zu Friedrichs oft ostentativem Franzosenhass lässt sich zugleich ein quasi rousseauscher Zugang zur Natur wahrnehmen. Beide waren Flaneure in der Natur und nahmen die im Landschaftserlebnis evozierten Stimmungen, Gedanken und Ideen zum Ausgangspunkt einer schwerlich in anderen Kunstformen darzustellenden geistigen Auseinandersetzung.

„Nationalisierung“ der Kunst

Im Hinblick auf die Autonomisierung des Kunstwollens und Kunststrebens bleibt die Frage nach der Ausdruckswertigkeit des Naturgegenstands. Wahrnehmung und Lesbarkeit der Naturerscheinungen sind vorderhand kulturell geprägt, wie es schon bei Herder durchklang. So ist auch diese Grenze nach ihrer Überschreitbarkeit hin, nach ihrer Verbindlichkeit für den freien Künstler und das autonome Werk zu untersuchen.

Ausgehend von der Begründung einer Autonomieästhetik seit Immanuel Kant, wurde der sich allmählich entfaltende moderne Kunstbegriff vor allem im deutsch-französischen Diskurs ausgeformt. Noch Winckelmann, Gotthold Ephraim Lessing oder Herder hatten der idealen Schönheit Priorität eingeräumt, indem sie die Vorbildlichkeit der Geschichte – namentlich der Antike – betonten. Nun differenzierte etwa Kant zwischen dem Schönen und dem Nützlichen: Schön sei etwas nur, wenn es „ohne alles Interesse gefällt“, also äußerlich zweckfrei in sich

Kants Autonomieästhetik

selbst vollendet sei. Die Herstellung solcher Gegenstände, das heißt die schöne Kunst selbst, erfordere ein Genie, das der Kunst die Regeln gibt, und zwar auf Grund seines Geschmacks. Dieser ist das Selbstregulativ des Künstlers oder anders ausgedrückt: Der Künstler schafft aus sich selbst heraus, nach Maßgabe eigener Kriterien und Urteile.

Friedrich Schiller griff diesen Gedanken verschärfend auf, wenn er meinte, Kunst – wie Wissenschaft – müsse sich von allen menschlichen Konventionen lösen. Der Gesetzgeber könne „den Wahrheitsfreund ächten, aber die Wahrheit besteht; er kann den Künstler erniedrigen, aber die Kunst verfälschen kann er nicht". Doch sieht Schiller die Kunst als „Werkzeug" zur „Veredlung des Charakters" des Einzelnen, um im Fortgang zur „Verbesserung im Politischen" zu gelangen, zur Beseitigung „einer barbarischen Staatsverfassung". Das heißt, dass die Kunst von allen außer ihr liegenden Funktionalismen befreit ist, sie aber gleichwohl durch ihre schiere Präsenz zur Zivilisierung der Gesellschaft beizutragen vermag. Kunst ist nicht lediglich Mittlerin, sondern Organon von Bedeutungen und Ideen. Damit wird sie zum Agens des Zivilisationsprozesses. In diesem Sinne sind auch die Einrichtungen öffentlicher Museen, die Zugänglichmachung ehedem höfischer Kunstsammlungen und die Popularisierung von Kunstwerken in Stichen, Gipsabformungen etc. zu verstehen.

In diesen Jahren war die Idee der „Kunst um ihrer selbst willen" (Friedrich Schlegel) in der Formel des *l'art pour l'art* im französischen Sprachraum rezipiert. Die Rede von der Autonomie der Kunst war seit je gebunden an die zwei ineinander verwobenen Fragen nach dem Verhältnis der Kunst zur Natur und nach dem Verhältnis des Künstlers zur Gesellschaft. Der Künstler, der sich nun seine Regeln selbst gibt, ist weder gebunden an die Nachahmung der sichtbaren Welt noch an die Erfüllung der Wünsche eines Auftraggebers oder die inhaltlichen wie geschmacklichen Erwartungen des Publikums. Ganz im Gegenteil: Der große Künstler unterläuft diese, indem er alles Schulmäßige meidet und zu originellen Lösungen nach eigenem Ausdruckswollen gelangt.

L'art pour l'art

Eine neue Figuration des Autonomen etabliert sich paradigmatisch bei Théodore Géricault und Eugène Delacroix – in ihrem Werk wie in ihrem Leben. Sie entwickeln das Schockmoment zum neuartigen Rezeptionsmotiv. Zugleich repräsentieren sie in ihrem Lebensstil den neuen Typus des Dandy, „der sich nonkonformistisch von der verachteten Masse abzuheben sucht und zu der als langweilig empfundenen bürgerlichen Umwelt auf Oppositionskurs um jeden Preis geht" (Jutta Held, Norbert Schneider). Der Dandyismus ist nicht allein eine ästhetische Kategorie, sondern holt vielmehr das seit Kant und Schiller explizit ausgeklammerte moralische Moment zurück in den substantiellen Gehalt des Werks, indem dessen Schöpfer sich kritisch, selbstdenkend, von herrschenden Moralvorstellungen abwendet und der Gesellschaft den Spiegel in persona vorhält. Géricaults »Floß der Medusa« ist eine großformatige Anklage staatlicher Institutionen, handelte es sich bei der „Medusa" doch um ein staatliches Schiff, das auf Grund der Inkompetenz des Kapitäns gesunken war. Hatte sich Géricault zunächst an Michelangelo und Caravaggio orientiert, so nahm er seine

Paul Gauguin: »Parau Api Aka. Was gibt's Neues?« (1892) – ein Beispiel für den Exotismus in der Moderne.

Bildideen alsbald direkt von der „Natur“: Er skizzierte in Leichenhallen und Krankenhäusern! Durch die direkte Konfrontation mit dem Bildgeschehen und die fast barock anmutende Steigerung der Affekte zum Pathos wird der Betrachter der schockierenden Kreatürlichkeit der nackten Überlebenden ausgesetzt.

Der antibürgerliche Impetus prägte auch Gustave Courbet; er nannte seinen Kunststil explizit „Realismus“: Unter diesem Titel veranstaltete er 1855 in einer Baracke eine Ausstellung, die sich ausdrücklich gegen die Ausstellung der Akademie und der dort präsentierten wohlsituierten Künstler wandte. Sein künstlerisches Konzept propagierte er 1861 auf einem Künstlerkongress als „Verneinung des Ideals“, die allein „zur vollen Selbstbefreiung des Individuums bis hin zur Verwirklichung der Demokratie“ führe. Die Frage nach dem, was „Realismus“ oder gar „Naturalismus“ in der Kunst sei, bestimmte die Entwicklung bis in die Zeit der aufkommenden Moderne. War die sichtbare Welt seit Jahrhunderten als Ausdrucksträger sui generis – wenngleich in unterschiedlichen stilistischen Ausformungen – anerkannt, so wurde sie zunehmend selbst fragwürdig. Mit der Entdeckung exotischer und „primitiver“ Kunst- und Kulturformen verband sich der Versuch, durch deren Integration in die abendländischen Traditionen und Wahrnehmungsgewohnheiten neue Sinnperspektiven zu etablieren. Diese Hinwendung zu außereuropäischen Kulturen in ihren Farben, Formen und Bildgegenständen sollte neue Sicht-

Realismus und Exotismus

weisen, bislang ungekannte Erzählstrukturen und gänzlich ungewohnte Rezeptionsmuster generieren. Beispielhaft sind dabei die Südseebilder Paul Gauguins. Eine ähnliche Form des Exotismus lässt sich in den Bildern unter anderem von Edgar Degas und des in Paris und London lebenden US-Amerikaners James Whistler erkennen, die in ihren Arbeiten die Techniken des japanischen Holzschnitts rezipierten. Im Werk beider Künstler finden sich zahlreiche Motive und Kompositionsweisen aus der japanischen Kunst. Die Verbreitung japanischer Graphik sowie von Kleidung, Möbeln und Porzellan war seit der „Öffnung" Japans möglich geworden; in den Hauptstädten Europas brach nun eine regelrechte Japanmode aus. Degas und Whistler, zwei große Einzelgänger innerhalb der Bewegung des europäischen „Impressionismus", zählen zu den frühesten Japanrezipienten. Die Synthese beider Bildkulturen wird beispielhaft im Aquarell »Balcony« von Whistler deutlich: Es ist geprägt durch die Eleganz und Strahlkraft eines japanischen Holzschnittes (vgl. die Abbildungen auf den beiden folgenden Seiten). Anders als zum Beispiel im Zeitalter der Chinoiserien des 18. Jahrhunderts ging es den Künstlern nun nicht mehr allein um die Affirmation des vorgefundenen Fremden, sondern um die kritische Integration des Anderen in die eigene Wahrnehmung, Motivwelt und Bildsprache.

Signifikant sind auch – und damit schließt sich der Kreis aus Kunst, Natur, Wissenschaft und Kultur – Whistlers Entwürfe zur Illustration seines Buches »The Gentle Art of Making Enemies« (»Die artige Kunst sich Feinde zu machen«), einer 1890 erschienenen Sammlung von Schriften dem Künstler nicht wohlgesinnter Zeitgenossen sowie von deren sarkastischen Bemerkungen. Mehr als 100 Schmetterlinge aller Art illustrieren die Texte – ihr giftsprühender Stachel scheint dazu ein Kommentar. Whistler signierte seit den 1860er Jahren seine Werke mit einem Zeichen, das eine Kombination seiner Initialen „JMW" mit dem in Japan beliebten Schmetterlingsmotiv darstellte. Es war keine feststehende Signatur, sondern Whistler erfand immer wieder neue, phantasievolle Varianten des Monogramms, so dass der Schmetterling zum unverwechselbaren Erkennungsmerkmal für Whistler wurde. Der Schmetterling spielte für ihn aber auch in anderer Hinsicht eine entscheidende Rolle: Wie sehr Whistler sich mit der Natur der Schmetterlinge beschäftigte, bezeugen Präparate aus seinem Nachlass wie ein blauer Morphofalter. Der in Südamerika heimische *Morpho Cypris* wurde erstmals 1851 beschrieben, das heißt, Whistler hatte ein Exemplar einer relativ neu entdeckten Gattung für sich erwerben können. Naturforschend wendet sich der Künstler der Naturschönheit zu. Whistler studierte die Natur, um sie zur ausdrucksvollen Kunst werden zu lassen.

Künstler, Kritiker und Auftraggeber

Um Whistlers Verhältnis zu einem Auftraggeber paradigmatisch für die gesellschaftliche Rolle des Künstlers seit der Moderne zu charakterisieren – und damit auf die eingangs erwähnte anachronistische Kunstaffirmation von Wilhelm II. zurückzuführen –, sei erwähnt, dass der mit der Ausgestaltung eines Raumes im Hause Leyland beauftragte Künstler nicht nur eines Tages Hausverbot, sondern von seinem Auftraggeber sogar Peitschenhiebe angedroht erhielt, sollte er sich noch einmal in

James McNeill Whistler: »Variationen in Inkarnat und Grün: Der Balkon« (»Balcony«, 1864–1870). In Kimonos gehüllte Frauen genießen auf einem Balkon den Ausblick auf eine Flusslandschaft. Dieses Bild entstand – wie alle „japanischen" Bilder Whistlers – im ersten Stock seines Hauses in der Lindsey Row. Einer der dortigen Räume besaß einen Balkon, der immer wieder in den Bildern auftaucht. Das Werk gibt also eine reale topographische Situation wieder. Am gegenüberliegenden Flussufer ist das Londoner Industriegebiet Battersea erkennbar.

Torii Kiyonaga: Der vierte Monat aus der Serie »Zwölf Monate im Süden« (um 1784). Dieser japanische Farbholzschnitt hat James Whistler möglicherweis als Vorbild für sein Balkon-Bild gedient.

der Gesellschaft von dessen Frau sehen lassen. Whistler amüsierte sich über Frederick Leylands Empörung und verwies ihn auf die von ihm dargestellten *Fighting Peacocks* in dessen Hause: Ein aufgebrachter Pfau hält in der Zeichnung eine Peitsche und bedroht damit einen anderen Vogel.

Veränderungen der politischen Welt

Abdülhamid II., von 1876 bis 1909 Sultan des Osmanischen Reiches, neigte öfter dazu, sich – nicht nur durch seine Uniform – als „moderner" Herrscher zu präsentieren (unbekannter Künstler, 1900).

Zwischenstaatliche Verflechtungen und politische Revolutionen

Walter Demel

Ursachen machtpolitischer Verschiebungen zugunsten Europas/des „Westens"

Das „lange 19. Jahrhundert" war machtpolitisch gesehen in wachsendem Maß ein „Jahrhundert Europas" beziehungsweise der Kernregionen des „Westens" (s. S. 2). Hier erreichte die letztlich für die übrige Welt vorbildliche oder dorthin exportierte „Staatsbildung" einen gewissen Abschluss. Ihren Ausdruck fand sie in Verfassungen. Der Weg dorthin führte jedoch regelmäßig über gewaltsame, grundlegende politisch-soziale Modernisierungen. Die ersten dieser politisierend wirkenden „Revolutionen", in Nordamerika und Frankreich, prägten überhaupt erst den Revolutionsbegriff in diesem Sinne. Weitere „atlantische" Revolutionen veränderten die innere Struktur der europäischen Staaten und zielten zum Teil auf die Bildung neuer Nationalstaaten (1830, 1848) und griffen (mit Haïti 1791/1804) bereits früh auch auf Lateinamerika über. Zwischen 1905 und 1911 erfasste eine globale, antiautoritäre, meist von Intellektuellen beziehungsweise nationalistischen Offizieren ausgelöste Revolutionswelle Russland, den Iran, das Osmanische Reich, Portugal, Mexiko und China. Sie setzte sich mit dem Ausgang des Ersten Weltkrieges noch fort. Dieser Export beziehungsweise diese (modifizierte) Rezeption europäischer Staats-, Verfassungs-, Nations- und Revolutionsvorstellungen resultierte aus der Zunahme der weltweiten politischen Verflechtungen. Letztere beschränkten sich nicht auf eine wachsende Zahl internationaler Organisationen: vom Telegraphenverein (1865) über den Weltpostverein (1878) bis hin zu den unter Beteiligung der meisten souveränen Staaten durchgeführten Haager Friedenskonferenzen (1899, 1907). Sie betrafen auch die Theorie (Richard Cobden, Alfred T. Mahan) und die Praxis der „Weltpolitik". Dafür sei hier ein Beispiel genannt: General Napoleon eroberte 1798 Malta und das von Mamluken regierte Ägypten. Daraufhin bildeten sich bilaterale Allianzen, unter anderem zwischen Russland, Großbritannien, Österreich und dem Sultan Selim III., der als Oberherr Ägyptens Truppen nach Großsyrien (Syrien, Libanon, Palästina) schickte, während Zar Paul, mittlerweile Großmeister des Malteserordens, Soldaten gegen die inzwischen französischen Ionischen Inseln sowie die Satellitenstaaten der Republik in Norditalien und der Schweiz sandte. Ein (letztlich

Revolutionen und politische Verflechtungen

unausführbarer) Auftrag des 29-jährigen Generals aber lautete, sich von Sues (Suez) aus nach Indien einzuschiffen. Dort sollte er Mysore (Maisur), wo Inder sogar einen Jakobinerklub gegründet hatten, gegen die Briten beistehen. Dieses Beispiel kann als symptomatisch dafür gelten, dass die angesprochenen Verflechtungen, von Europa vorangetrieben, auch machtpolitische Verschiebungen zugunsten des „Westens" widerspiegeln. Während nämlich „außereuropäische" Großreiche, wie das Osmanische Reich oder China, im 18./19. Jahrhundert trotz einiger Reformversuche machtmäßig einen Niedergang erlebten oder gar, wie das Mogul- oder das Safawidenreich, ihr Ende fanden, dehnten die europäischen Mächte, wozu nunmehr auch Russland zu zählen ist, ihre Herrschaft immer weiter aus, so dass 1914 Australien und fast ganz Afrika europäisches Kolonialgebiet geworden war. In Asien blieben nur noch Staaten erhalten, die ihnen als Pufferzonen dienten (Persien, Afghanistan) oder deren Aufteilung zu unlösbaren Differenzen zwischen ihnen geführt, im Falle Chinas vermutlich ihre Kontrollmacht auch überstiegen hätte. Obwohl sich die meisten amerikanischen Kolonien zur selben Zeit für unabhängig erklärten – ein gewaltiger Verlust für die iberischen Staaten –, entstanden auf diese Weise neue Weltreiche. Mehrere Ursachen können für diesen Prozess genannt werden.

Schon seit ca. 1700 hatten einige europäische Staaten (Schweden, Preußen, Savoyen-Piemont-Sardinien, künftig Piemont genannt) durch eine proportional zu ihrer Bevölkerungszahl hohe Militärstärke zumindest zeitweise ein vermehrtes politisches Gewicht erhalten. Durch die Massenaushebungen von 1793 an gelang es dem revolutionären Frankreich, seine Armee von ursprünglich ca. 182.000 Mann mehr als zu verdreifachen. Das war vor allem möglich, weil der Krieg nun nicht mehr eine Sache des Königs, sondern der „Nation" war – einer Nation, die ihre „Freiheit" (ein gegenüber den ständischen „Freiheiten" des *Ancien Régime* relativ neuartiger, aufklärerischer Kollektivsingular) verteidigte, ja sogar gehalten war, sie anderen Völkern zu bringen. Viel mehr als ein Söldnerheer von patriotischem Enthusiasmus beseelt, aber auch viel leichter – und billiger (!) – wieder „aufzufüllen", konnte ein solches Massenheer neuen taktischen Anforderungen genügen: Es vermochte, weil die Desertionsgefahr geringer war, beweglicher beziehungsweise in kleineren (z. B. Schützen-)Verbänden zu operieren. Die Einführung der allgemeinen Wehrpflicht für Männer – in Preußen schon 1813/1814, danach aber faktisch erst wieder seit den 1860er Jahren, in Österreich-Ungarn, Frankreich und Russland zwischen 1868 und 1874, in zwei Schritten in Japan 1872/1889, im Osmanischen Reich 1843/1909 – zeigt, dass die Furcht der „Herrschenden" vor dem eigenen „Volk" sank. Großbritannien, genauer das nach der Niederschlagung des irischen Aufstands von 1798 seit 1800 Vereinigte Königreich von Großbritannien und Irland, verzichtete bis 1916 auf eine ähnliche Einrichtung. Es hatte (und hat) dafür allerdings einen Ersatz in britischen Freiwilligen, Sikhs und in nepalesischen Gurkhas, von denen über 100.000 am Ende des Ersten Weltkriegs unter anderem in Flandern kämpften, gefunden. In Kriegen außerhalb Europas waren die meist mehrheitlich aus solchen einheimischen Söldnern bestehenden Truppen der Kolonialmächte ihren Gegnern häufig nicht

Mobilisierung moderner Massenheere

quantitativ überlegen. Fast immer aber verfügten sie über bei weitem – und damit entscheidend – bessere Ausbildung, Disziplin, Versorgung, Logistik, Kommandostrukturen und Kommunikationsmittel (optische, elektrische bzw. Funktelegrafen, Telefone, schließlich Autos) und nicht zuletzt über eine moderne Bewaffnung. Denn besonders nach 1850 profitierten sie von waffentechnischen Neuerungen wie Hinterladern, gezogenen Läufen, chemischen Sprengstoffen und Schnellfeuerwaffen. Das 1884 entwickelte Maschinengewehr *(Maxim gun)* verlieh den Europäern namentlich in Afrika ein derartiges Übergewicht, dass ein französisch-britischer Autor dichten konnte: „Whatever happens, we have got / The Maxim gun, and they have not". Auf dem Marinesektor dominierte der Westen durch dampfbetriebene Panzerschiffe (erstmals eingesetzt im amerikanischen Sezessionskrieg), ab 1906 durch riesige Schlachtschiffe (s. auch Band VI, S. 135).

Das Wachstum der Industrie verlangte nach immer mehr Rohstoffen und Absatzmärkten – und die lagen großenteils außerhalb Europas und der USA. Schon im 17. Jahrhundert waren zum Beispiel die drei Holländisch-Englischen Kriege vorrangig Handelskriege gewesen. Seit ca. 1880 bestimmten die wirtschaftspolitischen Bedürfnisse die „Weltpolitik" stärker als je zuvor. „Weltgeltung" zu erlangen, schien ohne eine große, moderne Kriegsmarine aber unmöglich. Die größte besaß nach 1713 stets Großbritannien. Aber die auf Grund des (dritten) bourbonischen Familienpakts von 1761 vereinigten Flotten Frankreichs und Spaniens vermochten sie im Atlantik doch zeitweise so weit zu neutralisieren, dass der britische Nachschub im Amerikanischen Unabhängigkeitskrieg erlahmte und George Washington daher 1781 zu Lande den entscheidenden Sieg bei Yorktown erringen konnte. Nachdem die britische Marine ab 1795 die niederländischen Kolonien besetzt und 1799/1801 Napoleons Ägyptenexpedition zum Scheitern gebracht hatte, vernichtete sie bei Trafalgar 1805 die erneut vereinigte, noch auf die alte Linienschiffstaktik setzende französisch-spanische Konkurrenz weitgehend, was sich auch auf deren Handelsflotten negativ auswirkte. Das war eine der Voraussetzungen für den Erfolg der Unabhängigkeitsbewegungen Lateinamerikas. Seestreitkräfte entschieden mitunter sogar Kriege zwischen Großmächten. So machte die (wohl zufällig ausgelöste) Schlacht bei Navarino (Pylos, auf dem Peloponnes) 1827 den Weg für die Selbständigkeit Griechenlands frei – das letzte große Seegefecht übrigens, an dem ausschließlich Segelschiffe teilnahmen. Der sogenannte Krimkrieg (1853/1856) war in Wirklichkeit eine Kombination zahlreicher Land- und Seekriegsaktionen in ganz verschiedenen Teilen der Welt: im Bereich der Fürstentümer Moldau und Walachei, in der Ostsee, auf Kamtschatka, im armenisch-ostanatolischen Raum. Entscheidend aber war letztlich die Belagerung und Erstürmung der Hafenfestung Sewastopol (Sevastopol') durch französische, britische, osmanische und piemontesische Truppen, die ohne eine Beherrschung des Schwarzen Meeres durch die Alliierten nicht möglich gewesen wäre. Der Erwerb beziehungsweise die Sicherung von Überseekolonien gegen Angriffe erforderte ebenfalls den Einsatz von Kriegsschiffen – sei es auch nur zur Heranführung von Entsatztruppen und Nachschubgütern. Im Zusammenhang mit der im-

Wachsende Bedeutung der Kriegsmarinen

perialistischen Kolonialpolitik und im gemeinsamen Interesse von Politik, Militär und Schwerindustrie setzte seit den 1880er Jahren ein Wettrennen ein, wer möglichst schnell möglichst viele moderne Kriegsschiffe zu bauen vermochte. Daran beteiligten sich nicht nur neue europäische Kolonialmächte wie Italien oder das wilhelminische Deutschland, das die Flottenüberlegenheit Großbritanniens brechen wollte und sich mit Qingdao einen Stützpunkt am Chinesischen Meer schuf: Die zweitgrößte Kriegsmarine besaßen im Ersten Weltkrieg die Vereinigten Staaten! Ihre Flotte hatte zuvor schon Spanien von Kuba und den Philippinen verdrängt, einige ihrer Schiffe hatten bereits um 1800 gegen nordafrikanische Korsaren gekämpft! Wie Russland 1905 erfahren musste, war indes auch Japan als aufstrebende asiatische Macht in der Lage, eine Seeschlacht, ja einen Krieg zu gewinnen – eine Tatsache, die zum Beispiel in Australien Besorgnis, bei indigenen Politikern oder Intellektuellen in vielen europäischen Kolonien oder Halbkolonien aber Hoffnung und sogar Begeisterung weckte.

Mitentscheidend dabei war, dass Japan seine Wirtschaft und Gesellschaft modernisiert hatte, das heißt – für den hier betrachteten Zeitraum konkret – eine leistungsfähige Industrie aufgebaut hatte (s. Beitrag „Die Industrialisierung"). Eine solche Industrie lieferte nicht nur moderne Waffen. Sie erlaubte auch den Bau von Verkehrswegen und Transportmitteln (Dampfschiffen, Eisenbahnen), die bei Truppenverlegungen eine wichtige Rolle spielen mochten (wie sich etwa 1866 bei Königgrätz/Hradec Králové zeigte), aber auch generell, vor allem im nationalen Sinne integrativ wirkten. Für eine expandierende nationale Wirtschaft war die Kontrolle von Märkten und natürlichen Ressourcen zentral; ihr sollte der Erwerb von Kolonien oder von „Grenzräumen" dienen. Freilich, als die USA 1845 Texas aufnahmen, 1850 Nordkalifornien beziehungsweise 1867 Alaska erwarben, ahnte niemand etwas von den dortigen Bodenschätzen. Ähnlich war es bei der Aufteilung Lothringens 1871, als die deutschen Sieger die Grenze nach sprachlichen und militärstrategischen Kriterien festlegten – und später auf direkt benachbartem, weiterhin französischem Gebiet ergiebige Erzvorkommen entdeckt wurden, die zu einem erheblichen Teil der gesamten französischen Stahlproduktion zugrunde lagen. Ohne sie hätte sich Frankreich im Ersten Weltkrieg schwerlich gegen die deutsche Invasion verteidigen können. Indem die europäischen Mächte, schließlich zusammen mit den USA, den Weltmarkt kontrollierten und eine rasch wachsende Produktivität entfalteten, waren sie auch in der Lage, einen Großteil des damals in der Welt vorhandenen Kapitals zu akkumulieren. Dieses ließ sich wiederum in militärische Macht umsetzen.

Industrialisierung und Ausbau der Verkehrswege

Denn der Unterhalt von riesigen Heeren und großen Flotten verschlang seit jeher enorme Summen. So hing im „langen 19. Jahrhundert", in dem die Anzahl der Militärpersonen zumindest im Krieg neue Dimensionen erreichte, militärische Stärke in noch größerem Umfang als in den Jahrhunderten zuvor von der Mobilisierbarkeit staatlicher Finanzmittel ab – und diese wiederum großenteils von einem möglichst effizienten öffentlichen Kreditwesen. Hier waren die Niederlande und Großbritannien seit dem 17. Jahrhundert die Vorreiter gewesen. „Nationale" Überseegesellschaften wie die niederländische *Vereenigde Oostindische Companie* (VOC) oder die *East India Company* (EIC) zogen von Anfang an auch internationales Kapital an, das unter anderem für Kredite an die Regierung des jeweiligen Landes verwendet werden konnte – und zum Teil musste. Erst die Amsterdamer, dann die 1695 eingerichtete Londoner Börse entwickelten sich zum wichtigsten Kapitalmarkt Europas. Zum größten Darlehensgeber der eigenen Regierung aber avancierte die ein Jahr zuvor gegründete *Bank of England*. Wenn Großbritannien im Kampf gegen Frankreich im 18. Jahrhundert zur führenden europäischen Macht – gerade auch auf kolonialem Gebiet – aufstieg, hatte das nicht zuletzt damit zu tun, dass der britische Staat mehr Kredite aufzunehmen vermochte als der französische: 1784, nach dem Amerikanischen Unabhängigkeitskrieg und dem (vierten) Englisch-Holländischen Krieg, hatte London mit 242,9 Millionen Pfund mehr Schulden als Paris 1788/1789 – und erlebte doch weder einen Staatsbankrott noch eine Revolution! Denn in Großbritannien, anders als im absolutistischen Frankreich, wussten die meisten der (1756 schon 60.000) Staatsgläubiger ihre Interessen durch das Parlament gesichert, saßen doch dort die Repräsentanten der wohlhabenden Schichten, welche die Mehrheit der Staatsanleihen zeichneten. Fundiert wurden die Staatsanleihen durch die Staatseinnahmen, die bei Bedarf erhöht werden konnten – wogegen sich die Mehrheit der Parlamentarier, aus verständlichen, nicht ganz uneigennützigen Gründen, nur sehr selten zur Wehr setzte. Frankreich, das im Vergleich zu Großbritannien eigentlich wohlhabendere und viel bevölkerungsreichere Land, erhielt hingegen, nach einem gescheiterten Experiment von 1716/1720, zwar 1724 ebenfalls eine Börse, aber das Drängen der praktisch bankrotten Pariser Regierung auf einen Abbau der Steuerprivilegien setzte schließlich 1789 eine ungeahnte verfassungspolitische Dynamik in Gang. Auch wenn dann die *Levée en masse* nicht nur die neue französische Republik vorerst rettete, sondern sogar eine Ausdehnung des Staatsgebietes unter anderem auf dem linken Rheinufer erlaubte, blieb die außen- und finanzpolitische Lage Frankreichs bis zur offiziellen Verkündung des Endes der Revolution durch das Konsulatsregime Ende 1799 prekär. Die spätere imperiale Politik Napoleons wäre – bei allem Feldherrngenie des Korsen – nicht ohne eine innenpolitische Stabilisierung des Landes möglich gewesen, und zu dieser leistete wiederum die im Jahre 1800 erfolgte Gründung der *Banque de France* als stabile Nationalbank einen wesentlichen Beitrag. Politisch einflussreich waren aber auch große Privatbanken. Die Barings-Bank wirkte beim Kauf Louisianas durch die USA (1803) ebenso mit wie bei der Rettung Frankreichs vor dem Staatsbankrott (1818). Das Haus Rothschild, mit Filialen in Frankfurt am Main, London, Paris, Wien und Neapel, das schon die Feldzüge Wellingtons mitfinanziert hatte, organisierte 1875 innerhalb kürzester Zeit für 4 Millionen Pfund den Kauf der ägyptischen Anteile am Sueskanal durch Großbritannien.

Finanzierung europäischer Militärmacht

Bedeutung der Banken

Wie anders dagegen die Lage etwa im Osmanischen Reich, zu dem Ägypten damals formal noch gehörte! Auch die Osmanen griffen schon seit dem 17. Jahrhundert zunehmend auf Söldner zurück. Deshalb wurde auch hier immer mehr Geld für die Kriegführung benötigt. Dabei war das osmanische Militär für den Fiskus insofern noch verhältnismäßig kostengünstig, als seine Versorgung weitgehend durch Zwangsabgaben und -dienstleistungen der Untertanen sichergestellt wurde. Das hatte allerdings langfristig gesehen den Nachteil, dass praktisch kein privates Waffengewerbe entstand, zumal die Osmanen bemüht waren, ihren Untertanen das Tragen von Waffen, speziell Feuerwaffen, zu verbieten, insbesondere natürlich soweit sie nicht Muslime waren. Während in Europa schon seit langem, zum Beispiel in Lüttich oder im thüringischen Suhl, private Waffenschmieden existierten, die sich den Veränderungen der Nachfrage relativ flexibel anzupassen wussten, konzentrierte sich die Waffenproduktion im Osmanischen Reich auf einige riesige Staatsbetriebe. Dort geriet man jedoch technisch immer mehr in Rückstand. Waffen und sonstiges technisches Gerät in christlich-europäischen Ländern zu kaufen, bedeutete aber nicht nur Abhängigkeit vom Ausland, sondern vor allem hohe Kosten. Einzelne europäische Militärs anzuheuern, die an ausgewählten Akademien den künftigen Offiziersnachwuchs in moderner Taktik und Strategie schulten oder einer Eliteeinheit europäischen Drill vermittelten, fiel da noch am wenigsten ins Gewicht. Doch eine große Zahl modernster Gewehre zu kaufen oder auch – etwa zwecks besserer Erschließung einer Bergbauregion – eine Eisenbahn zu bauen, war ohne westliche finanzielle wie fachmännische Hilfe kaum möglich. Damit begann ein Teufelskreis: Im engeren Osmanenreich, im weitgehend autonomen Ägypten, in Persien und anderen Ländern suchten manche energische Herrscher, ihre Staatsgebilde zu modernisieren, das heißt auf westlichen Standard zu bringen.

Osmanisches Reich: Zwang zum Waffenkauf

Sie wussten, wenn sie dies nicht taten, würden ihre Länder machtmäßig noch weiter in Rückstand geraten. Aber um die hohen Summen für ihre Modernisierungspolitik aufzubringen, gab es, sofern nicht besondere Einnahmequellen (wie zeitweise im Aschanti-Reich der Sklavenverkauf) verstärkt ausgenutzt werden konnten, nur zwei Möglichkeiten: Entweder man erhöhte den finanziellen Druck auf die eigene Bevölkerung – was aber zu inneren Unruhen führen und erst recht einen Anreiz für eine ausländische Intervention bieten mochte – oder aber man nahm bei den reichen Ländern, also im „Westen", Kredite auf und verpfändete dafür zumindest einen Teil der Staatseinnahmen, die man durch die Modernisierung eigentlich erhöhen wollte. Wenige afro-asiatische Staaten entgingen diesem „Finanzimperialismus", der mitunter zum Verlust ihrer staatlichen Selbständigkeit führte. Zumindest diktierten die Europäer Verträge – „Kapitulationen" beziehungsweise später in China „ungleiche" Verträge genannt – mit niedrigen Zöllen beziehungsweise freiem Marktzugang (was den Aufbau eigener Industrien erschwerte), Exterritorialität und Meistbegünstigung. Mitunter steckten sie untereinander Einflusszonen ab, rangen um Konzessionen oder okkupierten gar bestimmte Gebiete. Dadurch wurden große Teile der „nichtwestlichen" Welt zum teilweisen Souveränitätsverzicht gezwungen und deren technischer und ökonomischer Rückstand auf lange Zeit zementiert.

Teufelskreis der Modernisierungskosten

Die Globalisierung europäischer Leitideen „internationaler" Beziehungen

Der moderne Staat war eine europäische Erfindung. Die klassische Formulierung des deutsch-österreichischen Staatsrechtlers Georg Jellinek nennt für ihn drei (Ziel-) Merkmale: ein (möglichst) geschlossenes, abgegrenztes Territorium („Staatsgebiet"), eine definierte, von „Ausländern" abgegrenzte Menge an Staatsbürgern („Staatsvolk") und ein staatliches Monopol der Herrschaft („Staatsgewalt"). Freilich hatte es „Staatlichkeit" (im Sinne einer gewissen, von einer Zentrale ausgehenden bürokratischen Durchdringung, fiskalischen Erfassung und polizeilich-militärischen Kontrolle) auch außerhalb Europas schon vor dem 18./19. Jahrhundert gegeben, und zwar speziell in China schon früher und lange intensiver als dort (vgl. Band IV, S. 201–203). Sicher wurden die „Verstaatlichungsprozesse" auch im „Westen" nicht überall so frühzeitig vorangetrieben wie im napoleonischen Frankreich: Die USA und Großbritannien verfügten – Erstere infolge eines eher demokratischen, Letzteres auf Grund eines mehr aristokratischen Misstrauens gegenüber einer Staatsbeamtenschaft – über eine relativ dezentrale Staatsmacht. Dennoch „exportierten" sie moderne Staatlichkeit – Großbritannien sogar eine, die es im Mutterland zunächst nicht besaß: Der in Indien aufgebaute *Civil Service* wirkte dann als vorbildlich auf die Heimat zurück! Natürlich mochten bei diesem Export nach Asien oder Afrika dort „hybride" Staatswesen entstehen (Christopher A. Bayly) – und langfristig mitunter *failed states*. Überall im Westen bediente sich der Staat zur Verbesserung seines Zugriffs auf sein Territorium und seine „Staatsbürger" jedenfalls moderner Instrumente (wie Landvermessung und Kartographie), und die Zahl seiner zivilen „Diener" wuchs vor allem nach 1850/1870 geradezu explosionsartig – deutlich schneller noch als die Anzahl der Militärs! Gedacht war er nun nicht mehr dynastisch, sondern abstrakt, nicht mehr mechanistisch, sondern biologisch, als lebendige, „fortschreitende" Organisation der souveränen Nation. Legitimiert durch „Volkssouveränität" vermochte er wesentlich höhere Anforderungen an seine Bürger zu stellen als alle seine Vorläufer – Steuer-, Schul- und Wehrpflicht sind dafür nur markante Beispiele. Umgekehrt freilich begann er, auf breiter Front erstmals in den 1880er Jahren im Bismarck-Reich, auch als Sozialstaat zu wirken – auch dies zwecks Integration von bislang „staatsfernen" Schichten in den als homogen und unteilbar konzipierten Nationalstaat.

Das moderne europäische Staatsideal

Auch die Idee des Nationalstaats war neu und kam aus Europa. Der alte Begriff „Nation" hatte hier eher einen politischen beziehungsweise pragmatischen als einen sprachlichen beziehungsweise ethnischen Sinn besessen. Seit dem späteren 18. Jahrhundert aber waren, zunächst in Bildungsschichten und vorangetrieben nicht zuletzt durch „Kulturvereine" (Geschichts-, Sänger-, Turnvereine), aber auch durch Studenten- und Geheimbünde, moderne Nationalbewegungen in Gang gekommen. In vielen europäischen Ländern wurden „Nationaltheater" und „Nationalmuseen" gegründet,

Werke der Kunst zu „Nationalschätzen“, einzelne Dichter (wie z. B. Dante) zu „Nationaldichtern“, Figuren teilweise zweifelhaften historischen Charakters (wie Arminius, El Cid oder Jeanne d'Arc) in romantisierter Form zu „Nationalhelden“ (v)erklärt.

Charakteristika des europäischen Nationalismus

Im Laufe einiger Jahrzehnte wurde dank der besonders unter Gleichsprachigen intensivierten Kommunikation, aber auch dank der pseudoreligiösen Identifikationsangebote (die dem durch die „Moderne“ vereinzelten Individuum eine neue Identität in einer „Volksgemeinschaft“ boten), aus einem Eliten- ein Massenphänomen. Manche Nationalbewegungen rankten sich dabei primär an bestehenden Staatswesen empor, und das konnte Monarchen stärken – wenn sie sich „national“ gaben. Die Revolution von 1789 erklärte in ihrer ersten Phase prinzipiell jeden zum Franzosen, der sich zum französischen Staat bekannte – gleich welcher Muttersprache! Denn erst nach den Schulreformen von 1880 sprach letztlich praktisch jeder französische Staatsbürger Französisch – wobei sich die Abgrenzung zwischen „Sprache“ und „Dialekten“ freilich als Problem darstellt. Aber selbst wenn man davon ausgeht, dass in einem Gebiet lediglich regionale Dialekte ein und derselben Sprache gesprochen wurden, stellte sich die Frage, inwieweit sich die Sprecher dieser unterschiedlichen „Mundarten“ untereinander verständigen beziehungsweise als eine kulturelle Einheit empfinden konnten. Auf eine gemeinsame Kultur, eine meist erst konstruierte, zum Beispiel auf alte Heldenlieder und -sagen aufgebaute geschichtliche Tradition und eine nun erst entwickelte Hochsprache stellte man indes vor allem dort ab, wo ein gemeinsames Staatswesen nicht existierte, also etwa in Irland oder Italien.

Gilt der neueren Forschung „Nation“ daher weithin als Konstrukt, als „imagined community“ (Benedict Anderson), so muss doch jede „Vorstellung“ an Bekanntes, Existierendes anknüpfen, hier – zum Teil alternativ – an Gemeinsamkeiten der Sprache, Kultur, Religion, Herkunft, historischen Erfahrung etc. Manche der modernen Nationen, nicht nur innerhalb Europas (z. B. auch in Japan), besaßen dafür durch lange „patriotische“ Traditionen bessere Voraussetzungen als andere. In der Westhälfte Europas war es das Napoleonische Empire, das – ungewollt – die Nationsbildung auch außerhalb Frankreichs vorantrieb. Denn nichts vereint eine Ethnie mehr zu einer Nation (im Sinne eines politisch handlungswilligen Volks) wie ein gemeinsamer Feind beziehungsweise ein fremder Unterdrücker. Diese Idee der „Nation“ trugen vor allem Exilanten bald auch in die östliche Hälfte des Kontinents, wo sie besonders dort auf fruchtbaren Boden fiel, wo Kirchenorganisation und Klöster (z. B. unter den günstigen Bedingungen des osmanischen *millet*-Systems) protonationale

Export von Nationalismus und Nationalstaat

Strukturen und Traditionen begründet hatten. In Paris hatten nicht nur Exil-Slawen, nicht zuletzt Polen, ein Zentrum, sondern ebenso etwa die „Jungtürken“, teils Liberale, zumeist aber türkische Nationalisten. So wie die europäischen Mächte die Welt dominierten, verbreiteten sie auch ihre Ideen und Ideologien im globalen Rahmen (vgl. S. 255 f.). In den USA war besonders nach dem Bürgerkrieg *nation-building* erneut gefragt, und so gelangte die nationale Idee als *civil religion* zur Blüte: Mit Sternenbanner, Uncle Sam, nationalen Feiertagen usw. wurde nationale Re-Integration betrieben, gleichzeitig aber eine expansionistische, ja potentiell weltmissionarische Bewegung in Gang gesetzt, welche die Welt mit den amerikanischen Errungenschaften zu beglücken wünschte und im konkreten Fall, angeheizt durch „patriotische" Presseorgane, zum Beispiel 1898 auf den Krieg mit Spanien drängte. Dass dort die Niederlage dann verstärkte Autonomie- beziehungsweise Unabhängigkeitsbestrebungen der Basken und Katalanen auslöste, zeigt, wie sich Nationalismen weltweit gegenseitig hochschaukeln konnten. Ohnehin waren sie stets miteinander verknüpft: Der Pole Tadeusz Kościuszko und der Franzose Lafayette kämpften im Amerikanischen Unabhängigkeitskrieg, der Italiener Giuseppe Garibaldi in Südamerika, der Chinese Sun Yat-sen wirkte in Japan, bevor sie alle zu Helden ihrer jeweiligen Nationen wurden. Der in England ausgebildete, in Südafrika als Anwalt tätige Gujarati Gandhi nahm nach seiner Rückkehr auf den Subkontinent (1914) den Kampf um die Unabhängigkeit Indiens auf – ein markantes Beispiel, wie sich die Idee des Nationalstaates gerade auch in den Kolonien der europäischen Mächte auszubreiten begann. Denn Kolonialismus widersprach nicht zuletzt der – ursprünglich ebenfalls europäischen – Idee des Völkerrechts.

Schon seit den 1770er Jahren ging man nämlich in Europa zunehmend davon aus, dass die zu Staaten zusammengeschlossenen Völker grundsätzlich die gleiche Souveränität genießen sollten, zusammen aber eine Art Weltgemeinschaft bildeten. Das Prinzip der Nichteinmischung in die inneren Verhältnisse anderer Staaten wurde im „Westen" freilich durch die Existenz von Bürgerkriegen beziehungsweise revolutionären Bewegungen zunehmend in Frage gestellt, in Polen 1772/1795, in Nordamerika 1778, als Frankreich aktiv die Unabhängigkeitsbewegung der 13 britischen Kolonien unterstützte, dann durch die Französische Revolution selbst, die Annexionen (z. B. Savoyens) mit dem dortigen „Volkswillen" begründete, schließlich aber auch durch die Restauration, die in Europa – nicht allerdings in Übersee – unter dem Banner monarchischer Legitimität und Solidarität mehrfach intervenierte, zum Beispiel 1821 zur Wiederherstellung der absoluten Bourbonenherrschaft in Neapel-Sizilien. Aber Russlands positive, der strikten innenpolitischen Gegnerschaft Nikolaus' I. zu allen nationalen Regungen im eigenen Vielvölkerreich widersprechende Haltung zur Frage der griechischen Unabhängigkeit zeigt, dass machtpolitische Überlegungen in der Außenpolitik den konservativen Grundsatz der Status-quo-Sicherung aushebeln konnten. Denn die Zaren wollten, um des freien Zugangs zum Mittelmeer willen, die Osmanen möglichst schwächen und träumten von orthodoxen Vasallenstaaten in Südosteuropa. Ansonsten vermochten nationale Emotionen in der ersten Hälfte des 19. Jahrhunderts noch kaum die Außenpolitik der Staaten zu bestimmen, wenngleich in England und den Niederlanden die „öffentliche Meinung" schon einen gewissen Einfluss auf die Politik gewonnen hatte. Das änderte sich nach 1850, allerdings nur ausnahmsweise mit durchschlagendem Erfolg. Weiterhin musste bei Friedensschlüssen ein Verlierer regelmäßig mit territorialen Verlusten und der Zahlung einer „Kriegsentschädigung", aber noch nicht mit einer pauschalen Zuweisung der Kriegsschuld (wie 1919 in Versailles) rechnen. Bei allem hier sichtbar wer-

Völkerrecht

Die Welt 1812.

RUSSISCHES REICH
Bering-meer
Ochotskisches Meer
KASACHEN-KHANAT
Aralsee
Kaspisches Meer
CHIWA
KOKAND
BUCHARA
turkmenische Khane
Peking
MANDSCHURISCH-CHINESISCHES REICH
KOREA
JAPAN
Japanisches Meer
KASCHMIR
AFGHA-NISTAN
PAND-SCHAB
PERSIEN
BELUT-SCHISTAN
SINDH
NEPAL
BHUTAN
AWADH
ASSAM
Britisch Indien
MARATHEN-REICH
NEJD
OMAN
BURMA
LAOTISCHE STAATEN
Bombay
HYDERA-BAD
Golf von Bengalen
Goa
SIAM
VIETNAM
KAM-BODSCHA
MYSORE
Madras
JEMEN
TRAVANCORE
Ceylon
Pazifischer Ozean
Formosa
Philippinen
ACEH
MALAIISCHE SULTANATE
Borneo
Sumatra
Celebes
Niederländisch-Indien
Java
Timor
Neuguinea
Salomon-Inseln
Mosambik
Madagaskar
MERINA
Mauritius (Brit.)
Indischer Ozean
Neu-Süd-Wales
Bay of Islands (1814 erste brit. Missionsstation)
Van-Diemens-Land/Tasmanien
Neuseeland
roßbritannien und überseeische Besitzungen
ankreich und überseeische Besitzungen
iederländischer Kolonialbesitz
795–1815 von Großbritannien verwaltet;
ößtenteils 1815/17 zurückgegeben)
Portugal und überseeische Besitzungen
Spanien und überseeische Besitzungen
Russland und seine Einflussgebiete in Sibirien und Alaska

denden „Pragmatismus" der Politiker bildeten sich doch im Zusammenspiel zwischen Rechtsdenkern und zwischenstaatlichen Abkommen weitere völkerrechtliche Prinzipien heraus, etwa zur Unterscheidung von Zivilisten und kämpfenden Militärs, zur freien Flussschifffahrt sowie zum Status der Neutralität: Neutrale Staaten sollten mit kriegführenden unbehelligt Handel (außer mit kriegswichtigen Gütern) treiben dürfen – woran sich freilich in den Napoleonischen Kriegen beide Seiten nicht unbedingt hielten. Der Wiener Kongress entwickelte danach sogar die Möglichkeit der prinzipiellen Neutralisierung ganzer Staaten: Dieser Status wurde zunächst der Schweiz und der Republik Krakau, 1831 Belgien, 1867 Luxemburg international zuerkannt – eine Garantie ihres Territorialbesitzes, mit der ihnen gleichzeitig ein Souveränitätskennzeichen, nämlich das Recht der Kriegführung, abgesprochen wurde. Überall entstanden nun regelrechte Außenministerien, langsam auch in nichteuropäischen Staaten (z. B. in China 1861/1901), welche zudem allmählich weitere Strukturmerkmale europäischer Diplomatie (wie residente Botschafter; professionelles, hierarchisiertes Personal) übernahmen. 1815/1818 wurde sogar die diplomatische Rangfolge zwischen den Staaten dauerhaft geregelt. Das seit 1648 in Europa etablierte Prinzip, nur noch souveräne Staaten als außenpolitische Akteure zu akzeptieren, wurde allmählich zur weltweiten Norm – allerdings unter Einschluss der durch Kolonien erweiterten Staaten, das heißt der Kolonialimperien, in denen die Masse der Bevölkerung keine staatsbürgerlichen Rechte besaß. Rechte wie ein „Recht zum Krieg" sprachen Europäer nämlich „unzivilisierten Völkern" ab – und glaubten sich daher im Falle von militärischen Konflikten nicht mehr an ihre eigenen völkerrechtlichen Grundsätze, zum Beispiel bezüglich der Behandlung von Kriegsgefangenen und des Schutzes der Zivilbevölkerung, gebunden. Andererseits lösten sie ihre Überseekompanien auf, schon 1799 die VOC, zuletzt 1858 die EIC, und verstaatlichten deren koloniale Herrschaftsräume. Andere nichtstaatliche Akteure (wie Kirchen) spielten in den internationalen Beziehungen keine Rolle mehr oder wurden (wie Banken oder Konzerne) staatlich eingebunden. Gleichzeitig wurde das in Afrika und Asien vorherrschende außenpolitische Modell abgestufter Tributbeziehungen zurückgedrängt. Selbst mit der Anerkennung der Souveränität außereuropäischer Staaten war keineswegs automatisch deren außen- oder auch nur innenpolitische Handlungsfähigkeit verbunden. Auch wenn sie nicht, wie Ägypten 1882, früher oder später ihrer Souveränität beraubt und zu Kolonien beziehungsweise „Protektoraten" (ohne eigene Außenpolitik) degradiert werden sollten, wurden viele von ihnen mehr (z. B. Persien) oder weniger (z. B. Siam) von Europäern „mitverwaltet" – zumindest für Teile der einheimischen Eliten bis heute ein Trauma!

Strukturen europäischer Diplomatie

Dabei gewann die europäische Kriegführung eine ganz neue Qualität. Der absolutistische Fürstenstaat hatte eine ausgeprägte „bellizistische Disposition" aufgewiesen, nicht zuletzt auf Grund der „Ruhmsucht" mancher Fürsten und ihrer Kompromisslosigkeit bei der Vertretung ihrer dynastischen Interessen. Darüber hinaus aber hatten die europäischen Kriege des 17. und 18. Jahrhunderts teilweise den Charakter von Staatsbildungskriegen besessen. Nach dem Ende der revolutionären Umbrüche und der imperialen Eroberungspolitik Napoleons war in Europa der Staatsbildungsprozess jedoch weitgehend abgeschlossen. Die langen Amtszeiten maßgeblicher Politiker (u. a. Metternich, Nesselrode, Palmerston) begünstigten dauerhaftere Lösungen. Abgesehen von „Einigungskriegen“, die zwischen 1847 und 1871 zur Entstehung eines Schweizer Bundesstaates, eines italienischen Königreichs und eines deutschen Kaiserreichs führten, wurden die wenigen, relativ kurzen innereuropäischen Kriege zwischen 1815 und 1914 zumeist an der Peripherie ausgetragen, und selbst im längsten und blutigsten von ihnen, im Krimkrieg, waren sicherlich weniger Opfer zu beklagen als im Amerikanischen Bürgerkrieg (gut 600.000 Tote) oder gar während der innerchinesischen Taiping-Revolution, die mit rund 20 Millionen mehr Menschenleben kostete als der Erste Weltkrieg! Obwohl die „Wiener Ordnung“ neben zwischenstaatlichen Kriegen auch innerstaatliche Konflikte vermeiden wollte, waren Letztere allerdings in Europa häufig. Hier wurden teilweise nationale Ziele (wie in Polen 1830/1831), vor allem aber auch verfassungspolitische und sozioökonomische Vorhaben verfolgt. Hierbei mochten schon einmal auswärtige Mächte – meist zugunsten der konservativ-legitimistischen Seite – intervenieren, wie 1849 Frankreich in Rom und Russland in Ungarn. Neue Staaten aber entstanden – außer in Südosteuropa auf Kosten des Osmanischen Reiches – abgesehen von den drei genannten „Vereinigungsfällen“ nur zweimal infolge einer Separation, und beide Male ohne große Kriege (Belgien und Luxemburg 1831/1839, Norwegen 1905). Während so in Europa nur ein begrenzter Umbau des Staatensystems stattfand und eher die „innere“ Staatsbildung vorangetrieben wurde, machte man sich in Amerika erst auf den Weg zur Bildung souveräner Staaten. Zahlreiche Sezessions- und zwischenstaatliche Kriege um die Grenzziehung waren die Folge.

Neue Staatsbildungen

„Grenzen“ waren bis zum 18. Jahrhundert meist lediglich Grenzräume, allenfalls Grenzsäume gewesen – jedenfalls dort, wo es keine natürlichen Barrieren (wie Flüsse) gab. Erst eine neue Raumwahrnehmung und die vor allem in Frankreich entwickelte Kunst der Vermessungstechnik erlaubte es seitdem den Europäern, die Grenzen zwischen ihren Staaten genauer zu bestimmen und hoheitsrechtlich zu markieren. So zogen sie nun Grenzlinien (auch als interne Verwaltungsgrenzen) und suchten durch Annexion oder Gebietstausch die territorialen Verhältnisse innerhalb Europas zu „purifizieren“ – was ihnen weitgehend gelang. Darüber hinaus aber übertrugen sie ihre Vorstellungen auf ihre Kolonialreiche. Ob zuerst militärisch kontrolliert oder völkerrechtlich fixiert – Grenzkommissionen, bisweilen unter Einbeziehung von Vermittlern, zogen teils improvisierte oder pragmatische, teils an „natürlichen“ Gegebenheiten orientierte, jedenfalls schwer revidierbare Grenzlinien und stellten dadurch „Territorialität“ her. Grundsätzlich wurde eine solche Grenze gegenüber dem „Ausland“ durch Militär, Grenzpolizei und Zollbeamte gesichert – ihre Durchlässigkeit für den „Grenzverkehr“ ebenso wie für schutzsuchende Flüchtlinge hing damit von den zwischenstaatlichen Beziehungen der Nachbarn ab. Dieser Entwicklung unterlagen selbst außereuropäische Staaten. Siam – im weitesten Sinne – etwa bestand um 1800, „mandalagleich“ und mit fluktuierenden Grenzen, erstens aus

Das Problem der Grenzen

einer Kernregion, verwaltet von königlichen Beamten, zweitens aus dem Khorat-Plateau mit ca. 20 meist erblichen, als „Gouverneuren" bezeichneten Lokalherrschern, drittens aus weitgehend autonomen Randprovinzen wie Nakhon Si Thammarat, viertens aus Vasallenfürstentümern wie Lan Na und den laotischen Königreichen Vieng Chang (Vientiane) und Champasak, die Waffenhilfe und Tribute zu leisten und öfter siamesische Eingriffe in ihre Innenpolitik hinzunehmen hatten, sowie fünftens aus halbsouveränen Staaten, die nur Tribute lieferten – und dies oft auch, unter anderem sogar von sich aus, zugleich an China (wie Luang Prabang und bis 1852/1853 Siam selbst!) oder an Vietnam (wie Kambodscha), um einen anderen Protektor anrufen zu können, wenn ihnen die Bindung an Bangkok zu eng wurde. 1910 dagegen war Siam klar von englischen beziehungsweise französischen Kolonien abgegrenzt, nach innen aber (außer in Lan Na) ein einheitlicher, zentralistisch regierter Staat. Von Europäern speziell in Afrika oft sehr willkürlich, am „grünen Tisch" gezogene, manchmal Flüssen, aber auch Längen- oder Breitengraden folgende Grenzlinien zerschnitten auch Regionen, in denen Nomadenvölker gewisse Wanderwege beziehungsweise Weideräume als ihr (kollektives) Eigentum betrachteten, ohne je feste Grenzen zu kennen – weder solche privaten Landeigentums noch jene eines Staatsgebiets, geschweige denn Passkontrollen. Auch die zunehmende Privatisierung der Allmende, des Gemeinbesitzes, war ein von Europa ausgehender globalhistorischer Vorgang des „langen 19. Jahrhunderts". Konflikte waren daher vorprogrammiert, insbesondere dann, wenn europäische Siedler die „Frontier" ihrer landwirtschaftlichen Nutzflächen zum Beispiel in Nordamerika immer weiter in das Land hineintrieben, das aus ihrer Sicht offen stand. Selbst in Europa begleiteten Auseinandersetzungen um die neuen Eigentumsgrenzen die Allmendeaufteilungen und Binnenkolonisationen, und sogar Staatsgrenzen wurden auf Grund von Machtverschiebungen neu gezogen.

Europa im Wandel – Staatensystem und revolutionäre Bewegungen

Antagonismen und Kooperationen der europäischen Großmächte 1763–1792/1795

Das seit 1763 in Europa endgültig etablierte System der fünf Großmächte (s. Band IV, S. 149f.) vermochte mit Ausnahme der militärisch sehr begrenzten preußisch-österreichischen Konfrontation im Bayerischen Erbfolgekrieg (1778/1779) Kriege untereinander auszuschließen. Dabei war es von recht festgefügten Antagonismen gekennzeichnet, besonders der von Versailler Revanchegelüsten hinsichtlich der Überseekolonien genährten französisch-britischen Konkurrenz und dem österreichisch-preußischen Dualismus, der die Reichspolitik bestimmte. Trotz dieser Interessengegensätze einigten sich manche der Beteiligten jedoch auf Kosten Schwächerer. 1772 annektierten Preußen, Österreich und Russland jeweils Teile Polens. Das löste im Reststaat tiefgreifende Reformen aus, die in militärischer Hin-

Die Aufteilung Polens

sicht allerdings zu spät kamen. Im Windschatten der Französischen Revolution teilten sich die drei östlichen Großmächte 1792/1795 unter Niederschlagung des polnischen Widerstandes das Königreich endgültig auf – ein Geburtstrauma für die entstehende polnische Nation! Damit aber wurde nicht nur Preußen ein Staat mit fast 30 Prozent polnischsprachiger Bevölkerung, Warschau wurde praktisch preußisch-österreichische Grenzstadt – bei Brest-Litowsk grenzten sogar alle drei Großmächte aneinander. Eine direkte Konfrontation war nun erstmals jederzeit möglich, denn ein „Pufferstaat" existierte nicht mehr.

Doch vorerst richteten sich die expansionistischen Bestrebungen der drei Mächte auf andere Ziele. Denn Großbritannien zog sich teilweise freiwillig von den kontinentalen Angelegenheiten zurück, war zudem – wie indirekt auch Frankreich – in den Amerikanischen Unabhängigkeitskrieg verwickelt, was beide Staaten noch mehr verschuldete und außenpolitisch bis zu einem gewissen Grad lähmte. Preußen hingegen, dem Friedrich II. einen beträchtlichen Staatsschatz hinterlassen hatte, intervenierte 1787 militärisch im schwelenden Niederländischen Bürgerkrieg und kaufte 1791/1792 dem Hohenzollern-Markgrafen von Ansbach-Bayreuth dessen Lande praktisch ab. Die beiden anderen „Ostmächte", Österreich und Russland, führten indessen von 1787 bis 1791 gemeinsam Krieg gegen das Osmanische Reich. Dabei erwarb Russland das Gebiet zwischen Bug und Dnister (Dnjestr), obwohl es zwischenzeitlich von Schweden angegriffen worden war, das dafür von der Hohen Pforte Subsidien erhalten hatte. Eine von Norwegen aus vorgetragene dänische Invasion stärkte jedoch die innenpolitische Position des Schwedenkönigs, so dass Zarin Katharina die Große 1790 mit ihm einen Frieden auf der Basis des territorialen Status quo schloss. Österreich hielt dagegen im Friedenschluss von 1791 nicht einmal das eroberte Belgrad und begnügte sich bis 1878 mit seiner Südostgrenze. Stattdessen näherte es sich, bei aller fortdauernden Rivalität, Preußen an und schloss im Februar 1792 ein Defensivbündnis gegen französische „Übergriffe". Denn Maßnahmen wie die Aufhebung der Feudalrechte oder die Neuorganisation der französischen Bistümer trafen auch deutsche Fürsten, die in Frankreich derartige Rechte besaßen. Spätestens seit dem Regierungsantritt des streng konservativen Kaisers Franz II. schwenkte auch Österreich auf die von Preußen zunehmend verfolgte Linie ein: Das revolutionäre, durch innere Wirren scheinbar geschwächte Frankreich sollte niedergeworfen, die absolutistische Herrschaft Ludwigs XVI. (und seiner habsburgischen Gemahlin Marie Antoinette) wiederhergestellt werden. Für diese guten Dienste dachte man an eine territoriale Entschädigung für die anfallenden Kriegskosten. Als der im April 1792 ausgebrochene Krieg zwischen Frankreich und Österreich/Preußen allerdings nicht den von beiden Alliierten erhofften schnellen Sieg verhieß, Preußen zudem in dem 1793 erworbenen polnischen Teilungsgebiet mit Aufständen zu kämpfen hatte, verlor man in Berlin, nicht zuletzt dank rasant wachsender Staatsschulden, die Lust an einem Engagement im Westen. Im Sonderfrieden von Basel schied neben Spanien – reichsrechtswidrig – Preußen 1795 aus dem inzwischen auch zum Reichskrieg ausgeweiteten Konflikt mit der französischen Republik aus. Das revolutionäre

Expansionsbestrebungen der „Ostmächte"

Frankreich hatte bis zu diesem Zeitpunkt seine angeblich „natürlichen Grenzen" – Pyrenäen, Alpen, Rhein – erreicht. Wie aber war es zu diesem unerwarteten Machtgewinn gekommen?

Französische Revolution und napoleonische Hegemonie in Europa

Die Krise der Staatsfinanzen, staatliche Reformdefizite (zum Beispiel im Justizwesen) und Emanzipationsbestrebungen in Teilen des Dritten Standes hatten 1788/1789 den französischen Absolutismus zur Abdankung gezwungen. Der Verlauf der Französischen Revolution war eine Kette – durch ausländische Interventionen zugunsten des *Ancien Régime* radikalisierter – nationaler Ereignisse. Doch ihre Ergebnisse waren von europaweiter, ja globalgeschichtlicher Bedeutung. Erstmals in der europäischen Geschichte wurden ständische Privilegien, ja sogar der Adel selbst, radikal beseitigt. Der „Feudalismus", genauer hier die (allerdings nur regional noch wichtige) Leibeigenschaft, Zehntherrschaft und die weit verbreitete Grundherrschaft wurden abgeschafft, die staatliche Verwaltung und das Verhältnis zwischen Staat und Kirche neu geordnet: Geistliche Würdenträger sollten gewählt werden, der Mönchsklerus wurde aufgehoben, das Kirchengut verstaatlicht. Gerade dies führte zu einer Spaltung der Gesellschaft und des katholischen Klerus – in manchen Regionen sogar zu einem mörderischen Bürgerkrieg. Der Riss wurde erst durch Napoleons Konkordat von 1801 weitgehend gekittet. Aber die Kirchen- und ein Teil der Adelsgüter gelangten auf Dauer in die Hände privater Käufer. Auch dadurch veränderten sich die sozialen Verhältnisse grundlegend.

Die Ergebnisse der Französischen Revolution

Wenngleich 1814 der alte Adel seine Titel wieder aufnehmen konnte, verfügte nur noch ein Teil davon über seine Güter oder erhielt 1825 eine Entschädigung für deren Verlust. Dieser besitzende Adel bildete zusammen mit den einflussreich und wohlhabend gewordenen Teilen der militärisch-bürokratischen Elite des Kaiserreichs und mit der Bourgeoisie – das heißt einem identitätsbewussten Bürgertum im Besitz verpachteter Güter und Industriebetriebe – die „Notabeln", die spätestens seit 1830 Frankreich regierten. Das „Volk" setzte sich dagegen aus einer zahlreichen Schicht von Kleinbauern mit eigenem Grund und Boden, Pächtern und „Arbeitern" (Handwerkern, Fabrikarbeitern) zusammen. Politisch gesehen hatte das Land schon während der Revolution unter immer neuen, sich an der Macht ablösenden Abspaltungen aus der ursprünglich breiten „patriotischen Bewegung" (Feuillants, Girondisten, Jakobinern) unterschiedliche Verfassungstypen – die auf der Menschen- und Bürgerrechtserklärung von 1789 aufbauende konstitutionelle Monarchie der Feuillants, die bildungsbürgerlich geprägte, außenpolitisch aggressive Republik der Girondisten, die von kleinbürgerlichen Sansculotten abhängige Jakobinerdiktatur – „durchgespielt", in einem freilich teilweise sehr blutigen „Spiel" (vgl. S. 424 ff.). Nach dem Ende der *terreur* (1794) hatte sich für wenige Jahre eine instabile, weil von kleinen, rivalisierenden Machtgruppen geprägte, eher großbürgerliche Republik etabliert, die 1799 in die (bald von Plebisziten abgesicherte) Militärdiktatur des charismatischen Ersten Konsuls Napoleon Bonaparte mündete.

Die Französische Revolution war aber nicht nur prägend für die innere Geschichte Frankreichs, sie markiert auch den Beginn einer umfassenden Veränderung der Landkarte Europas, ja sogar Amerikas. Bis 1815 stand Frankreich nämlich praktisch ständig im Krieg, zumeist gegen Koalitionen anderer europäischer Großmächte, denen sich regelmäßig noch weitere Staaten anschlossen. Es kämpfte gegen Österreich (1792–1797, 1799–1801, 1805, 1809), Preußen (1792–1795, 1806/1807), Russland (1799, 1805, 1806/1807) und – kommerziell seit 1793 permanent – gegen Großbritannien (1793–1802, ab 1803). Nach dem Russlandfeldzug der „Großen Armee" Napoleons von 1812, bei dem von weit über 500.000, vielleicht über 600.000 Mann (darunter 150.000 Deutsche, 90.000 Polen und 38.000 Italiener) ca. 275.000 getötet und 200.000 gefangengenommen wurden, vollzogen im folgenden Jahr die beiden deutschen Großmächte eine Wende gegen den Imperator. Dieser letzte Koalitionskrieg, der erstmals alle anderen Großmächte gegen Frankreich vereinte, endete nach der „Völkerschlacht" bei Leipzig und dem alliierten Einmarsch in Paris 1814 vorläufig, nach der Rückkehr des Kaisers und dessen Niederlage bei Waterloo 1815 endgültig.

Koalitionskriege

Im Laufe all dieser Kriege annektierte Frankreich zunächst Enklaven (wie das päpstliche Avignon), bis 1795 ferner die linksrheinischen Reichsgebiete samt den Österreichischen Niederlanden, die zuvor gegen Wien rebelliert hatten. Dazu entstanden ab 1795 diverse „Schwester-" oder besser „Tochterrepubliken", die Batavische, Piemontesische, Ligurische, Römische und andere, die aber meist ähnlich wie etwa die kurzlebige Mainzer Republik von 1792/1793 früher oder später im französischen Staat oder dessen Neuschöpfungen aufgingen. Denn unter Napoleon kamen Nord- und Mittelitalien und sogar die bislang teils habsburgischen, teils venezianischen, teils selbständigen sogenannten Illyrischen Provinzen (von Villach bis Ragusa/Dubrovnik) zu Frankreich beziehungsweise zu „seinem" 1805 gegründeten Königreich Italien (von Mailand bis zu den Marken) – Kreationen, die der späteren italienischen, slowenischen beziehungsweise kroatischen Nationalbewegung Anknüpfungspunkte boten. Bonaparte vermittelte 1803 den Übergang der zentralistischen Helvetischen Republik in einen Staatenbund und spielte im Reich den Schiedsrichter, indem er weltlichen Fürsten alle Reichsstädte und sämtliche geistliche sowie eine Reihe kleinerer weltlicher Territorien als überreiche Entschädigung für deren linksrheinische Verluste zusprach und ihnen die Klöster in ihren Landen zur Säkularisation überließ. Kaiser Franz II. beteiligte sich an diesem Geschäft und nahm 1804, als Gegenstück zu Napoleons Kaiserkrone, noch eine solche für das neue „Kaiserreich Österreich" an. Nachdem er trotz seines Bündnisses mit Russland Ende 1805 Gebietsverluste erlitten hatte, legte er im folgenden Sommer auf Napoleons Druck hin die Reichskrone nieder, womit aus dem ehrwürdigen Reichssystem eine ganze Anzahl völkerrechtlich souveräner Staaten hervorgingen. Mehr oder minder freiwillig führten manche von ihnen bald grundlegende Reformen nach französischem Vorbild durch, indem sie Verwaltung, Justiz und Militär neu ordneten, ihre Landstände abschafften, die Rechtsgleichheit zumindest ihrer christlichen Staats-

Gründung neuer Staaten

bürger verkündeten und diesen gewisse Grundrechte einräumten. Gleiches galt für Polen: Nach seinem Sieg über Preußen (1807) – der Zar wechselte daraufhin auf die Seite Frankreichs – übertrug Napoleon nämlich dessen Gebietsgewinne von 1793/1795 als „Großherzogtum Warschau" dem sächsischen Monarchen. Ferner besetzte er 1807 Portugal, spielte 1808 in Spanien König Karl IV. gegen dessen verfeindeten Thronfolger Ferdinand VII. aus und setzte dort ebenso wie in Neapel, Holland und Westfalen Verwandte als Könige ein – was auf der Iberischen Halbinsel freilich einen mit Guerilla-Taktik geführten Bürgerkrieg auslöste, in den britische Truppen umgehend eingriffen.

Auch wenn diese Bindung napoleonischer Verbände langfristig die Kriegswende einleitete, regierte der Imperator zunächst alle genannten Staaten faktisch mit, wenngleich weniger direkt als das Königreich Italien oder das Großherzogtum Berg. Die Satellitenstaaten Westfalen und Berg wurden auch Mitglieder des „Rheinbunds", eines 1806 gegründeten, bald alle deutschen Staaten (außer Preußen und Österreich) umfassenden Bündnisses, das Frankreich militärische Hilfe leistete. Die Meistbegünstigungsklauseln, die Frankreich gegenüber seinen Verbündeten und Satelliten durchsetzte, gingen auf deren Kosten. Dieses „Kontinentalsystem" wurde 1806 durch die

Kriegswende

„Kontinentalsperre" ergänzt, die der britischen Wirtschaft durchaus zu schaffen machte, vor allem, als Napoleon sein Empire 1810/1812 um das Königreich Holland, Nordwestdeutschland sowie Katalonien erweiterte, um den Schmuggel zwischen den Britischen Inseln und dem europäischen Festland effizienter zu unterbinden. Großbritannien, das mit seiner Flotte zweimal vergeblich versucht hatte, Dänemark-Norwegen willfährig zu machen, konzentrierte sich daher zunehmend darauf, überseeische Märkte zu beherrschen. Dass Napoleon jedoch auf russische Interessen (u.a. im Mittelmeer) keine Rücksicht nahm, führte ab 1810 zum Zusammenbruch seiner Allianz mit dem Zaren. Dieser hatte das Bündnis zwischenzeitlich genutzt, um Schweden Finnland abzunehmen, das 1809 bis 1917 als meist autonomes Großfürstentum unter russischer Oberhoheit verbleiben sollte. Nach dem endgültigen Sieg der Alliierten unternahm der Wiener Kongress nämlich eine Neuordnung Europas.

Das „Konzert der Großmächte" vor revolutionären Herausforderungen 1815–1849

Konsolidierung und Kooperation waren nun angesagt. Fast alle Kriegsteilnehmer befanden sich am Rande des Staatsbankrotts. Am ehesten schien noch die britische Regierung kreditwürdig, obwohl sie über 400 Millionen Pfund Schulden bei (nun mitunter zusammenbrechenden) Londoner Banken aufgehäuft und dort darüber hinaus Anleihen ihrer Alliierten in Millionenhöhe verbürgt hatte, was deren außenpolitische Abhängigkeit natürlich erhöhte. Machtmäßig dominierten Großbritannien und das allerdings ökonomisch und technologisch bald zurückfallende Russland, beide global erfolgreich agierend (obgleich zum Beispiel 1806/1807 britische Invasionen in Ägypten und Buenos Aires gescheitert waren) und erwiesenermaßen von außen fast unangreifbar, wenn auch im Inneren oft mit Unruhen konfrontiert. Vorerst teilten sie die Hegemonie über ein nun bald durch ein Netz völkerrechtlicher Verträge zur Staatengemeinschaft ausgebautes europäisches Staatensystem. Formal aber wurde das Gleichgewicht der Mächte wiederhergestellt, indem das in etwa auf die Grenzen von 1792 reduzierte Frankreich 1818 wieder in das „europäische Konzert" aufgenommen, die alte Pentarchie restauriert wurde. „Konzert der Großmächte" bedeutet hier das regelmäßige Zusammenspiel der fünf mächtigsten Staaten Europas, die sich bei allen wichtigen Fragen gegenseitig konsultierten und in ihren Aktionen keine zentralen Interessen eines Partners zu verletzen suchten. Auf Betreiben Alexanders I. schlossen sich die Staaten – außer dem Kirchenstaat und, zunächst aus formalen Gründen, Großbritannien – zu einer „Heiligen Allianz" zusammen, die von nun an mit den Mitteln der Kongressdiplomatie Status-quo-Politik auf konservativ-christlicher Grundlage betrieb. Wer bis 1814 Napoleon die Treue gehalten hatte, büßte dagegen Gebiete ein, so der dänische König Norwegen, das nach ephemerer Unabhängigkeit in eine Union mit Schweden gezwungen wurde. Der sächsische König verlor die Hälfte seines Landes an Preußen sowie das Großherzogtum Warschau, dessen seit 1772 preußische und österreichische Gebiete zurückgegeben werden mussten, während die späteren Teilungsgebiete überwiegend einem „Königreich Polen" zugeschlagen wurden, das der Zar von nun an in Personalunion mit Russland regierte. Die deutschen Staaten inklusive Preußen und Österreich wurden, in den Grenzen des Alten Reichs, zu einem unter österreichischem Vorsitz stehenden Staatenbund, genannt Deutscher Bund, vereinigt, der sich bald der Unterdrückung liberaler und nationaler Strömungen verschrieb. Immerhin trieb vor allem Preußen die wirtschaftspolitische Integration voran, was 1833 zum Deutschen Zollverein führte, dem Österreich jedoch nicht angehörte. Dafür dominierte Wien uneingeschränkt in Italien, denn es annektierte nicht nur „Illyrien", sondern verband, unter Beibehaltung zahlreicher napoleonischer Reformen, das seit langem habsburgische Mailand mit Venetien zu einem „Königreich Lombardo-Venetien" unter einem Kaiserbruder als Vizekönig. Ansonsten wurden die früheren Verhältnisse teilweise wiederhergestellt: ein um Genua erweitertes Piemont unter dem Hause Savoyen, die Toskana unter ihrem ehemaligen habsburgischen Großherzog, der bald außenpolitisch (durch Konkordate zur Neuordnung der katholisch-kirchlichen Verhältnisse) wieder aktive Kirchenstaat, das nunmehr in Realunion verbundene „Königreich beider Sizilien" (Neapel plus Sizilien) eines unter Napoleon auf Sizilien beschränkten Bourbonen. Auch nach Spanien und Portugal, das von 1811 bis 1820 faktisch unter einer unpopulären britischen Besatzungsherrschaft gestanden hatte, kehrten die alten Herrscher aus französischer Gefangenschaft beziehungsweise brasilianischem Exil zurück. Beide Länder aber kamen ebenso wenig zur Ruhe wie Piemont oder Neapel. Überall lösten hier liberale Kräfte zwischen 1820 und 1823 den restaurierten Absolutismus ab, konnten sich aber nicht lange halten, vor allem, weil Frankreich beziehungsweise Österreich militärisch eingriffen. Das zeigt, dass die Mächte der Heiligen Allianz (gegen den Willen Großbritanniens) nicht vor Interventionen in europäischen Ländern

Die neue Ordnung von 1815

zurückschreckten – wohl aber in den unabhängig gewordenen lateinamerikanischen Kolonien, da die Navy den Atlantik beherrschte! Seinerseits betrieb freilich auch London keine „Totalrestauration". So erhielten zum Beispiel die Niederlande einige Kolonien (Kapkolonie, Ceylon, westlicher Teil Guyanas) nicht mehr zurück, wurden aber unter einem Oranier restituiert und mit Lüttich und den ehemaligen Österreichischen Niederlanden zu einem Königreich vereint. Diese Union des katholischen, sich rasch industrialisierenden Südens und des protestantisch dominierten, agrarisch und kommerziell geprägten Nordens, die seit 1579/1581 auch politisch getrennte Wege gegangen waren, erwies sich freilich als prekär, zumal der Süden nun auch die Schulden des Nordens übernehmen sollte. Im Gegensatz zur (eher religiös als nationalistisch motivierten) Sezession Griechenlands vom Osmanischen Reich verstieß die Abspaltung Belgiens, die im Windschatten der französischen Juli-Revolution erfolgte, jedoch gegen die Wiener Ordnung.

Keine „Totalrestauration"

Nachdem schon Napoleons autoritäres Kaisertum zum Beispiel in puncto Hofhaltung wieder teilweise in traditionelle Bahnen eingeschwenkt war, hatte sich die restaurierte Bourbonenmonarchie zunächst an einem Ausgleich zwischen den alten und den neuen gesellschaftlichen Kräften versucht. Der reaktionäre Kurs Karls X. (1825–1830) provozierte dann jedoch das endgültige Aus für den französischen Absolutismus, ohne dass der Prestigeerfolg der Eroberung Algiers daran etwas hätte ändern können. Mit Louis-Philippe d'Orléans (Ludwig Philipp I.) übernahm zwar ein Spross einer Nebenlinie des französischen Königshauses die Krone, aber „Orléanisten" und „Legitimisten" standen sich fortan feindlich gegenüber. Außerdem wurde die Julimonarchie verbreitet als eine Herrschaft der Bourgeoisie empfunden, was zur Ausbreitung klassenkämpferischer, sozialistischer und kommunistischer Theorien führte, während es in Großbritannien gelang, durch eine erste Wahlrechtsreform (1832) die inneren Spannungen zu entschärfen. Obwohl der neue „Bürgerkönig" die Situation in Frankreich rasch stabilisierte und die anderen Mächte davon überzeugen konnte, dass er keine Expansionsgelüste hegte, strahlte die Revolution in Frankreich, wie schon 1789, auf dessen Nachbarländer aus. Die autoritäre Kirchen- und Sprachpolitik der Krone provozierte 1830/1831 eine neuerliche Spaltung der Niederlande an der Grenze von 1790. Dies kostete zwar Menschenleben, aber die benachbarten Großmächte – Frankreich, Großbritannien und Preußen – setzten auf Deeskalation. In jahrelangen Beratungen verständigte sich die Pentarchie 1839 auf die Grenzen dieses – neutralisierten, das heißt nach Möglichkeit dem französischen Zugriff entzogenen – Belgien (und Luxemburg), das außerdem, ebenso wie 1832 Griechenland, 1879 beziehungsweise 1887 Bulgarien und 1914 Albanien, im Einvernehmen mit Teilen der jeweiligen „Nationalbewegung" einen Monarchen aus einem unbeteiligten (deutschen) Klein- beziehungsweise Mittelstaat erhielt, aber bald am Gegensatz zwischen Flamen und Wallonen litt.

Revolutionen in Frankreich und Belgien

In Polen wurde dagegen 1830/1831 die Unabhängigkeitsbewegung Nikolaus' I. unterdrückt. Das Land verlor daraufhin jedwede Autonomie und einen Teil seiner Elite durch Deportation oder Flucht ins Exil. Etwas weniger scharf als Russland be-

Nach dem Sturz Napoleons I. ordneten die Delegierten des Wiener Kongresses (1814/1815) Europa neu (Stich um 1870).

trieb seitdem auch Preußen in seinen polnischsprachigen Gebieten Assimilierungspolitik. Dass gleichzeitig in einigen deutschen Staaten nach Revolten moderne Verfassungen eingeführt wurden (s. S. 443), konnte weder Berlin noch Wien verhindern. Wohl aber vermochte Metternich 1832/1833 mit Hilfe des Deutschen Bundes die deutsche Nationalbewegung niederzuhalten. Er griff außerdem in der Emilia-Romagna ein, wo eher soziale als nationale Unruhen ausgebrochen waren. Bei derartigen Interventionen – wie jener Österreichs und Frankreichs im Kirchenstaat 1832/1838 – wurden freilich nicht nur der gemeinsame Wille, Revolutionen einzudämmen, deutlich, sondern auch die Rivalitäten unter den fünf Großmächten. Obwohl sie in der Regel durch Absprachen einen Kompromiss erreichten, schlossen immer wieder zwei oder drei von ihnen zeitweilig engere Allianzen. So gingen London und Paris 1834 mit Blick auf die Iberische Halbinsel ein Bündnis ein, das 1846 zerbrach, als dort Lord Palmerston, der zwischen 1809 und 1865 als Kriegs-, Außen- beziehungsweise Premierminister gerade in der Außenpolitik dominierende britische Staatsmann, aus französischer Sicht zu viel Einfluss gewann.

Antirevolutionäre Interventionen

In Spanien war es nämlich, in einer ähnlichen Konstellation wie in Portugal nach 1826, nach dem Tod des reaktionären Ferdinand VII. 1833 zu einem Thronstreit gekommen, der in einem jahrelangen Bürgerkrieg kulminierte, welcher mit dem Sieg der liberalen Konstitutionalisten endete. Gleichzeitig wurde damit die Aufhebung grundherrschaftlicher Rechte sowie die Enteignung und Versteigerung kirchlichen und kommunalen Besitzes eingeleitet. Das schwächte vornehmlich die katholische Kirche, stärkte dagegen die liberalkonservativen, überwiegend bürgerlichen *Moderados*, die nun meist die Regierungen stellten – freilich gelegentlich unterbrochen von der Herrschaft linksliberaler Generäle, die über Putschs und städtische Revolten an die Macht gelangten. Dass West- und Ostmächte hier auf verschiedenen Seiten eingriffen (freilich nur durch Freiwillige bzw. durch finanzielle Hilfen), zeigt, dass seit 1830 das europäische „Konzert" unstimmiger wurde, weil nun neben Großbritannien

Unterschiedliche Interessen der Großmächte

auch Frankreich, anders als die weiterhin von hochkonservativen Politikern dominierten „Ostmächte", ihnen genehme liberale und nationale Bewegungen stützten statt sie durch militärische Einmischung in die inneren Angelegenheiten souveräner Staaten zu unterdrücken. Andererseits war es Adolphe Thiers, der nach dem Scheitern seiner Ambitionen in Ägypten 1840 den nationalfranzösischen Revanchismus anfachte und erneut die Rheingrenze zum Ziel erklärte. Angesichts der Opposition der anderen Mächte – Berlin und Wien rüsteten sogar zum Krieg – tauschte jedoch Louis-Philippe I. seinen Ministerpräsidenten aus und lenkte Frankreich damit zurück in den Rahmen der Wiener Ordnung. Als Österreich 1846 in Absprache mit den anderen Ostmächten die kleine Republik Krakau (als potentielles Zentrum eines neuen polnischen Aufstandes) annektierte, blieb der Julimonarchie indes nur ein schwacher Protest. Im November 1847 besiegte binnen 25 Tagen die inzwischen innerlich demokratisierte liberal-nationale Mehrheit der Schweizer Kantone den 1845 auf Grund von Differenzen in Kirchenfragen (Säkularisationen, Zulassung von Jesuiten) gegründeten katholisch-föderalistischen Sonderbund. Die Nachbarn Österreich und Frankreich waren sich hinsichtlich der Bewertung der Schweiz als eines gefährlichen Horts geflohener Revolutionäre ziemlich einig, nicht aber hinsichtlich eines gemeinsamen Vorgehens. Da brach im Februar 1848 in Frankreich selbst die Revolution aus.

Nicht nur auf Grund der erfolglosen Außenpolitik Louis-Philippes war Frankreich innenpolitisch wenig stabil. Der in ganz Europa um sich greifende Pauperismus löste besonders in den 1840er Jahren Hungerrevolten, lokale Unruhen und Streiks aus. Während Massenpetitionen und Großdemonstrationen in London zwar erste Arbeiterschutzgesetze und die Aufhebung der Kornzölle (mit-)bewirkten, jedoch nicht den Sturz der immer noch aristokratisch geprägten Regierungen, wurde der „Bürgerkönig" von Arbeitern und dem großen Teil des Bürgertums, dem das Wahlrecht immer noch vorenthalten wurde, gestürzt. Damit war der Funke zur Revolution von 1848/1849 entzündet. In Frankreich sollte der Weg in heftigen inneren Kämpfen

Die Revolution von 1848/1849

zu einer Ende 1848 errichteten präsidialen Republik, 1852 weiter zum autoritären Kaisertum Napoleons III. führen. Andernorts traten zu konstitutionellen und sozialen noch nationale Probleme hinzu. In Ungarn, Italien und im Deutschen Bund kämpften kleinadelige beziehungsweise bürgerliche Kräfte, meist geführt von Intellektuellen, gegen das repressive „Metternich'sche System" und für einen liberalen Nationalstaat. Handwerker und Industriearbeiter forderten bessere

Arbeitsbedingungen und begannen sich zu organisieren. Die Komplexität und Verschränktheit der Probleme, das rasche Wiedererstarken der konservativ-monarchistischen Kräfte sowie die Status-quo-Politik vor allem Russlands (das sogar gemeinsam mit dem Sultan den Aufstand in den Donaufürstentümern niederschlug), aber in Grenzen auch des ebenfalls von der Revolution nicht erfassten Großbritannien bewirkten letztlich ein Scheitern der revolutionären Kräfte. Lediglich die bäuerlichen Forderungen nach einem endgültigen Ende des Feudalismus wurden weitgehend erfüllt. Die zwischen Ostsee und Schwarzem Meer bestehende Gutsherrschaft mit Schollenbindung, hohen Fronpflichten und herrschaftlichem Heiratskonsens war schon seit den 1780er Jahren in den betreffenden Teilen der Habsburgermonarchie und vor allem Dänemarks, seit 1807 auch Preußens – unter mehr oder minder hohen bäuerlichen Gegenleistungen und in unterschiedlichem Tempo – weitgehend beseitigt worden. In Russland (samt dessen polnischen Gebieten) wurde diese Möglichkeit den Bauern erst im Zuge der Abschaffung der Leibeigenschaft ab 1861 geboten. 1848 aber wurden zum Beispiel in Bayern und in der Donaumonarchie Gesetze zur Ablösung der westlich der Elbe bis Mittelspanien verbreiteten grundherrschaftlichen Verhältnisse erlassen, bei denen die Bauern kein volles Grundeigentum besaßen und Abgaben sowie teilweise auch Dienste an den Grundherrn leisteten. Dieser Ablösungsprozess sollte sich jedoch noch lange hinziehen.

Außenpolitisch änderte sich vorderhand noch weniger. Zwei kurze Preußisch-Dänische Kriege um Schleswig und Holstein endeten damit, dass auf Druck Russlands, Großbritanniens und Schwedens die dänische Krone ihre Erbfolge in den Herzogtümern deren territoriale Integrität garantiert erhielt. Friedrich Wilhelm IV., der sich dabei anfangs an die Spitze der deutschen Nationalbewegung gesetzt hatte, lehnte dann 1849 die ihm von der verfassunggebenden deutschen Nationalversammlung angebotene (kleindeutsche) Kaiserkrone ab – unter anderem, weil er keinesfalls eine Krone aus der Hand von Revolutionären entgegennehmen wollte. Einer „großdeutschen" Lösung unter Einbeziehung Österreichs hatte sich Wien schon zuvor verweigert – es wollte sein Kaiserreich nicht an der Grenze zu Ungarn spalten lassen. Vielmehr schlug die österreichische Führung nacheinander die Revolution in Böhmen, in Wien sowie in Ungarn nieder (mit kroatischer und im letzteren Fall maßgeblicher russischer Hilfe) und besiegte auch die revolutionären italienischen Nationalisten samt Piemont, das sich Lombardo-Venetien angliedern wollte. Da sich London und Paris gegenseitig blockierten – Palmerston wünschte einen starken Pufferstaat zwischen Österreich und Frankreich, Napoleon III. wollte nur den österreichischen Einfluss durch den französischen ersetzen –, kam es in ganz Italien zu einer Totalrestauration, unter anderem auch im Kirchenstaat, wo nun wieder der durch die kurzlebige, von französischen Truppen niedergeschlagene Römische Republik von 1849 zum Erzkonservativen gewandelte Papst Pius IX. regierte. Trotz Spannungen zwischen Preußen und Österreich wurde der Deutsche Bund ebenfalls in alter Form wiederhergestellt.

Geringe außenpolitische Konsequenzen

Nationalismus, Staatsbildung und europäisches Mächtesystem 1849–1914

Seit 1848/1849 traten jedoch Machtpolitiker auf die europäische Bühne, denen es nicht um das Gleichgewicht in Europa ging, sondern ausschließlich um die Interessen „ihres" Staates. Gerade Napoleon III., der sein Kaisertum einem Plebiszit verdankte, betrieb dabei eine populistische Politik – was Nikolaus I. verabscheute. Dabei hatte Napoleon vor allem den erstarkten, auch politisch wirksamen Katholizismus zu berücksichtigen. Dass es in Palästina zwischen Katholiken und Orthodoxen über die Verwaltung der heiligen Stätten der Christenheit zum Streit kam, verschärfte den Gegensatz. Das Osmanische Reich, mit dessen baldigem Zerfall der Zar ohnehin rechnete, stellte sich dabei eher auf die Seite Frankreichs, des hier anerkannten Protektors der Katholiken (s. S. 369 f.) – zumal Russland die 1852 proklamierte, faktisch schon lange bestehende Selbständigkeit Montenegros unterstützte und wieder einmal in die Donaufürstentümer einmarschierte. Als der Zar aus humanitären wie machtpolitischen Gründen ultimativ ein Protektorat für alle orthodoxen Untertanen des Osmanischen Reiches forderte, rückten auch Wien und vor allem London von ihm ab. So gab die Pforte 1853 ihrerseits internen Forderungen nach einem „Heiligen

Der Krimkrieg

Krieg" nach – einem Krieg, in den nach der Vernichtung der veralteten türkischen Schwarzmeerflotte auch Frankreich und Großbritannien eintraten, getrieben von einer russophoben öffentlichen Meinung und der Sorge um den Verlust eines wichtigen Handelspartners. Gegenüber dieser Allianz wahrte Preußen eine strikte, Österreich aber eine wohlwollende Neutralität – was Nikolaus angesichts seines Einsatzes von 1849 ebenso enttäuschte wie die Tatsache, dass in Südosteuropa lediglich in Griechenland eine pro-russische Bewegung in Gang kam. Nachdem der erste Stellungskrieg der Geschichte vor Sewastopol auf beiden Seiten, besonders durch Epidemien, horrende Verluste gefordert hatte und die Festung schließlich trotz der traditionell riesigen russischen Heeresstärke gefallen war, vermochten auch russische Erfolge im Transkaukasus keine Wende mehr herbeizuführen, zumal nun auch noch Österreich und Schweden eine drohende Haltung einnahmen. Im Pariser Frieden von 1856 verlor Russland kaum Gebiete, aber seinen Einfluss auf die Donaufürstentümer, und konzentrierte sich daraufhin auf innere Reformen sowie – ähnlich wie Großbritannien – auf den Ausbau seiner Positionen in Asien. Das Schwarze Meer wurde entmilitarisiert, die Donau internationalisiert und die vom Sultan verkündete Gleichstellung seiner christlichen mit seinen muslimischen Untertanen gewürdigt. Das Osmanische Reich erhielt eine internationale Garantie seiner territorialen Integrität und saß nun – erstmals – am Verhandlungstisch einer Konferenz der europäischen Mächte, wenngleich mehr als Objekt der Diskussionen denn als mitentscheidende Großmacht, die es nun nicht mehr war. Außerdem war noch eine weitere „Siegermacht" vertreten: Piemont, das Kernland der italienischen Nationalstaatsbildung.

Das Bestreben, einen neuen Nationalstaat zu bilden, musste die politische Landkarte, ohne Rücksicht auf Gleichgewichtserwägungen, völlig verändern. Denn damit wirkte der Nationalismus in Italien und weitgehend auch im Deutschen Bund integrativ, desintegrativ aber auf „Vielvölkerstaaten" wie die Donaumonarchie, Russland oder das Osmanische Reich. Auch die Schaffung einer habsburgischen Doppelmonarchie (1867) löste höchstens einen Teil des Problems: Tschechen fühlten sich weiter von Deutschösterreichern, Kroaten von Ungarn bevormundet, wobei die Südslawen generell zwischen einer südslawischen Konföderation und der Bildung einzelner Nationalstaaten schwankten. Selbst unter Russen herrschte Streit, ob man sich dem „Westen" angleichen oder eine ganz eigenständige Entwicklung, allenfalls als Führungsmacht aller Slawen, übernehmen sollte. Dabei wollten Nationalisten aller Seiten ihren künftigen „Nationalstaat" jeweils möglichst als „Großreich" aller „Volksgenossen" gestalten und jedes noch „unerlöste" Gebiet einbeziehen. Hierzu stützten sie sich in Grenzräumen mit nationaler „Gemengelage" (wie Schleswig, Westpreußen, Südtirol, Savoyen, Kosovo, Mazedonien etc.) – je nach Bedarf – auf historische Rechte, sprachliche beziehungsweise geographische Verhältnisse oder ihre (angebliche) kulturelle Überlegenheit, was sie natürlich in scharfen Gegensatz zu ihren ebenso nationalistischen Nachbarn brachte. Zwar konnte lange weder die Masse der Bauern noch die sich in Gewerkschaften und sozialistischen Parteien organisierende Industriearbeiterschaft allzu viel mit nationalem Ideengut anfangen. Dennoch entwickelte sich der Nationalismus tendenziell überall zu einem Massenphänomen. Damit aber wurde er für Politiker interessant, die aus Gründen der Staatsräson und ihrer eigenen politischen Ambitionen bereit waren, sich mit nationalen Kräften zu verbünden. Camillo Benso von Cavour und Otto von Bismarck vermochten sie in ihrem Sinne zu kanalisieren.

Die „nationale Frage"

Napoleon III. und der Turiner Ministerpräsident hatten 1859 einen Angriffskrieg gegen Österreich vereinbart, ohne dass sie dabei einen italienischen Einheitsstaat im Auge hatten, wie ihn die republikanisch-demokratische Richtung des Risorgimento anstrebte: Piemont sollte Lombardo-Venetien erhalten, dafür aber Savoyen und Nizza an Frankreich abtreten. Auch dank diplomatischen Ungeschicks isoliert, verlor Österreich zwei Schlachten und damit die Lombardei, nicht aber Venetien, da Napoleon III., auch angesichts preußischer Drohungen, zurücksteckte. Cavour aber trieb – über zum Teil manipulierte Volksabstimmungen zugunsten eines Anschlusses an Piemont – die italienische Einigungsbewegung voran, band zeitweise auch den in Süditalien erfolgreichen Republikaner Giuseppe Garibaldi ein, trat aber, gegen dessen Willen, die großenteils französischsprachigen Gebiete jenseits der Alpen ab. London, das sich einer italienischen (und später deutschen) Nationalstaatsbildung als Gegengewicht gegen die hegemonialen und imperialen Ambitionen Napoleons III. nicht widersetzte, nahm eine drohende Haltung gegenüber einer geplanten französischen Intervention ein. So wurde Neapel-Sizilien in den 1861 gegründeten, von Piemont bestimmten Einheitsstaat Italien zwangsintegriert. Noch aber erzwang Napoleon, mit Rücksicht auf die französischen Katholiken, den Erhalt des – verkleinerten – Kirchenstaats. Pius IX., der während seines langen Pontifikats den päpstlichen Jurisdiktionsprimat und die Dogmen der

Entstehung des Königreichs Italien

päpstlichen Unfehlbarkeit sowie der Unbefleckten Empfängnis verkünden ließ, blieb nämlich bis zu seinem Tod 1878 die Leitfigur des konservativen politischen Katholizismus, der sich schon vor 1848 in vielen katholischen Ländern formiert und an Rom orientiert hatte. Erst 1870/1871 erzwang der Deutsch-Französische Krieg den Abzug französischer Truppen aus Rom und ermöglichte damit dessen Integration in den italienischen Nationalstaat – worauf die papsttreuen Katholiken mit einer jahrzehntelangen politischen Abstinenz reagierten. Venetien aber war, trotz italienischer Niederlagen, als Preis für die wohlwollende Neutralität Frankreichs im Krieg von 1866 von Österreich an Italien abgetreten worden, das danach als Konferenzteilnehmer formal in den Kreis der Großmächte aufgenommen wurde.

Während die polnische Nationalstaatsbewegung im Aufstand von 1863 an der von Preußen gedeckten militärischen Intervention Russlands gescheitert war – was danach (bald im gesamten Reich) eine verschärfte Russifizierungspolitik zur Folge hatte –, kam die kleindeutsche Nationalstaatsbildung schrittweise zum Erfolg. Auslöser für den ersten der drei „Einigungskriege" war die erneut betriebene Integration Schleswigs in das Königreich Dänemark, die dem internationalen Vertragsrecht widersprach. Die ohnedies uneinigen, teils aus innenpolitischen Gründen, teils infolge ihres außereuropäischen Engagements handlungsunfähigen nichtdeutschen Mächte vermochten nicht einzugreifen, als Preußen und Österreich 1864 militärisch intervenierten. Über die Zukunft der Elbherzogtümer gerieten die beiden jedoch in Streit. Der schnelle Sieg des mit Italien verbündeten Preußen im Kabinettskrieg von 1866 über Österreich und dessen alliierte Bundesmitglieder führte zur Vergrößerung Preußens, einer Auflösung des Deutschen und der Neugründung eines Norddeutschen Bundes unter preußischer Hegemonie. Das spaltete die Liberalen, von denen die nunmehrigen Nationalliberalen auf die „kleindeutsche Lösung" setzten. Während der Zar Bismarcks Politik nun dank der guten Beziehung seinerseits deckte und die britische Regierung passiv blieb, spitzte sich das preußisch-französische Verhältnis zu. Im Kontext der spanischen Thronfolgefrage ließ sich Napoleon III. von Bismarck zum Angriff reizen, während sich die Donaumonarchie, inzwischen ein Doppelstaat Österreich-Ungarn, zurückhielt. Mehr und mehr hatte sie mit Nationalitätenproblemen und ihrer Finanzschwäche zu kämpfen – auch wenn niemand wusste, was an ihre Stelle treten sollte. So legte der Sieg Preußens und seiner neuen süddeutschen Verbündeten den Grundstein für die Schaffung des Deutschen Reichs von 1871. Gegen einen solchen, territorial auf Kosten Frankreichs erweiterten, freilich nun laut Bismarck „saturierten" preußisch-deutschen Machtblock in Mitteleuropa äußerte zwar sogar dessen erster Kaiser Bedenken. Aber Frankreich konnte infolge seiner schweren Niederlage und seiner innenpolitischen Situation, in der sich die Dritte Republik erst langsam stabilisierte, nur mittelfristig auf eine Revision der Verhältnisse hoffen.

Kleindeutsche Nationalstaatsbildung

Neuerlich in Bewegung geriet die europäische Landkarte erst wieder durch die (in Bulgarien blutig niedergeschlagenen, z. T. durch Steuererhöhungen provozierten) Aufstände auf dem Balkan seit 1875, die Kriegserklärung Serbiens und Montenegros

28. Juni 1914: In Sarajewo werden der Thronfolger Österreich-Ungarns, Erzherzog Franz Ferdinand, und seine Frau Sophie von einem serbischen Attentäter erschossen. Diese Tat gilt als Auslöser des Ersten Weltkriegs.

an die Pforte, 1877 auch Russlands und Rumäniens, wie die seit 1859/1862 vereinigten Donaufürstentümer inzwischen genannt wurden. Zwar konnte der Zar danach auf dem Berliner Kongress von 1878, der „letzten großen Manifestation des Europäischen Konzerts" (Peter Baumgart), angesichts britischen und habsburgischen Gegendrucks „Großbulgarien" als seinen neugeschaffenen mächtigen Klientelstaat nicht bewahren. Er erwarb aber immerhin einen verlorenen Teil Bessarabiens zurück, während Österreich-Ungarn als Kompensation seitdem Bosnien-Herzegowina verwaltete. Rumänien, Serbien und Montenegro wurden unabhängige Staaten, das unbeteiligte Griechenland territorial ausgeweitet, Bulgarien dagegen lediglich ein verkleinertes, autonomes Fürstentum, das sich indes 1885 um Ostrumelien erweiterte und gegen eine serbische Invasion verteidigte. Die Gesamtlage wurde langsam durch den Zweibund zwischen Deutschland und Österreich-Ungarn stabilisiert, der angesichts des französischen Einmarsches in Tunesien 1882 durch den Beitritt Italiens zum defensiv ausgerichteten Dreibund ausgebaut wurde, dem sich Rumänien anschloss.

Balkankrisen und neue Allianzen

In den Vordergrund trat nun, eingeleitet von der Berliner Konferenz von 1884/1885, die Aufteilung Afrikas (s. S. 396 ff.). Nach der Ablösung Bismarcks geriet Berlin, abgesehen von seinem Bündnis mit Wien, diplomatisch immer mehr ins Abseits. 1894 schlossen Frankreich und Russland ein Militärbündnis. Während der Marokko-Krisen (1905/1906, 1911) verschärfte sich die deutsche Isolation. Denn einerseits verdarben die Flottenrüstung und das Ungeschick Wilhelms II. das anfangs unverkrampfte Verhältnis zu London (Helgoland-Sansibar-Vertrag 1890), andererseits legten die europäischen Mächte ihre kolonialen Streitigkeiten bei oder ließen sie zumindest nicht eskalieren. So wurde 1907 die 1904 geschlossene britisch-französische *Entente cordiale* durch den Beitritt des nach der Niederlage gegen Japan und der von Intellektuellen und Arbeitern ausgelösten Revolution von 1905 anlehnungsbedürftigen Russlands zur informellen Tripelallianz erweitert. Mit ihr und dem Zweibund standen sich schon die Staatenblöcke des Ersten Weltkrieges gegenüber. Ihn lösten die Gegensätze auf dem Balkan aus. Bulgarien hatte sich 1908 als eigenes Zarentum vom Osmanischen Reich gelöst, dessen Erhalt die Mächte gleichwohl weiterhin forderten. Doch im Ersten Balkankrieg 1912/1913 – den als Erstes Montenegro (!) dem Osmanischen Reich erklärte – teilte das von Russland initiierte Bündnis der Balkanstaaten samt dem neu gegründeten Albanien das osmanische Gebiet in Europa fast vollständig unter sich auf. Folge waren „ethnische Säuberungen" und Grenzziehungen, die bis heute für Konfliktstoff sorgen – Österreich und Italien wollten ein Albanien, um Serbien von der Adria fernzuhalten, Russland und Frankreich bestimmten, dass Serbien wenigstens den Kosovo erhielt. Bulgarien, mit seinem Beuteanteil immer noch unzufrieden, eröffnete noch 1913 einen neuen Krieg, stand nun jedoch gegen alle seine Nachbarn, behielt zwar letztlich einen Zugang zur Ägäis, musste aber Ostthrakien an die Osmanen zurückgeben, während Mazedonien im Wesentlichen zwischen Griechenland und Serbien geteilt wurde. Großserbische Nationalisten, die den Erwerb des 1908 von Österreich-Ungarn annektierten Bosnien-Herzegowina betrieben, waren indes für die Schüsse von Sarajewo verantwortlich.

Die Krise der islamischen Welt

Die diskontinuierliche Desintegration des Osmanischen Reiches

Freilich waren für die Desintegration des Osmanischen Reiches nicht nur die Nationalismen der Eliten der Balkanvölker verantwortlich, sondern vielleicht noch mehr die Hoffnungen der bäuerlichen Bevölkerung auf eine Verbesserung ihrer Besitzrechte. Doch vielfältige soziale Missstände hatten eben schon lange vor 1914 eine Mischung aus sozialen und nationalen Forderungen entstehen lassen, an denen das vormals vom Islam als herrschender Religion und der Kalifen-Dynastie beziehungsweise dem Osmanismus zusammengehaltene Vielvölkerreich zu zerbrechen drohte. Bereits auf dem Kongress zu Verona (1822) war daher erstmals von einer „Orientalischen Frage" die Rede gewesen. Gemeint waren damit die Probleme, die sich aus dem inneren und äußeren Verfall des Osmanischen Reiches ergaben. Diese Desintegration war freilich nur ein Bestandteil der Krise, die zwischen 1700 und 1914 praktisch die gesamte islamische Welt, mit Ausnahme Westafrikas, erfasste und die sicherlich auch, aber nicht ausschließlich durch westliche Einmischungen verschuldet wurde.

Das Osmanische Reich war vor 1800 alles andere als ein „türkisches" Reich, lebten in ihm doch nur gut 30 Prozent Türken. Die Führungsschicht inklusive der Dynastie Osman, die nur in väterlicher Linie türkisch war, war „multinational" zusammengesetzt, ökonomisch dominierten Griechen und Armenier. Allerdings nahm im 19. Jahrhundert die Zahl der türkischen Amtsträger in der Zentrale zu. Wirtschaftlich schwach entwickelt, von einer anfangs ineffizienten Bürokratie regiert, litt das Reich darunter, dass die Entscheidungen stark von der Person des Sultans abhingen. Autonomien der Amtsführungen erschwerten die Kooperation zwischen den Behörden, Steuerpacht, oft auf Lebenszeit, und Ämterkauf, selbst im Janitscharenkorps, trugen zu einer Dezentralisierung bei, die freilich nicht automatisch zu einer Desintegration führen musste: Schon im 18. Jahrhundert entstanden sogenannte Talfürstentümer zum Teil erheblichen Umfangs. Letztlich verloren die Osmanen Gebiete und Vasallen an drei Fronten: im Kaukasusraum, in Nordafrika und auf der Balkanhalbinsel. Die dort teilweise von Russland unter dem Signum orthodoxer beziehungsweise panslawischer Solidarität geförderte Selbständigkeit der südosteuropäischen Nationalitäten folgte vom ersten antiosmanischen Aufstand, der durch Willkürherrschaft auf regionaler Ebene ausgelösten Revolution der Serben 1804/1813, bis 1913 einem ziemlich einheitlichen, in den ersten Schritten wiederholbaren Schema: Aufstand – Einmischung der Großmächte, vor allem eben Russlands – (erweiterte) Autonomie – letztlich Unabhängigkeit. 1806 griff der Zar ein, als der Sultan seine Vasallenfürsten in den Donaufürstentümern durch frankophile Nachfolger ersetzte. Die Fürstenfamilie Ypsilantis – wie alle ihre Vorgänger seit 1711/1716 Griechen – kämpfte daraufhin in russischem Dienst und in der Hoffnung auf eine Intervention der christlichen Mächte für die Befreiung ihrer Nation. Im Frieden von 1812 begnügte sich Russland angesichts der napoleonischen Gefahr indes mit Ostmoldau (Bessarabien) und einer vagen Garantie künftiger serbischer Autonomie. Diese wurde nach dem neuen Krieg von 1828/1829 ausgeweitet, ferner bekam Russland das Protektorat über die seit langem der Pforte tributpflichtigen Donaufürstentümer, die Donaumündung sowie das Durchfahrtsrecht durch die Meerengen, das es 1856 verlor, aber im Schatten des Deutsch-Französischen Krieges 1870/1871 wieder beanspruchte, ohne dass andere Großmächte dagegen einschritten. Nach den südosteuropäischen Staatsbildungen blieb dem Osmanischen Reich also nur noch Ostthrakien.

Abspaltungen auf der Balkanhalbinsel

Auch im Mittelmeer war seine Stellung schwach geworden: 1878 musste Istanbul Zypern an Großbritannien als Stützpunkt gegen eine eventuelle russische Flottenexpedition abtreten. Zwar wurden Aufständische in Thessalien und auf Kreta und das sie unterstützende Griechenland 1897 besiegt, doch musste Istanbul gleichwohl unter dem Druck der Mächte die Autonomie der Insel unter internationalem Protektorat zugestehen.

Die mit ihrem Hinterland allenfalls durch Tributherrschaft verbundenen Barbareskenstaaten Algier, Tunis und Tripolis waren schon seit Anfang des 18. Jahrhunderts faktisch unabhängig. Da sie um 1800 mehr denn je vom Korsarentum (Lösegelderpressung, Verkauf in die Sklaverei) lebten, wurden sie öfter das Ziel westlicher Flottenexpeditionen. Die USA zahlten nach einem Krieg (1800/1805) kein „Schutzgeld" an Tripolis mehr (allerdings bis 1815 noch an andere nordafrikanische Staaten), die Europäer übten seit 1815/1818 gemeinsam Druck aus und bereiteten besonders im Kontext der blutigen französischen Eroberung Algeriens (1830/1847) der Kaperei ein Ende. In Tripolis gewannen die Osmanen 1835 sogar ihren Einfluss zurück, während sich in Ägypten der 1805/1806 eingesetzte Statthalter Muhammad Ali Pascha (Muḥammad bzw. Meḥmed ʻAlī) von ihnen emanzipierte. Mit brutaler Härte modernisierte der selbsternannte Khedive (Vizekönig) sein Land nach europäischem Vorbild, insbesondere die Verwaltung und, unter hinterhältiger Massakrierung der Mamlukenführer, die Armee. Grundbesitz und Handel wurden verstaatlicht, Industriebetriebe – unter anderem zum Bau von Waffen und Kriegsschiffen – eröffnet. Formal für den Sultan eroberte er 1811/1818 den 1803/1806 von den wahhabitischen Saudis (Sāʻūdis) erneut besetzten Hedschas mit Mekka und Medina, dazu das Binnenland der Arabischen Halbinsel sowie vorübergehend den Jemen, ferner ab 1820 zum Zweck der Gewinnung von Sklavensoldaten den heutigen Sudan, wo nach der Auflösung Funjs jede stärkere Autorität fehlte. Als geborener Albaner (?) griff er erfolgreich in den 1821 ausgebrochenen, von allen Seiten grausam geführten griechischen Unabhängigkeitskampf ein. Schon vor der Vernichtung der türkisch-ägyptischen Flotte bei Navarino durch britische, französische und russische Schiffe betrieben diese Großmächte, teilweise angetrieben vom romantischen Philhellenismus, wiewohl aus unterschiedlichen Motiven, zur Enttäuschung Metternichs die Gründung eines gemeinsam protegierten (süd-)griechischen Staates, in dem indes kaum ein Drittel der griechischsprachigen Bevölkerung lebte – und sich nach 1830 noch jahrelang bekämpfte. Als Ausgleich für seine Verluste fiel Muhammad Ali 1831/1832 mit einem Landheer in Syrien und Ostanatolien ein und drohte nun, Mahmud II. (Maḥmūd II., reg. 1808–1839) oder gar die Dynastie Osman abzusetzen. Ausgerechnet Zar Nikolaus I. sprang dem Sultan daraufhin bei, natürlich nicht uneigennützig, denn dieser musste dafür 1833 ein Schutzbündnis akzeptieren und die Meerengen fremden Kriegsschiffen verschließen. Dies verstimmte besonders London dauerhaft, das den Osmanenstaat als Puffer, Zwischenstation nach Indien und Absatzmarkt erhalten wollte. Es besetzte nun Aden als Kontrollpunkt am Ausgang des Roten Meeres und zwang dem Osmanischen Reich eine „Kapitulation" ab,

Situation im Mittelmeerbereich

welche Zölle und auch die ägyptischen Staatsmonopole, die Haupteinkommensquelle Muhammad Alis, aufhob. Der musste sich aus Anatolien zurückziehen, erhielt allerdings die Kontrolle über Kreta (dessen Anschluss an Griechenland die Mächte bis 1913 verhinderten) und den Hedschas übertragen. Als er nach seiner Unabhängigkeitserklärung 1839 den Angriff des Sultans auf Syrien zurückschlug und erneut Istanbul bedrohte, griffen die Großmächte wiederum ein. Frankreich wollte ihn im Besitz Syriens erhalten, war aber isoliert, während Briten und Österreicher unter anderem Beirut bombardierten und das Nildelta blockierten. Die Mächte kamen 1841 überein, dass die Meerengen in Friedenszeiten für nichtosmanische Kriegsschiffe gesperrt sein sollten. Muhammad Ali musste die Herrschaft über Kreta, Großsyrien und den Hedschas dem Sultan zurückgeben und von 200.000 auf 18.000 Mann abrüsten, erhielt für einen jährlichen Tribut indes die Vererblichkeit seiner Stellung in Ägypten zugesagt. Doch geriet das lange wohlhabende Land nun schwer in Schulden. Dies bot Großbritannien die Gelegenheit, einem späteren, nunmehr offiziellen Khediven nicht nur dessen Anteile am 1869 eröffneten Sueskanal abzukaufen, sondern Ägypten 1882 zu besetzen. Ein Jahr zuvor hatte Frankreich, das Bismarck wohl auf den Orient beziehungsweise Afrika „abzulenken" suchte, Tunesien zu seinem Protektorat erklärt, das nach einem Staatsbankrott schon unter britisch-französisch-italienische Finanzaufsicht gestellt worden war. Als Italien nach einem brutalen Überfall 1911/1912 auch noch das heutige Libyen annektierte, blieb den Osmanen über Nordafrika teilweise nicht einmal mehr eine formale Oberhoheit.

Der Verlust Nordafrikas

Ähnlich sah es am Ende im Kaukasusraum aus. Den Anlass zum Osmanisch-Russischen Krieg von 1787 bis 1792 hatten Streitigkeiten um das alte christliche Königreich Georgien geliefert. Ab 1801 besetzte Russland unter anderem Ostgeorgien, Ossetien, Mingrelien und Abchasien und erwarb 1828/1829 und 1878 Teile Armeniens. Zwischen 1857 und 1864 wurden, gegen großen Widerstand der Bevölkerung, Enklaven wie Tschetschenien, Swanetien und Tscherkessien annektiert. Das alles geschah zunächst angeblich zum Schutz von Christen, wurde aber mit einer Unterwerfung muslimischer Regionen verbunden – was der Sultan-Kalif in den jeweiligen Friedensschlüssen akzeptieren musste. Noch bedenklicher war, dass auch hinsichtlich osmanischer Untertanen sich der Zar zunehmend als Protektor aller Orthodoxen aufspielte. Natürlich versuchten die Osmanen durch keineswegs erfolglose, aber angesichts des „westlichen" Machtgewinns unzureichende Reformen „von oben" ihre Position zu stärken: Ein erster Anlauf zu einer Militärreform endete 1807 mit der Absetzung des Sultans durch die Janitscharen. Mahmud II. aber unterwarf nicht nur die „Talfürsten", sondern ließ 1826 von modern bewaffneten Einheiten, die mit Hilfe von Waffenkäufen und europäischen Fachleute aufgebaut worden waren, die Janitscharen der Hauptstadt ausrotten und das Korps auflösen, was zunächst freilich eine Schwächung des osmanischen Heeres bedeutete. Trotzdem gewann er die direkte Kontrolle über den von Mamluken regierten Irak und Teile der Arabischen Halbinsel. Er schaffte Frondienste und das Pfründenwesen ab und erkannte das Privateigentum an Landgütern an. Im Rahmen der „Neuordnung"

Verluste in Asien und Reformfrage

(Tanzīmāt) ab 1839 verkündete Mahmuds Nachfolger auf Druck der europäischen Mächte 1856 sogar die Gleichberechtigung aller Religionen. Dies ließ sich in der Realität allerdings nicht ganz durchsetzen – zu stark war der Widerstand der privilegierten Muslime, die durch die folgende Abtrennung ganz überwiegend christlicher Provinzen und die Flucht vieler Muslime nach Anatolien einen immer größeren Bevölkerungsanteil stellten. Immerhin erhielt der Libanon 1861, nach blutigen Konflikten zwischen Maroniten und Drusen, Autonomie unter einem christlichen Gouverneur. Den Armeniern wurde 1878 (auf problematische Weise) Autonomie zugesagt, aber nicht gewährt. Ihr Aufstand von 1894/1896 kostete Abertausende das Leben und verschärfte die innenpolitische Lage, wogegen die beginnende jüdische Einwanderung nach Palästina noch weniger Probleme bereitete. Vor allem aber geriet das Reich, trotz weiterer Reformen nach europäischem Vorbild (in Verwaltung, Justiz und Bildungswesen), mehr und mehr in finanzielle Abhängigkeit, besonders von Großbritannien und Frankreich. Im Gefolge des Staatsbankrotts von 1875 erzwangen die europäischen Gläubiger eine – für das Reich nicht nur nachteilige – von ihnen kontrollierte Staatsschuldenverwaltung, in die rund 30 Prozent der Staatseinnahmen flossen. 1899 ließ der Sultan Deutsche die strategisch wichtige Bagdadbahn bauen. Großbritannien aber errichtete im Gegenzug ein Protektorat über das autonome Emirat Kuwait, womit eine Verlängerung der Bahn bis zum Persischen Golf verhindert wurde. Den Küstengebieten von Aden bis Bahrain hatte es diesen Status schon seit 1853 schrittweise aufgezwungen. 1902 wurde der innerarabische Saudistaat wiedererrichtet, 1904/1911 ging der 1869 wiedererworbene Jemen den Osmanen erneut verloren. Nachdem das unruhige Mazedonien 1903 faktisch unter internationale Kontrolle gestellt worden war, löste die demütigende Erfahrung, dass das um 1800 noch so mächtige Reich inzwischen ein Spielball der Großmächte geworden war, 1908/1909 dort die „jungtürkische Revolution“ nationalistischer Offiziere aus: Sie erzwangen die Rückkehr zur 1878 aufgehobenen Verfassung und die Abdankung des Sultans. Ab dem Staatsstreich von 1913 endgültig im Besitz der Macht, fachten sie jedoch durch ein nationales Reformprogramm ungewollt selbst unter mehrheitlich muslimischen Völkern wie Albanern und Arabern Nationalismen an.

Persien und westliches Zentralasien zwischen den Großmächten

Das von den türkmenischen Kadscharen 1779/1796 wiederbegründete Vielvölkerreich Iran trug im 19. Jahrhundert mit den Osmanen Streitigkeiten um die Oberhoheit über einige Nomadenstämme aus. Doch nach einem ergebnislosen Grenzkrieg von 1820/1823 verhinderte die Vermittlung der Briten, welche die Landverbindung nach Indien sichern und eine Schwächung beider Seiten angesichts des russischen Drangs nach Süden verhindern wollten, größere Konflikte. Mehrfach Anlass zu Kriegen gab dagegen der stets mit unzureichenden Mitteln vorgetragene Versuch des Iran, die bis 1797 wiedergewonnenen Gebiete beziehungsweise Vasallenstaaten zu halten respektive erneut zu erobern. Ostgeorgien hatte 1801 die Annexion durch

Russland einer persischen Tributherrschaft vorgezogen. Daraufhin schlossen Persien und das durch einen afghanischen Einfall in den Pandschab beunruhigte Großbritannien ein Bündnis. Als die Gefahr für Indien vorüber war und London sich im Kampf gegen Napoleon mit St. Petersburg arrangierte, zerbrach diese Allianz indes fast ebenso rasch wie ein 1807 geschlossenes französisch-iranisches Bündnis, das durch die Verständigung zwischen Napoleon und Alexander I. für den Iran in seinem Krieg gegen Russland um Transkaukasien (1804–1813) fast wertlos wurde. So musste der Schah auf die Oberherrschaft über die Khanate von Karabach bis zum Kaspischen Meer und dort auf den Unterhalt von Kriegsschiffen verzichten. Dafür schloss er 1809/1814 neue Verträge mit Großbritannien, die ihm aber kaum etwas einbrachten. 1825 besetzte der Zar nämlich strittige Regionen. Gleichzeitig drängten religiöse Kräfte angesichts der russischen Behandlung von Muslimen auf einen „Heiligen Krieg". In diesem Revanchekrieg von 1826 bis 1828 leisteten die Briten aber nur finanzielle Hilfe. So musste Teheran Kriegsentschädigung leisten, armenische Regionen nördlich des Aras (Arax) abtreten (d. h. die bis heute gültige Grenze anerkennen) und eine „Kapitulation" abschließen. Westlich des Kaspischen Meeres wurde jahrzehntelang eine vage Grenze auf Kosten der dort lebenden türkmenischen Nomaden eingehalten. Nur im Südosten vermochte der Iran nach 1857 sein Gebiet auszudehnen, geriet aber immer mehr in wirtschaftliche Abhängigkeit. Denn während diverse militärische Reformversuche lediglich zur Aufstellung einer von russischen Offizieren befehligten Kosakenbrigade als Elitetruppe der iranischen Armee führten (1879), sollte sich bei der Vergabe von Konzessionen an das Ausland nur die Vergabe des Baus einer Telegrafenlinie (1863/1865) als günstig für den Iran erweisen. Die Übertragung anderer Monopole, speziell jene auf Tabakproduktion und -handel an ein britisches Konsortium (1890), löste Proteste immer breiterer Kreise aus. 1900/1901 nahm der Iran bei Russland Darlehen in Höhe von drei Jahreseinnahmen auf, verpfändete dafür einen Großteil seiner Zölle und legte seine Zollpolitik in die Hand eines Belgiers, der im russischen Interesse agierte. Steuererhöhungen, Verpachtung öffentlicher Ämter, wachsende Korruption – das alles trieb den Iran in die Verfassungsrevolution von 1905/1906. Obwohl die Schia seit 1844 Abspaltungen hatte hinnehmen müssen, hatte sich doch eine hierarchisierte Geistlichkeit herausgebildet, die nun, verbündet mit Kaufleuten, Handwerkern und Intellektuellen, die Führung im Kampf gegen die Schahherrschaft und die immer mehr dominierende Zarenmacht übernahm. Hatte nicht gerade erst eine asiatische Macht (Japan) das Zarenreich besiegt? Aber gerade das trug dazu bei, dass Russland 1911 die Revolution endgültig niederschlug, nachdem es 1907 gegenüber Großbritannien das „Große Spiel" (Rudyard Kipling) um Persien, Afghanistan und Tibet mit einem Remis beendet und sich dabei die Nordhälfte Irans als „Einflusszone" gesichert hatte.

Iran zwischen Russland und Großbritannien

Konzessionsvergabe und Verschuldung

Seit den 1830er Jahren wollte London nämlich den russischen Drang Richtung Persischer Golf beziehungsweise Britisch-Indien aufhalten. Dabei ging es auch um Afghanistan. Ahmad Schah Durrani, einst Kommandeur der Leibgarde des persischen Schahs Nadir, hatte sich nach dessen Tod zum Anführer der paschtunischen Durrani-Föderation aufgeschwungen und bis 1773 ein Reich geschaffen, das von Chorāsān bis Kaschmir und vom Amudarja zum Arabischen Meer reichte. Dieses erste, lockere, in vieler Hinsicht heterogene Afghanistan zerfiel jedoch nach 1800 auch infolge von Thronwirren in Kabul. Usbekische Khanate nördlich des Hindukusch unterstellten sich Buchara; Belutschistan und Sindh wurden unabhängig. Der Pandschab, Jammu und Kaschmir, 1809 von Kabul ebenfalls unabhängig, gingen an den Sikh-Herrscher Ranjit Singh, der 1835 sogar Peschawar annektierte, das bis dahin neben Kandahar und Herat zu einem eigenständigen Zentrum geworden war. Als

Der Kampf um Afghanistan

Dost Mohammed, der Emir von Kabul, 1836 den Briten ein Bündnis gegen das Sikh-Reich anbot, lehnten diese ab. Doch gleichzeitig leitete ein Brite die Verteidigung Herats, das die Kadscharen schon zuvor vergeblich hatten wiedergewinnen wollen, gegen die von Russen instruierten Perser. Denn London wollte das Sikh-Reich gern als Puffer erhalten, gleichzeitig aber einen Teil des Landwegs von Vorderasien nach Indien lieber afghanischen Vasallen als einem vom Zaren (seit 1813) mitbestimmten persischen Herrscher überlassen. Als der Emir dann aber mit dem Zaren Verhandlungen aufnahm, zwangen die Briten durch Militäraktionen im Persischen Golf den Schah zur Aufgabe der Belagerung Herats. Anschließend installierten sie mit Hilfe einer Armee einen neuen Emir in Kabul, den indes Besatzungstruppen schützen mussten. Als die Briten mitsamt ihrem Tross nach einem Aufstand im Januar 1842 von Kabul abzogen, fielen fast alle Angriffen und der Kälte zum Opfer – eine der schlimmsten Niederlagen der Kolonialmacht! Zwar nahmen britisch-indische Truppen die Stadt danach erneut ein und übten Vergeltung, aber da sich der Einsatz in keiner Hinsicht lohnte, zog man sie bald aus Afghanistan ab. Erst 1856/1857 mischte man sich wieder ein und zwang Persien, erneut durch Attacken in der Golfregion, auf das eroberte Herat (das 1863 der zurückgekehrte, nun mit den Briten verbündete Dost Mohammed einnahm) zu verzichten sowie die Integrität und Souveränität Afghanistans anzuerkennen, zog dafür aber 1872 eine für Iran günstige Grenze im Raum Sistan und Belutschistan. Ab 1874 verfolgte der neue Premier Disraeli sogar wieder eine Vorwärtsstrategie: Als Kabul russischen gegenüber britischen Avancen den Vorzug zu geben schien, wiederholten sich im zweiten Anglo-Afghanischen Krieg (1878–1880) manche Ereignisse des ersten. Doch gelang es den Briten diesmal, strategisch wichtige Positionen wie den Chaiber-(Khyber-)Pass in ihre Hand zu bekommen und dem neuen Emir Abdur Rahman Khan ihre Bedingungen auf-

Afghanistan als Pufferstaat

zuzwingen. Während sich der „eiserne Emir“ mit Gewalt, Konfiskationen und Umsiedlungsaktionen innenpolitisch durchsetzte, diktierten ihm die Briten eine vage Grenzlinie gegenüber Britisch-Indien und legten mit Russland bis 1895 auch die Nordgrenze Afghanistans fest: Ein bis China reichender Korridor trennte nun als Puffer Britisch-Indien von Russland, dessen Oberhoheit bis zum Amudarja reichte. All diese Festlegungen durchschnitten bewusst alte historische Regionen beziehungsweise Stammesgebiete von Belutschen, Paschtunen, Turkmenen und Usbeken. Von den usbekischen Staaten hatte Buchara 1842 vorübergehend sogar Kokand eingenommen, das sich zuvor Teile Kasachstans untergeordnet hatte. Auch Chiwa, nach 1800 mit einer hohen Mauer aus Lehmziegeln umgeben, fühlte sich bei seinen Übergriffen auf Untertanen des Zaren offenbar lange sicher. 1839 blieb eine russische Militärexpedition in der Wüste stecken, 1844 verständigten sich London und St. Petersburg, die Khanate als Pufferzone zu behandeln. Doch zwischen 1865 und 1876 ging alles ganz schnell: Kokand wurde annektiert, Buchara und Chiwa wurden zu Protektoraten, deren noch bis 1920 regierende Herrscher freilich einen gewissen innenpolitischen Spielraum bewahrten (vgl. S. 367 f.).

Asiatische und afrikanische Staaten an der Schwelle zur Kolonialisierung

Ab 1857/1858 gerieten auch sämtliche der über 600 indischen Fürstentümer, egal, ob von Muslimen oder Hindus regiert, unter fremde, nämlich britische Herrschaft. Seit den 1720er Jahren hatte sich das Mogulreich „vom zentralen Reichsverband zum dezentralen Staatenbund“ (Michael Mann) gewandelt, aus dem nur 1765 der Pandschab, 1787 Mysore und 1819 vorübergehend Awadh (Oudh) formal ausschieden, indem sie die letzten zwei (zur Souveränität führenden) der insgesamt sieben Autonomie-Stufen nahmen. Selbst die EIC unterstellte sich widerwillig durch symbolische Handlungen dem erst 1858 abgesetzten Mogulkaiser. Große Provinzen, oft historische Regionen, und manche der Neugründungen (vor allem in Gujarat entstanden u. a. unter britischer Ägide viele Kleinfürstentümer) entwickelten sich zu regelrechten Staaten, bürokratisch meist besser durchgebildet als früher und nun außenpolitisch selbst aktiv. Wie schon zuvor pflegten indische Staatengründer zunächst mit Hilfe verwandter Militärführer ein Gebiet zu erobern, dann die dortige Elite in ihre Herrschaft einzubinden, schließlich das Territorium vor allem von extern angeworbenen Kräften verwalten und ihre Herrschaft durch Rituale, Bauten und Stiftungen (auch von außen) legitimieren zu lassen. Den größten Teil Indiens aber beherrschten um 1760, nach einem Sieg über Hyderabad (Haiderabad), die Marathen – ein komplexer Verbund von Familien, deren Macht nun von Rajasthan bis Orissa und von den Westghats bis Thanjavur (Tanjore) reichte. Die für beide Seiten äußerst verlustreiche Niederlage von 1761 gegen Ahmad Schah hemmte die Expansion der Marathen nur vorübergehend. 1771 vermochte ihr politischer Führer, der Peshwa, Delhi zu erobern und den Großmogul dorthin zurückzuführen. Die Einmischung der EIC in dessen Nachfolgekämpfe in Pune mündete in deren ersten Konflikt mit den Marathen (1777–1782), der den Status quo nicht veränderte. Doch die Marathen bildeten bald nur noch einen sehr lockeren Verband von fünf Dynastien beziehungsweise Staaten, von denen vor allem die Nachbarn Gwalior und Indore dauerhaft rivalisierten.

Indische Staaten von 1757/1761–1857/1858

Von der Dezentralisierung der Macht profitierte neben den Sikh-Fürsten im Pandschab und Awadh auch die seit 1757 Bengalen beherrschende EIC: Nach ihrem

Sieg über ein Bündnis, unter anderem zwischen Awadh, einem Ex-Nawab von Bengalen und dem Mogul (1764), erhielt sie von Awadh 5 Millionen Rupien und von dem nun unter ihrer Kuratel stehenden Kaiser die Verwaltung von Bengalen, Bihar und Orissa übertragen. Awadh mietete danach sogar ein britisch-indisches Heer an, mit dessen Hilfe es den jungen Paschtunenstaat Rohilkhand annektierte. Doch geriet es durch solche Subsidientruppen- und Handelsverträge in ökonomische Abhängigkeit von der EIC und verlor 1801 an sie seine wichtigsten Gebiete. Wie an anderen indischen Höfen hatten schon zuvor die EIC-Residenten in der Hauptstadt Lakhnau die Innenpolitik des Landes mehr oder weniger mitbestimmt. Ähnlich dominierte sie durch immer „ungleichere" Verträge ab ca. 1800 zum Beispiel auch in Hyderabad, das von 1766 bis 1799 zusammen mit der EIC und verschiedenen Potentaten der Marathen in einer Reihe von Kriegen gegen Mysore gestanden hatte. Am Ende wurde das nach dem Zerfall Vijayanagars gebildete und bis 1790 expandierende südindische Großreich zwischen den Alliierten partiell aufgeteilt. Nach dem Tod seines Herrschers Tipu Sultan, der sich vom Osmanensultan hatte legitimieren lassen und, in zutreffender Einschätzung der von den Briten ausgehenden Gefahr, seinen Staat tiefgreifend modernisiert sowie mit Frankreich enge Beziehungen geknüpft hatte, blieben für die Briten – von mindermächtigen Staaten wie Travancore ganz zu schweigen – nicht einmal mehr die Marathen gefährlich, die sich nämlich um 1800 gegenseitig bekriegten. Das erlaubte den Briten im Zweiten Marathenkrieg (1803–1805) einzugreifen und weitere Gebiete, unter anderem Delhi samt dem Großmogul, unter ihre Kontrolle zu bringen. Nach dem dritten, durch Überfälle von Pindaris, Klientelgruppen der Marathen, provozierten Krieg (1817/1818) löste sich der Marathenbund auf, die Briten annektierten weitere indische Regionen und kontrollierten indirekt auch den Rest Indiens, vorerst noch mit einigen Ausnahmen. Sindh, von drei heimischen Emiren unter nomineller afghanischer Oberhoheit regiert, wurde 1841/1843, der Pandschab nach dem zweiten Krieg gegen die intern gespaltenen Sikhs (1848/1849) erobert und annektiert. Jammu und Kaschmir waren schon nach dem ersten Sikhkrieg (1845/1846) auf britisches Betreiben hin zum Schutz der Nordgrenze unter einem Hindufürsten verbunden und zum Vasallen der EIC geworden war. Die von den Briten erzwungene Demilitarisierung sparte den indischen Fürsten immerhin Gelder, die sie nun in eine opulente Hofhaltung investieren konnten. Die Briten dagegen stützten ihre Herrschaft weitgehend auf Söldner, besonders Sikhs und Gurkhas, deren Vorstoß aus Nepal sie 1814/1816 zurückgeschlagen hatten.

Wachsender Einfluss der EIC

In Südostasien, wo zwischen 1752 und 1802 mehrfach Reiche sich auflösten und neu begründet wurden (s. Band IV, S. 157–159), betrieb Burma ab 1760 eine expansive Politik. Es bedrohte besonders 1785 noch einmal das restaurierte Königreich Siam, annektierte 1760 Tenasserim, 1784 Arakan, 1813 Manipur und 1819/1821 Assam. Es bedrohte damit britisch-indische Interessen, vor allem sicherheitspolitischer Art. Im ersten von drei Kriegen gegen Burma (1824–1826) annektierte die EIC daher diese zuvor siamesischen beziehungsweise unabhängigen und daher unruhigen Provinzen. 1852 verlor das isolationistisch regierte Land nach einem Streit um eine Entschädigung von Kaufleuten seine Küstengebiete samt Rangun, das ihm seit 1755 als Hauptstadt gedient hatte. Die burmesische Krone sah sich daraufhin gezwungen, ihre Residenz ins Landesinnere zu verlegen, Reformen einzuleiten, Außenkontakte aufzubauen und zu versuchen, Briten und Franzosen gegeneinander auszuspielen. Das führte aber nach der französischen Besetzung von Laos zum dritten Anglo-Burmesischen Krieg (1885/1886) und zur Annexion. Die drei verfeindeten laotischen Königreiche und Kambodscha standen schon seit dem 18. Jahrhundert unter wechselnder Abhängigkeit von ihren mächtigeren Nachbarn. 1778 hatte der spätere siamesische König Rama I. (1782–1809) Vieng Chang geplündert (und dabei den Smaragd-Buddha mitgenommen), 1781 einen Aufstand in Kambodscha niedergeschlagen und 1798 Lan Na endgültig annektiert. Bei seinem Tod übte Siam über Laos, Kambodscha und die in der Mitte der Malaiischen Halbinsel liegenden Sultanate (wie Kedah), denen freilich mehr oder minder große Autonomie erhalten blieb, die Oberhoheit aus: Es entschied innere Streitigkeiten. Das neue Kaiserreich Vietnam (1802) bot sich Vieng Chang und Kambodscha allerdings als alternativer „Schutzherr" an, worauf Letzteres umso lieber einging, als seine Westprovinzen enger an Siam angebunden wurden. Beim Kampf der beiden Tributherren siegte 1812 Vietnam, das danach auch einen gegen Bangkok gerichteten Aufstand des mit Champasak verbündeten Vieng Chang unterstützte, den die Siamesen 1827 mit brutaler Gewalt unterdrückten. Vietnam aber, stark am konfuzianischen Vorbild seines eigenen Tributherrn China orientiert, suchte sich gegenüber europäischen Einflüssen abzuschotten, während es in Kambodscha nach der Zurückweisung einer Invasion Siams 1835/1840 eine unpopuläre Vietnamisierungspolitik betrieb. Das erleichterte den Thai ein erneutes Eingreifen und die Errichtung eines Ko-Protektorats. Doch 1863 nahm Frankreich im Königreich Kambodscha und 1893 in Laos die Position Siams als „Protektor" ein, und zwar offiziell als Rechtsnachfolger Vietnams. Denn ab 1858 hatte es nach vielen Übergriffen auf katholische Missionare in Vietnam militärisch interveniert, sich Teile von dessen Gebiet angeeignet und schließlich 1884/1885 seine Kolonialherrschaft errichtet (s. S. 360 f.). Die Briten, die ihre Stellung in Südostasien nach dem Verzicht der Niederländer auf den Südteil der Malaiischen Halbinsel ausgebaut hatten, griffen nicht ein. Dabei hatten sie mit Siam – gegen Zugeständnisse kommerzieller Art – schon 1826 ihre Einflusssphären auf der Halbinsel abgesteckt. Auch Siam aber musste 1855 einen „ungleichen Vertrag" unterzeichnen, worauf König Chulalongkorn ab 1873 mit Hilfe von Fachleuten diverser Nationen, nicht zuletzt Deutschen, eine innere Modernisierung einleitete (Abbau von Privilegien, Verwaltungs- und Rechtsreformen, Eisenbahnbau). Dies trug dazu bei, dass sich Frankreich und Großbritannien 1896 darauf verständigten, das Land als Puffer zwischen ihren Kolonien zu erhalten. Beschränkt wurde es allerdings auf seine Kernlande, denn als Gegenleistung für die Aufhebung extraterritorialer Rechte musste Siam Gebiete abtreten und zugunsten der Kolonialmächte auf seine Oberhoheit über Westkambodscha (1907) sowie über vier malaiische Fürsten-

Kriege im kontinentalen Südostasien

Schaffung kolonialer Interessensphären

tümer (1909) verzichten. Großbritannien konnte damit seine 1824 in vager Absprache mit den Niederlanden etablierte Einflusszone im Südteil der Malaiischen Halbinsel ausbauen, nachdem es ab 1874 Protektoratsverträge mit den fünf restlichen Sultanaten abgeschlossen hatte.

Die Niederlande wurden aber im Gegenzug nicht Herren des gesamten Archipels. Das lag kaum an der Vielzahl der kleinen küstennahen Sultanate etwa Kalimantans (Borneo), obwohl dort ein Eingriff in die Thronfolge, wie in Banjarmasin 1859/1863, schon einmal in einen längeren Konflikt münden konnte, sondern eher an jahrzehntelangen, handelspolitisch motivierten britischen Gegenwirkungen. Brunei hatte um 1600 auch Palawan und die Sulu-Inseln regiert, wo das Sultanat Jolo 1876 von den Spaniern endgültig eingenommen wurde, ohne dass diese den Süden der Philippinen wirklich kontrolliert hätten. Brunei selbst verlor nun aber auch noch die Kontrolle über große Teile der Nordküste Borneos, zunächst ab 1842 an einen unter anderem gegen Rebellen in Sarawak behilflichen britischen Abenteurer, der dort anschließend eine eigene Dynastie gründete, dann 1877 Sabah an eine britische Handelsgesellschaft und wurde 1888 selbst britisches Protektorat. Doch intensivierten die Niederlande, die nach 1816 zunächst ihre Herrschaft über Teile des Archipels wiederhergestellt hatten, diese aus Furcht vor Konkurrenz schrittweise auch in anderen Regionen südlich der erst 1891 grenzmäßig festgelegten spanisch-britischen Hegemonialzonen. Von den aus der Teilung des javanischen Mataram 1755 entstandenen autonomen Sultanaten blieb Surakarta loyal, als Yogyakarta, teilweise unter reformislamischen Vorzeichen, 1825/1830 unter hohen Verlusten gegen die Holländer kämpfte. Am Ende verkleinerten die beiden Sultanate erheblich und annektierten sie schließlich ebenso wie den Westen der (in Absprache mit Portugal geteilten) Insel Timor oder Sumatra. Dort war zum Beispiel 1823 Palembang vereinnahmt worden, gleichzeitig griffen die Niederländer in den sogenannten Padrikrieg unter den Minangkabau (1821/1838) ein, natürlich auf Seiten der Gegner der von Aceh unterstützten islamischen Reformbewegung. Direkt gegen dieses stets eigenständig agierende Sultanat, das viele internationale Verbindungen pflegte, führten sie 1873/1874 einen Krieg, der sich nach der Niederlage des Sultans noch bis ca. 1910 als Guerillakrieg hinzog. Da damals auch der letzte Widerstand, zum Beispiel auf Sulawesi, gebrochen wurde, war seitdem Siam der einzig wirkliche unabhängige Staat Südostasiens.

Maritimes Südostasien

Im Jahre 1910 existierten in Afrika noch drei souveräne Staaten. Aber selbst in Marokko vermochte sich die alte Monarchie nicht zu behaupten. Als sie den antifranzösischen Kampf in Algerien unterstützte, erlitt sie 1844 eine schwere Niederlage, und als von ihr gar nicht kontrollierbare Rif-Kabylen die spanischen Küstenbesitzungen überfielen, zwang Spanien sie nach dem Krieg von 1859/1860 zu einer so hohen Kriegsentschädigung, dass die Chancen der folgenden Reform- und Zentralisierungspolitik von vornherein gering waren. Vor allem der französische Einfluss wuchs daraufhin immer mehr, woran auch Interventionsversuche Wilhelms II. nichts zu ändern vermochten: 1912 wurde der größte Teil Marokkos französisches, das Rif-Gebiet spanisches Protektorat. Dabei hatte um 1800 in allen Großräumen des Kontinents ein staatlicher Konzentrationsprozess eingesetzt, sogar auf Madagaskar. Während manche älteren Reiche sich auflösten, traten neben weiter existierende „segmentäre Gesellschaften" (ohne eigentliche Staatlichkeit) nun vermehrt durch viele Kriege teilweise auf ethnischer Grundlage geschaffene, wenngleich nicht unbedingt geschlossene Flächenstaaten. Eine wesentliche Ursache bildete bei beiden Prozessen oft die verstärkte Einbindung in globale Zusammenhänge. Etwa die Einschränkung des transatlantischen Sklavenhandels nach dem Verbot durch Großbritannien beziehungsweise die USA (1807/1808) erlaubte in den Dschihad-Reichen des Sudan den Aufbau einer eigenen, von Sklaven betriebenen Plantagenwirtschaft – denn obwohl im 19. Jahrhundert immer noch rund 5,6 Millionen Afrikaner, davon ca. 3,5 Millionen über den Atlantik, exportiert wurden, nahm die Zahl der Sklaven in Afrika selbst stark zu. Andererseits schwächte sie westafrikanische Sklavenhandelsstaaten. Oyo zerfiel allerdings primär auf Grund von äußeren Angriffen und inneren Wirren. Das expandierende Ibadan, eine 1829 gegründete Art Militäroligarchie, trat teilweise an seine Stelle, verlor aber nach inneren Machtkämpfen in den 1890er Jahren seine Eigenständigkeit ebenso wie das straff zentralistische Dahomey, das um 1820 Oyos Tributherrschaft abschüttelte. Buganda, lange wohlhabend, erlebte seit ca. 1852 die Verbreitung fremder Religionen, mit dem Ergebnis, dass bei der Ankunft der Briten 1890 vier Armeen – je eine katholische, protestantische, muslimische und „altgläubige" – unterschiedliche Teile des Königreichs kontrollierten. Oman hatte zu dieser Zeit seine Stellung an der Suaheli-Küste ausgebaut und 1840 sogar seine Hauptstadt nach Sansibar verlegt. Sein Elfenbein- und Sklavenhandel veränderte die Landkarte Ost- und Zentralafrikas. Das Luba-Reich löste sich auf, als in den 1870er Jahren Händler in einem Thronkonflikt Feuerwaffen lieferten. Umgekehrt konnten neue, kommerziell bedingte Reichtümer und Machtmittel aber traditionelle erbcharismatisch-rituelle Autoritäten auch stärken (wie in Bunyoro, das um 1800 fragmentiert gewesen war, nun aber mit Buganda rivalisierte) oder gar die Entstehung freilich instabiler größerer politischer Einheiten fördern, wie das kurzlebige Reich, das ein Nyamwezi-Händler unter anderem auf Kosten des fragmentierten Lundareiches, speziell Kazembes, um 1860 aufbaute. Im ostafrikanischen Seengebiet, wo sich mehr und mehr Großviehzüchter (Tutsi bzw. Hima) gegenüber Ackerbauern (Hutu) durchsetzten, gab es freilich auch Staaten, wie das um 1830 zerstörte Rozwi, das volkreiche Ruanda oder das vom Bürgerkrieg geplagte Urundi, die sich von der Außenwelt weitgehend abschotteten.

Afrika außerhalb des Osmanischen Reichs

Verfall und Neubildung von Staaten

Die südafrikanischen Xhosa trieben Rinderzucht ebenso wie Ackerbau, expandierten, kaum mehr durch ihr Königtum geeint, nach Westen und gerieten daher in Konflikt mit der sich in umgekehrter Richtung ausdehnenden Kapkolonie. Insgesamt neun Grenzkriege in der Zeit von 1778 bis 1877 waren die Folge. Dabei mussten sie seit dem ersten Einsatz britischer Linientruppen 1811/1812 immer höhere Verluste verzeichnen, was sie veranlasste, zur Guerillataktik überzugehen, worauf die Briten mit einer Strategie der verbrannten Erde antworteten. Weiter östlich, im heutigen Natal, erwuchs den Europäern ein gefährlicherer Gegner: der Zulu-Staat. Im Kampf zweier noch verbliebener Reiche um die Vorherrschaft in diesem von Dürren geplagten Raum gelangte um 1818 der Heerführer Shaka (Chaka) an die Spitze eines neuen politischen Gebildes, das er zu einem regelrechten Militärstaat ausformte, mit allgemeiner Wehrpflicht, neuer militärischer Organisation, neuen Waffen etc. Damit wurde die bislang recht unblutige, weil weitgehend ritualisierte Kriegführung in Südafrika brutalisiert: Gegner wurden teilweise zwangsweise integriert – was den Zulu-Clan zu einem mächtigen Volk werden ließ –, teilweise jedoch vernichtet. Vor allem aber bewirkte dieses Vorgehen die Flucht beziehungsweise Abwanderung vieler Völker. Das gestaltete die gesamte politische und ethnische Landkarte neu. Diese Entwurzelten konnten den Buren oder Briten kaum Widerstand entgegensetzen. Selbst die Zulus wurden durch ihre schwere Niederlage gegen die Voortrekker (1838) schon wesentlich geschwächt und verloren im Krieg gegen die Briten 1879 ihre Unabhängigkeit. Die in ein Berggebiet geflohenen (Ba-) Sotho begründeten durch ein stabiles Königtum indes, ähnlich wie die Swasi, die Sotho-Tswana und teilweise auch das 1864 restaurierte Lozi sowie Matabele (im heutigen Sambia bzw. Zimbabwe), eine Tradition, auf die sich heutige Staaten berufen: Zwar wurden auch „Basutoland“ (Lesotho), „Betschuanaland“ (Botsuana) und „Swasiland“ bis spätestens 1907 britisches Protektorat beziehungsweise Kronkolonie, doch lehnten sie die Eingliederung in die 1910 gegründete Südafrikanische Union ab.

Der Militärstaat der Zulus

In der Sudanzone zwischen Senegal und dem Nil entfaltete nach 1800 eine neue Dschihad-Bewegung eine starke staatsbildende Kraft. In den Hausastaaten kämpften Landbewohner, nicht zuletzt Fulbe, gegen den Ausbeutungsdruck und religiösen Eklektizismus der regierenden Stadtherren. Einer der ihren, der charismatische Sufi-Gelehrte Usman (ʻUθmān) dan Fodio, vertrieb ab 1804 mehrere Herrscher und begründete 1809 das Sokoto-Kalifat. Administrativ durch seine 30 Emire, oft Nachkommen eigener Dschihad-Führer, langsam dezentralisiert, aber religiös, sozial und durch eine schriftliche Verfassung integriert, wurde es erst 1903 ein Opfer der Briten. Inspiriert von Usmans Erfolg, verwandelte sich westlich davon Ma(s)sina, bis 1818 ein Vasall Segus am Nigerbogen, in einen „Gottesstaat“ der Fulbe. Ein erneuter Dschihad, vom Führer einer anderen Sufi-Sekte angeführt, führte 1855/1862 zur Eroberung von Segu, Kaarta (seit 1753 die verfeindeten Spaltprodukte des 1712 gegründeten Bambara-Reichs) sowie Massina und damit zur Gründung eines großen, aber instabilen, 1890/1891 von Frankreich annektierten Reiches der sesshaften Fulbe aus F(o)uta Toro, der sogenannten Tukulor, dem sich südlich zwischen 1870/1881 und 1898 das in ähnlichem Geiste regierte Wassulu-(Wassoulou-)Reich anschloss. Die Aschanti und die nur schwach islamisierten Mossi hielten sich, bis sie um 1896 endgültig unter Kolonialherrschaft gerieten, ebenso Benin, das aber schon unter dem Druck des „Heiligen Krieges“ stand, den im zentralen Savannengebiet Bornu abfing, unter anderem indem es seine eigenen islamischen Reformen betrieb. Doch östlich davon entwickelte sich in Wadai neben Bengasi ein zweites reformislamisches Zentrum der neuen Senussi-Bruderschaft. Bald aber wurde es ebenso wie Darfur, Bagirmi und 1893 sogar Bornu in das ephemere Großreich des

Dschihad-Staaten im Sudan

Der Heerführer der Zulus, Shaka beziehungsweise Chaka, in Nathaniel Isaacs' »Travels and adventures in Eastern Africa« (1836).

Kriegsherrn und Sklavenhändlers Rabih az-Zubayr integriert, das sich Frankreich, Großbritannien und Deutschland schon 1900/1902 aufteilten.

Unter reformchristlichen Vorzeichen erlebte Äthiopien eine Renaissance, ja handelte selbst imperialistisch. Zwischen 1769 und 1855 bestand ein Übergewicht der Regionalfürsten gegenüber dem Kaisertum. Dann aber stärkten drei aufeinander folgende Kaiser ihre Macht durch Konfiskation von Kirchenland, Steuerdruck, Heiratsallianzen, Modernisierung und Erweiterung ihrer Armee nach innen und außen, das heißt gegenüber Ägypten. Der letzte, Menelik II., selbst zuvor ein Regionalfürst, der sich 100.000 moderne Gewehre zusammengekauft hatte, schlug 1896 eine italienische

Invasion äußerst blutig zurück und weitete seinen Staat, unter anderem auf Kosten der Oromo-Sultanate, fast auf das heutige Staatsgebiet aus. Neben Äthiopien war und blieb nur Liberia (formal) souverän. Die anfangs vom US-Kongress unterstützte *American Colonization Society* erwarb 1822, nicht ohne Zwang, südlich der ähnlichen Zwecken dienenden britischen Kolonie Sierra Leone einen bald „Liberia" genannten Küstenstreifen, um dort Schwarze aus den USA, bald mehr aus der Karibik beziehungsweise von aufgebrachten Sklavenschiffen, anzusiedeln. Das war weniger eine echte philanthropische Leistung als eine mehrheitlich von freien Afroamerikanern abgelehnte Abschiebung in eine ihnen völlig fremde, als Privatkolonie organisierte angebliche „Heimat". Im Konflikt mit der indigenen Bevölkerung entwickelten sich die neuen Kolonisten jedoch rasch zur (bis 1980) machthabenden Elite, erlangten schrittweise Selbstverwaltung und erklärten sich mit einer am Vorbild der USA orientierten Verfassung 1847 für unabhängig – was Großbritannien 1852, die USA aber erst 1862 anerkannten. Nach einem kurzen Kaffee-Boom verlor das Land indes nicht nur weite Gebiete an die benachbarten Kolonialmächte, sondern geriet, als Semi-Kolonie, in ökonomische Abhängigkeit vom Westen. Freilich galt dies auch für andere Länder: Portugal befand sich in einer ähnlichen Lage gegenüber Großbritannien (was 1910 zum Sturz der Monarchie beitrug), und manchen Staaten Amerikas erging es lange Zeit nicht anders, obwohl fast alle frühzeitig im Zuge einer ersten Dekolonisation die Souveränität erlangt hatten.

Die Sonderfälle: Äthiopien, Liberia

Erste Dekolonisation – Amerikanische Staaten und autonome Kolonien

Die Revolution der 13 Kolonien und die Entstehung der USA

Die älteste dauerhafte europäische Niederlassung in Nordamerika ist zwar das von Spanien 1565 gegründete heutige St. Augustine in Florida, erst die französische Expansion, die, von Kanada kommend den Ohio und den Mississippi hinunter, 1718 in der Gründung von Nouvelle Orléans gipfelte, veranlasste jedoch Spanien, seine Ansprüche auf weite Gebiete Nordamerikas durch Missions- und Militärstützpunkte zu untermauern – vom heutigen Texas bis in den Norden Kaliforniens, wo 1776 San Francisco entstand. Dass das heutige New Orleans von 1762 bis 1800 spanisch war, resultierte freilich vornehmlich aus der damaligen Allianz der bourbonischen Höfe, denn Frankreich und Spanien kämpften gemeinsam gegen Großbritannien und dessen nordamerikanische Besitzungen.

Die 13 Kolonien, aus denen die USA hervorgehen sollten, verdankten ihre Entstehung vorrangig entweder wirtschaftlichen Interessen oder den religiösen Motiven konfessionell unterschiedlich geprägter Siedlergruppen. Die teilweise durch Abspaltung von einer bestehenden Kolonie realisierte Verselbständigung und damit autonome Entwicklung einzelner religiöser Gruppen erklärt die bis heute nachwirkende, zwischen Fundamentalismus und Toleranz schwankende Prägung von Alltag und Politik in den USA. Auch die Rechtsform der Kolonien war verschieden: Es gab *crown colonies*, in denen London den Gouverneur bestimmte, *proprietary colonies*, in denen dies eine einzelne Person, Familie oder Gesellschaft tat, sowie sich selbst verwaltende *charter colonies*. Anfänglich waren die Beziehungen von „heilsamer Vernachlässigung" geprägt, doch übte das 1696 dauerhaft etablierte *Board of Trade* einen zunehmenden Einfluss auf die internen Angelegenheiten aller Kolonien aus. Dabei entsprach in ihnen die politische Entscheidungsfindung ursprünglich weitgehend einem von unten nach oben verlaufenden Prozess. Auf sich allein gestellt und fern aller Behörden des Mutterlandes hatten etwa schon die „Pilgerväter" 1620 eine Art heiligen Bund geschlossen, wonach sie ihre Angelegenheiten künftig selbst regeln wollten – ohne dabei die Autorität der Krone in Frage zu stellen. Dementsprechend existierten in fast allen Kolonien nach Zensuswahlrecht gewählte Versammlungen *(assemblies)*, welche entweder – in den *crown colonies* – formal nur eine beratende Funktion innehatten oder aber eine, zumindest in Finanzfragen, mehr oder minder entscheidende.

Unterschiedlichkeit der Kolonien

Das bedeutete natürlich noch keine Demokratie im modernen Sinne: Frauen, Sklaven (inklusive der freigelassenen), aber auch *indentured servants* – Neuankömmlinge, die ihre Atlantik-Überfahrt durch die Verpflichtung finanziert hatten, in der Neuen Welt für einige, meist drei Jahre praktisch als Sklaven zu arbeiten, danach aber frei waren – beziehungsweise andere *poor whites*, die nicht über eigenen Grundbesitz verfügten, hatten auf diesen Versammlungen nichts zu suchen. Überdies besaßen „Altsiedler", die häufig auch über die besten und größten Grundstücke verfügten, ein besonderes Prestige und bestimmten daher die Politik, und zwar sowohl in den kirchlichen als auch in den (meist daraus entwickelten) politischen Gemeinden. Dennoch gab es in Europa nur wenige Gegenden – wie die Schweizer Waldkantone –, in denen relativ gesehen so viele Menschen an Entscheidungen partizipierten wie insbesondere in den nördlichen Kolonien. Allerdings stellten Sklaven um 1770 wohl knapp 20 Prozent der 2,5 bis 3 Millionen umfassenden Kolonialbevölkerung, wobei es im Norden nur wenige Prozent waren, vor allem im Lower South dagegen gut ein Drittel (mit Ansätzen zu einer eigenen afro-amerikanischen Kultur). Dieser Unterschied spiegelte die verschiedenartige Wirtschaftsstruktur: Die Neuenglandkolonien waren von einer relativ homogenen, gebildeten, mit puritanischem Sendungsbewusstsein ausgestatteten „Mittelstandsgesellschaft" von Farmern geprägt. Der anglikanisch bestimmte, im Gegensatz zu den ethnisch wie religiös inhomogenen Mittelatlantikkolonien kaum urbanisierte Süden wurde dagegen politisch und sozial von einer kultivierten, teils patriarchalisch, teils profitorientiert denkenden „Pflanzeraristokratie" beherrscht, die riesige Tabak-, Reis-, Indigo- und zunehmend Baumwollfelder durch zahlreiche Sklaven bearbeiten ließ.

Tradition der Selbstverwaltung

Doch alle Kolonien zeigten einen Drang nach Westen. Denn überall lagen die „großen" Städte an der Ostküste; dort war das Land aber längst verteilt, so dass es für landhungrige Neuankömmlinge nur heißen konnte: *Go West*! Nicht Truppen, sondern Siedler verdrängten daher zunehmend die indigene Bevölkerung beziehungsweise vernichteten sie – mit Waffengewalt oder durch ansteckende Krankheiten. Wie in Lateinamerika wurde die Möglichkeit indianischer Landrechte oft schlicht geleugnet, selbst Verträge wurden mit oder ohne Anlass für nichtig erklärt. Am problemlosesten war dies, wenn sich indigene Stämme feindlich zeigten. Im *French and Indian War* (1754–1763), der seit 1756 zu einem Nebenkriegsschauplatz des in Europa ausgefochtenen Siebenjährigen Krieges wurde, standen sich nämlich Briten und Irokesen auf der einen, Franzosen, Huronen und andere Indianerstämme auf der anderen Seite gegenüber. Der Krieg begann mit einem erfolglosen Angriff des virginischen Milizmajors George Washington auf das am Beginn des Ohio-Tales gelegene Fort Duquesne. Obwohl die Franzosen anfangs über eine bessere Organisation und wohl auch über mehr indigene Verbündete verfügten, setzte sich letztlich, dank ihrer großen zahlenmäßigen Überlegenheit und der besseren militärischen Unterstützung aus dem Mutterland, die englische Seite durch. 1758 eroberte sie schließlich das bald in Pittsburgh umbenannte Fort (womit Louisiana von Neufrankreich getrennt wurde) sowie die große Festung Louisbourg an der Einfahrt zum Sankt-Lorenz-Strom, wodurch der französische Nachschub unterbrochen wurde. 1759 folgte Québec, 1760 Montreal. Das Ergebnis war, dass Frankreich im Frieden von Paris 1763 seinen gesamten nordamerikanischen Festlandsbesitz verlor. Das ganze spätere Kanada, vorerst bestehend aus den Kolonien Neufrankreich (nunmehr in Québec umbenannt), Neuschottland (Nova Scotia), Neufundland und Rupertsland, sowie Louisiana östlich des Mississippi fielen an Großbritannien. New Orleans und das Land westlich des Flusses gingen an Spanien (das war der Preis für dessen Kriegseintritt gewesen), das Florida gegen das von den Briten eroberte Kuba tauschte. Diese Verluste bedauerten weder die Krone noch die Öffentlichkeit Frankreichs allzu sehr. Denn im Vergleich zum Import kanadischer Pelze – viel mehr hatte das Land an Ausfuhren damals nicht zu bieten – waren die Einfuhren an Kolonialwaren aus dem Teil der Antillen, den Frankreich weitgehend (und z. T. bis heute) behalten durfte, ökonomisch und fiskalisch viel wichtiger.

Drang nach Westen

Wie wurde aus 13 Kolonien eine Weltmacht? Die britische Regierung hatte ihre Siedler durch eigene Truppen geschützt und wünschte sie nun verständlicherweise im Nachhinein an den Kosten dieses erfolgreichen Einsatzes zu beteiligen. Denn im Siebenjährigen Krieg hatte sie im Jahresschnitt 18 Millionen Pfund Sterling ausgegeben und nur 8,6 Millionen eingenommen. Daher erließ das Parlament nach 1763 eine Reihe neuer Abgabengesetze und versuchte den blühenden Schmuggel einzudämmen, was bei den Kolonisten, zumal angesichts einer Rezession, auf Widerstand stieß. Der Slogan *No taxation without representation* machte die Runde – ein etwas fragwürdiges Prinzip, denn auch auf den Britischen Inseln trug die nicht wahlberechtigte Masse der Bevölkerung – ihr Anteil stieg von 1715 bis 1832 sogar noch von ca. 94,5 auf 97,4 Prozent! – durch Zölle und indirekte Verbrauchssteuern die Hauptlast der Abgaben an die Staatskasse, und zwar vergleichsweise mehr als die Amerikaner. Trotzdem stand dort die Parlamentssouveränität in Finanzfragen als ungeschriebener Verfassungsgrundsatz fest. So eskalierten die Konflikte zwischen Königstreuen und britischem Militär auf der einen und den sich langsam über Koloniegrenzen hinweg formierenden Oppositionellen und amerikanischen Milizionären auf der anderen Seite. Die sogenannte *Boston Tea Party*, eine Protestaktion gegen ein neues Teegesetz (Ende 1773), veranlasste London zu diversen Zwangsmaßnahmen gegen das aufrührerische Massachusetts. Als die Regierung auch noch den Frankokanadiern deren katholischen Glauben garantierte und, um künftige Konflikte zu vermeiden, zu deren und der Indianer Gunsten den Hauptkamm der Appalachen als Siedlungsgrenze festlegte, war für die „Amerikaner" – mit Ausnahme einer Minderheit an „Loyalisten" – das Maß voll. Von den Amtsträgern der Krone oft als ungeschlacht empfunden, nach eigener Einschätzung dagegen einfache, aber tüchtige, freiheitsliebende, mit natürlichen Rechten ausgestattete Menschen, fühlten sie sich untereinander nicht allein durch die überall geltende englische Amtssprache und das englische Gewohnheitsrecht verbunden, sondern auch durch ihre politische Partizipation in den *Assemblies*, den gemeinsamen Stolz auf die eigenständig erbrachten Aufbauleistungen sowie das Gefühl, von London wirtschaftlich benachteiligt zu werden. Denn die wichtigsten Exportprodukte durften, entsprechend merkantilistischen Prinzipien, ausschließlich an das Mutterland verkauft, andere Waren zur Eindämmung der Konkurrenz nicht einmal in den Kolonien hergestellt werden.

Gründe für das Unabhängigkeitsstreben

Dass Gouverneure *Assemblies* auflösten, trug nur zur Radikalisierung bei. Von Komitees gewählte Delegierte für einen (zweiten) „Kontinentalkongress" ließen 1775 eine – selten über 18.000 Mann starke – „Kontinentalarmee" unter dem Kommando George Washingtons ausheben, erklärten am 4. 7. 1776 die Unabhängigkeit ihrer Kolonien und verkündeten 1777 eine erste Bundesverfassung, die „Konföderationsartikel" (s. S. 420). Vermutlich entscheidend für den Erfolg der Unabhängigkeitsbewegung aber war, dass Frankreich, Spanien und die Niederlande sie seit 1778/1779 unterstützten. Der blutige Konflikt endete 1783, nach der entscheidenden Niederlage der Briten bei Yorktown (1781): Großbritannien erkannte die Unabhängigkeit der 13 Kolonien an und überließ diesen nunmehr „Vereinigten Staaten" das gesamte Gebiet bis zum Mississippi, freilich ohne die Grenzen zu den weiterhin bestehenden Kolonien im heutigen Kanada eindeutig festzulegen. Viele Loyalisten – teilweise Angehörige der bisherigen Eliten – flohen oder wurden vertrieben, auch sonst zeigten sich sozialrevolutionäre Ansätze, die sich freilich nicht durchsetzten. Der Kontinentalkongress aber sah sich einem Berg von Kriegsschulden gegenüber und besaß dabei nicht einmal die Zoll- und Steuerhoheit! Das änderten dann die ökonomisch fortschrittlichen *Federalists*, die der *Federation*, dem Bund, mehr Kompetenzen einräumen wollten – gegen den Widerstand der *(Democratic) Republicans* mit ihrer egalitär-agrarischen *Country*-Ideologie. So wurden schon damals die Grundlagen für das freilich in seiner Binnenstruktur danach mehrfach veränderte Zweiparteiensystem der USA gelegt. Was beide Seiten einte, war die Gegnerschaft gegenüber einer Einmischung von außen – durch England oder Frankreich –,

Unabhängigkeit und Staatsorganisation

was zu der noch vom ersten Präsidenten Washington verkündeten Doktrin führte, sich umgekehrt aus innereuropäischen Konflikten herauszuhalten und Bündnisse nur im nationalen Interesse und auf Zeit abzuschließen. Die Innenpolitik aber bestimmten dauerhaft zwei Grundprobleme: erstens die immer wieder neu auszubalancierende Gewichtung zwischen den Einzelstaaten und „Washington", der 1800 von der Bundesregierung und den Zentralbehörden bezogenen neuen Hauptstadt, und zweitens die Frage der Sklaverei beziehungsweise der Diskriminierung von Schwarzen und Indianern. Das Problem des Verhältnisses von Staat und Kirche(n), das in vielen europäischen, besonders katholischen Ländern zu Konflikten führte, wurde hingegen frühzeitig durch eine Gesetzgebung entschärft, die strikte Toleranz verordnete, dabei aber die beiden Bereiche – bei gleichzeitig anhaltender religiöser Prägung politischer Debatten – strikt trennte. Als mit Thomas Jefferson ein *Republican* 1801 das Präsidentenamt übernahm und der *Supreme Court* sich als dritte Staatsgewalt (neben Präsident und Kongress) etablierte, spielte sich ein lange gut funktionierendes System der *Checks and Balances* ein.

Ausdehnung und Machtgewinn der USA bis 1898/1914

Schon 1787 hatte der Konföderationskongress für die Zukunft die Gründung neuer Bundesstaaten im Gebiet zwischen Ohio und den Großen Seen vorgesehen – ein Souveränitätsanspruch, der 1794/1795 militärisch gegenüber den dortigen Stämmen durchgesetzt wurde. Die zunächst auf wachsenden Agrarexporten beruhende Prosperität der USA förderte den Drang nach Westen – durch bewaffnete Siedler, nicht durch Militärs, denn Jefferson reduzierte die Friedensstärke der US-Armee auf gerade einmal ca. 3300 Mann. Als Napoleon zur Deckung seiner Rüstungskosten das inzwischen im Rahmen seines neuen Bündnisses von Spanien an Frankreich zurückgegebene, militärisch aber kaum haltbare und wenig ertragreiche „Louisiana" den USA zum Kauf anbot, griff der Präsident jedoch zu: Für 15 Millionen Dollar – damals natürlich von anderer Kaufkraft als heute und ein erster Beweis für die Finanzkraft der Union – verdoppelten die USA durch den Erwerb dieser „imperialen Kolonie" ihr Staatsgebiet, das nun bis zu den Rocky Mountains reichte. Dies verstärkte die Konfrontation gegenüber Großbritannien, das in seinem Krieg gegen Napoleon auf der Suche nach britischen Deserteuren US-Schiffe kaperte und eine Indianerkonföderation unterstützte, die im Ohio- und Mississippi-Gebiet 1811 einen Aufstand durchführte. Im folgenden Jahr erklärte der Kongress unter dem Druck expansionswilliger *Republicans* Großbritannien den Krieg. Aber die amerikanischen Bürgermilizen vermochten weder das spätere Kanada noch Florida zu erobern. Die britische Flotte blockierte die Häfen und unternahm sogar eine Expedition bis Washington, wobei das Präsidentenpalais teilweise durch Feuer zerstört wurde – und später, mit neuem Außenanstrich, als „Weißes Haus" wiedererstand. Doch da auf beiden Seiten wichtige kommerzielle beziehungsweise finanzielle Gründe gegen eine Fortsetzung des Krieges sprachen, einigte man sich Ende 1814

Ausbreitung bis zum Mittleren Westen

auf eine Rückkehr zum territorialen Status quo ante. 1818 vereinbarte man, dass der 49. Breitengrad bis zu den Rocky Mountains die Grenze zwischen den USA und Britisch-Nordamerika bilden, während das sogenannte Oregon-Territorium jenseits der Berge bis zum Pazifik gemeinsam verwaltet werden sollte.

Nunmehr herrschte an der bald als Zivilisationsgrenze, später als Entstehungsort des US-Nationalcharakters mystifizierten *Frontier* erst recht ein „rustikaler" Kampf gegen die Natur und die Indianer. Oft ließ die Regierung nämlich das Land erst vermessen und verkaufte es dann – relativ billig, aber doch in der Summe mit beträchtlichem Gewinn – in Form unterschiedlich großer rechteckiger Parzellen an Siedler. Die lediglich kollektiven Nutzungsrechte indigener Bewohner wurden ignoriert, diese seit den 1830er Jahren, soweit nicht massakriert, mit Hilfe von Bundestruppen unter großen Menschenverlusten auf weniger und schlechteres Land westlich des Mississippi umgesiedelt. Das traf namentlich die im Südosten lebenden sogenannten fünf zivilisierten (d. h. ackerbauenden) Stämme, unter ihnen, trotz des gegenteiligen Spruchs eines *Chief Justice*, auch die Cherokee. Der nomadischen Präriekultur in den westlichen Steppengebieten wurde trotz Gegenwehr besonders ab 1865 mittels rücksichtsloser Vernichtung der Büffelherden die Lebensgrundlage entzogen. Gelegentlich schloss Washington noch Verträge und wies „Reservate" zu, neben kleineren 1868 auch zwei großräumige: in Dakota für die nördlichen Sioux und in Oklahoma für die südlichen Prärieindianer. Aber der von Chicago beziehungsweise St. Louis aus vorangetriebene Eisenbahnbau verstärkte den Druck neuer Einwanderer. Der Umfang der Reservate wurde beschnitten und Ende 1890 der Widerstand endgültig gebrochen. Der ab 1887 unternommene Versuch, im Zuge einer partiell erfolgreichen Assimilationspolitik indianischen Familien bestimmte Reservatsflächen zur Privatnutzung zu übertragen, endete häufig nur in deren Verkauf an zwielichtige Spekulanten. Die Zahl der auf US-Territorium lebenden Indianer erreichte um 1900 mit unter 240.000 einen absoluten Tiefpunkt.

Weitgehende Vernichtung der Indianer

Im Süden und Südwesten war die Expansion der Vereinigten Staaten auf spanisches beziehungsweise mexikanisches Gebiet gestoßen. Den dank der unklaren Grenzen Louisianas strittigen Westen von Florida annektierten sie schon 1810, neun Jahre später gegen Übernahme von 5 Millionen Dollar spanischer Schulden die gesamte Halbinsel. Außerdem legte nun ein Vertrag den weiteren Grenzverlauf fest: Texas und Kalifornien (bis zum 42. Breitengrad) sollten zu Neuspanien gehören. Um ihre dadurch scheinbar gesicherten Gebiete im Norden durch Besiedlung effektiver zu nutzen und zu kontrollieren, warb die 1821 gegründete Republik Mexiko neben Europäern zunächst vor allem US-Bürger an. In Texas strebten diese angesichts einer neuen, zentralistischen mexikanischen Verfassung jedoch bald nach eigener Unabhängigkeit (samt Sklavenbesitz), die sie 1835/1836 gegen mexikanische Truppen auch erkämpften. Auf Dauer war die neue Republik aber weder lebensfähig noch lebenswillig: Schon 1838 beantragte sie die Aufnahme in die USA, wogegen sich die Nordstaaten im Kongress allerdings zunächst mit Erfolg sperrten. Trotzdem schien damals den meisten Amerikanern die Ausbreitung der USA (zumindest) auf dem nordamerikanischen Kontinent eine schicksalhafte Bestimmung, eine nationale zivilisatorische Mission zu sein. Die expansionistischen Demokraten gewannen daher die Wahlen, nahmen Texas 1845 in die Union auf und zwangen London unter Kriegsdrohungen dazu, anstelle der gemeinsamen Verwaltung des Oregon-Gebiets eine Verlängerung der Grenze am 49. Breitengrad bis zur Pazifikküste zu akzeptieren. Systematisch wurde dann der Erwerb des künftigen Südwestens der USA vorbereitet. Da sich Mexiko dieses Gebiet nicht abkaufen ließ, erklärte ihm der Kongress 1846 den Krieg. Trotz des bis zur Selbstaufopferung einiger bis heute verehrter „Heldenknaben“ geführten Verteidigungskampfs besetzten US-Truppen die Hauptstadt. Dass Mexiko 1848 den Río Grande ab El Paso als Grenze anerkennen und für 18,5 Millionen Dollar das westlich des oberen Flusslaufs gelegene Territorium – rund die Hälfte seines Staatsgebiets – abtreten musste (1853 verkaufte Präsident Antonio López de Santa Anna für weitere 10 Mio. $ noch einen Grenzstreifen), sollte das Verhältnis der USA zu seinem Nachbarn, ja zu ganz Lateinamerika belasten. Noch 1848 wurde indessen in Kalifornien Gold gefunden, was eine Masseneinwanderung auslöste, die schon 1850 den Einwohnern ermöglichte, die Aufnahme als 31. Staat der Union zu beantragen – wozu eine Mindestzahl von 60.000 erforderlich war. Da Kalifornien „sklavenfrei“ war, konnte eine Aufnahme die Balance innerhalb der Union gefährden.

Expansion im Südwesten und zum Pazifik

Um den Ausbau der Union nicht zu gefährden, hatte der Kongress 1790 die Sklaverei zur Frage der Einzelstaaten erklärt, aber auf Druck der Abolitionisten 1808 den Sklavenhandel verboten. Politisch gesehen ging es nun darum, ob neu in die Union aufzunehmende Bundesstaaten diese „eigentümliche Institution“ des Südens übernehmen würden oder nicht – denn entsprechend würden die Mehrheitsverhältnisse im Senat, wo sich seit 1819 sklavenhaltende und sklavenfreie Staaten die Waage hielten, bei einer eventuellen Abstimmung über ein unionsweites Verbot der Sklaverei unterschiedlich ausfallen. Kompromisse, die das Gleichgewicht wahrten, konnten aber nicht verdecken, dass sich der kaum von weiterer Zuwanderung profitierende Süden und der sich immer schneller industrialisierende Norden mehr und mehr auseinanderentwickelten. In beiden Regionen verstärkten sich – unterschiedliche – soziale Gegensätze, was im Norden zur Entstehung zahlreicher Reformgesellschaften führte, während im Süden die großen Pflanzer angesichts des (auch für die US-Exporterlöse) lukrativen Baumwollbooms den Druck auf ihre Sklaven erhöhten. Von diesen flohen daher Zehntausende nach Norden. Für den Zusammenhalt der Union war jedoch weniger prekär, dass nicht wenige Nordstaatler diese Massenflucht unterstützten, denn die beiden großen Parteien, nunmehr *Democrats* und *Whigs*, vermieden das Thema, schon um nicht ihren eigenen Zusammenhalt zu gefährden. Schlimmer war, dass sich Norden und Süden immer heftiger über die Wirtschaftspolitik stritten, etwa um die Höhe der Zölle, die Haupteinnahmequelle des Bundesetats, die durch die Verteuerung von Importen aus Europa zwar die im Norden entstehende Industrie schützten, die Konsumenten im Süden aber belasteten. Unter diesen Umständen fiel es beiden Seiten immer schwerer, sich zu einigen. Die

Die Sklavenfrage

Whig-Partei zerbrach an diesen Spannungen, und die Sklavereigegner organisierten sich im Norden in einer neuen Partei, den Republikanern. Blutige Konflikte zwischen radikalen Sklavereibefürwortern und -gegnern und das gegen die bisherige Kompromisslinie gerichtete Urteil eines *Chief Justice* verschärften die Situation. Der neugewählte Präsident Abraham Lincoln war zwar persönlich ein dezidierter Gegner der Sklaverei, wollte an dieser Frage die Union aber nicht scheitern lassen. Als sich jedoch 1860/1861 sieben Südstaaten für souverän erklärten und eine neue Konföderation mit eigener Verfassung und eigenem Präsidenten bildeten, erklärte er, die Einheit der – von ihm als unauflösbar verstandenen – Union gegen die „Rebellen" verteidigen zu müssen. Daraufhin eröffneten die Konföderierten den Krieg. Vier Grenzstaaten, namentlich Virginia (außer dessen Westen), traten der Konföderation bei, andere, wie Maryland, denen Lincoln garantiert hatte, die dort bestehende Sklaverei nicht gegen den Willen der Besitzer aufzuheben, verblieben bei der Union.

Hinsichtlich Bevölkerungszahl und insbesondere Wirtschaftsleistung war der Norden dem Süden weit überlegen. Aber die Konföderation verfügte zunächst über die fähigeren Generäle und focht auch motivierter, ging es doch um den Erhalt ihrer sozioökonomischen Ordnung. Da beide Seiten die Wehrpflicht einführten und in traditioneller geschlossener Formation, aber mit modernen Waffen und ab 1863 im Sinne eines „totalen Krieges" kämpften, waren die Verluste sehr hoch. Vergeblich hoffte der Süden auf fremde Hilfe. Speziell Großbritannien erkannte ihn zwar als kriegführende Macht an, blieb aber neutral: Man wollte Britisch-Nordamerika nicht gefährden, lehnte die Sklaverei ab und fand für die infolge der Seeblockade der US-Navy reduzierten Baumwolllieferungen Alternativen aus Ägypten und Indien. Indem Lincoln im Herbst 1862 alle Sklaven der Konföderation zum 1. 1. 1863 für frei erklärte, lieferte er für den Krieg eine neue, moralische Begründung, welche Europa nicht ignorieren konnte. Sie säte im Süden Zwietracht unter den „Weißen" und eröffnete die Möglichkeit, ehemalige Sklaven zu rekrutieren – insgesamt schlossen sich bis 1865 rund 200.000 „Schwarze" dem Nordstaatenmilitär an. Nach lange wechselnden Erfolgen gelang dem Norden im Juli 1763 die Wende zum Sieg. Als Opfer des Attentats eines Südstaatensympathisanten wurde Lincoln im April 1865, kurz vor der Kapitulation der letzten Südstaatenarmee, zum Märtyrer der Union, ja langfristig der gesamten freiheitlichen Nation. Denn das bis 1877 verfolgte Vorhaben, die Union politisch und speziell den zerstörten Süden auch sozioökonomisch neu zu gestalten *(Reconstruction)*, war nur partiell erfolgreich – und dies auf Kosten der Schwarzen. Ihnen wurde zwar die rechtliche Gleichstellung garantiert, aber die meist neuen Schulen und Kirchengemeinden blieben, weitgehend im beiderseitigen Interesse, regelmäßig segregiert – und von einem friedlichen Nebeneinander von Schwarz und Weiß konnte keine Rede sein. Denn Geheimgesellschaften, wie der bereits 1865 gegründete Ku-Klux-Klan, kämpften für *home rule* sowie *white supremacy* und terrorisierten selbstbewusste Schwarze und Gegner der Südstaaten-Demokraten. Da eine große Bodenreform ausblieb, dominierten als Arbeitgeber weiterhin alte Pflanzer- und Unternehmerfamilien. Zunehmend verlor der Norden das Interes-

Bürgerkrieg und Reconstruction

se an einem Engagement im Süden und zog seine Soldaten zurück. Da der *Supreme Court* die Bundeskompetenzen in „Rassenfragen" sehr eng auslegte und die „Rassentrennung" für rechtmäßig erklärte, hatten die seit 1877 rein demokratisch regierten Südstaaten, aber bald auch eine Reihe von Nordstaaten, keine Probleme, neue diskriminierende Normen für Schwarze einzuführen.

Stattdessen zielte auf Bundesebene 1877 ein informeller Kompromiss zwischen Republikanern und Demokraten auf neue politische Prioritäten wie die Entwicklung der Industrie und die Erschließung neuerworbener Gebiete, zu denen mittlerweile auch Alaska gehörte. Zwar hatte Russland 1821 seine Herrschaft dort dadurch untermauert, dass es die pazifischen Gewässer nördlich des 51. Breitengrades beansprucht hatte. Aber 1867 benötigte Alexander II. Geld und bezweifelte überdies, das weit vom Zentrum Russlands entfernte Territorium gegen Großbritannien verteidigen zu können. Dagegen schätzte der damalige amerikanische Außenminister, anders als die öffentliche Meinung, das ökonomische Entwicklungspotential Alaskas relativ hoch ein und hoffte überdies, die Briten würden in Zukunft ihren Teil der Pazifikküste („British Columbia") an die USA verkaufen. So erwarb die US-Regierung Alaska für 7,2 Millionen Dollar. Weltpolitisch wichtiger als dieser Landerwerb oder die Besiedlung des Mittleren Westens durch Viehzüchter und Ackerbauern war jedoch die rasche Industrialisierung der USA, die das Land zum größten Industriestaat der Welt werden ließ (vgl. S. 82 ff.)! Bruttosozialprodukt und Lebensstandard wuchsen rapide, dabei blieben Gewerkschaftsbewegung, Sozialpolitik und Sozialismus schwach entwickelt. Die Gesellschaft der USA war eben geprägt von Einwanderern verschiedenster Nationalität, Kultur und Religion, die vorrangig das Los ihrer eigenen Familien verbessern und dies durch eigene harte Arbeit in einer freiheitlichen Ordnung erreichen wollten – und deshalb in Gewerkschaften oft auch gar nicht gern gesehen waren. Natürlich wurde auch damals nicht jeder Tellerwäscher zum Millionär. Aber Beispiele, wie der als 13-Jähriger eingewanderte anfängliche Hilfsarbeiter Andrew Carnegie, der 1901 sein Eisen- und Stahlimperium für 492 Millionen Dollar verkaufte, zeigen, dass sich in den USA steile Karrieren machen und Reichtümer anhäufen ließen wie wohl sonst nirgends auf der Welt. Dass der Käufer, der Bankier John Pierpont Morgan, der die *Carnegie Steel Corp.* mit anderen Betrieben zum marktbeherrschenden Großkonzern der *US Steel Corp.* mit 168.000 Beschäftigten zusammenfügte, als Anführer von Investorengruppen 1895 und 1907 die USA vor dem Staatsbankrott bewahrte, beweist, dass im *Gilded Age* Politik und Wirtschaft in engster Verbindung standen. Jeder sollte seines Glückes Schmied sein – wozu also Sozialpolitik? Korruption und Patronage gehörten zu den weiteren Schattenseiten des Systems. Das Fehlen einer echten Bürokratie erklärt andererseits den hohen Politisierungsgrad der amerikanischen Gesellschaft.

Landerschließung und Industrialisierung

Wie für den gesamten Doppelkontinent stellte die Zeit um 1900 auch für die USA einen Einschnitt dar. Unter republikanischer Führung schwenkte die US-Politik 1896, nach dem Ende der Erschließung ihres kontinentalen Staatsgebiets, zwecks Beherrschung der lateinamerikanischen und ostasiatischen Märkte auf einen expansionistischen Kurs. Bis dahin hatten sich die USA lediglich an der „Öffnung" Chinas und – maßgeblich – Japans beteiligt und einige Stützpunkte im Pazifik erworben, darunter auf den Midway- und auf den seit 1810 unter einem Königtum vereinten Hawaii-Inseln. Ihr wirtschaftlicher Einfluss, etwa auf Hawaii oder Kuba, war allerdings unaufhörlich gewachsen, und als sich die Königin Hawaiis dagegen gewehrt hatte, war sie schon 1893 mit US-Unterstützung abgesetzt worden. Hinsichtlich Lateinamerikas ermöglichte es der gleichzeitige Ausbau der Navy den USA, Großbritannien dessen dortige politische und ökonomische Hegemonie streitig zu machen. Nachdem auf Druck der USA London schon 1860 seine Ansprüche auf die Karibikküste Nicaraguas und Napoleon III. 1866 seine Intervention in Mexiko aufgegeben hatten, wurde die von Präsident James Monroe bereits 1823 formulierte Doktrin, die besagte, dass die USA gegen europäische Interventionen auf dem amerikanischen Doppelkontinent Stellung beziehen würden, endgültig durchsetzbar. 1904 kehrte man durch den Zusatz, man könne sich gezwungen sehen, in Lateinamerika im Sinne einer internationalen Polizeimacht selbst zu intervenieren – was in mehreren Staaten schon geschehen war –, den ursprünglich anti-interventionistischen Sinn um. So übernahmen die USA zum Beispiel die Finanzverwaltung der bankrotten Dominikanischen Republik, drängten aber auch auf Reformen, nicht immer zur Freude der heimischen Eliten. London, in europäische Rivalitäten und koloniale Konflikte verstrickt, musste 1895 die Vermittlung der USA im Grenzstreit zwischen Britisch-Guyana und Venezuela akzeptieren, 1901 auf seine Kanalbauansprüche in Mittelamerika, 1902 (zusammen mit Deutschland und Italien) auf eine Intervention in Venezuela verzichten und 1903 eine für Kanada ungünstige Grenzregelung gegenüber Alaska anerkennen. Gegenüber Spanien unterstützten die USA die kubanische Unabhängigkeitsbewegung. Als ein US-Schlachtschiff 1898 im Hafen von Havanna infolge einer – unfallbedingten (?) – Explosion sank, deutete die Regierung dies als einen Terrorakt, was zum Krieg führte. Innerhalb weniger Monate zerstörte die technisch überlegene Navy die spanische Pazifik- und Atlantikflotte, annektierte wegen dessen strategischer Bedeutung nebenbei Hawaii und erwarb für 20 Millionen Dollar Puerto Rico und die für den China-Handel bedeutsamen Philippinen als Überseebesitzungen. Während Spaniens „Kolonialreich" seitdem nur noch aus einigen nordwestafrikanischen Stützpunkten bestand, standen die USA auf den Philippinen nun allerdings jahrelang in einem blutigen Konflikt mit der schon existierenden Unabhängigkeitsbewegung. Kuba, dessen Annexion dem Präsidenten vom Kongress untersagt worden war, wurde dagegen 1902 Republik. Jedoch drängten die USA dem neuen Staat Verfassungsartikel auf, die ihnen die Gründung des Marinestützpunkts Guantánamo erlaubten sowie, bei Beeinträchtigung ihrer Interessen, ein Interventionsrecht verliehen. Zur selben Zeit setzten sie die Abspaltung Panamas von Kolumbien durch – zum Bau des strategisch und ökonomisch ungemein wichtigen Panamakanals, der 1914 fertiggestellt wurde. Dass US-Konzerne in Ländern wie Costa Rica und Liberia die Politik ebenso bestimmten wie US-Botschafter in einer Reihe (anderer) mittelamerikanischer Staaten, belegt

Auf dem Weg zur Weltmacht

Kolonien und Halbkolonien der USA

allerdings, dass die USA auch um 1900 eher der informellen Herrschaft über fremde Gebiete den Vorzug gaben.

Britische Siedlungskolonien auf dem Weg zur Autonomie

Jahrzehntelang hatte die Frage im Raum gestanden, ob sich die USA außer nach Westen nicht auch nach Norden ausweiten würden. Doch hatte der *Quebec Act* von 1774/1775 die Autorität der dortigen britischen Beamten gestärkt, in Abkehr von der anfänglichen Assimilierungspolitik aber die sprachlichen, kirchlich-religiösen und zivilrechtlichen Besonderheiten der Provinz (inklusive der Grundherrschaft) anerkannt und deren Gebiet sogar seinerseits weit nach Westen ausgedehnt. Auch deshalb zeigte man hier, wie in den anderen Teilen des späteren Kanada, im Unterschied zu den 13 südlicher gelegenen Kolonien wenig Neigung zum Abfall vom Mutterland, das

Britisch-Nordamerika nach 1774/1776

Québec 1775/1776 gegen eine Invasion erfolgreich verteidigte! Dorthin und nach Neuschottland emigrierten bis 1783 auch zahlreiche Loyalisten, die in den USA Repressionen ausgesetzt waren. Später nahm speziell das englisch-anglikanisch geprägte Upper Canada (mit York/Toronto) bis zum Krieg von 1812/1814 viele landhungrige Siedler aus dem Süden auf, die freilich keine so große Anhänglichkeit an die britische Krone mehr aufwiesen. Immerhin wurde Britisch-Nordamerika in diesem Konflikt nur vorübergehend bedroht, danach einigte man sich mit den USA auf eine Grenzziehung und – auf den Großen Seen – sogar zu einem beiderseitigen Verzicht auf Kriegsschiffe.

Dagegen sorgten der Ausbau der Dampfschifffahrt, der Kanal- und bald auch der Eisenbahnbau dafür, dass immer mehr Siedler aus Europa ins Land kamen und auch weiter nach Westen vordrangen, trotz des Widerstands der *Hudson Bay* und der *North West Company*, zweier ansonsten rivalisierender Pelzhandelsgesellschaften. Dass London jedoch in den sich daraus anbahnenden ethnisch-konfessionellen Konflikten regelmäßig die Autorität der Gouverneure und die meist alteingesessene Oligarchie unterstützte, verbitterte viele Kolonisten. Nach den Rebellionen von 1837/1838 zielte die Vereinigung der beiden (als Teile weiterbestehenden) Canadas zu einer „Provinz" (1840/1841) zunächst nur darauf ab, deren Volksvertretung eine

Distanzierung von Großbritannien

englischsprachige Mehrheit zu verschaffen. Aber in der Folgezeit etablierte sich jedenfalls in allen alten Kolonien dennoch eine nach parlamentarischen Regierungsprinzipien etablierte Selbstverwaltung (vgl., auch zum Folgenden, S. 460). Andererseits richtete die Regierung angesichts des Siedlerzustroms danach zwei neue, 1866 unter dem Namen British Columbia vereinigte Kronkolonien im Westen ein. Der Bau einer transkontinentalen Eisenbahn und Reformen (Aufhebung der Grundherrschaft und des kirchlichen Grundbesitzes) glichen die Strukturen in den verschiedenen Landesteilen verstärkt einander an, ohne dass in den Canadas das politische Patt zwischen Franko- und Anglokanadiern überwunden werden konnte. Hinzu kam, dass die USA ein schwieriger Partner blieben. Einige Anglokanadier wünschten natürlich den Anschluss an den großen Nachbarn (und Markt) im Süden, aber dafür bestand in dessen Südstaaten begreiflicherweise wenig Neigung.

Der Druck, den man in Britisch-Nordamerika seitens der USA während des Bürgerkrieges verspürte – es gab erneut Invasionsversuche –, förderte sogar den Gedanken an einen engeren Zusammenschluss aller britischen Kolonien. Dafür begann sich nun auch das Kolonialamt zu erwärmen, auch weil London hoffte, auf diese Weise einen Teil der Verteidigungslasten auf die Kolonisten abwälzen zu können. So einigte man sich 1866/1867 auf eine Konföderation der beiden Canadas – nunmehr Ontario und Québec genannt – mit Neubraunschweig und Neuschottland unter der Krone Großbritanniens. Genannt wurde das Ganze, aus einer Kombination monarchistischer und biblischer Motive, „Dominion", also Herrschaftsgebiet. Da die USA gerade Alaska kauften, übernahm die Londoner Regierung im Gegenzug Rupertsland von der *Hudson Bay*-Gesellschaft und gab es an Kanada weiter, das es zunächst als *Northwest Territories* in Bundesverwaltung nahm, dann aber die Regionen südlich des 60. Breitengrades sukzessive in neue Provinzen aufgliederte. Aufstände von Mestizen am Red River beziehungsweise von Prärieindianern wurden niedergeschlagen, Letztere wie in den USA zwangsweise auf Reservate beschränkt. Nachdem 1871 British Columbia und 1873 auch die Prinz-Eduard-Insel der Konföderation beigetreten waren, reichte diese vom Atlantik bis zum Pazifik. Strittig war in diesem zweitgrößten Land der Welt weiterhin, inwieweit man Solidarität zu Großbritannien (etwa im 2. Burenkrieg) üben oder, wie vor allem Frankokanadier meinten, auf größere Unabhängigkeit setzen sollte. Die teilweise irisch-katholisch geprägte, exportabhängige Kronkolonie Neufundland schloss sich Kanada erst 1949 an, nachdem sie 1907, gleichzeitig mit Neuseeland und Australien, Dominion-Status erlangt hatte.

Kanada als erstes Dominion

Neuseeland, das sich anfänglich an Einigungsgesprächen beteiligt hatte, hatte nämlich die Verfassung Australiens nicht unterzeichnet. Auch auf diesem Kontinent bestanden mehrere unabhängige Kolonien, bis 1851 – vorübergehend – ein Generalgouverneur eingesetzt, indes etwa gleichzeitig die Mitsprache in den einzelnen Kolonien erweitert wurde. So differierten lange zum Beispiel die Eisenbahnspurweiten und die Einwanderergesetze. Doch erwärmten sich einige Politiker für die Idee einer Föderation, scheiterten aber trotz mancher interkolonialer Konferenzen vor allem an der Rivalität und den unterschiedlichen Vorstellungen der einzelnen Kolonien hinsichtlich der Gestaltung der Zollpolitik. Erst die deutschen und französischen Aktivitäten im Pazifik führten 1886 zur Gründung eines Föderationsrates, ab 1891 zu Konferenzen, deren Ziel ein *Commonwealth of Australia* war. London selbst, das 1870 seine letzten Garnisonen abgezogen hatte, aber auch australische Militärs, die seit den 1860er Jahren immer wieder zusammen mit britischen Truppen (beim Aufstand der Maori und des Mahdī etc.) agierten, drängten auf einen verstärkten, einheitlichen Verteidigungsbeitrag der Kolonien. Da die geplante Bundesverfassung einer Volksabstimmung unterworfen werden sollte, fand die Einigungsidee auch bei zunehmend identitätsbewussten Australiern immer mehr An-

Australien, Neuseeland

klang, zumal ihnen die dürrebedingte Wirtschaftsdepression um 1900 den Nachteil interner Handelshemmnisse vor Augen führte. Als das britische Parlament – im Burenkrieg für jede Hilfe dankbar – ohne Rücksicht auf Sonderwünsche von Western Australia die Verfassung annahm, wurde 1901 das *Commonwealth* proklamiert, das seit dem Anschluss des Northern Territory (1911) aus sechs *States* besteht. Die Verantwortung für Außenpolitik, Außenhandelspolitik und Verteidigung aber lag weiterhin in London.

Südafrika

Auch Südafrika erhielt nur Selbstverwaltungsrechte *(home rule)*. Hier ging es der britischen Regierung darum, britische Minderheit und besiegte burische Mehrheit oder, anders ausgedrückt, Natal, die Kap- und die Oranjekolonie sowie Transvaal zu einer Union zu verbinden, was nach langen Verhandlungen 1910 gelang. Anders als etwa Australien war das neue Dominion jedoch ein Einheitsstaat. Hier wie dort wurde indessen noch für Jahrzehnte das Wahlrecht auf „Weiße" beschränkt, die Rassengesetzgebung sogar verschärft: Beispielsweise wurde 1913 in Südafrika der Grunderwerb von „Schwarzen" (67,3 % der Bevölkerung) auf die Reservate (7,3 % der Gesamtfläche) beschränkt. Das deutet an, dass eine europäische Kolonialherrschaft für die indigene Bevölkerung anderer Kontinente nicht unbedingt drückender sein musste, als es die Herrschaft im Lande geborener „Weißer" sein mochte, die ihre Autonomie oder gar, wie nicht nur in Nordamerika, sondern auch in großen Teilen Mittel- und Südamerikas, ihre politische Unabhängigkeit erlangt hatten.

Äußere Staatsbildung in Lateinamerika bis 1825/1841

Ausgangslage und gemeinsame Grundzüge

Um 1800 hatten Spanien und Portugal das riesige Lateinamerika für Ausländer noch „verschlossen" und den Personen- und Warenverkehr auf den (schrittweise liberalisierten) Austausch zwischen Kolonien und Mutterländern reduziert. Teile Mexikos und Brasiliens hatten im 18. Jahrhundert einen Edelmetallboom erlebt, der freilich inzwischen abgeebbt war. Doch das Potential für eine bedeutende Entwicklung schien gegeben: Mexiko-Stadt hatte 1790 rund 137.000 Einwohner – als New York, die größte Stadt der von vielen Kreolen als Vorbild betrachteten USA, gerade einmal 57.500 besaß! Doch blieben Hemmnisse wie religiöse Intoleranz und eine vergleichsweise höchst ungleiche Landverteilung. Mit aufklärerischen Reformen suchten die Regierungen die Kolonien besser zu verwalten, wirtschaftlich zu fördern, aber auch in ihrem Finanzgebaren stärker zu kontrollieren – nur mit begrenztem Erfolg: Der koloniale Staat blieb schwach, Unruhen, nicht zuletzt der Indios, waren weiterhin eine häufige Erscheinung. Von einer vermehrten Ausbeutung der Kolonialgesellschaften durch die Mutterländer kann nicht generell gesprochen werden. Doch hatten große, vielfach ihrerseits „aufgeklärte" Teile der kreolischen Elite den nicht unzutreffenden Eindruck, bei der Besetzung von Spitzenpositionen gegenüber Leuten aus den Mutterländern und durch Kapitalabschöpfung und das Verbot von Handel mit anderen Ländern in ihrer ökonomischen Entfaltung nach wie vor benachteiligt zu werden. Je mehr sie sich als *Americanos*, ja eine Region wie das isoliert gelegene Generalkapitanat Chile als ihr „Vaterland" empfanden, desto mehr strebten sie nach Autonomie beziehungsweise fürchteten sie deren Verlust. Unabhängigkeit wurde erst ein Thema, als in der Folge von Französischer Revolution und Empire die Bourbonen in Frankreich und Spanien vorübergehend keine Autorität mehr auszuüben vermochten. Nur im Falle Brasiliens, wohin 1807 der portugiesische Königshof samt seiner Spitzenbürokratie vor den napoleonischen Truppen floh, erfolgte die Ablösung in dynastischer, relativ friedlicher Kontinuität: 1815 zum gleichberechtigten Königreich der portugiesischen Gesamtmonarchie erhoben, wurde es nach der Rückkehr Johanns VI. nach Portugal von dessen Sohn Peter (Pedro) als Prinzregent regiert, der sich aber 1822 zum Kaiser eines unabhängigen Brasilien erklärte. Grundsätzlich galt überall: Im Mutterland wollte niemand auf die Kontrolle der Kolonien verzichten. In den Kolonien akzeptierten das Kaufleute, hohe Beamte und Geistliche von der Iberischen Halbinsel zumeist eher als die gegenüber den *Europeos* auf Gleichberechtigung pochende kreolische Führungsschicht. So gerieten die Eliten in Loyalitätskonflikte, im Falle Spanisch-Amerikas zwischen dem Napoleonbruder König Joseph I. (1808–1813), dem reaktionären Ferdinand VII. und den liberalen Kräften (etwa der spanischen Zentraljunta), wobei sich die Mehrheit der Kreolen mehr und mehr vom Mutterland emanzipierte, egal wer dort gerade den Ton angab. Denn Spanien war auf Grund seiner inneren Konflikte außenpolitisch gelähmt und wegen des weitgehenden Verlusts seiner Flotte auch nicht in der Lage, seine Kolonien zu schützen beziehungsweise den Handel aufrechtzuerhalten – eine Lücke, in die zunehmend Großbritannien stieß.

Wie im Falle der USA bedeuteten auch in Lateinamerika die Revolutionen – es gab mindestens vier in den jeweiligen Vizekönigreichen – Elitentransformation und die Gewinnung der staatlichen Unabhängigkeit. Zwar wurden in vielen Regionen von allen Seiten, um im Kampf die Unterstützung der dort mehrheitlichen Indios, Mestizen, Mulatten oder Schwarzen zu erringen, Indianerzwangsarbeit, -tribut und Sklaverei abgeschafft und die Gleichberechtigung aller verkündet. Da die Ausübung von Bürgerrechten aber an Bedingungen (wie einen Zensus) geknüpft und eigenes Land niemandem zugeteilt, sondern im Fall der Indios sogar weiter weggenommen wurde, änderten sich die Lebensbedingungen der meisten „Nicht-Weißen" kaum. Als sich 1810/1815 in Mexiko, Venezuela und Hochperu sozialrevolutionäre Ansätze zeigten, hemmten sie die Unabhängigkeitsbewegung und konnten sich nicht durchsetzen, weil nun gerade grundbesitzende Kreolen eine Restauration der sozialkonservativ-spanischen gegenüber einer revolutionären mestizisch-indianischen Herrschaft bevorzugten. Nur aus Saint-Domingue (Haïti) wurde eine Republik ehemaliger Sklaven! Dort war es schon seit 1791 zu blutigen Kämpfen gekommen: Große Pflanzer, „kleine Weiße", freie Farbige, schwarze Sklaven, sie alle verfolgten eigene Ziele und stützten sich dabei zeitweise jeweils auf unterschiedliche Hilfe, vom revolutionären Frankreich, seinem Kriegsgegner England beziehungsweise von Spanien. Zunächst setzte sich der Führer der „Schwarzen", Toussaint-L'Ouverture, durch, der auch den bis 1795 spanischen Ostteil der Insel eroberte. Napoleon

Soziale Hintergründe – Haïti

ließ ihn von einem großen Expeditionskorps gefangennehmen, doch als er die Sklaverei wieder einführte, die der Konvent abgeschafft hatte, war seine von Seuchen dezimierte Armee gegen den erneut ausbrechenden Aufstand machtlos. Nachdem ein ephemeres Kaisertum die „Weißen" in die Flucht getrieben beziehungsweise ausgerottet hatte, zerfiel das Land 1806 in ein Königreich der „Schwarzen" im Norden und eine Mulattenrepublik im Süden, die 1820 wiedervereinigt wurden und daraufhin den Ostteil der Insel, der von 1809 bis 1821 wieder spanisch, danach unabhängig geworden war, bis 1844 annektierten. Gerade das Beispiel Haïtis, dessen Kleinbauern überdies langfristig verarmten, hielt Brasilien und Kuba, dessen Pflanzer vom Niedergang der Zuckerproduktion auf Haïti ungemein profitierten und im kolonialen Status quo die beste Garantie ihrer Interessen erkannten, davon ab, die Sklaverei vor den 1880er Jahren endgültig aufzuheben.

Die Auflösung Hispanoamerikas

Ansonsten wurden 1808/1810 unter diesen Vorzeichen in Hispanoamerika (außer in Peru), teilweise von Stadträten ausgehend, Vizekönige beziehungsweise Gouverneure abgesetzt und die Exekutive neugebildeten *Juntas* übertragen. Umgehend brachen interne Differenzen auf. So vermochten die Königstreuen die Macht zurückzugewinnen; die anschließende Verfolgung der Rebellen animierte dann allerdings den Separatismus erst recht. Auch im ehemaligen Vizekönigreich Río de la Plata, das (außer in Hochperu) als einziges von einer Rückeroberung verschont blieb, rivalisierten zentralistische und föderalistische Kräfte. Während Buenos Aires die Führung beanspruchte und eine liberale Außenhandelspolitik befürwortete (dabei aber das Monopol auf den Überseeverkehr beanspruchte), wollten andere Küstenprovinzen selbst Überseehandel treiben, während Inlandsprovinzen, die vom Handel mit dem bis 1822/1824 spanischen Peru lebten, konservativ-föderalistisch eingestellt waren. Paraguay spaltete sich 1811/1813 als eigener Staat ab und entwickelte sich bis 1870 zu einer Art Erziehungsdespotie. Auch anderswo gründeten *Caudillos*, oft schillernde Figuren, „Republiken" genannte Kleinkönigreiche. Meist ehemalige Offiziere der noch von den Kolonialmächten ausgebauten, prestigeträchtigen Milizen, schwangen sie sich zu politisch-militärischen Anführern auf, die in Zeiten instabiler beziehungsweise inexistenter staatlicher Ordnung in einer Gegend ein persönliches Regiment errichteten, das sich auf Charisma, Clan- beziehungsweise Klientelbeziehungen sowie die Repräsentanz der Lokalkultur stützte und die Gewalt- und Finanzressourcen der Region zu mobilisieren verstand. Um die nach langen Kämpfen 1777 von Portugal an Spanien abgetretene, aber 1817/1820 wieder erworbene Banda Oriental führten die „Vereinigten Provinzen Südamerikas" (das spätere Argentinien) und Brasilien 1825/1828 Krieg. Danach wurde sie unter britischem Vermittlungsdruck zu einem eigenen Pufferstaat, der Republik Uruguay.

Das Vizekönigreich Neuspanien hatten die Royalisten bis 1820 weitgehend wieder unter Kontrolle gebracht, als angesichts des Siegs der Liberalen in Spanien Oberst Iturbide sich mit Guerillaführern auf eine souveräne Monarchie einigte, in der Kreolen und Europa-Spanier gleichberechtigt und privates wie kirchliches Eigentum geschützt sein sollten. 1822 erklärte sich Iturbide zum Kaiser von Mexiko, musste jedoch angesichts der Militärrevolte des Generals Antonio López de Santa Anna zurücktreten, woraufhin die südlichen, zum ehemaligen Generalkapitanat Guatemala gehörigen Provinzen ihre Unabhängigkeit als Vereinigte Provinzen von Zentralamerika erklärten. Durch interne Streitigkeiten zerfiel dieser nach dem Vorbild der USA organisierte Staatenbund 1838/1841 in seine älteren administrativen Bestandteile Guatemala, Honduras, El Salvador, Nicaragua und Costa Rica. Im Vizekönigreich Neugranada entstanden verschiedene instabile, teilweise untereinander verfeindete Republiken, die bis 1816 allesamt von Spanien zurückerobert wurden. Erst nach der Rückkehr Simón Bolívars aus dem Exil wurde es 1819 besiegt und eine Republik (Groß-)Kolumbien ausgerufen, der sich Panama und Ecuador anschlossen, die sich aber 1829/1830 ebenfalls in ihre alten Bestandteile Venezuela, Kolumbien und Ecuador auflöste. Der Vizekönig von Peru hatte Chile 1817 wieder ganz unter seine Kontrolle gebracht. Unter Führung eines argentinischen Generals wurde danach jedoch nicht nur die Unabhängigkeit Chiles erkämpft, sondern auch die des übrigen Vizekönigreichs eingeleitet. Peru wurde mit Hilfe Bolívars von royalistischen Truppen gesäubert, ebenso Hochperu, das 1825 seinen Namen annahm. Bolivien – so der endgültige Name – war 1836 bis 1839 mit Peru in einer Konföderation verbunden, die sich nach einer chilenisch-argentinischen Invasion wieder auflöste, wonach die beiden Staaten sogar untereinander einen kurzen Krieg ausfochten (1841). Sozioökonomisch wirkten die Unabhängigkeitskriege und die folgende Orientierungslosigkeit der Innenpolitik verheerend: schlechte Verkehrsverhältnisse, Bandenunwesen, Abzug von Europa-Spaniern samt ihrem Kapital, langfristige Hypothek durch verfehlte Steuerpolitik. Außenpolitisch aber waren die Kriege erfolgreich: Nach 1825 blieben nur Belize, die Guyanas und fast alle Karibikinseln in europäischer Hand – zum Teil bis heute. Als souverän wurden die neuen Staaten (mit Ausnahme Haïtis!) umgehend von den USA anerkannt, bald auch von Großbritannien, das die Unabhängigkeitsbewegungen zunehmend offen unterstützt hatte – wie später weitere europäische Staaten, aber erst nach vorherigem Abschluss liberaler Handelsverträge! Portugal und Frankreich akzeptierten die Souveränität ihrer ehemaligen Kolonien Brasilien beziehungsweise Haïti 1825 gegen hohe Entschädigungssummen, an denen beide Länder noch lange litten. Diplomatische Beziehungen, meist auf niedrigem Niveau, zu anderen neuen Staaten folgten im Falle Frankreichs erst ab 1830. Instabile Regierungen auf beiden Seiten und Forderungen, wie dass die ehemaligen Kolonien einen Anteil der älteren Staatsschulden übernehmen sollten, trugen dazu bei, dass sich deren Anerkennung durch Spanien gar von 1834/1835 (Mexiko) bis 1894/1895 (Honduras) hinzog.

Neue Staatsbildungen

Fortentwicklung und Konflikte der souveränen lateinamerikanischen Staaten

Wachsende Verschuldung, zunächst vor allem gegenüber britischen Kreditgebern – etwa Guatemala war fast ständig insolvent –, die Vielzahl regulärer und irregulärer bewaffneter Kräfte sowie häufige Verfassungs- und ständige Regierungswechsel,

Die Welt 1848.

RUSSISCHES REICH
Bering-meer
Ochotskisches Meer
KASACHEN-KHANAT
Kaspisches Meer
Aralsee
CHIWA
KOKAND
BUCHARA
turkmenische Khane
AFGHA-NISTAN
Jammu u. Kaschmir
PAND-SCHAB
PERSIEN
BELUT-SCHISTAN
OMAN
Aden
Mosambik
Madagaskar
Mauritius (Brit.)
Peking
MANDSCHURISCH-CHINESISCHES REICH
KOREA
JAPAN
Japanisches Meer
Pazifischer Ozean
NEPAL
BHUTAN
Indische Fürstentümer
Indien
BURMA
Formosa
LAOTISCHE STAATEN
Bombay
Hydera-bad
Goa (Port.)
Golf von Bengalen
SIAM
VIETNAM
Philippinen
Madras
Mysore
Travancore
Ceylon
Tenasserim
KAM-BODSCHA
ACEH
Malaiische Sultanate
Singapur (Brit.)
Sumatra
Borneo
Celebes
Niederländisch-Indien
Java
Timor
Neuguinea
Salomon-Inseln
Indischer Ozean
Westaustralien
Süd-australien
Neu-Süd-Wales
Van-Diemens-Land/ Tasmanien
Neuseeland
roßbritannien und überseeische Besitzungen
rankreich und überseeische Besitzungen
iederlande und überseeische Besitzungen
Portugal und überseeische Besitzungen
Spanien und überseeische Besitzungen
Russland und seine Einflussgebiete in Sibirien und Alaska

meist zwischen Diktatoren, bildeten die Hauptprobleme aller neuen Staaten, zunächst mit Ausnahmen wie Paraguay und Chile. Die Instabilität der Regierungen resultierte aus der Feindschaft zwischen Konservativen und Liberalen verschiedener Schattierungen, Zentralisten und Föderalisten sowie verschiedenen Führern beziehungsweise regionalen Gruppen – die Bildung von Nationen erwies sich als langwieriger Prozess, zumal es weiterhin „Bürger zweiter Klasse" gab. In einer ersten Phase, bis um 1850/1860, dominierten meist die sozialkonservativen Kräfte. *Caudillos* stützten sich allerdings zwecks Machterhalts oft abwechselnd auf unterschiedliche Gruppierungen – und wirkten letztlich eher zentralistisch. „Liberal" waren manche im Sinne von antikirchlich, aber wer ihnen gefährlich erschien, den verfolgten sie mit brutalsten Mitteln.

Innere Instabilität, äußere Einmischung

Nicht immer entsprach einer Friedhofsruhe im Innern, wie im Falle Paraguays unter dem bis 1840 regierenden Diktator José Gaspar Rodríguez de Francia, auch außenpolitische Zurückhaltung. Der von 1829 bis 1852 fast permanent zumindest die Außenbeziehungen der argentinischen Konföderation beherrschende Viehzüchter und Provinzgouverneur von Buenos Aires, Juan Manuel de Rosas, erlebte wegen ausstehender Zahlungen mehrfach die Blockade seiner Küste durch Kriegsschiffe Frankreichs beziehungsweise Großbritanniens – für die 1833 ein Stützpunkt auf den schon länger umstrittenen Falklandinseln/Malvinen gegründet wurde. Santa Anna, seit 1833 oftmals mexikanischer Präsident, verlor bei einem Gefecht mit französischen Truppen, die 1838 aus ähnlichem Grund Veracruz besetzt hatten, einen Unterschenkel (den er später feierlich beisetzen ließ). Selbst nach den enormen Verlusten im Krieg gegen die USA kam er 1853 bis 1855 nochmals an die Macht. Die innere und äußere Instabilität setzte sich während der folgenden, (von Ausnahmen wie Ecuador abgesehen) liberal-föderalistischen Phase fort. Manche Regierungen lebten nämlich damals fast ausschließlich von Zolleinnahmen. Die aber blieben gering, weil nur zeitweise die Nachfrage nach Produkten bestimmter Regionen – der Pampa (Fleisch), Südbrasiliens (Kaffee), Amazoniens (Kautschuk) – stark anstieg, im Allgemeinen aber nachließ und Großbritannien niedrige Zollsätze durchsetzte. Das nur schwach und spät industrialisierte Lateinamerika war auf Europa und die USA viel mehr angewiesen als umgekehrt (vgl. S. 53) und musste zum Beispiel hinnehmen, dass britische Übergriffe (v.a. auf brasilianische Schiffe) ab 1850 den Sklavenimport zum Erliegen brachten. Als Mexiko sich unter Präsident Benito Juárez – einer als Indio auch unter den liberalen Reformern singulären Gestalt – geradezu unter US-Protektorat stellte und 1861 angesichts der durch einen dreijährigen Bürgerkrieg um die (v.a. antikirchlichen) Reformen geleerten Staatskassen beschloss, wieder einmal – diesmal für zwei Jahre – die Schuldenrückzahlungen an das Ausland einzustellen, intervenierten Frankreich, Spanien und Großbritannien.

Das Mexiko-Abenteuer Maximilians

Während Letztere aber ihre Truppen bald zurückzogen, eroberten die Verbände Napoleons III. 1863 Mexiko-Stadt, setzten eine konservative Führung ein und ließen eine Notabelnversammlung dem österreichischen Kaiserbruder Maximilian und dessen belgischer Gattin die Kaiserkrone antragen – Frankreich zielte nämlich auf die Stärkung seiner Bindungen zu Österreich-Ungarn und die Errichtung eines Vasallenstaats in Mittelamerika. Maximilian nahm die Krone nach einer von der Regierung manipulierten Wahl gutgläubig an, konnte sich aber infolge seiner Reformmaßnahmen bald kaum mehr auf die Konservativen, sondern nur noch auf belgische und österreichische Freiwillige sowie die französischen Truppen stützen. Letztere zog Napoleon ab, als die USA nach dem Bürgerkrieg zu intervenieren drohten. Danach rasch besiegt, wurde der Kaiser mit einigen Getreuen 1867 standrechtlich erschossen. Um den Staatshaushalt zu sanieren, verkaufte Juárez weiter die verstaatlichten Kirchengüter und rüstete massiv ab. Das verstimmte einflussreiche Kreise, die einige Jahre nach seinem Tod einen neuen Diktator an die Macht trugen: den Mestizengeneral Porfirio Díaz. Der markierte für Mexiko die dritte Phase, die der oligarchisch-autoritären Konsolidierung. Als Präsident (1877–1880 und 1884–1911) stützte er sich auf Technokraten, Großgrundbesitzer und die Profiteure der Exportwirtschaft. In deren Interesse ging er, ähnlich wie zuvor Rosas in der Pampa, mit Enteignungsmaßnahmen und im Falle von Aufständen mit brutaler Gewalt gegen Indiobauern vor. Die 1910 im Schatten einer Konjunktur- und Schuldenkrise begonnene Rebellion gegen sein autoritäres Regime mündete schließlich in einen zehnjährigen Bürgerkrieg, der Mexiko völlig veränderte.

Die zwischenstaatlichen Konflikte innerhalb Lateinamerikas, das nicht wie Europa ein Staatensystem auszubilden vermochte, drehten sich um die Grenzziehungen. Diese standen selbst im Falle Brasiliens nicht präzise fest, dessen Gebiet 1750/1761 in mehreren Abkommen der iberischen Kronen stark erweitert festgelegt worden war. Der völkerrechtliche Grundsatz *Uti possidetis*, der in unerschlossenen Gebieten den ersten Kolonisator begünstigte, ansonsten aber die Umwandlung kolonialer Verwaltungsgrenzen in neue Staatsgrenzen nahelegte, war schon durch die Gründung Uruguays in Frage gestellt worden. 1843/1852 wurde das Land von einem ruinösen Bürgerkrieg zerrissen, in den sich neben den auf territoriale Erweiterung bedachten Nachbarn auch Großbritannien, Frankreich und Paraguay einmischten. Buenos Aires verließ 1852 bis 1862 vorübergehend die argentinische Konföderation, die sich allerdings danach als Bundesstaat konsolidierte. Mexiko verlor riesige Gebiete im Norden, machte aber zum Beispiel die 1847/1848 von einem blutigen Maya-Aufstand betriebene Ablösung Yucatáns rückgängig. Auch Brasilien überstand Spannungen zwischen seinen sehr unterschiedlichen Regionen – etwa die Abspaltung von Rio Grande do Sul (1836–1845) – letztlich ohne Verlust der Einheit. Die Diktatoren Paraguays schotteten zwar ihr Land vor fremden Einflüssen ab, stärkten aber durch umfangreichste Konfiskationen, eine erfolgreiche Wirtschafts- und Finanzpolitik und die Einführung der allgemeinen Wehrpflicht ihre Macht. Gestützt auf die stärkste Armee Südamerikas, führte das Land von 1865 bis 1870 einen Krieg gegen die Tripelallianz Brasilien–Argentinien–Uruguay, bei dem es einen Großteil seines Gebiets an seine großen Nachbarn sowie mindestens 20, vielleicht 50 Prozent seiner Bewohner verlor. Manche sprechen von über zwei Millionen (v. a. krankheitsbedingten) Opfern dieses blutigsten aller Kriege in Lateinamerika. Größere Dimensionen als die Grenzkriege Ecuadors gegen seine Nachbarn (u. a. 1828/1829, 1859,

Kriege um Grenzen

1863) erreichte auch der Pazifik- beziehungsweise Salpeterkrieg von 1879 bis 1884, in dem Chile, stark mobilisiert, von Bolivien und Peru seinen heutigen nördlichen Küstenstreifen mit Salpeter- und Kupferlagerstätten gewann, der überdies Bolivien vom Meer abschnitt – bis heute ein Streitpunkt zwischen den drei Staaten! Bolivien verlor zudem 1899/1903 durch Separation das von Brasilianern kolonisierte Gebiet von Acre, das 1903 zu Brasilien kam, das dafür 20 Millionen Pfund zahlte und – wie nach einer gleichzeitigen Auseinandersetzung mit Venezuela – weitere Grenzkorrekturen erreichte. Auch Mittelamerika blieb nicht von militärischen Konflikten verschont: Guatemala suchte 1885 mit Gewalt die Region wieder zu vereinigen, scheiterte jedoch. Honduras und Nicaragua gerieten sich 1907 in die Haare. Auf Kuba kämpften Kreolen schon 1868 bis 1878 um Autonomie, seit 1895 um Unabhängigkeit – wobei Spanien (ähnlich wie die Briten im Burenkrieg) erste Konzentrationslager errichtete. 1898 griffen die USA ein. Der Ausgang des Krieges zeigte endgültig, wie sehr sich die Gewichte in Amerika verschoben hatten. Die USA gründeten 1902/1903 zwei Satellitenstaaten (Kuba, Panama) und entwickelten sich zur Weltmacht. Lateinamerika war wegen seines relativ unzureichenden Aufschwungs und des Fehlens Staaten übergreifender Organisationen weitgehend zur Ohnmacht verdammt.

Die „Öffnung“ Ostasiens und ihre unterschiedlichen Folgen

Die schmerzvolle „Öffnung“ ca. 1720–1894

In eine ähnliche (v.a. wirtschaftliche) Abhängigkeit wie Lateinamerika suchte der Westen durch seine „Öffnungspolitik“ auch Ostasien zu bringen, das freilich nur in dem Sinne verschlossen war, dass dessen Herrscher lediglich einen sehr begrenzten, streng kontrollierten Warenaustausch mit dem Ausland gestatteten. Daran änderten um 1800 auch Anknüpfungsversuche diverser westlicher Länder nichts. Vielmehr betrieb China, das sich kommerziell und geistig seit 1717/1719 wieder zunehmend „abgeschottet“ hatte, am Ende der Qianlong-Ära im Sinne einer „Vorwärtsverteidigung“ noch eine kostspielige Machtpolitik (vgl. Band IV, S. 155f.), indem es zum Beispiel die Einfälle der Gurkhas nach Südtibet mit einer Militäraktion bis hinein nach Nepal beantwortete und danach 1793 Tibet dem Qing-Reich administrativ eingliederte, das Land aber nach außen abschloss. Doch seit den 1820er Jahren wuchs insbesondere der britische Druck auf China. Hatten die Europäer bislang dort Tee, Seide etc. hauptsächlich mit Silber bezahlt, führten die Briten nun aus Indien in rasch wachsendem Umfang Opium ein. Das kehrte den Silberfluss radikal um und löste in China, das ohnehin unter einer ökologischen Krise, inneren Unruhen, rückläufiger Effizienz des Staatsapparats und einer durch eine fixierte Grundsteuer verursachten

Chinas „Opiumkriege“

Finanzkrise litt, Deflation und weitere Verarmung aus. Neben der Sorge um die Volksgesundheit war dies der Grund, warum die chinesische Regierung (erneut) ein Einfuhrverbot für Opium erließ und es unter Vernichtung von 20.000 Kisten privaten britischen Eigentums durchsetzte. Die Briten, von allen Europäern schon am längsten davon überzeugt, dass sich nur ein despotisches, rückständiges Reich der allseits wohltätigen Freiheit des Welthandels und der protestantischen Mission widersetzen könne, intervenierten im sogenannten (ersten) Opiumkrieg 1839 bis 1842 mit einer modernen Kriegsflotte, der die Qing nichts entgegenzusetzen hatten. In einem ersten „ungleichen Vertrag" musste China 1842 den Briten unter anderem die Insel Hongkong abtreten und fünf Häfen öffnen – wie bald auch anderen Europäern. Damit ging die Kontrolle des maritimen Außenhandels von staatlich lizenzierten Kantoner Kaufleuten auf ausländische Konsuln in den „Vertragshäfen" über – was längerfristig gesehen, auch zum Vorteil der Pekinger Staatsfinanzen, den Handel belebte, aber von der Qing-Regierung als Beschränkung ihrer Entscheidungsfreiheit zunächst hintertrieben wurde. Ähnlich wie etwa zur gleichen Zeit in Burma oder Argentinien provozierten verschiedene Zwischenfälle, bei denen Europäer zu Schaden kamen, 1856/1860 zwei weitere Kriege, die in der Zerstörung des Pekinger Sommerpalasts durch anglo-französische Truppen kulminierten. Nun musste China Kowloon abtreten, weitere Häfen öffnen, die Errichtung ausländischer Botschaften und die christliche Mission erlauben, den Opiumhandel faktisch legalisieren und ein Seezollamt einrichten, das von 1863 bis 1908 von einem Briten geleitet wurde. Doch außerhalb von Enklaven (wie Hongkong und Shanghai), in denen China gefährlichen „Barbaren" schon früher Autonomie gewährt hatte, übten die Europäer vorerst noch wenig Einfluss oder gar Herrschaft aus. Russland nötigte die Qing allerdings, 1858/1860 die sogenannte Äußere Mandschurei abzutreten.

Denn die Dynastie kämpfte um diese Zeit mit noch viel gefährlicheren, innenpolitischen Gegnern. Die von einem Visionär angeführte Taiping-Revolution (1850/1851–1864) wandte sich unter anderem gegen den in Südchina erhöhten Steuerdruck und verband dabei traditionell-utopische, christliche und – erstmals – aktiv-antimandschurische Motive. Große Städte wurden erobert, 1853 sogar Nanking. Dann aber zeigten sich die Schwächen der fanatisierten, heterogenen, schlecht geführten Massenbewegung. Qing-Beamte und -generäle, zum Teil mit Privattruppen, Provinzeliten mit ihren Milizen und, von nachrangiger Bedeutung, Europäer wirkten bei ihrer grausamen Unterdrückung zusammen. Teilweise parallel zu diesem blutigsten aller Bürgerkriege der Geschichte erlebte China 1851/1868 einen riesigen Bauernaufstand im Bereich des Huai-Flusses sowie 1855/1873 gegen die Durchdringung durch Qing-Bürokraten und Han-Händler gerichtete Unruhen im muslimischen Nord- und Südwesten. Dabei griff in Xinjiang (Ostturkestan) Yaqub Beg, General aus Kokand, ein, erklärte sich zum souveränen Herrscher eines Uigurenstaates Kashgaria und nahm Beziehungen zu Russland, Großbritannien und dem Osmanischen Reich auf. Erst 1878 brachten die Qing das Gebiet wieder unter ihre Kontrolle, machten es zur Provinz und ließen immer mehr chinesische Siedler ins Land. Danach nötigten sie Russland (gegen Entschädigung) zur Rückgabe des (Y) Ili-Gebiets. Doch ihr Tributsystem löste sich auf – ein Zeichen der außenpolitischen

Aufstände und Gebietsverluste

Schwäche Chinas. Innenpolitisch aber bewirkte der Kampf gegen all die Aufstände eine verstärkte Militarisierung des Reichs und eine Dezentralisierung der Macht. Moderne militärische Ausbildung wurde langsam wichtiger als der Rang in den Staatsprüfungen, neue Eliten – wie sogenannte Gentry-Kaufleute und Intellektuelle – entstanden. Doch genossen die seit den 1860er Jahren zum Teil nach japanischem Vorbild eingeleiteten Reformen zur (vorrangig militärischen) „Selbststärkung" Chinas lange nicht die Unterstützung der 1861 bis 1908 politisch dominierenden Kaiserinwitwe Cixi. Konservative Kreise waren bereit, westliches, speziell technisches Wissen praktisch zu nutzen, wollten jedoch im Kern die traditionellen Denk- und Sozialstrukturen bewahren. Ohne ein landesweites, einheitliches Programm aber blieb die Reform ein Torso. So zog China unter Verlust eines Teils seiner neuen Flotte 1884/1885 in Vietnam gegenüber Frankreich den Kürzeren, es musste die japanische Souveränität über die (von Frankreich „geöffneten") Ryūkyū-Inseln und die portugiesische über Macao anerkennen.

In Japan hatte sich die Bevölkerung von ca. 1600 bis 1721 auf über 31 Millionen in etwa verdoppelt, war danach jedoch infolge von Missernten rückläufig und erreichte erst wieder um 1850 den früheren Stand. In dieser langen, freilich durch lokale Bauernaufstände gestörten „Friedenszeit" sanken viele Samuraikrieger zu schlecht bezahlten Subaltern-Beamten ab, manche Kaufleute wurden reich und angesehen. Mit diesem sozialen Wandel entwickelte sich, gegenläufig zu China, ein erneutes – zunächst ganz vorsichtiges – Interesse an europäischem Wissen: Ab 1725 durften wissenschaftliche Bücher, vor allem medizinischen Inhalts, ins Japanische übersetzt werden. So entstand mit der Zeit ein Kreis von der „Holländerwissenschaft" begeisterter Intellektueller, nicht zuletzt von Ärzten, die auch für Shōgune und Daimyōs (Fürsten) tätig waren und manche davon beeinflussten. Daher war die Zentralregierung auch nicht uninformiert über die politische Weltlage. Gleichzeitig wuchs in breiten Kreisen das Ansehen des Kaiserhauses: Angesichts der allgemeinen Misere las man mit Interesse von Zeiten, als autokratische Kaiser göttlicher Abstammung, nicht Shōgune aus dem Militäradel, das Land regierten.

Japan: Außenbeziehungen und sozialer Wandel

In dieser Situation erzwangen 1853/1854 die USA mittels Kanonenbootdiplomatie, schnell gefolgt von 14 anderen westlichen Staaten, die Öffnung einiger japanischer Häfen und die üblichen „ungleichen Verträge". Ähnlich wie gleichzeitig Siam fügte sich Japan, gewappnet durch die Erfahrungen Chinas, ins Unvermeidliche. In den folgenden Jahren heftigster innerjapanischer Auseinandersetzungen und Attentate, auch gegenüber „Westlern", verschob sich die Macht immer mehr von dem zunächst wegen seiner Nachgiebigkeit gegenüber den Fremden angefeindeten Shōgunat auf eine neugebildete Fürstenopposition. Diese brachte 1868 den damals 15-jährigen Kaiser in ihre Gewalt – anfänglich als Marionette, um die Ausschaltung der Tokugawa zu legitimieren, die in einem kurzen Bürgerkrieg erzwungen wurde. Diese nach der neuen Regierungsdevise benannte „Meiji-Restauration" war aber nur der Anfang einer Revolution: Politisch übernahm formal der Kaiser die Macht, faktisch eine Oligarchie überwiegend südjapanischer Beamter zwischen 30 und 40 Jahren, einem Alter, in dem sich auch viele Führer der Französischen Revolution befunden hatten. Sozial spaltete sich der bislang staatstragende Kriegerstand: Während die meisten, ohnehin verarmt, nach dem Verlust ihrer Privilegien trotz Abfindungen und Widerstand in der allgemeinen Masse der Bevölkerung aufgingen, formierte eine Minderheit zusammen mit der neuen Kaufmannselite eine neue Führungsschicht. Diese führte die seit 1855 begonnenen Reformen unter zentraler Leitung konsequent fort: Japan wollte in technischer und administrativer Hinsicht vom Westen lernen, um ihn mit seinen eigenen Waffen zu schlagen. Schrittweise, aber energisch wurden vor allem Zentralisierung, Industrialisierung, Infrastrukturpolitik und die Modernisierung des Militärs vorangetrieben. Waffen waren nach dem Amerikanischen Bürgerkrieg günstig zu erwerben, und trotz allseitiger finanzieller Probleme halfen ein belastbares Kreditwesen, die rasche Schulung eigener Experten, die Einziehung von Kloster- und Tokugawa-Vermögen, Verwaltungs- und Finanzreformen sowie Exporterfolge mit, dass Japan finanziell nicht so vom Westen abhängig wurde wie manch andere Länder (vgl. S. 87 f.). Das war die Basis für eine imperialistische Außenpolitik nach westlichem Muster, die Japan zum gleichberechtigten Mitspieler bei der Aufteilung der Welt machen sollte. Ab 1869 erfolgte die Kolonisation Hokkaidōs. Zwar schlossen China und Japan 1871 – als Gleichberechtigte – einen Freundschaftsvertrag, aber die Eingliederung der Ryūkyū-Inseln durch Japan (1871/1879) und eine Militärexpedition nach Taiwan (1874) markierten schon den Beginn des Kampfes um die regionale Vormacht.

Zwangsweise „Öffnung“ Japans und Revolution

Der Ständestaat Korea, traditionell „offen“ nur gegenüber seinem Tributherrn China, mit Japan nur sehr begrenzt in Kontakt, erlebte seit 1724 innenpolitisch eine Stärkung seines Königtums, aber letztlich auch einzelner Familien, von denen schließlich eine von 1802 bis 1863 meist die Regierung dominierte. Nun erzwang, nach westlichem Vorbild, Japan 1876 durch eigene Kanonenbootpolitik einen „ungleichen Vertrag“. Eine erste gleichzeitige Intervention sowohl Chinas als auch Japans in einen inneren Konflikt am Königshof mündete indes zunächst in ein Ko-Protektorat und in diverse koreanisch-westliche Verträge.

Ostasien 1894/1895 bis 1911/1912 – Regionale Hegemonie Japans, Revolution in China

Nach Erlass seiner Verfassung, Adels- und Rechtsreformen verhandelte Japan aber bald mit Erfolg über eine Revision seines eigenen „ungleichen Vertrags“ mit Großbritannien, das wegen des russischen Vordringens in Ostasien besorgt war. Als die koreanische Regierung zwecks Unterdrückung eines Bauernaufstands China um Intervention bat, schickte Japan ebenfalls Truppen. Da China die Aufgabe seiner Oberhoheit verweigerte, kam es 1894/1895 zum Krieg. Dabei erwies sich das zahlenmäßig überlegene, aber uneinheitlich ausgerüstete und geführte chinesische Militär dem japanischen als deutlich unterlegen: Japan, das hierbei zu einer militärbegeisterten

Nation wurde, drang sogar in die Innere Mandschurei und nach Shandong vor. In China aber brachte diese unerwartete, schlimmste Demütigung das Weltbild der Traditionalisten endgültig ins Wanken, betrachtete man doch die Japaner von alters her verächtlich als „Zwergsklaven", deren Land eigentlich ein Vasallenstaat sein sollte. Intellektuelle, die an den neuen Militär- beziehungsweise Sprachakademien oder gar im Ausland studiert hatten, drängten nun erst recht auf Reformen, die aber 1898 von Cixi abgewürgt wurden. Dabei hatte China Taiwan verloren, das nun Japans erste Kolonie wurde, und musste 200 Millionen Silbertael (ca. 40 Mio. £) Kriegsentschädigung und für die Rückgabe Liaodongs (auf Druck von Frankreich, Deutschland und Russland, wobei für alle drei chinesische „Konzessionen" abfielen) noch einmal 30 Millionen zahlen – bei 90 Millionen an zentralen Staatseinnahmen pro Jahr! Japan nutzte dieses Geld, das seine Kriegskosten weit übertraf, unter anderem zum Ausbau seines Militärs und seiner Schwerindustrie. Dass es beim Boxeraufstand (s. S. 376f.) – in dessen Verlauf China den intervenierenden Mächten den Krieg erklärte und danach bis 1940 insgesamt fast 1 Milliarde Tael zahlen sollte – auf Bitten Londons das größte Kontingent der Entsatzarmee stellte, brachte ihm weitere 30 Millionen „Entschädigung". Gleichzeitig erwarb es internationale Anerkennung, die 1902 in einem regelrechten, gegen Russland gerichteten Bündnisvertrag mit Großbritannien gipfelte, der auch die Revision sämtlicher „ungleicher Verträge" Japans einläutete. In Korea hielt sich allerdings der König trotz eines von Japan unterstützten Staatsstreichs mit russischer Hilfe noch an der Macht, demonstrierte sogar 1897 seine Gleichberechtigung gegenüber seinen Nachbarn mit der Annahme des Kaisertitels. Als aber russisch-japanische Verhandlungen über die Abgrenzung der jeweiligen Interessensphären scheiterten, eröffnete Japan einen unter anderem mit Maschinengewehren geführten, auch für die Zivilbevölkerung der Mandschurei höchst verlustreichen Land- und Seekrieg, den es, mit diskreter Unterstützung Londons, gewann. Unter US-Vermittlung erlangte Japan zur Enttäuschung seiner Bevölkerung danach zwar keine Reparationen, aber die Zurückdrängung Russlands aus der Südmandschurei und Südsachalin sowie die internationale Anerkennung seiner Vorherrschaft über Korea, 1907 selbst durch Russland, das nach der Revolution von 1905 außenpolitisch Ruhe benötigte. Der koreanische Kaiser vermochte daher die wirtschaftliche und politische Durchdringung seines Landes durch Japan nicht aufzuhalten. Nach einem Attentat auf dessen Generalresidenten wurde Korea Japans zweite Kolonie – bald ebenso „zwangsjapanisiert" wie Taiwan.

Japans Kriege 1894/1895 und 1904/1905

Mochten nun in Japan einige Politiker schon von der Annexion ganz Ostasiens träumen, so hatten die riesige Größe und Bevölkerungszahl (und damit Unkontrollierbarkeit) Chinas, die Rivalitäten der Mächte und deren Wunsch, eine Zentralgewalt möge die *open-door policy* flächendeckend durchsetzen, das Qing-Reich doch vor einer endgültigen Aufteilung bewahrt. Aber dessen Regierung saß in der Schuldenfalle, sie drohte auch die Kontrolle über Tibet zu verlieren. Schon 1856 hatte das Land nach einem Gurkha-Einfall die Oberhoheit Nepals anerkennen müssen. Inzwischen stellte sich aus tibetischer Sicht das Verhältnis zwischen Kaiser und Dalai Lama nur mehr als rein rituelle Beziehung dar. Außerdem versuchten Briten und Russen, das Land jeweils für „ihren" Handel zu öffnen, wobei die Briten 1904 eine Militärexpedition entsandten, die, nach Überwindung tibetischen Widerstands, mit der Regierung in Lhasa ein Abkommen schloss. Erst 1906, auf Proteste aus St. Petersburg und Peking hin, bequemte sich London zur Anerkennung der Oberhoheit der Qing über Tibet. Einen Mönchsaufstand im Südosten des Landes hatte China zuvor nämlich niederschlagen können. Gleichzeitig hatte ausgerechnet Cixi eine „Neue Politik" eingeleitet: Sie förderte die lokale Selbstverwaltung und schaffte zwecks Aufwertung der schon stärker modernisierten privaten Akademien die Staatsprüfungen ab, die Basis der Verwaltungselite und -struktur des Reiches! Der Aufbau einer professionalisierten „Neuen Armee" erwies sich freilich als zweischneidig, da viele Offiziere mit den nationalistisch-republikanischen Ideen des Revolutionären Schwurbunds, den Sun Yat-sen 1905 im japanischen Exil gegründet hatte, sympathisierten. Als entsprechende Pläne 1911 in Hubei von der Polizei aufgedeckt wurden, kam es dort, wie bald auch in anderen Provinzen, zur Meuterei. Da die regionalen Eliten ihre Interessen durch die Zentralisierungspolitik der Regierung gefährdet sahen, kündigten sie den Qing den Gehorsam auf. Eine Provisorische Nationalversammlung wählte den langjährigen Führer der einzig modernen Armee, Yuan Shikai, zum Premier. Ihm übergab der Übergangspräsident Sun Yat-sen sein Amt, nachdem die Republik ausgerufen und der Kind-Kaiser zur Abdankung gezwungen worden war. Bald Diktator, gliederte Yuan die Provinzen im Süden, nicht aber Tibet, wo die chinesischen Truppen besiegt abgezogen waren, und auch nicht die (Äußere) Mongolei, die sich 1912 unter russischem Schutz ebenfalls für unabhängig erklärt hatte, in den nun als Nationalstaat verstandenen Einheitsstaat ein. Doch sein Versuch, eine neue Dynastie zu gründen, scheiterte am Widerstand der Armee. Wirtschaftlich aber war China damals vom Westen in hohem Maße abhängig, obwohl antiamerikanische und antijapanische Boykotte schon gezeigt hatten, dass sich die städtischen Massen gegen den fremden Einfluss mobilisieren ließen. Da die USA sich seit 1880 gegen chinesische Arbeiter abgeschlossen hatten, auch Australien ihnen ab 1901 keinen Daueraufenthalt mehr gewährte, hatten Chinesen auch nur noch begrenzt die Möglichkeit, ihre persönliche Situation durch Auswanderung zu verbessern. Gleichzeitig zeigen diese Maßnahmen, dass der Westen zwar Freihandelsimperialismus betrieb, aber, beginnend um 1878/1880, seine eigenen Arbeits- und Warenmärkte gegen Billigkonkurrenz abschottete. Im Falle von Asiaten verbargen sich dahinter freilich auch rassistische Vorurteile.

Chinas Weg zur Revolution

Die „Weißen" als „Herrenrasse" und die Instabilität ihres „Weltsystems"

Rassismus (inkl. Antisemitismus) ist eine westliche Erfindung in dem Sinne, dass Diskriminierung von fremdartig aussehenden Menschen erst „wissenschaftlich" – in

Wahrheit pseudowissenschaftlich – begründet werden konnte, seitdem ab 1775 europäische Gelehrte begonnen hatten, Rassenlehren zu entwickeln und diese sich etwa 100 Jahre später allgemein durchgesetzt hatten. Einen Proto-Rassismus ohne eine derartige Begründung gab es freilich schon lange vorher: Zum Beispiel wurden in Nordamerika bereits seit den 1660er Jahren Sklaven nach karibischem Vorbild zur Ware degradiert *(chattel slavery)*, Mischheiraten juristisch unterbunden, sexuelle Beziehungen eines „Schwarzen“ mit einer „Weißen“ – wie auch dessen sonstige „Verbrechen“ – zunehmend brutaler bestraft. Thomas Jefferson, Vater der amerikanischen Unabhängigkeitserklärung und dritter Präsident der USA, bietet für die Ambivalenz sogar eines aufgeklärten, demokratisch eingestellten Politikers ein gutes Beispiel: Obwohl selbst Sklavenbesitzer und mit einer Sklavin liiert, trat er für die Abschaffung der Sklaverei ein – und meinte doch, „Schwarze“ als „natürlich minderwertig“ ansehen zu müssen. Nachdem „weiße“ US-Amerikaner Liberia als Hort für amerikanische Ex-Sklaven gegründet hatten, enthielt dort jedoch auch die neue afroamerikanische Elite der indigenen Bevölkerung bis 1904/1907 politische Rechte vor. In Lateinamerika galt häufig: je dunkler, desto niedriger sozial angesehen, und man glaubte, zumindest in der Theorie, an eine differenzierte Hierarchie der Rassen – *castas* genannt. Dieses Wort wurde von Iberern auf die indischen Verhältnisse übertragen. Aber auch die indischen „Großkasten“ *(varna)*, ursprünglich eingeteilt nach ritueller Reinheit, wurden schon frühzeitig speziell von Brahmanen gerne mit unterschiedlichen Hautfarben identifiziert. Japan und anscheinend auch China besaßen eigene (proto-)rassistische Traditionen, welche sich unter westlichem Einfluss um 1900 neu und verstärkt ausprägten. Der Beschwörung der „Gelben Gefahr“ (s. S. 379 f.) setzten Japaner die Konstruktion einer kapitalistisch-imperialistisch-christlichen „Weißen Gefahr“ und eines von ihrem Land ausgehenden „Gelben Segens“ entgegen; und „um dieselbe Zeit, als im Massaker von Tianjin Franzosen und Russen Opfer von fremdenfeindlichen, antichristlichen Chinesen wurden, starben durch einen weißen Mob in Chinatown von Los Angeles chinesische Männer, Frauen und Kinder“ (Sabine Dabringhaus).

Rassismus – nicht nur im Westen

Die 1914 fest etablierte „Herrschaft des Westens“ verstand sich als eine „Herrschaft der Weißen“. Aber gerade der westliche Nationalismus und Rassismus provozierten Auflehnung gegen die Imperialisten, ob in deren Kolonien oder in den Ländern, die „nur“ der indirekten Herrschaft des Westens unterstanden. Als sich die europäischen Mächte im Ersten Weltkrieg gegenseitig schwächten, bedeutete dies noch kein Ende der westlichen Weltherrschaft, sondern vielmehr die Übertragung von Gebieten und Kolonien der Verlierer, des Deutschen und des Osmanischen Reiches, in die Hoheit der Siegermächte Großbritannien und Frankreich sowie den Aufstieg der „Flügelmächte“ USA und Russland/UdSSR sowie Japans. Dennoch: Die Tatsache, dass gerade die beiden größten Kolonialmächte in ihrem europäischen Hegemonialkampf nicht auf die Hilfe ihrer Kolonien hatten verzichten können, unterhöhlte das bis 1914 gestaltete „Weltsystem“ noch mehr als der seit 1881 in Attentaten hervortretende Terrorismus. Im „langen 19. Jahrhundert“

„Herrschaft der Weißen“

hatten viele politische Gebilde an „Staatlichkeit“ gewonnen und diese nunmehr souveränen Staaten waren politisch immer enger vernetzt worden. Aber die Zahl selbständiger politischer Einheiten war nur in Südosteuropa und Amerika am Ende deutlich gestiegen, in Asien und Afrika aber nach 1850/1880 dramatisch gesunken. Letzterer Prozess sollte sich nach 1917/1918 zunächst langsam, nach 1945 beschleunigt umkehren.

Entstanden war dieses „Weltsystem“ auf Grund diverser machtpolitischer Verschiebungen zugunsten Europas beziehungsweise des „Westens“. Erstmals hier mobilisierte man moderne Massenheere und Kriegsflotten, hier baute man eine Industrie auf, die nicht nur neuartige Waffen lieferte, sondern auch Handel und Kommunikation erleichterte, was wiederum in bisher nicht gekanntem Ausmaß die Akkumulation von Kapital (und damit auch die Finanzierung der neuen Militärmacht) und Wissen ermöglichte. So wusste der Westen nunmehr über den Rest der Welt meist viel mehr als umgekehrt – ein Grund, warum nichtwestliche Politiker die wahren Machtverhältnisse oft völlig falsch einschätzten. Zudem sahen sich diese Staatsmänner, um machtmäßig nicht zu sehr zurückzufallen, gezwungen, im Westen moderne Waffen, sonstige Geräte und Anlagen zu kaufen – und stürzten damit ihre Länder und Reiche großenteils in Schuldabhängigkeit. Neben seiner Macht und seiner Technik verbreitete Europa aber auch Ideen zur Gestaltung „richtiger“ zwischenstaatlicher Beziehungen: das Ideal des modernen Staates, zunehmend des Nationalstaates, sowie Vorstellungen von einem „Völkerrecht“ und linearen zwischenstaatlichen Grenzen. Diesbezüglich waren sich die europäischen Großmächte nämlich prinzipiell einig – während sie sonst in der europäischen Politik nur teilweise kooperierten und generell häufig miteinander rivalisierten. Mit der Französischen Revolution zerbrach nicht nur innenpolitisch die alte Ordnung in Frankreich. Letztlich machte auch das europäische Staatensystem der Pentarchie einer französischen Hegemonie Platz. Doch sorgte nach 1815 das restituierte „Konzert der Großmächte“ wieder für eine Teilrestauration der früheren politischen Verhältnisse. Stabil war dieses neue europäische System jedoch nicht, weil die Interessen der Großmächte divergierten und die revolutionären Bewegungen bis 1848/1849 trotz militärischer Interventionen nur bedingt unter Kontrolle gebracht werden konnten. Mit dem Krimkrieg entstand sogar eine Situation, welche die Bildung neuer Mächte (Italien, Deutschland) sowie schließlich auch neuer Staaten auf dem Balkan erlaubte. Die (freilich nicht kontinuierliche) Desintegration des Osmanische Reiches bildete dabei nur ein Symptom der Krise fast der gesamten islamischen Welt, der auch Persien und das westliche Zentralasien – eingeklemmt zwischen den expandierenden Mächten Russland und Großbritannien – ausgesetzt waren. Südwestlich davon, auf dem Indischen Subkontinent, unterlagen die inzwischen gegenüber den Moguln autonomen Staaten zunehmend dem britischen Einfluss, der sich – neben dem französischen und niederländischen – auch in Südostasien bemerkbar machte und über die Phase der Aufteilung von Interessensphären zur Bildung regelrechter Kolonialreiche führen sollte. Schon vor der Kolonialära waren viele Staatsgebilde Asiens und Afrikas unter-

Resümee

gegangen, aber andere hatten doch in erheblichem Umfang an „Staatlichkeit" gewonnen – die sie jedoch nur in Ausnahmefällen gegen die europäische Übermacht behaupten konnten. Dagegen hatten die meisten Gebiete Amerikas ihre staatliche Unabhängigkeit frühzeitig erkämpfen können. Begonnen hatte dieser Prozess mit der Revolution der dreizehn, durchaus unterschiedlich strukturierten, aber durch gemeinsame Traditionen verbundenen britischen Kolonien, aus denen dann die Vereinigten Staaten wurden. Diese expandierten auf Kosten der indigenen Bevölkerung nach Westen und Südwesten, drohten sich dann anlässlich der Sklavenfrage und der unterschiedlichen ökonomischen Entwicklung von Nord und Süd zu spalten, fanden aber zu einer neuen Gemeinsamkeit, indem sie die weitere Landerschließung und die Industrialisierung forciert vorantrieben und damit letztlich zur Weltmacht aufstiegen. In Lateinamerika hingegen bildete sich keine Union, sondern eine beträchtliche Zahl unterschiedlich großer Staaten, die aber allesamt allenfalls langsam zu innerer Stabilität fanden und sich auch gegen militärische Interventionen und die ökonomische Übermacht der „Kernländer" des Westens kaum zu wehren wussten. Selbst das bevölkerungsreiche Ostasien unterlag diesem Druck und musste sich dem Westen „öffnen". China tat dies zögerlich, zumal sein Kaiserhaus gleichzeitig mit gewaltigen Aufständen im Inneren des Reichs und mit Separationsbestrebungen an dessen Peripherie zu kämpfen hatte. Japan hingegen modernisierte sich mittels einer soziopolitischen Revolution derart rasch und intensiv, dass es nicht – wie am Ende das Qing-Reich beziehungsweise die nachfolgende Republik China – zeitweise vom völligen Zerfall bedroht war, sondern vielmehr zur ostasiatischen Hegemonialmacht aufstieg und selbst imperialistische Politik betreiben konnte. Letztlich nahmen so im „langen 19. Jahrhundert" viele politische Gebilde vermehrt „staatliche" Züge an, und diese nunmehr souveränen Staaten wurden politisch immer enger vernetzt. Aber die Zahl selbständiger politischer Einheiten war am Ende nur in Südosteuropa und Amerika deutlich gestiegen, in Asien und Afrika aber nach 1850/1880 dramatisch gesunken. Letzterer Prozess sollte sich nach 1917/1918 zunächst langsam, nach 1945 jedoch beschleunigt umkehren.

Die Globalisierung Europas

Horst Gründer

Kolonialismus und Imperialismus

Historisch gesehen meint der moderne Kolonialismus jenen Vorgang neuzeitlicher Expansion, der im 15. Jahrhundert mit den Entdeckungsfahrten der Portugiesen und Spanier einsetzte und als dessen Ergebnis sich europäische Herrschaft schließlich über einen Großteil der Erde erstreckte. Das Wachstum der Bevölkerung, die Stadtentwicklung mit dem Aufkommen eines selbstbewussten Bürgertums, die globale Ausweitung des Handels („Handelsrevolution"), neue Techniken insbesondere im Bereich des Schiffsbaus und der Navigation und nicht zuletzt ein zunehmend säkularisiertes Menschen- und Weltbild in Renaissance und Humanismus bildeten die Grundlage für diesen Aufbruch Europas. Zwar wird man in universalgeschichtlicher Perspektive die Ausbildung europäischer Kolonialherrschaft über große Teile der Welt in den weiteren Rahmen der Erschließung der Welt stellen und sie in Parallele zu den auch aus anderen Kulturen und der Geschichte anderer Völker bekannten Wanderbewegungen, Kolonisationsunternehmungen und Reichsbildungen sehen müssen. Doch haben letztlich nur die westlichen, christlich-abendländischen Wert- und Zielvorstellungen eine derartige wirtschaftliche, technisch-militärische und geistige Dynamik freigesetzt (s. Beitrag „Fernhandel und Entdeckungen" in Band IV).

Der Aufbruch Europas

Dieser Prozess der „Europäisierung der Erde" zwang die einheimischen Gesellschaften zu einem tiefreichenden sozialen und kulturellen Wandel, der in seinen langfristigen Auswirkungen bis heute nicht abgeschlossen ist. Er kulminierte in der hochkolonialen Phase von 1880 bis 1940 („Zeitalter des Imperialismus") in der Aufteilung fast ganz Afrikas („Wettlauf um Afrika") und Ozeaniens sowie der Konsolidierung der – teilweise älteren – Herrschaft in Asien. Zwar dauerten bestimmte Expansionsprozesse im 19. Jahrhundert mehr oder weniger kontinuierlich an – man denke an die britische Herrschaft in Indien. Während aber – insgesamt gesehen – im 18. Jahrhundert informell-indirekte Herrschaftsformen und eher eine koloniale Zurückhaltung vorherrschten, gewann der europäische Expansionismus danach eine neue Qualität. Imperialistische Betätigung wurde nunmehr geradezu als eine nationale und wirtschaftliche Notwendigkeit angesehen und zielbewusst verfolgt. Überdies trat neben den bis dahin vorherrschenden englisch-französischen Gegensatz auf kolonialem Gebiet der „Wettlauf" nahezu aller west-

„Europäisierung der Erde"

lichen Mächte um Kolonien, Protektorate, maritime Stützpunkte und finanzielle Einflusszonen. In kürzester Zeit waren die letzten weißen Flecken von den Landkarten verschwunden.

Zusätzliche Dynamik der Expansion

Die imperialistische Expansion im ausgehenden 19. und frühen 20. Jahrhundert stellt sich als eine Fortsetzung des jahrhundertelangen Prozesses der Ausbreitung Europas über die Welt dar, der allerdings durch die Industrielle Revolution eine zusätzliche Dynamik erhielt. Diese ergab sich aus einer Summe neuartiger politischer, wirtschaftlicher, technologischer und kultureller Machtmittel. Insbesondere die Revolution der Technik – Dampfschifffahrt, Eisenbahnen, Unterseekabel, Kanäle wie der Sues- und Panamakanal sowie die ungeheuer gewachsene Feuerkraft – förderte die expansionistischen Prozesse. Die seit der Mitte des 19. Jahrhunderts angewandte Chinin-Prophylaxe erlaubte den Europäern überhaupt erst, in tropischen Gebieten zu überleben. Die politische Mobilisierung breiterer Bevölkerungsschichten in den westlichen Staaten verlieh der imperialistischen Agitation eine zusätzliche Stoßkraft, waren doch Kolonialismus und Imperialismus nicht mehr in erster Linie eine Angelegenheit der Regierungen oder privilegierter Handelskompanien, sondern Gegenstand emotionaler Debatten des sich demokratisierenden Staates monarchischer oder republikanischer Form. Nicht selten sind zögernde Regierungen erst unter dem Druck einer nationalistischen Öffentlichkeit zum Kolonialerwerb gedrängt worden. Die Beteiligung breiterer Schichten an der Kolonialdiskussion zeigte sich auch in der Entstehung zahlreicher imperialistischer, militaristischer, kolonialistischer und maritimer Vereine, Verbände und Organisationen.

Zunahme nationaler Rivalitäten

Die Folge war eine Zunahme nationaler Rivalitäten, wobei nicht zuletzt die erst später in die Reihe der imperialen Mächte eingetretenen Nationen einen besonders aggressiven Ton anschlugen. Ein überschäumendes, naiv-aggressives Kraftbewusstsein und sendungsideologisches Überlegenheitsgefühl übten sich nicht nur in nationaler Rhetorik, sondern zielten auch – typisch für das imperialistische Zeitalter – auf die Darstellung von Macht. Gleichzeitig standen dem optimistischen nationalen Kraftgefühl der Epoche jedoch tiefreichende kollektive Ängste gegenüber, die sich nicht zuletzt in den verschiedenen Weltreichslehren, Panbewegungen und Theorien von der Bedeutung der Seemacht für die zukünftige Größe und Stabilität einer Nation artikulierten. Im 19. Jahrhundert förderte überdies der alte malthusianische Alptraum vom tendenziellen Anwachsen der Bevölkerung in geometrischer Progression und von der nur in arithmetischer Progression sich ausweitenden Ernährungsbasis kollektive Ängste, die das Bevölkerungs- und Auswanderungsargument zu einem wichtigen Moment der Kolonialpropaganda machten. Nach der Etablierung der großen Siedlungskolonien in den beiden Amerikas sowie in Australien und Neuseeland war das Ergebnis des neueren Siedlungskolonialismus indes gering, nur einige unvollständige Siedlungskolonien entstanden (Südafrika, Algerien, Rhodesien, Kenia, Südwestafrika). Allerdings entwickelte sich gerade in ihnen eine stark rassistisch eingefärbte Herrenmentalität, die auch den Ablösungsprozess in der Dekolonisationsphase komplizierte.

Auch die wirtschaftlichen Argumente für Kolonien verschärften sich. Während die Kolonien nach merkantilistischer Auffassung im absolutistischen Zeitalter zur Bereicherung des Mutterlandes beizutragen hatten, erhielt im 19. Jahrhundert die Suche nach Rohstoffquellen und Absatzmärkten insofern einen besonderen Stellenwert, als der Erwerb von Kolonien – im Sinne einer sozialideologischen Argumentation – zugleich als Ausweg aus den inhärenten wirtschaftlichen und gesellschaftlichen Disparitäten der modernen Industriegesellschaft gedeutet wurde.

In das Konkurrenzmotiv, das sich in Formulierungen wie dem notwendigen imperialistischen Engagement als der „letzten Chance" im territorialen Aufteilungskampf niederschlug oder in der steten Sorge zum Ausdruck kam, bei eben diesem Verteilungskampf „zu spät" oder „zu kurz" zu kommen, mischten sich schließlich bei allen Nationen sozialdarwinistische Begründungen, indem der organische Überlebenskampf in den Bereich der Nationen und Staaten übertragen wurde. Die Anschauungen vom „Überleben des Stärkeren", von der Teilung der Welt in „lebende" und „sterbende", in niedergehende und aufstrebende Nationen, von der Alternative „Weltmacht oder Untergang", Wachsen und Verkümmern, alle diese Varianten sozialdarwinistischer Vorstellungen beherrschten den intellektuellen Naturwissenschaftler ebenso wie den gemeinen Mann. Nicht selten traten diese Argumente freilich in einem sendungsideologischen oder kulturmissionarischen Gewand auf. Der Sozialdarwinismus bot ein scheinbar plausibles Erklärungsmodell, um die gewaltigen Veränderungen in der Industriegesellschaft, aber auch die Geschwindigkeit zu erklären, mit der die imperialistische Expansion über den Widerstand der eingeborenen Völker hinwegging. Von hier bis zum Rassismus war es dann nur ein kurzer Schritt. Aber auch die Apotheose des Krieges sollte dazu gehören.

Sozialdarwinismus

Kritik am neuzeitlichen Kolonialismus hat es bereits seit seiner Geburtsstunde gegeben (Bartolomé de Las Casas). Im ausgehenden 18. Jahrhundert kam es in Frankreich zu einer emanzipatorisch-naturrechtlichen, in England zu einer ökonomisch-freihändlerischen Kolonialkritik (Adam Smith), die mit einer fundamentalen Kritik am System der Sklaverei verbunden war (Abolitionismus). In der hochkolonialen Phase lehnten namentlich Linksliberale und Sozialisten Kolonialpolitik als ökonomisch ineffektiv, konfliktverursachend und inhuman ab. Demgegenüber verwies die radikale spät- und nachkoloniale Kritik in erster Linie auf die psychologisch deformierenden und sozialkulturell desintegrativen Wirkungen des Kolonialismus sowie auf die durch ihn geschaffenen ökonomischen Verluste *(Drain of Wealth)* und Abhängigkeiten (Dependenztheorie).

Kritik am Kolonialismus

Naturgemäß ist die koloniale „Entwicklungsdiktatur" von den Interessen der Metropolen ausgegangen und hat sich zweifellos am westlichen Modernisierungsmodell orientiert, und ebenso unzweifelhaft bedeutet koloniale Herrschaft Ausbeutung und Identitätsverweigerung. Koloniale Strukturen sind unter anderem verantwortlich für künstliche Staatsgrenzen, einseitige Exportorientierung, verzögerte und unzureichende Industrialisierung sowie politisch-ökonomische und religiös-kulturelle Abhängigkeiten. Auf der anderen Seite war der moderne Kolonialismus ein welthistorischer Vorgang, in dem die eine Welt – mehr oder weniger gewaltsam – zusammenwuchs. Dieser Vorgang der Globalisierung war letztlich ein historischer Prozess, der in einer gewissen Dialektik stand – einerseits Gewalt, Zerstörung, erzwungene Migration, Entfremdung, Identitätsverlust, andererseits Selbstbehauptung, Widerstand, neue Identität, Entwicklung und Modernisierung. Freilich wäre es verfehlt, die Globalisierung der Erde einseitig unter europäischen Vorzeichen zu sehen. Andere Kontinente und fremde Kulturen haben ihrerseits auf Europa zurückgewirkt, angefangen von der Übernahme fremder Nahrungs- und Genussmittel sowie veränderter Ernährungsgewohnheiten über differenzierte Wirtschaftsstrukturen bis hin zu philosophisch-kulturellen Ideen, Ideologien und Religionen. Nahezu alle von europäischem Kolonialismus, Imperialismus und abendländischer Zivilisation betroffenen Völker waren durchaus als Handelnde an den historischen Prozessen beteiligt, die sie in nicht geringem Umfang nach ihren Vorstellungen und Möglichkeiten zu gestalten wussten. Erst aus dieser wechselseitigen Beeinflussung und Verschmelzung ist die moderne Welt hervorgegangen.

Vom Handel zur Herrschaft – Europäische Kolonialreiche in Asien

Englands „Kronjuwel" – Britisch-Indien

Während die Engländer auf dem amerikanischen Kontinent („Neu-England") als Siedler und in der Karibik (Jamaika, Barbados u.a.) als Pflanzer auftraten, betraten sie den asiatischen Raum als Kaufleute. Zentrales Motiv für ihre Handelsaktivitäten war der Zugang zu den kostbaren Gewürzen Asiens, Hauptinstrument ihrer Handelsaktivitäten die am 31. Dezember 1600 konstituierte Charter-Gesellschaft *The Governor and Company of Merchants of London Trading into the East Indies*, kurz *East India Company* genannt. Da im 17. Jahrhundert die Holländer auf Grund ihrer besseren Kapitalausstattung jährlich weitaus mehr und besser ausgerüstete Schiffe in den ostasiatischen Raum senden konnten, konzentrierten sie ihre Handelsaktivitäten auf Indien. Auf der Basis von Abkommen mit einheimischen Herrschern, namentlich mit der seit dem ausgehenden 16. Jahrhundert im Norden Indiens herrschenden timuridisch-türkischen Dynastie der Moguln (pers. *Mughul*, Mongole), errichteten sie eine Reihe von Handelsstützpunkten *(factories)* an günstigen Küstenplätzen, die später zu befestigten Plätzen *(forts)* mit einem entsprechenden Hinterland ausgebaut wurden. Auf diese Weise entstand bis zur Mitte des 18. Jahrhunderts ein weitmaschiges Netz von Handelsplätzen, das im Wesentlichen auf den drei Säulen Madras, Bombay und Kalkutta beruhte. Das vom Großmogul nach langen Verhandlungen und umfänglichen Bestechungen 1717 für das Gebiet um Kalkutta erlangte Recht der zivilen Verwaltung und damit der Steuereintreibung bedeutete zugleich die Grundlage für den von Bengalen aus einsetzenden Aufstieg der

Errichtung von Handelsplätzen

Kompanie. Ansonsten handelten die Engländer angesichts der großen Anzahl von rivalisierenden Fürstentümern nach der bewährten Kolonialdevise des „teile und herrsche“, indem sie zugleich ihre technische und taktische Überlegenheit ins Spiel brachten. Gegner waren nicht zuletzt andere Europäer: Portugiesen, Niederländer und Franzosen.

Das Haupthandelsprodukt war zunächst der Pfeffer, der aber schon im letzten Drittel des 17. Jahrhunderts von Textilien von der Koromandelküste und aus Bengalen überflügelt wurde. Anfang des 18. Jahrhunderts gewann eine dritte Importware an Bedeutung: der Tee, der seit 1770 sogar den Einfuhrwert der Textilien übertraf. Er kam über Kanton aus China im Tausch gegen Waren, Steuergelder und Opium aus Indien. In Verbindung mit dem westindischen Zucker erfreute sich das Trinken von Tee nicht nur wachsender Beliebtheit in England *(five o'clock tea)*, sondern der Weiterexport in andere europäische Länder und die amerikanischen Kolonien brachte auch erhebliche Gewinne.

Handelsprodukte

Mitte des 18. Jahrhunderts kam es jedoch zu einer Wende in der englischen Indien-Politik. Ausgangspunkt waren politische Veränderungen in Indien selbst. Sie nahmen ihren Anfang mit dem englischen Sieg von Plassey (1757) über den Nawab von Bengalen, der einen weiteren Schritt beim Niedergang des Mogulreiches und den Auftakt zur politischen und militärischen Unterwerfung des Indischen Subkontinents bildete. Ohne dass die weiteren Etappen der Durchsetzung englischer Herrschaft einem vorbereiteten Plan oder einem festumrissenen Schema gefolgt wären, sollte sich jedoch innerhalb des ziemlich genau 100-jährigen Zeitraums bis zur Niederwerfung des Sepoy-Aufstandes von 1857 die englische Herrschaft in Indien zur Herrschaft über Indien wandeln, Indien zum alleinigen Kolonialbesitz der Engländer und schließlich zum „Kronjuwel“ des britischen Kolonialimperiums werden.

Wende in der englischen Indien-Politik

Dass England sein Engagement in Indien seit der zweiten Hälfte des 18. Jahrhunderts verstärkt hatte, beruhte zu einem großen Teil auf dem „Subimperialismus“ der beinahe unkontrollierten *men on the spot* (Robert Clive, Warren Hastings, Lord Charles Cornwallis, Lord Richard Wellesley, Marquess of Hastings), der wiederum in engem Zusammenhang mit den machtpolitischen Verhältnissen vor Ort, in erster Linie dem Zerfall des Mogulreiches, stand. Gefördert wurde er auch durch eine sich fundamentierende und persönlich bereichernde Schicht von Kolonialengländern, die als Offiziere und Verwaltungsbeamte zu den unmittelbaren Wortführern des *Indian interest* gehörten. Konkrete ökonomische Motive im Heimatland traten hinzu, wenngleich es nicht die merkantilistischen Interessen gewesen sind, die die englische Expansionspolitik in Indien herbeigeführt haben.

„Subimperialismus“

Mit dem verstärkten Zugriff der Engländer in Indien, aber auch als Folge der gleichzeitig gewachsenen Misswirtschaft (Korruption, Privathandel, Günstlingswirtschaft) entstanden um 1790 in England zwei radikale Bewegungen, die beide auf getrennten Wegen das gleiche Ziel verfolgten: die Verbesserung der britischen Herrschaft in Indien und der sozialen Situation der Inder. Die eine Gruppe war die der

Entstehung radikaler Bewegungen

liberal-säkularen „Utilitaristen“ unter Führung von Jeremy Bentham und James Mill, die nach dem Satz vom „größten Glück der größten Zahl“ dem Dienst an der materiellen Wohlfahrt aller Menschen höchsten Wert zusprachen, während die andere Gruppe, die „evangelikale Bewegung“, von einem christlich-konservativen Standpunkt aus zu einer Besserung der religiösen und sozialen Verhältnisse Indiens aufrief. Wichtigste Folge der geforderten „religiösen und moralischen Erneuerung Indiens“ war der Verlust des Handelsmonopols der „Ostindien-Kompanie“, die Zulassung von Missionen im Jahre 1813 und eine Ära liberaler Reformpolitik. An erster Stelle stand die Abschaffung der Sitte der Witwenverbrennung im Jahre 1829, gefolgt von Verboten ritueller Menschenopfer und ritualisierter Morde.

Witwenverbrennung

Die Verbrennung von Witwen *(sati)*, die in vielen Kulturen verbreitet war, ist in Indien seit dem 4. nachchristlichen Jahrhundert bezeugt. Sie breitete sich vor allem in den oberen Schichten, der Priester- und Kriegerkaste, aus, kam aber auch in den unteren Kasten vor. Für die Frauen, für die das strikte Verbot der Wiederverheiratung galt und die als Witwen familiär und sozial diskriminiert wurden, galt es, durch den Feuertod für sich und ihren Gatten religiöse Verdienste zu erwerben. Nicht selten geschah die Verbrennung, die nicht zuletzt erbrechtliche Hintergründe hatte, jedoch widerstrebend oder unter Zwang beziehungsweise Drogen.

Bildungs- und Erziehungsreform

Am stärksten bewegte die Bildungs- und Erziehungsreform die Diskussion. Die entscheidende Frage lautete, ob Indien ein asiatisches Land, basierend auf den großen Traditionen seiner Vergangenheit einschließlich seiner Religion und seines Kastensystems, bleiben oder ob es dem modernen, westlich-abendländischen Kulturkreis angeschlossen werden sollte. Die Diskussion mündete in den 1830er Jahren in einen leidenschaftlichen Streit zwischen „Orientalisten“, die in Fortsetzung der traditionellen Politik der „Ostindien-Kompanie“ für die erste Lösung plädierten, und den „Anglisten“, die ein westliches Erziehungssystem für Indien forderten. Letztere setzten sich 1835 mit der Einführung des Englischen an Stelle des Persischen als Verwaltungssprache durch.

Der Sepoy-Aufstand

Den Höhe- und Umschlagpunkt des Konflikts zwischen den Verfechtern einer konservativen, die traditionellen Strukturen Indiens bewahrenden Politik auf der einen und der fortschritts- und zukunftsoptimistischen Partei auf der anderen Seite brachte der Aufstand der indischen Söldner im Jahre 1857/1858 *(Sepoy Mutiny)*. Er entsprang einer allgemein im Land gewachsenen Unruhe im Zuge der Neuerungen der Kolonialregierung und des Fortschreitens christlicher Missionierungsbestrebungen. In erster Linie ging er aber auf die Einmischung des Generalgouverneurs Dalhousie in innere Angelegenheiten indischer Fürstentümer und schließlich deren Annexion sowie eine als ungerecht empfundene Landreform in der Britisch-Indien 1856 angegliederten Landschaft Awadh (Oudh) zurück. Unmittelbarer Anlass war die Ersetzung des alten Brown-Bess-Gewehres durch die Enfield Rifle, bei der die Kartuschen der mit tierischem Fett eingeschmierten Patronen mit dem Mund abgebissen werden mussten, wodurch die religiösen Reinheitsvorschriften der Soldaten verletzt wurden.

Sepoy-Soldaten, aus Einheimischen gebildete Truppen in Britisch-Indien (1806).

Als Folge des Aufstandes, der mit Hilfe der loyalen Sikhs aus dem Pandschab und nepalesischer Gurkha-Regimenter niedergeworfen werden konnte, wurde die „Ostindien-Kompanie“ aufgelöst. Ein eigenes Ministerium *(India Office)* in London übernahm die Verantwortung für die Politik in Indien, das sich zu dem neuen Typ einer „Verwaltungskolonie“ wandelte, in der die entscheidenden Posten in Armee und Beamtenschaft, dem *Indian Civil Service*, den Briten vorbehalten blieben. Die Einnahmen der Kolonie stammten, neben den Grundsteuern, weitgehend aus Verbrauchssteuern und Zöllen. Britische Firmen, sogenannte *managing agencies*, beherrschten die Wirtschaft von der Produktion bis zur Vermarktung, während die neu geschaffene Großgrundbesitzerschicht und die Geld(verleiher)aristokratie zu den kolonialen Profiteuren und Kollaborateuren gehörten. Gleichzeitig kam der seit Anfang des Jahrhunderts einsetzende Reformeifer zum Erliegen; die sogenannte aristokratische Schule, deren Vertreter vom Mythos des „wahren Indien“, das heißt dem alten ländlich-konservativen Indien, schwärmten, bestimmte fortan die Politik. Die Briten betonten jetzt die kastenmäßigen Unterscheidungen der indischen Gesellschaft und etablierten sich selbst, gestützt auf die große Kolonialarmee – die der indische Steuerzahler zu unterhalten hatte –, als neue Herrschaftskaste, die sich von der einheimischen Bevölkerung absetzte und abgrenzte. An der Spitze des direkt verwalteten Britisch-Indien sowie der unterstellten, aber in inneren Angelegenheiten unabhängigen 662 Fürstentümer stand ein Vizekönig, der mit geradezu asiatischem Pomp und Zeremoniell auftrat, während Königin Victoria als oberster Souverän 1876 den Titel „Kaiser von Indien“ *(Kaisar-i-Hind)* annahm.

Folgen des Aufstandes

1886 wurde auch Burma, das heutige Myanmar, offiziell ein Teil von Britisch-Indien. Englische „Vorwärtsverteidigung“ und burmesischer Imperialismus im Grenzgebiet beider Herrschaftsbereiche (Assam) waren schon zu Beginn des 19. Jahrhunderts aufeinandergestoßen und hatten zu dem ersten von drei Britisch-Burmesischen Kriegen (1824/1826, 1852, 1885/1886) geführt. Das englisch-französische „Wettrennen“ um Einfluss im südlichen China, kommerzielle Interessen der Briten sowie die teilweise chaotischen Verhältnisse am burmesischen Hof und im Land lieferten schließlich auch in Burma Vorwand und Grund für den Übergang vom Handelsexpansionismus zum formellen Imperialismus, wobei die Engländer nicht vor äußerst drakonischen Maßnahmen – indem sie zum Beispiel „Aufrührer“ vor die Mündungen ihrer Kanonen banden – zur Befriedung des Landes zurückschreckten. Durch neue, künstliche Verwaltungseinheiten, britisch-indisches Recht und die Favorisierung der Minderheiten des Landes wurden die traditionellen Autoritäten entmachtet und die gewachsenen regionalen Strukturen zerstört. Im Bereich der Wirtschaft ersetzte eine auf die Produktion von Reis, Teakholz, Tabak, Erdöl und Edelmetallen beruhende, exportorientierte Monopolwirtschaft die Subsistenzwirtschaft. Überdies überschwemmten Fremdarbeiter aus Indien und China sowie südindische Geldverleiher *(chettyars)*, die infolge hoher Zinsen den Boden pfändeten und weiterverpachteten, das Land. Die Folgen britischer Kolonialherrschaft und des kolonialen Laissez-faire-Wirtschaftssystems – Ausverkauf burmesischen Bodens an Fremde, soziale Desintegration durch Masseneinwanderung und nicht zuletzt die Dominanz der Fremden in der Verwaltung und Wirtschaft des Landes – dürften zu der bis heute bestehenden Angst vor Fremdeinflüssen und zur Abschottung Myanmars beigetragen haben.

Burma als Teil Britisch-Indiens

Drei Kriege (1838/1842, 1878/1880, 1919) wurden von den Briten auch in Afghanistan geführt. Sie besaßen ihre Ursache vor allem in der wachsenden Furcht vor einem russischen Vorstoß nach Indien. Die Kämpfe mit hohen Verlusten auf beiden Seiten trugen allerdings eher zur staatlichen Einigung Afghanistans und 1919 zur völligen Unabhängigkeit des Landes bei. Schon seit 1786 hatten

Kriege in Afghanistan

sich die Briten mit dem Erwerb der an der Malakka-Straße gelegenen Insel Penang auf dem Malaiischen Archipel festgesetzt, und mit Malakka (1795) und Singapur (1819) kontrollierten sie den strategisch wichtigen Verbindungsweg zwischen Süd- und Ostasien.

Nach dem Verlust der amerikanischen Kolonien war Indien zur wichtigsten und ertragreichsten britischen Kolonie geworden, deren Erhalt und Sicherung das vorrangige imperiale Bestreben britischer Außenpolitik galt. Nachdem die Engländer bereits 1815 mit der Kapkolonie einen wichtigen Stützpunkt zur Sicherung der Indien-Route in Besitz gebracht und aus dem gleichen Grund 1843 Natal an der Südostküste Afrikas annektiert hatten, erwarb der britische Premier Benjamin Disraeli 1875 für Großbritannien mit vier Millionen Pfund, die der Bankier Baron Lionel Nathan Rothschild kurzfristig bereitstellte, Sueskanal-Aktien. 1882 griffen die Briten zur Sicherung der Mittelmeer-Route in Ägypten ein, als es dort auf Grund europäischer Finanzoperationen zu instabilen Machtverhältnissen und einer nationalistischen Revolution gekommen war. Mit den westafrikanischen Kolonien Gambia, Sierra Leone, Goldküste (dem heutigen Ghana) und Nigeria, den Atlantikinseln Ascension, Tristan da Cunha und St. Helena, Südafrika und großen Teilen Ostafrikas, Aden auf der Arabischen Halbinsel sowie Mauritius, den Seychellen und Ceylon im Indischen Ozean war auch die Atlantik-Route nach Indien strategisch gesichert. In Asien selbst wurden die indischen Randgebiete ausgebaut, noch freie Inselteile und Inseln im Pazifik besetzt. Mit ihrem weltumspannenden Netz von Kolonien und Marinestützpunkten wurde Großbritannien zur größten Kolonialmacht der Erde (über 22 % der Weltlandfläche) und zur „Herrscherin der Meere" *(Britannia rules the waves).*

Sicherung der Wasserrouten

Niederländisch-Indien und Französisch-Indochina

Im 17. Jahrhundert etablierte sich eine weitere europäische Handelsnation als Kolonialmacht in Asien: die Republik der Vereinigten Niederlande. Ihr Instrument war, wie im Fall Englands, eine Charter-Gesellschaft, die am 20. März 1602 gegründete *Verenigde Oostindische Compagnie* (VOC). Zentrales Anliegen der Handelskompanie war der Zugang zu den wertvollen Gewürzen Asiens, womit sich das Augenmerk von vornherein auf den Malaiischen Archipel mit den Molukken und den südlich von ihnen gelegenen Banda-Inseln als den eigentlichen Gewürzinseln richtete (s. Band IV, S. 81). Die VOC war aber nicht nur ein Instrument des Handels, sondern auch der Herrschaft. Territoriale Machtentfaltung blieb anfangs noch auf Küstenregionen und einzelne Stützpunkte beschränkt. Seit der Mitte des 17. Jahrhunderts rückte jedoch Java, die kleinste der Großen Sunda-Inseln, immer mehr in den Mittelpunkt des Interesses. Damit wuchs die Bereitschaft, in innerjavanische Konflikte einzugreifen. Nachdem die Küstenregentschaften durch Verträge und Konzessionen gebunden waren, gelangte auch das mächtige Mataram in der zweiten Hälfte des 17. Jahrhunderts immer mehr in Abhängigkeit von der VOC. Gleichwohl beschäftig-

Handel und Herrschaft

ten die drei Javanischen Erbfolgekriege die Kompanie noch die gesamte erste Hälfte des 18. Jahrhunderts, bevor ihr der letzte Herrscher von Mataram schließlich die Souveränität über ganz Zentraljava übertrug. Außerhalb Javas und der eigentlichen Gewürzinseln war territoriale Herrschaft eher gering. Auf Sumatra wurde nur die Westküste beherrscht, intensive Kontakte zu anderen Inseln wie Borneo fielen sogar erst in das 19. Jahrhundert.

Ansiedelnde Personengruppen

Wenn auch auf den Schiffen der VOC und in Asien die Todesraten noch sehr hoch lagen – einer von drei Angestellten kehrte in der Regel nicht zurück –, gab es doch weit mehr Bewerber als Stellen. 1750 standen 35.000 Angestellte, die sich für drei beziehungsweise fünf Jahre verpflichtet hatten, auf den Lohnlisten der VOC. Die Hälfte des Personals war auf Java und Ceylon eingesetzt, davon die meisten, entsprechend dem militanten Charakter der VOC, als Soldaten. Bei einer Großzahl der VOC-Angestellten handelte es sich um Ausländer; rund die Hälfte waren Deutsche. Der Schiffschirurg Nicolaas de Graaf schrieb in seinem »Oost-Indise Spiegel« (1701), Ostindien sei ein Zufluchtsort für Skandinavier, Dänen, und vor allem Deutsche, „allerhand Muffel, Trottel, Flegel, Hollandgänger und andere grüne Kaschuben, denen das Gras noch zwischen den Zähnen steckt". Neben dem „Pöbel" *(grauw)* bildeten die Kaufleute, Chirurgen, Ingenieure und Prädikanten eine gewisse Mittelschicht, während an der Spitze eine sich großenteils durch Günstlingswirtschaft ergänzende und vielfach auf Selbstbereicherung bedachte Beamten- und Kaufmannsaristokratie stand.

Batavia als Zentrum

Administratives, kommerzielles und maritimes Zentrum des seegestützten Imperiums der Niederländer in Südostasien war Batavia, mit dem General-Gouverneur und dem „Rat von Indien" Sitz der „Hohen Indischen Regierung". Um 1700 lebten ca. 70.000 Einwohner, 100 Jahre später etwas mehr als die doppelte Anzahl in der Stadt, die den Niederländern schon wegen ihres Amsterdam ähnlichen Charakters mit den heimischen Grachten als „Königin der östlichen Meere" galt. Die Kaufmannsaristokratie wohnte allerdings in Villen mit großen Parks in gesünder gelegenen Gebieten außerhalb der Stadtmauern. Nur wenige Kolonisten betrieben als „Freibürger" eine Siedlungskolonisation, unterstützt von afrikanischen und indischen Sklaven. Die große Masse der Fremden waren Chinesen, die als Kaufleute, aber auch als Steuer- und Zollpächter ein höheres Ansehen genossen als die allgemein verachteten Einheimischen. Das hinderte viele Europäer indessen nicht, „Indianerinnen" als Frauen zu nehmen, die aber keine Chance besaßen, bei der Rückkehr ihrer Ehemänner nach Holland mitgenommen zu werden. Ansonsten fand kaum eine tiefergehende kulturelle Begegnung statt, was sich auch in dem geringen Missionsbetrieb niederschlug – mit Ausnahmen wie auf Ceylon, wo eine holländische Kolonialkirche neben einer katholischen Untergrundkirche entstand.

Schon zum Ende des 17. Jahrhunderts verschlechterte sich erstmals die Situation für die VOC. Während die Pfefferpreise in Europa sanken, stieg die Nachfrage nach Textilien aus Indien, Kaffee aus Mokka (Jemen) und Tee aus China. Die Kompanie verfügte aber zum einen über zu wenig Edelmetall zum Ankauf dieser Produkte in

Asien – was zu ständigen Kreditaufnahmen führte –, zum anderen hatte sie sich bei diesen nichtmonopolisierten Produkten mit der Konkurrenz, vor allem dem Indien- und Chinahandel der Engländer, auseinanderzusetzen. Eine vorübergehende Besserung brachte eine wirtschaftliche Umorientierung auf den Inseln Java und Madura. Da sich das Prinzip des Monopolhandels, mit möglichst geringen Quantitäten gefragter Produkte Maximalpreise zu erzielen, nicht mehr halten ließ, mussten größere Mengen produziert werden. Unter diesen veränderten Vorzeichen wurden erstmals auch landesfremde Kulturen, wie die Kaffeepflanze, deren Setzlinge aus dem Jemen geschmuggelt worden waren, auf Java, später auch in Surinam, heimisch gemacht. Das Zentrum des Kaffeeanbaus lag in Priangan im südwestlichen Java. Das dort in Kooperation mit den einheimischen Herrschern praktizierte sogenannte *Preangerstelsel* verpflichtete die Bevölkerung zur Abgabe landwirtschaftlicher Produkte, und hier vor allem Kaffee, in Form von *verplichte leveranties*, das heißt zu Zwangslieferungen festgelegter Kontingente zu niedrigsten Preisen. Gleiches galt für Zucker und Indigo.

Situationsverschlechterung der VOC

Trotz einer vorübergehenden Verbesserung der finanziellen Situation der VOC, die bis in die 1730er Jahre währte, beruhten ihre Einkünfte im 18. Jahrhundert nur noch zu 60 Prozent auf dem Handel, der Rest kam aus Steuern, Zöllen und Vergütungen für die Überlassung des Opiumhandels. Daneben bedeuteten die wachsenden Kosten des überseeischen Herrschafts- und Verwaltungsapparates eine immer stärkere Belastung für die Kompanie. Fehler in der Geschäftsführung im Mutterland sowie die allgemeine Korruption und Bereicherung der Beamten durch einen ausgedehnten Privathandel in Asien förderten den Niedergang. Den entscheidenden Todesstoß versetzten der angeschlagenen Kompanie aber der 1780 ausbrechende Krieg mit England sowie schließlich französische Revolutionstruppen, die im Bündnis mit der demokratisch-bürgerlichen Patriotenpartei die Batavische Republik begründeten. Da die VOC als Repräsentantin der konservativen niederländischen Oligarchie schlechthin galt, ging am 31. Dezember 1799 das hochverschuldete Unternehmen samt seiner asiatischen Besitzungen in das Eigentum der Republik über.

Niedergang der VOC

Nach Beruhigung der revolutionären Situation in Europa und einer Einigung mit dem englischen Mitkonkurrenten in Asien – die Briten erhielten 1824 die Malaiische Halbinsel, die Niederländer den Malaiischen Archipel – begann der niederländische Kolonialstaat, den einheimischen Herrschern gegenüber Souveränität nach dem Muster des modernen europäischen Machtstaates zu demonstrieren. Dort, wo es ihm allerdings machtpolitisch nützlich und weniger kostenintensiv erschien, setzte man weiter auf die Einbindung regionaler Gewalten, die als „Regenten“ privilegiert, aber durch „Residenten“, Beamte der Kolonialverwaltung, kontrolliert wurden. 1860 hat der niederländische Schriftsteller Eduard Douwes Dekker, der dieses, die indigene Herrschaft stabilisierende, die Bevölkerung jedoch drangsalierende Verwaltungssystem der „indirekten Herrschaft“ persönlich kennengelernt hatte, es in seinem kolonialkritischen Roman »Max Havelaar« unter

Demonstration von Souveränität

dem sprechenden Pseudonym „Multatuli“ heftig kritisiert. Auf Grund der Empörung in seinem Mutterland musste er sogar nach Deutschland flüchten.

Der weitere territoriale Ausbau der Kolonie hatte sich unterdessen fortgesetzt. Der vollständigen Unterwerfung Javas Ende der 20er Jahre des 19. Jahrhunderts folgte mit Beginn der 30er Jahre die militärische Eroberung der zentralen Hochländer der Inseln, vor allem auf Sumatra, Borneo und Celebes. Gleichzeitig wurde, dem Vorbild der monopolistischen Anbaupolitik der VOC und dem Muster des systematischen Kaffeeanbaus in Priangan folgend, von General-Gouverneur Johannes van den Bosch das sogenannte Kultursystem *(cultuurstelsel)* eingeführt, ein kombiniertes Steuer- und Zwangsanbausystem für Exportprodukte wie Kaffee, Zucker, Tabak und Indigo, verbunden mit einem Handelsmonopol des Kolonialstaates. Um die Wende zum 20. Jahrhundert gehörte „Niederländisch-Indien“ zu den ertragreichsten Kolonien der Welt, dessen Einnahmen ein Drittel des niederländischen Staatshaushalts ausmachten.

Ebenfalls seit dem 17. Jahrhundert war Frankreich in Asien engagiert und präsent. Forscher, Händler, Kolonialoffiziere und nicht zuletzt Missionare hatten den französischen Einfluss vorbereitet, bevor sich unter Napoleon III. eine dezidiert imperialistische Politik durchsetzte. Dabei hatte auch für Frankreich – wie für die anderen westlichen Mächte – die Fata Morgana eines schier unerschöpflichen China-Marktes die Planungen und Aktionen von Schwerindustrie, Finanzwelt und Diplomatie bestimmt. Nach der Beteiligung an der zwangsweisen „Öffnung“ Chinas im Gefolge der sogenannten Opiumkriege seit den 1840er Jahren machten aber in erster Linie finanzimperialistische Aktionen Frankreichs Anteil am „Wettlauf um China“ aus. Finanzpolitische Operationen dominierten auch industriewirtschaftliche Unternehmungen beim Malaya-Kanal-Projekt, das allerdings gleichzeitig ein englisches Imperium von Burma bis Singapur verhindern sollte. Um die Austarierung des wachsenden englischen Einflusses in Burma und Siam ging es ebenfalls bei der Errichtung des Protektorats Laos (1893), wobei in diesem Fall die Sogwirkung der von vietnamesischem, kambodschanischem und siamesischem Imperialismus destabilisierten laotischen Fürstentümer auf die verantwortlichen Männer „vor Ort“ ebenso hinzukam wie deren „Sicherheitsbedürfnis“ im Hinblick auf das indochinesische Imperium. Letzteres bildete dann auch den Kern des französischen Kolonialimperiums in Asien, nachdem die Vorherrschaft der Engländer in Indien immer weniger in Frage gestellt werden konnte.

Das französische Kolonialimperium

Missionare hatten als Erste das französische Interesse auf Indochina, namentlich Vietnam, gelenkt. Sie haben dann – nicht zuletzt auf Grund ihrer Schwierigkeiten vor Ort – die koloniale Annexion Vietnams weitgehend ideologisch und publizistisch vorbereitet, indem sie ihr Mutterland auf die religiös-kulturellen Chancen und ökonomischen Ressourcen Indochinas verwiesen. Als Folge ihrer ständigen Interventionen entschloss sich Napoleon III. Ende der 1850er Jahre, Saigon zu erobern und 1862 das südöstliche Cochinchina zum französischen Kolonialbesitz zu erklären *(Cochinchine française)*. 1863 diktierten die Franzosen dem König

Interesse an Indochina

von Kambodscha, Norodom I., einen Schutzvertrag, bevor das gescheiterte Mexiko-Abenteuer Napoleons für einen gewissen Stillstand der Expansion sorgte. Seit den 1870er Jahren wurden die Franzosen jedoch in Nordvietnam zunehmend aktiver. Aber erst der allgemeine imperialistische „Wettlauf" seit den 1880er Jahren, in diesem Fall der Wettlauf mit England (von Burma aus) um den Zugang zur chinesischen Provinz Yunnan und um den Rohstoffreichtum Nordvietnams, aber auch die Neuetablierung des chinesischen Einflusses in Vietnam durch die Anlehnungspolitik seines tributären „Vasallen", veranlassten schließlich Frankreich, ein Protektorat über ganz Zentral- und Nordvietnam zu errichten (Französisch-Annamitischer Vertrag vom 6.6.1884).

Mit der zwischen 1887 und 1897 errichteten *Union Indochinoise*, die nicht nur Annam, Ton(g)kin(g) und Cochinchina, sondern auch Kambodscha und Laos einschloss, hatte Frankreich doch noch sein „Indien" erworben. Wie sein englisches Pendant verhalf es einer Schicht von Kolonialfranzosen zu Wohlstand, wohingegen die einheimische Bevölkerung erdrückende Steuern zu zahlen hatte. Der Kolonialstaat profitierte vor allem von den indirekten Abgaben – Salz-, Alkohol- und Opiummonopole –, während europäische Reis- und Kautschuk-Plantagenbesitzer ein rigides Rekrutierungs- und Zwangsarbeitssystem entwickelten. Französische Schulen und Kultur prägten das Land, schufen gleichzeitig aber auch die Voraussetzungen für den vietnamesischen Nationalismus.

Russland in Sibirien, im Mittleren und im Fernen Osten

Während sich Portugiesen, Spanier, Engländer, Franzosen, Niederländer und andere westeuropäische Nationen ihre Kolonialreiche in Übersee schufen, breiteten sich die Russen vom eigenen Gebiet in direkter Richtung nach Osten und Südosten aus. Mit dem Zug des Kosakenführers Jermak Timofejewitsch in das Khanat Sibir im Jahre 1581 setzte der koloniale Expansionismus des gerade erst gefestigten Moskauer Staates ein (s. Band IV, S. 148). Bereits 1648 war die Ostspitze Sibiriens erreicht. Damit hatten die Russen in weniger als 70 Jahren den Grundstein für die Besitznahme des größten zusammenhängenden Kolonialgebietes überhaupt gelegt. Aber nicht nur, was die Schnelligkeit des Vordringens betrifft, auch im Hinblick auf die Unterdrückung und Ausrottung der unterworfenen Völkerschaften – 1989 machten die Ureinwohner noch gerade sechs Prozent der Bevölkerung Sibiriens aus – lässt sich die kontinentale Expansion Russlands durchaus mit den maritimen Unternehmungen der übrigen Europäer vergleichen. Russische Kolonialpropagandisten sahen das ähnlich, wenn sie, wie zu Anfang des 19. Jahrhunderts der Innenminister Ossip Petrowitsch Kosodawlew, von „unserem Mexiko und Peru" sprachen.

Vorangetrieben und in seiner Art und Weise bestimmt wurde der russische Expansionismus in Sibirien durch den Pelzhandel. Im 18. Jahrhundert ging das Schwergewicht des Handels mit dem „weichen Gold" allerdings vom weitgehend ausgerotteten Zobel auf den Seeotter über. Wenn auch die seit der Zeit Peters des Großen vorangetriebene Industrialisierung Sibiriens immer mehr an volkswirtschaftlicher Bedeutung gewann, behielt das Pelzgeschäft doch bis in das 19. Jahrhundert seine Bedeutung. Die Erschöpfung der Pelztierbestände in den erschlossenen Flussniederungen führte die Russen in einem immer schnelleren Tempo nach Osten. Jäger, Händler, aber auch im Dienst des Staates stehende Personen rüsteten auf eigene Kosten Expeditionen aus, für deren Bewilligung sie eine bestimmte Anzahl von Fellen abzuliefern hatten. Außerdem gehörte von jeder Pelzausbeute der zehnte Teil dem Staat. Die größten Einnahmen des Kolonialstaates stammten jedoch aus den Zwangsabgaben der Eingeborenenvölker. Ihnen wurde der „Jassak" auferlegt, ein in Fellen zu erbringender Tribut. Dieses Verfahren der Untertanenbesteuerung hatten schon die Tataren praktiziert (turktatarisch *yasak*). Das von den Russen geschaffene Netzwerk von Städten und Stützpunkten diente neben der Herrschaftssicherung daher auch dem Einzug des Jassaks bei den einheimischen Völkern.

Pelzhandel der Russen

Die russischen Eroberer hatten es mit zahlenmäßig kleinen Naturvölkern zu tun, die sich als Nomaden oder Halbnomaden von Jagd, Fischfang, Rentierzucht und dem Anbau von Gemüse und Getreide ernährten. Weitgehend hingen diese dem Schamanismus an, einer von Naturgeistern, Ahnenkult und Tieropfer geprägten Religionsform. Militärisch waren sie den Russen zwar hoffnungslos unterlegen, setzten ihnen aber meist – wie namentlich die Tschuktschen und Korjaken in Nordostsibirien – einen lang andauernden erbitterten, immer wieder aufflammenden Widerstand entgegen. Einige Ethnien wie beispielsweise die Jukagiren, die in den Gebieten zwischen der unteren Lena und der Andyr-Mündung im Osten lebten, wurden in diesem Zusammenhang beinahe ausgelöscht. Allerdings gehörten sie wie alle sibirischen Völker zu jenen bis dahin isoliert lebenden Ethnien – wie die Indianer Amerikas oder die Südseebewohner –, die als Folge des Erstkontakts mit den Europäern und ihren Krankheitserregern in großer Zahl Seuchen und Epidemien erlagen. Die Reaktion der Russen auf Widerstand bestand in äußerst brutalen Strafexpeditionen, wobei gefangene Rebellenführer in der Regel gehängt wurden. Nicht anders gingen sie bei der Eintreibung des Jassaks vor. Geiseln, meist Frauen und Kinder, die man nach den Gehorsamseiden der Clan-Oberhäupter genommen hatte, wurden erbarmungslos getötet, wenn die geforderte Anzahl von Fellen ausblieb. Das Geiselsystem hatte bis 1763 Bestand, danach haftete der gesamte Clan für die Ab2gaben. Ganze Volksteile wurden versklavt. Viele einheimische Völker suchten daher den Russen auszuweichen, oder sie verlagerten ihre Wohnsitze.

Kleine Naturvölker

Unter Peter dem Großen (1689–1725) gewann die quasi natürliche Ausdehnung nach Osten gleichzeitig eine national-imperialistische Ausrichtung. Sibirien wurde jetzt bewusster als Erweiterung des Russischen Reiches angesehen, zugleich aber bereits eine Ausdehnung über die östlichen Grenzen hinaus ins Auge gefasst. Schließlich beabsichtigte der Zar, aus den territorialen Gewinnen einen vermehrten Nutzen zu ziehen. Damit richtete sich das Augenmerk zukünftig verstärkt auf die reichen Bodenschätze Sibiriens. Die Devise „Zobel für den Zaren" verlor Peter deshalb nicht aus den Augen. Da er für seine Kriege im Westen sofort Geld brauchte, unterwarf er

Mittelteil einer Sibirienkarte, die Vitus Bering 1729 bei einem unbekannten Zeichner in Auftrag gab. Oben rechts ist Bering selbst zu sehen, links von ihm verschiedene Ethnien Sibiriens und unten rechts sein offizielles Expeditionsziel, die Halbinsel Kamtschatka.

1697 den gesamten Pelzhandel einem Staatsmonopol und gab den Militär-Gouverneuren Sibiriens die Order, „neue Länder" als Quellen für Zobelpelze zu entdecken. Diesem Leitsatz folgten die beiden großen Kamtschatka-Expeditionen (1725/1729, 1733/1743), die, von einer Anregung des deutschen Philosophen Gottfried Wilhelm Leibniz ausgehend, unter der Leitung des dänischen Seefahrers Vitus Bering standen. Namentlich im Rahmen der zweiten Expedition, der Großen Nordischen Expedition, wurden die gesamte Ostküste Sibiriens und die Nordwestküste Amerikas erforscht. Bering entdeckte die Alëuten und erblickte auf seiner Weiterfahrt am 20. Juli 1741 den Mount Saint Elias, Nordamerikas dritthöchsten Berg. Zu den Verdiensten der Großen Nordischen Expedition, an der auch deutsche Gelehrte teilnahmen (Johann Georg Gmelin, Georg Wilhelm Steller), gehören neben den Entdeckungen im Bereich der russischen Pazifikküste und vor Alaska die ersten Schritte zur wissenschaftlichen Erschließung der geographischen Verhältnisse

Expeditionen nach Osten

Sibiriens und seiner vorgelagerten Inselwelt, der in den durchquerten Regionen lebenden Völkerschaften, der dortigen Flora und Fauna sowie der Bodenschätze.

Die konsequente Folgerung, die sich aus den Kamtschatka-Expeditionen ergab, lag in der Fortsetzung des russischen Expansionismus in den pazifischen Raum. Wiederum stellte das „Pelzfieber" die treibende Kraft für die Überschreitung der maritimen Grenze dar. Bereits zwei Jahre nach dem Tod des dänischen Seefahrers auf den Kommandeurinseln landeten Pelztierjäger auf dieser 250 Kilometer östlich von Kamtschatka liegenden Inselgruppe. Weitere zwei Jahre später erreichte ein Schiff die Alëuten, und bis um die Mitte der 1760er Jahre waren die wichtigsten Alëuten-Inseln bekannt. Auf ihnen lockte vor allem der Seeotter, dessen Fell beim Mandschu-Adel besondere Wertschätzung genoss. In der letzten Dekade des 18. Jahrhunderts sind über 100.000 dieser kostbaren Tiere getötet worden. Kaum weniger radikal gingen die Russen mit den Menschen um. Die Ureinwohner wurden drangsaliert – es galt ein Verbot, Kanus für mehr als zwei Personen zu bauen –, versklavt oder getötet. Mit zwangsrekrutierten alëutischen Hilfstruppen setzten die Russen schließlich nach Alaska über, das sie 1761 erreichten.

Expansion in den Pazifik

Die wirtschaftliche Ausbeutung des nordpazifischen Raumes und Alaskas überließ der russische Kolonialstaat jetzt allerdings privilegierten Kaufleuten, zum einen, weil der Jassak mit dem Schwinden der Pelztierbestände immer mehr an Bedeutung verlor, zum anderen, weil mit der Niederlassung auf dem amerikanischen Kontinent außenpolitische Gesichtspunkte an Bedeutung gewannen. Die finanziell stärkste der Pelzhandelsgesellschaften, die 1799 als „Russisch-Amerikanische Kompanie" von Zar Paul I. für Amerika und den nordpazifischen Raum ein Handelsmonopol erhielt, war dann auch bezeichnenderweise nach dem Vorbild der britischen Ostindien-Kompanie eingerichtet worden.

Als auch im westlichen Alaska der Seeotter nahezu ausgerottet war, dehnte sich der Aktionsraum der Kompanie weiter in südliche Richtung bis nach Nordkalifornien aus. Mit dem Erreichen dieser klimatisch günstigeren Zone tauchte gleichzeitig der Gedanke einer Siedlungskolonisation auf. Allerdings hatte das Vordringen der Russen hastige Gegenmaßnahmen der Spanier im Süden zur Folge, wohingegen es mit den Amerikanern anfangs sogar zu Jagd- und Schiffsgemeinschaften kam. 1812 errichteten die Russen *Fort Ross* (russ. *Rossija*, Russland) nördlich von San Francisco und schlossen 1817 mit den Indianern der Umgebung einen Landabtretungsvertrag.

Die Aktivitäten der Kompanie in Amerika korrespondierten weitgehend mit hochfliegenden Plänen des zaristischen Staates von einem russisch dominierten Nordpazifik und einem weiten Netz von Handelsstützpunkten zwischen Japan und Südamerika. 1803/1806 fand die erste russische Erdumsegelung unter Adam Johann von Krusenstern statt, weitere 35 Weltexpeditionen sollten folgen. Als sich die Russen 1816/1817 auf Hawaii niederließen, schienen sie den natürlichen Mittelpunkt ihres projektierten pazifischen Imperiums gefunden zu haben. Da jedoch die Ambitionen der Kompanie mit amerikanischen und englischen Interessen auf Hawaii zusammenstießen, zog es Zar Alexander I., der Vater der „Heiligen Alli-

Aktivitäten in Amerika

anz", aus außenpolitischen Überlegungen vor, 1819 alle weiteren Aktivitäten der Kompanie zu untersagen. Auch das russische Abenteuer in Kalifornien neigte sich bald dem Ende zu. Als die „Russisch-Amerikanische Kompanie" 1821 den Versuch unternahm, ein Jagd-, Handels- und Schifffahrtsmonopol an der nordwestamerikanischen Küste durchzusetzen, stieß sie auf den Widerstand der Vereinigten Staaten (Monroe-Doktrin) und Großbritanniens. Die Folge war, bei zunächst weitgehenden Konzessionen im Bereich von Schifffahrts- und Fischereirechten, ein De-facto-Rückzug auf die Grenzen des heutigen Alaska. Im Jahre 1841 überließ die Kompanie „Russisch-Kalifornien" dem Schweiz-Amerikaner Johann Sutter für 30.000 Dollar. 7,2 Millionen Dollar erhielt sie, als sie 1867 Alaska an die Vereinigten Staaten verkaufte. Ein Jahr später löste sie sich selbst auf.

Zuvor hatte Alaska eine militante Missionierung der einheimischen Völker erlebt. Erste intensive Bekehrungsversuche im sibirischen Raum sind einmal mehr mit dem Namen Peters des Großen verbunden, der 1702 mit der Einsetzung eines Bischofs in Tobolsk ein Zeichen für die Christianisierung Westsibiriens setzte. Klöster und Kirchen folgten den Spuren der Kolonisten, und mit der Zerstörung einheimischer Idole und Kultstätten setzte eine rücksichtslose Mission ein. Grundsätzlich ist somit – wie bei den westlichen Kolonialmächten Europas – das Christentum in seiner russisch-orthodoxen Bekenntnisform als ideologische und rituelle Begleiterscheinung des russischen Kolonialexpansionismus aufgetreten. Dennoch besaß der Missionierungseifer der Russen einen sehr pragmatischen Aspekt: Wo es ihnen aus machtpolitischen Gründen vernünftiger erschien, etwa in islamischen oder buddhistischen Gebieten, bestehende Religions- und Kultformen zu respektieren, verzichteten sie auf eine Zwangschristianisierung.

Missionierungseifer

Seit Peter dem Großen veränderte sich aber auch der wirtschaftliche Aspekt des russischen Expansionismus in Asien. So beanspruchte der Staat neben dem von Peter lizenzierten Pelzhandel ein Monopol auf Salz, Pottasche, Branntwein, Bier, Honigwein, Tabak und später Kaffee. Seit 1747 kamen auch die Bergwerke unter staatliche Regie. Zentren des Bergbaus wurden die Eisen- und Kupferminen bei Jekaterinburg (zwischenzeitlich Swerdlowsk), die Gold- und Silberförderstätten um Krasnojarsk und bei Nertschinsk im Altai-Gebiet und die Kohlegruben von Kusnezk. Zwischen 1747 und 1861 förderten die Bergwerke des Altai mehr als 2000 Tonnen Silber, das durch Gold reich gewordene Krasnojarsk beschäftigte im Jahre 1861 über 2000 Bergleute. Der Versorgung dieser industriellen Zentren mit Verbrauchsgütern wie Fisch, Fleisch, Getreide und nicht zuletzt Wodka diente der neben dem Fernhandel bereits früh entstandene innersibirische Handel mit seinen großen Messen in Irbit, Tobolsk, Omsk, Tomsk, Krasnojarsk, Jenisseisk, Irkutsk und Kjachta.

Wirtschaftliche Aspekte der Expansion

Ebenfalls setzte mit Peter eine konsequentere Bevölkerungspolitik ein. Die frühe Besiedlung Sibiriens beruhte zum einen auf dem spontanen, unkontrollierten Zufluss russischer Bürger, zum anderen auf der systematischen Organisation durch den russischen Staat. Bei den bäuerlichen Siedlern handelte es sich anfänglich um Staatsbauern, da die Mehrzahl der russischen Bauern seit dem 16. Jahrhundert schollenpflichtig war und jede Art der Zwangsrekrutierung auf den Widerstand der Beamten und des Adels der russischen Provinzen stieß. Dennoch bestand die Hauptmasse der bäuerlichen Kolonisten Sibiriens aus sogenannten Läuflingen, das heißt schollenpflichtigen Bauern, die sich heimlich, teilweise mit Hilfe professioneller „Umsiedlungsagenten", nach Sibirien begaben; gab es dort doch weder landsässigen Adel noch Leibeigenschaft. Ein weiteres wichtiges Element der Besiedlung stellten die Kosaken dar, die sich nach ihren unterschiedlichen Aufgaben im Dienst des Staates als Bauern niederließen. Vor allem wurden sie jedoch in den Marken entlang der Grenzen angesiedelt. Später kamen Siedler aus der Ukraine, Weißrussland, dem Baltikum und den deutschen „Mutterkolonien" in der Ukraine oder an der Wolga. In den Städten ließen sich neben den Beamten, Soldaten und Kirchenangehörigen vor allem Juden und Tataren nieder.

Frühe russische Besiedlung Sibiriens

Aufständische, „Räuber" und „Verbrecher" wurden schon in der ersten Hälfte des 17. Jahrhunderts nach Sibirien gebracht. Es war aber erst Zar Peter, der Deportationen von Kriminellen, politischen und Kriegsgefangenen sowie von Altgläubigen im großen Stil durchführen ließ. Bei den Altgläubigen handelte es sich um Angehörige der russisch-orthodoxen Kirche, die die Liturgiereform von 1654 ablehnten oder sich gegen die staatskirchliche Politik des Zaren wehrten. Die ersten Kriegsgefangenen, die nach Sibirien gebracht wurden, waren Offiziere, Soldaten und Seeleute des schwedischen Heeres – darunter auch Deutsche – aus dem Großen Nordischen Krieg (1700/1721). Vor allem waren aber immer wieder Polen betroffen, die als Folge der Teilungen ihres Staates oder ihrer Aufstände gegen die russische Herrschaft im 19. Jahrhundert in die Verbannung nach Sibirien geschickt wurden. Bei den politischen Gefangenen handelte es sich zumeist um in Ungnade gefallene Adelige, sie stammten aber auch aus dem Kreis bürgerlicher politischer Oppositioneller und Aufklärer. Namhafte politische Häftlinge waren die Dichter Alexander Nikolajewitsch Radischtschew (1749–1802), dessen humanitär-aufgeklärter Protest sich gegen Autokratie und Leibeigenschaft richtete, sowie Fjodor Michailowitsch Dostojewski (1821–1881). 1825 wurde eine Gruppe von zumeist adeligen Verschwörern gegen das selbstherrliche Regiment Alexanders I. nach Sibirien verbannt. Diese „Dekabristen", nach dem Monatsnamen Dezember ihres Putschversuchs benannt, machten nach ihrer „Begnadigung zur Siedlung" eine ganze Reihe von landwirtschaftlichen Erzeugnissen wie den Hanf sowie die Schafzucht in Sibirien heimisch. Die bei weitem größte Anzahl von Deportierten stellten jedoch die Strafgefangenen und Kriminellen, die bereits unter Peter dem Großen vor allem in die Bergwerke und großen Produktionsstätten geschickt wurden.

Kriminelle, Kriegsgefangene, Altgläubige

Schwerpunkt der russischen Durchdringung und Besiedlung war und blieb der südwestsibirische Schwarzerdegürtel, insbesondere, nachdem der zwischen 1760 und 1770 erbaute Große Sibirische Postweg *(trakt)* eine Verkehrsverbindung zwischen Moskau und Irkutsk schuf und russische Siedler, Beamte, Kaufleute und Kleriker nach Westsibirien strömten. Erst der von den Gold- und Silberfunden ausgelöste

Run trug zu einer wachsenden Bevölkerungszahl auch im Osten bei. Lag die Anzahl der Einwohner Sibiriens Mitte des 17. Jahrhunderts bei ungefähr 1500 und stieg sie bis zum Ende des 18. Jahrhunderts nur langsam auf etwa eine Million, so erreichte sie um die Mitte des 19. Jahrhunderts bereits 2,7 Millionen, während der Anteil der einheimischen Bevölkerung immer weiter zurückging (um 1850 etwa ein Drittel). Der große Bevölkerungsaufschwung Sibiriens setzte aber erst nach der Abschaffung der Leibeigenschaft 1861 und der Eröffnung der zwischen 1891 und 1905 erbauten Transsibirischen Eisenbahn ein, der längsten Eisenbahnstrecke der Welt, die das europäische Russland mit den Märkten Ostasiens und des Pazifiks verbinden sollte. Gleichzeitig besaß sie militärisch-strategische und siedlungspolitische Bedeutung, und zwar insofern, als eine gesicherte Kette russischer Dörfer vom Ural bis zum Stillen Ozean die Besiedlung Sibiriens und die Erschließung von Rohstoffquellen und Anbaugebieten vorantreiben sollte. Zur Finanzierung seiner Vorhaben zog der russische Finanzminister Sergei Witte, mit dessen Namen der Durchbruch zu einer Protoindustrialisierung Russlands und ein neuer Vorstoß in Zentral- und Ostasien verbunden ist, ausländisches, insbesondere französisches Kapital heran, weshalb man den russischen staatskapitalistischen Imperialismus des ausgehenden 19. Jahrhunderts nicht zu Unrecht einen „geborgten Imperialismus" (Dietrich Geyer) genannt hat.

Bevölkerungsaufschwung Sibiriens

Der Prozess der imperialistischen Ausbreitung und kolonialen Konsolidierung vollzog sich räumlich in drei Gebieten: in Sibirien, in Zentralasien und im Fernen Osten. Dabei schuf die vorerwähnte Aufhebung der Leibeigenschaft 1861 zwar die Voraussetzung für die weitere Besiedlung Sibiriens, aber den Durchbruch zu einer Massenauswanderung brachten erst die Bevölkerungsexplosion im Zuge der Industrialisierung, der Eisenbahnbau – das Streckennetz wuchs zwischen 1850 und 1919 von 601 auf 76.946 Kilometer, davon 17.390 in Asien – sowie eine in den 1880er Jahren einsetzende politische Liberalisierung und Förderung der Auswanderung. Zwischen 1887 und 1913 wanderten 5,4 Millionen Menschen nach Sibirien aus. Mit Widerstand von Seiten der einheimischen Bevölkerung hatten es die Russen kaum noch zu tun, da jene zu diesem Zeitpunkt bereits hoffnungslos unterlegen oder russifiziert worden war.

Später wandte sich die Migration auch nach Zentralasien. Handelsbeziehungen zwischen Russland und den islamischen Zentren Mittelasiens über die nördliche Route der Seidenstraße vom Unterlauf des Amudarja zur Wolga bestanden zwar schon länger. Da aber Nicht-Muslimen der direkte Zutritt zu den Märkten Mittelasiens verwehrt war, blieben die Kontakte, nach einzelnen vergeblichen militärischen Vorstößen (1717, 1839), vorerst auf einige Forschungsreisen und Gesandtschaften beschränkt. Nach der demütigenden Niederlage im Krimkrieg (1853/1856) orientierte sich die russische Politik jedoch verstärkt in Richtung Asien, zumal auch die Briten von Indien aus ihr Augenmerk auf die gleiche Region richteten. Wirtschaftliche Motive wie die Suche nach Baumwollanbaugebieten für die russische Textilindustrie (nach dem Ausfall der amerikanischen Baumwol-

Ausdehnung auch nach Zentralasien

le infolge des Bürgerkrieges) und Absatzmärkten für russische Industrieprodukte mögen die Begleitmusik der kolonialen Propaganda gebildet haben, entscheidend war der politisch-strategische „Wettlauf" mit England um Einfluss und Macht in Zentralasien, Persien und Afghanistan.

Nach der endgültigen Eingliederung der Kasachensteppe hatten sich die Grenzmarken des russischen Herrschaftsverbandes ohnehin bis vor die Tore der zentralasiatischen Oasenstädte verschoben. Zugute kamen den russischen imperialistischen Ambitionen in diesem „mittelasiatischen Zweistromland" (zwischen Amudarja und Syrdarja) die ständigen Streitigkeiten und Kriege zwischen den despotischen Khanen und Emiren, deren Macht und Reichtum auf dem Karawanenhandel, den hohen Steuern der Bevölkerung und dem Sklavenhandel beruhten. Den Rest besorgten ehrgeizige Militärs durch ihre „Jagd nach einer Grenze", die den russischen Expansionismus, gelegentlich auch gegen den Willen der Metropole, vorantrieben. So eroberte Oberst Černjaev ohne Weisung aus Petersburg 1865 die zentrale Handelsstadt Taschkent, obgleich er nur das zum Khanat Kokand gehörende Schymkent (Tschimkent) besetzen sollte. 1868 nahmen die Russen, gegen heftigen Widerstand der Bevölkerung, Samarkand ein, und auch der Emir von Buchara musste sich im gleichen Jahr der Oberhoheit des Zaren beugen und eine hohe Kontribution von 500.000 Rubeln zahlen. Es folgten in den nächsten Jahren die Einnahme der Khanate von Chiwa (1873) und Kokand (1875/1876), und mit der Eroberung der Oase Merw im Jahre 1884 war die russische Eroberung des südlichen Mittelasien abgeschlossen. Hinsichtlich der Ostgrenze hatten sich die Russen bereits 1881, nach zähen Verhandlungen und sogar unter Verzicht auf eroberte Gebiete (im Ili-Tal), mit China geeinigt.

Bemühungen ehrgeiziger Militärs

Während die Territorien Kaukasiens und Kasachstans unter ein militärisches Kolonialregime gestellt wurden, herrschten in Mittelasien indirekte Herrschaftsformen vor. Zwar war der nördliche Bereich schon 1867 als Generalgouvernement mit der Zentrale Taschkent eingerichtet worden. Aber das Emirat von Buchara und das Khanat von Chiwa wurden, wenn auch als erheblich verkleinerte Territorien, nur unter russisches Protektorat gestellt – bei Erhalt ihrer innerstaatlichen Selbständigkeit. Allerdings mussten sie russischen Kaufleuten den Zugang zu ihren Märkten öffnen und die russische Zollhoheit anerkennen. Lediglich der Sklavenhandel, für den besonders Chiwa berüchtigt war, wurde verboten. Den Herrschern als „politische Agenten" zugeordnete Russen wachten indes über die Einhaltung der Direktiven aus Sankt Petersburg oder Taschkent.

Indirekte Herrschaftsformen in Mittelasien

Aber auch in den Regionen, die stärker unter der politischen und administrativen Kontrolle des relativ selbständig agierenden Generalgouverneurs in Taschkent standen, griffen die Russen kaum in die traditionelle Sozialordnung und die religiös-kulturelle Überlieferung der Nomadengesellschaften ein. Sie verzichteten ebenso auf eine sprachliche Russifizierung wie auf eine orthodoxe Missionierung der vom Islam geprägten Völkerschaften. Demgegenüber gestaltete sich der wirtschaftliche Zugriff wesentlich schwerwiegender. Namentlich der Baumwollanbau, der im Ferghanatal betrieben wurde, sollte den Bedürfnissen der russischen Textilindustrie dienen – bis zum Ersten Weltkrieg verdreifachte er sich –, während die Transkaspische Eisenbahn und seit 1906 die Linie Orenburg–Taschkent für den Abtransport der kolonialen *cash crop* sorgten. Abgesehen von dem Ausbau dieser, für die ökologische Zukunft Zentralasiens (Aralsee) folgenreichen Monopolkultur blieb der russische Einfluss bis zur Sowjetisierung im 20. Jahrhundert gering, zumal kaum Russen in Mittelasien siedelten und sie als Verwaltungsbeamte, Kaufleute und Militärs auf die russischen Viertel der größeren Städte wie Taschkent beschränkt blieben.

Wenig Eingriff in Nomadengesellschaften

Auf der anderen Seite hatte Russland, was nicht zuletzt sein angeschlagenes Prestige unter den europäischen Kolonialmächten förderte, seine imperiale Position in Mittelasien enorm ausgebaut und gefestigt. Der Zusammenstoß mit dem englischen Expansionismus in Persien und Afghanistan schien vorprogrammiert. 1885 konnten sich beide imperialistischen Mächte indessen über eine Abgrenzung an der Nordgrenze Afghanistans sowie dessen Erhalt verständigen, während der zweite Konfliktherd, Persien, erst 1907 durch den Vertrag von Sankt Petersburg beseitigt werden konnte. Er teilte das nominell unabhängig bleibende „halbkoloniale" Land in eine russische (im Nordwesten), eine britische (im Südosten) und eine neutrale Zone. Im Fernen Osten waren die Russen schon im 17. Jahrhundert mit den Chinesen zusammengestoßen. Der Vertrag von Nertschinsk (1689) hatte die Grenze am Amur immerhin für fast 200 Jahre festzulegen vermocht, bevor die europäischen Interventionen in China und die politische Schwäche der Mandschu-Dynastie es den Russen erlaubten, den Chinesen die Abtretung von Gebieten am Amur und Ussuri sowie besondere Privilegien in der Mandschurei abzutrotzen. Von der 1860 gegründeten Hafenstadt Wladiwostok („Beherrscherin des Ostens") aus bewegten sich die Russen auf der Suche nach weiteren eisfreien Häfen in Richtung Korea. 1898 pachteten sie die Halbinsel Liaodong mit den Häfen Port Arthur (Lüshun) und Dalian (Dairen), und im Zuge des Boxeraufstandes von 1900/1901 besetzten sie die Mandschurei. Mit dem Vordringen in der Mandschurei und vor allem in Korea kollidierte der russische jedoch mit dem japanischen Imperialismus. Die katastrophale Niederlage im Russisch-Japanischen Krieg 1904/1905 bedeutete für Russland nicht nur den Verlust von Liaodong und der Mandschurei, sondern auch das Ende der Expansionspolitik in Ostasien und ein Zurückschwenken auf die Meerengen- und Balkanpolitik. Der anschließende Ausbruch der Revolution von 1905 erschütterte zudem das zaristische System in seinen Grundfesten.

Zusammenstoß mit anderen imperialen Mächten

Religionsprotektorate, Halb-Kolonien und Stützpunkte

Eine besondere Erscheinungsform des europäischen Expansionismus der Neuzeit stellt die enge Verbindung dar, die sich aus der missionarisch-religiösen Aktivität in verschiedenen Regionen der Welt (vgl. S. 195 ff.) und der Nutzbarmachung dieser Gebiete aus Gründen des Prestiges, der Strategie und/oder des ökonomischen Nutzens ergab. In diesen Zusammenhang gehören die Ansprüche, die europäische Großmächte im nationalistischen Zeitalter aus dem – wie es in der Terminologie der Zeit hieß – „unveräußerlichen Recht“ und der „Pflicht eines selbstbewussten Staates“ ableiteten, die eigenen Staatsangehörigen, eben auch jene geistlichen Standes oder christlicher Konfession, in weniger stabilen Staaten zu schützen. Auf diese Weise verknüpften noch weit ins 20. Jahrhundert hinein europäische Staaten religiöse Interessen ihrer Untertanen mit machtpolitischen Zielen, indem sie als „Schutzmächte“ bestehender oder sich bildender christlicher Missionen und Minderheiten Einfluss in solchen Staaten zu nehmen suchten, die dem imperialen Angriff des Westens nicht standzuhalten vermochten. Zugute kam ihnen in diesem Bestreben nicht selten, dass sich bei denjenigen, die geschützt werden sollten, nicht weniger religiös-missionarischer Eifer mit imperialistischem Expansionsdrang verband.

Unter diese Form interessenbedingter Schutzherrschaft unter dem Deckmantel religiös-christlicher Motivation fallen die Religions- oder Kultusprotektorate, die europäische Mächte vor allem im Osmanischen Reich und in China ausgeübt haben. Für die in ihrer inneren und äußeren Souveränität durch die Protektorate eingeschränkten Staaten stellte das Schutzrecht demgegenüber eine subtile Herrschaftsform dar, die zu unterlaufen vielfach schwieriger war, als territorialer oder ökonomischer Penetration zu begegnen.

Eine solche Form des Schutzrechts und damit auch der Schutzherrschaft stellt das Protektorat dar, das Frankreich seit dem 16. Jahrhundert über die Länder des Nahen und seit Beginn des 19. Jahrhunderts in Ländern des Fernen Ostens ausübte. Die Geburtsstunde seines Protektorats in der Levante war jenes Bündnis, das Franz I. (reg. 1515–1547) aus politischem Selbsterhaltungstrieb gegenüber der habsburgischen Umklammerung mit dem Erzfeind des christlichen Abendlandes schloss. In mehreren Verträgen mit Süleyman „dem Prächtigen“ ließ sich der „allerchristliche König“ den Schutz der im Osmanischen Reich lebenden Christen und deren Sicherheit ausbedingen. In der Folgezeit verstand es Frankreich, mit finanziell-diplomatischen Mitteln seine unter Süleyman erworbene Vorrangstellung im Nahen Osten weiter auszubauen. Insbesondere nachdem die anfangs noch als freiwillige Konzessionen von den osmanischen Sultanen den französischen Königen individuell gewährten Vorrechte seit den für die Hohe Pforte verlustreichen Türkenkriegen immer mehr den Charakter von „Kapitulationen“ mit weitreichenden politischen, Handels-, Jurisdiktions- und religionspolitischen Privilegien annahmen, sicherte sich Frankreich ein eindeutiges machtpolitisches Übergewicht im Nahen Osten.

Protektorat Frankreichs über den Nahen und Fernen Osten

Wenig bedroht war das französische Katholikenprotektorat durch den russischen Anspruch, als Schutzmacht der orthodoxen Christen im Nahen Osten zu gelten, zumal im hochimperialistischen Zeitalter das Bestreben beider Nationen auf ein Bündnis in Europa gerichtet war. Zwar waren machtpolitische Initiativen der Russen auch im asiatischen Raum, in China und Korea zum Beispiel, immer auch von missionspolitischen Strategien begleitet. Im Nahen Osten entfaltete das Zarenreich jedoch eine noch größere religions- und kirchenpolitische Aktivität, ja sein Religionsprotektorat, das es sich definitiv seit dem Vertrag von Küçük Kaynarca (Kütschük-Kainardsche, 1774) im Osmanischen Reich gesichert hatte, bedeutete das wichtigste Instrument seiner Politik in diesem Raum. Bereits in dem – in napoleonischer Zeit gefälschten – Testament Peters des Großen war seinen Nachfolgern zum Programm gemacht worden, sich zum Protektor der schismatischen Griechen zu proklamieren und über den Weg kirchlicher Suprematie eine Herrschaftsübernahme im Osmanischen Reich vorzubereiten. Nach dem Krimkrieg, der mit dem russischen Anspruch auf Anerkennung des Protektorats über alle orthodoxen Untertanen des Sultans begründet wurde, verstärkte das Zarenreich sein politisches Engagement durch weitere missionarische Anstrengungen im Nahen Osten. Die deutschen Aktivitäten im Zusammenhang mit der Palästina-Reise Kaiser Wilhelms II. (1898) und dem Bagdadbahn-Projekt des Deutschen Reichs verstärkte dann die Annäherung an Frankreich durch Plädoyers für eine enge Zusammenarbeit zum gemeinsamen Schutz der jeweiligen Protektorate.

Religionsprotektorat

Eine ernstere Herausforderung des traditionellen, umfassenden französischen Religionsprotektorats bedeutete dagegen das zunehmende Interesse der Engländer am Nahen Osten, die sich zugleich als die natürlichen Protektoren der Protestanten (sowie der Drusen) und der Juden betrachteten, nachdem sie auch für sich die wirtschaftlichen Rechte aus den türkischen Kapitulationen erworben hatten. Als daher um die Wende zum 19. Jahrhundert die Zeit der evangelikalen Erweckung mit dem gewachsenen Interesse an Indien und seit den 1830er Jahren auch mit der „orientalischen Frage" koinzidierte, rückte der Nahe Osten verstärkt in das öffentliche Bewusstsein Großbritanniens. Namentlich Palästina erschien nunmehr als ein geradezu idealer Stützpunkt, um die Verbindung nach Indien offenzuhalten. Selbstverständlich sollte es ein protestantisches Palästina sein. Gipfelpunkt dieser Vorstellungen war Lord Shaftesburys (1801–1885) große Vision eines „anglikanischen Israel", wodurch nicht nur die Voraussetzung für die Heimkehr und Bekehrung des Volkes Israel – notwendiges Bindeglied zwischen biblischer Prophezeiung und Wiederkunft Christi – geschaffen worden wäre, sondern wohinter auch die Absicht stand, den Juden zugleich die Funktion einer Stütze des zusammenbrechenden Osmanischen Reiches zuzuweisen. Die *Balfour Declaration* von 1917 mit der Übernahme des Mandats für Palästina durch England stand gewissermaßen am Ende dieser politischen Vorstellungen. Vorerst erfolgte eine Intensivierung des missionarischen Engagements in Palästina, dessen Höhepunkt die Errichtung des anglikanischen Bistums in Jerusalem (1841/1886) war, wobei Preußen die Rolle des „Juniorpartners" übernehmen sollte.

Kultusprotektorat der Engländer

Die zunehmende Zahl englischer und inzwischen auch amerikanischer Missionare im osmanischen Herrschaftsbereich, die Kirchen, Schulen und Hospitäler errichteten, hielt aber nicht Schritt mit der Bekehrungsarbeit unter den Juden und erst recht nicht unter den Muslimen. Ferner stellten Protestanten noch immer eine Minderheit dar. Auch deshalb bedeutete das englische Schutzrecht über protestantische

Europäer für Frankreich keinen so wesentlichen Prestigeverlust. Allerdings begannen seit den 1880er Jahren immer mehr Klöster, Kirchen und Schulen die Fahne der eigenen Nation zu hissen, obgleich das Aufziehen einer anderen als der französischen Nationalflagge streng untersagt war. Dies betraf namentlich deutsche, österreichische

Konkurrierende Schutzrechte

und italienische Einrichtungen, wobei es immerhin bis 1913 dauerte, bis der lateinische Patriarch von Jerusalem es wagte, dem italienischen Konsul die liturgischen Ehren bei der Amtseinführung zukommen zu lassen. Ein religiöses Kultusprotektorat Österreichs im Osmanischen Reich datierte bereits aus dem zwischen Kaiser Matthias und Sultan A(c)hmed I. geschlossenen Frieden von Wien (1616) und hatte seine Bestätigung und seinen weiteren Ausbau in den Friedensschlüssen nach den Türkenkriegen gefunden. Es beschränkte sich aber weitgehend auf die benachbarten Balkanländer im Verband der osmanischen Großmacht. Im Orient, wo Österreich dem konkurrierenden Schutzrecht Frankreichs weichen musste, betraf dieser Anspruch allein die zentralafrikanische Mission im Sudan, die oberägyptische reformierte Franziskanermission und die unierten Kopten in Ägypten (seit 1687).

Wesentlich stärker erschien den Franzosen – zumindest sahen sie es so – ihr Protektorat durch die deutschen Ambitionen im Nahen Osten bedroht, namentlich in Palästina. Das deutsche Interesse am Nahen Osten stand in engem Zusammenhang mit der von Romantik und Erweckungsbewegung zu Anfang des 19. Jahrhunderts hervorgerufenen Palästina-Begeisterung und der Pilgerfahrt dorthin. Der Ruf nach einer „Wiedergewinnung“ des Heiligen Landes erhielt zusätzliche Nahrung, als in den 1830er Jahren im Zuge der ägyptisch-türkischen Auseinandersetzungen die „Öffnung“ Palästinas die politischen Voraussetzungen für die europäisch-amerikani-

Deutsche Präsenz im „Heiligen Land“

sche „friedliche Durchdringung“ schuf. Während die vorerwähnte Errichtung eines anglo-preußischen Bistums in Jerusalem 1841 und das Eintreffen des preußischen Konsuls in der Heiligen Stadt 1843 als erste Manifestationen deutscher Präsenz im „Heiligen Land“ gelten können, gelangten auch „politische“ Projekte zur Diskussion. So vertrat der preußische Militärberater in der Türkei und spätere Sieger von 1870/1871, Helmuth Graf von Moltke, zwischen 1841 und 1844 in den Beilagen der renommierten »Augsburger Allgemeinen Zeitung« die Ansicht, dass die Gebiete, die das Osmanische Reich durch europäische Hilfe von dem ägyptischen Usurpator Muhammad Ali Pascha zurückgewonnen hatte – also Syrien und Palästina –, in Wirklichkeit „Geschenke“ der Europäer an den Sultan seien. Diese seien, so Moltke, am besten vor einer erneuten kriegerischen Verwicklung zu bewahren, indem Palästina als Pufferstaat zwischen Syrien (französischer Einfluss) und Ägypten (englischer Einfluss) in ein christliches Staatswesen unter einem deutschen Fürsten verwandelt würde. Der Gedanke, Palästina, ja den gesamten Nahostbereich zu einem Außenposten deutscher Zivilisation, aber auch einer großräumigen Besiedlung zu machen, tauchte von nun an immer wieder auf. Siedlungsgebiete im Donauraum, in der Türkei und im Mittleren Osten galten – nicht zuletzt unter dem ideologischen Aspekt der Erhaltung des Deutschtums – als „natürliche

Achse“ zukünftiger deutscher Volksentfaltung. Aber auch an Vorschlägen, die dem Bereich phantastischer Projektemacherei zuzuordnen sind, fehlte es nicht.

Einen tatsächlichen politischen Stellenwert erhielt der Nahe Osten aber erst in den „weltpolitischen“ Konzepten der wilhelminischen Ära. Namentlich Wilhelm II., in dessen Person sich sowohl das religiöse, biblisch-archäologische und wissenschaftliche Interesse seiner Zeit am Heiligen Land als auch die vielfältigen Morgenlandsehnsüchte und alldeutschen Nahostträumereien wie in einem Brennspiegel sammelten, faszinierte mehr als alle anderen überseeischen Unternehmungen die Möglichkeit einer Erweiterung des deutschen Einflusses im Nahen Osten. Sein Besuch in Begleitung der Kaiserin in Palästina im Jahre 1898, der unzweifelhaft auch Züge eines „Theatercoups“ besaß, spiegelt am anschaulichsten den komplexen religiös-politischen Charakter der deutschen Beziehungen zu diesem Gebiet in allen seinen außen-, innen-, konfessions- und religionspolitischen Verästelungen. Wenn die Fahrt des „Reisekaisers“ via Konstantinopel nach Jerusalem, Damaskus und Beirut (12. 10.–26. 11. 1898) auch in erster Linie dem vorherrschenden französischen Einfluss in diesem Raum zu begegnen suchte, so war das in der historischen Rückschau bemerkenswerteste, von den Zeitgenossen freilich nur am Rande zur Kenntnis genommene Ereignis der Kaiserfahrt ins Heilige Land sicherlich das scheinbar zufällige Zusammentreffen Wilhelms II. mit dem Begründer des organisierten Zionismus, dem Wiener Journalisten Theodor Herzl. Wie seine Landsleute Victor Adler, Gustav Mahler, Sigmund Freud oder Arthur Schnitzler bewunderte Herzl das deutsche nationale Einigungswerk unter preußischer Führung und sah in dem Aufstieg Preußen-Deutschlands so etwas wie ein Vorbild seiner eigenen Vision eines künftigen Nationalstaates der Juden. Er wandte sich daher an Wilhelm II., der sich zunächst auch von den Vorstellungen des Zionisten – ein deutsches „Protektorat“ – angezogen fühlte, wenn auch eher aus antisemitischen und monarchisch-staatlichen Gründen. Spätestens in Jerusalem schlug jedoch die Stimmung des Kaisers um, ganz abgesehen von der von Anfang an zurückhaltenden Einstellung des Auswärtigen Amtes und vor allem der gänzlich ablehnenden Haltung des Sultans Abdülhamid (Abdul Hamid) II. dem zionistischen Projekt gegenüber.

Besuch Wilhelms II. in Palästina

Wichtigstes Prestigeobjekt im Rahmen der Nahost-Politik war und blieb so nur die Bagdadbahn, das wohl bedeutendste Unternehmen deutscher „Weltpolitik“ überhaupt. Hinter dem Vorhaben standen jetzt auch deutsche Banken, die vor Investitionen in den afrikanischen Kolonien zurückschreckten. Eine Bahnlinie bis Ankara und Konia existierte bereits, als Wilhelm II. seine Palästinareise antrat. Es ging fortan um die Fortsetzung dieser Bahnlinie bis Bagdad und zum Persischen Golf, wodurch die deutschen Ambitionen allerdings in die Interessensphäre der Engländer – als ihr Vorfeld des „Kronjuwels“ Indien – vorstießen. Kompromissbereite deutsche Politiker sahen darin allerdings eher eine Chance für eine deutsch-englische Verständigung, zumal für einen finanziellen Alleingang die deutsche Kapitaldecke ohnehin zu kurz war. Nationale Empfindsamkeiten, von denen die deutsche Politik ebenso bestimmt war wie die englische, französische und russische, verhinder-

Die Bagdadbahn

ten indes bis kurz vor dem Ersten Weltkrieg eine Einigung. Erst 1911 kam es zu einer Verständigung mit Russland – das Reich verzichtete auf den Bau einer Zweigbahn der Bagdadlinie zur russisch-persischen Grenze –, und 1914 gestand man in Berlin den Engländern gegenüber zu, die Bagdadbahn nicht über Basra hinaus zu bauen.

Für das Osmanische Reich endeten die europäischen Protektorate, die neben der Errichtung einer vom türkischen Staat unabhängigen internationalen Schuldenverwaltung *(Administration de la dette publique ottomane)* die stärkste Einschränkung seiner Souveränität bedeuteten, mit der am 1. Oktober 1914 verkündeten Aufhebung der Kapitulationen. Sie wurden schließlich auch durch internationales Recht mit der alliierten Anerkennung der Unabhängigkeit und Souveränität der neuen Türkei im Friedensvertrag von Lausanne (1923) beseitigt.

Mit den machtpolitischen Ambitionen der westlichen Imperialmächte im 19. Jahrhundert, das autarke, sich nach außen abriegelnde „Reich der Mitte" für den Handel aufzuschließen, begann auch in China – nach dem Vorspiel der Jesuitenmission des 17. und 18. Jahrhunderts – eine „neue Missionsepoche". Dieses Mal befanden sich die Protestanten im Gefolge des liberal-kapitalistischen Freihandelsimperialismus, die Katholiken kamen unter den Schutz des französischen Missionsprotektorats. Den Ausgangspunkt bildete die gewaltsame „Öffnung" Chinas in den Opiumkriegen seit den 1840er Jahren. Als der Kaiserliche Kommissar Lin Zexu das von der britischen Ostindischen Kompanie aus Indien eingeführte Opium, dessen Bezahlung in Silber zu einem immensen Wertabfluss aus China geführt hatte, in das Hafenbecken von Kanton schütten ließ, beantworten die Engländer diese Herausforderung mit ihren Kanonenbooten. Die Niederlage in diesem Ersten Opiumkrieg hatte China im Frieden von Nanking (29.8.1842) mit einer Kriegsentschädigung, der Öffnung von Vertragshäfen, der Abschaffung des Handelsmonopols der chinesischen Kaufleute und der Abtretung Hongkongs zu bezahlen. Weitere Opiumkriege (1856/1860) führten zur Öffnung zusätzlicher Häfen sowie der Binnengewässer für Schiffe, zu Freizügigkeit für westliche Kaufleute und Missionare und zur Legalisierung des Opiumhandels.

Gewaltsame „Öffnung" Chinas

Frankreich verstand es im Laufe der Zeit, durch politische Übereinkunft seine selbst erkorene Position als „Schutzmacht" aller Missionare (und chinesischen Katholiken) auszubauen. Denn durch die „Ungleichen Verträge" erhielten die Missionare nicht nur das Recht, „Grundeigentum in allen Provinzen zu mieten oder zu kaufen und nach Belieben Gebäude darauf zu errichten", diese chinesischen „Kapitulationen" und das System der Konsulargerichtsbarkeit und Exterritorialität entzogen die Missionare und ihren Besitzstand auch jeder Rechtseinwirkung der chinesischen Behörden und schufen gleichsam einen „Staat im Staate". Zugleich übernahmen die Missionare eine Aufgabe, die die oktroyierten Verträge nur begrenzt erreicht hatten – die „Öffnung des Landes". *Yang-Yan* (fremder Tabak) und *Yang-Jiao* (fremde Religion) wurden deshalb auch von den Chinesen gleichgesetzt und als Gefährdungen der eigenen nationalen Integrität und kulturellen Superiorität aufgefasst. „Schaffen Sie uns Missionare und Opium vom Hals und Sie werden

Frankreich als „Schutzmacht"

China den größten Dienst erweisen", soll Anfang der 70er Jahre Prinz Gong, Leiter des chinesischen Außenministeriums *(Zsongli Yamen)*, dem englischen Gesandten in Peking gegenüber geäußert haben. Solange sich Frankreich noch nicht auf sein Kolonialreich in Indochina stützen konnte, galt das „Katholikenprotektorat" für den französischen Imperialismus als Symbol nationalen Prestiges und Eckpfeiler politisch-ökonomischer Machtentfaltung in China. Das Bündnis von „Flagge und Kreuz" konnte überdies den Franzosen einen gewissen machtpolitischen Ausgleich gegenüber dem Handelsvorsprung Englands und der USA verschaffen. Erst nach dem Chinesisch-Japanischen Krieg (1895) und vor dem Hintergrund der chinesischen „Selbststärkungsbewegung" vermochte Frankreich stärker am China-Markt zu partizipieren. Zentrale Projekte betrafen den Eisenbahnbau, Bergbaukonzessionen, Rüstungsprodukte, Beteiligungen an Schifffahrtslinien und die Reorganisation der chinesischen Marine mit Hilfe französischer Berater und Ingenieure.

Auch die Vereinigten Staaten waren von Anfang an am chinesischen Markt interessiert und an den „Ungleichen Verträgen" mit China beteiligt. Allerdings verzichteten sie auf ein formell-direktes Eingreifen, was ihrem Ursprungsmythos als Hort des Anti-Kolonialismus (Monroe-Doktrin, 1823) entsprach. Im Laufe des 19. Jahrhunderts sollte Amerikas „antikolonialer" Imperialismus jedoch einige Risse bekommen. Insbesondere nachdem 1873 eine Rezession den ungeheuren wirtschaftlichen Aufschwung nach dem Bürgerkrieg von 1861/1865 abgebremst und zu einer generellen Verunsicherung der amerikanischen Geschäftswelt geführt hatte, die wiederum in der „Panik von 1893" gipfelte, schien der chinesische Markt einen Ausweg zu bieten. Aufgeschreckt wurden die Amerikaner ferner durch die annexionistische Politik der Europäer und Japaner in Ostasien. Kaufleute, Politiker, Diplomaten, Militärs und Missionare blickten daher hoffnungsvoll auf jenes große Reich im Osten, das einen Meilenstein, wenn nicht gar den Schlussstein auf dem Wege zur Weltevangelisation bilden und zugleich die amerikanischen Exportschwierigkeiten beheben sollte. Ein Netz von Kohle-, Kabel- und Marinestationen sollte den Weg zum legendären chinesischen Markt sichern, wobei es den Amerikanern grundsätzlich um das Offenhalten der Außenmärkte ging.

Imperialismus Amerikas

Die „China-Vision" stand aber auch hinter dem kurzzeitigen formell-direkten amerikanischen Imperialismus von 1898/1901. Denn die Annexionen während und im Gefolge des Amerikanisch-Spanischen Kriegs (1898) – Puerto Rico, die Pazifikinsel Guam, Hawaii, Ostsamoa und die Philippinen – erhielten ihre Rechtfertigung nicht zuletzt durch die vorgeblich notwendige Absicherung des Handelswegs nach China. Nach 1901 wurde der ökonomisch-indirekte Imperialismus der USA wieder vorherrschend. Zwar beteiligten sich die Amerikaner an dem europäischen Feldzug zur Niederschlagung des Boxeraufstands in China (1900/1901), aber sie verpflichteten gleichzeitig alle am „Wettlauf um China" beteiligten Mächte auf eine „Politik der Offenen Tür" im „Reich der Mitte".

Mit der „Öffnung" Chinas durch den Ersten Opiumkrieg formierten sich auch deutsche Interessen an einer ökonomischen Expansion im Fernen Osten, nachdem

Hamburger und Bremer Überseehändler bereits den asiatischen Markt für sich entdeckt hatten. Die Fata Morgana eines chinesischen „Marktes von 600 Millionen Menschen“ – tatsächlich dürften es um die 400 Millionen gewesen sein – faszinierte nicht nur Nationalökonomen wie Friedrich List, sondern bewegte ebenso die Vorstellungen der an deutscher wirtschaftlicher Expansion interessierten Beobachter. 1861 schloss eine preußisch-deutsche diplomatische Expedition Freundschafts-, Handels- und Schifffahrtsverträge mit Japan, China und Siam, was 1865 zur Einrichtung einer preußischen diplomatischen Vertretung in Peking führte. Kurz darauf setzte das lukrative Waffengeschäft der Firma Krupp mit China ein. In den 1860er und 70er Jahren tauchten wiederholt Projekte auf, einen territorialen Stützpunkt an der chinesischen Küste oder in deren unmittelbarer Nähe in Besitz zu nehmen. Die Nationalisierung des Schutzes der Missionen machte es dann der Reichsregierung möglich, im Jahre 1890 das französische Religionsprotektorat zu durchbrechen und ihren eigenen Interessen Geltung zu verschaffen. Die Missionsfrage spielte schließlich für die deutsche Politik in China insofern noch einmal eine entscheidende Rolle, als die Reichsregierung 1897 die Ermordung zweier deutscher Missionare zu dem lang gesuchten Vorwand benutzte, einen Marinestützpunkt in China zu erwerben. Die Besetzung der Kiautschou-Bucht und die am 6. März 1898 erfolgte „Pachtung“ von Kiautschou (Jiaozhou) samt einer 50 Kilometer tiefen deutschen Einflusszone für 99 Jahre – das lang ersehnte „deutsche Hongkong“ – sowie der gleichzeitige Erwerb von Eisenbahn- und Bergbaurechten in seinem „Interessengebiet“ Shandong (Shantung) förderten in Deutschland überschwängliche Hoffnungen auf den chinesischen Absatz- und Rohstoffmarkt und ließen Afrika und alle anderen deutschen Kolonien in den Hintergrund treten.

Deutsche Expansion im Fernen Osten

Allerdings war die Bahn von Qingdao (Tsingtao) nach Jinan (Tsinan), der chinesischen Provinzhauptstadt, die einzige, die von drei projektierten Linien fertiggestellt wurde. Während die Eisenbahnpolitik immerhin teilweise den hohen Erwartungen entsprach, erwiesen sich die deutschen Bergbauunternehmungen in Shandong als ein völliger Fehlschlag. So erreichte die gesamte Kohleförderung in Shandong 1908 nur etwa ein Fünftel der Jahresförderung eines größeren schlesischen Bergwerkes. Immerhin gelang es der Marine, der die Verwaltung des „Pachtgebietes“ oblag, aus dem einstigen Fischerdorf Qingdao ein „Schaufenster in Ostasien“ (Tirpitz) zu machen. Der Ruf der Hafenstadt als „Musterkolonie“ beruhte vor allem auf den modernen städtebaulichen Maßnahmen, aufwendigen Investitionen im Hygiene- und Gesundheitsbereich sowie einem im China dieser Zeit einmaligen Aufforstungs- und Kultivierungsprogramm. Zwangsläufige Folge der enormen Investitionen und infrastrukturellen Maßnahmen war allerdings, dass Kiautschou zum teuersten Kolonialunternehmen Deutschlands wurde und bis 1914 Zuschusskolonie blieb.

Eisenbahn- und Bergbaupolitik

Das deutsche Vorgehen in Kiautschou gab gleichzeitig das Startzeichen zu einer neuerlichen Intensivierung des imperialistischen „Wettlaufs um China“ und hatte zur unmittelbaren Folge, dass sich auch andere europäische Mächte territorial etablierten oder arrondierten. Russland besetzte Port Arthur (Lüshun) und Dalian (Dairen), die Franzosen Guandong (Kwangtung) in Südchina und die Engländer Weihai(wei) auf der Shandong-Halbinsel. Ihre Kolonie Hongkong erweiterten sie auf dem Festland um die *New Territories*. Portugal hatte die „Grundrente" für seinen Außenposten Macao, das es schon um 1557 gepachtet hatte, bereits zuvor aufgekündigt. Außerdem traten die Japaner, die nach der gewaltsamen „Öffnung" ihres Landes durch die Amerikaner (1853/1854) und durch Ungleiche Verträge mit ihnen und anderen europäischen Mächten zunächst in einen halbkolonialen Status gelangten, aber durch eine konsequente Modernisierung im Innern (Meiji-Restauration) ihre machtpolitische Schwäche überwunden hatten, in Korea und der Mandschurei als Konkurrent der Russen auf.

„Wettlauf um China"

Diese Amputationen Chinas, die in Europa und Ostasien ganz offen diskutierte weitere Aufteilung des „Reiches der Mitte" sowie die ständigen Sühneforderungen der Protektoratsmächte für ermordete Missionare dürften dann ebenso zum Ausbruch des Boxeraufstandes von 1900/1901 beigetragen haben wie sozioökonomische und soziokulturelle Veränderungen in China selbst nebst einer gescheiterten Reform („Hundert-Tage-Reform", 1898). Durch die Verbindung der sozialrevolutionären „Boxer" (chin. *Yihetuan*, „in Rechtschaffenheit vereinigte Faustkämpfer"), die in der Tradition der unzähligen Sekten und Geheimbünde Chinas standen, mit der reaktionären Hofkamarilla zu einer primär aus Fremden- und Christentumsfeindlichkeit genährten Abwehrbewegung gegen jeden westlichen Einfluss stellte der Aufstand eine ernste Bedrohung der in China engagierten Mächte dar. Die Ermordung des deutschen Gesandten in Peking, Klemens Freiherr von Ketteler, am 16. Juni 1900 führte dann dazu, dass das Deutsche Reich an die Spitze von europäischen Forderungen nach einer gemeinsamen Aktion gegen China trat. Bei der Verabschiedung des deutschen Kontingents eines internationalen Expeditionskorps am 27. Juli 1900 in Bremerhaven hielt Wilhelm II. seine berüchtigte „Hunnenrede" („Kommt Ihr vor den Feind, so wird er geschlagen, Pardon wird nicht gegeben, Gefangene nicht gemacht ... Wie vor tausend Jahren die Hunnen unter ihrem König Etzel sich einen Namen gemacht ..., so möge der Name Deutschland in China in einer solchen Weise bekannt werden, dass niemals wieder ein Chinese es wagt, etwa einen Deutschen auch nur scheel anzusehen"). Nach der Niederlage Chinas wurde das Land im Boxer-Protokoll vom September 1901 zur Zahlung einer hohen Kriegsentschädigung, zu Sühnegesandtschaften, einem Verbot fremdenfeindlicher Aktionen sowie einem Einfuhrverbot für Waffen gezwungen. Danach setzte sich jedoch die amerikanische Devise *open door* in China durch, der sich auch das Deutsche Reich verpflichtet fühlte. Gegenüber Annexionen und Kontributionen stellte die sogenannte kulturelle Invasion des Westens die Antwort der westlichen Imperialmächte auf den einsetzenden Modernisierungsschub Chinas nach den Demütigungen des Landes im Boxerkrieg dar.

Der Boxeraufstand

„Gelbe Gefahr“ – Das Bild des Asiaten in neuerer Zeit

Der Devise der Portugiesen für Asien („Christen und Gewürze)“ entsprach es, dass sie nach der Entdeckung des Seewegs nach Indien (1498) neben Handel und seegestützter Herrschaft auch missionarische Ziele zu verwirklichen suchten. In ihrem Machtzentrum in Asien, dem „goldenen Goa“, wie es auf Grund seines Reichtums und seiner herausragenden Stellung als europäische Dependance genannt wurde, verlief die Begegnung zwischen Indien und Europa allerdings als „Kulturzusammenstoß“ nach dem südamerikanischen Modell der „tabula rasa“. Trotz harter Strafen und einer indolenten Inquisition auf der einen und der Privilegierung von Neu-Christen auf der anderen Seite blieb die Zahl der Konversionen gering. Insbesondere in den höheren Kasten bedeutete die Annahme des Christentums einen persönlichen und gesellschaftlich kaum aufzuwiegenden Verlust (s. Band IV, S. 363 ff.). Darüber hinaus beschränkte sich der portugiesische Missionserfolg auf eine zeitweilige Zwangsunion der kastenmäßig lebenden Thomas-Christen mit Rom (1599/1653) sowie auf die Bekehrung der Fischer-Kaste der Paraver (Bharatas). Goa dagegen wandelte sich zu einem von Kirchen und Klöstern dominierten Zentrum des portugiesischen Katholizismus, so dass die Stadt, seit 1557/1558 Metropolitanbistum des gesamten asiatischen Ostens, die Bezeichnung „Nova Roma“ oder „Lissabon des Ostens“ erhielt.

Indienbild der Briten

Entsprechend ihren vorherrschenden Handelsinteressen wahrten die Engländer, anders als die Portugiesen, denen sie folgten, bis ins 19. Jahrhundert Zurückhaltung auf dem missionarisch-kulturellen Gebiet. Neben den „weißen“ Städten entwickelten sich zwar die *black towns*. Darüber hinaus aber empfanden die Engländer durchaus Respekt vor den Denk- und Lebensformen der Inder. Der typische Engländer im Indien des 17. und 18. Jahrhunderts lebte als Kaufmann beziehungsweise kaufmännischer Repräsentant, interessierte sich für die indische Kultur, betrachtete die Inder als gleichberechtigte Handelspartner und verkehrte mit den Eliten des Landes auf gleicher gesellschaftlicher Ebene. Um die Wende vom 18. zum 19. Jahrhundert erfuhr das Indienbild der Briten jedoch einen grundlegenden Wandel. Dieser hing, wie bereits geschildert, mit dem zunehmenden Herrschaftsanspruch in Indien und dem missionarischen Aufbruch in Großbritannien zusammen. Mit dem kolonialen „Zugriff“ ging die Verachtung für alles Indische parallel. Indien galt nunmehr als ein Land, in dem, verglichen mit den eigenen politischen, zivilisatorischen und materiellen Errungenschaften, Armut, Anarchie und Stagnation herrschten. Während man stolz auf die durch Aufklärung, Rationalismus und Säkularisierung hervorgebrachte moderne Zivilisation blickte und die eigene Welt auf diese Weise zum Maßstab und Vorbild aller anderen Kulturen erhob, gab man den traditionellen religiösen Sitten und Gebräuchen, in erster Linie dem Hinduismus, die Schuld an dem Zustand der indischen Gesellschaft. Inder galten künftig nicht selten als *Blacks* oder gar als *Nigger*.

Der portugiesische Handelsexpansionismus in Asien hatte auch Japan erstmals in Kontakt mit Europa gebracht (1543). So wie jedoch Kaufleute und christliche Sendboten Hand in Hand die etwa ein Jahrhundert währenden portugiesischen Beziehungen zu Japan eröffneten – was westliche Historiker das „Christliche Jahrhundert" Japans genannt haben (s. Band IV, S. 368 ff.) –, so sollten sie als Folge der politischen Einigung Japans mit der Zurückdrängung jeglicher Fremdeinflüsse auch gemeinsam das Land wieder verlassen müssen (1639). Bestehen blieben nur die erwähnten Handelskontakte der Holländer mit Japan von der vor Nagasaki künstlich angelegten, vom Festland isolierten Insel Dejima (Deshima) aus.

Japans Kontakt mit Europa

Aus dieser Zeit der selbst auferlegten Isolierung Japans stammt der Bericht des Lemgoer Arztes und Naturwissenschaftlers Engelbert Kaempfer, der im Dienst der niederländischen „Vereinigten Ostindischen Kompanie" zwei Jahre auf Dejima verbrachte und mit Hilfe eines einheimischen Informanten faszinierende Einblicke in das Japan des 18. Jahrhunderts gewinnen konnte. Über die Japaner schrieb er in der Vorrede seines Reiseberichts »Geschichte und Beschreibung von Japan« von 1779: „Und nun ist diese Nation, ohngeachtet ihres Stolzes und kriegerischen Geistes, doch ausnehmend freundlich, umgänglich und besonders so neugierig als nur irgend eine Nation auf der Welt seyn kann. Besonders sind die Japaner sehr begierig, von den Geschichten, Verfassungen, Künsten und Wissenschaften fremder Völker etwas zu erfahren." Während Kaempfer selbst den in Europa Abscheu hervorrufenden rituellen Selbstmord *(seppoku)* aus dem Ehrgefühl der Japaner rechtfertigte, zeichneten andere Autoren des Aufklärungszeitalters ein wenig schmeichelhaftes Japanbild. So schrieb Johann Gottfried Herder in seinen »Ideen zur Philosophie der Geschichte der Menschheit«, zwischen 1784 und 1791 verfasst: „Die Japonesen, ein Volk von Sinesischer Cultur, wahrscheinlich aber von Mongolischer Herkunft, sind fast durchgehends übel gewachsen, von dickem Kopf, kleinen Augen, stumpfen Nasen, platten Backen, fast ohne Bart und meistens von schiefen Beinen; ihre Regierungsform und Weisheit ist voll gewaltsamen Zwanges, nur ihrem Lande durchaus bequemet."

Das Japanbild der Europäer

An gleicher Stelle hatte es über die Chinesen geheißen: „Sinesen waren und blieben sie, ein Volksstamm mit kleinen Augen, einer stumpfen Nase, platter Stirn, wenig Bart, großen Ohren und einem dicken Bauch von der Natur begabet: was diese Organisation hervorbringen konnte, hat sie hervorgebracht; etwas anders kann man von ihr nicht fordern [...] Das Reich ist eine balsamirte Mumie, mit Hieroglyphen bemalt und mit Seide umwunden; ihr innerer Kreislauf ist wie das Leben der schlafenden Winterthiere." Mit diesen Worten zeichnete Herder ein Chinabild, das geraume Zeit vorhalten sollte und im imperialistischen Zeitalter über die kulturelle Abstufung hinaus eine rassistische Verschärfung erfuhr.

Das Chinabild der Europäer

Das enthusiastische Chinapanorama war verloren gegangen, das die Jesuitenmissionare des 17. und 18. Jahrhunderts von schönen Menschen und einem wohlgeordneten „Philosophen- und Gelehrtenstaat" entworfen hatten; entsprang doch die Chinabegeisterung im Zeitalter der Aufklärung mit ihren weitreichenden Auswirkungen auf die geistige, kulturelle und künstlerische Entwicklung in Europa in erster Linie diesen rühmenden Berichten. Noch den Philosophen der Frühaufklärung hatte das maßgeblich von jesuitischer Seite stammende Chinabild als Folie ihrer Kritik am hochabsolutistischen europäischen Staat gedient. Mit Herder und seinen Nachfolgern vollzog sich – wie im Fall Japans – ein so grundlegender Wandel des Chinabildes, dass man geradezu von einem Paradigmawechsel sprechen kann. Der Chinese war fortan nicht von angenehmen Äußeren – die englischen Kaufleute verspotteten ihn als schwerfälligen, in plumper Kleidung versinkenden „John Chinaman" –, und Staat, Kultur und soziales Leben waren in Statik, Stagnation und „orientalischer Despotie" (Hegel) erstarrt. Dem korrespondierten allerdings auf chinesischer Seite das Bild des „rothaarigen langnasigen Barbaren" oder „Ozeanteufels" sowie Schriftzeichen für Europäer, die man sonst für „Hunde", „Würmer", „Ziegen" und „Schweine" gebrauchte.

Chinas vorgebliche kulturelle Minderwertigkeit und Dekadenz manifestierte sich auch in der imperialistisch-rassistischen Farbskala. Nicht selten fanden sich die Chinesen nunmehr als „Gelbe" in einer Reihe mit den „Schwarzen" Afrikas und „Braunen" der Südsee. Um 1900 bezweifelte kaum mehr jemand, dass Chinesen „gelb" waren. Der Ursprung dieser Völker-Farbsymbolik lag allerdings bereits im aufkommenden biologischen Rassismus des ausgehenden 18. Jahrhunderts. Andererseits korrespondierte die europäische Farbbezeichnung „gelb" für die Chinesen mit deren eigenem Farbsymbolismus – man denke an den mythologischen „gelben Kaiser" als Kulturbringer, den „gelben Fluss" als das Ursprungsgebiet chinesischer Kultur und die Gleichsetzung des „Reiches der Mitte" und seiner Kaiser mit der Farbe „Gelb". Während die Chinesen das Zentrum der Welt, also ihr „Reich der Mitte", mit der Farbe „Gelb" verbanden, assoziierte man in der Farbsymbolik der Himmelsrichtungen den Westen – wie trefflich – mit „Weiß".

Völker-Farbsymbolik

Die große Anzahl der Chinesen („ameisenhaftes Volk"), ihre Betriebsam- und Anspruchslosigkeit („bienenhafter Fleiß") sowie die unterstellte kollektive „Seelenlosigkeit" evozierten zugleich jenes Schreckgespenst der „gelben Gefahr", das unter Einbeziehung der Japaner, erst recht nach deren Siegen über China (1895) und Russland (1905), als politische Bedrohung des „Westens" gesehen wurde. Einer der wichtigsten Popularisatoren dieses Schlagworts war Wilhelm II. Er hatte 1895 höchstpersönlich ein Bild entworfen, das den Erzengel Michael, den Patron der Deutschen, als Anführer, Beschützer und Mahner einer Gruppe allegorischer, in Walküregestalt aufgereihter Frauen zeigt, die die europäischen Nationen symbolisierten. Das ausgestreckte Flammenschwert richtete sich gegen eine als asiatisch erkennbare Landschaft mit darüber schwebender Buddhafigur. Das Gemälde, bei dem der Kasseler Kunstmaler Hermann Knackfuß Hilfestellung geleistet hatte, trug die Unterschrift: „Völker Europas, wahrt eure heiligsten Güter!" Das Bild sandte der Kaiser an Monarchen und Staatsoberhäupter, ließ es in Heliogravüren der Reichsdruckerei verbreiten und auf den Dampfern deutscher Ostasienlinien aufhängen. Auch in der fiktionalen Literatur des imperialistischen Zeitalters herrschen Klischees, Stereotypien und die herkömmlichen Topoi wie dasjenige der „verkehrten Welt" vor.

Schlagwort der „gelben Gefahr"

Was die offizielle Politik des Deutschen Reiches betraf, setzte man nach der Wende zum 20. Jahrhundert auf eine andere Karte, nämlich auf eine spezifisch „deutsche Kulturmission" im Rahmen der allgemeinen „kulturellen Invasion" des Westens nach dem Boxerkrieg. Zentrales Projekt der deutschen „Kulturmission im großen Stil", wie der »Ostasiatische Lloyd«, die Zeitung der nationalen Interessenlobby in China, schrieb, war die am 25. Oktober 1909 eröffnete Deutsch-Chinesische Hochschule. Sie stellte das Ergebnis einer engen deutsch-chinesischen Kooperation dar. In ihrer Verwaltung trug sie der kulturellen Souveränität Chinas Rechnung und war schon von daher Ausdruck einer geänderten Kulturpolitik des Deutschen Reiches.

Spezifisch „deutsche Kulturmission"

Daneben standen aber weiterhin die Vertreter eines deutschen kulturellen Suprematieanspruchs wie der namhafte Publizist des Kaiserreichs und China-Propagandist Paul Rohrbach, Verfechter des »Deutschen Gedankens in der Welt« (1912). Rohrbach repräsentierte jenen deutschen Kulturimperialismus, der sich mit seiner „Tiefe" und „Gründlichkeit" von der vorgeblichen „Oberflächlichkeit" und dem „Materialismus" der anderen westlichen Mächte in China unterscheiden wollte. Er musste seine Bewährungsprobe nicht bestehen. Denn nach dem Ersten Weltkrieg brachte die Nachkriegsordnung der Sieger beide Länder eher in partnerschaftlichen Kontakt. Eine neue Phase deutsch-chinesischer Beziehungen begann, die politisch zum Ausgleich führte und auch im kulturellen Bereich auf Angebot und Interesse setzte. Zwar blieben die beiden Stränge des drollig-komischen oder fremdartig-gefährlichen Chinesen beziehungsweise Asiaten noch lange im öffentlichen Bewusstsein, zum Teil bis nach dem Zweiten Weltkrieg. Aber seit den 1920er Jahren stand diesen Klischees eine gewisse China-Begeisterung entgegen, für die Namen wie Franz Werfel, Klabund, Alfred Döblin, Bert Brecht und nicht zuletzt Hermann Hesse stehen.

„Edler Wilder" oder „Kannibale"? – Ozeanien im kolonialen Zeitalter

Händler, Konsuln und Missionare

Mitte des 18. Jahrhunderts war die Südsee noch immer ein Meer voller Geheimnisse. Die Entdeckungsfahrten im Verlauf von mehr als zwei Jahrhunderten seit der ersten Weltumsegelung (1519/1522) durch Ferdinand Magellan hatten nur bruchstückhafte Ergebnisse gebracht. Die Gründe für die insgesamt geringen Fortschritte lagen sowohl in der unzulänglichen navigatorischen Ausrüstung als auch in der mangelhaften Organisation der meisten Fahrten. Zudem suchte jeder Kapitän seine Erfahrungen und jedes Land sein Wissen möglichst geheim zu halten, um zu verhindern, dass die Konkurrenten Nutzen daraus zu ziehen vermochten. Schließlich förderten die ständigen Kriege in Europa nicht gerade die Ausrüstung aufwendiger Übersee-Expeditionen.

Diese Situation änderte sich in der zweiten Hälfte des 18. Jahrhunderts. Die

Ursachen für den Beginn einer neuen Epoche der Entdeckungsreisen, nicht zuletzt in den pazifischen Raum, waren komplex. In erster Linie trugen zweifelsohne die Fortschritte im Schiffsbau und in der wissenschaftlichen astronomischen Navigation dazu bei. Mit Metallelementen verstärkte Schiffskörper boten nun mehr Schutz gegen die Holzfäule. Außerdem wurden die Takelage verbessert und der Schiffsraum erweitert.

Fortschritte in Schiffsbau und Navigation

Erste erfolgreiche Maßnahmen zur Bekämpfung der häufigsten Schiffskrankheit, des Skorbuts, kamen hinzu. Vor allem jedoch erlaubte die Erfindung des seetauglichen Chronometers durch den schottischen Uhrmacher John Harrison nunmehr auch eine exakte Längengradmessung, so dass es seit den 1760er Jahren jedem Schiffsführer möglich war, seine Position auf dem Meer genau zu bestimmen. Schließlich übernahmen jetzt immer häufiger die Regierungen selbst die Planung, Organisation und Finanzierung der Entdeckungsfahrten, die fortan zu einem vorrangigen Betätigungsfeld umfassend ausgebildeter Marineoffiziere wurden. Viele Kapitäne von Forschungsexpeditionen waren gleichzeitig gute Seeleute und Wissenschaftler; außerdem stand ihnen meist ein Stab von Gelehrten zur Seite.

Zu den ungelösten Rätseln der Zeit gehörte nach wie vor die Frage nach der Existenz eines riesigen Südkontinents. Bei der praktischen Suche nach der *Terra australis incognita* zeichnete sich allerdings insofern eine Wende ab, als jetzt die Engländer und Franzosen an die Stelle der Iberer und Holländer traten, womit gleichzeitig der französisch-englische „Wettlauf" um den Pazifik einsetzte.

Suche nach riesigem Südkontinent

Für Frankreich stand nach dem Verlust des nordamerikanischen und fast gesamten indischen Kolonialreiches an England (1763) sein Prestige als Weltmacht auf dem Spiel, so dass sich Erfolge in der Südsee als „Kompensationen" anboten.

1766 beauftragte Ludwig XV. den weitläufig gebildeten Comte Louis Antoine de Bougainville (1729–1811), eine „Informationsreise" in den Stillen Ozean zu unternehmen. An Bord der Fregatte *La Boudeuse* segelte der Graf durch die Magellan-Straße in den Pazifik, nahm Kurs auf die Gesellschaftsinseln und hielt sich längere Zeit auf der kurz zuvor von dem Engländer Samuel Wallis besuchten Hauptinsel Tahiti *(La Nouvelle Cythère)* auf, die er für Frankreich beanspruchte.

Die Weltumseglung Bougainvilles

Anschließend durchfuhr er die melanesische Inselwelt, passierte die Nordküste Neuguineas und gelangte durch die Sunda-Straße und über das Kap der Guten Hoffnung nach zwei Jahren und vier Monaten bei einem Verlust von sieben Mann nach Frankreich zurück (1769). Damit hatte zum ersten Mal ein Franzose die Welt umsegelt.

Mit der Übersetzung der Reisebeschreibung Bougainvilles ins Englische durch den deutschen Naturforscher Georg Forster im Jahr 1772 erfuhren gleichzeitig die englischen Aktivitäten im Hinblick auf den „Südkontinent" eine neuerliche Verstärkung. Das Problem sollte schließlich der aus bescheidenen Verhältnissen aufgestiegene Marineoffizier James Cook (1728–1779) lösen. Insgesamt unternahm der auch als Kartograph hochqualifizierte Cook drei Weltumsegelungen (1768/1771, 1772/1775, 1776/1779), verbunden mit einer intensiven Forschungstätigkeit in der Südsee. Im Zuge seiner wissenschaftlichen Forschungsreisen auf den drei Weltmeeren hatte

James Cook alle Fahrten seiner Vorgänger an Länge übertroffen. Mit bis dahin nicht gekannter Genauigkeit ist die pazifische Welt von ihm und den mitreisenden Forschern kartographiert und wissenschaftlich erschlossen worden. Vor allem lieferte er den endgültigen Beweis, dass der legendäre „Südkontinent", der Magnet jahrhundertelanger Fahrten in die Südsee, nicht existierte. Weitere Forschungsreisen und Weltumsegelungen von Engländern, Franzosen, Russen, Deutschen und anderen folgten, so dass bis etwa 1840 der Pazifik als nahezu bekannt gelten konnte. Das Entdeckungszeitalter in der Südsee war zu Ende.

James Cook

Die Entdeckungsreisen Bougainvilles und Cooks im letzten Drittel des 18. Jahrhunderts markieren noch in einer anderen Beziehung einen Wendepunkt in der Geschichte Ozeaniens. Denn mit ihnen beginnt gleichzeitig der Übergang von der Entdeckungs- zur Kolonialgeschichte. Die daran anschließende koloniale Aufteilung dauerte allerdings – im Vergleich zu 300 Jahren Entdeckungsgeschichte – nur exakt 78 Jahre: 1828 besetzten die Niederländer das westliche Neuguinea, 1906 errichteten die Engländer und Franzosen, die sich nicht über die Aufteilung der Neuen Hebriden einigen konnten, ein Kondominium über die Inselgruppe. Mit dieser Übereinkunft war der gesamte pazifische Raum kolonial verteilt. Träger der kolonialen „Öffnung" waren Händler und Missionare. Auf diesen beiden Säulen beruhte das Fundament des westlichen Kolonialexpansionismus im gesamten Südseeraum. Da Handelsagenten wiederum oft konsularische Aufgaben für ihre Nationen übernahmen, ging nicht zuletzt von diesen *men on the spot* ein zusätzlicher Subimperialismus aus. Im Zusammenhang mit den nationalistischen Streitereien deutscher, englischer und amerikanischer Konsuln in der Samoa-Frage sprach Otto von Bismarck, von formellen Herrschaftsansprüchen in diesem Archipel weit entfernt, geradezu von den „Exzessen" des *morbus consularis* („Konsularkrankheit"). Aber auch Missionare riefen immer wieder, auch und gerade wenn die Konkurrenz durch fremde Nationen oder Konfessionen drohte, nach dem Kolonialstaat.

Übergang zur Kolonialzeit

Ausgangspunkt der wirtschaftlichen Erschließung der Südsee war die dritte Reise Cooks, während der die Engländer auf Hawaii für ein paar Nägel Seeotterfelle erworben hatten, die man in China teuer verkaufen konnte. Die Nachrichten hierüber ließen europäische Händler aufhorchen. Als die Seeotterfelle wegen der Ausrottung der Tiere spätestens um 1825 zu Ende gingen, ersetzte das Sandelholz die Pelze. Sandelholz wurde für Schnitzarbeiten und Luxusgegenstände sowie zur Herstellung von Duftstoffen und Likör verwendet und war ebenfalls in China begehrt. Der Sandelholzhandel legte nicht nur den Grundstock für den amerikanischen Einfluss auf Hawaii, sondern er führte auch dazu, dass der Hawaiianische Archipel binnen zweier Jahrzehnte abgeholzt war. Andere Inseln wie Fidschi und die Marquesas erlitten ein ähnliches Schicksal. Ein weiteres Produkt vornehmlich für den China-Markt war der Trepang, eine getrocknete Seegurke, die als Delikatesse und Aphrodisiakum diente. Als später Felle, Sandelholz und Trepang nicht mehr allein die Fracht bestimmten, sammelten europäische Händler unterschiedliche Frachtgüter auf den verschiedenen Inseln und bedienten den gesamten ostasiatischen Raum. Auf

Handel in der Südsee

diese Weise erlebten einzelne Handelshäuser wie die Hamburger Firma Johann Cesar Godeffroy einen geradezu rasanten Aufstieg. Die Mehrzahl der englischen, französischen und vor allem US-amerikanischen Schiffe waren jedoch Walfänger. Ihre Besatzungen rekrutierten sich zum Teil aus Einheimischen, während umgekehrt desertierte Matrosen und entlaufene Strafgefangene als „Strandläufer" eine Art Zwischen(händler)schicht bildeten.

Mit der fortschreitenden kolonialen Aufteilung der Südsee gingen die westlichen Expansionsmächte von der Konzentration auf ein Produkt beziehungsweise dem „Sammeln" von Kolonialerzeugnissen zur Anlage von Plantagen und zum Abbau von Mineralien über. Die wichtigsten „Marktprodukte" Ozeaniens waren Phosphate, Ananas, Zucker, Baumwolle und – an der Spitze – Kopra, das getrocknete, fettreiche Fleisch der Kokosfrucht. Dieses Hauptnahrungsmittel der Einheimischen, das auch zum schützenden Einreiben des Körpers diente, verwendeten die Europäer für Schmierstoffe, Öle, Fette und Seifen. Während der Abbau von Phosphaten auf einigen Inseln wie Nauru europäisch-amerikanischen Konsortien Riesengewinne bescherte, standen die Großplantagen nicht selten vor einem Arbeiterproblem. Die Folge war der Import von Fremdarbeitern namentlich aus China, Indien und dem Malaiischen Archipel sowie eine meist gewaltsame Rekrutierung von Arbeitskräften insbesondere von den Melanesischen Inseln. Todesraten von bis zu 75 Prozent auf manchen Plantagen waren keineswegs eine Ausnahme.

„Marktprodukte" Ozeaniens

Austauschprodukte der Amerikaner und Europäer waren in der Anfangsphase Eisenwaren, Stoffe, Branntwein, Gewehre und Schießpulver. Nicht zuletzt mit den Waffen der Neuankömmlinge erweiterten eine ganze Reihe von lokalen Potentaten – zumeist im Gebiet günstiger Landeplätze – ihre kriegerische Machtbasis und proklamierten sich zu *kings*. Die Europäer brachten aber auch ihre Bakterien mit in den bis dahin unberührten pazifischen Raum, denen die einheimischen Bewohner in großen Zahlen erlagen, in der Anfangsphase des Kontaktes oft über die Hälfte der ursprünglichen Bevölkerung. Die spätere Zuwanderung von Chinesen, Japanern, Indern und Malaien, sei es als Händler, sei es als Arbeitskräfte, führte überdies zu einer Änderung der Bevölkerungszusammensetzung. Nicht selten – wie auf Fidschi – dominierten die Zuwanderer die indigenen Bewohner, und fast überall entstanden Kreolgesellschaften im Rahmen des westlichen Kolonialsystems. Durch die Einbindung in die Ökonomie des Westens veränderten sich zudem die Kleidung, die Wohnungsformen, der Gebrauch von Werkzeugen, vor allem jedoch das gesamte Arbeitsverhalten und Erwerbsleben.

Westliche Austauschprodukte und Einflüsse

Den größten Wandel im Leben der Südseebewohner dürfte jedoch die westliche Mission hervorgerufen haben. Durch ihre Tätigkeit haben die christlichen Sendboten nicht nur – wie die Händler – zu einer allmählichen Veränderung der herkömmlichen Wirtschafts- und Sozialstrukturen beigetragen, sondern auch das gesamte geistig-kulturelle Normengefüge, das die von religiösen Mythen, Kulten und Sanktionsmechanismen (*tabus*) bestimmten Gesellschaften zusammenhielt, nachhaltig umgeformt. Beste Beispiele für diesen bereits in der ersten Hälfte

Westliche Mission

des 19. Jahrhunderts einsetzenden politisch-sozialen, ökonomischen und religiös-kulturellen Wandel sind die neu entstandenen christlichen Monarchien Polynesiens wie die der Pomaré auf Tahiti, der Kamehameha auf Hawaii und der Tupou auf den Tonga-Inseln.

Gelang es dem abendländischen Christentum namentlich in Polynesien, innerhalb weniger Jahrzehnte Fuß zu fassen, so lagen die Inseln Melanesiens und Mikronesiens noch bis in die zweite Hälfte des 19. Jahrhunderts hinein im Windschatten missionsstrategischer Entwürfe und Erfolge. Die ersten Missionsversuche der Spanier waren längst versickert – mit der Ausnahme Guams – und in Vergessenheit geraten. Neuere Vorstöße einzelner Missionare oder Missionsgruppen, an denen es nicht fehlte, scheiterten zumeist tragisch. In kaum einem anderen Gebiet hatten die Missionare einen so hohen Blutzoll zu zahlen. Als Ursachen lassen sich eine ganze Reihe von Gründen anführen: die Zersplitterung der Inselwelt, das für Europäer höchst unverträgliche Klima mit dem ständig gegenwärtigen Malaria-Fieber, das undurchdringliche Hinterland, verheerende Taifune, Kannibalismus und Kopfjagd sowie die Existenz verschiedenster Sprach- und Kulturgruppen. In Melanesien gab es zudem kein institutionalisiertes Häuptlingstum. Erst in den 1860er und 1870er Jahren wurde die Inselwelt Melanesiens und Mikronesiens zu einem Anziehungspunkt für europäische Händler und Missionare. Seit den 1880er Jahren folgten im Zuge des europäischen „Wettlaufs“ um Kolonialbesitz die Imperialmächte, die in diesem heute als nahezu vollständig christianisiert geltenden Gebiet ihre Einflussbereiche abgrenzten. Pflanzungsgesellschaften sowie einige Phosphatabbau-Unternehmen bestimmten mit ihren rigiden Arbeiterrekrutierungsmethoden das Leben in jenen Gebieten, die dem kolonialen Zugriff unterlagen.

Melanesien und Mikronesien

Aborigines und Maori

Während im polynesischen, melanesischen und mikronesischen Raum die westlichen Expansionsmächte in erster Linie als Händler und Missionare auftraten und eine Ansiedlung kaum vorkam, wurden Australien und Neuseeland zu ausgesprochenen Siedlungskolonien. Siedlungskolonisation stellte jedoch in der neueren europäischen Kolonialgeschichte eine besonders aggressive Form des Expansionismus dar, da sie zumeist zu einer Versklavung, Verdrängung oder gar Vernichtung der Urbevölkerung führte. Diese Feststellung gilt nicht zuletzt für Australien und Tasmanien. Dabei hatte sich die erste Begegnung mit den noch weitgehend auf der Stufe von Sammlern und Jägern stehenden, in Gruppen von 20 bis 200 Menschen zusammenlebenden und vom Totemismus gesellschaftlich und religiös geprägten Ureinwohnern – heute offiziell „Aborigines“ genannt – durchaus freundlich gestaltet, als die *First Fleet* am 26. Januar 1788 700 Strafgefangene in das von Cook als „Neu-Südwales“ in Besitz genommene Land brachte, für das sich seit 1814 der Name „Australien“ einbürgerte.

Rückgang der Ureinwohner

Kleine Übergriffe der Aborigines und Racheakte der freigelassenen Strafgefangenen und ersten Siedler führten aber bald zu Konflikten, die sich mit der wachsenden Zahl von Kolonisten verschärften. Seitdem standen die Aborigines, deren Zahl sich bei der ersten Kulturberührung auf ca. 300.000 belaufen haben könnte, vor einem erbarmungslosen Verdrängungs- und zum Teil systematischen Ausrottungsprozess. Seuchen und Epidemien vollendeten auch in Australien, was brutale Härte noch nicht bewerkstelligt hatte. So ist bereits ein Jahr nach Ankunft der Engländer in der Botany Bay nahezu die Hälfte der im Gebiet des heutigen Sydney lebenden Aborigines der ersten Pockenepidemie zum Opfer gefallen. Verheerende Wirkung hatten zudem Geschlechtskrankheiten und Alkohol. Darüber hinaus machten in Australien und Tasmanien Siedler, freigelassene Strafgefangene und Soldaten geradezu Jagd auf die Einheimischen – bis hin zu Tötungskampagnen. Erst gegen Ende des 19. Jahrhunderts sollten sich die Verwaltungen sowie eine im frühkolonialistischen Zeitalter weitgehend desinteressierte Mission zu einer Schutzpolitik – mit der Einrichtung von Stationen und Reservaten – entschließen.

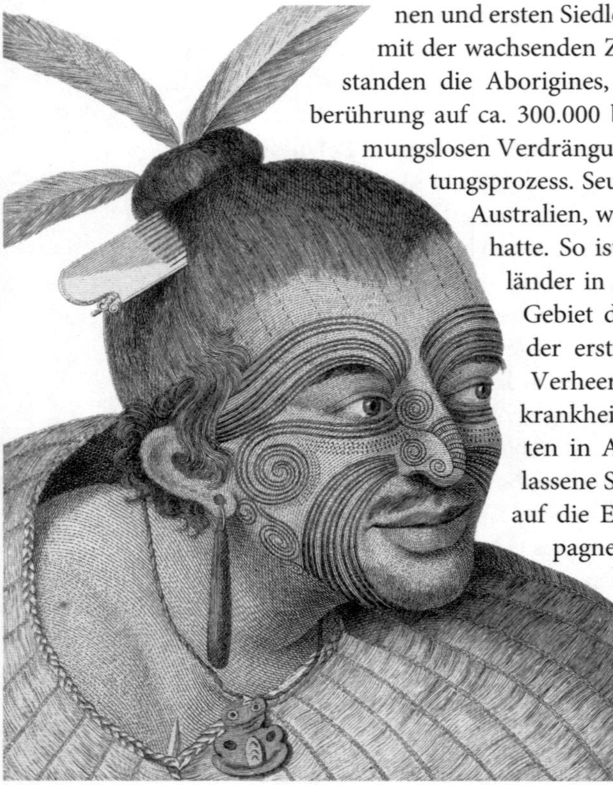

Kopf eines Maori-Häuptlings aus Neuseeland. Er trägt Federn und einen Kamm im Haar, ist im Gesicht tätowiert und trägt Ohrringe sowie ein Fruchtbarkeitssymbol als Kette um den Hals (1773).

Parallel zum Rückgang der Ureinwohner stieg die Zahl der Siedler an, die sich vor allem in der Schafzucht betätigten. Ihren Charakter als Sträflingskolonien hatten Australien und Tasmanien seit der Mitte des 19. Jahrhunderts verloren. Ackerbau und Viehzucht kamen jetzt zur Schafzucht hinzu, während die Entdeckung von Goldvorkommen (seit 1851) einen ersten „Goldrausch" auslöste – mit der Folge, dass die Bevölkerungszahl binnen weniger Jahre die Millionengrenze überschritt. Gleichzeitig ging die ungeordnete Landnahme vom Süden und Südosten aus weiter, wobei sich die fast ausschließlich britischen Siedler in eigenen und selbstverwalteten Kolonien oder Provinzen zusammenschlossen. Erst nach 1885 fassten sie die Einrichtung zentraler Organe und einer Konföderation ins Auge.

Gewalt stand am Beginn der Begegnung mit der einheimischen Bevölkerung Neuseelands, den Maori. Bereits bei der Entdeckung durch Abel Tasman 1642 wurden vier der Seeleute des holländischen Seefahrers von den Einheimischen erschlagen. James Cook, der wie im Falle Australiens Englands Besitzansprüche anmeldete, hob den Kannibalismus, die ständigen Kriege wie überhaupt das Moment der Streitlust in der Lebensart der Maori hervor, obgleich er ihnen auch einige Attribute des

„edlen Wilden“ zubilligte. Ein Massaker an der Besatzung der *Boyd* im Februar 1810 intensivierte das kursierende Horrorbild von den „Menschenfressern“ Neuseelands. In der Tat waren Kämpfe und Kriege in einer Gesellschaft, die sozialpolitisch aus ziemlich kleinen, ihre Herkunft von den Einwandererschiffen aus dem östlichen Polynesien herleitenden Einheiten bestand und in der die Rache *(utu)* einen gewohnten Vergeltungsmechanismus darstellte, eine ständige Begleiterscheinung des Lebens. Die wichtigsten religiös-politischen Regulative der von einem Geisterglauben beherrschten Maori-Gesellschaft waren *tapu* und *mana*, *tapu* als Ver- und Gebotskatalog mit Sanktionsmechanismus und *mana* als das vom Maß der persönlichen Errungenschaften und Auszeichnungen bestimmte persönliche Heil, das jedoch auch Dingen anhaften konnte. Der Großteil der 1773 auf etwa 240.000 Maori geschätzten Bevölkerung lebte im Bereich der Bay of Islands im Norden von North Island, wo sich auch seit Ende der 1790er Jahre die Kontakte zwischen Einheimischen und europäischen Händlern, Robben- und Walfängern, von Neu-Südwales entflohenen Sträflingen und Deserteuren und schließlich den Missionaren häuften.

Die Maori

Die Folge war auch in Neuseeland ein Anwachsen der weißen Bevölkerung, zusätzlich gefördert von einer eigens als Landkauf- und Siedlungsorganisation firmierenden *New Zealand Company* (1839). Gleichzeitig hatte der Erwerb von europäischen Waffen zu einer allmählichen Verschiebung des Machtgleichgewichts geführt und einige Stammesoberhäupter zu mächtigen Kriegshäuptlingen aufsteigen lassen, die das Land mit Beutezügen überzogen. Die immer blutiger gewordenen Kriege, aber auch der für die Maori sichtbare erschreckende Bevölkerungsrückgang auf Grund von Seuchen führten schließlich durch die Vermittlung der Mission zum Vertrag von Waitangi (6.2.1840). In ihm garantierte die englische Königin Victoria im Gegenzug für die Erlangung der Souveränität über Neuseeland den Besitzanspruch der Maori auf ihr Land, ihre Wälder, ihr Eigentum und ihre Fischgründe. Nur die Kolonialregierung sollte das Recht zum Kauf und Verkauf von Land besitzen, über dessen Preis beide Parteien Einvernehmen erzielen mussten. Außerdem wurden den Maori alle Rechte und Privilegien von britischen Staatsbürgern verliehen. Als aber immer mehr Siedler immer mehr Land für die Schafzucht begehrten, setzten sich die Maori zur Wehr. Zudem machte sie das Wahlrecht in der neuen Verfassung von 1853, das an Eigentum gebunden war, wohingegen die Eingeborenen keinen Individualbesitz kannten, zu Objekten der Kolonialpolitik, deren Angelegenheiten in eine Behörde für *Maori Affairs* und in ein *Maori Protectorate Department* abgeschoben wurden. Der Zorn über die offenbare Missachtung ihrer traditionellen und verbrieften (Land-)Rechte entlud sich in Massakern und gegenseitigen Vergeltungsschlägen, die in die Maorikriege (1845/1872) mündeten.

Vertrag von Waitangi und Maorikriege

Erst gegen Ende des 19. Jahrhunderts wurden von der neuseeländischen Regierung und den Missionaren Maßnahmen zur Rettung der von Ausrottung und Aussterben bedrohten Maori eingeleitet. Nach der Wende zum 20. Jahrhundert ist ihre Zahl wieder in einem ständigen Wachstum begriffen (Bevölkerungsanteil heute bei etwa 15 %). Auch ihre politische Diskriminierung hat aufgehört – sie sind in Parlament und Regierung vertreten –, ihre gesellschaftliche und soziale keineswegs.

Deutschlands Südseeimperium

Seit der Mitte des 19. Jahrhunderts geriet die pazifische Inselwelt auch in das Blickfeld deutscher Handelsfirmen, allen voran des Hamburger Handelshauses Johann Cesar Godeffroy & Sohn. Von Valparaíso aus bauten die Nachfahren französischer Hugenotten ein regelrechtes Handelsimperium in der Südsee mit Schwerpunkt in Apia auf Samoa auf. Es umfasste ausgedehnte Kokosnuss- und Baumwollpflanzungen. Der Hauptvertreter der Firma in Polynesien, Theodor Weber, fungierte in Apia zugleich als deutscher Konsul. 1876 schloss er einen Handelsvertrag mit den Tonga-Inseln, 1879 im Verbund mit Engländern und Amerikanern mit Samoa, der die gemeinsame wirtschaftliche Erschließung des Archipels sicherte.

Erstes konkretes Kolonialobjekt wurde jedoch Neuguinea, die größte Melanesische Insel. Nach ihrer Entdeckung im Jahre 1526 war sie weitgehend in Vergessenheit geraten; erst in der zweiten Hälfte des 19. Jahrhunderts wurde sie wieder Anziehungspunkt für europäische Händler. Das von dem Bankier Adolph von Hansemann und weiteren Großfinanziers 1882 gebildete Neuguinea-Konsortium richtete seine Bestrebungen auf den Erwerb des nordöstlichen Teils der Insel, nachdem die kolonialen Ansprüche der Australier auf den Südteil der Insel als vorrangig anerkannt worden waren und der Westteil ohnehin zu Niederländisch-Indien (Indonesien) gehörte. Im Herbst 1884 schloss Otto Finsch, der Forschungsagent des Neuguinea-Konsortiums, mehrere Erwerbsverträge in diesem Bereich ab. Durch sie sicherte sich die Berliner

Neuguinea

Gesellschaft ein Gebiet von mehr als 200.000 Quadratkilometern, das den gleichen kaiserlichen Schutz wie die afrikanischen Investitionen der Hansestädte erhielt. Im November und Dezember 1884 zogen Finsch und deutsche Schiffskapitäne an verschiedenen Stellen Nordostneuguineas, auf Neubritannien und auf umliegenden Inseln die Reichsflagge auf. Ohne Schwierigkeiten gelangten schließlich im November die „unbestritten herrenlosen“ mikronesischen Marshall-, Providence- und Browninseln in die deutsche Schutzsphäre. Am 6. April 1886 grenzten England und Deutschland ihre beiderseitigen Interessensphären endgültig ab. Neben dem anerkannten Besitz von Nordostneuguinea (Kaiser-Wilhelms-Land) und dem Archipel von Neubritannien, seit dem 19. Mai 1885 offiziell „Bismarck-Archipel“ mit den Inseln Neu-Mecklenburg, Neu-Lauenburg und Neu-Pommern, verblieben die westlichen Salomonen mit den Eilanden von Buka, Bougainville, Choiseul und Ysabel in deutschem Besitz.

Im Zusammenhang mit den Südsee-Erwerbungen von 1884/1885 waren auch die Karolinen in den Blickpunkt der deutschen Kolonialpolitik geraten. Da die Inselgruppe in den erwähnten deutsch-britischen Verhandlungen zur deutschen Interessensphäre geschlagen wurden und Spanien bis dahin kein sonderliches Interesse an den von ihm entdeckten Inseln („Carolinas“ genannt nach Karl II. von Spanien) gezeigt hatte, besaß Bismarck keine Bedenken, die Reichsflagge durch das Kriegsschiff „Iltis" auf den Palau- und Karolinen-Inseln hissen zu lassen. Als jedoch die Karolinenfrage von einer nationalistischen Öffentlichkeit in Spanien hochgespielt wurde und die politischen und für Deutschland höchst vorteilhaften wirtschaftlichen deutsch-spanischen Beziehungen ernstlich gefährdete, war Bismarck der Meinung, dass die Karolinenangelegenheit keine Kolonialfrage mehr sei, sondern eine politische Angelegenheit. Geschickt lancierte er das von Papst Leo XIII. ausgesprochene Karolinenurteil vom 22. Oktober 1885, das den Deutschen volle Handels- und Niederlassungsfreiheit auf den Karolinen sowie das Recht zur Errichtung einer Kohlenbunkerstation sicherte. Erst nach dem Spanisch-Amerikanischen Krieg von 1898 konnte das Reich die Karolinen-, zusammen mit den Marianen- und Palauinseln, für 25 Millionen Peseten im Jahre 1899 vom Verlierer Spanien erwerben.

Karolinenfrage

Im selben Jahr kam es auch zu einer Entscheidung über Samoa. Zuvor war das Geschehen auf dieser Inselgruppe von rivalisierenden amerikanischen, englischen und deutschen Interessen bestimmt gewesen. 1889 ging dieser Zustand zunächst in eine von diesen drei Mächten gemeinsam ausgeübte Regierungsgewalt bei Wahrung der Fiktion einer autonomen samoanischen Königsgewalt über. Dieses Tridominium funktionierte mehr schlecht als recht bis 1899, um dann in einer deutsch-amerikanischen Interessenteilung zu enden. Während die Engländer zum Ausgleich für die Aufgabe ihrer Rechte – unter dem Druck des Burenkrieges – den größten Teil der Salomon-Inseln (mit Ausnahme von Bougainville und Buka) und die Tonga-Inseln erhielten, teilten die USA und Deutschland Samoa untereinander, wobei das Reich mit Upolu und Savaii den größeren Anteil in Besitz nehmen konnte.

Entscheidung über Samoa

Die Südseekolonien waren Handelskolonien und damit weniger den für Siedlungskolonien charakteristischen Konflikten ausgesetzt. Zwar ist es auch in der deutschen Südsee in Einzelfällen zu gewalttätigen Protesten gekommen, wobei Landverkauf, Steuererhebung und der zwangsweise Einzug zum Straßenbau die Hauptursachen waren. In den meisten Fällen genügte aber bereits eine Demonstration der Stärke, wie sie das Auftauchen eines Kanonenbootes darstellte. Davon abgesehen hat die Bevölkerung der deutschen pazifischen Kolonien im Allgemeinen die Gegenwart der „Weißen" akzeptiert und sich auf deren Forderungen flexibel eingestellt, zumal Siedler nur in geringer Zahl nach Neuguinea und Samoa kamen. Eine Rolle für den geringeren kolonialen „Zugriff" in der Südsee spielte natürlich auch die kleine Schicht der Kolonialherren. In Deutsch-Neuguinea lebten nicht mehr als ungefähr 1000 Europäer, auf Deutsch-Samoa etwa 500. Es handelte sich fast ausschließlich um Verwaltungsbeamte, Händler, Pflanzer und Missionare. Der Handel stand im Vordergrund der wirtschaftlichen Aktivitäten, wenngleich er nur 0,14 Prozent des deutschen Gesamtaußenhandels ausmachte. Kopra war das wichtigste Exportprodukt der Kolonie (überwiegend aus einheimischer Produktion), gefolgt von Kautschuk und Kakao sowie Phosphat von den Inseln Nauru und Angaur.

Geringer kolonialer „Zugriff"

Von einer wirklichen administrativen Kontrolle des Schutzgebietes konnte somit keine Rede sein. Trotz einer Serie von geographischen, anthropologischen und ethnologischen Expeditionen nach 1907, ausgerüstet von deutschen Museen und kolonialen und wissenschaftlichen Gesellschaften, die das steigende Interesse des Mutterlandes an der bis dahin stiefmütterlich behandelten Kolonie dokumentierten, standen die größten Teile des Neuguinea-Festlandes und des Bismarck-Archipels allenfalls unter nomineller Kontrolle. Die meisten Bewohner dieses weitläufigen Imperiums zahlten nicht einmal eine Kopfsteuer.

„Mythos Südsee" – Das Bild des Ozeaniers in neuerer Zeit

Wirkung und Popularität verdankten die großen Südseeforscher nicht zuletzt ihren ein breites Publikum faszinierenden Reiseberichten. So hat der Franzose Bougainville die Erlebnisse und Erfahrungen seiner Südseefahrt 1771 unter dem Titel »Reise um die Welt« veröffentlicht. Bedeutung gewannen dieses Werk sowie ein gleichzeitiger Bericht des mitreisenden Arztes und Botanikers Philibert Commerçon im angesehenen »Mercure de France« aber nicht nur durch die in ihnen festgehaltenen neuen wissenschaftlichen Erkenntnisse, sondern vor allem durch die Schilderungen des Südseezaubers und der dort in absoluter Harmonie mit der Natur lebenden Menschen. „Ich glaubte mich in den Garten Eden versetzt", schrieb Bougainville über das mit allen Attributen paradiesischer Schönheit versehene Tahiti, die Hauptinsel der zentralpolynesischen Gesellschaftsinseln. Damit trugen er und seine zeitgenössischen Mitentdecker zur Neubelebung jenes älteren Mythos vom „edlen Wilden" bei, der sich nun aus dem Vergleich der Südseewelt mit dem irdischen Paradies und der Idealisierung der Einwohner als noch ungeformte und unverbildete „Wilde" ergab.

Faszinierende Reiseberichte

Diese Sichtweise sollten auch jene Südseebewohner „veranschaulichen", die die Entdecker mit nach Europa brachten. Insbesondere zwei von ihnen sind zu einer gewissen Berühmtheit gelangt: der Tahitianer Aoutourou und Omai, ein Bewohner Raiateas. Aoutourou kam mit Bougainville nach Paris, wo der Graf den Tahitianer der europäischen Mode entsprechend kleidete und in die französische Gesellschaft einführte. Eine Audienz bei Hof und ein Treffen mit dem Präsidenten der *Académie des Sciences* gehörten ebenso zum Programm wie Besuche der Oper und anderer Veranstaltungen. Nach Bougainvilles Vorstellungen sollte Aoutourou in Frankreich eine wissenschaftliche Erziehung genießen und nach der Rückkehr in seine Heimat – als „Prinz von Tahiti" – die Interessen Frankreichs vertreten. Dieses ehrgeizige Kolonialprogramm scheiterte nicht nur an Aoutourous frühzeitigem Tod – er starb auf der Rückreise an Pocken –, sondern bereits zuvor an dem Unvermögen des Tahitianers, die französische Sprache zu erlernen, abgesehen davon, dass er tatsächlich wohl nicht einmal zur Führungsschicht seines Volkes gehörte. Immerhin erschienen nach seinem Aufenthalt in Frankreich mehrere Romane über den Besuch eines Südsee-Insulaners in Frankreich, bis hin zu einer Abhandlung über die Französische Revolution, die von Aoutourou stammen sollte.

Südseeinsulaner in Europa

Der zweite namhafte Südsee-Besucher Europas im Aufklärungszeitalter war Omai, der – auf eigenen Wunsch – im Zuge der zweiten Cook-Reise nach England gelangte. Ungeachtet seiner offenbar niedrigen Abstammung wurde er als Angehöriger der tahitischen Adelsschicht in die Londoner Gesellschaft eingeführt und bei Hof vorgestellt. Zwei Jahre lang bildete der Südsee-Insulaner den kulturellen Anziehungspunkt gesellschaftlicher Veranstaltungen, inspirierte Künstler und Literaten und wurde mehrfach von Malern und Zeichnern in exotischer Pose abgebildet. Letztlich dienten der „Mythos Tahiti" und der Topos des „edlen Wilden", den Aoutourou und Omai verkörperten, Philosophen, Literaten und Publizisten aber nur zur Kritik an der eigenen, als überzivilisiert betrachteten Gesellschaft und den in Europa herrschenden politischen und sozialen Verhältnissen, nicht dem Verständnis einer fremden Kultur und fremder Menschen.

In der Pose des „edlen Wilden" malte Joshua Reynolds den Tahitianer Omai, den James Cook auf seiner zweiten Weltumseglung 1775 nach London brachte.

Das von europäischer Zivilisations- und Gesellschaftskritik geprägte Südseebild entsprach ohnehin kaum der Wirklichkeit – namentlich Tahitis; war die Inselbevölkerung doch zur Zeit der Ankunft der ersten Europäer eine der sozial am meisten differenzierten Gesellschaften. Es existierten drei beziehungsweise vier streng voneinander getrennte Schichten: die über die Reichtümer des Landes und eine besondere Heiligkeit *(mana)* verfügenden Häuptlinge, die wirtschaftlich unabhängigen Freien, das gemeine Volk und eine Sklavenkaste. Ein Menschenopfer verlangender Kult („Oro-Kult") und eine einflussreiche Priesterschicht hielten das hierarchisch fest gefügte politisch-soziale System mit Furcht und Sanktionen zusammen. Erweckte Missionskreise in England und Amerika sahen außerdem, im Gegensatz zu ihren aufgeklärt-säkularisierten Zeitgenossen, in der Südsee nicht nur ein Paradies der Unschuld; fristeten nach ihrer Überzeugung doch diese „Wilden" vorerst noch ihr Leben in der „Nacht" des „Heidentums" („Eden nach der Vertreibung"). Eine

Realitäten in der Südsee

puritanisch-asketische Mission hat daher in der Südsee mit vielen Traditionen (Tätowierung) und Vorstellungen rigoros gebrochen. Die unmittelbaren Folgen dieses mehr oder weniger erzwungenen religiös-kulturellen Wandels hat der russische Seefahrer deutscher Herkunft Otto von Kotzebue anschaulich aus eigener Erfahrung beschrieben. Über die seit seiner ersten Berührung mit den Eingeborenen Hawaiis im Jahre 1816 geänderte Situation räsonierte er während seiner zweiten Reise fast ein Jahrzehnt später: „Die sonst so lebhaften Straßen sind jetzt leer; alle Spiele, ohne Ausnahme, auch die allerunschuldigsten, sind strenge verboten; singen ist ein Verbrechen, das hart bestraft wird, und wer vollends den Frevel gar bis zum Tanzen triebe, würde vor seinen strengen Richtern unter keiner Bedingung Erbarmen finden. Sonntags darf weder gekocht noch überhaupt Feuer angemacht werden. Den ganzen Tag wird nichts gethan, als gebetet, man kann sich denken, mit welcher Andacht."

Religiös-kultureller Wandel

In Deutschland trat die Südsee ebenfalls im Zusammenhang mit den Entdeckungsfahrten Bougainvilles und Cooks in das öffentliche Bewusstsein. Maßgeblichen Anteil hatte die Reisebeschreibung des Naturwissenschaftlers Georg Forster, der mit seinem Vater den Engländer James Cook auf dessen zweiter Reise begleitet und darüber einen höchst einflussreichen Bericht (»Eine Reise um die Welt«, 1777) verfasst hatte. Wenn auch Forsters Darstellung zum Tahiti-Mythos beitrug („Nach allem, was wir auf dieser Insel gesehen und erfahren, dünkte sie uns, im Ganzen genommen, einer der glücklichsten Winkel der Erde"), verlieh er jener als Paradies erlebten und gerühmten Welt doch wesentlich realistischere Konturen. Dennoch führte das um die Wende zum 19. Jahrhundert ausbrechende „Tahiti-Fieber" auch in Deutschland zu phantastischen Auswanderungsprojekten und ersten „fluchtutopischen" Plänen. Ansonsten diente die Südsee eher als Vorlage für Romane wie denjenigen der Weltreisenden Adalbert von Chamisso und Friedrich Gerstäcker denn als Zielgebiet von auswanderungswilligen Deutschen.

Der Tahiti-Mythos

Mit dem Erwerb der Südseekolonien festigte sich der „Mythos Südsee" in Deutschland. Die „Südsee-Bewohner" demonstrierten weiterhin den „Ursprünglichkeitsaspekt" („Naturkinder") und standen damit immer noch in der Tradition jenes im 18. Jahrhundert aufgekommenen romantischen Südseebildes mit friedlich-unschuldigen, in einer bukolischen Landschaft lebenden Menschen. Zum anderen vereinigten sie auf geradezu ideale Weise die Sehnsucht der Zeit nach Exotik und Erotik, wobei es allerdings zwischen der Wahrnehmung der Polynesier auf der einen und der Mikronesier und Melanesier auf der anderen Seite erhebliche Unterschiede gab. Denn während die „schönen", „braunen" Samoaner als „Herrenvolk eigener Art" und „Germanen der Südsee" – selbst mit den antiken Griechen wurden sie verglichen – stilisiert wurden, war das Bild der „dunklen" Mikronesier und „schwarzen" Melanesier weniger euphorisch. Im Allgemeinen charakterisierte man Letztere, trotz aller regionalen und äußeren Unterschiede, als diebisch, träge, kindlich, kriegslüstern und grausam. Dennoch entgingen auch die kulturell höher eingestuften Polynesier nicht der Praxis, auf Jahrmärkten oder in Zoos vorgeführt zu werden. In Carl Hagenbecks

„Tierpark“ fehlten sie ebenso wenig, wie die „Samoanische Karawane“ zum festen Bestand der Völkerschauen in Deutschland gehörte.

Der „Wettlauf um Afrika“ – Erforschung und koloniale Aufteilung

Der Aufbruch ins Innere Afrikas

Obgleich das Vordringen der Portugiesen nach Afrika seit Beginn des 15. Jahrhunderts den neuzeitlichen Aufbruch Europas in die außereuropäische Welt eröffnete, sollte der „dunkle“ Kontinent gleichwohl noch eine geraume Zeit im Windschatten umfassenderer europäischer Expansionsbestrebungen verbleiben, hatten doch Amerika und Asien der westlichen Nachfrage nach wertvollen Metallen und Handelsgütern mehr zu bieten. Die Portugiesen beschränkten sich daher auf wenige Vorstöße ins Innere Afrikas. Interessiert waren sie allein an Gold und, nachdem der Goldhandel zurückging, am „schwarzen und weißen Elfenbein“. So blieb ihr „Geschäft“ mit Afrika ganz überwiegend auf die Ausfuhr von Sklaven – das „schwarze Elfenbein“ – von den Küstenstützpunkten aus beschränkt.

Das gleiche vorrangige Interesse am Sklavenhandel bestimmte die afrikanischen Aktivitäten der anderen europäischen Expansionsnationen, die seit dem Beginn des 17. Jahrhunderts Handelsstationen an den Küsten Afrikas errichteten und um ihren Anteil am lukrativen „Dreieckshandel“, dem Austausch europäischer Waren gegen Sklaven und deren Weiterverkauf in Amerika gegen Zucker, Rum, Tabak und anderes, bemüht waren. Zwischen der Senegal- und der Nigermündung entstand eine Kette von portugiesischen, spanischen, holländischen, englischen, französischen, schwedischen, dänischen und brandenburgischen Forts, die ihre Kanonen weniger gegen Afrikaner als gegen die europäischen Konkurrenten richteten. Im Landesinnern blieben die Weißen vom guten Willen der einheimischen Herrscher abhängig, der durch Tribute, Pachtzinsen und Geschenke erkauft werden musste. Ihrerseits erwarteten die afrikanischen Potentaten von den technisch überlegenen Ankömmlingen militärische Hilfe gegen interne Gegner und äußere Feinde, aber auch die Aufwertung des eigenen Prestiges und Unterstützung bei der Verfolgung expansionistischer Absichten (vgl. Band IV, S. 137 ff.).

Verhältnis Afrikaner – Europäer

Die Gründe dafür, warum sich Afrika so lange als unattraktiv und abweisend darbot, waren vielfältiger Art. An erster Stelle ist zweifelsohne die Natur des Landes mit seinen großen Wüsten im Norden (Sahara) und Süden (Kalahari) sowie dem für Mensch und Tier schier undurchdringlichen Tropenwald im Äquatorialbereich zu nennen. Eine starke Brandung, Riffe, ständiger Nebel auf Grund von Sandstürmen aus den Wüsten und nur wenige natürliche Häfen erschwerten eine Landung. Zwar war auch Afrika – wie Amerika und Sibirien – von großen Flusssystemen durchzogen, aber manche waren wegen zahlreicher Stromschnellen nur streckenweise, andere nur saisonal befahrbar. Riesige Entfernungen mussten daher von den späteren Entdeckern und Forschern zu Fuß zurückgelegt werden. Nur im Norden waren Kamel und Pferd, im Süden der Reitochse und der Ochsenwagen zu gebrauchen. Das entscheidende Hindernis stellte jedoch das afrikanische Klima mit seinen Tropenkrankheiten wie Malaria, Gelb- und Schwarzwasserfieber dar. Im Übrigen war der Handel mit Sklaven, Pfeffer, Elfenbein und Gold so gut von den Afrikanern organisiert worden, dass die Europäer keinen Grund besaßen, ins fieberverseuchte Hinterland vorzudringen und damit die Feindschaft der afrikanischen Zwischenhändler herauszufordern. Entsprechend ungenau waren noch um die Mitte des 18. Jahrhunderts die geographischen Vorstellungen von Afrika. Nicht selten lebten auf den zeitgenössischen Karten, abgesehen von den genauer gewordenen Küstenbereichen, die antik-mittelalterlichen Anschauungen weiter fort, und fiktive Gewässer und Gebirge – wie die berühmten „Mondberge" als Ursprung der Nilquellen – überdeckten die tatsächlich weißen Flecken. Nicht viel genauer war das, was man von den Afrikanern selbst und ihrem Leben wusste.

Hindernisse und Unkenntnis

Ein Wandel im Hinblick auf den vergessenen Kontinent vollzog sich in den 1780er Jahren. Ausgangspunkt war die in England sich vehement artikulierende Antisklavereibewegung, in deren Verlauf Afrika und die Afrikaner in das Bewusstsein einer breiteren Öffentlichkeit rückten. Der Einsatz im Kampf gegen Sklavenhandel und Sklaverei fiel wiederum mit dem großen Missionsaufbruch des erweckten England zusammen. Ein biblisch-christlich fundiertes Auserwähltheits- und Überlegenheitsgefühl sowie ein aus Kulturoptimismus und Fortschrittsgläubigkeit zusammengefügter Aktivismus zeichneten diese Bewegung aus, die nicht zuletzt die Missionierung der „armen Schwarzen", der „Söhne Hams", zu ihrem Programm machte. Zahlreiche Missionsgesellschaften begannen, ihre Sendboten nach Afrika – aber nicht nur dorthin – zu senden. In der praktischen Umsetzung ihrer christlich-humanitären Ziele setzte die mittelständische, freihändlerisch orientierte Antisklaverei- und Missionsbewegung auf einen – gegenüber dem Unrecht des Sklavenhandels – „gerechten Handel" *(legitimate trade)* in Afrika; verfocht doch nicht zuletzt Adam Smith, der Vater des ökonomischen Liberalismus, die These vom erhöhten Wert der freien Arbeit gegenüber der Sklavenarbeit. Folgerichtig propagierten Sklavereigegner und Missionare den Interessenverbund von *Commerce and Christianity* zur Erreichung des gleichen Zwecks, der Verbreitung des „Königreiches Gottes" und einer „wohltätigen Zivilisation" in Afrika, was für beide und ihre Mitstreiter indes eine Einheit darstellte. Infolgedessen waren die Abolitionisten und die Missionspropagandisten zugleich die vehementesten Anwälte eines kulturell-kommerziellen Expansionismus in Afrika. Dass sich englische Handelshäuser nach dem Verlust der 13 Kolonien in Nordamerika nach neuen Betätigungsfeldern umzusehen begannen, förderte gleichfalls das Interesse an Afrika.

Antisklaverei- und Missionsbewegung

Die neuerliche Aufmerksamkeit, die Afrika durch humanitär-zivilisatorische und missionarische Ziele, aber auch Handelsinteressen fand, wurde noch durch ein weiteres, für die Zeit typisches Moment ergänzt: die wissenschaftliche Neugier im Hin-

Sklavenhandel an der Westküste Afrikas. Afrikaner brachten die Sklaven aus dem Inneren des Landes an die Küsten, um sie dort den Europäern zu verkaufen (1820).

blick auf den „dunklen", unbekannten Kontinent. „Im Verlangen, unsere Zeit von der Last einer Unkenntnis zu befreien, die so wenig ihrem Charakter entspricht", begann bezeichnenderweise die Präambel, in der die Gründung der „Britischen Gesellschaft zur Förderung der Entdeckung des Inneren Afrikas" am 9. Juni 1788 in London angekündigt wurde. Zwar schrieben ihre Mitglieder, politisch zumeist im liberalen, freihändlerischen Lager stehende Staatsbeamte, Militärs, Wissenschaftler, Publizisten und Kirchen- und Geschäftsleute, auch „die Ausbreitung des Handels und englischer Erzeugnisse" in die inneren Regionen Afrikas auf ihre Fahnen, aber ihr Hauptinteresse galt der geographischen Erkundung des „schwarzen" Kontinents. Die Gesellschaft, die ebenfalls ausländische Reisende unterstützte, wurde zum wichtigsten Förderer der Erforschung Afrikas in Europa; zugleich bildete sie das Vorbild anderer europäischer Gesellschaften mit gleicher Zielsetzung.

Geographische Erkundung Afrikas

Stoßrichtung der von sämtlichen europäischen Nationen getragenen Forschungsreisen waren die großen Flusssysteme von Niger, Nil und Kongo. Während das „Nigerproblem" bis 1830 namentlich durch den schottischen Forschungsreisenden Mungo Park und die Brüder Richard Lemon und John Lander gelöst werden konnte, dauerte es bis in die beginnenden 1860er Jahre, bis der Engländer John Hanning Speke auf seiner zweiten Afrika-Expedition (1860/1863) das seit der Antike

Niger, Nil, Kongo

schwelende Rätsel der Nilquellen durch die Identifizierung des Kagera, der in den Victoriasee mündet, als Quellfluss des Nils entschlüsseln konnte. Henry Morton Stanley, der zwischen 1874 und 1877 auf seiner großen Kongoexpedition den Kontinent von Ost nach West durchquerte, vermochte schließlich den letzten der großen Ströme Afrikas zu bezwingen. Vergeblich hatte sich der schottische Arzt und Missionar David Livingstone an der Lösung der „Nilquellenfrage" beteiligt. Er wurde jedoch zum bahnbrechenden Erforscher des zentralen und südlichen Afrika. Als erster Europäer durchquerte er den „schwarzen" Kontinent von Westen nach Osten. Am 17. November 1855 erblickte er auf dem Weg von Luanda nach Quelimane die gigantischen Wasserfälle des Sambesi, die er nach der britischen Königin Victoriafälle nannte.

Auch deutsche Forscher spielten bei der „Entdeckung" Afrikas eine wichtige Rolle. So hatten die deutschen Missionare Johann Ludwig Krapf und Johannes Rebmann die „Schneeberge" Kilimandscharo und Mount Kenya Ende der 1840er Jahre entdeckt, und zwischen 1850 und 1855 durchquerte der deutsche Reisende Heinrich Barth die Sahara und erkundete weite Teile Nord- und Zentralafrikas. Grundlegend waren aber vor allem seine Studien zur Geschichte des Islam im Sudan und zu den sudanesischen Staaten, mit denen er das Fundament für die moderne Geschichtsschreibung über das nördliche Afrika legte. Zwar war auch Barth vom Vorsprung Europas und seiner zivilisatorischen Mission in Afrika überzeugt, aber kolonialpolitische Intentionen lagen ihm ebenso fern wie rassistische Vorurteile. Afrikaforscher wie Livingstone und Stanley hatten sich – nicht zuletzt auf Grund ihrer faszinierenden Berichte – einen Namen gemacht, weil sie an der Lösung so spektakulärer Probleme wie der Niger-, Nil- und Kongofrage entscheidend beteiligt waren. Andere Wissenschaftler, Kaufleute, Missionare, Militärs und Kolonialbeamte vollbrachten oft kaum weniger große Entdeckerleistungen. Daneben standen allerdings bereits seit der Jahrhundertmitte jene vornehmlich adeligen Jagd- und Abenteuerreisenden – einschließlich der bürgerlichen Berichterstatter –, die mit Armsessel und Badewanne *(armchair geographers)* die verhältnismäßig sicheren Gebiete Nordostafrikas durchzogen. Vor allem gewannen aber zunehmend koloniale Ziele und rassistische Untertöne in den Schilderungen Afrikas an Gewicht. Schon Stanleys Maxime lautete: „Der Wilde respektiert nur Gewalt, Macht, Kühnheit und Entschlossenheit." Als er 1879/1884 abermals die Kongo-Region bereiste, handelte er bereits im Auftrag des belgischen Königs Leopold II., dessen „Privatkolonie" er am Kongo aufbauen half. Der imperialistische „Wettlauf um Afrika" hatte begonnen.

Beginn des „Wettlaufs um Afrika"

Die Berliner Westafrika-Konferenz (1884/1885) und ihre Folgen

Die Aufteilung Afrikas zum Ende des 19. Jahrhunderts gehört zu den spektakulärsten Ereignissen der europäischen Expansionsgeschichte. Einen noch größeren Einschnitt bedeutete sie für die Geschichte Afrikas. Mehr als 10 Millionen Quadratmeilen afrikanischen Bodens und über 100 Millionen Afrikaner gelangten in etwas mehr als zwei Jahrzehnten unter europäische Herrschaft. Am 15. September 1884 verwendete die »Times« erstmals die Formulierung „Wettlauf um Afrika" *(scramble for Africa)* für diesen imperialistischen Vorgang. Er war auch weniger eine bewaffnete Auseinandersetzung als vielmehr ein strategisches und diplomatisches „Spiel", das nur gelegentlich – so 1898 am oberen Nil und 1899 in Südafrika sowie in den beiden Marokkokrisen (1905/1911) – eine tatsächliche Kriegsgefahr unter den Europäern heraufbeschwor. Gelegentlich drohten auch Verschärfungen von Seiten der „Männer vor Ort" (Militärs, Konsuln, Kolonialbeamte und selbst Missionare), die ihren eigenen „Subimperialismus" betrieben und von Reichen und Reichtum träumten.

Europäische Herrschaftsdurchsetzung

Dass die Europäer den Kontinent so schnell aufteilen konnten, hing mit einer ganzen Reihe von Umständen zusammen, nicht zuletzt mit ihrem technologischen Vorsprung. Maschinengewehre, Kanonen, Schiffe, Eisenbahnen, Telegraphen und die neuen Erkenntnisse der Tropenmedizin waren wirkungsvolle Werkzeuge der Herrschaftsdurchsetzung. Allerdings waren die Afrikaner in diesem Prozess nicht nur passive Zuschauer, sondern sie vermochten durchaus ihre Interessen durch Zusammenarbeit oder Widerstand zu artikulieren. Ihr anfänglicher „Wettlauf" um „Schutzverträge" – die sie als Handels- und Bündnisverträge interpretierten – nahm allerdings zumeist einen für sie enttäuschenden Ausgang.

Namentlich die Engländer setzten auf die afrikanische Kooperation, da sie ohnedies die meisten der zugänglichen Regionen durch Konsuln, Händler und Missionare kontrollierten. Ende der 1870er Jahre erfuhr die britische „Oberherrschaft" in Afrika, die nicht zuletzt auf der maritimen Hegemonie beruhte, jedoch eine Herausforderung durch Frankreich. Insbesondere in Westafrika gingen die Franzosen zu einer zielgerichteten Politik militärischer Eroberungen, neuer Protektorate und wirtschaftlicher Exklusivverträge über. Eine Verschärfung erlebte der englisch-französische Gegensatz durch die „ägyptische Frage", vielfach als Initialzündung des „Wettlaufs" angesehen. Auf Grund der ruinösen Steuer- und Finanzpolitik des Khediven hatten Franzosen und Engländer in dem unter türkischer Oberhoheit stehenden Land am Nil eine gemeinsame Staatsschuldenverwaltung eingerichtet, die jedoch durch eine nationalistische Militärrevolte unter Arabi Pascha gefährdet wurde. Eine englische Flotte bombardierte daraufhin im Juli 1882 Alexandria und besetzte im September das Land. Frankreichs Einfluss wurde ausgeschaltet. Die Folge war ein verstärktes französisches Engagement auf Madagaskar, im Hinterland des Senegal, an der Westküste und am unteren Kongo. Beschleunigend auf das französische Vorgehen am Kongo hatte sich das Auftauchen eines neuen Mitkonkurrenten ausgewirkt, des belgischen Königs Leopold II. mit seinem Kongo-Freistaat.

Die „ägyptische Frage"

Mit den französischen und belgischen Aktivitäten am Kongo und im Sog des nunmehr verschärft einsetzenden „Wettlaufs" erinnerten sich auch Spanier und Portugiesen wieder ihrer alten Kolonien. Während die Spanier ihre Hispanisierungs- und Missionsbestrebungen in Río Muni und auf Fernando Póo („Spanisch-Äquatorialafrika") verstärkten, reklamierte Portugal – über seinen unbestrittenen „Besitz" Angolas und Mosambiks hinaus – zudem traditionelle Territorial- und Missionsrechte im Küstengebiet oberhalb der Mündung des Kongo sowie an seinem Unterlauf. Als es am 26. Februar 1884 zu einem englisch-portugiesischen Vertrag kam, in dem England die portugiesischen Ansprüche gegen die belgischen und französischen Bestrebungen anerkannte und dafür Handelsvorteile von Portugal zugesagt bekam, stießen diese Abmachungen auf den gemeinsamen Protest Frankreichs und Deutschlands. Denn mit dem Erwerb Deutsch-Südwestafrikas sowie Togos und Kameruns pochte eine weitere europäische Macht auf ein Mitspracherecht in Afrika.

Einschalten weiterer Kolonialmächte

In dieser Situation trat Otto von Bismarck als Vermittler auf und lud nach Absprache mit Frankreich zu einer Konferenz nach Berlin. Diese – oft auch Kongo-Konferenz genannte – Zusammenkunft von Vertretern von 13 europäischen Staaten, der USA und des Osmanischen Reiches fand daraufhin unter seinem Vorsitz vom 15. November 1884 bis zum 26. Februar 1885 in der Reichshauptstadt statt. Die Beschlüsse der Verhandlungen wurden abschließend in der Generalakte in 38 Artikeln näher festgelegt. Zwar bedeutete die Berliner Konferenz nicht die „Teilung Afrikas" im eigentlichen Sinn des Wortes; denn ihre Vertreter waren zusammengekommen, den freien Zugang für Handel und Mission in Afrika für alle Nationen vertragsmäßig festzulegen. Mit der Erklärung der Freiheit der Schifffahrt auf Kongo und Niger, der Schaffung der Kongo-Freihandelszone und der Erklärung der Missionsfreiheit in ganz Afrika erinnerte das Ergebnis der Konferenz immerhin an ihre ursprüngliche Zielsetzung. Die gleichzeitige Festlegung von Kriterien für die völkerrechtliche Anerkennung von Kolonialbesitz („effektive Besetzung") löste jedoch einen Wettlauf um die noch nicht besetzten Gebiete sowie die definitive Abgrenzung des bisherigen Besitzstandes aus. Innerhalb weniger Jahre war Afrika bis auf Liberia und Äthiopien unter den europäischen Mächten aufgeteilt.

Die Kongo-Konferenz

Ohnehin war von den hehren Zielen, die die Delegierten in der Präambel der abschließenden Generalakte der Berliner Westafrika-Konferenz formuliert hatten, nämlich der Betonung des Zivilisationsauftrags und der Verbesserung der, wie es wörtlich hieß, „sittlichen und materiellen Wohlfahrt der eingeborenen Völkerschaften", nicht viel übrig geblieben. Bereits auf der Konferenz – zu der kein afrikanischer Vertreter eingeladen worden war – hatte man die Problematik der Souveränitätsrechte afrikanischer Staatswesen schlichtweg übergangen. In kolonialdiplomatischer Konvenienz legten die europäischen Mächte künftig wie mit dem Lineal gezogene Demarkationslinien in Afrika fest, wobei die Grenzen oft quer durch die Lebensräume einheimischer Ethnien verliefen.

Was für die Staaten der Afrikaner zutraf, nämlich nur als Völkerrechtsobjekte betrachtet zu werden, galt gleicherweise für ihr Land. Nach europäischem Rechtsverständnis und in eigenartigem Widerspruch zu den ursprünglichen Verträgen wurde es als „herrenloses Land" *(terra nullius)* betrachtet, das nunmehr, als „Kronland" beziehungsweise Eigentum europäischer Staaten, an Kolonialgesellschaften, Konzessionäre und Siedler vergeben werden konnte. Schrittweise erfolgte die Verdrängung der Afrikaner von ihren Wohngebieten bis hin zur Eingrenzung in Reservationen. Was für die Staaten und das Land der Afrikaner galt, das galt schließlich auch für sie selbst. Sogar die Frage, ob es sich bei ihnen überhaupt um Menschen handelte, haben Rassisten verneint. Aber auch diejenigen „Weißen“, die den Zivilisationsauftrag des „weißen“ Mannes ernst nahmen, gingen in ihrer paternalistischen Sicht davon aus, dass die ursprünglichen Bewohner die Hauptlast der Arbeit zu tragen hatten und in diesem Sinne zu „erziehen“ seien. „Erziehung zur Arbeit“ war daher für nahezu ein Jahrhundert der Fundamentalsatz der europäischen Kolonialideologie und Kolonialherrschaft in Afrika.

Afrika als Eigentum europäischer Staaten

Alte und neue Kolonialherren

Die Aufteilung Afrikas nach der Berliner Westafrika-Konferenz stand eindeutig unter englischer und französischer Dominanz, worauf noch heute das Übergewicht anglo- und frankophoner Sprachen in den unabhängigen Staaten Afrikas verweist. Die Engländer hatten sich lange Zeit auf ihre Handelsvorherrschaft und maritime Absicherung der Handelswege verlassen, dabei die politisch in Europa benötigten Franzosen als „Juniorpartner“ akzeptiert. Ihre Doktrin der Vorherrschaft *(paramountcy)* galt vornehmlich für das Niger-Delta, Südafrika und in Ostafrika durch ihre Klienten Ägypten und Sansibar. Zwar war es im Verlaufe des 19. Jahrhunderts zu einigen formell-direkten Interventionen gekommen (Sierra Leone, Gambia, Goldküste, Lagos), aber nach den Aschantikriegen von 1868 und 1874 hatten die Engländer keine Annexionen mehr vorgenommen. Das änderte sich nach der Westafrika-Konferenz insofern, als auch Großbritannien vermehrt dazu überging, „claims for the future“ (Lord Rosebury) abzustecken.

So führte der direkte Weg die Engländer von Ägypten in den Sudan, wo sie allerdings auf den Widerstand des Mahdī (arab. der „Rechtgeleitete“) Muhammad Ahmad (1843–1885) stießen. Vor Khartum erlitt der britische General Charles George Gordon (Gordon Pasha) 1885 eine empfindliche Schlappe, die in ganz Europa Aufmerksamkeit erregte. Erst 1898 konnte General Horatio Herbert Kitchener, ausgerüstet mit Schnellfeuergewehren, Feldartillerie und Kanonenbooten, den Mahdisten bei Omdurman eine vernichtende Niederlage beibringen. Die Folge war die Errichtung des anglo-ägyptischen Kondominiums Sudan. Kenia wurde zur klassischen Siedlungskolonie innerhalb des britischen Empire, während der Konflikt um das ostafrikanische Hinterland zwischen Briten, Deutschen und Franzosen in ein englisches Protektorat über Uganda mündete (1894). Am Horn von Afrika ergab sich eine Gemengelage von englischen, französischen und italienischen Kolonien.

Englische Kolonien

In Südafrika hatten Briten und Buren in den Konventionen von Pretoria (1881) und London (1884) so etwas wie einen Ausgleich zwischen den englischen Besitzungen am Kap und in Natal sowie den Burenrepubliken Oranje-Freistaat und Transvaal erreicht. Nachdem die Engländer als Folge der Entdeckung von Diamanten in Kim-

Die Welt 1914.

RUSSISCHES REICH
Bering-meer
Ochotskisches Meer
Sachalin (Japan)
Kaspisches Meer
Aralsee
Taschkent
CHIWA
BUCHARA
Peking
Korea (Japan)
Japanisches Meer
JAPAN
CHINESISCHE REPUBLIK
Tsingtao/Qingdao (Deutsch)
PERSIEN
AFGHA-NISTAN
TIBET
NEPAL
BHUTAN
Pazifischer Ozean
Kuwait
Katar
brit. Schutz-staat Oman
Oman
Britisch-Indien
Burma
Formosa (Japan)
Hongkong (Brit.)
Bombay
Goa (Port.)
Madras
Golf von Bengalen
SIAM
Französisch-Indochina
Marianen (Deutsch)
Aden
Franz.-Somaliland
Brit.-Somali-land
Philippinen (USA)
Guam (USA)
Ceylon
Italienisch-Somaliland
Palau-Inseln (Deutsch)
Malaiische Sultanate
Singapur (Brit.)
Sumatra
Borneo
Celebes
Niederländisch-Indien
Neuguinea
Deutsch-Neuguinea
Java
Timor
Papua 1884 brit. 1906 zu Australien
Salomon-Inseln (Brit.)
Mosambik
Madagaskar
Mauritius (Brit.)
Indischer Ozean
AUSTRALIEN brit. Dominion 1901 Bundesstaat
Tasmanien
NEUSEELAND 1856 Selbstregierung
ortugal und überseeische Besitzungen
panien und überseeische Besitzungen
eutsche Reich und überseeische Besitzungen
Belgien und überseeische Besitzungen
Italien und überseeische Besitzungen
Vereinigte Staaten

Briten und Buren

berley bereits Westgriqualand annektiert und der Kapprovinz eingegliedert sowie einem deutschen Vordringen von Südwestafrika aus durch die Annexion Be(ts)chuanalands (1884) einen Riegel vorgeschoben hatten, richteten sich nach dem Beginn des Goldbergbaus am Witwatersrand bei Johannesburg seit 1886 ihre Begehrlichkeiten auf Transvaal; zog dieser Burenstaat auf Grund seines Reichtums und seiner Infrastrukturmaßnahmen doch zunehmend ausländische Investoren – darunter auch aus Deutschland – an.

Daraufhin erhielt 1889 die von Cecil Rhodes begründete *British South Africa Company* eine königliche Charter zur Sicherung des Gebietes nördlich und westlich von Transvaal. Schließlich ließ sich der Gold- und Diamantenmagnat, seit 1890 auch Premier der Kapprovinz, zur Deckung eines bewaffneten Einfalls von Kompaniepolizisten nach Transvaal („Jameson Raid", 1896) hinreißen, dessen Scheitern seine politische Karriere beendete. Inzwischen hatte der *empire-builder* jedoch für das britische Weltreich ein Territorium im südlichen Afrika erobert, das die heutigen Staaten Botsuana (Botswana), Zimbabwe, Sambia und Malawi umfasst und das sich über etwa zwei Millionen Quadratkilometer erstreckt. Sein Traumziel einer Eisenbahn- und Telegraphenverbindung „vom Kap bis Kairo", welche den gesamten Kontinent auf britisch beeinflusstem Gebiet durchquerte, vermochte er nicht zu realisieren. Dafür erlebte er aber noch den Burenkrieg (1899/1902), der mit der Annexion Transvaals und des Oranje-Freistaats endete. Die Burenstaaten wurden britische Kronkolonien. Mit der Gründung der Südafrikanischen Union 1910 und der verwaltungsmäßigen Angliederung von Basutoland, Swasiland und Betschuanaland (heute Botsuana) begann der Ausgleich von Buren und Briten, der allerdings auf Kosten der Nicht-Weißen erzielt wurde. Seit 1911 erfolgte die erste Welle Rassen diskriminierender Apartheidsgesetze.

Frankreichs expansionistischer Ausgangspunkt in Afrika lag zunächst im Senegal (1783/1817). Mit der Eroberung Algiers 1830 etablierten sich die Franzosen im Maghreb, und mit der Protektoratserklärung über Tunesien 1881, mit der sie den Italienern zuvorkamen, schufen sie sich eine weitere Basis für eine französische Sahara. Seit den 1850er Jahren setzte vom Senegal und dem Golf von Guinea aus eine Expansion in Richtung der islamischen Reiche Westafrikas ein. Den Nigerbereich mussten die Franzosen allerdings weitgehend den Engländern überlassen, wohingegen sie sich durch die Entdeckungs- und Eroberungszüge Savorgnan de Brazzas von Gabun aus zum mittleren Kongo einen Mitbesitz in Äquatorialafrika sicherten (Französisch-Kongo).

Expansion Frankreichs

In den 90er Jahren erfolgte eine erneute Intensivierung des Übersee-Engagements, das nunmehr vor allem die Briten herauszufordern begann. Auf der Basis einer breiteren innenpolitischen Zustimmung – Entstehung einer „kolonialen Partei" – erweiterten technokratische Kolonialpolitiker wie Eugène Étienne und Außenminister Gabriel Hanotaux das französische Kolonialreich in Schwarzafrika. Dabei war der Zusammenstoß mit den Engländern vorprogrammiert. Zwar konnte man sich auf Madagaskar gegen die britisch orientierte Hova-Dynastie und die Bevölkerung mit Gewalt durchsetzen und die Insel 1896 zu einer französischen Kolonie erklären. Aber in Ostafrika stieß der französische Expansionismus vom Kongo und westlichen Sudan zum oberen Nil mit der britischen Nord-Süd-Ausdehnung zusammen. Im Schnittpunkt beider Stoßrichtungen lag Faschoda (seit 1904 Kodok), ein Handelsort am Weißen Nil in der heutigen Republik Sudan. Am 10. Juli 1898 erreichte der französische Major Jean-Baptiste Marchand vom Kongo her den Ort, wurde indes von dem britischen General Horatio Herbert Kitchener zum Rückzug gezwungen. Die dadurch heraufbeschworene Kriegsgefahr ließ Frankreich am 21. März 1899 auf das obere Niltal verzichten, während Großbritannien den westlichen Sudan als französisches Interessengebiet anerkannte. Immerhin verfügte Frankreich mit Dschibuti über eine strategisch wichtige Position am Horn von Afrika. Die *Entente Cordiale* von 1904 zwischen England und Frankreich führte überdies zur gegenseitigen Anerkennung der englischen Vorherrschaft in Ägypten und der französischen im Maghreb, so dass sich Frankreich in den beiden, von Deutschland heraufbeschworenen Marokkokrisen von 1905 und 1911 der englischen Unterstützung sicher sein konnte. 1912 wurde Marokko französisches Protektorat. Verwaltungsmäßig gliederten die Franzosen ihren ausgedehnten Besitz 1895 beziehungsweise 1910 in die beiden Generalgouvernements „Französisch-Westafrika" (Mauretanien, Mali, Niger, Senegal, Obervolta, Guinea, Elfenbeinküste und Dahomey) und „Französisch-Äquatorialafrika" (Tschad, Ubangi-Schari, Mittlerer Kongo und Gabun).

Auseinandersetzungen zwischen England und Frankreich

Während die schon erwähnten kolonialen Besitzungen der „alten" Kolonialmächte Portugal und Spanien weitgehend anerkannt blieben und nur einige Erweiterungen erfuhren, beteiligten sich drei koloniale „Spätankömmlinge" an der Aufteilung Afrikas: Italien, Belgien und das Deutsche Reich. Italiens Kolonialgeschichte begann 1869 mit der Niederlassung einer Reederei an der Küste Eritreas, nach 1885 setzte die konsequente Okkupation des Landes ein. In den 1880er Jahren schlossen die Italiener zudem eine Reihe von Verträgen mit lokalen Somali-Häuptlingen, die der „verspäteten" Kolonialmacht ein Gebiet östlich von Britisch-Somaliland sicherten. 1892 beziehungsweise 1905 überließ ihnen der Sultan von Sansibar die Häfen des Benadir, während ein Abkommen mit den Engländern deren Ausdehnung in das Ogaden beendete. Koloniale Ambitionen in Äthiopien mussten die Italiener dagegen nach einer vernichtenden Niederlage gegen Kaiser Menelik II. am 1. März 1896 bei Adwa begraben, so dass das Kaiserreich erst durch Benito Mussolinis brutalen Überfall im Jahre 1935 vorübergehend Kolonie wurde. Während der Balkankriege besetzten die Italiener schließlich Libyen (1912) gegen den heftigen Widerstand des Sufi-Ordens der Senussi.

Kolonialgeschichte Italiens

Seine ersten kolonialen Erwerbungen verdankte der junge belgische Staat (gegr. 1830) den Entdeckungen des britischen Forschungsreisenden Henry Morton Stanley, der zwischen 1874 und 1877 den Kongo in seiner gesamten Länge erforscht hatte. Als sich die britische Regierung am Kongo desinteressiert zeigte, griff der belgische König Leopold II. zu. Dieser war seit Mitte der

Koloniale Erwerbungen Belgiens

Am 1. März 1896 schlug der äthiopische Kaiser Menelik II. in der Schlacht von Adwa das italienische Heer vernichtend (undatierte abessinische Schrift).

1870er Jahre auf der Suche nach Kolonien, die seinem starken Bedürfnis nach internationaler Anerkennung und persönlichem Reichtum entgegenkamen. Seine wirklichen Ziele vermochte der Monarch vorerst noch geschickt hinter dem allseitig herrschenden geographischen und wissenschaftlichen Interesse der Zeit an Afrika zu verbergen. Er beauftragte Stanley mit der Gründung von Stationen und der wirtschaftlichen Erschließung des Kongogebiets. Im Januar 1884 gründete er den Kongo-Freistaat, dessen Status und Grenzen die Berliner Westafrika-Konferenz bestätigte. Im April 1908 musste der belgische Staat jedoch auf Grund der „Kongogräuel" (s. S. 407) die Privatkolonie des Monarchen übernehmen (umbenannt in „Belgischer Kongo"). Im Ersten Weltkrieg besetzten die Belgier (1916) noch die deutschen Kolonialgebiete Ruanda und Urundi, die sie bis zu deren Unabhängigkeit behielten.

Schließlich trat auch das Deutsche Reich im Jahre 1884 in den Kreis der Kolonialmächte ein. Zwar hatte es auch in frühkolonialer Zeit immer wieder Bestrebungen um „deutsche" Kolonien gegeben. Allerdings sind die vereinzelten Bemühungen um die Begründung deutscher Kolonialgebiete in der „Neuen Welt" im Gefolge der spanisch-portugiesischen Conquista (Welser in Venezuela) ebenso ergebnislos geblieben wie die Kolonialpläne und Kolonialgründungen des 17. und 18. Jahrhunderts, wobei das kurzlebige koloniale Abenteuer der Brandenburger an der Küste des heutigen Ghana („Groß-Friedrichsburg", 1683/1721) vielleicht noch am bekanntesten ist. Erst in den 1840er Jahren setzte eine Welle kolonialer Begeisterung ein, die vornehmlich von liberalen Bürgerlichen und Demokraten ausging und die nunmehr ein Zeitalter planmäßiger deutscher Kolonialversuche und Koloniegründungen einleitete. Handelsinteresse und die Furcht, die eigene Nation komme bei einer fortschreitenden Aufteilung der Welt zu kurz, aber auch erste „Weltmacht"-Träume begründeten die Plädoyers für den Anspruch auf „Seegeltung" und die Notwendigkeit einer starken Flotte sowie großer deutscher Kolonien in Übersee. Als Folge von Industrieller Revolution und Reichsgründung, die die deutsche Gesellschaft in vielfacher Weise mobilisierten, nahmen sie die Züge einer zielstrebigen Kolonialagitation und sich formierenden Kolonialbewegung an.

Kolonialagitation des Deutschen Reichs

Die koloniale Aufbruchstimmung ist untrennbar verbunden mit dem Namen des Missionsleiters, Expansionspublizisten sowie Kolonial- und Sozialpolitikers Friedrich Fabri (1824–1891), von dessen Aufsehen erregender und in Massenauflage verbreiteter Broschüre »Bedarf Deutschland der Kolonien?« (1879) wohl die stärkste kolonialpropagandistische Wirkung ausgegangen ist. In Überbevölkerung, Überproduktion und Kapitalüberschuss glaubte Fabri die eigentlichen Ursachen der wirtschaftlichen und gesellschaftlichen Krisenerscheinungen des Kaiserreichs erkannt zu haben und propagierte deswegen als Therapie die Exportoffensive an Waren, Kapital und Menschen. Im Letzten geht die Entscheidung, dass Deutschland nach Jahren der Kolonialabstinenz im Frühsommer 1884 in die Reihe der europäischen Kolonialmächte eintrat, jedoch auf die Person des politisch verantwortlichen Reichskanzlers, Otto von Bismarck, zurück. Über die Motive, warum sich Bismarck gerade 1884 auf eine offizielle Kolonialexpansion einließ, nachdem er doch nicht nur stets behauptet hatte, das Reich sei territorial „saturiert", sondern auch nie einen Zweifel daran gelassen hatte, wie er über Kolonien dachte, ist viel diskutiert worden. Ein Geflecht außen-, innen- und wirtschaftspolitischer Absichten bietet sich

Initiatoren des deutschen Kolonialismus

als Erklärung an, für die das herrschende Kolonialfieber den Boden bereitete und die zugleich auf die Festigung der eigenen Position des Kanzlers hinausliefen. Auf keinen Fall sollten die Kolonien jedoch eine finanzielle Belastung für das Reich darstellen. An diesen Vorstellungen eines freihändlerisch-kommerziellen Expansionismus und einer Laisser-faire-Überseepolitik hielt Bismarck im Prinzip bis zu seiner Entlassung fest.

Markiert wird der Beginn der deutschen Kolonialerwerbungen durch die Erklärung des Reichsschutzes über die Erwerbungen des Bremer Tabakwarenhändlers Franz Adolf Eduard Lüderitz in Südwestafrika am 24. April 1884. Es handelte sich um ein Gebiet, das sich vom portugiesischen Kunene bis zum kapholländischen Oranje mit Ausschluss der englischen Walfischbucht erstreckte. Mit dem deutsch-englischen Kolonialausgleich von 1890 kam noch der sogenannte Caprivizipfel hinzu, der die Kolonie im äußersten Nordosten unmittelbar mit dem in seiner Verkehrsbedeutung überschätzten Sambesi verband. Nach Südwestafrika gelangten Togo und Kamerun unter offiziellen Reichsschutz. Bereits in den 1870er Jahren hatten hanseatische Handelshäuser an der westafrikanischen Küste neben den englischen Firmen eine führende Position erworben. Die Befürchtungen der hanseatischen Überseehändler und ihrer Ansprechpartner im Auswärtigen Amt wegen einer Bedrohung deutscher Wirtschaftsinteressen in Westafrika, aber wohl auch einige Douala-Große, die in Konkurrenz zu englisch orientierten Häuptlingen standen und auf die deutsche Karte setzten, beschleunigten den Entscheidungsprozess in Berlin. Wenige Tage, bevor der englische Konsul Edward Hewitt *(the too late consul)* ein Protektorat errichten konnte, übernahm das Reich durch seinen Sonderbeauftragten Gustav Nachtigal die Schutzherrschaft über das Gebiet am Kamerunfluss (14. Juli 1884). Zuvor, am 5. und 6. Juli, hatte der Reichskommissar „zur Sicherstellung des nicht unbeträchtlichen deutschen Handels" das Togogebiet bei Bagida und Lomé ohne besondere Instruktionen unter kaiserlichen Schutz gestellt.

Beginn der deutschen Kolonialerwerbungen

In Ostafrika waren konkrete „territoriale" Absichten erst das Ziel von Carl Peters und seinen Freunden, die in einem gewagten Konquistadorenzug die Grundlage für die spätere Kolonie „Deutsch-Ostafrika" schufen. Innerhalb weniger Wochen schloss Peters gegen geringfügige Geschenke und wertlose Versprechen mit den lokalen Herrschern in Usagara „Verträge" und erwarb ein Gebiet von insgesamt 140.000 Quadratkilometern. Schon am 27. Februar 1885 erhielt er einen kaiserlichen Schutzbrief. Im Helgoland-Sansibar-Vertrag vom 1. Juli 1890 wurde dann die bisher vom Sultan von Sansibar gepachtete Küste gegen eine Entschädigungssumme von 4 Millionen Mark der Deutsch-Ostafrikanischen Gesellschaft überlassen, Sansibar zum englischen Protektorat erklärt, Helgoland dagegen von England an das Reich abgetreten. Gleichzeitig verzichtete Deutschland – zum Leidwesen der kolonialchauvinistischen Alldeutschen – auf alle Ansprüche auf das sogenannte Suaheli-Sultanat (Witu-Tana-Gebiet), Somaliland und Uganda.

Helgoland-Sansibar-Vertrag

Mit den Erwerbungen der ausgehenden 1890er Jahre in Ostasien (Kiautschou) und in der Südsee hatte das deutsche Kolonialreich – bis auf die 1911 in der zweiten

Marokkokrise als Kompensation zu Kamerun hinzugewonnenen Gebiete („Neukamerun") – seinen Abschluss erreicht. Es umfasste in seinem Bestand von 1914 etwa 2,9 Millionen Quadratkilometer mit ca. 12,3 Millionen Einwohnern. Während es im Vergleich mit der Einwohnerzahl des Reiches nicht ganz ein Fünftel erreichte, übertraf es dieses an territorialem Umfang um nahezu das Sechsfache. Gleichwohl hat es an deutschen Plänen, den realen Kolonialbesitz zu erweitern, in der Zukunft nicht gefehlt. Der Schwerpunkt dieser „Kolonialprojekte" lag zweifellos in Afrika (Marokko, Südafrika, „Mittelafrika"), aber auch Gebiete im Nahen Osten (Bagdadbahn) und in Südamerika tauchten immer wieder in den Visionen alldeutscher Kolonialträumer auf.

Koloniale Herrschaft – Verwaltung, Wirtschaft, Mission

„Afrika den Afrikanern, aber uns die Afrikaner!" So hat es einmal der deutsche Afrikaforscher Eugen Zintgraff formuliert, und in diesem Sinne haben alle europäischen Kolonialmächte die Inwertsetzung *(mise en valeur)* des afrikanischen Kontinents betrieben. Die erste Umsetzung dieser Maxime bildete die Einführung von Hütten- und Kopfsteuern, die anfangs in Naturalien, später in Geld oder Arbeit abgeleistet werden mussten. Nahezu alle europäischen Kolonien bedienten sich dieser Form des indirekten Zwangs. Die meisten Kolonien haben überdies Afrikaner zu direkter Zwangsarbeit herangezogen, sei es für öffentliche Arbeiten wie den Wege- und Eisenbahnbau sowie andere infrastrukturelle Maßnahmen, sei es für private Arbeitgeber auf den Plantagen und Farmen. Arbeitsnachweise verschiedener Art (Passmarken, Arbeitsbücher u. a.) sorgten für die Kontrolle der abgeleisteten Arbeit, die zwischen mehreren Tagen im Jahr und – wie in den portugiesischen Kolonien seit 1899 – einem halben Jahr betragen konnte. Namentlich die großen Konzessions- und Spekulationsgesellschaften haben durch eine rigide Enteignungspolitik und ein brutales Zwangsrekrutierungs- und Arbeitssystem den Tod vieler Afrikaner in Kauf genommen. Ein besonders menschenverachtendes Ausbeutungssystem herrschte im Leopoldinischen Kongo, wo die Nichterfüllung der geforderten Kautschukquoten (80 % der Einnahmen) mit der Verstümmelung der Afrikaner bestraft wurde. Missionare und Schriftsteller (Edmund Dene Morel, Mark Twain, Arthur Conan Doyle) haben nach der Jahrhundertwende die „Kongogräuel" öffentlich angeprangert. Umsiedlungen ganzer Bevölkerungsgruppen, namentlich nach Aufständen wie der Ndebele- und Shona-Erhebung von 1896 in Südrhodesien, dienten nicht zuletzt der Arbeiterrekrutierung. Außerdem entwickelte sich in den industriewirtschaftlichen Regionen ein teilweise forciertes Wanderarbeitersystem mit allen seinen sozialen und menschlichen Problemen.

Enteignungspolitik, Zwangsarbeit

Nur selten schritten die Kolonialregierungen vor dem Ersten Weltkrieg gegen das Zwangsarbeitssystem und andere Kolonialübel wie die rigide „Prügelkultur" (August Bebel) ein. Allerdings gab es beträchtliche regionale Unterschiede. Dabei spielte der tatsächliche verwaltungsmäßige Zugriff eine entscheidendere Rolle als der formelle

Status der Kolonie (Kronkolonie, Protektorat, Schutzgebiet usw.). Eine indirekt-informelle Herrschaftsform sicherte den einheimischen Regenten einen beträchtlichen Spielraum, der nur durch die Anerkennung der weißen Oberherrschaft und die Zahlung festgelegter Abgaben eingegrenzt war. Urkunden, Flaggen, Häuptlingsmützen und Häuptlingsstäbe, mehr oder weniger phantasievolle Uniformen sowie abgestufte Gehälter oder Steueranteile sicherten auch äußerlich ihren herausgehobenen, traditionelle und koloniale Autorität verbindenden Status. Nicht zuletzt das Geflecht afrikanischer „Teilhabe“ und „intermediärer“ Gewalten ermöglichte erst koloniale Herrschaft, zumal die Präsenz des Kolonialstaates durch seine Beamten und Agenten eher gering war. Wenige Distriktkommandanten oder Bezirksbeamte verwalteten zumeist Gebiete von Tausenden von Quadratkilometern, wobei bei den so bezeichneten „Königen im Busch“ Exekutive und Judikative zumeist in einer Hand lagen. So bestand in Ruanda das politisch-gesellschaftliche Defensivbündnis zwischen dem König *(mwami)* mit seiner zentralen und sakral gefestigten Königsgewalt und den deutschen Kolonialherren noch 1902 im Hinblick auf die deutsche Seite aus dem Residenten, zwei Offizieren und 25 afrikanischen Soldaten (Askari). Steuern wurden in Ruanda und Urundi erst 1912/1913 eingeführt.

Verwaltung der Gebiete

In den Gebieten direkt-formeller Herrschaft waren die kolonialen Untertanen dagegen dem ständigen repressiven Zugriff von Seiten der Kolonialverwaltung ausgesetzt. Die Möglichkeiten eines sozialen Aufstiegs in der kolonialen Situation endeten in der Regel an der „Farbgrenze“ *(colour bar)*. Nur eine verschwindende Minderheit, ausgezeichnet durch Bildung, Christianisierung und wirtschaftlichen Einfluss – wie die „Kulturfranzosen“ in den französischen oder die *assimilados* in den portugiesischen Kolonien – vermochte sich in der herrschenden Schicht zu etablieren. Konzepte wie das der französischen *assimilation*, der allmählichen Verschmelzung von Mutterland und Kolonie, kamen über Anfänge wie die *Quatre Communes* im Senegal, die einen Abgeordneten in die Pariser Nationalversammlung schickten (1914 den ersten Schwarzafrikaner), nicht hinaus. Auch die Herrschaftsmetropolen der Europäer zeichneten sich in der Regel durch abgetrennte Wohnviertel aus *(dual city)*, wenngleich sie letztlich zu Schmelztiegeln der Kulturen wurden. Die Beteiligung von Afrikanern an kolonialen Gremien („Eingeborenenräte“) blieben bis zum Ersten Weltkrieg eine Ausnahme.

Aufstiegschancen der Afrikaner

Eine reine Raub- und Beutewirtschaft betrieben anfangs auch die mit hoheitlichen Rechten ausgestatteten Kolonialgesellschaften. Erst spät hat der Kolonialstaat hier regulierend eingegriffen. Entscheidend waren aber auch für ihn der Bedarf der Metropole und der verordnete Anbau von Produkten für den Weltmarkt *(cash crops)*, vor allem Baumwolle, Palmöl, Kautschuk, Kakao, Kaffee und Erdnüsse. Eine zunehmende koloniale Infrastrukturpolitik mit dem Bau von Eisenbahnen, Straßen, Dampfschifffahrt auf den großen Seen und Flüssen sowie die Anlage und der Ausbau von Häfen sorgten für die Einbindung der entwickelten Sektoren in den Welthandel, führten aber auch zur Entstehung neuer lokaler und regionaler Märkte. Diese weitgehende Ausrichtung auf Monopolkulturen und der ebenso ein-

Handel und Infrastruktur

seitige Aufbau der kolonialen Infrastruktur haben zweifellos zu Subsistenz- und Strukturproblemen des nachkolonialen Staates geführt.

Schließlich bildete auch die christliche Mission einen integralen Bestandteil des Kolonialismus; ist doch Afrika im Gefolge der europäischen Expansion ein weitgehend christlicher Kontinent geworden. Den Missionaren des imperialistischen Zeitalters ging es wie ihren Vorgängern in Amerika, Asien und Ozeanien um die Einbeziehung der afrikanischen Völker in den europäischen Kulturkreis. Ein unduldsamer Kulturimperialismus, der auf traditionelle Einrichtungen wie etwa die Polygamie (genau genommen: Polygynie) nur wenig Rücksicht nahm, und die Sanktionierung der Kolonialideologie („Erziehung zum Untertanengehorsam", „Erziehung zur Arbeit") waren Teil der „spirituellen Eroberung" des Kontinents. Der Einbruch des Christentums stellte daher die wohl größte Revolution in den Lebensgewohnheiten sowie den Denk- und Wertvorstellungen der Afrikaner dar, soweit sie nicht dem Islam oder traditionellen religiösen Vorstellungen verhaftet waren beziehungsweise blieben. Andererseits schufen Einrichtungen wie das von den Missionaren nahezu völlig beherrschte Schulsystem nicht nur Möglichkeiten sozialer Mobilität in der kolonialen Gesellschaft, sondern sie lösten durch die Verbreitung der christlichen Lehre einen religiös-naturrechtlich begründeten Freiheits- und Emanzipationsdrang bei den von ihnen ausgebildeten Schichten aus, der in der Phase der Entkolonisierung die Entstehung protonationalistischer Gruppen und Bewegungen förderte und schließlich die politische Emanzipation einleitete.

Christliche Mission

Von „Edlen Mohren" zu „Schwarzen Teufeln" – Das Afrikanerbild der neueren Zeit

Während Indianer und Südseebewohner erst durch die Fahrten des Kolumbus beziehungsweise durch die allmähliche Erschließung des Pazifiks in das Blickfeld der Europäer gerieten, waren Afrikaner längst in europäische Anschauung und europäisches Denken integriert. Mit den Entdeckungsfahrten der Portugiesen rund um Afrika im 15. Jahrhundert, dem sogenannten Kap- und Inselspringen, tauchten nun vermehrt Afrikaner in Europa auf. Iberische Gesandte, also die Repräsentanten der damaligen Weltmächte, brachten sie mit nach Nordeuropa, und Abbildungen von „Mohren" finden sich zunehmend nicht nur auf Wappen, Münzen und Siegeln – wie bei Albrecht Dürer –, sondern zierten vermehrt auch die Ausleger von „Gasthäusern zum Mohren" und „Mohren-Apotheken". Blieben die frühen Kontakte an der Westküste Afrikas eher flüchtig und auf den Handel ausgerichtet – was wiederum das Afrikanerbild nicht grundsätzlich negativ beeinflusste –, so änderte sich die Einstellung durch die permanente Niederlassung der Buren in Südafrika seit 1652. Der Verdrängung, Versklavung und Vernichtung der ursprünglichen Bewohner entsprach das abwertende Bild, das man von den betroffenen Völkern zeichnete. Die Buren nannten sie nur *skepsels* (Geschöpfe). So hieß es denn auch in Johann Heinrich Zedlers »Großem Universal-Lexikon«, in 68 Bänden um die Mitte des 18. Jahrhunderts erschienen, zu „Afrika“ schlicht und bar aller Wissenschaftlichkeit: „Die Gestalt und Sitten derer Africaner haben mit denen Europäischen keine Gleichheit; denn sie sind allesammt entweder schwartzbraun und gelbe; oder ganz schwartz. Man hat sie schon von Alters her vor unverschämte und untreue Menschen gehalten: anbey sind sie grausam, meyneidig, tückisch, leichtsinnig, geitzig, und Gottes-Lästerer …“

Da sich auch in der populären, den Markt beherrschenden Literatur das negative Afrikabild durchsetzte, lag es auf der Hand, dass man im Afrikaner so gut wie nie das Abbild eines „edlen Wilden“ gesehen hat. Allenfalls könnte man von einem „edlen Mohren“ sprechen, wenn der Hofmohr auch eher Teil einer höfisch-exotischen Menagerie und Exot fürs Raritätenkabinett war. Spätestens seit dem 17. Jahrhundert gehörte der „Mohr“ zum begehrten, oft hochbezahlten Prestigeobjekt europäischer Potentaten und Duodezfürsten, selbst in den geistlichen Territorien. Kostbar ausstaffierte dunkelhäutige Pagen bildeten demgemäß den farblichen Kontrast zur vornehmen Blässe der Europäer auf den zahllosen Familiengemälden und Herrscherporträts namentlich des Barockzeitalters. Darüber hinaus ist man selbst vor dem „Ausstopfen“ von Menschen aus fremden Kulturzonen nicht zurückgeschreckt; und der berühmteste jener „ausgestopften Exoten“ war ein Afrikaner, Angelo Soliman. Um 1721 geboren, avancierte der vormalige Sklave, nachdem er mehreren Dienstherren gehört hatte, schließlich zum „hochfürstlichen Mohr“ am Hofe der Fürsten von Lichtenstein. Sein „Drama“ begann eigentlich erst nach seinem Tod 1796, als ihn Kaiser Franz II. ausstopfen und im k. u. k. Hof-Naturalienkabinett ausstellen ließ. Der Schrank trug die Aufschrift: „Repräsentanten des Menschengeschlechts“. 1848 setzte eine verirrte Kanonenkugel das Magazin des Museums in Brand. Der „Hofmohr“ Peters des Großen, Abraham Petrowitsch Hannibal (Ibrahim Petrowitsch Alexander), stieg sogar bis zum Generalleutnant der Artillerie und obersten Festungsbaumeister auf, bevor sich der Urgroßvater Alexander Puschkins mit seiner deutschstämmigen adeligen Frau als Feudalherr auf einem Gut mit 1500 Leibeigenen niederließ. Die Mode der Hofmohren setzten in gewissem Sinn die afrikanischen „Mitbringsel“ bürgerlicher Afrikareisender des 19. Jahrhunderts fort, wie etwa das „Sklavenkind“ Henry Noël des Sahara-Forschers Gerhard Rohlfs. Neben schwarzen Pagen und Lakaien gehörten schwarze Musiker – Trompeter, Pauker, Hoboisten oder Schellenträger – zum festen Bestand barocker Fürstenhöfe und blieben Bestandteil auch der preußisch-deutschen Armee bis zum Ende der Monarchie.

„Ausgestopfte Exoten“

Eine wissenschaftliche Karriere haben nur wenige Afrikaner in Europa vor 1918 gemacht. Ausnahmen bilden allenfalls der in den Niederlanden zum Prediger aufgestiegene Jacobus Elisa Joannes Capiteijn (1717–1747), der an der Universität Leiden promoviert hatte, oder der Äthiopier Abba Gregorius, der durch die Zusammenarbeit mit dem deutschen Sprachgelehrten Hiob Ludolf (1624–1704) am Hofe des Herzogs Ernst von Sachsen-Gotha zur Begründung der Äthiopistik beitrug. Schließlich ist der aus dem Gebiet des heutigen Ghana stammende Anton Wilhelm Amo zu nennen. Nach der zwangsläufigen „Mohrentaufe“ 1707, bei der er die Vornamen seiner fürstlichen Gönner, des Herzogs Anton Ulrich

Wissenschaftliche Karriere von Afrikanern

von Wolfenbüttel und dessen Sohnes Wilhelm August erhielt, konnte er nach einer offensichtlich systematischen Ausbildung am aufgeklärten Wolfenbütteler Hof eine akademische Karriere beginnen, die ihn zum Privatdozenten der Philosophie in Halle und Jena aufsteigen ließ. Rassische Vorurteile innerhalb der Professorenschaft, die Tatsache, dass er sich in Halle als entschiedener „Aufklärer" präsentiert hatte, und wohl auch eine gescheiterte Liebesbeziehung ließen ihn schließlich resigniert nach Afrika zurückkehren.

Zu dieser Zeit – um die Mitte des 18. Jahrhunderts – hatte sich ohnehin das landläufig wenig positive Bild des Schwarzafrikaners weiterhin verschlechtert. Hatte es im Mittelalter noch, vergleichbar dem schwarz-weiß gefleckten Feirefiz in Wolfram von Eschenbachs »Parzival«, gegenüber der im christlichen Abendland negativ konnotierten schwarzen Farbe einige weiße Flecken enthalten, so wurde der „Mohr" (von lat. *maurus* für Maure) nun zunehmend (auch sprachlich) zum „Neger". Dazu beigetragen hatte bereits die im 16. Jahrhundert aufgekommene und bis ins 20. Jahrhundert fortlebende Ham-Theorie, die im Anschluss an den biblischen Fluch Noahs über seinen Sohn Ham (Genesis bzw. I Mose 9, 18–27) diesen zum „Stammvater der schwarzen Afrikaner" und seine Nachkommen, die „Kinder Hams", zu „Knecht(en) aller Knechte" machte („arme Kinder Hams", „arme Heidenkinder" in der Sprache der Zeit). Noch weiter gingen die polygenetisch argumentierenden „Präadamiten". Sie legten die Schaffung des Afrikaners gar auf den Schöpfungstag der Tiere, während der Schwarze in den monogenetisch orientierten biologischen Rassentheorien des ausgehenden 18. Jahrhunderts die Position des *missing link* in der großen Seinskette der Menschheit einnahm. Das Verfahren, sogenannte Exoten abzubilden und zu „vermessen", das im hochimperialistischen Zeitalter gang und gäbe war und die scheinbare Unterlegenheit der außereuropäischen Kulturen dokumentieren sollte, besaß seinen Ursprung mithin bereits in der Aufklärung.

„Mohr" – „Neger"

Wissenschaftlich setzte sich der neue Mythos Rasse etwa bei dem namhaften und einflussreichen deutschen Zoologen und Naturphilosophen Ernst Haeckel (1834–1919) fort. Haeckel machte die Arbeiten von Charles Darwin in Deutschland bekannt und baute sie zu einer speziellen Abstammungslehre aus; zugleich gilt er als Wegbereiter der Eugenik und Rassenhygiene. In seiner »Anthropogenie« von 1874 huldigte er einem unilinearen Evolutionismus, der wiederum den Übergang zum Sozialdarwinismus des imperialistischen Zeitalters bildet. Bis zur Popularisierung solcher Rassentheorien war es ohnehin nur ein kleiner Schritt. So unterschied man im Zeitalter der Rassenphysiognomien zwischen den Europäern als der „edelsten Rasse" und den niederen Rassen, oder, um den viel gelesenen englischen Autor Laurence Sterne (1713–1768) zu zitieren: „von der schönsten Europäerin (bis) zum hässlichsten Kaffern (hinunter)".

Ernst Haeckel

Die wissenschaftliche Begleitmusik zum biologischen Rassismus lieferten so namhafte Philosophen wie Immanuel Kant und Georg Wilhelm Friedrich Hegel. Sie übertrugen gewissermaßen die genetische Evolution auf die „Evolution des Geistes", mit verheerenden Fehlurteilen. In Kants »Beobachtungen über das Gefühl des Schönen und Erhabenen« (1766) findet sich die folgende Stelle: „In den heißen Ländern reift der Mensch in allen Stücken früher, erreicht aber nicht die Vollkommenheit temperierter Zonen. Die Menschheit ist in ihrer größten Vollkommenheit in der Race der Weißen. Die gelben Indianer [meint Inder, HG] haben schon ein geringeres Talent. Die Neger sind weit tiefer, und am tiefsten steht ein Theil der amerikanischen Völkerschaften. Die Mohren und andere Völker zwischen den Wendekreisen können gemeiniglich erstaunend laufen. Sie sowohl als andere Wilde haben auch mehr Stärke als andere civilisirte Völker, welches von der freien Bewegung, die man ihnen in der Kindheit verstattet, herrührt. Die Hottentotten können mit bloßen Augen ein Schiff in eben einer so großen Entfernung wahrnehmen, als es der Europäer mit dem Fernglase vermag.“

Immanuel Kant

Auch Hegel hielt die Afrikaner zu keiner Entwicklung für fähig. In seinen »Vorlesungen über die Philosophie der Geschichte« (1830) heißt es: „… wie wir sie heute sehen, so sind sie immer gewesen.“ Da Afrika in seinen Augen keine Staatlichkeit, zudem weder Bewegung noch Entwicklung aufzuweisen hatte, verbannte er den Kontinent kurzerhand aus der Geschichte. Hegel wurde aber nicht nur der Hauptpropagandist von Afrika als dem „geschichtslosen Kontinent“. Er trug auch bei zum Topos des Afrikaners als Kannibalen, der in der zweiten Hälfte des 19. Jahrhunderts fröhliche Urständ feierte. So heißt es bei ihm: „Die Wertlosigkeit des Menschen geht ins Unglaubliche; die Tyrannei gilt für kein Unrecht, und es ist als etwas ganz Verbreitetes und Erlaubtes betrachtet, Menschenfleisch zu essen. Bei uns hält der Instinkt davon ab, wenn man überhaupt beim Menschen von Instinkt sprechen kann. Aber bei dem Neger ist dies nicht der Fall, und den Menschen zu verzehren, hängt mit dem afrikanischen Prinzip überhaupt zusammen; für den sinnlichen Neger ist das Menschenfleisch nur Sinnliches, Fleisch überhaupt.“

Georg Wilhelm Friedrich Hegel

Solche Formulierungen gipfelten im imperialistischen Zeitalter in dem Satz kruder Rassisten: „Der Neger lässt sich zwar abrichten, aber nicht erziehen.“ Wenn das auch nicht die vorherrschende Meinung war und man eher für das kolonialpraktische Programm der „Erziehung des Negers zur Arbeit“ plädierte – im englischen Kolonialjargon *making the lazy nigger work* –, bestand doch Einigkeit bei allen Kolonialvertretern bis hin zu den Missionaren, dass sich der Afrikaner quasi noch auf der Stufe eines Kindes befände – was sich ja auch in der gebräuchlichen Bezeichnung *boy* für Afrikaner jeden Alters niederschlug – und dass man sich für ihn verantwortlich zeigen und am „zivilisatorischen Auftrag“ festhalten müsse. Der britische Kolonialschriftsteller Rudyard Kipling nannte das *the white man's burden*.

„Zivilisatorischer Auftrag“

Spektakulärer Ausdruck und gleichzeitig Höhepunkt dieser Sichtweise der Afrikaner als quasi noch im „Kindheitsstadium“ befindlich sowie ihrer Fremdbestimmung überhaupt stellten die Kolonialausstellungen und Völkerschauen (nicht zuletzt auf den Weltausstellungen) des ausgehenden 19. und beginnenden 20. Jahrhunderts dar. Sie besaßen in ganz Europa einen hohen propagandistischen Stellenwert und symbolisieren noch einmal anschaulich und ausdrucksvoll das Afrikanerbild jenes hochkolonialen Zeitalters. In Deutschland öffnete am 1. Mai 1896 in Berlin die „Erste Deutsche Kolonial-Ausstellung" ihre Pforten. Über zwei Millionen Besucher zählte man während der gut fünfmonatigen Dauer. Auf einer Fläche von ca. 60.000 Quadratmetern wurden die Rekonstruktionen von „Eingeborenendörfern" und Gebäuden aus den deutschen Kolonien, Gebrauchs- und Kultgegenstände der „eingeborenen" Bevölkerungen, Exportgüter aus den Kolonien und Importgüter in die Kolonien präsentiert, und die 95 Afrikaner (und 8 Neuguineer) hatten möglichst „naturgetreu" das Leben in den neu erworbenen überseeischen Gebieten nachzustellen und das Interesse des Publikums an Exotik zu befriedigen.

Kolonialausstellungen und Völkerschauen

In der Tat hatte sich das Deutsche Reich mit der Kolonialausstellung von 1896, der kleinere koloniale Präsentationen vorangegangen waren und an die sich zahlreiche weitere Ausstellungen mit kolonialen Themen anschließen sollten, auch im Hinblick auf diese Form imperialistischer Prestigedemonstration in die Reihe der übrigen Kolonialmächte eingefügt. Mit der Schaustellung der Kolonisierten griffen die Initiatoren überdies unmittelbar auf eine Einrichtung zurück, die mit dem Namen Carl Hagenbeck und dessen „Völkerschauen" seit Mitte der 1870er Jahre verbunden ist. Der Hamburger Zoodirektor ist allerdings – obwohl er sich dessen rühmte – keineswegs der erste Organisator der Schaustellung von „Wilden" in Europa gewesen, wenn er auch die ersten „anthropologisch-zoologischen Ausstellungen" in Deutschland organisierte.

Ausgestellt wurden alle vom europäischen Kolonialismus betroffenen Völker. Mit den Entdeckungsreisen nach Afrika seit den 1850er Jahren und dem in den 1880er Jahren einsetzenden „Wettlauf um Afrika" mussten aber insbesondere die nunmehr in großem Umfang nach Europa verbrachten und ausgestellten Schwarzafrikaner den „Ursprünglichkeitsaspekt" demonstrieren, gelegentlich sogar – und oft gegen ihren Willen – als „Kannibalen" oder „wilde Amazonen". Es war gerade diese Perspektive der Betrachtung des eigenen, als überwunden angesehenen entwicklungsgeschichtlichen Stadiums, die die Europäer um die Jahrhundertwende in die Völkerschauen und andere Zurschaustellungen von „fremden" Menschen in Scharen trieb.

Entstehung und Entwicklung des Verfassungsstaates

Anita Prettenthaler-Ziegerhofer

Was heißt „Verfassung"?

Die Entstehung des Verfassungsstaates spiegelte nicht nur die juristisch-staatsphilosophische Gedankenwelt wider, sondern auch jene komplexen gesellschaftlichen Entwicklungen, die sich seit ca. 1700 in Europa und Nordamerika zutrugen und mit den Worten Säkularisierung, Industrialisierung und Modernisierung beschrieben werden können. Der Verfassungsstaat entstammt der europäischen Gedankenwelt und trat ab dem 19. Jahrhundert seinen Siegeszug um die Welt an. Die Um- und Durchsetzung von Verfassungen oder verfassungsähnlichen Bestimmungen erfolgte vornehmlich auf dem Weg von Revolutionen: etwa die *Glorious Revolution* 1688 in England, die Amerikanische Revolution 1773/1774 oder die Französische Revolution von 1789. Dergestalt erhielt der Konstitutionalisierungsakt eine besondere Bedeutung: Verfassung hieß das Schaffen einer neuen Ordnung, von der man erwartete, dass diese gut und gerecht sei und sich auf Dauer bewähre. Verfassung wurde für viele zum „Gegenstand allen Sehnens". Sie bedeutete im Sinne des angloamerikanischen Publizisten Thomas Paine „für die Freiheit das, was die Grammatik für die Sprache war". Allerdings, so der Schweizer Völkerrechtler Emerich von Vattel 1758, wäre sie nichts als ein Stück Papier wert, wenn man ihre Inhalte nicht befolgte.

Als Vorläufer der Verfassung im modernen Sinne verstand man Freiheitsbriefe (wie die »Magna Charta«), Grundgesetze, Herrschaftsverträge, -vereinbarungen und -gesetze. Hierbei handelte es sich in erster Linie um Vereinbarungen der Herrschaftsbefugnisse eines oder mehrerer übergeordnete Herrschaftsträger untereinander oder vor allem gegenüber den „Freiheiten" (= Privilegien) nachgeordneter Herrschaftsträger (Stände). Verfassung im Sinne einer Gesamtregelung von Organisation und Ausübung politischer Entscheidungs- und Herrschaftsgewalt war vor dem 18. Jahrhundert noch unbekannt. Im Gegensatz zum „Verfassungsstaat" der Zeit vor 1789 war nicht mehr der Staat per se ein Verfassungsstaat, sondern er hatte nun eine Verfassung. Diese wurde entweder von einer konstitutionellen Versammlung (verfassunggebende Nationalversammlung, *assemblée constituante*) oder vom Monarchen gemeinsam mit dem (politischen) Volk erlassen oder einseitig vom Monarchen „oktroyiert". Sie wurde auf Dauer eingerichtet, weshalb eine Verfassungsänderung zum Beispiel nur mit Zwei-Drittel-Mehrheit erfolgen kann. Daraus entwickelte sich der Topos von dem Vorrang der Verfassung vor dem einfachen Gesetz. Fast alle Staaten in Europa verfügten, bis auf wenige Ausnahmen, etwa Stadtrepubliken wie Venedig oder Genua, vor dem Anbruch des Zeitalters der Revolutionen in den 1770er Jahren über eine monarchische Struktur.

Der Durchbruch der Idee des Verfassungsstaates erfolgte an der Jahreswende 1773/1774, als es zur amerikanisch-britischen Kontroverse gekommen war. In der weiteren Folge erhielten die USA die weltweit erste geschriebene Verfassung im modernen Sinne. Sie war von aufklärerischem Gedankengut gekennzeichnet, das sich in Europa schon vorher entwickelt hatte. Maßgeblich für die Entwicklung von Verfassungsstaatlichkeit waren die Gedanken von John Locke, Montesquieu und Jean-Jacques Rousseau, die sich allesamt gegen das zementierte Bild von der Allmacht des absoluten Herrschers, dem machiavellistischen *Principe*, und gegen Jean Bodins Lehre von der staatlichen Souveränität aussprachen. Ihnen setzte Montesquieu die Gewaltenteilung oder Rousseau den Sozialvertrag und die Volkssouveränitätslehre entgegen. Dergestalt versuchten sie, den Monarchen an die Gesetze zu binden. Die Staatstheoretiker trieben die durch die Renaissance angestoßene Emanzipation des Subjekts voran: Nicht mehr das Kollektiv, sondern das Individuum sollte im Mittelpunkt der Staatsgewalt stehen, nicht mehr das gottgewollte Recht sollte regieren, sondern das vernunftgeleitete *Cogito ergo sum* wurde zum einzig verlässlichen und maßgeblichen Ausgangspunkt für die Rückführung des Rechts auf das Individuum als freies Subjekt. Dieser Prozess führte schlussendlich zum Sturz absolutistischer Regimes in Europa.

Der Durchbruch

Der Gedanke, dass jeder Einzelne – hierbei war ausschließlich an „weiße" und freie Männer gedacht – seine von Natur aus bestehenden Rechte an eine übergeordnete Instanz namens Staat übertragen müsse, um dergestalt in Frieden leben zu können, zog sich wie ein roter Faden durch die Geschichte und bewirkte im Bewusstsein der Menschen zweierlei: einerseits, dass der Staat „freiwillig" von den Menschen gebildet werde, und andererseits, dass er deshalb in die Pflicht genommen werden könne, Frieden zu geben und zu bewahren. Nicht mehr der Staat alleine, sondern der einzelne Mensch war grundsätzlich als Träger von Rechten und Pflichten, von Werten und Ideen anzusehen. Verfassungen bezogen und beziehen das Individuum mit ein: Es wirkte ab nun an der Ausübung der drei Gewalten mit: Es wählte die Exekutive, seine Vertreter in der Legislative und hatte Anteil an der Judikative. Das Wechselspiel zwischen der Bevölkerung eines Territoriums und dessen Herrn war eröffnet, allerdings ohne die Masse als Phänomen entdeckt zu haben.

Grundlinien

Der rechtliche und politische Charakter einer Verfassung bildete sich erst im Zeitalter des Konstitutionalismus im 19. Jahrhundert aus: Verfassung bedeutete jetzt Beschränkung der Machtvollkommenheit der Staatsgewalt bei gleichzeitigem Ausbau des Dualismus von Staat und Gesellschaft. Als unabdingbare Voraussetzungen galten die Ausgestaltung eines Nationalstaates mit einer Staatsgewalt als einer umfassenden, einheitlichen politischen Entscheidungs- und Herrschaftsgewalt einerseits und andererseits die Stellung des Monarchen als Träger dieser Staatsgewalt und des sie ausübenden Behörden- und Verwaltungsapparates. Durch die Verfassung konnte der Monarch verpflichtet und dessen Machtfülle sowie jene der Verwaltung gegenüber der Gesellschaft, der (Staats-)Bürgerschaft, begrenzt werden. Festzuhalten ist außerdem, dass nicht nur allein auf den formellen Begriff „Verfassung" (*constitution* etc.) – eine feierlich verkündete Verfassungsurkunde – Bezug genommen werden muss, sondern auch andere verfassungsähnliche Rechtsnormen berücksichtigt werden sollten – wie etwa „Grundgesetze" oder andere Bestimmungen (heute meist als „einfachgesetzliche" Bestimmungen verstanden), wie beispielsweise die Einleitung zum »Allgemeinen Landrecht für die preußischen Staaten« (1794) oder Paragraph 18 des österreichischen »Allgemeinen Bürgerlichen Gesetzbuches« (1811). Der Charakter einer Verfassung wandelte sich vom rein deskriptiven zum präskriptiven: In ihr legte man schriftlich und normativ fest, unter welchen Bedingungen Herrschaft legitimiert wird. Unmittelbar damit verbunden war der Anspruch, Herrschaftsgewalt umfassend zu regeln. Mit der Verfassung erfolgte die Transformation vom Rechtsbewahrerstaat hin zum Rechtssetzungsstaat: Recht wurde politisch gesetzt – Recht war das, was die Mehrheit für Recht erklärte und als Recht wollte. Eine Verfassung im modernen Sinn wird schriftlich niedergelegt und feierlich proklamiert, um so für Transparenz und Nachvollziehbarkeit zu sorgen.

Rechtlicher und politischer Charakter

Konstitutionelle Monarchien und deren Verfassungen waren demnach in erster Linie daraufhin orientiert, die Staatsgewalt und damit die Herrschaftsgewalt des Monarchen zu beschränken und waren somit einseitig ausgelegt. Speziell Grundrechte dienten dazu, die monarchische Exekutive zu beschränken. Leitideen der Grundrechte waren und sind die Gleichheit aller vor dem Gesetz, die Unverletzlichkeit und Freiheit der Person und die Freiheit des Geistes im Besonderen, Aufhebung der ständischen Ordnung, Freiheit der Meinung in Wort, Schrift und Druck, Pressefreiheit, Glaubens- und Gewissensfreiheit, Freiheit von Wissenschaft und Lehre, Unverletzlichkeit des Eigentums inklusive Schutz des geistigen Eigentums, Aufhebung der Untertänigkeit, Verbot einer Staatskirche – Grundrechte ersetzten nun die gottgewollte Ordnung. Ab jetzt war die Volksvertretung jenes Organ, das die Freiheitsrechte wahren sollte. Allerdings sah die Verfassungswirklichkeit anders aus: Die frühkonstitutionellen Verfassungen wurden nicht nur nicht alleine vom Volk oder gemeinsam mit dem Monarchen verkündet, sondern viele Verfassungen wurden allein vom Monarchen dem Volk gewährt beziehungsweise „oktroyiert". Erst später entwickelte sich ein einigermaßen ausgeglichenes Verhältnis zwischen Monarch und Parlament, aber erst in jener Zeit, als sich Exekutive und Legislative nicht mehr als antithetische Gewalten gegenüberstanden.

Leitideen der Grundrechte und die Wirklichkeit

Wenngleich man dazu neigt, die USA und Frankreich als Vorbilder für den europäischen modernen Verfassungsstaat zu benennen, so liegen dessen Wurzeln im England des 17. Jahrhunderts. Die politische Entwicklung der Insel unterschied sich wesentlich von der auf dem Kontinent – die absolutistischen Bestrebungen der Stuarts scheiterten an den Ständen, die ihre Freiheitsrechte durchsetzen konnten. Die

»Petition of Rights« 1628, die »Habeas-Corpus-Akte« 1679 sowie die »Bill of Rights« von 1689 dokumentieren diese Auseinandersetzung. Sie wurden zu bahnbrechenden Gesetzen, die den Schutz des Individuums vor monarchischer Willkür beinhalteten. Die *Glorious Revolution* von 1688 brachte den Sieg über den Absolutismus zugunsten einer konstitutionellen Monarchie: Ober- und Unterhaus wurden dem König im Wesentlichen gleichgesetzt, die „königlichen Prärogativen" stark eingeschränkt. Bereits Ende des 18. Jahrhunderts verfügte England über ein parlamentarisches Regierungssystem, von dem andere Länder weit entfernt waren. Es fand schließlich Nachahmung in Amerika, und Elemente vor allem des Parlamentarismus dienten als Vorbild für die bevorstehende weltweite Verfassungsentwicklung. Großbritannien galt um 1700 als das fortschrittlichste Land, wo das Licht der Aufklärung entzündet wurde, während des 18. Jahrhunderts pries man die britische Regierungsform als die „vollkommenste unter allen europäischen" (Hans Fenske). Dies wohl auch deshalb, weil sie das herausragendste und unverzichtbarste Merkmal des abendländischen Konstitutionalismus beinhaltete: den „Schutz" des Individuums vor der Staatsgewalt.

Ursprung: Großbritannien

Die Französische Revolution veränderte die politische Wirklichkeit Europas. Sie war – im Gegensatz zu den „Revolutionen" („Reformationen") des Mittelalters und der Neuzeit – nicht darauf fokussiert, eine alte Ordnung wiederherzustellen, sondern war nach vorne gerichtet und sagte den Missständen der Zeit den Kampf an. Die Französische Revolution sollte das besorgen, was man bisher von Gott erwartet hatte: Menschenglück. Daher lag es auf der Hand, dass man zunächst Menschenrechte formulierte und erst dann, in einem weiteren Schritt, eine Verfassung. »Menschenglück« und „Glückseligkeit" fand man bereits in der „Virginia Bill of Rights" 1776: „§ 1: Alle Menschen [dies galt allerdings nur für weiße Männer] sind von Natur frei und unabhängig und haben gewisse angeborene Rechte, deren sie, wenn sie in den gesellschaftlichen Zustand zusammentreten, durch keinen Vertrag ihre Nachkommen berauben oder verlustig erklären können; namentlich sind es die Rechte auf den Genuss des Lebens und der Freiheit, mit den Mitteln Eigentum zu erwerben und zu besitzen, und Glückseligkeit und Sicherheit zu verfolgen und zu erlangen." Seit dem Zeitalter des Konstitutionalismus bezeichnete man eine Verfassung nur dann als vollständige Verfassung, wenn diese über einen Menschenrechtskatalog verfügte. Dies wird zu einem wesentlichen Merkmal von Verfassungen. Die Begriffe „Nation" und „Bürger" legten bereits Montesquieu, Rousseau, Locke etc. theoretisch fest. Jetzt galt es, diesen Begriffen politisches Leben einzuhauchen. Die Französische Revolution machte aus Untertanen politische Bürger (allerdings noch keine Bürgerinnen), deren Rechte als Bürgerrechte verankert waren und seitdem einen unverzichtbaren Teil der Verfassung darstellten. Aufklärung bedeutete die Erziehung zur Menschlichkeit.

Erreichen von „Menschenglück"

Durch die Französische Revolution und die Rezeption der amerikanischen und englischen Verfassungsgeschichte sollten sich moderne Verfassungsstaaten dauerhaft etablieren. Wenngleich bereits unter Napoleon ein Rückschlag erfolgte, konnte der

Konstitutionalisierungsprozess nicht aufgehalten werden. Dies gilt in unterschiedlicher Intensität für die gesamte Welt: Während für die zwischen 1810 und 1830 neu geschaffenen unabhängigen Staaten Lateinamerikas die Verfassungen der USA und Frankreichs, aber auch die spanische Verfassung von Cádiz aus dem Jahr 1812 als Vorbild dienten, exportierte Großbritannien seine Vorstellung von einer „Verfassung" in die ab 1763 erworbenen kolonialen Besitzungen. Dies galt in einem gewissen Maß auch für die Staaten Ostasiens und für die islamische Welt.

Von den ersten Verfassungen bis 1814

Die »Amerikanische Unabhängigkeitserklärung«

Die »Amerikanische Unabhängigkeitserklärung« 1776 und die Französische Revolution bildeten die wesentlichen Marksteine jenes Prozesses, der zum Durchbruch des Konzeptes der Verfassungsstaatlichkeit führte. Zu Recht gilt die noch heute gültige Verfassung der USA als die Mutter aller geschriebenen Verfassungen. Sie stellt eine Kompilation aus englischem *common law* und aufklärerischem Gedankengut etwa von Montesquieu oder Rousseau dar. Als Basis für die Bundesverfassung dienten die Verfassungen der US-Einzelstaaten. Der Weg zu einer gemeinsamen Bundesverfassung war, wie beinahe ausschließlich für den gesamten Konstitutionalisierungsprozess charakteristisch, ein revolutionär-bellizistischer. Bereits seit dem Ende des 17. Jahrhunderts verfolgte man in der englischen Regierung den Plan, mehrere Kolonien zu vereinen, um dergestalt den Grenzstreitigkeiten mit den französischen Kolonisten Einhalt gebieten zu können. In diesem Sinne präsentierte ein Delegierter aus Pennsylvania, Benjamin Franklin, zu Beginn der Kampfhandlungen zwischen französischen und englischen Siedlern im Jahr 1754 den Delegierten New Yorks und Marylands auf der Konferenz von Albany einen *Plan of Union*. Darin war die Bildung einer Union aller englischen Festlandskolonien außer Neuschottland und Georgia vorgesehen. Die britische Krone verwarf den Plan als zu demokratisch, das Kolonialparlament hingegen deshalb, weil er den Prärogativen des britischen Königs zu viel Gewicht zukommen ließ. Dennoch stellte dieser *Plan of Albany* den ersten Schritt in Richtung Schaffung eines amerikanischen Bundesstaates dar. Der Ausbruch und der weitere Verlauf des Siebenjährigen Krieges (1756–1763), in den Großbritannien und Frankreich verwickelt waren, bedeutete für das Mutterland die Anhäufung eines enormen Schuldenberges, weshalb man am Ende allein in der zusätzlichen Besteuerung der amerikanischen Kolonien einen Ausweg sah. Neue Steuern wurden erlassen, doch das Fass zum Überlaufen brachte das Teegesetz *(Tea Act)* 1773: Um den drohenden Konkurs der *East India Company* (EIC) abzuwehren, erlaubte ihr das britische Parlament den Tee in Amerika zu verkaufen. Dies bedeutete jedoch für die amerikanischen Teehändler, nicht mehr konkurrenzfähig zu sein. Daraufhin erreichte der Widerstand in der *Boston Teaparty* an der Jahreswende 1773 auf 1774 seinen Höhepunkt. Die Kolonisten brachten ihre Beschwerden vor und banden sie an das Junktim, nur dann Steuerleistungen erbringen zu wollen, wenn sie im englischen Parlament politische Mitsprache erhielten: „No taxation without representation." Daraufhin erfolgte 1774 die Einberufung des ersten Kontinentalkongresses nach Philadelphia, wo man den Boykott englischer Waren beschloss. Weiterhin verfassten die Kongressteilnehmer eine Petition an die britische Krone, in der die Anerkennung der Kolonialparlamente als Gesetzgeber seitens der Krone gefordert wurde, bei gleichzeitiger Einräumung eines Vetorechtes für den König. Darüber hinaus appellierte man an den Monarchen, die Rechte der Kolonisten zu wahren. Dieser ging darauf nicht ein, und Vermittlungsausschüsse wie auch der Aufruf von Edmund Burke im Unterhaus, die Probleme nicht mit Waffengewalt lösen zu wollen, fruchteten nicht. Schlussendlich brach am 19. April 1775 der Amerikanische Unabhängigkeitskrieg aus. Infolgedessen wurde am 10. Mai 1775 ein zweiter Kontinentalkongress nach Philadelphia einberufen. Dieser beschloss nach den ersten kriegerischen Zusammenstößen, weitere Truppen ausheben zu wollen, und ernannte George Washington zum Oberbefehlshaber der Kontinentalarmee. In jener Zeit gewann die amerikanische Unabhängigkeitsbewegung an Boden, die durch die Verbreitung des Pamphlets von Thomas Paine, *Common sense*, eine weitere Dimension annahm: Ein amerikanisches Zusammengehörigkeits-, ja Nationalgefühl entstand. Paine rief zur republikanischen Staatsform auf und bezichtigte den *royal brute of London* – gemeint war König Georg III. – der Tyrannei. So konnte Mitte März 1776 der Durchbruch hinsichtlich einer Unabhängigkeitserklärung im Kongress erfolgen, und am 4. Juli 1776 verkündete Thomas Jefferson die „Erklärung durch die Repräsentanten der Vereinigten Staaten von Amerika im *General Congress* versammelt", die Unabhängigkeitserklärung. Die britische Krone erkannte allerdings erst im Präliminarfrieden von 1782 die Unabhängigkeit der 13 Kolonien an.

Basierend auf dem Kongress, der 1776 den Kolonien nahegelegt hatte, Verfassungen zu erarbeiten, erfolgte dieser Schritt zunächst in allen diesen Kolonien im Zeitraum von 1776 bis 1780 – mit Ausnahme von Connecticut und Rhode Island, die nach wie vor ihre Gründungsurkunden als Grundgesetze verwendeten. New Hampshire war der erste Staat, der bereits im Januar 1776 eine provisorische Verfassung erließ, gefolgt von South Carolina im März. Alle Einzelstaaten führten republikanische Verfassungen ein, was nicht nur auf das populäre Pamphlet von Paine, sondern auch auf den Mangel einer Alternative zurückzuführen war – es fehlte ein ständischer Adel, und die Monarchie war verpönt.

Die einzelstaatlichen Verfassungen lehnten sich grosso modo an das Vorbild „englisches Parlament" an: Alle einzelstaatlichen Parlamente bestanden aus einem Senat und einem Abgeordnetenhaus. Gewählt wurde nach dem Zensuswahlrecht, das nur (weiße) Männer besaßen. Es war den Kolonialparlamenten gelungen, den britischen Gouverneuren immer mehr Befugnisse, vor allem im Steuerwesen, abzutrotzen. Neben dem Zwei-Kammern-System beinhalteten die Einzelverfassungen das Prinzip der Gewaltenteilung und Volkssouveränität (anstelle der Parlamentssouveränität) sowie einen Menschenrechtskatalog. Die amerikanischen Einzelstaaten verwirklichten, basierend auf dem englischen Erbe, den

Einzelstaatliche Verfassungen

modernen Verfassungsstaat und wurden somit zum Vorbild für die amerikanische Bundesverfassung und in weiterer Folge für europäische Verfassungen. Gleichzeitig mit der Verabschiedung einer Verfassung erfolgte in sechs Staaten die Publikation eines Grundrechtekatalogs. Der berühmteste war jener des Bundesstaates Virginia vom 12. Juni 1776, basierend auf einem Entwurf von George Mason.

Da mittlerweile alle 13 Staaten davon überzeugt waren, einen politischen Verband gründen zu wollen, schlug der New Yorker Politiker Alexander Hamilton vor, einen Verfassungskonvent einzuberufen. Es schien, als würden sich nun alle nordamerikanischen Staaten der Verfassungsfrage annehmen: Artikel in Tageszeitungen, Flugschriften, Plakate und diverse Debatten in Versammlungen dokumentieren das entstandene amerikanische National- und Wir-Gefühl. Dieses Gefühl überhöhte die Schaffung einer Verfassung und wurde quasi in ein rechtliches Konstrukt gegossen. Verfassung stand somit nicht nur für eine normative Grundordnung eines Staates, sondern bildete als höchste Norm eine Klammer für das nationale „amerikanische“ Bewusstsein. Dieses Phänomen kann im Zuge des Konstitutionalisierungsprozesses vielfach beobachtet werden, es galt für Frankreich genauso wie etwa später auch für Deutschland oder Italien.

Aufkommen eines Nationalbewusstseins

Im November 1777 verabschiedete der Kontinentalkongress die »Articles of Confederation«. Die 13 amerikanischen Staaten schlossen sich zu den *United States of America* zusammen, unter Statuierung der nationalen Souveränität; die USA waren somit ein Staatenbund. Erst nach langen und zähen Verhandlungen konnten die Konföderationsartikel am 1. März 1781 in Kraft treten. Relativ rasch traten die Schwächen dieses Verfassungsprovisoriums hervor; dies galt vor allem für den wirtschaftlichen Bereich. Daher forderten allen voran Alexander Hamilton und James Madison eine Reform der Konföderationsartikel. Schließlich berief man im Mai 1787 einen Verfassungskonvent nach Philadelphia ein, an dem allein Rhode Island nicht teilnahm. Dieser Verfassungskonvent orientierte sich bei der Ausarbeitung der Verfassung wiederum an britischen Verfassungsprinzipien, wie etwa persönlicher Freiheit, Meinungsäußerungsfreiheit, Eigentumsgarantie etc., demokratisch legitimierter Justiz, Parlament mit Zwei-Kammern-System, Verantwortlichkeit der Behörden. Diese Prinzipien wurden mit dem Gedankengut Montesquieus, Rousseaus und Paines vermischt. Daraus entstand schlussendlich die Unionsverfassung, die von elf Staaten am 17. September 1787 angenommen wurde; Rhode Island und New York lehnten den Entwurf ab. Da neun Staaten für die Zustimmung genügten und New Hampshire am 21. Juni 1788 die Verfassung ratifizierte, konnte diese 1789 in Kraft treten. Rhode Island und New York ratifizierten die Verfassung, als man ihnen unmittelbar nach dem Inkrafttreten der Verfassung den Grundrechtekatalog (Zusatzartikel 1–9, 1791) und das Grundrecht des Schutzes der Einzelstaatenkompetenzen (Zusatzartikel 10, 1791) zusicherte.

Die Philadelphia Convention

Die Konstitution der Vereinigten Staaten, die noch heute Gültigkeit besitzt, beginnt mit einer kurzen Präambel, in der der Sinn der Verfassung beschrieben wird: „Wir, das Volk der Vereinigten Staaten, von der Absicht geleitet, unseren Bund zu

„We the People". Präambel der Verfassung der Vereinigten Staaten (1787).

vervollkommnen, Gerechtigkeit zu verwirklichen, die Ruhe im Innern zu sichern, für die Landesverteidigung zu sorgen, die allgemeine Wohlfahrt zu fördern und das Glück der Freiheit uns selbst und unseren Nachkommen zu bewahren, setzen diese Verfassung für die Vereinigten Staaten von Amerika in Geltung." „Wir, das Volk" bildete den Souverän und nicht mehr der unbeliebte englische Monarch. „Wir, das Volk" legte nun die Kompetenzen des amerikanischen Bundesstaates fest: Entscheidungen über Krieg und Frieden, Außen- und Außenhandelspolitik, Währungswesen, Armee, Flotte, Bundesgericht, Zölle, Steuern, Aufnahme von Krediten, Errichtung von Postanstalten, Vereinheitlichung des Einbürgerungs-, Urheber- und Konkursrechts, Gesetzgebung. Die Verfassung beinhaltete Montesquieus Prinzip der Gewaltenteilung: Die Gewalten sind dahingehend voneinander unabhängig, dass ihnen durch die Verfassung Kompetenzen und Aufgaben zugewiesen werden, die unübertragbar sind. Die Exekutive befindet sich, ohne verfassungsrechtlich vorgesehene Minister und ohne Kabinettsystem, allein in den Händen des Präsidenten. Seine Position ist sehr stark, was auf einen Kompromiss zwischen den (im heutigen Sinne eher zentralistischen) *Federalists* und den *(Democratic) Republicans* zurückzuführen war. Der Präsident ist Staatsoberhaupt und Regierungschef in einer Person und dementsprechend für die Außenpolitik zuständig. In außerordentlichen Fällen kann er beide Häuser oder eines einberufen, darüber hinaus besitzt er das suspensive Veto bei Beschwerden gegen Beschlüsse des Kongresses. Der amerikanische Präsident kann durch Staatsklage *(impeachment)* abgesetzt werden; er wird kontrolliert durch Kongress und Oberstes Bundesgericht. Die legislative Gewalt liegt in den Händen des Kongresses, der aus den beiden unauflöslichen Häusern Senat und Repräsentantenhaus besteht. Um den kleinen Staaten Gewicht zu verleihen, einigte man sich hinsichtlich der Aufteilung der Mandate auf folgenden Kompromiss: Das Repräsentantenhaus wird alle zwei Jahre direkt vom Volk proportional zur Einwohnerzahl beschickt (je 30.000 Einwohner ein Abgeordneter), der Senat besteht aus je zwei Vertretern jedes Einzelstaates, die seit 1913 vom Volk auf sechs Jahre gewählt werden, und zwar ebenfalls alle zwei Jahre zu einem Drittel. Es galt Zensuswahlrecht. Das damalige Wahlalter lag bei 25 Jahren und war an die Bedingung geknüpft, mindestens seit sieben Jahren amerikanischer Staatsbürger zu sein, und an den Nachweis des Aufenthalts im betreffenden Staat (Änderungen erfolgten 1868 durch Zusatzartikel 14). Beiden Häusern steht, dem englischen Recht entnommen, die *power to impeach* zu, das heißt die Befugnis, ein Amtsenthebungsverfahren gegen den Präsidenten und jeden anderen Amtsträger einzuleiten. Der Kongress ist befugt, völkerrechtliche Verträge abzuschließen, er kann das Veto des Präsidenten mit Zwei-Drittel-Mehrheit aufheben, ihm steht auch das Steuerbewilligungsrecht zu. Die richterliche Gewalt hat für eine einheitliche Rechtsprechung und die Beachtung der konstitutionellen Grenzen in der Union Sorge zu tragen. Im Zuge seiner Rechtsprechung erhielt der *Supreme Court* die Kompetenz des *judicial review*, also den Status eines Verfassungsgerichtshofes (Marbury vs. Madison, 1803), und kann somit über Handlungen der Exekutive und Legislative entscheiden. Das Oberste Bundesgericht besteht aus neun unabhängigen Richtern, die vom Präsidenten mit Zustimmung des Senats auf Lebenszeit ernannt werden. Das Prinzip der *checks and balances* ergibt sich einerseits durch die Kontrolle des Obersten Gerichtshofes und andererseits durch das suspensive Veto des Präsidenten im Gesetzgebungsverfahren. Ein Verfassungsrevisionsverfahren ist äußerst kompliziert, es bedarf einer Zwei-Drittel-Mehrheit, und der Grundtext darf nicht geändert werden. Daher erfolgt eine Revision durch Zusatzartikel *(amendments)*. Der Verfassung von 1787 wurden bis dato 27 *Amendments* hinzugefügt, wobei Zusatzartikel 1 bis 10 die »Bill of Rights« bilden.

Die Konstitution der Vereinigten Staaten

Die Positivierung der Herrschaftsstruktur auf der Grundlage einer Verfassung ist unlöslich mit der Emanzipation des Subjekts verbunden. Dies erklärt wohl, warum man zunächst sowohl in Amerika wie etwa auch in Frankreich den Weg zur Verfassung über die Verkündigung eines Menschenrechtskataloges beschritt. Die Bürger wurden nun zu Garanten der ersehnten Freiheiten und des Glücks, sie erhielten Rechte, aber auch Pflichten. Durch die Verfassung wurden die USA ein demokratischer Bundesstaat, basierend auf einem Kompromiss zwischen föderalistischem und zentralistischem Prinzip, und bildeten die erste Republik im modernen Sinne.

Die Geschichte der vereinigten Bundesstaaten war in ihren Anfangsjahrzehnten von kriegerischen Auseinandersetzungen gekennzeichnet (vgl. S. 323 ff.). Ab 1815 waren sie innen- und außenpolitisch konsolidiert, und zum politischen Alltag gehörten die Umsetzung des Prinzips der Volkssouveränität, des Föderalismus und der Grundrechte, die noch nur für „weiße" Männer galten. Die Verfassung bot die Klammer einer amerikanischen Identität, dazu kamen weitere identitätsstiftende Symbole wie etwa die Nationalfahne, die Nationalhymne, der *Day of independence* (4. Juli), der Geburtstag der Integrationspersönlichkeit George Washington (22. 2. 1732) und die Inauguration der Präsidenten.

Die amerikanische Identität

Für England bedeutete die Unabhängigkeit der Vereinigten Staaten von Amerika eine Neudefinition der weiteren britischen Besitzungen in Nordamerika, das heißt im späteren Kanada. Hier verlor Frankreich durch den Frieden von Paris 1763 seine Kolonien, das ehemalige Neufrankreich wurde als Provinz Québec den drei weitgehend voneinander unabhängigen britischen Kolonien eingegliedert. Für Québec erließ das britische Parlament im Jahr der *Boston Tea Party* die Québec-Akte (1774), die einen offiziellen Verzicht auf die Anglisierung dieser Provinz beinhaltete. Daraufhin erfolgte 1775/1776 eine Invasion Québecs durch die US-amerikanische Kontinentalarmee, die aber von einem britischen Geschwader besiegt wurde. Die Loyalität der Bewohner Kanadas während des Amerikanischen Unabhängigkeitskrieges wurde durch den Zuzug von bis zu 100.000 Flüchtlingen aus Amerika vor allem in den frühen 80er Jahren des 18. Jahrhunderts verstärkt. Die homogen französisch geprägte Kolonie Québec erfuhr nun einen tiefgehenden demographischen Strukturwandel. Konflikte waren vorprogrammiert und mündeten schließlich in der Verabschiedung des »Constitutional Act« im Jahr 1791 durch das britische Parlament. Sie brachte die Aufteilung der Provinzen in ein französischsprachiges Niederkanada und ein englischsprachiges Oberkanada. Jede Provinz erhielt ein gewähltes Parlament, das Regierungssystem war dem britischen nachgebildet. Als Ersatz für die amerikanischen Siedlungen hatten die Briten 1788 in der australischen Botany Bay an der Küste von New South Wales eine Strafkolonie aufgebaut – die erste mehrerer britischer Kolonien in Australien. Neben der Ausweitung des Kolonialbesitzes erfolgte die innenpolitische Konsolidierung Großbritanniens. So strebte man für Irland die gleiche Bindung an wie für Schottland (1707 *Act of Union*), was 1801 zur Gründung des *United Kingdom of Great Britain* führte.

Situation in den Kolonien

Wenngleich auch Frankreich gleichzeitig Gewinner und Verlierer des Unabhängigkeitskrieges war, sollte es hier zur innenpolitischen Explosion mit weltweiter Reichweite kommen. Goethes Ausspruch, „Amerika, du hast es besser", sollte erst einige Jahrzehnte später auch für Europa Gültigkeit erhalten, zunächst aber erfolgte unter dem Eindruck der Ereignisse der Import amerikanischen Verfassungsdenkens nach Europa. Hier waren sich die Aufklärer schon lange darüber einig, dass eine Staatsordnung, die gerecht und gut sei, Neuerung und Veränderung bringen müsse. Auf Grund des amerikanischen Vorbilds und der Finanzkrise brachen in Frankreich die lange schwelenden schwerwiegenden Konflikte hinsichtlich einer Steuerreform nun offen zutage. Der Aufforderung, die Generalstände nach beinahe 150 Jahren Absenz wieder einzuberufen, leistete Ludwig XVI. Folge. Die Öffentlichkeit nahm regen Anteil daran, am populärsten wurde die Schrift des Emmanuel Joseph Sieyès über den Dritten Stand *(tiers état)*. Diesen erklärte er identisch mit der Nation – er allein sollte mit der Ausarbeitung einer Verfassung betraut werden. Die Generalstände traten im Mai 1789 zusammen. Als es jedoch in der Frage des Abstimmungsmodus (Köpfe oder Stände) zu keiner Einigkeit kam, erklärte sich der durch Geistliche und einige Adelige erweiterte Dritte Stand zur Nationalversammlung. Diese tat kund, erst dann auseinandergehen zu wollen, wenn eine Verfassung verkündet sei. Erst nach dem Bastillesturm (14. Juli 1789) akzeptierte dies der König. Bald danach riefen die Revolutionäre unter dem Eindruck landesweiter Unruhen die Annullierung der Feudalrechte und Privilegien aus. Noch vor dem Beginn der eigentlichen Verfassungsarbeiten publizierte die Nationalversammlung, analog zur Entwicklung in Amerika, die »Déclaration des droits de l'homme et du citoyen«, die natürlichen, unveräußerlichen und heiligen Menschenrechte. In Artikel 16 legte sie zwei wesentliche Merkmale weiterer Verfassungen fest: Rechtsgarantie und Gewaltenteilung: „Eine jede Gesellschaft, worin die Garantie der Rechte nicht gesichert, noch die Trennung der Gewalten *(séparation des pouvoirs)* bestimmt ist, hat keine *Constitution.*" Das Prinzip der nationalen Souveränität übertrug man nicht, wie seit Bodin, dem Monarchen oder im Sinne von Rousseau dem Individuum, das dann einen Gesellschaftsvertrag *(Contract social)* mit dem Staat schließt, sondern der Nation: „Art. 3: Der Ursprung aller Souveränität befindet sich wesentlich in der Nation. Kein Körper, kein einzelner Bürger kann eine Gewalt ausüben, die nicht ausdrücklich davon ausgeht." Erst nachdem sich die Lage in Frankreich einigermaßen stabilisiert hatte, legte die Konstituante am 3. September 1791 dem König eine Verfassung vor, die dieser am 13. September akzeptierte und auf die er seinen Eid leistete. Die Verfassung von 1791 leitete in Europa das Zeitalter des Konstitutionalismus ein. Sie beinhaltete wesentliche moderne Kennzeichen, die sich in späteren Verfassungen weltweit wiederfanden. Abgesehen von dem Menschenrechtskatalog sah sie eine ständig tagende und unauflösbare Legislative vor, deren Gesetzesbeschlüsse durch den Monarchen nur in Form eines suspensiven Vetos Einschränkungen erfuhren. Außerdem enthielt sie die Ministerverantwortlichkeit, verankert in der Gegenzeichnungspflicht für Verwaltungsakte des Monarchen. Die monarchische Regierung basierte auf Erb- und Primogeniturprinzipien bei immer-

Frankreich

Die Französische Verfassung von 1791

Zeitgenössisches Gemälde der »Deklaration der Menschen- und Bürgerrechte«, verkündet durch die Nationalversammlung am 26. August 1789.

währendem Ausschluss der weiblichen Thronfolge. Bewusst änderte man den Titel des Königs in „König der Franzosen", was implizierte, dass er König einer Nation und nicht eines Territoriums („König von Frankreich") sein sollte. Der Monarch war mittels Eid an die Verfassung gebunden, und seine Autorität stand unter der des

Gesetzes: „In Frankreich gibt es keine Autorität, die über das Gesetz erhaben wäre. Der König regiert bloß durch das Gesetz" (Tit. 3, Kap. 2, Abschn. 1, Art. 3). Im Vergleich zur US-amerikanischen Verfassung zeigte sich, dass eine Verfassung sowohl das föderalistische als auch das zentralistische Prinzip enthalten konnte. Der amerikanischen Verfassung lag die Intention zugrunde, sich vom britischen Mutterland zu lösen. Anders die Situation in Frankreich: Hier verfolgte man das Ziel, die bestehenden Herrschaftsstrukturen des absolutistisch regierten Landes zu zerschlagen und dergestalt dem Monarchen die Bindung an das Gesetz aufzuerlegen. Während in dem amerikanischen System von *checks and balances* das *common law* durch die Auslegung der Verfassungsrichter weiterentwickelt wurde, verstand man in Frankreich Recht als ein durch das Parlament gesetztes Recht auf der Basis einer demokratischen Entscheidung. Gewaltenteilung im Verständnis der Väter der französischen Verfassung war nicht im Sinne von Montesquieu und nach britischem Vorbild ein Gleichgewicht der Kräfte, sondern vielmehr eine rationale Funktionengliederung mit einer kollektiven allgemeinen Willensbildung im Parlament und deren Kontrolle über die Exekutive.

Wenngleich die französische Verfassung als Motor des weiteren Konstitutionalisierungsprozesses verstanden werden kann, so war sie nicht die erste Verfassung in Europa. Abgesehen von Schweden, das mit seiner ständischen Verfassung von 1719 die sogenannte Freiheitszeit einläutete, oder Finnland 1772, gilt Polen als erster europäischer Staat mit einer zumindest semi-modernen Verfassung. Der polnische König Stanislaus August II. (Stanisław II.) trug sich bereits seit Jahrzehnten mit dem Gedanken, die Verfassung des Landes in einer „glücklichen" Revolution enden zu lassen. Die Reform sollte nach englischem Vorbild erfolgen, doch hinderten ihn zunächst innen- und außenpolitische Umstände daran, so dass erst 1788 ein Reform-Landtag *(Sejm)* eröffnet werden konnte. Die ins Stocken geratenen Verhandlungen erhielten auf Grund der Meldung über die siegreiche Revolution in Frankreich einen gewaltigen Auftrieb. So legten die aufgeklärten Politiker dem König ein umfangreiches Gesetz vor, das unter geschickter Umgehung des *liberum veto* (des Einspruchsrechts

Verfassung in Polen

selbst eines einzelnen Landboten) mit Stimmenmehrheit angenommen wurde. Dieses Gesetz ging als Verfassung vom 3. Mai 1791 in die Geschichte ein. Nicht „Wir, das Volk", sondern „Stanislaus Augustus von Gottes Gnaden [...] mit den in verdoppelter Zahl die polnische Nation repräsentierenden konföderierten Ständen" verabschiedeten die Verfassung in der Überzeugung, „dass unser aller gemeinschaftliches Schicksal einzig und allein von der Gründung und Vervollkommnung der Nationalverfassung abhängt, und durch eine lange Erfahrung die verjährten Fehler unserer Regierungsverfassung kennen gelernt haben". Wenngleich der als fortschrittlich bezeichnete König die amerikanische Verfassung kannte und auch die mit der Ausarbeitung der Verfassung betrauten Fachmänner dort Anleihe nahmen, gelang ihnen nicht die Überwindung der feudal-ständischen Gesellschaft, sondern sie kombinierten deren Grundsätze mit den Ideen von Rousseau und Montesquieu sowie dem Instrument der Gegenzeichnung, wie sie in Großbritannien unter Verwirklichung der Ideen William Blackstones festgelegt war. Der Adel musste Einschnitte in seine bisherigen Privilegien hinnehmen. Der Verfassung, der ein Grundrechtekatalog fehlte, war keine lange Dauer beschieden. Der Beitritt des Königs im Juli 1792 zur Konföderation von Targowica, die von Verfassungsgegnern gebildet wurde, bedeutete ihr Ende. Dennoch lobte sie etwa Thomas Paine, und auch in Frankreich erhielt sie viel Zuspruch. Verglichen mit der ersten französischen Verfassung konnte die polnische keine nachhaltige Wirkung für Europa erzielen, die weiteren wichtigen Impulse gingen allein von Frankreich aus.

So glatt und beinahe reibungslos wie in Amerika, wo der Konstitutionalisierungsprozess mit der Unabhängigkeitserklärung 1776 einsetzte und verhältnismäßig rasch seinen vorläufigen Abschluss im Jahr 1803 (Marbury vs. Madison) fand, vollzog sich in Europa die Umsetzung des Konzeptes eines Verfassungsstaates nicht. Frankreich sollte sich in weiterer Folge als „Laboratorium" von Verfassungen erweisen. Die nur ein Jahr gültige 1791er-Verfassung wurde 1793 von der sogenannten Konventsverfassung abgelöst. Zunächst schuf die *Convention*, die vorwiegend aus antimonarchistischen Abgeordneten bestand, das Königtum am 21. September 1792 ab und führte einen Tag später eine neue Zeitrechnung ein: Das Jahr I der französischen Republik begann. Die Arbeiten des Verfassungsausschusses setzten nach der Hinrichtung Ludwigs XVI. am 21. Januar 1793 ein. Ein neues Zeitalter wurde mit der Verkündung sozialer Grundrechte (z. B. auf Bildung) eingeläutet, und man brach ganz bewusst mit der bisherigen liberalen Tradition der Revolution. Dies äußerte sich auch darin, dass man nicht mehr die Nation der „Aktivbürger", sondern das gesamte Volk als Träger der Souveränität bezeichnete. Jetzt erfolgte die Einführung eines allgemeinen, gleichen und freien Wahlrechtes – allerdings nur für Männer. Trotz des Vorstoßes von Olympe de Gouges hinsichtlich einer „Genderung" der Menschenrechte blieben Frauen nach wie vor von allen politischen Rechten ausgeschlossen. Hingegen erfolgte die Aufhebung des viele Bevölkerungsschichten diskriminierenden Wahlzensus. Die Exekutive war im Gegensatz zur Legislative schwach und wurde einem Exekutivrat, bestehend aus 24 Ministern, übertragen. Die Gesetzgebung lag in den Händen der Nationalversammlung. Erstmals beinhaltete eine Verfassung ein Element direkter Demokratie – Artikel 58 bestimmte die Bekanntgabe des Gesetzes in allen Gemeinden mit der Aufschrift „Vorgeschlagenes Gesetz". Dieses wurde einer Art „Volksabstimmung" unterzogen. Allerdings erfolgte die erste Volksabstimmung über eine Verfassung auf europäischem Boden nicht geheim oder schriftlich, sondern öffentlich und mündlich: 1,8 Millionen Franzosen stimmten mit Ja, fünf der sieben Millionen Wahlberechtigten enthielten sich der Stimme und 11.000 Franzosen hatten den Mut, mit Nein zu dieser Verfassung zu votieren. Diese trat jedoch nicht in Kraft, sondern wurde noch am Abend des erfolgreichen Referendums in eine Arche aus Zedernholz gelegt – man wollte sie erst nach dem Krieg, in besseren Zeiten, in Kraft treten lassen. Die zunehmende Radikalisierung entwickelte sich gegen Ende des Jahres 1793 zur *terreur*, der Schreckensherrschaft der Jakobiner. Diese Zeit versetzte der Verfassungsentwicklung einen Rückschlag und führte, wie Dieter Gosewinkel und

Verfassungsentwicklung

Johannes Masing es treffend nennen, in ein „Diktat der Intoleranz und Tyrannei". Nach Niederschlagung des *terreur*-Regimes kamen gemäßigtere Kräfte an die Macht. Um den Gefahren der Wiederkehr der *terreur* und der Bildung einer möglichen Militärdiktatur entgegenzuwirken, erließen sie 1795 die sogenannte Direktorialverfassung. Erstmals fanden in einer Verfassung nicht nur die Rechte der Menschen und Bürger Erwähnung, sondern auch deren Pflichten. Diese waren etwa Beachtung der Gesetze oder Respektierung des Eigentums. Zum obersten Souverän bestimmte man den französischen Bürger. Damit war das Bürgertum auch verfassungsrechtlich geboren – und es war ausschließlich männlich. Die gesetzgebende Körperschaft erfuhr eine Gliederung in den Rat der Alten und den Rat der Fünfhundert, und die Exekutive wurde einem Direktorium, bestehend aus fünf Personen, übertragen.

Mit der Konstitution wollte man einen Meilenstein in der Verfassungsgeschichte Frankreichs errichten, doch realiter verhinderte man mit ihr das Regieren, anstatt eine Regierung zu schaffen. Instabilität war in der jungen Republik vorhersehbar: Nach zwei Staatsstreichen führte der dritte indirekt zur Installation des französischen Kaiserreiches. Am 9. November 1799 putschte Napoleon und erklärte damit das offizielle Ende der Französischen Revolution. Wenige Wochen später präsentierte er die Konsulatsverfassung. Frankreich blieb Republik, doch der oberste Souverän war nicht mehr das Volk, sondern Napoleon! Er instrumentalisierte die Verfassung, um seine Macht zu legitimieren und auszubauen. Sie war auf seine Person zugeschnitten und so beschritt er den Weg hin zu einer bonapartischen Diktatur. Die Regierung bestand aus drei Konsuln, wobei der Erste Konsul, Napoleon, die Macht auf sich konzentrierte: Ihm allein stand die Entscheidungsgewalt in Exekutive und Legislative zu. Neu und einzigartig im französischen Konstitutionalisierungsprozess war das Drei-Kammern-System der Legislative: Tribunat, *Corps législatif* und *Sénat conservateur*. Ihre Mitglieder waren mehr oder minder „Marionetten" Napoleons, die er im Laufe der Zeit gefügig machte. Zum weiteren Ausbau von Napoleons Herrschaft bot sich bald eine Gelegenheit, da es ihm gelang, innenpolitische Spannungen abzubauen und außenpolitische Erfolge im Zuge der Koalitionskriege zu erzielen. Seine Popularität wuchs. So ließ er sich 1802 durch Verfassungsänderung vom Senat zum Ersten Konsul auf Lebenszeit proklamieren. Im Vergleich mit den vorhergehenden Verfassungen stellte dies jedoch einen Rückschritt dar, denn nun wurde Bonaparte zum Monarchen im Zuschnitt des *Ancien Régime*. Napoleon sah sich bald dergestalt gestärkt, dass er mittels weiterem Senatsbeschluss 1804 die Verfassung abermals änderte und am Zenit seiner Politik anlangte: „Art. 1 Die Regierung der Republik wird einem Kaiser anvertraut, der den Titel: Kaiser der Franzosen annimmt", und: „Art. 2 Napoleon Bonaparte, gegenwärtig Erster Konsul der Republik, ist Kaiser der Franzosen." Dadurch wurde Frankreich wieder eine Erbmonarchie, allerdings nicht der Bourbonen, sondern der Familie Bonaparte. Wie schon 1799 und 1802 setzte Napoleon die Ratifizierung der Verfassung durch eine manipulierte Volksabstimmung durch. Die Verfassungsänderungen durch Napoleon bewirkten eine Dekonstruktion der Verfassung, vom ursprüng-

Die Diktatur Bonapartes

lichen Verfassungskonzept blieb lediglich ein Schatten. Napoleon gab dem Konstitutionalisierungsprozess eine neue Dimension und kehrte ihn ins Negative hin zu einem Scheinkonstitutionalismus.

Gleichzeitig mit den Kriegserfolgen und der Erweiterung Frankreichs auf Kosten anderer europäischer Staaten sorgte Napoleon für eine rasche Verbreitung seines Verfassungskonzeptes. Seitdem erfuhr der Begriff Verfassung unterschiedliche Interpretationen und die nun publizierten Verfassungen standen teilweise konträr zu den ersten französischen Verfassungen, zumal diese in erster Linie darauf ausgerichtet waren, zunächst einen handlungsfähigen Staat zu errichten und die Herrschaft des Monarchen einzuschränken. Nicht nur eine Abkehr von dem durch die Amerikanische und Französische Revolution eingeleiteten modernen Verfassungsgedanken, sondern auch die Verschriftlichung der Herrschaftsstruktur in einer zentralen Verfassungsurkunde waren gemeinsame Signaturen der folgenden Verfassungen.

Alle Territorien, die der unmittelbaren und mittelbaren Herrschaft Napoleons unterstanden, erhielten nun Verfassungen. Dies galt zunächst für die Schweiz, die 1798 als Helvetische Republik sogleich eine von Frankreich diktierte Verfassung bekam. Diese Verfassung lehnte sich stark an die Direktorialverfassung an. So implementierte man etwa eine als Kollegium verfasste Exekutive sowie das Prinzip der Volksabstimmung. Durch sie wurde die Schweiz ein demokratischer und repräsentativer Einheitsstaat, ohne Rücksicht auf die Bewohner und die Geschichte des Landes zu nehmen. Die Schweizer empfanden sie als Diktat der französischen Besatzer und begannen sich dagegen aufzulehnen. Auf Grund dessen verabschiedete Napoleon 1803 die Mediationsakte. Dadurch wurde die Schweiz wieder zu einem Staatenbund, der allerdings in vollständiger Abhängigkeit zu Frankreich stand. Die Akte spiegelte das Nebeneinander von Moderne und *Ancien Régime* wider und war nach anfänglichen Akzeptanzschwierigkeiten innerhalb der Schweizer Bevölkerung noch bis 1813/1814 gültig.

Die Schweizer Verfassung

Im Zuge der napoleonischen Herrschaftspolitik erhielten erstmals einige Reichsterritorien Verfassungen. Das Ende des Zweiten Koalitionskrieges besiegelte Kaiser Franz II. mit dem Frieden von Lunéville 1801. Laut Artikel 7 musste die Entschädigung für linksrheinische Verluste durch rechtsrheinisches Gebiet erfolgen, was in weiterer Folge zur Neustrukturierung des Reiches führen sollte. Zu diesem Zwecke verkündete man den Reichsdeputationshauptschluss. Entschädigungsgut waren säkularisierte geistliche und mediatisierte weltliche Herrschaften. Durch den Reichsdeputationshauptschluss schritt allerdings der Zerfall des Reiches weiter voran. Nachdem Napoleon den erblichen Titel eines Kaisers der Franzosen angenommen hatte, wurde sein umfassender Hegemonialanspruch in Europa deutlich. Auf Grund des seit 1803 durch Erhöhung der Stimmenanzahl mehrheitlich protestantisch besetzten Kurfürstenkollegiums erwuchs den Habsburgern die Gefahr, bei der nächsten Kaiserwahl nicht mehr gewählt zu werden. Deshalb nahm Kaiser Franz II., auch um die „vollkommene Gleichheit des Titels und der erblichen Würde mit den vorzüglichsten europäischen Regenten und Mächten“ auf-

Änderungen der Reichsverfassung

rechtzuerhalten, im August 1804 als Franz I. den Titel eines Kaisers von Österreich an. Auf Grund des Pressburger Friedens (1805), womit der Dritte Koalitionskrieg beendet wurde, erfolgte die Aufwertung der französischen Verbündeten: Bayern und Württemberg wurden Königreiche, Baden Großherzogtum. Ihnen wurde die volle Souveränität zuerkannt, obwohl sie weiterhin im Deutschen Reich blieben, das man in Artikel VII des Pressburger Friedens herabwürdigend *Conféderation Germanique* nannte.

Bald holte Napoleon zum letzten Schlag aus: Auf seine Initiative wurde im Juli 1806 der Rheinbund gegründet, der zunächst aus 16 Mitgliedern bestand und sich unter das Protektorat Frankreichs stellte. In der Rheinbundakte wurden die deutschen Vertragspartner von den Reichsgesetzen entbunden, und Artikel 3 sah ihren Austritt aus dem Heiligen Römischen Reich zum 1. August 1806 vor. Als dieser Fall eintrat, forderte Napoleon Franz II. auf, die deutsche Kaiserkrone niederzulegen. Dies erfolgte am 6. August 1806, bei gleichzeitiger Auflösung des Reiches, das damit nach

Die Rheinbundstaaten

über 800-jähriger Dauer unterging. Für die Rheinbundstaaten hatte Napoleon ähnliche verfassungsrechtliche Strukturen vorgesehen wie für Frankreich. Demnach erhielt das unter anderem aus dem größten Teil des ehemaligen westelbischen Preußens, den Gebieten des ehemaligen Herzogtums Braunschweig-Wolfenbüttel sowie den süd- und südwestlichen Teilen Hannovers gebildete Königreich Westfalen die erste Verfassung auf deutschem Boden. Das Verfassungsoktroy wurde am 15. November 1807 verlautbart und stand gänzlich in der Tradition der französisch-napoleonischen Verfassung. Zu weiteren Verfassungen auf dem ehemaligen deutschen Reichsgebiet zählte etwa jene von Bayern aus dem Jahr 1808 oder jene von Sachsen-Weimar 1809. Im Jahr 1811 gehörten mit Ausnahme von Preußen und Österreich alle deutschen Staaten dem Rheinbund an, der gleichzeitig mit der Niederringung von Frankreich im Jahr 1813 endete.

Von Lübeck bis Barcelona und Rom, von Brest bis Dubrovnik reichte das *Grand Empire*, das allerdings dergestalt bald nicht mehr regierbar war. Erster Widerstand erhob sich gegen die französischen Invasoren in Spanien. Hier diktierte Frankreich 1808 die Verfassung von Bayonne, in der Napoleon seinen Bruder Joseph zum König von Spanien ernannte. Sie beinhaltete die Forderung eines zentralistischen Staates mit Erbmonarchie; den *Cortes* (Ständen) war jede Einflussnahme verwehrt. Im selben Jahr brach der spanische Unabhängigkeitskrieg aus, der gleichzeitig das Ende des

Spanien

spanischen *Ancien Régime* bedeutete. Im Zuge des Unabhängigkeitskrieges erließen die *Cortes* am 19. März 1812 die Verfassung von Cádiz nach dem Vorbild der französischen Verfassung von 1791. In dem als *Magna Charta* des spanischen Liberalismus bezeichneten Dokument verlieh man dem (in französischer Gefangenschaft lebenden) Ferdinand VII. bewusst den Titel „König von Spanien"; ihm sollte eine starke Legislative gegenüberstehen. Das spanische Volk konnte kraft seiner Souveränität Grundgesetze erlassen, der König besaß nur das suspensive Vetorecht. Diese Verfassung hätte die Basis für ein modernes Spanien werden können, hätte nicht Ferdinand VII. nach seiner Rückkehr im Jahr 1814 den Absolutismus

Jacques-Louis David: »Napoleon überquert die Alpen« (1800).

vorübergehend wieder etabliert: Mit Hilfe der konservativen Kräfte im Land setzte er die Verfassung außer Kraft und leitete dergestalt das Zeitalter der Restauration in Spanien ein.

Das Schicksal der Verfassung von Cádiz, 1820 kurzfristig wieder in Kraft gesetzt, teilten beinahe alle Verfassungen, die von Napoleon in den eroberten Gebieten erlassen wurden – sie wurden Opfer der Restauration. Allerdings fand die Verfassung von Cádiz kurze Verwirklichung in der Verfassung Neapel-Siziliens sowie Piemonts und lebte in Übersee weiter: Hier hatte die Besetzung der Iberischen Halbinsel durch Napoleon erhebliche Auswirkungen und setzte die erste Welle der Entkolonialisierung in Gang. Im Zuge dessen fand die Verfassung von Cádiz in den spanischen Kolonien und in Brasilien ihre – modifizierte – Umsetzung. Anfang des 19. Jahrhunderts hatte Napoleon die Hand frei, sich um seine reichste Kolonie, Haïti, zu kümmern.

Haïti

1791 war hier eine erfolgreiche Revolution der Einwohner gegen die weißen Machthaber ausgebrochen. Zehn Jahre später ließ Diktator François-Dominique Toussaint-L'Ouverture 1801 eine Verfassung ausarbeiten und dokumentierte damit die Unabhängigkeit Haïtis von Frankreich. In Anlehnung an Napoleon nannte er sich nicht nur Konsul, sondern „kopierte" auch die französische Verfassung. Napoleon reagierte mit einem kriegerischen Gegenschlag, der erfolglos für Frankreich endete – 1803 erklärte sich Haïti für unabhängig. In der neuen Verfassung von 1804 bestimmte man, dass „kein Weißer, welcher Nationalität er auch sei, seinen Fuß auf diese Insel als Herr oder Eigentümer setzen könne; keiner dürfe in Zukunft hier irgendein Eigentum erwerben". Erstmals hatten sich „Schwarze" gegen „Weiße" erfolgreich durchgesetzt und die erste unabhängige Republik der „Schwarzen" gegründet.

Es waren wohl die Auswirkungen der französischen Entwicklungen und nicht so sehr der Export der Verfassungen im Zuge der Napoleonischen Kriege, die den Konstitutionalisierungsprozess im modernen Sinne in den nordischen Staaten Europas einleiteten. So etwa charakterisierten langwährende Auseinandersetzungen zwischen Krone und Ständen die schwedische Verfassungsgeschichte. Das frühe 18. Jahrhundert beendete vorerst die Vorherrschaft des absolut regierenden Königs: 1719 nahm der Reichstag eine neue Verfassung an, in der die Kompetenzen der Exekutive zugunsten der Stände stark eingeschränkt wurden. Die Stände erklärten sich gleichzeitig zum Träger der Volkssouveränität. Die Epoche der sogenannten Freiheitszeit, also der Ständeherrschaft, war angebrochen, die durch die „wunderbare Revolution" 1772 ihr Ende fand. Gustav III. entschied sich, in Kenntnis der Amerikanischen Revolution, die er als Gefahr für die Monarchie ansah, und noch vor der Französischen Revolution, im Februar 1789, zum Staatsstreich. Ein Fundamentalgesetz stärkte seine Autorität auf Kosten des Adels weiter. Den Ständen blieben lediglich das Steuerbewilligungsrecht und das Recht, Kriegserklärungen mitzubestimmen.

Schwedische Verfassungsgeschichte

Dies führte zur Unzufriedenheit, die auf Grund des erfolglosen Krieges gegen Napoleon und des Verlustes von Finnland im Krieg gegen Russland letztendlich in einen neuen Staatsstreich mündete. König Gustav IV. Adolf wurde 1809 abgesetzt, und sein Nachfolger Carl XIII. erließ daraufhin im selben Jahr die erste „moderne" Verfassung für seine Stände, „indem Wir mit unumschränktem Vertrauen den Reichsständen die Ausübung einer neuer Regierungsform unbeschränkt überlassen haben". Mit der Einführung einer neuen Staatsverfassung war der Wunsch oder vielmehr die Hoffnung verbunden, die „zukünftige Lage des Vaterlandes zu verbessern". Die bis heute, wenngleich in veränderter Form, noch gültige Verfassung beschnitt die Macht des absoluten Herrschers zugunsten der Stände, hielt aber eine

Balance zwischen beiden aufrecht. Basierend auf der Gewaltenteilung beinhaltete sie einen Kompromiss zwischen Adel und Besitzbürgertum. Obwohl 20 Jahre zuvor in Frankreich im Zuge der Revolution die Stände abgeschafft worden waren, bestand der schwedische Reichstag weiterhin aus vier getrennt tagenden Ständen: Adel, Klerus, Bürger und, wohl einzigartig für europäische Verhältnisse und das Zeitalter des beginnenden Konstitutionalismus, aus Bauern. Dennoch wurden gewisse Privilegien der Stände abgeschafft, wie etwa deren Vorrecht auf Ämter oder das Adelsprivileg, Adelsland zu besitzen und dort Steuerfreiheit zu genießen. Erst im Jahr 1866 erfolgte die Umwandlung des Reichstages in ein modernes Zwei-Kammern-System. Im Vergleich mit den französischen Verfassungen war die 1809er-Verfassung Schwedens rückschrittlich, sie besaß keinen eigenen Grundrechtekatalog, sondern nur vereinzelte Grundrechte. Dies galt etwa für die Pressefreiheit, die man neben Regierungsform, Reichstagsordnung und Sukzessionsordnung als „Grundgesetz" bezeichnete.

Die Verfassungsentwicklung in Schweden war eng mit dem Napoleon-Hass von König Gustav IV. Adolf und den damit einhergehenden (erfolglosen) Kriegen gegen Frankreich verbunden. Gleichzeitig wurde Schweden von einem russischen Angriff auf Finnland überrascht, und schlussendlich verlor es dieses Land 1809 an Russland. Als Kompensation erhielt Schweden Norwegen von Dänemark, womit 1814 die dänisch-norwegische Personalunion endete. Finnland gelang es, dem Zaren die Anerkennung seines Grundgesetzes von 1772 abzutrotzen. In einer feierlichen Erklärung bestätigte dieser, unter anderem die Gesetze und die Religion des Landes unangetastet lassen zu wollen.

Norwegen und Dänemark

Der Zugewinn von westlichen Randgebieten hatte für Zar Alexander I. zur Folge, dass er über die Abfassung einer gesamtrussischen Konstitution nachdachte. Mit einer Verfassung wollte man eine stabile innere Ordnung erreichen und die Macht des Herrschers stärken. Der von Michail Michailowitsch Speranski vorgelegte Verfassungsentwurf von 1809 lehnte sich stark an die französische Konsulatsverfassung an: Demnach sollte an der Spitze des Staates ein Reichsrat stehen, der direkt dem Kaiser unterstellt wäre. Ein Senat sollte die Gerichtsgewalt ausüben und die Gesetzgebung in den Händen eines gewählten Parlamentes *(Duma)* liegen. Dessen Abgeordnete hätten in einem vierstufigen Wahlmodus gewählt werden sollen. Der Entwurf wurde jedoch nicht realisiert, es kam lediglich zur Installation des Reichsrates. Hinsichtlich der Bemühungen, die Randgebiete des Reiches mit einer Sonderstellung zu betrauen, konnte nur die finnische Verfassung realisiert werden.

Russland

Für diese Phase ist festzuhalten, dass sich der Konstitutionalisierungsprozess vorerst auf Nordamerika, West- und Mitteleuropa und Skandinavien erstreckte. Durch die Französische Revolution gelang der Durchbruch der Verfassungsidee zunächst in jenen Gebieten, die unter französischer Herrschaft standen. Allerdings war man am Ende des 18. Jahrhunderts von dem modernen Verfassungsmodell zu einem „Scheinkonstitutionalismus" gewechselt: Verfassungen wurden nun zur Bildung eines Herrschaftsgebietes, zur Abgrenzung, Festigung und zum Widerstand gegen das vorherrschende politische System instrumentalisiert. Sowohl die Sicherung der bürgerlichen

Gesellschaft wie auch die Gewährung von Freiheit und Sicherheit des Individuums waren zweitrangig. Erst in der Mitte des 19. Jahrhunderts sollte deren Verwirklichung erfolgen.

Restauration in Europa – Unabhängigkeit in Lateinamerika (1814–1830)

Der erfolglose Russlandfeldzug und die Völkerschlacht bei Leipzig 1813 läuteten den Untergang Napoleons ein. Den endgültigen Todesstoß versetzte seiner Herrschaft die Kapitulation von Paris am 30. März 1814. Die Mitglieder der beiden Kammern, Senat und *Corps législatif*, nahmen die bisher nie gerügten Verfassungsbrüche des Kaisers zum Vorwand, ihn am 2. April für abgesetzt zu erklären: Die „napoleonische“ Revolution hat ihr Kind gefressen! Der Bourbone Ludwig XVIII. wurde von seinen Anhängern als „legitimer Herrscher“ aus dem englischen Exil zurückgeholt, um nach außen hin zu demonstrieren, mit der napoleonischen Zeit brechen zu wollen. Ludwig unterzeichnete den Frieden von Paris am 30. Mai 1814, der auf die politische Neuordnung Europas abzielte, wozu sich die vier Siegermächte Großbritannien, Russland, Österreich und Preußen zum Wiener Kongress einfanden. Dieser Kongress leitete das Zeitalter der Restauration ein. Seine Ergebnisse, vor allem die Heilige Allianz von 1818, Restauration, monarchische Legitimität und Abwehr revolutionärer Strömungen standen in direktem Gegensatz zu den Kräften der „Bewegung“. Dieser Widerspruch wurde zum Wesensmerkmal der Epoche von 1815 bis 1848.

Die Restauration bedeutete einen wesentlichen Bruch im Konstitutionalisierungsprozess. Viele Verfassungen wurden ersatzlos aufgehoben, aber dennoch konnte das restaurative Europa auf Verfassungen nicht verzichten: Die nun erlassenen Verfassungen hatten ein Charakteristikum gemeinsam: Sie waren nach rückwärts und nicht nach vorne ausgerichtet. Das galt in besonderer Weise für die im Juni 1814 erlassene französische »Charte Constitutionelle«, die zum Vorbild für die weiteren Verfassungen mutierte. Sie verfügte über eine lange, archaische Präambel, in der man nicht nur die Distanz zur napoleonischen Zeit ausdrückte, sondern deren Inhalt richtungsweisend für die gesamte Epoche wurde, weil „Wir [= der König von Frankreich] freiwillig und in Ausübung Unserer königlichen Gewalt sowohl für Uns, als für Unsere Nachfolger, auf ewige Zeiten Unsern Untertanen diese Konstitutionsurkunde, so wie sie hier folgt, zugestanden, übergeben und bewilligt“. Damit dokumentierte man, dass die Verfassung einseitig vom Herrscher und nicht gemeinsam mit dem Volk erlassen wurde, was bedeutete, dass die Volkssouveränität vorerst durch das monarchische Prinzip abgelöst wurde. Somit schlug die *Charte* die Brücke weg vom revolutionären Prinzip der Freiheit und Gleichheit hin zu alten Staatsgrundsätzen und Herrschaftsverträgen. Die Verfassung begründete nicht die Herrschaft des Monarchen, sondern „begrenzte“ lediglich seine Machtausübung. Wenn auch der Herrscher gemeinsam mit den Kammern die Ge-

Frühkonstitutionelle, restaurative Verfassungen

setzgebung bewerkstelligte, so übte er allein die vollziehende Gewalt aus, die Gerichtsbarkeit („Alle Justiz geht vom König aus!"), und er besaß das Gesetzesinitiativrecht: *Le roi est le chef suprême de l'Etat*! Er allein sanktionierte und promulgierte die Gesetze, und er allein konnte die Kammern einberufen beziehungsweise auflösen. Grundsätzlich konnte der Monarch nach Belieben regieren, er war nur ausnahmsweise durch die Verfassung beschränkt. Die Legislative wurde durch die Krone, die Pairs und die Deputierten-Kammer ausgeübt. Die Pairs ernannte der König, und die Deputierten wurden alle fünf Jahre von Männern, die mindestens 30 Jahre alt waren, nach Zensuswahlrecht gewählt. Die „Staatsrechte der Franzosen" umschrieben einen relativ kleinen Bereich der Menschenrechte, wie Gleichheit vor dem Gesetz, Meinungsfreiheit, unverletzliches Eigentum und Religionsfreiheit bei gleichzeitiger Nennung der römisch-katholischen Religion als Staatsreligion. Sie beinhalteten weder Versammlungs- noch Vereinsfreiheit und gewährten Pressefreiheit nur unter Vorbehalten. Die *Charte* war nun die neue Signatur europäischer Verfassungen – das monarchische Prinzip und die Anerkennung einer dualen Legitimationsbegrenzung. Napoleons Rückkehr von Elba und die Herrschaft der 100 Tage bewirkten eine Unterbrechung dieses Verfassungslebens durch die Verkündigung eines „Zusatzartikels zu den Constitutionen des Kaiserreichs". Nach Napoleons Verbannung auf die Südatlantikinsel St. Helena wurde die *Charte* restituiert.

Unmittelbare Vorbildwirkung entfaltete die *Charte* etwa in Norwegen. Das Land sollte 1814 Schweden angegliedert werden. Die Norweger protestieren und erließen, ähnlich wie die spanischen *Cortes*, aus Widerstand im Mai 1814 die sogenannte Eidsvoller Verfassung, gleichzeitig erklärten sie sich für unabhängig. Dagegen intervenierte Schweden militärisch, und nach Norwegens Niederlage erfolgte der Zusammenschluss beider Staaten zu einer Personalunion. Norwegen erließ, um seine „Selbstständigkeit" zu demonstrieren, eine weitere Verfassung, das Grundgesetz vom 4. November 1814, dessen Basis die Eidsvoller Verfassung bildete. Die Legislative *(Storting)* erkannte die Vereinigung mit Schweden an. Die Personalunion rief in Norwegen große Unzufriedenheit hervor. Vor allem die Tatsache, dass die Norweger den König nicht als gemeinsamen Interessensvertreter sahen, sondern lediglich als solchen der schwedischen Angelegenheiten, führte zur Stärkung des *Stortings*, und Norwegen erhielt ab 1884 eine parlamentarische Regierungsform. Diese schwedisch-norwegische Personalunion endete friedlich im Jahr 1905, was verfassungsrechtlich keine Neuerungen brachte, wohl aber zur Einführung des allgemeinen Wahlrechtes in Schweden 1907 führte.

Skandinavien

Die Neuordnung Europas sollte auf dem Wiener Kongress, der Mitte September 1814 eröffnet wurde, bewerkstelligt werden. Zunächst erfolgte die Gründung des Deutschen Bundes als Nachfolgeorganisation des Heiligen Römischen Reiches. Als seine Verfassung galt die Deutsche Bundesakte (DBA), die am 8. Juni 1815 in Kraft trat. Dieses erste Bundesverfassungsgesetz, wodurch ein Staatenbund gebildet wurde, stellte keine Verfassung im herkömmlichen Sinn dar, sondern war eher eine „nationale Aushilfsklammer" (Jürgen Angelow), darauf bedacht, die

Neuordnung Europas

Souveränität der Mitgliedstaaten unangetastet zu lassen. Allein die Mittel der Bundesexekution und Bundesintervention schränkten die einzelstaatliche Souveränität ein. Das einzige ständige Organ war die Bundesversammlung, deren Vorsitz dem österreichischen Gesandten zustand. Sie konnte je nach Beratungsgegenstand im Plenum oder im „Engeren Rat“ zusammenkommen, und es galt das Einstimmigkeitsprinzip. Von einer Volksvertretung konnte nicht einmal ansatzweise die Rede sein.

Der Deutsche Bund

In Artikel 2 der Deutschen Bundesakte formulierte man den Zweck des Bundes: „Erhaltung der äußeren und inneren Sicherheit Deutschlands und der Unabhängigkeit und Unverletzbarkeit der einzelnen deutschen Staaten“. Zu diesem Zweck wurden vier Gesetze zur inneren Sicherheit (Karlsbader Beschlüsse) als einige der wenigen Gesetze des Deutschen Bundes erlassen. Man wollte mit einer restriktiven Gesetzgebung die revolutionär-liberalen Tendenzen unterdrücken, auf Grund der Erfahrungen mit dem Wartburgfest und einem Attentat, verübt von einem Studenten an einem russischen Konsul. Demnach verordnete man ein Universitätsgesetz (Überwachung der Universitäten, Verbot der Burschenschaften), führte Zensurbestimmungen ein, forderte ein die Untersuchung bundesfeindlicher Umtriebe regelndes Gesetz und eine provisorische Exekutionsordnung. Zur näheren Ausgestaltung einer künftigen Bundesverfassung erhielt die Deutsche Bundesakte am 15. Mai 1820 eine Ergänzung durch die „Schluß-Acte über Ausbildung und Befestigung des deutschen Bundes zu Wien“, kurz Wiener Schlussakte (WSA) genannt. Der Deutsche Bund bildete die Klammer der deutschen Mitgliedstaaten und indirekt die Basis für die Gründung des Deutschen Kaiserreiches. Dennoch empfanden viele Intellektuelle den Bund außen- wie auch innenpolitisch als kümmerlich und karikaturartig.

Wenngleich sich die Bundesversammlung gegen die Verfassungsentwicklung, die bereits in den süd- und mitteldeutschen Staaten im Gange war, aussprach, legte man, allerdings im restaurativen Sinne, in Artikel 13 der DBA fest: „In allen Bundesstaaten wird eine landständische Verfassung stattfinden.“ So wurde Nassau 1814 Verfassungsstaat, gefolgt von Schwarzburg-Rudolstadt, Schaumburg-Lippe, Waldeck, Sachsen-Weimar (alle 1816), Bayern und Baden 1818 sowie Württemberg 1819. Diese Verfassungen, der »Charte Constitutionelle« 1814 nachempfunden, stellten eine Zwischenstufe zwischen traditionellem Ständewesen und modernem Repräsentativsystem dar (Zwei-Kammern-System, politische Mitverantwortung und Mitgestaltung durch die Staatsbürger). Bereits in der Präambel erfolgte die Garantie einiger Menschenrechte, wie etwa der Gleichheit vor dem Gesetz, der Gewissens- und Meinungsfreiheit.

Das Kaisertum Österreich

Anders verhielt es sich im Kaisertum Österreich. Hier erwies sich die Annahme des Titels eines Kaisers von Österreich 1804 als integrierendes Element. Die Umbenennung Österreichs in ein Kaiserreich und die territorialen Veränderungen durch die Koalitionskriege bedeuteten jedoch keine verfassungsrechtliche Veränderung. Im Gegenteil – in der Phase des Vormärz, also nach dem Wiener Kongress bis zur Revolution 1848, konzentrierte sich Staatskanzler Klemens Wenzel Lothar von Metternich in erster Linie darauf, den monarchischen Absolutismus zu festigen. Auf Grund der latent vorhandenen Ansprüche der Nationalitäten auf Selbstbestimmung hätte eine liberale einzel- oder gesamtstaatliche Verfassung Desintegration und Sprengung des Systems bedeutet. Daher nahm man davon Abstand, landständische Verfassungen zu erlassen. Dies galt jedoch nicht für jene Teile Österreichs, die während der napoleonischen Zeit Bayern angegliedert waren, wie etwa Tirol und Vorarlberg. So schuf man in diesen beiden Ländern die ersten Verfassungen auf österreichischem Boden (1816).

Österreich wurde unter Franz I. und später unter seinem Sohn Ferdinand nicht regiert, sondern administriert – der Reformwille konzentrierte sich in erster Linie auf den Ausbau einer zentralen Bürokratie. Dies galt auch für Preußen und seine führenden Reformer: Reichsfreiherr Karl vom und zum Stein und Karl August (Fürst) von Hardenberg. Die bahnbrechenden Reformen des staatlichen Behördenwesens, des Agrarwesens und der Gesellschaft, Stadtverfassung, Wirtschafts-, Heeres- und Bildungsreform, bildeten den Grundstein für einen modernen Beamtenstaat, aber auch für die Neuordnung der bäuerlichen Grundverhältnisse. Von der Einführung einer landständischen Verfassung nahm man Abstand, errichtete dafür aber Provinziallandtage mit beratender Kompetenz. 1818 erließ Preußen ein Zollgesetz, wodurch ein einheitlicher Wirtschaftsraum entstand, der in weiterer Folge das Fundament für den Zollverein werden sollte. Damit setzte man einen weiteren Schritt in Richtung Vereinigung Deutschlands. Bayern und Württemberg bildeten 1828 den Süddeutschen Zollverein und im selben Jahr schloss sich der erste mitteldeutsche Staat, Hessen-Darmstadt, dem preußischen Zollsystem an. Damit jedoch Preußen nicht zu stark werde, bildeten weitere mitteldeutsche Staaten ebenfalls 1828 den Mitteldeutschen Zollverein. Schlussendlich erfolgte 1834 die Schaffung des Deutschen Zollvereines: 18 deutsche Staaten errichteten durch Abbau der Binnengrenzen ein einheitliches Wirtschaftsgebiet.

Schaffung des Deutschen Zollvereins

Im Sinne der Neuordnung Europas erfolgte auf dem Wiener Kongress die Gründung des Vereinigten Königreiches der Niederlande. Die Großmächte fassten bewusst die ehemaligen Vereinigten und die Österreichischen Niederlande, Lüttich und Luxemburg zu einem Staat zusammen, um dergestalt einen Pufferstaat gegen Frankreich zu bilden. Dieser erhielt 1815 eine Verfassung, die ein Produkt des Wiener Kongresses darstellte – sie war von der dualen Balance zwischen Herrscher und Generalstaaten gekennzeichnet. Das föderale Element spiegelte sich in der zweiten Kammer, den Generalstaaten, wider. Deren Mitglieder wurden nicht nach einem einheitlichen Wahlrecht gewählt, sondern diese Kammer setzte sich aus Mitgliedern der Ständeversammlungen der verschiedenen Provinzen zusammen, die auf drei Jahre nach einem Rotationsmodus gewählt wurden.

Das Vereinigte Königreich der Niederlande

Der Schweiz brachte der Wiener Kongress die Anerkennung ihrer Neutralität. Hier hatte man im Herbst 1814 einen Bundesvertrag ausgearbeitet, der allerdings erst im August 1815 in Kraft gesetzt werden konnte. „Im Namen Gottes des Allmächtigen“ vereinigten sich zwölf Kantone zu einem Bund „zur Behauptung ihrer Freiheit, Unabhängigkeit und Sicherheit gegen alle Angriffe fremder Mächte, und zur Hand-

Anerkennung der Schweizer Neutralität

habung der Ruhe und Ordnung im Innern". Sie konstituierten sich als Schweizerische Eidgenossenschaft und schworen, „von nun an alle daraus entstehenden Pflichten und Verbindlichkeiten gegenseitig erfüllen [zu] wollen". Durch diesen Bundesvertrag wurde die Schweiz ein neutraler Staatenbund. Die Kantone erkannten ihre gegenseitige Unabhängigkeit an. Die Tagsatzung, in der wie vor 1798 ein Gesandter jedes Kantons vertreten war, bildete das zentrale Organ der Eidgenossenschaft, das grundsätzlich mit absoluter Mehrheit über Bundesangelegenheiten entschied. Dieser Vertrag war jedoch kein Garant für innere Stabilität.

Nach der Phase der frühkonstitutionellen, restaurativen Verfassungen folgte eine neue Verfassungswelle, die 1822 in Griechenland und Portugal ihren Ausgang nahm. Die Verfassungen dieser Epoche standen konträr zum monarchischen Prinzip und eröffneten einer konstitutionellen Entwicklung den Weg, der in eine größere Zahl neuer Verfassungen 1830/1831 mündete. War man im Deutschen Bund darum bemüht, mittels restaurativem Kurs liberales, aber auch nationales Gedankengut zu unterdrücken, trat in Griechenland der bereits im Untergrund gärende Widerstand

Neue Verfassungswelle

gegen die osmanische Fremdherrschaft voll zutage. Erste Aufstände erfolgten im März 1821 auf dem Peloponnes und den griechischen Inseln. Die griechischen Freiheitskämpfer, die sich der Unterstützung durch Russland, Frankreich und England sicher waren, verfolgten das Ziel, die Herrschaft des Osmanischen Reiches zu verdrängen. Im Sog des beginnenden griechischen Freiheitskampfes erließ man 1822 eine „vorläufige" Verfassung. In ihrer Präambel wies man darauf hin, man habe „unter der schaudervollen ottomanischen Herrschaft das höchst bedrückende und beispiellose Joch der Tyrannei nicht zu ertragen vermocht". Auf den ersten Blick erkennbar, bewegte sich diese Verfassung weg vom monarchischen Prinzip hin in Richtung Volkssouveränität. Diese vorläufige Verfassung erfuhr noch 1822 eine Revision durch das Gesetz von Epidaurus, das wiederum durch die „Verfassung Griechenlands vom 1. Mai 1827" ersetzt wurde. Den Souverän bildete die griechische

Verfassung Griechenlands

Nation. Ein Jahr später setzte der erste griechische Präsident Ioannis Kapodistrias die Verfassung außer Kraft und hob sie 1829 auf. Der Friedensschluss von 1829 beendete den Unabhängigkeitskrieg, und auf der Londoner Konferenz 1830 erfolgte die völkerrechtliche Anerkennung Griechenlands. Die Schutzmächte England, Frankreich und Russland einigten sich auf einer zweiten Londoner Konferenz im Jahr 1832 auf eine griechische Regierung in Form einer Erbmonarchie mit Primogenitur. Nach gewissenhaften Überlegungen entschied man sich für den zweiten Sohn des Königs von Bayern, Otto. Da dieser noch minderjährig war, konnte er erst 1833 die Regierung antreten.

Anders verlief der Konstitutionalisierungsprozess auf der Iberischen Halbinsel. Spanien befand sich in einem Wechselbad zwischen absolutistischer Restauration und konstitutionellen Reformen: 1820 war abermals eine Revolution ausgebrochen, der König musste den Eid auf die wieder eingeführte Verfassung von Cádiz (1812) ablegen und die *Cortes* einberufen. Allerdings stellte König Ferdinand VII. drei Jahre später die absolute Monarchie wieder her und regierte bis 1833 absolutistisch. Portugal war im Zuge der Napoleonischen Kriege zum Spielball Frankreichs und Englands geworden, weshalb Prinzregent Johann (João) es 1807 vorzog, den Königshof von Lissabon nach Rio de Janeiro zu verlegen. Die brasilianische Hauptstadt wurde alsbald zum Mittelpunkt einer neu konzipierten politischen Einheit, und von hier aus erfolgte 1815 die Erhebung Brasiliens zum Königreich. Nach dem Tod seiner Mutter proklamierte sich Johann zu Johann VI., König des „Vereinigten Königreichs *(Reino Unido)* von Portugal, Brasilien und Algarve“. Im Titel spiegelte sich der Versuch des Königs wider, ein einheitliches europäisch-überseeisches Reich zu gründen. Mittlerweile war in Portugal eine Revolution ausgebrochen, in deren Gefolge eine liberale Verfassung gefordert wurde. Die Revolution wirkte wiederum auf Brasilien zurück. Johann VI. kehrte nach Portugal heim und leistete seinen Eid auf die provisorische Verfassung von 1822. Sie hatte die Cádizer *Cortes*verfassung (1812) sowie die französische von 1791 zum Vorbild. Kronprinz Peter (Pedro) unterstützte indes die Unabhängigkeitsbestrebungen der Brasilianer und wurde schließlich als Peter I. 1822 zum „Verfassungsmäßigen Kaiser und Ewigen Verteidiger Brasiliens“ proklamiert. Die endgültige, oktroyierte Verfassung vom 25. März 1824, auf den Grundprinzipen der Erbmonarchie und Gewaltenteilung aufgebaut, sollte bis zum Ende des Kaiserreiches im Jahr 1889 Gültigkeit besitzen. Im Sinne von Benjamin Constants Lehre von den gemäßigten Gewalten, zeitweilig auch von Simón Bolívar 1826 in Peru umgesetzt, wurde den drei Gewalten eine vierte hinzugefügt: der *poder moderador*, die mäßigende Gewalt, die der Kaiser ausübte. Sie stellte den Ausgleich zwischen den anderen drei Gewalten her: „Die mäßigende Gewalt ist der Schlüssel der gesamten politischen Organisation, sie ist ausschließlich dem Herrscher als oberstem Haupt der Nation und als erstem Vertreter derselben vorbehalten, damit er ohne Unterlass über die Unabhängigkeit, das Gleichgewicht und die Harmonie der anderen Gewalten wache“ (Art. 98). Damit war ein Übergewicht des Kaisers, der Exekutive, in der Verfassung gegeben. Wenngleich die Sklaverei bestehen blieb, wurden bürgerliche und politische Rechte sowie die Freiheit der Person verkündet. Die Verfassung war zentralistisch ausgerichtet, sie sah keine Autonomie für die Provinzen vor. Die Legislative bestand aus einer Kammer und einem Senat; Letzteren bildeten Mitglieder auf Lebenszeit. Die Wahl in die Kammer erfolgte nach indirektem und zensitär restriktiv eingeschränktem Wahlrecht. In Portugal aber hatte die Kunde von der Unabhängigkeit Brasiliens die Aufhebung der Verfassung von 1822 bewirkt, und infolge des Streites um die Thronfolge zwischen Peter und seinem Bruder Michael (Miguel) versank das Land 1828/1834 in einen blutigen Bürgerkrieg. 1826 legte Peter IV. den drei Ständen die *carta de lei* vor, eine neue portugiesische Verfassungsurkunde. 1828 erklärten die versammelten Landstände diese Verfassung jedoch für null und nichtig und Michael zum rechtmäßigen Thronfolger. Aus dem Thronstreit ging Peter indessen als Sieger hervor und setzte auf der Basis der *carta de lei* die neue Verfassung von 1834 in Kraft. Ab der Mitte des 19. Jahrhunderts und nach mehreren Verfassungsentwürfen (1852, 1885, 1895, 1896, 1907) erfolgte mittels Verfassung vom 21. August 1911 die Aus-

Konstitutionalisierung auf der Iberischen Halbinsel

Brasilien und Portugal

rufung der Republik Portugal, deren politische Situation bis zum Ausbruch des Ersten Weltkrieges von Instabilität sowie von Partei- und Machtkämpfen gekennzeichnet war.

Südamerika: Simón Bolívar

Im Gegensatz zu den USA, wo die Gesellschaft bereits vor der Unabhängigkeitserklärung vom britischen Mutterland an eine bestimmte Art von Staatlichkeit und Konsensherstellung gewöhnt war, fehlte dies in den spanischen Kolonien in Amerika. Kennzeichnend für den Konstitutionalismus in Spanisch-Amerika war etwa eine rasche Abfolge sehr verschiedener und teilweise auch widersprüchlicher Verfassungsentwürfe und -texte. Sie spiegelten die politische Instabilität des jeweiligen Landes wider. Die zwischen 1810 und 1830 geschaffenen unabhängigen Staaten Lateinamerikas waren auf der Basis des europäischen Konstitutionalismus entstanden. In ihnen wirkten darüber hinaus Kolonialisierung, Freiheits- und Unabhängigkeitsbewegungen nach. Mit Ausnahme von Peru fanden überall, in Venezuela, Neugranada, Mexiko, Chile und im La-Plata-Raum, revolutionäre Bewegungen statt. Simón Bolívar wollte ein Großkolumbien auf der Basis des alten Vizekönigreichs Neugranada gründen. Dann sollten die Befreiung von Peru und in einem letzten Schritt die Eroberung von Bolivien erfolgen. Bolívar galt als Integrationsfigur in vielen südamerikanischen Staaten. Er hatte Kenntnis von dem europäischen Konstitutionalisierungsprozess, bereiste mehrmals Europa und war ein Anhänger von Napoleon. Der Befreier von Venezuela bezeichnete sich als „Diktator“ und „Oberhaupt“ der Republik Venezuela, wo am 5. Juli 1811 die Unabhängigkeit ausgerufen wurde. Noch im selben Jahr wurde eine Verfassung nach nordamerikanischem Vorbild mit Elementen aus der französischen Revolutionsverfassung von 1791 verabschiedet. Nach der Lostrennung Venezuelas von Spanien legte Bolívar die oberste Gewalt in die Hände der Gesetzgeber. Seine staatsrechtliche Auffassung war von dem Gedanken einer demokratischen Republik getragen. Er verwarf die Monarchie und die Adelsprivilegien sowie die gesamte ständische Gesellschaft und erließ 1819 eine neue Verfassung. Neben den drei Gewalten wollte er eine vierte installieren: die moralische Gewalt. Sie sollte aus zwei Kammern bestehen: der *Cámara de Moral* und der *Cámara de Educación*. Die Verfassung scheiterte am Kongress. Ein Vergleich der Verfassungen von 1811 und 1819 zeigt, dass Letztere nicht mehr bundesstaatlich, sondern unitarisch strukturiert war. Die erste venezolanische Republik kennzeichnete der föderalistische Grundsatz: Alles, was nicht ausdrücklich im Bundesvertrag in die Zuständigkeiten der Konföderation verwiesen wurde, blieb den Provinzen vorbehalten. Die Verfassung wurde 1821 und 1826 revidiert, und schlussendlich konnte 1864 die Bundesrepublik Venezuela proklamiert werden.

Bolivien

In Bolivien (*Alto Peru*) erfolgte durch die verfassunggebende Versammlung 1825 die Verkündigung der Unabhängigkeit und im Jahr darauf die der Verfassung. Der Souverän war das Volk. Die Legislative bestand, wie einst in der Verfassung unter Napoleon, aus drei Kammern: Tribunen, Senatoren und Zensoren. Letztere waren dem römischen Vorbild entnommen: Sie wachten über die Regierung, damit diese im Rahmen der Verfassung tätig blieb. In den folgenden Jahren

Simón Bolívar (1783–1830), der südamerikanische Unabhängigkeitskämpfer.

erfolgten Rebellionen gegen die Regierung in Bogotá, und es wurden Attentate gegen Bolívar verübt. Dies führte dazu, dass der *Libertador* 1828 eine neue Verfassung erließ. Mittels eines *Decreto orgánico* griff Bolívar zur Diktatur, um die Einheit des Staates zu sichern und den inneren Frieden wieder herzustellen.

Anders war die Lage in Mexiko: Hier konnte im Gegensatz zu Bolivien eine Massenbewegung entfacht werden, die 1810 in einen Aufstand und in die Unabhängigkeitserklärung des Landes mündete. Der Befreiungskampf endete allerdings erst 1821, und bereits 1822 erfolgte die Installation des Ersten Kaiserreiches. Der ehemalige Widerstandskämpfer Agustín de Iturbide wurde zu Kaiser Agustín I. ernannt, ging 1823 allerdings ins Exil. Daraufhin rief man die Erste Republik aus. Sie war nach nordamerikanischem Muster bundesstaatlich strukturiert

Mexiko

und währte bis 1864. 1824/1825 waren mit Ausnahme von Westindien und Guyana praktisch alle lateinamerikanischen Kolonien unabhängig, und diese Unabhängigkeit wurde auch völkerrechtlich anerkannt. Damals berief Bolívar einen lateinamerikanischen Kongress nach Panama ein, dort wollte er ein Gegengewicht zur Heiligen Allianz in Europa schaffen. So erfolgte 1826 die Gründung der Andenkonföderation durch Großkolumbien, Peru, Mexiko und Zentralamerika. Nach Bolívars Tod 1830 zerfiel Großkolumbien jedoch ebenso wie 1838/1841 die zentralamerikanische Konföderation (s. S. 334 f.).

Europa von der Zwischenrevolution 1830 bis zur Revolution von 1848/1849

In Europa löste weder die griechische Revolution noch jene auf der Iberischen Halbinsel die nächste Konstitutionalisierungswelle aus, sondern der Impuls ging wiederum von Paris aus. Auf politische Mitsprache pochende Bürger revoltierten unter anderem gegen die Ordonnanzen von Karl X. zur massiven Einschränkung der Pressefreiheit. Im Zuge der Revolution forderten sie eine neue Verfassung. Im Gegensatz zum Verfassungsoktroy von 1814 wurde diese nun gemeinsam von König und Parlament am 14. August 1830 erlassen. Die wiedergewonnene Volkssouveränität fand ihren Niederschlag etwa darin, dass der „Bürgerkönig" Louis-Philippe (Ludwig Philipp) nicht mehr als König von Frankreich, sondern, in revolutionär-napoleonischer Tradition, als „König der Franzosen" regierte, allerdings nicht unmittelbar die Politik leitete. Erstmals erhielt nun das Parlament ein Initiativrecht, und die Pairskammer, den Adeligen bis dato erblich vorbehalten, erfuhr nun eine Umwandlung zu einer Kammer von Honoratioren, die der König ernannte. Hier fand vor allem das wohlhabende Bürgertum Berücksichtigung.

Die französische Verfassung diente Belgien als Vorbild und wurde fortschrittlich ausgebaut. Hier hatte 1830 eine Revolution stattgefunden, die die Trennung des Vereinigten Königreiches der Niederlande in das Königreich Niederlande und das Königreich Belgien zur Folge hatte. Die belgische Verfassung ist noch heute, mit einigen wenigen Änderungen, in Kraft. Sie entwickelte 1831 Vorbildcharakter für die weiteren Verfassungen Europas. Das duale System der Legislative, bestehend aus Monarch und Parlament, und die Ministerverantwortlichkeit, das heißt die Bindung der Regierung an das Parlament, bilden die wesentlichen Elemente dieser Verfassung. Die

Die belgische Verfassung

Bestimmung in Artikel 25, „[…] die drei Gewalten gehen von der Nation aus", wurde nun zur fixen Formel für viele weitere Verfassungen. Als „König der Belgier" hat dieser „keine andere Gewalt, als diejenige, welche ihm die Verfassung und die andern, in Kraft der Verfassung gegebenen, Gesetze förmlich beilegen" (Art. 78). Belgien erhielt 1831 die vollständige Anerkennung als souveräner Staat und nach dem Holländisch-Belgischen Krieg 1839 im Londoner Vertrag die Anerkennung seiner Grenzen und Neutralität. Luxemburg konstituierte sich als unabhängiges Großherzogtum und verkündete 1841 eine landständische (!) Verfassung. Die Niederlande revidierten in einigen wenigen Bereichen ihre Verfassung von 1815.

Die Revolution von 1830 erreichte auch die Mitgliedstaaten des Deutschen Bundes: Obwohl die konservativen und restaurativen Kräfte sich bemühten, sämtliche liberalen und nationalen Bewegungen zu unterdrücken (wie die Vorgänge um das Hambacher Fest 1832 zeigen), erfasste die Verfassungswelle die mitteldeutschen Länder, wie zum Beispiel Hannover, Hessen-Kassel oder Braunschweig. In Hannover endete 1837 die seit 1714 existierende Personalunion mit Großbritannien. Als König Ernst August I. in diesem Jahr die Regierung antrat, hob er, verfassungswidrig, die Verfassung von 1833 auf und bestand auf der Wiedereinführung der ständischen Verfassung von 1819. Daraufhin kam es zu Protesten, hatte doch die Julirevolution selbst nach England gewirkt: Dort war 1832 das Wahlrecht reformiert worden, wodurch das Unterhaus an Macht gewann, so dass die Regierung endgültig von dessen Mehrheit abhängig wurde.

Revolution im Deutschen Bund

Anders verhielt es sich in Russland: Hier bedeutete das Grundgesetz von 1832, das Zar Nikolaus II. im Lichte des Dekabristenaufstandes 1825 erlassen hatte, die Zementierung der unbeschränkten monarchischen Gewalt. Seine Position wurde wie folgt festgeschrieben: „Art. 1 Der Kaiser von Allrussland ist ein selbstherrlicher und unbeschränkter Monarch; seiner obersten Gewalt zu gehorchen nicht nur aus Furcht, sondern auch vor dem Gewissen befiehlt Gott selbst." Als unumschränkter Herrscher vereinte der Zar alle drei Gewalten, Legislative, Exekutive und Judikative, in seiner Hand. Sämtliche vorherigen Entwürfe, wie ein föderalistischer von 1819, waren nun obsolet geworden. Dieser hatte die polnische Verfassung von 1815 zum Vorbild gehabt und für das Parlament, *Seim* (!) genannt, ein Ober- und ein Unterhaus sowie sogar einzelne Grundrechte vorgesehen.

Russland

Die Autokratie blieb in Russland vorerst unerschüttert. In den meisten anderen europäischen Ländern zeigten sich jedoch um die Mitte des 19. Jahrhunderts soziale und ökonomische Umwälzungen, die auch das politische Leben beeinflussten. Die zunehmende Industrialisierung bewirkte den Bedeutungsverlust traditioneller Handwerksbetriebe, die Agrarproduktion steckte in einer Krise und führte vor allem in weiten Teilen der ländlichen und städtischen Unterschichten zu Verarmung und Hunger. Es waren vor allem deren Mitglieder, die soziale Gleichheit und politische Partizipation forderten. Dies musste zwangsläufig zur Revolution führen. Die wichtigste Errungenschaft sei gleich vorweggenommen: Auf Grund der revolutionären Erhebungen kam es zu einer übergreifenden europäischen Verfassungsbewegung, der zufolge nun fast jedes europäische Land eine Verfassung erhielt. Wie Pilze schossen Konstitutionen aus dem Boden, dessen Humus durch die Französische Revolution vorbereitet und mit den Nährstoffen Nationalismus, Liberalismus, Menschenrechte und Volkssouveränität versehen war. Die Gewährleistung von politischen Rechten und die Ausweitung des Wahlrechtes implizierten einen Trend zur Staatsform der Republik.

Im Gegensatz zu den anderen Kodifikationswellen 1814 und 1830 war diese viel intensiver und wuchtiger. Es ging nun darum, die Herrschaft auf wesentlich breiterer gesellschaftlicher Grundlage zu legitimieren. 1848 knüpfte wieder an die Gleichheitsidee der Französischen Revolution an und überwand somit ständestaatliche Vorstellungen, wie sie 1814 und 1830 noch vorhanden waren. Ausdruck dessen war die Aufhebung der Leibeigenschaft und Grunduntertänigkeit. Darüber hinaus bewirkten diese Revolutionen, dass erstmals Frauen auf die Barrikaden stiegen und ihre Rechte forderten. Gemeinhin wird das Jahr 1848 als Schicksalsjahr für die Frauen Europas gesehen – die „alte" Frauenbewegung setzte ein.

Das Jahr 1848

Der Gedanke einer Rückbindung staatlicher Herrschaft an das Volk war bereits im Vormärz ausgesprochen worden und sollte nun durch die 1848er Revolution verwirklicht werden. Nach ersten revolutionären Erhebungen in Italien im Februar 1848 sprang der Funke auf Paris über, wo die Wirtschaftskrise die Unzufriedenheit der Bevölkerung mit der Regierung des Bürgerkönigs verstärkte und sich in einer Revolution entlud. Nach dessen Abdankung Ende Februar und der Ausrufung der Republik konstituierte sich eine provisorische Regierung. Man beschloss, ähnlich wie 1789 und 1792, dass nicht Kommissionen, sondern eine verfassunggebende Nationalversammlung die neue Verfassung ausarbeiten sollte. Erstmals in der Geschichte Frankreichs wurde diese Versammlung durch allgemeines und direktes (Männer-)Wahlrecht gewählt; und erstmals in der französischen Geschichte lag die Wahlbeteiligung sehr hoch: 7,8 von 9,4 Millionen Franzosen schritten zur Wahlurne. Die dergestalt gewählte *Constituante* arbeitete eine Verfassung aus, die am 4. November 1848 in Kraft trat. Durch sie wurde Frankreich als „bleibende Republik constituiert". Die *Constituante* war allerdings mit sozialen Unruhen konfrontiert, die auf die Wirtschaftskrise und steigende Arbeitslosigkeit zurückzuführen waren. Der Artikel 4 der Verfassung reflektierte diese Stimmung, indem er zu den Grundsätzen der Freiheit, Gleichheit und Unabhängigkeit auch als weitere Grundlagen der neuen Republik das Familienleben, das Eigentum und die öffentliche Ordnung hinzuzählte. Das Prinzip der Gewaltentrennung hob man in Artikel 19 explizit hervor, und in Anlehnung an die Verfassungen von 1791 und 1793 wurde die legislative Gewalt nur einer Kammer zuerkannt. Die Ermittlung ihrer Mitglieder erfolgte auf Grund einer direkten und geheimen Wahl; das aktive Wahlalter lag nun bei 21, das passive bei 25 Jahren. Die Kammer sollte jeweils für drei Jahre permanent tagen – ohne Einberufung durch die Exekutive. Diese repräsentierte der Präsident der Republik, ein auf vier Jahre gewählter Franzose. Das Parlament konnte ihn nicht des Amtes entheben.

Neue Verfassung in Paris

Zum ersten Präsidenten wählte man Louis-Napoléon Bonaparte, den Neffen des ehemaligen Kaisers. Seine verfassungsrechtlich gewährte Macht entsprach in etwa jener des amerikanischen Präsidenten. Bestärkt durch seinen überwältigenden Wahlsieg und auf Grund der parteipolitisch gespaltenen Kammer gelang es Louis-Napoléon relativ schnell, die Macht an sich zu reißen. Bald änderte er das Wahlrecht zu seinen Gunsten und begann, sukzessive und zügig seine Präsidentschaft nach dem Vorbild seines berühmten Onkels in ein Kaiserreich umzubauen.

Auch dieses Mal blieben die Staaten des Deutschen Bundes von der Revolution nicht verschont, und die Märzunruhen bewirkten die Umgestaltung von Preußen und Österreich in konstitutionelle Monarchien. Gleichzeitig erwachte in den Staaten des Deutschen Bundes wieder die gesamtdeutsche Bewegung. Ein sogenanntes „Vorparlament" forderte die Wahl für eine deutsche Nationalversammlung, was die Bundesversammlung genehmigte. Gewählt wurde am 7. April 1848 nach allgemeinem Wahlrecht unter Ausschluss der Frauen. Wenig später schlug das Vorparlament einen „Entwurf des deutschen Reichsgesetzes" vor, wonach der Staatenbund „Deutscher Bund" in einen Bundesstaat umgewandelt werden sollte. Am 18. Mai trat die konstituierende Deutsche Nationalversammlung zusammen und erließ mit dem »Gesetz über die provisorische Zentralgewalt« ihr erstes Gesetz. Auf dessen Grundlage wählte man Erzherzog Johann zum Reichsverweser. Ähnlich wie in Amerika und im revolutionären Frankreich erließ die Nationalversammlung am 27. Dezember 1848 zunächst ein »Reichsgesetz betreffend die Grundrechte des deutschen Volkes«, das als Grundrechtekatalog der Frankfurter Reichsverfassung inkorporiert wurde. Schließlich verkündete man am 28. März 1849 die Reichsverfassung. Reichsoberhaupt sollte Friedrich Wilhelm IV. von Preußen werden, der den Titel „Kaiser der Deutschen" führen sollte. Dieser lehnte sowohl den Vorschlag wie auch die Reichsverfassung ab. Daraufhin trat ein Großteil der Abgeordneten aus der Nationalversammlung aus, das verbleibende Rumpfparlament in Stuttgart wurde im Juni 1849 aufgelöst.

Entwicklungen im Deutschen Bund

Der Konstitutionalisierungsprozess des Jahres 1848 erfasste nun auch endgültig Preußen. Hier war Friedrich Wilhelm IV. gezwungen, den Forderungen der Revolutionäre nachzugeben, und so erließ er am 21./22. März die erste Verfassung Preußens. Nach Verabschiedung des Wahlgesetzes wurde eine konstituierende Nationalversammlung mit der Aufgabe gewählt, eine preußische Verfassung auszuarbeiten. Allerdings bewertete der König den „Entwurf Waldeck" als zu republikanisch und anarchistisch, weshalb er ihn ablehnte und in weiterer Folge die Revolution niederschlagen ließ. Ähnlich wie in Österreich, hier allerdings zeitversetzt, oktroyierte er im Dezember 1848 eine eigene Verfassung. Sie war vergleichsweise liberal und dokumentierte den Wunsch des Königs, die aufgewühlten Wogen im Lande zu glätten. Nicht von ungefähr erhielt diese Verfassung die Bezeichnung „konstitutionelle Notverfassung" oder „Notbehelf", der König selbst beschrieb sie mehrmals als verbesserungs- und ausbauwürdig. Am 31. Dezember 1850 konnte die revidierte Verfassung verkündet werden, deren Kern das monarchische Prinzip bildete: In seiner Position als Monarch war der preußische König unverletzlich, er war nicht nur der Inhaber der Staatsgewalt, sondern stellte auch eine Integrationsfigur dar. Seine Handlungen bedurften allerdings der Gegenzeichnung durch die Minister. Demnach bestand ein reziprokes System, denn der König konnte Minister ernennen und entlassen. Das Parlament war nach dem üblichen Zwei-Kammern-System organisiert. Wenngleich es weder das Gesetzesinitiativrecht besaß noch das Selbstversammlungsrecht, so hatte die zweite Kammer, gewählt nach einem Dreiklassenwahl-

Konstitutionalisierungsprozess in Preußen

recht, doch das Budgetrecht inne. Die Gleichheit aller vor dem Gesetz (aber eben nicht des Gesetzes!) war durch einen Grundrechtekatalog gewährleistet.

Im Kaiserreich Österreich war am 13. März in Wien die Revolution ausgebrochen. Das Postulat der Revolutionäre war die Schaffung einer Verfassung inklusive der Gewährung von Grundrechten, wie etwa Pressefreiheit oder Vereins- und Versammlungsrecht. Darüber hinaus forderten sie die Abdankung des unbeliebten Staatskanzlers Metternich. Der Kaiser musste dem Druck der Straße nachgeben und oktroyierte am 25. April die sogenannte Pillersdorf'sche Verfassung, benannt nach dem damaligen Innenminister. Diese stellte den kleinsten gemeinsamen Nenner hinsichtlich der Forderung der Revolutionäre dar. Bald jedoch wurde gegen das Wahlgesetz in einer Sturmpetition Kritik erhoben – das Wahlrecht sollte sich auch auf die entstehende Arbeiterklasse erstrecken. Der Reichstag wurde allerdings nach dem umstrittenen Wahlgesetz gewählt; seine Aufgabe war es, eine neue Verfassung auszuarbeiten. Sein Entwurf, benannt nach dem Ort Kremsier in Mähren, wohin der Reichstag auf Grund des Ausbruches einer abermaligen Revolution in Wien im Oktober geflohen war, wurde im März 1849 von dem neuen Kaiser Franz Joseph und seinem Minister Felix zu Schwarzenberg abgelehnt, indem diese die sogenannte Märzverfassung oktroyierten. Diese leitete die Phase des Neoabsolutismus ein. Nachdem der Aufstand in Ungarn im August 1849 bei Vilagos niedergeschlagen worden war, betrieb man dort eine „Austrifizierung". Nun sollte wieder Ruhe einkehren, die Österreich bitter notwendig hatte, bedenkt man, dass in weiteren Teilen der Habsburgermonarchie, etwa in Böhmen und Mähren, in der Lombardei, in Venetien und Neapel und eben in Ungarn Aufstände niedergeschlagen hatten werden müssen.

Das Kaiserreich Österreich

Nationale Erhebungen gegen die Habsburger in Oberitalien und die Bourbonen im Süden standen am Beginn der Einigung Italiens. Sie ging von Sardinien-Piemont aus. Hier wurde auch die spätere Verfassung des vereinten Italien, das »Statuto Albertino«, am 4. März 1848 erlassen. Gemäß Verfassung übte der König gemeinsam mit der Legislative (Senat und Deputiertenkammer) die Gesetzgebung aus. Ministerverantwortlichkeit war ebenfalls ein wesentlicher Bestand dieses Grundgesetzes, wie auch die Tatsache, dass der König die Gesetze in seinem Namen verkündete.

Italien

Die Mehrheit der neuen Verfassungen begründete die Regierungsform einer konstitutionellen Monarchie. Abgesehen von Frankreich war nur die Schweiz republikanisch verfasst. Hier verschärfte sich der Konflikt zwischen Liberalen und Konservativen, der durch den konfessionellen Gegensatz verstärkt wurde. 1845 schlossen sich sieben konservative und katholische Kantone zum Sonderbund zusammen. Zwei Jahre später erhielten die Liberalen in der Tagsatzung die absolute Mehrheit, die notwendig war, um Gesetze zu beschließen. Sie forderten die Auflösung des Sonderbundes, gegen die dessen Mitglieder opponierten. Daraufhin kam es zum Sonderbundkrieg, der nach nur drei Wochen beendet war. Die Liberalen setzten eine Kommission zur Ausarbeitung einer Verfassung ein, deren erster Entwurf Ende April 1848 präsentiert wurde. Der Weg der staatenbündischen Schweiz in einen Bundesstaat war somit geebnet. Nach US-amerikanischem Vorbild führte man die doppelte Repräsentation nach Einwohnerzahl und Einzelstaaten (Repräsentantenhaus und Senat bzw. National- und Ständerat) ein. Beide Kammern, die Bundesversammlung, wählten die Exekutive, den Bundesrat. Dieser stellte ein Unikat dar, da es in keiner Verfassung eine vergleichbare Exekutive gab. Sie konnte durch kein Misstrauensvotum zum Rücktritt gezwungen werden. Am 12. September 1848 erfolgte die Verkündigung der Schweizer Bundesverfassung. Im Gegensatz zur zentralistischen Republik Frankreich war die Schweiz eine föderalistische Republik. Ab den 1860er Jahren fanden in allen Kantonen Verfassungsrevisionen statt. Erst unter dem Eindruck eines heftig tobenden Kulturkampfes zwischen säkularem Staat, radikaldemokratischer Bewegung und katholischer Kirche schuf man in den 70er Jahren den Entwurf für eine neue Bundesverfassung. Mittels Volksabstimmung am 19. April 1874 wurde diese Verfassung angenommen. Ähnlich dem Aufbau der Verfassung von 1848 verfolgte die 1874er-Verfassung den Ausbau der Macht des Bundes gegenüber den Kantonen und zudem die Stärkung des Bundes und der Kantone gegenüber der katholischen Kirche. Sie brachte auch eine Ausweitung der Freiheitsrechte. So etwa enthielt sie erstmals das Instrument des fakultativen Gesetzesreferendums: „Art. 89: Bundesgesetze, sowie allgemein verbindliche Bundesbeschlüsse, die nicht dringlicher Natur sind, sollen überdies dem Volke zur Annahme oder Verwerfung vorgelegt werden, wenn es von 30.000 stimmberechtigten Schweizerbürgern oder von 8 Kantonen verlangt wird.“

Die Schweiz als Bundesstaat

Auch in den Niederlanden waren die Auswirkungen der Märzrevolution nicht revolutionär, hatte man hier doch bereits 1840 die 1815er-Verfassung in liberalem Stil geändert. In Dänemark schloss sich König Friedrich VII. der national-liberalen Bewegung an und erließ 1849 ein liberales Grundgesetz. Wenngleich Schweden zur selben Zeit eine liberale Regierung erhielt, so erfolgte die Verfassungsrevision im liberalen Geiste erst 1866.

Aus dem „zeitlichen“ Rahmen fiel die Entwicklung in Griechenland. Hier fand bereits 1843 eine Revolution statt, da Otto sich bis dato beharrlich geweigert hatte, eine Verfassung zu verabschieden. Die Opposition verband wohl mit der Verabschiedung der Verfassung die Hoffnung auf eine Änderung der innenpolitischen Lage und eine allmähliche Loslösung aus der „Bavarokratie“ (Edgar Hösch). Otto I. wurde als König von Griechenland per Eid an die liberale Verfassung, deren Vorbild die belgische war, gebunden und mittels Artikel 44, „Der König hat keine andern Gewalten als diejenigen, welche ihm die Verfassung und die damit übereinstimmenden besonderen Gesetze ausdrücklich beilegen“, in seiner Herrschaft beschränkt. Ein wesentliches Merkmal dieser und aller vorherigen Verfassungen war die Betonung der Religion: „[...] die herrschende Religion in Griechenland ist die morgenländische, rechtgläubige Kirche Christi“ (Art.1). Dies diente als Abgrenzung zum Islam und wohl auch zum Katholizismus.

Griechenland

Grundsätzlich kann festgehalten werden, dass die „Märzverfassungen“ eine auf

Gesamteuropa übergreifende Dimension erhielten: Fast alle europäischen Staaten wurden nun konstitutionalisiert! In den konstitutionellen Monarchien war der Monarch hinsichtlich seiner Legislativgewalt parlamentarisch gebunden. Die vollziehende Gewalt lag ebenfalls bei ihm, war jedoch an die Gegenzeichnung eines Ministers geknüpft. Mit dem Konstitutionalisierungsprozess erfolgte eine Europäisierung der Gewährung von Grundrechten. Einzig in Belgien bestand etwa das Vereins- und Versammlungsrecht vor 1848, jetzt hielt diese Norm in allen Grundrechtskatalogen europäischer Verfassungen Einzug, und darüber hinaus wurde das Postulat der Gleichheit aller vor dem Gesetz erhoben. Der Konstitutionalisierungsprozess bewirkte daher auch eine Ausweitung des Wahlrechts zum Parlament, das überwiegend dem Zwei-Kammer-System folgte. Die traditionelle monarchische Legitimität wurde weitgehend aufgehoben, der Staat musste andere Mittel finden, um seine Legitimität zu klären, und zwar in der Idee der Nation: Viele Verfassungen beinhalteten nun die Nennung von Symbolen, Fahnen, Hymnen, die Festlegung der Grenzen und der Staatsbürgerschaft. Die Nationalisierung bildete ein Charakteristikum der 1848er-Revolution: Gezielt begann man in den Verfassungen zwischen Staatsbürgern und Nicht-Staatsbürgern zu unterscheiden und setzte die jeweiligen Bestimmungen über die Naturalisation fest.

Ziel: Nationalisierung

Globalisierung der Verfassungsidee (1850–1914)

Nach der Unabhängigkeit wechselten sich in vielen lateinamerikanischen Ländern zentralistische und föderalistische Verfassungen ab – so auch in Mexiko, wo die bundesstaatliche Verfassung von 1824 elf Jahre später in zentralistischem Sinne revidiert wurde, was 1857, verbunden mit liberalen Reformen, wiederum rückgängig gemacht wurde. Auf dieses durch einen anschließenden Bürgerkrieg finanziell ruinierte Land richtete Napoleon III. sein Augenmerk und versuchte, dort eine Art Vasallenmonarchie zu installieren. Dafür favorisierte er den jüngeren Bruder von Kaiser Franz Joseph von Österreich, Maximilian, als Thronanwärter. Dieser trat offiziell am 12. Juni 1864 die Regierung an. Im April 1865 erließ er den »Estatuto Provisional del Imperio Mexicano«, auch Aprilverfassung genannt. Oberster „Legitim“ und Souverän waren Kaiser und Volk. Die Verfassung verfügte über *garantías individuales*, sie entsprachen den klassischen Grundrechten. Hinsichtlich der Gewaltenteilung ist festzuhalten, dass dem Monarchen sowohl die Exekutive wie auch die Legislative zugewiesen war; Letztere übte er gemeinsam mit Kabinett, Staatsrat und Ministerrat aus. Die Verfassung bestand aus Elementen der französischen und belgischen Verfassung. Die französische Herrschaft über Mexiko endete 1867 mit der Hinrichtung von Maximilian, Mexiko wurde nach dem kurzen Intermezzo des Zweiten Kaiserreiches wieder Republik.

Mexiko

Brasilien war dagegen immer noch ein Kaiserreich, nachdem Peter I. 1831 zugunsten seines Sohnes abgedankt hatte, was zunächst, verbunden mit einer Verlagerung der politischen Macht in die Provinzen, liberale Reformen auf der Basis des sogenannten »Acto Addicional« von 1834 zur Folge gehabt hatte, den die Konservativen 1840 durch eine *Lei Interpretativa* zu revidieren suchten. Bei den Neuwahlen hatten sich jedoch die Liberalen durchgesetzt und den Infanten Dom Pedro mit 14 Jahren zum Kaiser Peter II. erklärt. Dieser wandte sich zunächst den Konservativen zu, half dann aber 1853 mit, die beiden Lager zu versöhnen. Im Jahr 1888 schaffte Kaiser Peter II. jedoch die Sklaverei endgültig ab, um den Forderungen der Befürworter des Abolitionismus Folge zu leisten. Diese waren großteils Republikaner, die in einer sklavenfreien Republik Fortschritt und Realisierung des modernen Nationalstaates sahen und daher die Monarchie ablehnten. Die konservativen Plantagenbesitzer aber waren nun kaum mehr bereit, für das Kaisertum zu kämpfen. Mitte November 1889 erfolgte der Putsch, demzufolge die Republik ausgerufen wurde und der Kaiser ins Exil gehen musste. Eine konstituierende Versammlung legte im Februar 1891 eine nach dem nordamerikanischen Vorbild konzipierte Verfassung vor. Wenngleich der *poder moderador* entfallen war, so herrschte dennoch von nun an das Militär als ausgleichende Macht.

Brasilien

In Europa umfasste die nächste Verfassungswelle nach 1848 den Zeitraum von 1866 bis 1878. Neben den Staaten auf dem Balkan war nun Deutschland das Zentrum dieser Entwicklung. Es war kein Geheimnis, dass der preußische König Friedrich Wilhelm IV. die Verfassung als „Wisch" abwertete und in seinem politischen Testament seinem Nachfolger den Rat gab, keinen Eid auf eine Verfassung zu leisten. Unter seinem Nachfolger Wilhelm I. eskalierte ein Verfassungsstreit, der im Zusammenhang mit der Finanzreform ausgebrochen war. Aus einem „Akt der Verzweiflung" ernannte Wilhelm I. 1862 Otto von Bismarck zum Ministerpräsidenten. Dieser „bediente" sich einer angeblichen „Lücke" in der preußischen Verfassung und regierte ohne parlamentarisch verabschiedetes Budgetgesetz. So gelang es ihm im Endeffekt auch, eine „Parlamentarisierung" der Reichsgewalt sowohl in der Verfassung des Norddeutschen Bundes wie auch in der Reichsverfassung von 1871 zu verhindern. Hinsichtlich der Vereinigung Deutschlands war es Bismarck gelungen, auf dessen ökonomischer Einheit aufzubauen und den österreichischen Kaiser derart zu kompromittieren, dass es zu einer kriegerischen Auseinandersetzung kam, die in der Schlacht von Königgrätz am 3. Juli 1866 mündete. Der anschließende Friede von Prag beendete den Kriegszustand zwischen Preußen und Österreich sowie auch Österreichs Mitgliedschaft im Deutschen Bund, womit die kleindeutsche Lösung, die letztlich bereits in der Paulskirchen-Versammlung 1848 favorisiert worden war, ihre Verwirklichung fand. Vom Deutschen Bund verblieb ein Norddeutscher Bund unter preußischer Führung, der eine Verfassung erhalten sollte. Nach insgesamt drei Vorentwürfen legte Bismarck selbst Hand an, getreu seiner Ansicht: „Arbeiten wir rasch. Setzen wir Deutschland, so zu sagen, in den Sattel! Reiten wird es schon können." Dergestalt konnte die Verfassung bereits am 1. Juli 1867 in Kraft treten, womit der Norddeutsche Bund geboren war. Ähnlich der Deutschen Bundesakte beziehungsweise Wiener Schlussakte handelte es sich um einen beständi-

Der Norddeutsche Bund

gen, unauflöslichen Bund von 23 Mitgliedstaaten, den Fürsten und Senate der Freien Städte als alleinige Verfassunggeber bildeten. Bayern, Württemberg, Baden und der südliche Teil Hessens gehörten nicht dem Bund an, für sie bestand allerdings das Recht des Beitrittes. Der Norddeutsche Bund umfasste 30 Millionen Einwohner, wobei die preußische Bevölkerung vier Fünftel der Gesamtbevölkerung ausmachte. Aus staatsrechtlicher Sicht war der Norddeutsche Bund weder ein Staatenbund noch ein Bundesstaat, er war ein Staatengebilde *sui generis*. Als Vorbilder der Verfassung fungierten die Schweizer beziehungsweise die US-amerikanische Verfassung. Mit Königgrätz und der Verfassung war ein weiterer Schritt in Richtung Gründung des Deutschen Kaiserreiches gesetzt. Es bedurfte jedoch noch der Klärung des Verhältnisses zu Frankreich. Ein Anlass war alsbald gefunden: der Streit um die Frage der spanischen Thronfolge zwischen Frankreich und Preußen. Die Entscheidung fiel 1870 in der Schlacht bei Sedan. Preußen und seine süddeutschen Verbündeten besiegten Frankreich und nahmen Napoleon III. gefangen. Deutschland erhielt das nunmehrige Reichsland Elsass-Lothringen, Frankreich musste Reparationszahlungen leisten. Alsbald traten auch die süddeutschen Staaten reihum dem Norddeutschen Bund bei. Bewusst am 18. Januar, 170 Jahre nachdem sich der brandenburgische Kurfürst selbst zum König von Preußen ernannt hatte, wurde im Spiegelsaal von Versailles das Deutsche Kaiserreich ausgerufen.

Das Deutsche Reich

Man einigte sich darauf, dass die in den Novemberverträgen vorgesehene Namensänderung des Norddeutschen Bundes in „Deutsches Reich" erfolgen sollte – mit Wilhelm I. als erstem Deutschen Kaiser. Die Verfassung des Deutschen Reichs bildete die um die Beitritte der süddeutschen Staaten modifizierte Verfassung des Norddeutschen Bundes. Der deutsche Konstitutionalismus war ein monarchischer: Der Deutsche Kaiser war dominant, in seinen Händen lagen nicht nur die exekutiven, sondern auch wichtige legislative Befugnisse. Ihm allein stand das Recht zu, den Bundesrat und den Reichstag einzuberufen, zu eröffnen, zu vertagen und zu schließen, und er besaß das Gesetzesinitiativrecht. Bundesrat und Reichstag übten gemeinsam die Gesetzgebung aus, wobei Reichsgesetze vor den Landesgesetzen Vorrang besaßen. Dem Monarchen stand eine legitimierte, demokratisch gewählte Legislative gegenüber, wenngleich es bei einer Demokratisierung ohne volle Parlamentarisierung blieb. Dies gilt übrigens auch für Italien und Frankreich.

Konnte man für das Deutsche Reich nach dessen Gründung eine Stabilisierung der Stellung des Monarchen konstatieren, galt dies (noch) nicht für Frankreich: Dort hatte Napoleon III. in Anlehnung an seinen Onkel das Zweite Kaiserreich gegründet. Dies geschah mittels Senatsbeschluss vom 7. November 1852: „Art. 1 Die Kaiserwürde ist wiederhergestellt. Louis-Napoléon ist Kaiser der Franzosen mit dem Namen Napoleon III." Kennzeichnend für die nun so genannte Restaurationszeit war die Position von Napoleon III. als *Chef de l'Etat* ähnlich wie in der *Charte* von 1814, allerdings ohne parlamentarisches Gegengewicht. Entgegen dem Prinzip der Gewaltentrennung übte der Kaiser mit Senat und *Corps législatif* die Gesetzgebung aus. Die Minister waren ausschließlich ihm Rechenschaft schuldig. Während Napoleon Chef

Frankreichs Restaurationszeit

eines „autoritären Regimes“ war, bildete das Parlament nur eine „Karikatur“: Es besaß weder ein Petitions- noch ein Interpellationsrecht. Das vom Staatsrat vorbereitete Gesetz konnte vom Parlament lediglich angenommen oder abgelehnt werden; auch das Budgetrecht war nur eingeschränkt ausübbar. Doch bereits im November 1860 erließ Napoleon ein Dekret, wodurch das Parlament das Recht erhielt, die jährliche Thronrede des Kaisers zu diskutieren und zu beantworten. Durch weitere Senatsbeschlüsse erhielten Senatoren und Abgeordnete das Recht der Gesetzesinitiative gemeinsam mit dem Kaiser und die Minister den Zutritt zu den Versammlungen beider Häuser. Der letztgenannte *Sénatus-consulte* war eine Reaktion auf die Wahlen von 1869, bei denen die Opposition als eindeutiger Sieger hervorgegangen war. Napoleons Italienpolitik weckte in seinen eigenen Reihen Unzufriedenheit und Widerstand gegen ihn; seine Wirtschaftspolitik machte ihm die Industriellen zum Gegner. Um dieser Lage Herr zu werden, entschied er sich für einen liberalen Kurs seiner Politik. Diese Phase leitete der Senatsbeschluss vom 21. Mai 1870 ein, wodurch das autoritäre Regime beseitigt wurde. Dieser Senatsbeschluss hatte den Rang einer Verfassung. Er war in einer Volksbefragung mit 7,3 Millionen Ja- Stimmen gegen 1,5 Millionen Nein-Stimmen angenommen worden. Es kam zur weiteren Aufwertung des Parlaments: Beide Kammern erhielten neben dem Staatsrat das Recht, Gesetzesvorschläge zu machen.

Infolge der militärischen Niederlage von Sedan dankte Napoleon III. ab. Da die neue Verfassung von 1870 noch nicht in Kraft getreten war, mussten Wahlen zur Nationalversammlung abgehalten werden, da nur eine vom Volk gewählte Nationalversammlung beziehungsweise eine daraus hervorgehende Regierung berechtigt erschien, den Waffenstillstand auszuhandeln. Die neugewählte Nationalversammlung einigte sich auf Adolphe Thiers als „Chef der Exekutive“, der schlussendlich den Friedensvertrag verhandelte. Thiers bildete eine Regierung aus Legitimisten, Orléanisten und Republikanern. Diese „überdauerte“ die Pariser Kommune (18.3.–28.5.1870), durch die Frankreich in einen blutigen Bürgerkrieg stürzte, und Thiers gelang es auch, die Nationalversammlung davon zu überzeugen, ihn zum *président de la République* zu ernennen. Dies geschah am 31. August 1871. Die Wahlniederlage der Thiers-Anhänger und der Machtgewinn der radikalen Republikaner führten im Mai 1873 zu seinem Rücktritt. Nachdem der Comte de Chambord, ein Enkel Karls X., auf Grund des Streits um die künftige Nationalfahne (er bestand auf der Ersetzung der Trikolore durch die Bourbonenfahne) als potentieller Kandidat ausgefallen war, einigte man sich letztlich auf den monarchisch gesinnten Marschall Patrice de Mac-Mahon. Dessen Position war an die Bedingung geknüpft, gegebenenfalls einem Mitglied der Königsfamilie weichen zu müssen. Mittels Septennatsgesetz vom 20. November 1875 wurde der Präsident für sieben Jahre eingesetzt und einer 30-köpfigen Kommission die Ausarbeitung von Grundgesetzen übertragen.

Adolphe Thiers

Die neue Verfassung von 1875 bestand aus drei Grundgesetzen, den »Lois constitutionelles«. Sie stellten den Schlusspunkt der Verfassungsentwicklung in Frankreich dar, die 1791 begonnen hatte. Rückblickend gesehen erwiesen sich diese Grundgesetze als beständig und waren bei „aller Kürze der Texte und Bescheidenheit ihrer Ansprüche“ (Peter Claus Hartmann) und einigen Verfassungsrevisionen bis Juli 1940 gültig. Der französische Historiker René Rémond bewertete sie als „die orléanistischste von allen französischen Verfassungen“, dies auf Grund der Balance zwischen den Gewalten, der Pluralität der Staatsorgane und des Dualismus der Kammern. Auf Grund kontinuierlicher Verfassungspraxis hatte sich um 1885 das Verhältnis der Gewalten verschoben: Der Präsident konnte nicht mehr die Kammern auflösen und musste jene Personen zu Ministern ernennen, die ihm die jeweilige Kammermehrheit aufzwang. Dadurch hatte sich das 1875 festgelegte Gleichgewicht zu einem Ungleichgewicht verlagert: Die Legislative stand über der Exekutive.

Die Verfassung von 1875

Doch zurück zum Ausgangspunkt Königgrätz: Die Schlacht hatte für das Kaisertum Österreich nicht nur außenpolitisch, sondern auch innenpolitisch und verfassungsrechtlich weitreichende Konsequenzen. Hier hatte Kaiser Franz Joseph mittels Silvesterpatent 1851, wodurch die 1849 erlassene oktroyierte Märzverfassung aufgehoben wurde, den Weg in Richtung Neoabsolutismus beschritten. Die prekäre Finanzlage und die militärischen Niederlagen bei Magenta und Solferino 1859 leiteten die schrittweise Beendigung der neoabsolutistischen Epoche ein. Bis zur endgültigen Verfassung erfolgte die Verkündigung einiger Patente und Diplome von Verfassungsrang: so das Oktoberdiplom vom 20. Oktober 1860, das durch das Februarpatent 1861 aufgehoben wurde, sowie zwei Grundgesetze vom 27. Oktober 1862 zum Schutz der persönlichen Freiheit und des Hausrechtes. Österreich konzentrierte sich nach der Niederlage von Königgrätz zunächst darauf, die Beziehungen zu Ungarn zu regeln, die im „Ausgleich“ vom Juni 1867 mündeten. Neben der Regelung gemeinsamer und paktierter Agenden war seitens der ungarischen Verhandlungsführer die Bedingung gestellt worden, dass der engere Reichsrat eine Verfassung für die österreichische Reichshälfte ausarbeiten sollte. Bereits am 25. Juli 1867 erließ man das Gesetz über die Verantwortlichkeit der Minister für die im „Reichsrathe vertretenen Königreiche und Länder“, und einige Monate später proklamierte man die sogenannte Dezemberverfassung. Damit war der im Jahr 1848 begonnene Konstitutionalisierungsprozess vorerst beendet. Durch die Dezemberverfassung wurde die Teilung in Cisleithanien und Transleithanien – die Grenze zwischen beiden Reichsteilen verlief an dem kleinen Fluss Leitha – akzeptiert und konstitutionell umgesetzt. Die auf Cisleithanien bezogene Verfassung bestand aus sieben Staatsgrundgesetzen, die etwa Regelungen zur Reichsvertretung, bestehend aus Herren- und Abgeordnetenhaus, beinhalteten, außerdem einem Staatsgrundgesetz über die allgemeinen Rechte der Staatsbürger, Bestimmungen zur Einsetzung eines Reichsgerichtes (was die Basis für den späteren Verfassungsgerichtshof legte) und zur Ausübung der Regierungs- und Vollzugsgewalt. Hier wurden die Unverletzlichkeit des Kaisers, dessen Eidesleistung, die Ministerverantwortlichkeit etc. festgelegt. Schlussendlich wurde diesen Staatsgrundgesetzen auch das sogenannte

Folgen der Schlacht von Königgrätz

Die Dezemberverfassung

Delegationsgesetz beigefügt, das die Durchführung der Ausgleichsbestimmungen zwischen Cis- und Transleithanien regelte. Wie viele andere Verfassungen auch, schloss die Dezemberverfassung das Recht des Monarchen ein, bei Gefahr in Verzug Verordnungen ohne Rücksprache mit dem Parlament erlassen zu können, also Notverordnungen mit gesetzesgleichem, aber provisorischem Charakter. Dieses Instrument der außerordentlichen Gesetzgebung wurde später von den Diktatoren des 20. Jahrhunderts angewandt, um dergestalt unter Umgehung der Verfassung Gesetze, sogenannte Ermächtigungsgesetze, zu erlassen.

Der Ausgang der Schlacht von Königgrätz hatte auch für Italien Konsequenzen. So erhielt das Land einen Gebietszuwachs und konnte seine nationale Einigung damit großteils vollenden (zur Entwicklung s. S. 303 f.). Dergestalt konnte im März 1861 das Königreich Italien ausgerufen werden. Die einheitliche Verfassung bildete das »Statuto Albertino«. Italien entwickelte, im Gegensatz etwa zu Deutschland, einen konstitutionellen Typus, der strikt am Zensuswahlrecht festhielt. Demnach bildeten Honoratioren die Mitglieder von Parlament und Regierung, was in weiterer Folge die Ausbildung des politischen Parteiwesens behinderte. Selbiges galt auch für Spanien. Hier brach gegen Ende der 1860er Jahre eine Erhebung gegen die Bourbonen aus, die sich gegen die Beschränkung der Freiheitsrechte und des Wahlrechts richtete. Die Folge war die Verabschiedung einer neuen Verfassung am 30. Juni 1876, wodurch Spanien eine konstitutionelle Monarchie wurde. In Portugal bildete sich ebenfalls eine konstitutionelle Regierungspraxis heraus, im Wechselspiel zwischen Parlamentsmehrheit und Opposition.

Italien, Spanien, Portugal

Ein weiteres geografisches Zentrum des Konstitutionalisierungsprozesses wurde in diesem Zeitraum der Balkan. Hier strebte man nicht nur nach territorialer Einheit, sondern vielmehr danach, sich der fremden Oberherrschaft zu entledigen, weshalb der Konstitutionalisierungsprozess auf dem Weg der nationalen kriegerischen Erhebungen gegen die osmanische und teilweise die russische Autokratie einsetzte. „Verfassung“ erhielt dadurch eine weitere Dimension, sie wurde als ein Mittel der Nations- und Staatsbildung gegen eine Fremdmacht auf der Basis des Rechts verstanden. Darüber hinaus bedeutete „Verfassung“ eine klare Orientierung nach Westeuropa und einen wesentlichen Integrationsfaktor für die neu gegründeten Staaten. Ausgangspunkt dieser Entwicklung war der Krimkrieg 1853. Ein Ergebnis dieses 1856 beendeten Krieges war die Zusammenlegung der beiden Fürstentümer Moldau und Walachei zum Fürstentum Rumänien im Jahr 1859. Dieses proklamierte 1866 eine Verfassung, deren Vorbild die belgische Verfassung war, die man beinahe wortgleich übernahm. Die völkerrechtliche Anerkennung Rumäniens erfolgte auf dem Berliner Kongress 1878. Diesen hatte Bismarck einberufen, um in erster Linie die bulgarische Frage zu klären. Der westliche Teil wurde zum Fürstentum Bulgarien erhoben und unterstand direkt der Hohen Pforte. Der südöstliche Teil des Territoriums wurde als autonome Provinz Ostrumelien innerhalb des Osmanischen Reiches errichtet. Bereits 1885 erfolgte der Anschluss Ostrumeliens an Bulgarien. Dieses hatte schon 1879 eine Verfassung erhalten, welche der belgischen

Staatliche Neuordnung des Balkans

nachempfunden war. Sowohl in Rumänien wie auch in Bulgarien setzte man den Spross eines angesehenen westlichen Adelshauses als König ein. In Rumänien trat Karl aus dem Haus Hohenzollern-Sigmaringen und in Bulgarien Alexander Fürst Battenberg an die Spitze der Regierung. 1881 erfolgte die Erhebung des Fürstentums Rumänien zum Königreich, Bulgarien folgte 1908. Gleichzeitig mit der Ausrufung zum Zarentum erhielt Bulgarien die rechtliche Unabhängigkeit vom Osmanischen Reich.

Die staatliche Neuordnung des Balkans ging auf Kosten des Osmanischen Reiches und bewirkte darüber hinaus innerstaatliche Veränderungen. Der Bedeutungsverlust des Reiches setzte spätestens im Zuge des Krimkrieges ein. Zunehmend wurde die Hohe Pforte, „der kranke Mann am Bosporus", zum Spielball europäischer Großmächte. Die Bevölkerung war auf Grund religiöser und ethnischer Herkunft inhomogen, es galten für die jeweilige Zugehörigkeit unterschiedliche Rechtskreise, und dies in einer Zeit, in der in weiten Teilen Europas die einheitliche Staatsbürgerschaftsgesellschaft schon seit dem 18. Jahrhundert ein Ideal darstellte. Bereits ab 1839 versuchte man im Osmanischen Reich, dem politischen Bedeutungsverlust mittels Reformen entgegenzuwirken (Tanzimat = Neuordnung). Der Konstitutionalisierungsprozess wurde mittels des kaiserlichen Handschreibens *(Hatt-Şerīf)* von Gülhane eröffnet, womit Sultan Abdülmecid (Abdul Medschid, 1839–1861) den Übergang von einem asiatisch-mittelalterlichen, militärisch-theokratischen Staat hin zu einem modern-europäischen einleitete. Dieses Handschreiben enthielt folgende Bestimmung: „Seit 150 Jahren […] waren eine Kette von unglücklichen Ereignissen und verschiedene andere Umstände der Grund, dass man abließ, die erhabenen Vorschriften der Scharī'a- (Scheriat-) und Kanūngesetze zu befolgen, weshalb sich die frühere Macht und der einstige Wohlstand in das Gegenteil, nämlich in Schwäche und Armut, verwandelten. Denn es ist eine feststehende Tatsache, dass ein Reich, welches nicht nach gesetzlichen Vorschriften verwaltet wird, keinen Bestand haben kann." Um den Untertanen Wohlstand und Glück zu garantieren, bezogen sich die Grundbestimmungen des Gesetzes auf die Sicherheit des Lebens, den Schutz der Ehre und des Vermögens, die Fixierung der Steuern, die Art und Weise der Aushebung der

Die Verfassung des Osmanischen Reiches

Truppen und die Dauer ihrer Dienstzeit. Ein weiteres kaiserliches Handschreiben vom 18. Februar 1856 beinhaltete die Gleichstellung aller Untertanen ohne Unterschied der Religion und die freie Religionsausübung. Weitere Reformen folgten im administrativen Bereich. Schlussendlich verkündete Sultan Abdülhamid II. (Abdul Hamit) 1876 die erste Verfassung des Osmanischen Reiches. Sie war an den Wesir gerichtet: In der Präambel verwies man auf die eingeleitete Neuordnung. Die neue Verfassung war, wenngleich die Machtfülle beim Sultan lag, nach dem Vorbild der belgischen aufgebaut. Sie kannte ein Zwei-Kammern-System – die erste Kammer wurde vom Sultan beschickt, die zweite von regionalen Körperschaften – sowie ein Kabinett mit Ministerverantwortlichkeit und einen Grundrechtekatalog. Das Osmanische Reich blieb dennoch ein fast theokratischer Staat. Der Sultan war als „Kalif Hüter der islamischen Religion und Padischah aller osmanischen Untertanen. Die Person des Sultans ist heilig. Er selbst ist unverantwortlich" (Art. 4). Der Verfassung war eine relativ kurze Dauer beschieden: Sultan Abdülhamid suspendierte sie nach wenigen Monaten und hob das Parlament am 18. Februar 1878 auf. Dieses berief man erst wieder in Folge der Revolution von 1908 ein. Sie ging von der „Jungtürken-Bewegung" aus, die seit 1889 im „Komitee für Einheit und Fortschritt" organisiert war. Diese zwang den Sultan, die Verfassung wieder in Kraft zu setzen. Die 1876er-Verfassung novellierte man in einigen Bereichen, wobei sich die Revisionen in erster Linie auf die Bestätigung der Grundrechte bezogen, wie etwa „Art. 1 Alle unsere Untertanen, welcher Nation oder Religion sie auch angehören, sind unter Wahrung der persönlichen Freiheit gegenüber dem Reich gleichberechtigt und verpflichtet." Ab 1909 erfolgten weitere Verfassungsänderungen, die jedoch marginal waren. Am Vorabend des Ersten Weltkrieges zählte das Osmanische Reich zu den ärmsten Staaten Europas, 1879 hatte es schon den Staatsbankrott erklären müssen. Reformen in Administration und Recht waren teilweise erfolgreich, allerdings war es nicht gelungen, die Grundlage eines modernen Staates, nämlich eine einheitliche Staatsbürgergesellschaft, zu schaffen.

Während das Osmanische Reich außenpolitisch immer mehr an Macht verlor, konnte sich Russland als Beschützer der neuentstandenen Staaten in Südosteuropa behaupten. Diese Rolle und vor allem die russischen Gebietszuwächse beeinflussten jedoch nicht die verfassungsrechtliche Situation im Zarenreich. Wohl stammte aus diesem Jahr 1881 ein weiterer Verfassungsentwurf, der liberal war und auch von Zar Alexander II. bestätigt wurde, doch kam dieser nie zur Realisierung; der Kaiser fiel 1881 einem Bombenattentat zum Opfer. Erst unter Nikolaus II. wurde Russland eine (schein-)konstitutionelle Monarchie. Ausschlaggebend dafür waren nicht nur der verlorene Krieg gegen Japan im Jahr 1904/1905, sondern auch soziale Unruhen, getragen von der Intelligenzija, der Bauernschaft und dem neugebildeten Arbeitertum. Sie führten schließlich zur Revolution im Jahr 1905. Daraufhin oktroyierte Nikolaus II. die erste Verfassung von Russland. Sie enthielt Teile des Grundgesetzes von 1832 und war der monarchistischen preußischen Verfassung von 1850 angelehnt, beruhte jedenfalls nicht auf dem System der Gewaltenteilung und Volkssouveränität, weshalb man hier sehr wohl von Scheinkonstitutionalismus sprechen kann.

Scheinkonstitutionalismus in Russland

Mit Japan war für Russland ein ernstzunehmender Konkurrent im Osten erwachsen. Bereits 1853/1854 erfolgte die „Öffnung" Japans auf Grund europäischer, russischer und amerikanischer Wirtschaftsinteressen *(open-door policy)*. 1867 dankte der letzte Shōgun (eigentlich „Oberbefehlshaber", der De-facto-Regent) ab. Unter Tennō Mutsuhito (Meiji, 1868–1912) vollzog sich durch Überwindung der alten Feudalstruktur der Wandel vom alten zum neuen, modernen Japan und letztlich der Aufstieg zur imperialen Großmacht. Der europäische Konstitutionalismus wurde wieder zu einem Exportprodukt. Erstmals in der Geschichte Japans erhielt das Kaiserreich 1890 eine Verfassung. Ausschlaggebend war ein Edikt, das der Kaiser für die durch Bürgerkriege verarmte und verunsicherte Bevölkerung erlassen hatte: „Volksversammlungen sollen organisiert und administrative Angelegenheiten durch allgemeine Beratungen entschieden werden." Das Edikt vom März 1868 war die Basis für die nun aufkeimenden Forderungen nach einer Verfassung. Diese wurde von Itō Hirobumi erarbeitet und am 1889 verkündet. Sie trat am 1. April 1890 in Kraft. Als Vorlagen standen das britische Modell einer parlamentarischen Monarchie, das französische einer demokratischen oder das preußische einer autoritären zur Diskussion. Nicht ohne Widerstand entschied man sich schließlich für das preußische Modell. An dieser japanischen Verfassung wirkte der preußische Wirtschaftswissenschafter und Staatsrechtler Karl Friedrich Hermann Roesler als Berater der Meiji-Regierung mit. Die preußische Verfassung entsprach wohl am besten den Anforderungen, das traditionelle japanische Rechtssystem mit dem modernen westlichen zu verbinden. Demnach räumte man dem Kaiser eine dominante Position ein, allerdings bei gleichzeitiger Vertretung der Bevölkerung. Japan wurde zu einer konstitutionellen Monarchie. Der Monarch besaß beinahe unumschränkte Macht. Der Reichstag bestand aus dem Herrenhaus *(kizokuin)* und dem Abgeordnetenhaus *(shugiin)*, die Einberufung erfolgte durch den Tennō, der auch die Gesetze machte – das Parlament konnte lediglich vorschlagen und beraten. Wenngleich dem Parlament ein Interpellationsrecht zuerkannt wurde, bedeutete dies realiter, dass die Minister weder verpflichtet waren zu antworten, noch überhaupt erscheinen mussten. Der Artikel 67 untergrub zudem ein wesentliches Recht des Parlaments, wurde doch ein großer Teil der Reichsausgaben der Beschlussfassung entzogen. Somit blieb dem Parlament lediglich ein beschränktes Budgetrecht. Hinsichtlich der Aufzählung der Rechte und Pflichten ist bemerkenswert, dass man statt des Terminus „Bürger" *(jimmin)* jenen von „Untertanen" *(shimmin)* verwendete.

Verfassungsentwicklung Japans

Ähnlich wie in Japan gestaltete sich die Verfassungsentwicklung Chinas: Bis zur „Öffnung" des Landes ab 1842 wurde das Reich nach den Grundsätzen des Konfuzius monarchisch-absolutistisch mit patriarchalischem Charakter regiert. Der Kaiser war gleichzeitig weltliches und in gewissem Sinne geistliches Oberhaupt, er herrschte mit unumschränkter Macht über Leben und Tod sowie Hab und Gut seiner Untertanen. Ähnlich wie das Osmanische Reich war China machtmäßig den europäischen Mächten nun unterlegen. Daher entschloss sich die Mandschu-Dynastie zu umfassenden Reformen in Innen- und Außenpolitik. So setzte schließlich auch hier ein Konstitutionalisierungsprozess ein. Erste Ansätze in Richtung einer Verfassung zeigten sich 1890 mit dem Erlass sogenannter „Richtlinien zur Verfassung des Chinesischen Reiches". Diese Richtlinien dienten in erster Linie dazu, die Macht des Kaisers zu festigen, der gemäß Artikel 3 die exekutive und legislative Gewalt besaß: „Dem Kaiser steht das alleinige Recht zu, Gesetze zu oktroyieren und zu erlassen sowie Vorschläge an das Parlament zu richten." Eine Umkehr im Denken der chinesischen Elite brachten der Boxeraufstand 1900/1901 und die Niederlage im Krieg gegen Japan 1895. Besonders nach dem Sieg Japans über Russland (1905), den man den Meiji-Reformen zuschrieb, dachte man daran, den traditionellen konfuzianischen Staat im westlichen Sinne umzubauen. Dazu gehörte auch die Verlautbarung einer neuen Verfassung. Zu

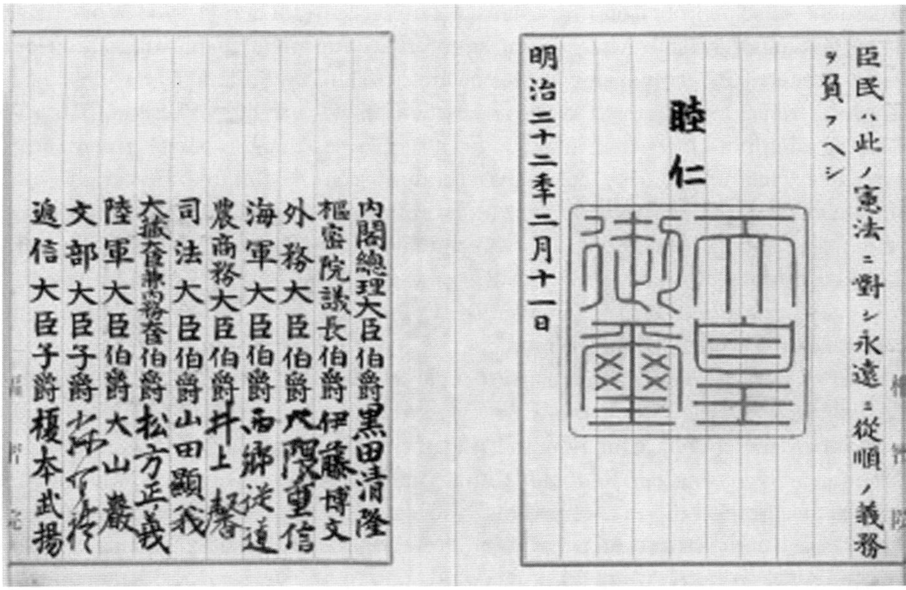

臣民ハ此ノ憲法ニ對シ永遠ニ從順ノ義務ヲ負フヘシ

睦仁

天皇御璽

明治二十二年二月十一日

内閣總理大臣伯爵黒田清隆
樞密院議長伯爵伊藤博文
外務大臣伯爵大隈重信
海軍大臣伯爵西郷從道
農商務大臣伯爵井上馨
司法大臣伯爵山田顯義
大藏大臣兼内務大臣伯爵松方正義
陸軍大臣伯爵大山巖
文部大臣子爵森有禮
遞信大臣子爵榎本武揚

Kaiserliche Unterschrift und Siegel der Meiji-Verfassung (1890).

diesem Zwecke bildete man bereits im Juli 1905 eine Kommission aus vier hohen Würdenträgern, die Deutschland, England und Nordamerika sowie Japan bereisten, um die dortige verfassungsrechtliche Situation zu studieren und nach ihrer Rückkehr die Ausarbeitung der neuen Staatsverfassung vorzubereiten, gemäß dem Inhalt eines Ediktes vom 1. September 1906: „Die Quelle des Wohlstandes und der Macht bei den Staaten des Abendlandes […] ist die konstitutionelle Verfassung.“ Mit einem weiteren Edikt setzte man zunächst die Reform des Beamtentums, des Bildungssektors, der Finanzwirtschaft etc. in Gang, erst dann wollte man mit der Ausarbeitung der Verfassung beginnen. Als nächste Schritte wurden 1907/1908 die Schaffung von Provinziallandtagen, die im Oktober 1909 eröffnet wurden, und ein Wahlgesetz angekündigt. In einem weiteren Schritt bildete man eine Art Vorparlament, das ein Jahr später erstmals zusammentrat. Es sollte der Vorläufer eines Reichsparlaments sein, das den Provinziallandtagen übergeordnet war. Dem Druck der öffentlichen Meinung nachgebend, musste man indes bereits am 27. August 1908 den Entwurf einer Verfassungsurkunde verkünden. Darin erkannte man dem Kaiser die gesamte Staatsgewalt zu; den Untertanen wurden Grundrechte garantiert und Grundpflichten auferlegt. Mit dem Ausbruch der Revolution in Wuchang wurde der Verfassungsentwurf von 1908 jedoch durch die »Neunzehn Artikel von 1911« ersetzt. Diese unterschieden sich von ihrem Vorläufer dadurch, dass erstmals in der chinesischen Geschichte eine demokratische Monarchie mit einer parlamentarischen Regierung installiert wurde. Die Staatsgewalt ging nun vom Volk aus, und das

Verfassungsentwicklung Chinas

Parlament entschied über die Unterhaltskosten der kaiserlichen Familie. Vorschläge für verfassungsrechtliche Änderungen konnten ab nun nicht mehr vom Kaiser gemacht werden, sondern nur durch Abgeordnete. Allein das Parlament war die Legislative, der Kaiser als Vertreter des chinesischen Staates erfüllte völkerrechtlich und staatsrechtlich umschriebene Aufgaben kraft der Verfassung. So besaß er den Oberbefehl über Heer und Marine, das Notverordnungsrecht, er konnte Minister, die vom Parlament gewählt wurden, ernennen oder entlassen. Er besaß das Begnadigungsrecht, konnte aber nicht in die Rechtsprechungsgewalt selbstherrlich eingreifen. Artikel 3 bestimmte, dass „das Recht des Kaisers durch die Verfassung bestimmt wird". Im Gegensatz zu den Richtlinien von 1890 fand nun erstmals das Parlament mit umfassenden Kompetenzen Erwähnung.

Gründung der Republik China

Auf Grund des immer stärker werdenden Widerstandes gegen die Mandschu-Dynastie erfolgte die Abschaffung der Monarchie und am 13. Oktober 1911 die Gründung der Republik China durch „Allgemeine Organisationsbestimmungen der vorläufigen Regierung der Republik China" nach US-amerikanischem Muster. Ein wesentlicher Mangel dieser „Verfassung" war das Fehlen eines Grundrechtekatalogs. Die Organisationsbestimmungen wurden von der „Vorläufigen Verfassung der Republik China" vom 11. März 1912 ersetzt. Dadurch wurde das Präsidialsystem zu einem Kabinettsystem, die vollziehende Gewalt dem Parlament übertragen. Der Reichspräsident, Yuan Shikai, übte sie, formal in Abhängigkeit vom Parlament, aus. Erstmals enthielt die Verfassung auch Bürgerrechte, die allerdings die Regierung, wie auch bei anderen Verfassungen, bei „außergewöhnlichen Umständen" suspendieren konnte. Diese vorläufige Verfassung, der US-amerikanischen und französischen angelehnt, enthielt das Prinzip der Volkssouveränität: „Das chinesische Volk in seiner Gesamtheit ist souverän" (Art. 2). Artikel 4 bestimmte, dass die höchste Gewalt in der Republik durch das Vorparlament, den vorläufigen Präsidenten und die Gerichte ausgeübt werde. Das Vorparlament bestand aus einer Kammer und wurde von Abgeordneten aus jeder der 22 Provinzen gewählt. Ihm stand die alleinige Beschlussfassung über sämtliche Gesetzentwürfe zu. Nach Artikel 14, betitelt „Organisationsgesetz des Parlamentes", sollte das Parlament die endgültige Verfassung auf dem Wege eines Verfassungsausschusses ausarbeiten. Relativ bald konnte es dem Reichspräsidenten einen Entwurf vorlegen. Yuan lehnte ihn ab, da er seine Kompetenzen vermehren wollte, ohne dabei Einschränkungen durch das Parlament zu erfahren. Dies führte im Januar 1914 zur Auflösung des Parlamentes, weshalb auch der Verfassungsentwurf nie verwirklicht wurde. Der Reichspräsident legte daraufhin am 1. Mai 1914 eine neue Vorverfassung vor, die wiederum Elemente der französischen und auch der japanischen (!) Verfassung beinhaltete. Sie stand vollends im Zeichen der Stärkung seiner Macht. Der Reichspräsident war demnach in der Ausübung seiner Gewalt niemandem verantwortlich und regierte absolut. Anstelle eines Parlamentes wurden lediglich ein Gesetzgebungshof (gebildet von Abgeordneten, die vom ganzen Volk zu wählen waren) sowie ein Beratungshof eingerichtet, der die dringendsten Angelegenheiten erledigen sollte. In einem nächsten Schritt

Frauenrechtlerinnen (Suffragetten) demonstrieren zu Beginn des 20. Jahrhunderts in London für das Frauenwahlrecht.

plante der „Diktator Chinas" die Errichtung einer Monarchie mit sich selbst als Monarchen. Daraufhin brachen Unruhen aus, und einige südchinesische Provinzen erklärten ihre Unabhängigkeit. Yuan Shikai musste seinen Plan verwerfen, und sein plötzlicher Tod bewirkte die Wiedereinführung der „Vorläufigen Verfassung" vom 11. März 1912. Erst im Jahr 1916 nahm die Nationalversammlung ihre Aufgabe, eine Verfassung auszuarbeiten, wieder auf. Der Eintritt Chinas in den Ersten Weltkrieg 1917 verhinderte jedoch deren Vollendung.

Die weltweite Verfassungsentwicklung in den letzten Jahrzehnten vor dem Ausbruch des Ersten Weltkrieges beeinflusste auch die nordamerikanische und britische Verfassungsordnung. In den USA brach hinsichtlich der Frage Gleichheit und Partizipation im Zusammenhang mit der Sklaverei ein Verfassungskonflikt aus, der in den Sezessionskrieg 1861 mündete. Hinsichtlich der Umsetzung des Grundsatzes der Gleichheit aller sah der politische Alltag äußerst konträr aus; dies galt in erster Linie für Indianer, Sklaven und Frauen. Wenngleich bereits 1808 die Einfuhr der Sklaven verboten worden war, teilte diese Frage die Staaten in ein Nord- und ein Südlager. Während im Norden eine Anti-Sklaven-Bewegung ins Leben gerufen wurde, bestand der Süden auf der Weiterverwendung billiger Arbeitskräfte auf den großen Baumwoll-, Tabak- oder Reisplantagen. Da die Sklaven-

Sklavenfrage und Frauenbewegung

frage eine Angelegenheit der Einzelstaaten war, konnte eine bundesstaatliche Entscheidung nur auf Grund einer Zwei-Drittel-Mehrheit erfolgen. So erließ man erst nach dem Ende des Sezessionskrieges im Jahr 1865, der mit der Niederlage der Südstaaten endete, den 13. Zusatzartikel, welcher die Verfassungswidrigkeit der Sklaverei beinhaltete; der 14. Zusatzartikel (1868) sprach den Schwarzen die Staatsbürgerschaft und die Rechtsgleichheit zu, und im 15. Zusatzartikel, 1870 in Kraft getreten, erhielten alle Bürger, ungeachtet ihrer Hautfarbe, das Stimmrecht. Demnach brachte der Sezessionskrieg nicht nur die Aufhebung der Sklaverei und das Wahlrecht für Schwarze, sondern auch für Frauen. Erstmals in der Weltgeschichte schritten Frauen hier in Wyoming 1869 zur Wahlurne! Deren Bemühungen um Gleichberechtigung gingen allerdings bereits auf das Jahr 1848 zurück – in Seneca Falls hatten sich amerikanische Frauen versammelt, um gemeinsam auf ihre Situation hinzuweisen, und hatten die »Declaration of Sentiment« präsentiert. Ähnlich wie Olympe de Gouges, die die Menschenrechtsdeklaration zum Vorbild für ihre Frauenrechtsdeklaration genommen hatte, lehnten sich die Frauen von Seneca Falls an die »Virginia Bill of Rights« an. Wenngleich diese Aktion verhöhnt wurde, bedeutete sie doch den Anbeginn der modernen Frauenbewegung in den USA.

Dominion of Canada

In Großbritannien schritt der Demokratisierungsprozess voran, hier vor allem durch Ausweitung des Wahlrechts für das Unterhaus. Schließlich waren vor Einführung des Frauenwahlrechts 1928 in Großbritannien im Jahr 1884 schon 70 Prozent der Männer wahlberechtigt. 1911 wurde der »Parliament Act« erlassen: Nun besaß bei allen Finanzgesetzen das Unterhaus die alleinige Beschlussgewalt; bei allen übrigen Gesetzen hatte das Oberhaus nur mehr ein suspensives Vetorecht. In seinen Kolonien setzte das britische Empire auf Einführung des Prinzips des *responsible government*. In den beiden Canadas etwa hatte die Rebellion 1837/1838 die Entsendung von Lord Durham durch die britische Krone zur Folge. Auf der Basis seines Reports, in dem er die Einführung einer parlamentarisch legitimierten Regierung, den Rückzug der Einflussnahme der britischen Politik in allen Angelegenheiten und die Vereinigung der beiden Canadas empfahl, wurde 1840/1841 der »Act of Union« erlassen. Mit diesem hatte man die „Zwangsvereinigung" Ober- und Unterkanadas beschlossen. Allmählich ab 1848 setzte sich der Gedanke durch, die autoritäre Regierung durch eine parlamentarische zu ersetzen. Dergestalt wurde Neuschottland die erste Kolonie von Kanada, die eine Regierung erhielt, die vom Parlament abhängig war. Dies war der Anbeginn der Einführung des Prinzips des *responsible government* in Kanada. Auf dieser Basis konnte 1867 die endgültige Vereinigung von vier kanadischen Kolonien zum Dominion „Canada" erfolgen. Der „British North America Act" schuf eine föderale Union mit weitgehenden inneren Selbstverwaltungsrechten bei Aufrechterhaltung der britischen Krone als Souverän. Sie war formal noch die Exekutive und Oberbefehlshaberin der Truppen, bestimmte die Außenpolitik und konnte die Verfassung ändern.

Der Zusammenschluss von englischen Provinzen in Nordamerika zum *Dominion of Canada* diente als Vorbild für die Vereinigung der sechs australischen Kolonien

Queensland, New South Wales, Victoria, Südaustralien, Westaustralien und Tasmanien. Diesbezügliche Überlegungen reichten in das Jahr 1849 zurück und konnten 1885 mittels des »Act to constitute the Federal Council of Australia« vorerst finalisiert werden. Der *Act* wurde durch die Verfassung, dem »Commonwealth of Australia Constitution Act« von 1900, außer Kraft gesetzt – Australien erhielt nun denselben Status wie Kanada. Die Verfassung war britisches Reichsgesetz, vom Parlament proklamiert und von der Königin als verbindlich erklärt. Durch diese Verfassung wurden die Kolonien zu einem auf ewige Zeiten geschlossenen Bund. Die Bundesgewalt übte ihre Kompetenzen kraft dem in der Bundesverfassung festgesetzten Rahmen aus. Dadurch besaßen die Gliedstaaten weitere Kompetenzen als etwa jene Kanadas: So etwa hatten die kanadischen Provinzen nicht das Recht, unmittelbar mit der Regierung des Mutterlandes zu verkehren, sondern die Verbindung erfolgte über die kanadische Bundesregierung. Die richterliche Gewalt übte der Oberste Gerichtshof des Commonwealth aus. Die exekutive Gewalt hatte der von der Krone ernannte und von diesen Instruktionen empfangende Generalgouverneur inne, der Vermittler zwischen Krone und Commonwealth war. Die Legislative bildeten Ober- und Unterhaus. Als Vorbild der Verfassung dienten die US-amerikanische und die kanadische Verfassung. Im Gegensatz zu Australien, das anfänglich von ehemaligen Sträflingen besiedelt wurde, fanden sich in Neuseeland freie Siedler ein. Im Vertrag von Waitangi aus dem Jahr 1840 erkannten die Maori-Häuptlinge die britische Krone als Souverän an. In weiterer Folge kam es immer wieder zu kriegerischen Auseinandersetzungen zwischen den Siedlern und den Ureinwohnern der Insel, die schließlich in den Neuseelandkriegen (1843–1846/1847, 1860–1872) mündeten. Zwischenzeitlich hatte Großbritannien 1852 im »New Zealand Constitution Act« dem Land weitgehende Unabhängigkeit und Selbstverwaltung zugesichert. 1907 erfolgte die Gründung der Dominions Neuseeland und Neufundland. Übrigens: Neuseeland war der erste Staat weltweit, in dem Frauen 1893 zur Wahlurne schritten.

Australien und Neuseeland

Großbritannien hatte am Wiener Kongress 1815 die Kapkolonie erhalten (wie auch die Kolonie Ceylon). Bald kam es zu Konflikten mit den niederländisch-stämmigen Siedlern, den Buren, vor allem hinsichtlich der Sklavenfrage. Großbritannien hatte bereits 1807 die Sklaverei verboten, die burischen Bewohner hielten jedoch an dieser fest. Dies führte zu den Burenkriegen; der zweite Burenkrieg (1899–1902) brach im Streit hinsichtlich der Frage der Selbständigkeit von Transvaal und dem Oranje-Freistaat aus und endete mit der Unterwerfung der Buren unter britische Hoheit. Ähnlich der Entwicklungen in Kanada und Australien schlossen sich 1910 die britische Kapkolonie und Natal mit der Südafrikanischen Republik und dem Freistaat Oranje zur Südafrikanischen Union zusammen. Diesen genannten Staaten war die Übernahme des Westminster-Systems gemeinsam, etwa die Existenz eines Zwei-Kammern-Systems (wobei eine Kammer vom Volk zu wählen war) und einer Oppositionspartei. Überall lag die Regierungsgewalt beim Chef der Exekutive, und der (ferne) Monarch hatte zunehmend nur repräsentative Aufgaben.

Britische Kolonien in Afrika

Um- und Aufbruch in Südasien

Ähnlich wie in anderen Teilen der Welt setzte auch in Südasien im 18. Jahrhundert die Epoche des Um- und Aufbruches ein. Am Mogulhof von Delhi fanden seit Beginn des 18. Jahrhunderts Parteienkämpfe statt, die zu einer Territorialisierung des Reiches und in weiterer Konsequenz zur Umstrukturierung des zentralen Reichsverbandes hin zu einem losen Staatenbund führten. In Indien war seit dem Ende des 18. Jahrhunderts die EIC die stärkste politische Macht. Sie war gleichzeitig monopolistisches Geschäftsunternehmen und Staatsmacht, die nur dem britischen Parlament rechtlich unterstellt war. Mittels des »Regulating Act« aus dem Jahre 1773 wurde die EIC eine britische Verwaltungsbehörde unter Regierungskontrolle. Nach dem Großen Aufstand von 1857 übertrug man die Regierungsgeschäfte in Indien direkt der Krone und dem Parlament Großbritanniens. Als nunmehrige oberste Macht über gut 600 Fürstenstaaten wurde diese indirekt ausgeübt: Die lokalen Herrscher wurden von britischen Beamten überwacht. Mittels Parlamentsakte vom 29. April 1876 erfolgte die Gründung des Kaiserreiches Indien, Königin Victoria wurde erste Kaiserin. Ihr indischer Herrschaftsbereich reichte von Burma bis Belutschistan, von Kaschmir bis zur Südspitze des Subkontinents.

Konstitutionalisierungsprozess in Afrika?

Afrika (mit Ausnahme von Südafrika) geriet erst im Zuge der Berliner Kongo-Konferenz 1884/1885 stärker in das Blickfeld der europäischen Großmächte. Hier hatte man bereits seitens Frankreichs und Großbritanniens Algerien und Tunesien sowie Ägypten unter „Kontrolle“. Die Aufteilung Afrikas, wie sie in Berlin vorbereitet wurde, führte zwar nicht zu Kriegen zwischen Europäern (außer dem Burenkrieg 1899–1902), aber dennoch zu schweren Krisen, wie etwa der Faschoda-Krise 1898 oder den Marokko-Krisen 1905/1906 und 1911. In Marokko herrschte der Sultan mit absoluter Machtvollkommenheit, er war lediglich durch das heilige Recht (der Koran bildete das Grundgesetz) beschränkt. Nach Beendigung der Krise 1911 war der Sultan nur noch formal Herrscher des Landes. Die meisten afrikanischen Kolonien wurden von einem Gouverneur des „Mutterlandes“ verwaltet; einige wenige hatten auch Vertreter im Parlament des Mutterlandes, wie etwa das französische Algier oder Reúnion. Im Bestreben der amerikanischen Kolonisationsgesellschaft, freigelassenen amerikanischen Sklaven Land zur Verfügung zu stellen, wurde 1822 Liberia gegründet. Das Land stellte die erste Niederlassung ehemaliger Sklaven dar und konstituierte sich 1847 als freie und unabhängige Republik Liberia. Die liberianische Verfassung war der US-amerikanischen Verfassung nachgebildet. Nach der Berliner Afrika-Konferenz blieben Liberia und das alte Reich Abessinien im Gegensatz zu den anderen afrikanischen Staaten unabhängig. Erst nach dem Ersten Weltkrieg beziehungsweise durch die Dekolonialisierung in den 50er Jahren des 20. Jahrhunderts erhielten die afrikanischen Staaten ihre Unabhängigkeit, und damit einhergehend setzte der Konstitutionalisierungsprozess ein.

Der Verfassungsstaat ist eine Erfindung Europas. Erste Ansätze hinsichtlich eines „politischen“ Verhältnisses zwischen Krone und Untertanen findet man in England bereits im 17. Jahrhundert. Aufklärerisches Gedankengut wurde nach Amerika exportiert und führte zur Verabschiedung der weltweit ersten Verfassung. Erst im Zuge der Französischen Revolution setzte der durchgängige Konstitutionalisierungsprozess in Europa ein. Zunächst ging es darum, mittels Verfassung eine innere Struktur des Staates zu schaffen und die Hegemonie des Herrschers zu festigen, ihn wenn möglich aber auch zu binden. Die Teilung der Gewalten, Volkssouveränität und die Schaffung eines Menschenrechtskataloges sicherten die Rechte der Untertanen. Unter Napoleon wurde der Gedanke des Konstitutionalismus ad absurdum geführt – seine verfassungsähnlichen Senatsbeschlüsse führten zum Scheinkonstitutionalismus. Die Verfassungen um 1814 bedeuteten einen Rückschlag, nicht zuletzt da das monarchische Prinzip zuungunsten der Volkssouveränität gestärkt wurde. Neben der US-amerikanischen und französischen Verfassung sowie den Verfassungsgesetzen Großbritanniens wirkte jedoch die Verfassung von Cádiz von 1812 vorbildlich. Sie wurde in den spanischen beziehungsweise portugiesischen Kolonien in Amerika teilweise realisiert. Die Revolution 1830 führte allmählich wieder zur dualen Balance zwischen Monarch und Bürgertum, durch die 1848er-Revolution erhielten schlussendlich fast alle Staaten Europas eine Verfassung. Nicht so sehr die französische oder US-amerikanische Verfassung dienten nun als Vorbild, sondern die belgische von 1831. Die an Parlamente gebundene Legislative erhielt in weiterer Folge immer mehr Kompetenzen, das demokratische Prinzip begann sich in England durch die Einführung des allgemeinen Wahlrechts allmählich zu entwickeln. England blieb nach wie vor das Modell für den Parlamentarismus. Ab 1866 bis in die späten 1870er Jahre fand eine weitere Konstitutionalisierungswelle statt, die jetzt auch Staaten des Balkans erfasste und in weiterer Folge auf das Osmanische Reich übergriff. Die (erzwungenen) Öffnungen Japans und Chinas erfolgten auf Grund wirtschaftlicher und politischer Ereignisse und führten zu einer Annäherung an den Westen: Japan erhielt 1890 eine Verfassung preußischer Prägung, China wurde 1911/1912 eine Republik. Hinsichtlich der Kolonien setzte England auf Staats- und Nationsbildungen nach nordamerikanischem Muster durch Gewährung von Selbstregierung und Bildung von *Confederations* (Kanada, Australien, Südafrika). Der Boden für demokratische und, als deren staatsrechtlicher Ausdruck, republikanische Systeme war am Vorabend des Ersten Weltkrieges fast weltweit bereitet.

Zusammenfassung

Ausblick

Hans-Ulrich Thamer

Das 19. Jahrhundert war wie kaum ein anderes ein Jahrhundert Europas. Europäische Staaten übten ausgreifender und intensiver als zuvor und danach politisch-militärische und ökonomische Macht über einen großen Teil der übrigen Welt aus. Sie beherrschten diese mit ihren Verwaltungen, ihren Soldaten und auch ihren technisch-kulturellen Errungenschaften. Sie versuchten ihren Einfluss in der außereuropäischen Welt dauerhaft zu sichern und deren Ressourcen auszubeuten. Von der europäischen Staatenwelt wie von den Ideenschmieden der europäischen Kultur(en) gingen überdies Initiativen aus, die zum Vorbild für die anderen Staaten, auch außerhalb der kolonialen Herrschaftsräume der Europäer, wurden, die aber auch die Herrschaftsansprüche und Selbstherrlichkeit der Europäer für lange Zeit begründeten.

Langfristig wirksam und politisch folgenreich war in diesem Veränderungs- und Anpassungsprozess vor allem die Ausbildung des modernen Staates, die sich als Vorgang der administrativen Verdichtung und legitimatorischen Neubegründung von politischer Herrschaft vollzog und Teil eines umfassenden Modernisierungsprozesses war. Nationalismus und Nationalstaat waren im Wesentlichen eine europäische Erfindung, die sich im Laufe des 19. Jahrhunderts in drei Schüben und Zonen zunächst von West- nach Mittel- und Osteuropa ausbreitete, um seit dem Ende des Jahrhunderts und vor allem im 20. Jahrhundert alle Kontinente der Welt zu erfassen, um ihre Ordnungssysteme grundlegend zu verändern, aber auch neue Konflikte und Gewalt zu begründen.

Ausbildung des modernen Staates

Mit dem Projekt des Nationalstaats verbunden war seit der Französischen Revolution das Programm des Verfassungsstaates, dessen Siegeszug freilich sehr viel mühsamer, zögerlicher, widersprüchlicher und ambivalenter verlief. Die Ausbildung des Verfassungsstaates und damit die institutionelle Sicherung der individuellen Rechte auf Freiheit und Teilhabe der Gesellschaft an der Politik waren im europäischen Verständnis der Abschluss eines Prozesses der inneren Staatsbildung; aber sie waren sehr oft mit inneren Konflikten und Gewalt, mit Gegenwehr und umkämpften Versuchen der Restauration wie mit konfliktreichen Aufladungen der Revolution verbunden – ein Erbe des 19. Jahrhunderts an das gesamte 20. Jahrhundert. Das führte dazu, dass der moderne Staat mit seinem wachsenden bürokratischen Apparat immer mehr die Kontrolle über die eigene Gesellschaft beanspruchte und dies mit dem Grundbedürfnis nach Sicherheit und Ordnung begründete. Damit nahm auch die verwaltungsmäßige Durchdringung der Gesellschaft – bis hinun-

Verrechtlichung von Herrschaft

ter auf die lokale Ebene – zu. Der entstehende Interventionsstaat, der in national sehr unterschiedlicher Ausprägung die Kontrolle über Arbeit und Wohlfahrt, über Bildung und Kultur beanspruchte und damit bei den Bürgern Erwartungen einer umfassenden staatlichen Daseinsvorsorge weckte, ließ damit ein Potential erkennen, das sich vom frühliberalen Verfassungsstaat deutlich abhob und den totalen Staat des 20. Jahrhunderts als Gefahr und Versuchung erahnen ließ. Mit dem Interventionsstaat änderte sich auch der Charakter des Nationalismus und des Nationalstaats, die zunehmend an den selektiven Kriterien der Inklusion und Exklusion orientiert waren. Nationalismus und technologische Entwicklung stärkten schließlich den Staat in dem Anspruch und dem Ausbau seines Gewaltmonopols. Mit der Nationalisierung und der gleichzeitigen Technisierung des Krieges wuchs die Tendenz zur Brutalisierung und auch zur politischen Rückwirkung des Militärischen auf das Politische.

Umgekehrt ging mit der Verrechtlichung von Herrschaft auch die Tendenz zur Einhegung des Krieges und der Gewalt einher. Das war eine Tendenz, die sich auf den anderen Strang der Moderne berufen konnte. Die „Gründungsurkunden der politischen Ordnung“ (Robert Darnton) der Moderne gehen auf die Kernbotschaften der europäischen Aufklärung zurück, die Freiheit, Gleichheit und Emanzipation als Grundrechte aller Menschen proklamierten. Die Aufklärung erfuhr zwar in den verschiedenen Kulturen und Gesellschaften Europas unterschiedliche Ausprägungen, aber sie bildete das geistige und moralische Band, das ein neues, diesseitsbezogenes und laizistisches Denken begründete und die Kulturen Europas zusammenfügte. Die legitimations- und identitätsstiftende Rolle der politisch-sozialen Theorien der Aufklärung war für die Amerikanische wie die Französische Revolution entscheidend für deren politische Orientierung, und die Ideen von Freiheit und irdischem Glück erreichten durch die Revolution, die auch eine Medienrevolution war, breitere Schichten der Bevölkerung, die damit erstmals mit den politischen und kulturellen Modellen der Aufklärungsbewegung in Berührung kamen. Auch für eine außereuropäische Revolution, beispielsweise die in Haïti von 1804, die den Versuch der Loslösung der Plantagenkolonie vom französischen Mutterland bedeutete, waren die Ideen der Aufklärung Bezugs- und Legitimationsrahmen. Damit waren nicht nur die potentiell unbeschränkte und tendenziell globale Reichweite der Freiheitsidee und der Menschenrechte, die in den beiden folgenden Jahrhunderten auf allen Kontinenten ihre Wirkungsmacht zeigen sollte, erkennbar, sondern auch die Spannungen zwischen Freiheit und Gleichheit und damit die Dialektik der Aufklärung: Denn ausgerechnet das Land der Aufklärung und der Revolution musste hinnehmen, dass materielle Interessen eines Teils ihrer Gesellschaft im Namen der Grundrechte in Frage gestellt wurden, die die eigene neue Politik- und Gesellschaftsordnung begründeten. Dennoch wirkte sich mittel- und langfristig das Prinzip der Rechtsgleichheit zunehmend zu einem unumkehrbaren Trend zur allgemeinen Gleichheit aus, indem bestehende Diskriminierung nach Herkunft, Geschlecht, Religion und auch Rasse zunehmend diskutiert und aufgehoben wurden. Freilich hatte bereits die Französische Revolution ein Exempel für die immanenten Widersprüche der Aufklärung geboten,

Die Aufklärung

als politische Gewalt und Unterdrückung mit der Radikalisierung der Revolution spätestens in der Phase der *Terreur* sich auf Werte wie Gleichheit, Tugend und Vernunft beriefen und damit das totalitäre Potential verdeutlichten, das einer unkontrollierten und freiheitszerstörenden Umsetzung egalitärer Prinzipien immanent war. Auch dadurch wurden Aufklärung und Revolution zu einem Laboratorium der Moderne.

Zu den zentralen Forderungen von Aufklärung und Revolution gehörte schließlich der Gedanke der Emanzipation, der von Europa ausgehend ebenfalls die gesamte Welt des 20. Jahrhunderts umspannen sollte. Emanzipation konnte verschiedene Facetten und Bereiche des kulturellen und sozialen Lebens berühren. Politisch bedeutete die Idee der Emanzipation die Befreiung von Bevormundung und setzte sich zuerst in der politischen Partizipation und in Formen der Parlamentarisierung der politischen Entscheidungsfindung um. Selbst dazu brauchte es allein schon im kontinentalen Europa mehr als ein Jahrhundert, denn auch die Parlamentarisierung in Frankreich vollzog sich in Sprüngen und Rückschlägen – von den verspäteten National- und Verfassungsstaaten Mittel- und Ostmitteleuropas ganz zu schweigen. In nationaler Hinsicht meinte Emanzipation die Befreiung von Fremdherrschaft durch einen Nachbarstaat oder ein Imperium, vor allem in Form der Kolonialherrschaft. Damit war ein Langzeitprojekt für das gesamte 19. und mehr noch für das 20. Jahrhundert formuliert. Emanzipation in sozialer und kultureller Hinsicht betraf die unterschiedlichsten Formen der Abhängigkeit und eines minderen Rechtszustands. Befreiung aus der Sklaverei verschwand formal im Laufe des 19. Jahrhunderts in allen westlichen Staaten und in ihren Kolonien. Emanzipation als rechtliche und kulturelle Gleichstellung von religiösen Minderheiten, wie den europäischen Juden, war ebenfalls ein Projekt der Aufklärung und Revolution, das bestehende Formen von Ungleichheit im 19. Jahrhundert in Europa schrittweise von West nach Ost außerhalb des Zarenreichs abbaute und durch Rechtsgleichheit und auch durch Ansätze sozialer Gleichstellung zu ersetzen suchte – freilich nur mit begrenztem Erfolg, wie die immer wiederkehrenden Pogrome vor allem in Ostmitteleuropa und schließlich die Entstehung der Ideologie und politischen Bewegung des Antisemitismus beweisen, bis sie im 20. Jahrhundert zur massenmobilisierenden Kraft und zur Grundlage staatlicher Ausgrenzungs- und Vernichtungspolitik wurden.

Der Emanzipationsgedanke

Das soziale Programm der Emanzipation berührte und bewegte schließlich große Gruppen der industriellen Gesellschaft, also den „Vierten Stand" der Arbeiterschaft, der sich mit den europäischen und außereuropäischen Arbeiterbewegungen noch im 19. Jahrhundert Versammlungs- und Meinungsfreiheit sowie politische Partizipationsrechte bis hin zum allgemeinen Wahlrecht erkämpfte. Weniger erfolgreich war die Emanzipation der Frauen, die ebenfalls in der Französischen Revolution propagiert, allenfalls in politischen Clubs kurzfristig zugelassen war, aber kaum wirklich realisiert wurde, um dann in einem langen und von Rückschlägen begleiteten Prozess zunächst zu einem öffentlichen Thema des 19. Jahrhunderts, dann zur Angelegenheit vielfältiger sozialer Bewegungen und schließlich seit dem frühen 20. Jahrhundert – noch früher und mit relativ großem Erfolg in den USA und in den britischen Dominions – zum Ziel von Gesetzen und Wahlrechtsreformen zu werden. Das galt freilich nur für den öffentlichen Bereich; sehr viel langwieriger sollte sich der Emanzipationsprozess im 20. Jahrhundert im familiären, häuslichen Bereich umsetzen, bis sich erst in den letzten Jahrzehnten des 20. Jahrhunderts erkennbare Veränderungen in der Mentalität und im Alltagsleben der Frauen und Familien abzeichneten.

Zu der politischen Dynamik moderner politisch-sozialer Ordnungen, die mit der Effizienz- und Mobilitätssteigerung sich industrialisierender Gesellschaften zunahm, gehörten auch die Tendenz zur Politisierung vieler materieller und kultureller Ansprüche und Lebensformen, ferner die Verschärfung der Konflikte und ideologischen Gegensätze über die Bestimmung des Politischen, die zum Brennpunkt politischer Opposition, aber auch von Bürgerkriegen und revolutionären Explosionen werden konnten. Schließlich gehörten zu den politischen Spannungen, die das Programm der Moderne hervorbrachten, auch permanente Konflikte über die verschiedenen Formen der Legitimation moderner politischer Verfassungsordnungen. Diese mündeten im 20. Jahrhundert in den permanenten Zwiespalt von Demokratie und Diktatur, sie waren jedoch grundsätzlich schon in dem Gegensatz zwischen einer institutionell geregelten politischen Verfahrensordnung zur politischen Mitsprache einerseits und einer sich substantiell verstehenden normativen Ordnung mit einem ideologischen Letztgültigkeitsanspruch andererseits angelegt. Wurde die erste Variante von ihren Gegnern als bloß formales Spiel ohne Garantie eines sozialen Inhalts kritisiert, so bestanden ihre meist liberalen Anhänger auf der freiheitssichernden Funktion eines solchen Verfahrens. Umgekehrt verwiesen sie auf die utopische oder religiös-ideologische Dimension des gegnerischen Denkens, das mit der Entzauberung beziehungsweise Säkularisierung der Welt eine neue Attraktivität auf der Suche nach Harmonie und Letztverbindlichkeit gewonnen hatte.

Demokratie und Diktatur

Schließlich hat die Industrialisierung, die das Leben der Menschen fundamentaler als andere Vorgänge verändert hat, eine Dynamik der Effizienz- und Leistungssteigerung als oberste Maxime wirtschaftlichen Handelns in Gang gesetzt, die sich ständig beschleunigte. Seinen Ausgang hatte auch dieser globale Prozess in Europa genommen und sich am Ende des 19. Jahrhunderts außerhalb Europas nur in den USA und ansatzweise auch in Japan durchgesetzt. Erst im 20. Jahrhundert sollten die anderen Weltregionen, die bislang nur als Rohstofflieferanten und Absatzmärkte für europäische Industrien und ihre Produkte indirekt von der industriellen Modernisierung betroffen waren, erfasst und verändert werden. Auch wenn die Industrialisierung ein regional und wirtschaftlich-sektoral sehr ungleichgewichtiger und ungleichzeitiger Prozess war und sich teilweise sogar schleichend vollzog, stellte sie das Leben sowie das Arbeiten, aber auch das Denken der Menschen vor neue Herausforderungen und eröffnete ihnen neue Chancen, denen sich kaum jemand entziehen konnte und wollte. Mit der Verbreitung der industriellen Produktionsweise stieg die Produktivität menschlicher Arbeit in einem bis dahin unbekannten Maße an und setzte ihrerseits eine unaufhörliche Dynamik frei, die allerdings immer wieder durch Krisen und konjunkturelle Schwankungen unterbrochen wurde.

Industrialisierung

Bald sahen sich auch die europäischen und später die außereuropäischen Staaten dazu gezwungen oder dazu verführt, ihre Politikfelder aus Gründen machtstaatlicher und militärischer Konkurrenz- beziehungsweise Hegemoniefähigkeit wie aus Gründen sozialer Legitimation und Integration um Maßnahmen der wirtschafts- und sozialpolitischen Intervention auszuweiten. Eine ähnliche Verflechtung wie zwischen Nationalstaat und Industrialisierung (bzw. Industriestaat) vollzog sich im Sinne einer allgemeinen Effizienzsteigerung auch zwischen den Revolutionen des Denkens und des Wissens einerseits und dem beschleunigten wirtschaftlichen Wachstum andererseits, denn unabhängig von allen Standortfaktoren wie einer günstigen verkehrsgeographischen Lage und der Ressourcenausstattung war auch die Industrialisierung eine Frage von technologischem Fortschritt und wirtschaftlicher Organisationsfähigkeit, von zunehmender Rationalität und gesellschaftlichem Mentalitätswandel. Die Organisation der Wissensproduktion wurde im Laufe der Industrialisierung immer wichtiger und forderte Staat, Hochschulen, aber auch Industrie zur ständigen Innovation und Verbreiterung naturwissenschaftlich-technischen Wissens und der Fähigkeit zum Erfinden vor allem dort heraus, wo die Rohstoffressourcen schwach oder erschöpft waren, wo umgekehrt die Bedeutung des Humankapitals umso größer war.

Wissensrevolution und Fortschritt

Schließlich wurde die Steigerung von Mobilität – wiederum in enger Verbindung zum Phänomen der Industrialisierung und der von ihr ausgelösten Dynamik – zu einem Merkmal der Moderne. Mobilität bezog sich auf die räumlich-geographische Dimension wie auf die soziale Mobilität der Entstehung und des Niedergangs sozialer und beruflicher Gruppen. Auch hier gilt, dass Arbeitswanderungen, Reisen und Fernhandel schon immer die menschliche Existenz prägten, nun aber in einem rasanten Ausmaße zunahmen. Die Migration zwischen den Kontinenten, aber auch zwischen Regionen erfuhr im 19. und 20. Jahrhundert bis dahin unbekannte Dimensionen, einschließlich der Zwangsmigration in Form von Emigration, Vertreibungen und Deportationen vorwiegend im 20. Jahrhundert. Zur wachsenden Mobilität gehörte auch die Zirkulation von Waren, zu denen nun vor allem Nahrungsmittel, industrielle Rohstoffe und Fertigprodukte in massenhafter Dimension gehörten. Schließlich waren auch die Urbanisierung und Transportrevolution, das Wachstum der Städte, die Entstehung industrieller Ballungszonen und der Eisenbahnbau, der das Pferdezeitalter schrittweise ablöste, Teile der Mobilitätssteigerung.

Mobilitätssteigerung

Trotz der nationalen und regionalen Differenzierungen vollzog sich der Prozess der in einigen seiner Facetten geschilderten Modernisierung nur im europäischen 19. Jahrhundert und in den Grundzügen auch in Nordamerika nach vergleichbaren und tendenziell ähnlichen Mustern, während sich in derselben Zeit außerhalb Europas und Nordamerikas „eigenständige und unverwechselbare indische, chinesische, nahöstlich-islamische oder afrikanische Wege in die Moderne“ (Jürgen Osterhammel) nicht erkennen lassen. Das sollte sich erst im 20. Jahrhundert ändern. Vorerst dominierte das westeuropäische Modell der Moderne und setzte sich langsam, mitunter nur partiell und in einzelnen Schüben im übrigen Europa durch.

Was man unter „Moderne“ verstehen soll, bleibt freilich umstritten und lässt sich mit Blick auf eine Ausgewogenheit und umfassende historische Repräsentanz des Konzepts nur in Grundzügen definieren. Kernpunkt des kulturellen Programms der Moderne war und ist die Forderung sowie Sicherung der Autonomie des Menschen, das heißt seine Freisetzung von den Fesseln traditionaler politischer und kultureller Autoritäten. Dazu gehören auf dem Felde der Kultur die Freiheit und Fähigkeit zur Selbstreflexion und zur rationalen Lebensführung sowie die Überzeugung, dass die Gesellschaft durch bewusste menschliche Tätigkeit geformt werden kann. Damit verbunden war die mühsame Einsicht beziehungsweise Anerkennung, dass auch unterschiedliche und widersprüchliche Ziele sowie Interessen von Individuen und Gruppen ihre Berechtigung haben. Auf dem Felde der Politik korrelieren diese Prinzipien mit der Verrechtlichung der Herrschaftsverhältnisse und der dadurch gesicherten autonomen Teilhabe von Mitgliedern der Gesellschaft bei der Errichtung und Behauptung einer politischen und sozialen Ordnung; ferner erlaubten sie den Zugang aller Mitglieder der Gesellschaft zu den Entscheidungsorganen dieser Ordnungen. Im Bereich der sozialen Ordnungen entsprach dem der Übergang von einer nach Herkunft und Zuschreibung definierten Ständegesellschaft zu einer auf Talent und Leistung, aber auch auf Vermögen und Arbeit basierten Klassengesellschaft. Schließlich wäre auf dem Felde der Wirtschaft der Übergang zu einem langfristigen Wachstum der Pro-Kopf-Einkommen und der wirtschaftlichen Produktivität zu nennen.

Autonomie des Menschen

Die historischen Beispiele zeigen freilich, dass diese allgemeinen Merkmale, die nur Richtschnur sein können, nicht immer und nicht überall in derselben Intensität und Gleichförmigkeit auftreten müssen, sondern in ihrer Entfaltung deutliche Verzögerungen und Diskrepanzen erkennen lassen. Bereits der Blick auf die beiden Vorreiter der unterschiedlichen Wege in die Moderne, Großbritannien und Frankreich, zeigt das. Während Großbritannien den Zug der wirtschaftlich-technologischen Entwicklung anführte und die britische Volkswirtschaft bald den einstigen Konkurrenten Frankreich bezogen auf das Pro-Kopf-Einkommen rasch überholte, verharrte das Mutterland der politischen Revolution, das mit seinen politischen Denkern und Utopisten der übrigen europäischen Entwicklung vorausgeeilt war, teilweise in traditionalen, sich nur langsam verändernden Sozial- und Wirtschaftsformen. Zeigte die französische Gesellschaft außerhalb von Paris und einigen größeren Städten noch sehr viele traditionale Züge, vollzog sich die Industrialisierung so langsam, dass sie kaum wahrnehmbar war. Dafür hatte die Französische Revolution die Maßstäbe für eine globale politische Modernisierung geliefert, aber auch die Kehrseite des Prozesses des Konstitutionalismus sowie der Individualisierung demonstriert, indem für fast ein ganzes Jahrhundert eine Verfassungsform die andere ablöste und die Stabilisierung der neuen Institutionen ebenso lange brauchte wie die Anpassung der politischen Mentalitäten. Überdies hatte die „Große Revolution“ blutig demonstriert, dass sich Revolutionen mit Gewalt und Krieg verbinden und mit diesem Schreckgespenst mehr als ein Jahrhundert belasten sowie politisch be-

Unterschiedliche Wege in die Moderne

einflussen können. Schließlich nahm das Phänomen der partiellen Modernisierung sowie der Modernisierung von oben einen nicht unbeträchtlichen Raum auf dem Weg zur europäischen Moderne ein: Stellvertretend dafür steht das Beispiel von Preußen-Deutschland, das technisch-ökonomische Modernität und Dynamik mit politisch-sozialer Beharrungskraft in den ruhelosen Jahren des Deutschen Kaiserreichs miteinander verband, ohne freilich einen offenen, demokratischen und friedlichen Weg aus diesem Dilemma zu finden. Am Ende wurde Deutschland – und das demonstriert ebenfalls die Paradoxien der Moderne –, das „klassische Land der Ungleichzeitigkeiten" (Ernst Bloch), zusammen mit dem altmodischen Habsburgerreich und seiner Metropole Wien zu einer der Geburtsstätten der ästhetisch-literarischen Avantgarde und entsprechender Gegenbewegungen, die schon zur Jahrhundertwende die Ambivalenz der Moderne ankündigten und sich im 20. Jahrhundert auf vielen Feldern und in vielen Weltregionen fortsetzen beziehungsweise vollständig entfalten sollten.

Kündigten sich damit bereits im 19. Jahrhundert die Antinomien der Kultur der Moderne an, die neben Fortschritt und Effizienz eben immer auch eine Verlustgeschichte war, so nahmen die Widersprüche mit der Beschleunigung des Wandels im späten 19. Jahrhundert in Europa und mit der Expansion von Leitmustern der Moderne in den außereuropäischen und außeramerikanischen Bereichen im Zusammenhang mit dem Vorgang der Globalisierung noch einmal zu. Die ersten Veränderungen und Ausdifferenzierungen im kulturellen Programm der Moderne entstanden mit deren Ausdehnung in die beiden Amerikas am Ende des 19. Jahrhunderts, sie breiteten sich weiter mit den Folgen von Kolonialismus und Imperialismus aus und bewegten sich über die Grenzen des Westens hinaus in asiatische Gesellschaften, vor allem Japans, Indiens und Chinas. Während in den USA sich dieser Prozess der Verschiedenartigkeit der Moderne aus eigenen, von Europa stammenden und sich verselbständigenden Wurzeln entfaltete, bis sich die USA selbst als Zentrum der Moderne verstanden, blieb er in Lateinamerika und dann später auch in Asien zunächst durch „externe Bezugspunkte" (Shmuel N. Eisenstadt) bestimmt.

Kulturelle Ausdifferenzierungen

Mit dem Begriff der „multiplen Moderne" (Eisenstadt) soll die Beobachtung der Vielzahl von kulturellen Programmen der Moderne beschrieben werden. Anschauliches Beispiel für die der Moderne innewohnenden Spannungen sind die im Laufe der zweiten Hälfte des 19. Jahrhunderts immer wieder entstehenden sozialen Bewegungen, die Reflex einer verschärften Krisen- und Konfliktsituation in der Folge der Modernisierung, aber eben auch Teil der Moderne waren. Denn sie formulierten ihre Ziele mit Begriffen aus den Diskursen der Moderne und beanspruchten, Kernpositionen in deren kulturellem Programm ernst nehmen und wiederherstellen zu wollen. Sie forderten deren Verwirklichung für die eigenen Interessen und Ziele, überdies gründeten sich die entsprechenden sozialen Bewegungen auf die Grundbedingungen der politischen Kommunikation, wie sie die Französische Revolution erstmals verwirklicht hatte. Soziale Bewegungen entstanden aus der Gesellschaft heraus und artikulierten Missstände und Widersprüche. Sie bildeten anfangs lockere Netzwerke, gruppierten sich um Zeitungen und in gemeinsamen Aktionen, verfestigten sich mitunter zu politischen Organisationen und Parteien, konnten sich aber bald wieder auflösen. Ihre Ziele und Kommunikation überspannten bald nationale Grenzen, was die Aktualität ihres Programmes verdeutlichte. Ihren Ausgang nahmen sie im Liberalismus und Sozialismus. Sie mobilisierten gesellschaftliche Gruppen, deren Forderung nach Emanzipation und Gleichberechtigung nicht erfüllt waren: Dazu gehörten vor allem Industriearbeiter und Frauen, ethnische und religiöse Minderheiten, schließlich auch „fundamentalistische" Alternativbewegungen wie Lebensreform- und Jugendbewegungen an der Wende zum 20. Jahrhundert, die nicht die politische Verfassung verändern, sondern den neuen Menschen durch die Rückbesinnung auf überkommene und neu gedeutete Werte der Einfachheit und Natürlichkeit schaffen wollten.

Soziale Bewegungen

Die sozialen Bewegungen des späten 19. und frühen 20. Jahrhunderts, die von Europa aus auch bald andere Regionen erfassten, waren aus einem zweiten Grunde Ausdruck der Widersprüche der Moderne: Denn sie propagierten und praktizierten in ihrer totalitären, diktatorischen Version keineswegs nur die Fortführung und Ausweitung der demokratischen Ordnungsmodelle, sondern forderten im Namen einer Klasse oder einer Rasse die Abschaffung der liberalen Demokratie durch eine Diktatur, die Überwindung des angeblich zerstörerischen und dekadenten Liberalismus durch eine auf Ganzheit und Gemeinschaft ausgerichtete neue Ordnung sozialistischer Gleichheit oder faschistisch-nationalsozialistischer hierarchischer Volksgemeinschaften durch die rigide und gewaltsame Homogenisierung der sozialen Ordnung. Ein sozialer Darwinismus und biologistischer Rassismus beziehungsweise ein ökonomischer Materialismus verbunden mit einem geschichtsphilosophischen Determinismus dienten der Rechtfertigung. Dabei nutzten die Diktaturbewegungen für sich die Wissenschaftsgläubigkeit eines Jahrhunderts und gaben ihren destruktiven Programmen eine pseudo-wissenschaftliche Begründung. Beide Formen der Begründung neuer Kollektive durch militante soziale Bewegungen, Kommunismus und Faschismus, die zu den extremen Polen des 20. Jahrhunderts werden sollten, entstanden ebenfalls in der Krise der Jahrhundertwende und erfuhren in den 20er und 30er Jahren des 20. Jahrhunderts ihre massenmobilisierende Kraft als Reaktion auf die „Urkatastrophe" (George F. Kennan) des Ersten Weltkriegs. Damit kündigte sich das destruktive Element der Moderne in seiner ganzen Radikalität an, das sich im 20. Jahrhundert ebenfalls in den unterschiedlichsten ideologischen Schattierungen und Gruppierungen Bahn brechen sollte. Vernichtungskrieg und Genozid waren letztendlich ihre Folgen, ohne dass dies im 19. Jahrhundert absehbar gewesen wäre. Auch hier gilt: Es steckte viel 20. Jahrhundert im 19. Jahrhundert und das relativiert die verbreiteten Epochenzäsuren des „langen" 19. Jahrhunderts noch einmal.

Literaturverzeichnis

Einige der ausgewählten Titel sind beitragsübergreifend, werden jedoch, um Doppelnennungen zu vermeiden, nur ein Mal aufgeführt.

Überblicksdarstellungen (auch zur Einleitung)

Bayly, Christopher A.: Die Geburt der modernen Welt. Eine Globalgeschichte 1780–1914, Frankfurt/Main 2006.

Osterhammel, Jürgen: Die Verwandlung der Welt. Eine Geschichte des 19. Jahrhunderts, München ²2009.

Demographische Revolution – Die Geschichte der Weltbevölkerung

Allen, Robert C.: The Great Divergence in European Wages and Prices from the Middle Ages to the First World War, in: Explorations in Economic History 38 (2001), S. 411–447.

Allen, Robert C.: The British Industrial Revolution in Global Perspective, Cambridge 2009.

Bengtsson, Tommy/Campbell, Cameron/Lee, James Z. u. a.: Life under Pressure. Mortality and Living Standards in Europe and Asia, 1700–1900, Cambridge 2004.

Clark, Gregory: The Long March of History. Farm Wages, Population and Economic Growth, England 1209–1869, in: Economic History Review 60 (2007), S. 97–135.

Clark, Gregory: A Farewell to Alms. A Brief Economic History of the World, Princeton 2007.

Coale, Ansley/Cotts Watkins, Susan (Hrsg.): The Decline of Fertility in Europe, Princeton 1986.

Datt, Gaurav: Bargaining Power, Wages and Employment. An Analysis of Agricultural Labour Markets in India, Delhi 1996.

de Swaan, Abram: Der sorgende Staat. Wohlfahrt, Gesundheit und Bildung in Europa und den USA der Neuzeit, Frankfurt/Main 1993.

Dupâquier, Jacques/Bardet, Jean-Pierre (Hrsg.): Histoire des populations de l'Europe, Band 2: La révolution démographique 1750–1914, Paris 1998.

Ehmer, Josef: Migration und Bevölkerung. Zur Kritik eines Erklärungsmodells, in: Tel Aviver Jahrbuch für deutsche Geschichte 27 (1998), S. 5–29.

Engelen, Theo/Wolf, Arthur P. (Hrsg.): Marriage and the Family in Eurasia. Perspectives on the Hajnal Hypothesis, Amsterdam 2005.

Fisher, Kate/Szreter, Simon: ‚They Prefer Withdrawal'. The Choice of Birth Control in Britain, 1918–1950, in: Journal of Interdisciplinary History 34 (2003), S. 263–291.

Galloway, Patrick R./Hammel, Eugene A./Lee, Ronald D.: Fertility Decline in Prussia, 1875–1910. A Pooled Cross-Section Time Series Analysis, in: Population Studies 48,1 (1994), S. 135–158.

Gidwani, Vinay K.: The Quest for Distinction. A Re-Appraisal of the Rural Labor Process in Kheda Distract (Gujarat), India, in: Economic Geography 76,2 (2000), S. 145–168.

Hajnal, John: Two Kinds of Pre-Industrial Household Formation System, in: Population and Development Review 8 (1982), S. 449–494.
Kertzer, David I./Fricke, Tom (Hrsg.): Anthropological Demography. Towards a New Synthesis, Chicago 1997.
Lee, James Z./Feng, Wang: One Quarter of Humanity. Malthusian Mythology and Chinese Realities, 1700–2000, Cambridge 1999.
Livi-Bacci, Massimo: A Concise History of World Population, Oxford ²1997.
Lucassen, Jan/Lucassen, Leo: The Mobility Transition Revisited, 1500–1900. What the Case of Europe Can Offer to Global History, in: Journal of Global History 4 (2009), S. 347–377.
Maddison, Angus: The World Economy. A Millennial Perspective, Paris 2001.
McKeown, Thomas: The Modern Rise of Population, London 1976.
Mitchell, Brian R.: International Historical Statistics: Europe, 1750–1993, London 1998.
Pérez-Brignoli, Héctor: América Latina en la transición demográfica, 1800–1980, in: Población y Salud en Mesoamérica 7,2 (2010), archivo 1, S. 2–29.
Smith, Peter C./Ng, Shui-Meng: The Components of Population Change in Nineteenth-Century South-East Asia. Village Data from the Philippines, in: Population Studies 36,2 (1982), S. 237–255.
Sokoll, Thomas/Gehrmann, Rolf: Historische Demographie und quantitative Methoden, in: Aufriss der historischen Wissenschaften, hrsg. von Michael Maurer, Band 7: Neue Themen und Methoden der Geschichtswissenschaft, Stuttgart 2003, S. 152–229.
Steinfeld, Robert: The Invention of Free Labor. The Employment Relation in English and American Law and Culture, 1350–1870, Chapel Hill 1991.
Ubelaker, Douglas H.: North American Indian Population Size, A.D. 1500 to 1985, in: American Journal of Physical Anthropology 77,3 (1988), S. 289–294.
van Zanden, Jan Luiten: The Long Road to the Industrial Revolution. The European Economy in a Global Perspective, 1000–1800, Leiden 2009.
Woods, Robert I.: The Population of Britain in the Nineteenth Century, Cambridge 1995.
Wrigley, E. Anthony/Schofield, Roger S.: The Population History of England 1541–1871. A Reconstruction, London 1981.

Die Industrialisierung

Allen, Robert C.: The British Industrial Revolution in Global Perspective, Cambridge 2009.
Berend, Ivan T./Ranki, Györgi: Economic Development of East Central Europe in the 19th and 20th Centuries, New York 1974.
Bergier, Jean-François: Die Wirtschaftsgeschichte der Schweiz, Zürich 1983.
Bordo, Michael u. a. (Hrsg.): Globalization in Historical Perspective, Chicago 2003.
Braudel, Fernand/Labrousse, Ernest (Hrsg.): Histoire économique et sociale de la France, Band 3: L'avènement de l'ère industrielle (1789–années 1880), 2 Bände, Paris 1976.
Broadberry, Stephen/O'Rourke, Kevin H. (Hrsg.): The Cambridge Economic History of Modern Europe, Band 1: 1700–1870, Cambridge 2010.
Buchheim, Christoph: Industrielle Revolutionen. Langfristige Wirtschaftsentwicklung in Großbritannien, Europa und Übersee, München 1994.
Cameron, Rondo (Hrsg.): Banking in the Early Stages of Industrialisation, Oxford 1967.
Ders./Neal, Larry: A Concise Economic History of the World, Oxford ⁴2002.
Cipolla, Carlo M./Borchardt, Knut (Hrsg.): Europäische Wirtschaftsgeschichte, Band 3: Die Industrielle Revolution, Stuttgart 1976, Band 4: Die Entwicklung der Industriellen Gesellschaften, Stuttgart 1977.
Crafts, Nicholas F. R.: British Economic Growth During the Industrial Revolution, Oxford 1985.

Crouzet, François: Britain Ascendant: Comparative Studies in Franco-British Economic History, Cambridge 1985.
Davis, Ralph: The Industrial Revolution and the British Overseas Trade, Leicester 1979.
Eichengreen, Barry: Globalizing Capital. A History of the International Monetary System, Princeton 1996.
Engerman, Stanley (Hrsg.): The Cambridge Economic History of the United States, Band 2: The Long Nineteenth Century, Cambridge 2000.
Fischer, Wolfram (Hrsg.): Handbuch der europäischen Wirtschafts- und Sozialgeschichte, Band 4 u. 5, Stuttgart 1993–1985.
Floud, Roderick/Johnson, Paul (Hrsg.): The Cambridge Economic History of Modern Britain, Band 1: Industrialisation 1700–1860, Cambridge 2004.
Gerschenkron, Alexander: Economic Backwardness in Historical Perspective, Cambridge 1962.
Good, David F.: Der wirtschaftliche Aufstieg des Habsburger Reiches, 1750–1914, Wien 1986.
Hentschel, Volker: Wirtschaftsgeschichte des modernen Japans, Band 1: Die japanische Industrialisierung, Stuttgart 1986.
Jeremy, David J.: Transatlantic Industrial Revolution: The Diffusion of Textile Technologies Between Britain and America, 1790–1830s, Oxford 1981.
Komlos, John: Die Habsburgermonarchie als Zollunion: Die Wirtschaftsentwicklung Österreich-Ungarns im 19. Jahrhundert, Wien 1986.
Mathias, Peter/Pollard, Sidney (Hrsg.): The Cambridge Economic History of Europe, Band 7: The Industrial Economies, Cambridge 1989.
Meyer, David R.: The Roots of American Industrialization, Baltimore 2003.
Mokyr, Joel (Hrsg.): The British Industrial Revolution: An Economic Perspective, Boulder 1993.
Ders.: The Enlightened Economy: The Economic History of Britain, 1700–1850, New Haven 2009.
Neal, Larry: The Rise of Financial Capitalism: International Capital Markets in the Age of Reason, Cambridge 1990.
O'Rourke, Kevin H./Williamson, Jeffrey G.: Globalization and History: The Evolution of a Nineteenth-Century Atlantic Economy, Cambridge 1999.
Pierenkemper, Toni: Umstrittene Revolutionen. Die Industrialisierung im 19. Jahrhundert, Frankfurt am Main 1996.
Pollard, Sidney: Peaceful Conquest. The Industrialization of Europe 1760–1970, Oxford 1981.
Ders.: Wirtschaftsgeschichte Europas vom 18. bis zum 20. Jahrhundert, unveröffentlichtes Manuskriptfragment.
Pomeranz, Kenneth: The Great Divergence: China, Europe, and the Making of the Modern World, Princeton 2000.
Porter, Roy/Teich, Mikulas (Hrsg.): Die Industrielle Revolution in England, Deutschland, Italien, Berlin 1998.
Prados de la Escosura, Leandro (Hrsg.): Exceptionalism and Industrialisation: Britain and its European Rivals, 1688–1815, Cambridge 2004.
Sylla, Richard/Toniolo, Gianni (Hrsg.): Patterns of European Industrialization. The Nineteenth Century, London 1991.
Ziegler, Dieter: Die Industrielle Revolution, Darmstadt 2005.

Die europäische Aufklärung

Adorno, Theodor W./Horkheimer, Max: Dialektik der Aufklärung. Philosophische Fragmente (1944). Frankfurt am Main [17]2008.
Angelike, Karin: Louis-François Mettra. Ein französischer Zeitungsverleger in Köln (1770–1800), Weimar/Wien 2002.

Bahr, Ehrhard (Hrsg.): Was ist Aufklärung. Thesen und Definitionen. Stuttgart 2008.

Becker, Rudolf Zacharias: Beantwortung der Frage: „Kann irgend eine Art von Täuschung dem Volke zuträglich sein, sie bestehe nun darinn, dass man es zu neuen Irrthümern verleitet, oder die alten eingewurzelten fortdauern lässt?", Leipzig 1781.

Becker, Rudolf Zacharias: Noth- und Hülfsbüchlein für Bauersleute. Nachdruck der Erstausgabe von 1788, hrsg. und mit einem Nachwort von Reinhart Siegert, Dortmund 1980.

Böning, Holger: Populäraufklärung – Volksaufklärung, in: Macht des Wissens. Die Entstehung der modernen Wissensgesellschaft, hrsg. von Richard van Dülmen und Sina Rauschenbach unter Mitwirkung von Meinrad von Engelberg, Köln/Weimar/Wien, 2004, S. 563–581.

Brunner, Otto/Conze, Werner/Koselleck, Reinhart (Hrsg.): Geschichtliche Grundbegriffe. Historisches Lexikon zur politischen Sprache in Deutschland, Stuttgart 1972ff.

Chaunu, Pierre: La Civilisation de l'Europe des Lumières. Paris 1993.

Darnton, George: George Washingtons falsche Zähne oder noch einmal: Was ist Aufklärung?, München 1996.

Darnton, Robert: Der Mesmerismus und das Ende der Aufklärung in Frankreich. München 1983.

Dülmen, Richard van/Rauschenbach, Sina: Einleitung. in: Macht des Wissens. Die Entstehung der modernen Wissensgesellschaft, hrsg. von Richard van Dülmen und Sina Rauschenbach unter Mitwirkung von Meinrad von Engelberg, Köln/Weimar/Wien, 2004, S. 3–8.

Ferguson, Robert A.: The American Enlightenment, 1750–1820. Cambridge/London 1997.

Gierl, Martin: Korrespondenzen, Disputationen, Zeitschriften. Wissensorganisation und die Entwicklung der gelehrten Medienrepublik zwischen 1670 und 1730. in: Macht des Wissens. Die Entstehung der modernen Wissensgesellschaft, hrsg. von Richard van Dülmen und Sina Rauschenbach unter Mitwirkung von Meinrad von Engelberg, Köln/Weimar/Wien, 2004, S. 417–438.

Grégoire, Henri: Die Literatur der Neger. Ein Beitrag zur Staats- und Menschenkunde. Berlin 1809.

Greilich, Susanne: Französischsprachige Volksalmanache des 18. und 19. Jahrhunderts. Strukturen, Wandlungen, intertextuelle Bezüge, Heidelberg 2004.

Gumbrecht, Hans Ulrich/Reichardt, Rolf/Schleich, Thomas: Für eine Sozialgeschichte der französischen Aufklärung, in: dies. (Hrsg.): Sozialgeschichte der Aufklärung in Frankreich. München/Wien 1981, Band I, S. 3–51.

Halem, Gerhard Anton von: Blicke auf einen Teil Deutschlands, der Schweiz und Frankreichs bei einer Reise vom Jahre 1790, in: Die Französische Revolution. Berichte und Deutungen deutscher Schriftsteller und Historiker, hrsg. von Horst Günter, Frankfurt am Main 1985, S. 103–188.

Hazard, Paul: La crise de la conscience européenne (1680–1715), Paris 1935.

Hofmann, Michael: Aufklärung. Tendenzen – Autoren – Texte, Stuttgart 1999.

Israel, Jonathan I.: Radical Enlightenment: Philosophy and the Making of Modernity 1650–1750, New York/Oxford 2001.

Jamerey-Duval, Valentin: Œuvres, précédées des Mémoires sur sa vie, hrsg. von F.-A. Koch, 2 Bände, St. Petersburg/Strasburg 1784.

Johannes, Gert-Jan: De barometer van de smaak. Tijdschriften in Nederland 1770–1830, Den Haag 1995.

Kant, Immanuel: Beantwortung der Frage: Was ist Aufklärung? (1784), in: Was ist Aufklärung. Thesen und Definitionen, hrsg. von Ehrhard Bahr, Stuttgart 2008, S. 9–17.

Koselleck, Reinhart: Kritik und Krise. Eine Studie zur Pathogenese der bürgerlichen Welt, Frankfurt am Main 1976.

Koselleck, Reinhart: Vergangene Zukunft. Zur Semantik geschichtlicher Zeiten, Frankfurt am Main 1979.

Krauss, Werner: Der komparatistische Aspekt der Aufklärungsliteratur, in: ders.: Werk und Wort. Aufsätze zur Literaturwissenschaft und Wortgeschichte. Berlin/Weimar 1972, S. 61–72.

Krauss, Werner: Der Streit der Altertumsfreunde mit den Anhängern der Moderne, in: Aufklärung I. Frankreich, hrsg. von Winfried Schröder, Berlin/Weimar 1991, S. 6–47.
Mendelssohn, Moses: Über die Frage: was heißt aufklären?, in: Was ist Aufklärung. Thesen und Definitionen, hrsg. von Ehrhard Bahr, Stuttgart 2008, S. 3–8.
Reichardt, Rolf: Wortfelder – Bilder – Semantische Netze. Beispiele interdisziplinärer Quellen und Methoden in der Historischen Semantik, in: Die Interdisziplinarität der Begriffsgeschichte, hrsg. von Gunter Scholz, Hamburg 2000, S. 111–133.
Reichardt, Rolf: *Lumières* versus *Ténèbres*: Politisierung und Visualisierung aufklärerischer Schlüsselwörter in Frankreich vom XVII. zum XIX. Jahrhundert, in: Aufklärung und Historische Semantik. Interdisziplinäre Beiträge zur westeuropäischen Kulturgeschichte, hrsg. von Rolf Reichardt, Berlin 1999, S. 83–170.
Rincón, Carlos: Die Aufklärung im spanischen Amerika, in: Die Aufklärung in Spanien, Portugal und Lateinamerika, hrsg. von Werner Krauss, München 1973, S. 213–235.
Roche, Daniel: Les livres de voyage à l'époque moderne, XVIe–XVIIIe siècle, in: Revue de la Bibliothèque Nationale de France 22 (2006), S. 5–13.
Schlieben-Lange, Brigitte (Hrsg.): Fachgespräche in Aufklärung und Revolution, Tübingen 1989.
Schneiders, Werner: Das Zeitalter der Aufklärung, München [4]2008.
Sgard, Jean: Journale und Journalisten im Zeitalter der Aufklärung. In: Sozialgeschichte der Aufklärung in Frankreich, hrsg. von Hans Ulrich Gumbrecht, Rolf Reichardt u. Thomas Schleich, München/Wien 1981, Band II, S. 33.
Stuber, Martin: Journal and Letter: the Interaction between two Communication Media in the Correspondence of Albrecht von Haller, in: Enlightenment, Revolution and the periodical press, hrsg. von Hans-Jürgen Lüsebrink u. Jeremy Popkin, Oxford 2004, S. 114–141.
Stuke, Horst: Aufklärung, in: Geschichtliche Grundbegriffe. Historisches Lexikon zur politischen Sprache in Deutschland, hrsg. von Otto Brunner u. a., Stuttgart 1972, Band 1, S. 243–342.
Todorov, Tzvetan: L'esprit des Lumières, Paris 2006.
Treskow, Isabella von: Pierre Bayle, das „Historisch-kritische Wörterbuch" und die Entstehung der Kritik, in: Denkwelten um 1700. Zehn intellektuelle Profile, hrsg. von Richard van Dülmen und Sina Rauschenbach, Köln/Weimar/Wien 2002, S. 1–21.
Tschilschke, Christian von: Identität der Aufklärung/Aufklärung der Identität. Literatur und Identitätsdiskurs im Spanien des 18. Jahrhunderts, Frankfurt am Main 2009.

Wissensrevolution

Bartholomew, James R.: The Formation of Science in Japan. Building a Research Tradition. New Haven u. a. 1989.
Berry, Mary Elizabeth: Japan in Print. Information and Nation in the Early Modern Period. Berkeley/Los Angeles/London 2006.
Beyrer, Klaus (Hrsg.): Das Netz. Sinn und Sinnlichkeit vernetzter Systeme, Heidelberg 2002.
Burke, Peter: Papier und Marktgeschrei. Die Geburt der Wissensgesellschaft, Berlin 2001.
Cahn, Michael: Der Druck des Wissens, Berlin 1991.
Darnton, Robert: Glänzende Geschäfte. Die Verbreitung von Diderots »Encyclopédie« oder: Wie verkauft man Wissen mit Gewinn, Frankfurt am Main 1998.
Diekmann, Annette: Klassifikation – System – „scala naturae". Das Ordnen der Objekte in Naturwissenschaft und Pharmazie zwischen 1700 und 1850, Stuttgart 1992.
Fischer, Ernst/Haefs, Wilhelm/Mix, York-Gothart (Hrsg.): Von Almanach bis Zeitung. Ein Handbuch der Medien in Deutschland 1700–1800, München 1999.
Foucault, Michel: Die Ordnung der Dinge. Eine Archäologie der Humanwissenschaften, Frankfurt am Main 1989.

Grafton, Anthony: Die tragischen Ursprünge der deutschen Fußnote, Berlin 1995.
Grau, Conrad: Berühmte Wissenschaftsakademien. Von ihrem Entstehen und ihrem weltweiten Erfolg, Thun/Frankfurt am Main 1988.
Habermas, Jürgen: Strukturwandel der Öffentlichkeit. Untersuchungen zu einer Kategorie der bürgerlichen Gesellschaft, Darmstadt/Neuwied 1979.
Headrick, Daniel R.: When Information Came of Age. Technologies of Knowledge in the Age of Reason and Revolution, 1700–1850, Oxford 2000.
Jochum, Uwe: Geschichte der abendländischen Bibliotheken, Darmstadt 2010.
McDermott, Joseph Peter: A Social History of the Chinese Book, Hongkong 2006.
Needham, Joseph: Science and Civilisation in China, 7 Bände, Cambridge 1954–2005.
The New York Public Library (Hrsg.): Censorship, New York/Oxford 1984.
Peters, John Durham: Speaking into the Air. A History of the Idea of Communication, Chicago/London 1999.
Porter, Theodore M.: The Rise of Statistical Thinking, Princeton/New Jersey 1986.
Prahl, Hans-Werner/Schmidt-Harzbach, Ingrid: Die Universität. Eine Kultur- und Sozialgeschichte, München/Luzern 1981.
Prüsener, Marlies: Lesegesellschaften im 18. Jahrhundert. Ein Beitrag zur Lesergeschichte, in: Archiv für Geschichte des Buchwesens 13 (1972), S. 369–594.
Raj, Kapil: Relocating Modern Science. Circulation and the Construction of Knowledge in South Asia and Europe, 1650–1900, Basingstoke 2007.
Schmale, Wolfgang/Dodde, Nan L.: Revolution des Wissens? Europa und seine Schulen im Zeitalter der Aufklärung (1750–1825). Ein Handbuch zur europäischen Schulgeschichte, Bochum 1991.
Serres, Michel (Hrsg.): Elemente einer Geschichte der Wissenschaften, Frankfurt am Main 1994.
Steinhausen, Georg: Geschichte des deutschen Briefes. Zur Kulturgeschichte des deutschen Volkes, Zürich 1968.
Ulmer, Eugen: Urheber- und Verlagsrecht, Berlin/Heidelberg/New York 1980.
Vellusig, Robert: Schriftliche Gespräche. Briefkultur im 18. Jahrhundert, Wien/Köln/Weimar 2000.
Voigt, Fritz: Verkehr, 2 Bände, Berlin 1965–1973.
Winter, Marc: Enzyklopädien im chinesischen Kulturraum – die *leishu*. Gigantismus und materiell manifestierter Machtanspruch in der chinesischen Tradition, in: Allgemeinwissen und Gesellschaft, hrsg. von Paul Michel, Madeleine Herren und Martin Rüesch, Aachen 2007, S. 145–183.

Christliche Missionen und religiöse Globalisierung im 19. Jahrhundert

Aydin, Cemil: The Politics of Anti-Westernism in Asia, New York 2007.
Bechert, Heinz: Buddhismus, Staat und Gesellschaft in den Ländern des Theravada-Buddhismus, Band I, Frankfurt/Main/Berlin 1966.
Gilley, Sheridan/Stanley, Brian (Hrsg.): World Christianities c. 1815–c. 1914, Cambridge 2006.
Hastings, Adrian: The Church in Africa 1450–1950, Oxford 1994.
Koschorke, Klaus (Hrsg.): Transkontinentale Beziehungen in der Geschichte des Außereuropäischen Christentums, Wiesbaden 2002.
Koschorke Klaus/Ludwig, Frieder/Delgado, Mariano (Hrsg.): Außereuropäische Christentumsgeschichte (Asien, Afrika, Lateinamerika) 1450–1990, Neukirchen-Vluyn [3]2010.
Levtzion, Nehemia/Pouwells, Randall L.: The History of Islam in Africa, Oxford etc. 2000.
McMahan, David L.: The Making of Buddhist Modernism, Oxford 2008.
Michaels, Axel: Der Hinduismus. Geschichte und Gegenwart, München 1998.
Moffet, Samuel Hugh: A History of Christianity in Asia, Band 2: 1500–1900, Maryknoll, New York 2005.
Prien, Hans-Jürgen: Das Christentum in Lateinamerika, Leipzig 2007.

Weltdeutungen und Ideologien

Bauer, Bruno: Die Posaune des jüngsten Gerichts über Hegel den Atheisten und Antichristen. Ein Ultimatum, Leipzig 1841.
Bauer, Bruno: Hegels Lehre von der Religion und Kunst von dem Standpuncte des Glaubens aus beurtheilt, Leipzig 1842.
Bauer, Bruno: Das Entdeckte Christentum. Eine Erinnerung an das 18. Jahrhundert und ein Beitrag zur Krisis des 19., Jena 1927.
Bauer, Bruno: Feldzüge der reinen Kritik, hrsg. von Hans-Martin Sass, Frankfurt/Main 1968.
Bayertz, Kurt/Gerhard, Myriam/Jaeschke, Walter (Hrsg.): Weltanschauung, Philosophie und Naturwissenschaft im 19. Jahrhundert, 3 Bände, Hamburg 2007.
Berlin, Isaiah: Liberty, Oxford 2002.
Büchner, Ludwig: Kraft und Stoff, Leipzig 1855.
Comte, Auguste: Cours de philosophie positive, 6 Bände, Paris 1830–1842.
Comte, Auguste: Rede über den Geist des Positivismus, übersetzt, eingeleitet und hrsg. von Iring Fetscher, Hamburg 1979.
Darwin, Charles: The Origin of Species (by Means of Natural Selection), London 1859.
Feuerbach, Ludwig: Gesammelte Werke, hrsg. von Werner Schuffenhauser, Berlin 1867–2007.
Gans, Eduard: Philosophische Schriften, Glashütten 1971.
Gans, Eduard: Naturrecht und Universalgeschichte – Vorlesungen nach GWF Hegel, Tübingen 2005.
Gouhier, Henri: La jeuness d'Auguste Comte et la formation du positivisme, 3 Bände, Paris 1933/1936/1941.
Habermas, Jürgen: Der philosophische Diskurs der Moderne, Frankfurt/Main 1985.
Habermas, Jürgen: Zwischen Naturalismus und Religion. Philosophische Aufsätze, Frankfurt/Main 2004.
Hartmann, Eduard von: Philosophie des Unbewussten, 3 Bände, Berlin 1869.
Hegel, Georg Wilhelm Friedrich: Werke in 20 Bänden mit Registerband, hrsg. von Eva Moldenhauer und Karl Markus Michael, Frankfurt/Main 1969–1971.
Hegel, Georg Wilhelm Friedrich: Gesammelte Werke, Hamburg 1968 ff.
James, William: „The Pragmatic Method", in: The Journal of Philosophy, Psychology and Scientific Methods 1,25 (1904), S. 673–687.
James, William: Der Pragmatismus – Ein neuer Name für alte Denkmethoden, Hamburg ²1994.
Kierkegaard, Sören: Die Krankheit zum Tode. Gesammelte Werke, Band 8, Jena 1924.
Lange, Friedrich Albert: Geschichte des Materialismus, 2 Bände, Boston 2001.
Menand, Louis: The Metaphysical Club – A Story of Ideas in America, New York 2001.
Marx, Karl: Marx-Engels-Werke, 43 Bände und Ergänzungsbände, Berlin 1956–1990.
Mill, James: Elements of Political Economy, London 1821.
Mill, John Stuart: Collected Works of John Stuart Mill, hrsg. von John M. Robson, Toronto 1963 ff.
Peirce, Charles Sanders: Collected Papers of Charles Sanders Peirce, 6 Bände, hrsg. von Charles Hartshorne und Paul Weiss, Cambridge 1931–1935.
Rorty, Richard (Hrsg.): The Linguistic Turn, Chicago 1967.
Rosenkranz, Karl: Georg Wilhelm Friedrich Hegels Leben, Berlin 1844.
Stirner, Max: Der Einzige und sein Eigentum, Stuttgart 1872.
Strauß, David Friedrich: Das Leben Jesu, 2 Bände, Tübingen 1835.
Strauß, David Friedrich: Der alte und der neue Glaube. Ein Bekenntnis, Leipzig 1872.

Autonomie der Kunst – Eine europäische Scheinrealität

Bredekamp, Horst u. a. (Hrsg.): Autonomie der Kunst. Zur Genese und Kritik einer bürgerlichen Kategorie, Frankfurt am Main 1972.
Busch, Werner: Kunsttheorie und Kunstgeschichte des 19. Jahrhunderts in Deutschland, Band I, Stuttgart 1982.
Busch, Werner: Die Autonomie der Kunst, in: ders. (Hrsg.): Funkkolleg Kunst. Eine Geschichte der Kunst im Wandel ihrer Funktionen, München 1997.
Jung, Werner: Von der Mimesis zur Simulation. Eine Einführung in die Geschichte der Ästhetik, Hamburg 1995.
Kleimann, Bernd/Schmücker, Reinold: Wozu Kunst? Die Frage nach ihrer Funktion, Darmstadt 2001.
Panofsky, Erwin: Renaissance and Renaissances in Western Art, Stockholm 1960.
Panofsky, Erwin: Idea. Ein Beitrag zur Begriffsgeschichte der älteren Kunsttheorie, Hamburg 1960.
Schmücker, Reinold/Bluhm, Roland (Hrsg.): Kunst und Kunstbegriff. Der Streit um die Grundlagen der Ästhetik, Paderborn 2005.
Wittkower, Rudolf und Margot: Künstler. Außenseiter der Gesellschaft, Stuttgart 1965.

Zwischenstaatliche Verflechtungen und politische Revolutionen

Avery, Peter/Hambly, Gavin/Melville, Charles (Hrsg.): The Cambridge History of Iran, Band 7: From Nadir Shah to the Islamic Republic, Cambridge u. a. 1991.
Dabringhaus, Sabine: Geschichte Chinas 1279–1949, München 2006.
Demel, Walter: Europäische Geschichte des 18. Jahrhunderts. Ständische Gesellschaft und europäisches Mächtesystem im beschleunigten Wandel (1689/1700–1789/1800), Stuttgart u. a. 2000.
Duchhardt, Heinz/Knipping, Franz (Hrsg.): Handbuch der Geschichte der Internationalen Beziehungen, 9 Bände (erschienen 5 Bände), Paderborn u. a. 1997 –, Bände 5 und 6.
Fisch, Jörg: Europa zwischen Wachstum und Gleichheit 1850–1914, Stuttgart 2002.
Heideking, Jürgen/Mauch, Christof: Geschichte der USA, Paderborn ^{6}2008.
Hellmann, Manfred/Schramm, Gottfried/Zernack, Klaus (Hrsg.): Handbuch der Geschichte Russlands, Bände 2/I, 2/II und 3/I, Stuttgart 1986, 2001 bzw. 1983.
Hösch, Edgar: Geschichte Russlands. Vom Kiever Reich bis zum Zerfall des Sowjetimperiums, Stuttgart u. a. 1996.
Hösch, Edgar: Geschichte der Balkanländer. Von der Frühzeit bis zur Gegenwart, München ^{5}2008.
Iliffe, John: Africans. The History of a Continent, Cambridge u. a. 1995.
Kennedy, Paul: Aufstieg und Fall der großen Mächte. Ökonomischer Wandel und militärischer Konflikt von 1500 bis 2000, Frankfurt/Main ^{2}1989.
Kleinschmidt, Harald: Geschichte der internationalen Beziehungen. Ein systemgeschichtlicher Abriß, Stuttgart 1998.
König, Hans-Joachim: Kleine Geschichte Lateinamerikas, Stuttgart ^{2}2009.
Kreiser, Klaus: Der Osmanische Staat 1300–1922, München ^{2}2008.
Kulke, Hermann/Rothermund, Dietmar: Geschichte Indiens, Stuttgart u. a. 1982.
Linhart, Sepp/Weigelin-Schwiedrzik, Susanne (Hrsg.): Ostasien 1600–1900, Wien 2004.
Majoros, Ferenc/Rill, Bernd: Das Osmanische Reich 1300–1922. Die Geschichte einer Großmacht, Wiesbaden 2004.
Marx, Christoph: Geschichte Afrikas. Von 1800 bis zur Gegenwart, Paderborn 2004.
Matuz, Josef: Das Osmanische Reich. Grundlinien seiner Geschichte, Darmstadt ^{2}1990.
Nolte, Hans-Heinrich: Kleine Geschichte Russlands, Stuttgart 1998.
Pohl, Manfred: Geschichte Japans, München ^{3}2005.

Ramusack, Barbard N.: The Indian Princes and Their States, Cambridge u. a. 2004.
Schmidt-Glintzer, Helwig: Kleine Geschichte Chinas, München 2008.
Schroeder, Paul: The Transformation of European Politics 1763–1848, Oxford u. a. 1994.
Spence, Jonathan D.: Chinas Weg in die Moderne, München ²2001.
Tarling, Nicholas: South East Asia. A Modern History, Oxford u. a. 2001.
Unesco, Comité scientifique international pour la rédaction d'une Histoire générale de l'Afrique (Ki-Zerbo, Joseph u. a.) (Hrsg.): Histoire générale de l'Afrique, Band 6, Paris 1996.
Zöllner, Reinhard: Geschichte Japans. Von 1800 bis zur Gegenwart, Paderborn ²2009.

Die Globalisierung Europas

Albertini, Rudolf von: Europäische Kolonialherrschaft 1880–1940, Zürich/Freiburg im Breisgau ³1987.
Aldrich, Robert: Greater France. A History of French Overseas Expansion, Basingstoke 1995.
Bitterli, Urs: Die „Wilden" und die „Zivilisierten". Grundzüge einer Geistes- und Kulturgeschichte der europäisch-überseeischen Kulturbegegnung, München ²1991.
Brötel, Dieter: Frankreich im Fernen Osten. Imperialistische Expansion und Aspiration in Siam und Malaya, Laos und China, 1880–1904, Stuttgart 1996.
Demel, Walter: Als Fremde in China. Das Reich der Mitte im Spiegel frühneuzeitlicher europäischer Reiseberichte, München 1992.
Ferro, Marc: Colonization. A Global History, London 1997.
Förster, Stig/Mommsen, Wolfgang J./Robinson, Ronald (Hrsg.): Bismarck, Europe, and Africa. The Berlin Africa Conference 1884–1885 and the Onset of Partition, Oxford 1988.
Gaastra, Femme S.: De Geschiedenis van de VOC, Bussum 1982 [dt. unter dem Titel: Die Vereinigte Ostindische Compagnie der Niederlande – ein Abriß ihrer Geschichte, in: Eberhard Schmitt u. a. (Hrsg.): Kaufleute als Kolonialherren: Die Handelswelt der Niederländer vom Kap der Guten Hoffnung bis Nagasaki 1600 – 1800, Bamberg 1988, S. 3–89].
Geiss, Imanuel: Geschichte des Rassismus, Frankfurt am Main 1993.
Geyer, Dietrich: Der russische Imperialismus. Studien über den Zusammenhang von innerer und auswärtiger Politik 1860–1914, Göttingen 1977.
Gollwitzer, Heinz: Geschichte des weltpolitischen Denkens, Band II: Zeitalter des Imperialismus und der Weltkriege, Göttingen 1982.
Gründer, Horst: Welteroberung und Christentum. Ein Handbuch zur Geschichte der Neuzeit, Gütersloh 1992.
Gründer, Horst: Eine Geschichte der europäischen Expansion, Stuttgart 2003.
Gründer, Horst: Indianer, Afrikaner und Südseebewohner in Europa: Zur Vorgeschichte der Völkerschauen und Kolonialausstellungen, in: Jahrbuch für Europäische Überseegeschichte 3 (2003), S. 65–88.
Gründer, Horst: Geschichte der deutschen Kolonien, Paderborn ⁵2004.
Headrick, Daniel R.: The Tools of Empire. Technology and European Imperialism in the Nineteenth Century, New York 1981.
Hiery, Hermann Joseph (Hrsg.): Die deutsche Südsee 1884–1914. Ein Handbuch, Paderborn ²2002.
Hinz, Hans-Martin/Lind, Christoph (Hrsg.): Tsingtau. Ein Kapitel deutscher Kolonialgeschichte in China 1897–1914, Berlin 1998.
Kappeler, Andreas: Russland als Vielvölkerreich. Entstehung–Geschichte–Zerfall, München 1992.
Kohl, Karl-Heinz: Entzauberter Blick. Das Bild vom Guten Wilden und die Erfahrung der Zivilisation, Frankfurt am Main 1986.
Lincoln, W. Bruce: Die Eroberung Sibiriens, München 1996.

McNeill, John R./McNeill, William H.: Human Web. A Bird's-Eye View of World History, New York/London 2003.
Menninger, Annerose: Genuss im kulturellen Wandel. Tabak, Kaffee, Tee und Schokolade in Europa (16.–19. Jahrhundert), Stuttgart 2004.
Osterhammel, Jürgen: China und die Weltgesellschaft. Vom 18. Jahrhundert bis in unsere Zeit, München 1989.
Reinhard, Wolfgang: Geschichte der europäischen Expansion, 4 Bände, Stuttgart 1983–1990.
Schmitt, Eberhard (Hrsg.): Dokumente zur Geschichte der europäischen Expansion, Band 1ff., München/Wiesbaden 1984 ff. (bisher 6 Bände erschienen).
Wehler, Hans-Ulrich: Der Aufstieg des amerikanischen Imperialismus: Studien zur Entwicklung des *Imperium Americanum*, 1865–1900, Göttingen 1974.
Wende, Peter: Das britische Empire. Geschichte eines Weltreichs, München 2008.
Wendt, Reinhard: Vom Kolonialismus zur Globalisierung. Europa und die Welt seit 1500, Paderborn 2007.
Wesseling, Hendrik L.: Teile und herrsche. Die Aufteilung Afrikas 1880–1914, Stuttgart 1999.
Wolf, Eric R.: Völker ohne Geschichte. Europa und die andere Welt seit 1400, Frankfurt am Main/New York 1986.

Entstehung und Entwicklung des Verfassungsstaates

Adams, Angela und Willi (Hrsg.): Die Entstehung der Vereinigten Staaten von Amerika und ihre Verfassung. Dokumente 1754–1791, Münster 1995.
Andreeva, Andrea: Russlands langer Weg in den Rechtsstaat. Verfassung und Gesetzgebung, Opladen 2002.
Angelow, Jürgen: Der Deutsche Bund, Darmstadt 2003.
Beyme, Klaus von: Die parlamentarischen Regierungssysteme in Europa, München 1970.
Böckenförde, Ernst-Wolfgang: Geschichtliche Entwicklung und Bedeutungswandel der Verfassung, in: Festschrift für Rudolf Gmür zum 70. Geburtstag, hrsg. von Arno Buschmann, Bielefeld 1983, S. 7–21.
Brandt, Peter/Kirsch, Martin/Schlegelmilch, Arthur (Hrsg.): Handbuch der europäischen Verfassungsgeschichte im 19. Jahrhundert. Institutionen und Rechtspraxis im gesellschaftlichen Wandel, 1. Band, Bonn 2006.
Chiang, Hai-Cháo: Die Wandlungen im Chinesischen Verfassungsrecht seit dem Zusammenbruch der Mandschu-Dynastie unter besonderer Berücksichtigung der rechtlichen Stellung des Staatshauptes, Berlin 1937.
Depkat, Volker: Geschichte Nordamerikas, Köln/Weimar/Wien 2008.
Dippel, Horst (Hrsg.): Constitutions of the World from the late 18th Century to the Middle of the 19th Century. Verfassung der Welt vom späten 18. Jahrhundert bis zur Mitte des 19. Jahrhunderts, 11 Bände, München 2008.
Duchhardt, Heinz: Europa am Vorabend der Moderne 1650–1800, Stuttgart 2003.
Fenske, Hans: Staatsformen im Zeitalter der Revolutionen, in: Staatsformen von der Antike bis zur Gegenwart, hrsg. von Andreas Gallus u. Jesse Eckhard, Köln/Weimar/Wien [2]2007, S. 153–185.
Gallus, Andreas/Eckhard, Jesse (Hrsg.): Staatsformen von der Antike bis zur Gegenwart, Köln/Weimar/Wien [2]2007.
Gordon, Craig: Europe since Eighteen Hundred Fifteen. Geschichte Europas im 19. und 20. Jahrhundert. Vom Wiener Kongress bis zum Ausbruch des Ersten Weltkrieges, 2 Bände, München 1978, Band 1.
Gosewinkel, Dieter/Masing, Johannes: Die Verfassungen von Europa 1789–1949: Wissenschaftliche

Textedition unter Einschluss sämtlicher Änderungen und Ergänzungen sowie mit Dokumenten aus der englischen und amerikanischen Verfassungsgeschichte, München 2006.

Grodziski, Stanislaw: Die Verfassung vom 3. Mai 1971 – das erste polnische Grundgesetz, in: Politik und Zeitgeschichte 30/31 (1987), S. 40–46.

Günther, Franz (Hrsg.): Staatsverfassungen. Eine Sammlung wichtiger Verfassungen der Vergangenheit und Gegenwart in Urtext und Übersetzung, München ²1975.

Hartmann, Peter Claus: Französische Verfassungsgeschichte der Neuzeit (1450–2002). Ein Überblick, Berlin ²2003.

Hösch, Edgar: Geschichte Russlands. Vom Kiever Reich bis zum Zerfall des Sowjetimperiums, Stuttgart 1996.

Hösch, Edgar: Geschichte der Balkanländer. Von der Frühzeit bis zur Gegenwart, München ⁴2002.

Johnen, Petra: Die Verfassungsentwicklung Südafrikas unter besonderer Berücksichtigung der verfassungsgebenden Gewalt des Volkes, in: Schriften zum Staats- und Völkerrecht 85, Frankfurt am Main u. a. 2001.

Kley, Andreas: Verfassungsgeschichte der Neuzeit. Großbritannien, die USA, Frankreich, Deutschland und die Schweiz, Bern ²2008.

Kotulla, Michael: Deutsche Verfassungsgeschichte. Vom Alten Reich bis Weimar (1495–1934), Berlin 2008.

Kraelitz-Greifenhorst, Friedrich: Die Verfassungsgesetze des Osmanischen Reiches, Wien 1919.

Lehner, Oskar: Österreichische Verfassungs- und Verwaltungsgeschichte mit Grundzügen der Wirtschafts- und Sozialgeschichte, Linz ³2003.

Mohnhaupt, Heinz/Grimm, Dieter: Verfassung. Zur Geschichte des Begriffs von der Antike bis zur Gegenwart, Berlin 1995.

Nasson, Bill: Das Britische Empire. Ein Weltreich unterm Union Jack, Essen 2007.

Osterhammel, Jürgen: China und die Weltgesellschaft vom 18. Jahrhundert bis in unsere Zeit, München 1989.

Osterhammel, Jürgen: Kolonialismus. Geschichte, Formen, Folgen, München 1995.

Pölitz, Karl Heinrich Ludwig: Die europäischen Verfassungen seit dem Jahre 1789 bis auf die neueste Zeit mit geschichtlichen Erläuterungen und Einleitungen. Die Verfassungen Polens, der freien Stadt Cracau, der Königreiche Galizien und Lodomerien, Schwedens, Norwegens, der Schweiz und Griechenland enthaltend, 4 Bände, Hildesheim ⁴1999, Band 3.

Posener, Paul: Die Staatsverfassungen des Erdballs, Charlottenburg 1905.

Reinhard, Wolfgang: Geschichte der europäischen Expansion, 4 Bände, Stuttgart 1983, Bände 1–3.

Reinhard, Wolfgang: Geschichte der Staatsgewalt. Eine vergleichende Verfassungsgeschichte Europas von den Anfängen bis zur Gegenwart, München 1999.

Reinhard, Wolfgang: Geschichte des modernen Staates, München 2007.

Schulze, Reiner: Europäische Rechts- und Verfassungsgeschichte. Ergebnisse und Perspektiven der Forschung, Berlin 1991.

Thamer, Hans-Ulrich: Die Französische Revolution, München 2004.

Vorländer, Hans: Die Verfassung. Idee und Geschichte, München 1999.

Weggel, Oskar: Chinesische Rechtsgeschichte, Leiden/Köln 1980.

Willoweit, Dietmar/Seif, Ulrike: Europäische Verfassungsgeschichte, München 2003.

Chronologie

Zeitspanne	Afrika	Amerika
18. Jh.	Ab 1713: Britisches Monopol auf den Sklavenhandel nach Spanisch-Amerika	Ab ca. 1700: Neuspanische Herrschaft über Texas und Kalifornien; Ausbeutung brasilianischer Gold- und Diamantenminen
	1748: Machthöhepunkt des Oyo-Reichs durch den Sieg über Dahomey	1759: Großbritannien erobert Québec von den Franzosen
	1758–1783: Streit um den Senegal zwischen Frankreich und Großbritannien	1773: *Boston Tea Party*: Bostoner Bürger werfen Tee von den Schiffen der EIC in das Hafenbecken 1776: Unabhängigkeitserklärung der späteren USA
	1787: Gründung der *Province of Freedom* in Sierra Leone, wo sich befreite englische Sklaven ansiedeln sollen; das Unternehmen scheitert 1798: Napoleon Bonaparte erobert Ägypten	1788: Inkrafttreten der US-amerikanischen Verfassung 1791: Sklavenaufstand auf Haïti
19. Jh.	1804/1809: Usman dan Fodio beginnt einen heiligen Krieg und begründet das Sokoto-Kalifat 1807/1808 Großbritannien und die USA verbieten den Sklavenhandel 1808: Sierra Leone wird britische Kronkolonie Ab 1818: Gründung des Zulu-Reiches durch Shaka	1783–1830: Simón Bolívar, südamerikanischer Unabhängigkeitskämpfer 1803: Frankreich verkauft Louisiana an die USA 1804: Unabhängigkeit Haïtis Ab 1810: Mexikanischer Unabhängigkeitskrieg 1811–1830 Zahlreiche Staatsgründungen in Südamerika 1812–1814: Englisch-Amerikanischer Krieg 1818–1888: Abschaffung der Sklaverei in Lateinamerika
	Ab 1820: Eroberung des Sudan durch Ägypten, Unabhängigkeitskämpfe Ägyptens gegen Osmanen 1824–1826: Feldzüge Großbritanniens gegen die Aschanti 1830: Frankreich beginnt die Eroberung Algeriens 1837: Gründung der Buren-Republik Natal	1821: Unabhängigkeit Mexikos 1822: Unabhängigkeit Brasiliens 1823: Ablösung der Vereinigten Provinzen Zentralamerikas von Mexiko 1838/1841: Zerfall dieser Union

Ost-, Süd-, Südostasien/ Pazifik/Australien	Vorder- und Zentralasien	Europa (inkl. Russland)
1707: Tod des letzten großen Mogulkaisers Aurangzeb	1711/1716: Die Osmanen erzielen Erfolge gegen Russland, erleiden aber Territorialverluste gegenüber Österreich	1701–1714: Spanischer Erbfolgekrieg
1739: Eroberung Delhis durch Nadir Schah	1722/1736: Ende des Safawidenreichs	1734: Voltaire: »Lettres philosophiques«
1756: Die EIC unterwirft weitere Teile Indiens und der Einfluss Frankreichs, Portugals und der Niederlande geht zurück 1757: Sieg der Briten über den Nawab von Bengalen bei Plassey	1759: Die Oiraten werden von den Qing besiegt; größte Ausdehnung des chinesisch-mandschurischen Reiches	1740–1748: Österreichischer Erbfolgekrieg, Aufstieg Preußens 1756–1763: Siebenjähriger Krieg
1767: Eroberung Ayuttayas durch Burma 1768–1775: James Cook im Südpazifik	1768–1774: Der Russisch-Türkischer Krieg endet mit einer schweren Niederlage der Osmanen	1751/1772 : Denis Diderot: »Encyclopédie« 1762: Jean-Jacques Rousseau: »Contrat social« 1764: Erfindung der *Spinning Jenny* 1772–1795: Polnische Teilungen
1788: Gründung Sydneys 1799: Auflösung der VOC 1799: Sieg der EIC über Mysore	1796: Neugründung eines persischen Reiches unter den Kadscharen	1783: Annexion der Krim durch Russland 1789: Beginn der Französischen Revolution 1791: Verfassungen in Polen und Frankreich 1792: Sturz der französischen Monarchie
1803–1805 und 1817/1818: 2. und 3. Marathenkrieg; danach Auflösung des Marathenbundes; Ausdehnung der britischen Herrschaft in Indien Ab 1816: Rekrutierung von nepalesischen Gurkhas durch Großbritannien	1804–1813: Persisch-Russischer Krieg um Transkaukasien, persische Territorialverluste Ab 1804: Osmanisches Reich kämpft gegen Aufstände in Südosteuropa 1811/1818: Ägyptisch-osmanische Eroberungen auf der Arabischen Halbinsel	1803: Reichsdeputationshauptschluss 1804: Napoleon wird Kaiser der Franzosen 1805: Sieg Napoleons bei Austerlitz 1806: Abdankung Franz' II. als Kaiser des Römisch-Deutschen Reiches 1806/1807: Hegels »Phänomenologie des Geistes« 1812: Russlandfeldzug Napoleons 1813: Völkerschlacht bei Leipzig 1815: Napoleon unterliegt bei Waterloo 1815/1816: Wiener Kongress
1824: Britisch-Niederländischer Vertrag zur Aufteilung der Einflusssphären in Südostasien 1834: Sklavereiverbot im britischen Kolonialreich 1839–1842: Großbritanniens (1.) Opiumkrieg gegen China	1838–1842: 1. Anglo-Afghanischer Krieg	1830: Gründung eines griechischen Nationalstaates 1830: Revolutionen in Frankreich, Belgien und einigen deutschen Staaten 1830/1831: Unterdrückung der polnischen Unabhängigkeitsbewegung 1839: Belgien erhält Grenzen und Unabhängigkeit garantiert

Zeitspanne	Afrika	Amerika
	1840–1865: Frankreich erobert den Senegal 1841: Expansion Ibadans in Westafrika 1842: Gründung des Oranje-Freistaats (Anerkennung durch die Briten 1854) 1852: Unabhängigkeit der burischen Südafrikanischen Republik	1845: Texas wird in die USA aufgenommen 1846–1848: Krieg zwischen den USA und Mexiko
	1864: Samuel Ajayi Crowther wird als erster Afrikaner zum anglikanischen Bischof in Westafrika geweiht 1869: Eröffnung des Sueskanals 1874: Die Goldküste (Ghana) wird britische Kronkolonie	1860: Abraham Lincoln wird Präsident der Vereinigten Staaten 1861–1865: US-amerikanischer Bürgerkrieg 1864–1867: (2.) Kaiserreich Mexiko 1865: Sieg der Union gegen die Konföderation, formale Beendigung der Sklaverei 1865–1870: Krieg Paraguays gegen Brasilien, Argentinien und Uruguay 1866/1867: Kanada wird erstes britisches Dominion 1867: Russland verkauft für 7,2 Mio. Dollar Alaska an die USA 1879–1883: Chiles Salpeterkrieg gegen Bolivien und Peru
	Ab 1880: „Wettlauf um Afrika" 1880/1881: 1. Burenkrieg 1884/1885: Berliner Afrikakonferenz, danach wird Afrika unter den europäischen Mächten aufgeteilt 1890: Eritrea wird italienische Kolonie 1892/1893: Eroberung Dahomeys durch Frankreich 1895: Gründung von Französisch-Westafrika 1896: Sieg Äthiopiens gegen eine italienische Invasion bei Adwa 1899–1902: 2. Burenkrieg	1889: Brasilien wird Republik 1898: Amerikanisch-Spanischer Krieg 1898: Formale Unabhängigkeit Kubas
20. Jh.	1906: Aufteilung Marokkos zwischen Frankreich und Spanien 1910: Entstehung der Südafrikanischen Union 1912: Annexion Libyens durch Italien 1914–1922: Ägypten als britisches Protektorat	1903: Trennung Panamas von Kolumbien mit Hilfe der USA 1904: *Roosevelt-Corollary*: Anspruch auf Interventionsrecht der USA in Lateinamerika 1910–1920: Revolution in Mexiko 1914: Eröffnung des Panamakanals

Ost-, Süd-, Südostasien/ Pazifik/Australien	Vorder- und Zentralasien	Europa (inkl. Russland)
1842 Hongkong wird wichtige Freihandelszone 1842: Tahiti wird ein Teil Französisch-Polynesiens 1850/1851–1864: Taiping-Revolution in China 1853/1854: USA erzwingen „Öffnung" Japans 1856–1860: Weitere Anglo-Französische Kriege zur „Öffnung" Chinas 1857/1858: Sepoy-Aufstand und weitere Unruhen führen zum Ende der EIC sowie der Mogul-Herrschaft 1859: Cochinchina fällt an Frankreich	1839–1876: Reformphase im Osmanischen Reich 1853/1854–1856: Im Krimkrieg kämpfen Großbritannien, Frankreich, Piemont und das Osmanische Reich gegen die russische Expansion v. a. Richtung östliches Mittelmeer	1848: Revolutionäre Unruhen in weiten Teilen Europas 1848: »Kommunistisches Manifest« von Marx und Engels 1848/1849: Erste deutsche Nationalversammlung in Frankfurt am Main 1849: Ende bzw. Niederschlagung der Revolution 1859/1861: Italienischer Befreiungskrieg und Gründung des Königreichs Italien
Ab 1868: Meji-Reformen in Japan 1874: Die Fidschis werden britische Kronkolonie 1877: Königin Victoria wird „Kaiserin von Indien"	1865–1876: Russland unterwirft die usbekischen Khanate in Zentralasien 1877–1878: Russisch-Türkischer Krieg 1878: China bringt Xinjiang (Ostturkestan) wieder unter seine Kontrolle	Ab 1861: Reformen in Russland unter Zar Alexander II. 1866: Preußen siegt im Krieg gegen Österreich 1867: Der erste Band von Marx' »Kapital« erscheint 1870/1871: Deutsch-Französischer Krieg 1871: Gründung des Deutschen Reiches 1871: Aufstand der Pariser Commune und Begründung der Dritten Republik in Frankreich
1887: Die Kolonie Französisch-Indochina entsteht aus dem heutigen Vietnam und Kambodscha 1894–1895: Chinesisch-Japanischer Krieg 1895–1945: Taiwan ist japanische Kolonie	1880: Ende des 2. Anglo-Afghanischen Krieges; Afghanistan wird Pufferstaat zwischen Russland und Britisch-Indien	1882: Deutschland, Österreich-Ungarn und Italien bilden den Dreibund 1888: Wilhelm II. wird deutscher Kaiser 1890: Entlassung Bismarcks 1891: Baubeginn der Transsibirischen Eisenbahn 1894: Französisch-Russische Allianz als Reaktion auf den Dreibund
1900/1901: Boxer-Aufstand in China gegen den ausländischen Einfluss 1901: Commonwealth of Australia (erhält 1907 Dominionstatus) 1904/1905: Russisch-Japanischer Krieg um Korea und die Mandschurei 1911/1912: Chinesische Revolution und Sturz der Qing-Dynastie 1912: Ausrufung der Chinesischen Republik unter Sun Yat-sen	1907: Aufteilung Persiens, Afghanistans und Tibets in Interessensphären zwischen Großbritannien und Russland 1912–1913: Balkankriege	1904: Britisch-Französische *Entente cordiale* 1905: Revolution in Russland 1907: Beitritt Russlands zur *Entente cordiale* 1914: Ermordung des Erzherzogs Franz Ferdinand in Sarajewo; Beginn des Ersten Weltkrieges

Register

Die Schreibweise der Namen und Orte folgt grundsätzlich den Regeln des Duden; in Ausnahmefällen wurden allerdings davon abweichende Schreibweisen der einzelnen Fachdisziplinen berücksichtigt.

Personenregister

Ortsregister